JN251241

セリーナ・トッド

ザ・ピープル

イギリス労働者階級の盛衰

近藤康裕訳

みすず書房

THE PEOPLE

The Rise and Fall of the Working Class

by

Selina Todd

First published by John Murray, 2014
Copyright © Selina Todd, 2014
Japanese translation rights arranged with
Selina Todd c/o The Marsh Agency Ltd., London,
acting in conjunction with the Sayle Literary Agency, UK through
Tuttle-Mori Agency, Inc., Tokyo

ザ・ピープル　目次

序章　7

Ⅰ　召使いたち　1910－1939

第1章　階下からの反抗　20
第2章　ショートヘアの叛逆者たち　39
第3章　内なる敵　55
第4章　失業手当　71
幕間Ⅰ　スター誕生　107
第5章　ダンスホールの政治学　111

Ⅱ　人びと　1939－1968

第6章　人びとの戦争　132
幕間Ⅱ　ロイド・ジョージに頼って　164
第7章　新しきエルサレム　167
幕間Ⅲ　人びとを自由にする　187

第8章　コミュニティ　191
幕間Ⅳ　愛と結婚　215
第9章　こんなにいい時代はなかった　218
幕間Ⅴ　豊かな社会　233
第10章　グラマースクールの黄金時代　236
第11章　労働者階級の英雄たち　258
幕間Ⅵ　使って使って使いまくる　271
第12章　新たな中流階級？　277
幕間Ⅶ　成り上がって　295

Ⅲ　奪われし人びと　1966－2010

第13章　新しいイギリス　300
第14章　混乱と抗争　325
幕間Ⅷ　カッスルフォードへの帰還　342

第15章　困難な時代　344
第16章　階級なき社会　366
エピローグ　391
後記　わたしたちの現状2011-2015　399
謝辞　445
原注　449
訳者あとがき　487
索引

ザ・ピープル　イギリス労働者階級の盛衰

アンドリュー・デイヴィーズに捧げる
そしてジャック・ハースト（一九三六―二〇一二）の思い出に

序章

産業革命以降、階級はイギリスを統合させ、また分断もさせてきた。統合させてきたというのは、階級が典型的にイギリスらしい生活の事実として、わたしたちすべてが共有できる遺産、言語として広く受け入れられているからだ。分断させてきたというのは、階級がロマンティックな伝統でもなければ愉快な特徴でもなく、少数のエリートが富の大部分を所有してきた国において搾取によって生みだされるものであるからだ。全員が自分の肉体を使って労働に従事しているといういわゆる「伝統的」な労働者階級は、本書が出発点とする一九一〇年において、イギリス人の大多数を構成していた。一世紀が経ち、状況はもはや同じでないとはいえ、二〇一〇年にほとんどの人びとがいまでも自分たちは労働者階級に属するのだと主張していた。この本でわたしはそうした人びとの話を語ろうと思う。

一九一〇年から二〇一〇年にかけての百年は労働者階級の世紀であった。歴史家E・P・トムスンの言葉を借りれば、産業革命のあいだ労働者階級は「みずからの形成に立ち会っていた」。炭坑労働者と職人は自分たちの利益を促進するために団結し、雇用主の利益に異を唱えた。[1] しかし、ほとんどのイギリス人が自分たちは労働者階級であり、政治家と新聞から労働者階級として扱われていると認識するようになるのは二十世紀になってからだった。労働者階級が「人びと《ザ・ピープル》」となり、その利害がイギリス自体の利害と同義となったのも二十世紀において——とりわけ第二次世界大戦中と戦後——であった。

この労働者階級は大部分が炭坑労働者、港湾労働者、鉄鋼労働者、召使いといった肉体労働者とその家族、さらにタイピスト、秘書、事務所の使い走りのような下級の事務職に携わる人びとによって構成されていた。一九五〇年まではこうした人びとがイギリス人の四分の三以上を占め、一九九一年になってもその過半数を構成していた。このとき看護師、技術者、上級の事務職従事者のような肉体労働者ではない人たちの多くが自分たちを労働者階級であるとみなすことを選んだのは、生まれ育った家庭が理由であり、また生きるために働いているのだから、自分たちは雇用主や政治の指導者たちよりは他の賃金労働者たちと多くのものを共有しているのだと信じていたためである。このように、二十世紀を通してイギリス社会の大部分を労働者階級の人びとが形成していたし、二十一世紀に入ってもそうである。対照的に、雇用する側の人たちは一九〇〇年代には労働力のわずか三パーセントを占めていただけであり、二〇〇〇年にもわずか四パーセントにすぎなかった[2]。本書は、そうした不平等な状況がどのように人びとの暮らしに影響を与えたかということについての本であり、ふつうの人びとが自分たちの置かれた状況にいかに適応し、抵抗し、またいかにその状況を変えていったのかについての本である。

1935年、スコットランドの町ホイックからリーズにやってきた直後の著者の祖母ジーン・ドネリー

　本書『ザ・ピープル』はイギリスの過去の隠された大きな広がりを明らかにするものだが、同時にそれは個人的な歴史でもある。始まりは、わたしがある家族の歴史について調べようとしたことだった。その家族とは、わたし自身の家族である。わたしの母ルースは、一九四〇年代にリーズ[1]で生まれた六人の子供のうちのひとりだった。彼女の父のフレッド・ハーストは溶接工で、母親のジーンは、リーズのウルワースで働いていてもっとまともな生活を手に入れようと親友のナンシーとともに大戦間期のスコットランドで失業手当をもらうための列に並ぶ生活から逃れたのだった。ハースト一家が住んだのはハンズレットというところで、そこは『読み書き能力の効用』を書いたリチャード・ホガートの出身地でもある工業地区だった。しかしハースト一

1950年代末、ハンズレットにて聖霊降誕祭のために買った新しい服を身につけた
ハリー、ルース（著者の母）、ラルフ、ニールのハースト家の子供たち

家の経験は、ホガートによって描きだされた、きちんと体面を保って生活するというロマンティックな牧歌でもなければ、『ダウントン・アビー』[2]の安定した社会でもなかった。わたしが聞いたのは、労働者階級が経済的にも政治的にもますます力をもった勢力になりつつあったという話である。とくに工場労働者と兵士たちが「人びと」となった第二次世界大戦中と戦後に労働者階級は勢力を増し、政治の議論とイギリス文化にとっていっそう中心的な存在となっていった、という話である。それはしかし、一九二〇年代に召使いの仕事から逃げだすにせよ、一九四〇年代に「人びと」の戦争に行かなくてすむような仕事に就く手配をするにせよ、ウィンストン・チャーチルが映画のスクリーンにあらわれたとき、彼に向かってオレンジの皮を投げつけてやじを飛ばすにせよ、手に入るものはなんでも手に入れようとする闘いについての話でもあった。チャーチルに向かってそういう態度をとったのは、「人びとの戦争」が福祉と完全雇用という「人びとの平和」をもたらすようにしてくれたのが労働党だったからである。戦後の改革があったとはいえ、人びとの話は怒りについての話でもあった。階級の不平等とそれが引き起こす屈辱はけっして根絶されておらず、それらが一九七九年以降に極端なかたちで回帰してきたことを明るみに出す話でもあった。

わたしの父のナイジェルは違った話をもっているが、それもまた歴史の本には載せられなかった話である。彼はケント[3]でひとりっ子として育った。母親を早くに亡くしたのに続いて、ナイジェルが八歳のとき、父親が精神的に崩壊をきたし、残りの人生を施設で過ごすことを余儀なくされた。ナイジェルは児童保護を受けることになった。戦後の福祉改革によって、ナイジェルのようなケースには専門のソーシャルワーカーがつくことになった。しかし、一九四五年の労働党政権によってもたらされた福祉改革はいまだその初期段階にあり、ナイジェルのような立場にある子供たちのほとんどは、引きとってくれる親戚に頼るか、バーナードー孤児院のような慈善組織によって運営される児童養護施設に預けられた。ナイジェルについたソーシャルワーカーが、彼をそうした運命から逃れさせようと決意してくれたのは幸運だった。彼女はナイジェルが地元の診療所にいることができるように手筈を整えてくれた。労働党の国民健康保健法のおかげで一九四八年にすべての人びとが医療を無償で受けられるようになってから、わずか数年しか経っていなかった。最終的にナイジェルには祖父母と、のちにはおじ、おばと一緒に暮らす家が見つかった。彼らが共通してもっていた金銭的投機への愛は、それがギャンブルであれ（ナイジェルの祖父が死んだとき、ポケットのなかにはブックメーカーの投票券が入っていた）、一攫千金の起業のもくろみであれ、いかなる政党も口の端に上せることがなかった種類のよりよい生活の夢を物語っていた。

戦後のいわゆる階級上昇の「黄金時代」のほとんどの子供たちと同じく、ナイジェルはイレヴン・プラスの試験に落ちて、十五歳まで公立の中等学校に通った。彼とわたしの母は国が提供したのとは別のルートで教育を受けた。わたしの父の場合、それは労働運動であった。彼は十代の終わりに労働者教育協会の事務職員になった。これは労働組合の活動家と社会主義者によって一九〇三年に設立された成人教育の機関である。労働者教育協会は、労働組合の基金で運営されているオックスフォードの成人教育の大学ラスキン・コレッジに父を送りだした。そこで彼はわたしの母と出会った。グラマースクールが提供してくれるはずだったものに幻滅して十六歳で学校を離れたルースは、リーズの家庭福祉局の事務職員になった。それは困窮している人びとを、その苦境ゆえに責め立てるのではなく、彼らの暮らしの改善を目的とした社会事業組織であった。そこでの仕事と、一九六〇年代はじめの地元の労働党との関わりが、彼女をラスキン・コレッジに通わせることになった。わたしの両親のどちらも階級上昇を果たして中流階級になることを望みはしなかった。ふたりはすべての人びとの機会が改善することを望み、労働者階級の文化と暮らしが自動的に劣等なものだとみなされることのない、より平等な社会にイギリスがなるのを目の当たりにしたいと思っていた。けれども、彼らが労働者階級の暮らしを理想化することはけっしてなかった。ふたりとも子供のころの貧しさと不安定さから逃れたいと願っていたからである。

　歴史を専攻しようと大学に入ったとき、わたしは自分の家族のストーリーを求めたがかなわず、その後の十年間ずっとそれを探し求めたものの、首尾を果たすことができなかった。そういう歴史は自分の手で書くべきなのだろう、ついにわたしはこう気づいた。ある家族の歴史として始まったものが、現代イギリスのストーリーとなり、数多くのふつうの人びとの話にもとづいたストーリーになった。[3]そうした人びとには男性のみならず女性も含まれ、彼らは大人になってからの生活だけでなく、子供のころの経験についても語る。階級は力の不平等をその土台として、工場や事務所の向こう側の暮らしに影響を与えるからだ。一九一四年に労働組合の活動家の娘として生まれたウィニフレッド・フォリーは、召使いとして働くために十四歳で家を出なければならないから自分は労働者階級なのだと知った。一九一八年にウォリックシャー[4]に生まれたフランク・ゴガティは、二十世紀のあいだに人生の劇的な変化を経験した、この本に登場する多くの人びとのひとりである。十六歳のときには住む家もなかったが、一九四〇年までには羽振りのよい自動車技師になっていた。自分がそのために働いてきたすべてのものを第二次世界大戦は破壊するだろうという、多くの人が抱いた恐怖を彼も共有していたが、帰国を果たしたのちは「人びとの平和」を満喫した。彼は戦後のコヴェントリで豊かな暮らしを享受できたが、生活のために働かなければならないのだから自分は労働者階級なのだとアイデンティティを規定しつづけた。ベティ・エニスはイランで育ち、一九四五年にイギリスにやってきた。一九五〇年代には自分の暮らす新しい公営住宅が誇りだったが、一九七〇年代までには自分の住まいが窮乏の中心地と化していくのを目の当たりにした。そして二〇〇〇年にも彼女は公営住宅に住む人びとのために倦むことなく活動を続けていた。

　戦後に生をうけた人びとは、より多くの快楽と独立を若いときには享受したが、一九六〇年代後半の失業率の上昇と不安定さによって彼らの自由は縮減された。一九三七年生まれのテリー・リマーはテディボーイ[5]だったが、一九六八年までにロックンロールからフォード・モーターで張ったピケでの叛逆へと鞍替えした。スウィングを踊っていたジュディ・ウォーカーは、南アフリカでの冒険を求めて

1959年、最初の子供ミッチェルと
写真に収まるテリー・リマー

いけいけの六〇年代《スウィンギング・シックスティーズ》にコヴェントリを離れたが、一九七〇年代には公営住宅に帰ってきて、地域の活動家としての暮らしに戻った。

　その他の人びとの声は、階級上昇の黄金時代などというものはなかったし、階級の階梯をよじのぼろうと奮闘することはけっして容易でも気持ちのよいものでもなかったのだということを、わたしたちに思い出させてくれる。ビル・レインフォードはそのひとりだ。一九六九年、彼は生涯の仕事に就くことができたと思ったが、三十年後に整理解雇された。ポール・ベイカーは牛乳配達屋の息子でファイナンシャル・マネージャーになったが、労働者階級という自分の出自を離れることで払った犠牲にみずからの成功が値するのかと、ときどき思った。わたしたちは、こうした人びとのすべてと、さらに何百という人びとから、幸運が与えられたならばけっして選ぶことはなかったであろう状況のもとでしばしば悪戦苦闘しながら、いかに彼らが自分たちの手で生活を築きあげたのかについての話を聞くのである。

　そうした個人的な説明は「ノスタルジア」として一蹴されることがあまりにも多い。政治家や貴族の回想はよろこんで使う歴史家たちから一蹴されてしまうこともときにはある。人びとがわたしたちに提供してくれる過去についての話が、語られるときの文脈に枠づけられるというのはたしかにほんとうである。わたしが使った個人的な証言のほとんどは、サッチャー時代のイギリスで生きることに意識的な人びとや、一九八〇年代の遺産を引き継いでいる人びとによって、一九七九年以降に語られた。つまり、完全雇用と戦後福祉の提供の多くが終わりを迎えた時代に語られたものである。このことは人びとが過去に享受していたものと一九七九年以降のものとを比較する以上、たしかに彼らの話を枠づけてしまうことになる。しかし、「記憶力が悪い」からとか「いい教育をうけていない」からといって釈明をする人たちでさえ、後知恵の利点（あるいはその反対）を活かし、そうした過去の経験をいまではどのように判断するかについて思い返し、また、かつて生活はどのように感じられたのかについて思い出す能力の高さを示している。

　彼らの話は、労働者階級の人びとが政治家や雇用主の見方をいつも受け入れていたわけではないということを証明している。じつのところ二十世紀を通して、中流階級と上流階級は労働者階級以上に、あまりにもノスタルジックな過去の追憶に惑溺しがちであった。すべての人が「自分の立場をわきまえていた」時代の平穏な日々を召使いの雇い主の人たちが懐かしむことから、作家アンドリュー・オヘイガンの言葉によるなら、二十一世紀に「価値ではなくてデザイナーのブランド品と衛星放送の受信機を切望」し、「イギリスにおいてもっとも保守的な勢力」を形成した「人びと——もはや労働者階級ではなくなった労働者階級」を批判することにいたるまで、そうした追憶への惑溺なのである。この議論に従えば、「卑しからぬ《リスペクタブル》」労働者階級の時代は一九六〇年代に終わりを迎え、一九八〇年代までには、人びとは福祉によって怠惰になり、消費主義によって貪欲になり、労働組合活動によって傲慢になったということになるが、いずれも論者の見方次第である。[4] しかし、ふつうの人びととの話から、わたしたちはそれらがけっして実情に沿ったものではないことに気づかされる。黄金の時代などなかったのである。

　また、それらの話は、労働者階級がまったく均質だったことなどないということにも気づかせてくれる。性別と世代が差異を生むのだとすれば、場所もまた差異をもたらす。「北に向かって旅していくと」とジョージ・オーウェルは一九三七年に『ウィガン波止場への道』のなかで書いている。「南部や東部になじんだ眼には、バーミンガムを過ぎるまでたいした違いは映らないだろう。コヴェントリではフィンズベリ・パークにいるのと大差ないだろうし、……中部地方のすべての町のあいだには南部と変わらぬ郊外住宅文明が広がっている」[5]。人びとが北部から仕事を求めてコヴェントリに来はじめていた。これは第二次世界大戦後にも続いたひとつの波で、そのころにはアジアやカリブ地域からの移民たちが、ますます拡大しつつあったコヴェントリの郊外でウェールズ人やアイルランド人、イングランド北部のタイン川周辺からやってきた人びとと混ざりあうようになった。一九六七年、「デイリー・ミラー」紙が読者にイギリスの「急成長《ブーム》の都市」の候補を募ったところ、J・マクヒュー氏は「わたしの都市は超音速です」と書き送った。「買い物をする場所が新たにできました。新しいアート・ギャラリーができました。……新しいアパートと高架道路ができました。……いまのところわたしたちの自動車産業は停滞していますが、そこからわたしたちが一気に抜けだすのにも注目していてください[6]」。悲しむべきは、コヴェントリで生まれたバンドのザ・スペシャルズが「ゴーストタウン」というシングルをリリースした一九八一年に、脱工業化による弱体化を描いた歌詞がコヴェントリの町に共鳴を呼び起こしたことである。それはコヴェントリが抱える問題を要約したイメージだと現在この町に住む人びとが感じるものだが、人びととの精神については何も語っていない。

　一九三三年にさかのぼると、リヴァプールはコヴェントリよりも貧しく、陰鬱だった。作家のJ・B・プリーストリによれば「とても陰気なヴィクトリア朝の小説に出てくる都市のよう」であった。リヴァプールの労働者階級は「スラムのアパートに」押し合いへし合い住んでいた。「ヴィクトリア時代の売春宿での一季節に輝いていた顔は、いまでもわたしたちを見つめてぶつぶつ言っている。ポートサイドとボンベイ、ザンジバルと香港がここで立ち止まった。その赤ん坊たちが語る話で十分だった[7]」

　リヴァプールでは、多くの港町や港湾都市と同様に、労働者階級の住人たちはけっして白人だけでもイギリス生まれの人たちだけでもなかった。本書を通してわたしたちは、均質な「白人労働者階級」などというものは存在しなかったし、黒人のイギリス人や近年の移民たちの利害とアイデンティティから区別されるような利害とアイデンティティを有する「白人労働者階級」なども存在しなかったのだと理解することになるだろう。

　一九五〇年代までに、リヴァプールはもはやそうした移住に人気の場所ではなくなってしまった。ますます多くの人びとが生活の糧を求めて、繁栄している南部と中部に期待を向けるようになっていた。一九六〇年代にリヴァプールはマージービートの本拠地となった。リヴァプール出身の四人の「ふつうの青年たち」からなるビートルズの名声の上に築かれたいけいけの六〇年代《スウィンギング・シックスティーズ》の中心地だった。しかし、貧困は全然なくなってはいなかった。ロンドン近郊でさかんになった新たな製造業の恩恵をリヴァプールはまったく受けなかったからである。ジャーナリストのジョン・ピルジャーは、一九九〇年代にこの都市を訪れて、「リヴァプールは歴史の記憶喪失には罹っていない」と指摘した。「奴隷貿易と工業の時代の建造物は観光客にふさわしいようにつくりかえられ、丸石の敷石は修復されてゴミも落ちていないが、過去は現在に挑戦するかのように存在しつづけている。ふつうの人びとの汗と血と涙を保存しているリヴァプールに伍するところはほとんどない[8]」

リヴァプールとコヴェントリの違いは、二十世紀イギリスの労働者階級の生活の多様性に光を当ててくれる。階級というのは、生活様式や変わることのない文化によってではなく、不平等な力によって定義される関係のことである。「理想」の労働者階級とか「伝統的」な労働者階級などあろうはずもない。そのかわり、共有された状況と経験によって結びつけられるひとりひとりの人間がいる。本書が語ろうとするのは、そうした人びとの話なのだ。

この本の記述は、一九一〇年に始まって二〇一〇年に終わる。この百年のあいだに、労働者階級の人びとは大きな社会的、政治的変化を経験した。一九一〇年には権利と機会は彼らにほとんど与えられていなかった。国が与えてくれる社会福祉は乏しく、失業率の高かった時代に、労働者階級の人びとには彼ら自身と家族が頼みの綱だった。一九四〇年代にいたるまで、労働者階級の歴史は主として働く生活の基本的な調整を求めて闘い、しばしば挫折する人びとの歴史であった。

二十世紀には、労働者階級にとってふたつの大きな転機があった。ひとつは第二次世界大戦である。戦争に勝つために人びとの労働力を求める差し迫った需要は、労働者階級に新たな重要性を与えた。これが平和な時代にも確実に継続するように、人びとは一九四五年の総選挙で労働党政権を誕生させた。労働党政権は国民健康保健制度、無償の教育、包括的な社会保障、完全雇用という重要な遺産をのこした。一九五〇年までに召使いの息子や娘たちはほとんど例外なく工場労働者か事務職員となり、ほとんどが労働組合員で、彼らのすべてに「揺りかごから墓場まで」の福祉の提供と雇用の確保が保証されていた。

これら戦後の数年は重要であり、労働者階級の人びとの政治的、経済的な力が頂点に達した数年であったが、平等が実現したわけではなかった。一九四五年以降、いずれの政権も、イギリスは勤勉で才能があれば誰でも社会的な階梯をのぼることができる実力主義の国であると喧伝した。しかし「成功」を収めたのはほんのひと握りの人たちだけだった。一生懸命働きさえすれば誰でも成功できる「実力主義」からはほど遠く、戦後のイギリスは努力よりも生まれが重要な社会でありつづけた。

しかし、一九四〇年から一九七〇年代の半ばまでの年月は、とりわけその後に生じた事態を考えれば、比較的豊かで将来の見通しが立つ時代だった。というのも、一九七九年にマーガレット・サッチャー率いる保守党政権が総選挙の結果誕生し、ふたつめの転機が訪れたからである。これから論じるように、サッチャーが育てた特殊な個人主義の種は、彼女が選挙で勝利するずっと以前に蒔かれたものであった。一九六〇年代の後半から、とくに一九七三年の石油危機以降、国際経済の状況はますます不安定になっていった。労働党政権も保守党政権も、絶えざる利益の上昇を求める雇用主側の要求と、人並みのきちんとした住まいと適切な賃金への労働者階級の人びとの要求、そして時代が下るにつれて出てきた職場とコミュニティの運営管理への労働者階級の人びと自身の参加をめぐる要求とを調停することがしだいに困難になっていった。一九七〇年代はどの政権も雇用主の側についた。しかし、こうしたサッチャリズムの前史は重要ではあっても、分水嶺は一九七九年だったのであり、そのときに過去四十年ではじめてもっとも豊かな人たちともっとも貧しい人たちとの格差が急激に広がり、イギリスは労働者階級の経済的、政治的な力の凋落をみたのである。

本書で描かれる人びとのほとんどは、金持ちになることもなければ有名になることもなかった。ただひとりの例外はヴィヴ・ニコルソンである。彼女のストーリーは本書の「幕間」で語られることになる。一九六一年、ヴィヴィアン・ニコルソンの夫がサッカーくじで過去最高の金額を当てた。ヴィヴが賞金を「使って使って使いまくる」と宣言したことは有名な話だ。彼女はそれを実行し、一九七〇年代の半ばまでには破産した。わたしがヴィヴのストーリーを挿入することにしたのは、体面のよさを求めてがんばるか、革命を求めて奮闘するという「伝統的」な労働者階級の典型的な物語と、それが明確に異なるものだったからである。この本でわたしは、もしこうしたストーリーのなかに別の集団を置いてみるならば、二十世紀についてのわたしたちの理解に何が起こるのだろうかと問う。別の集団とはすなわち、屋敷に仕える召使い、学童、保守党支持者、そして移民である。それはロマンティックな説明でもなければ勝ち誇った説明でもない。不平等は害をおよぼす、間違ったものであると主張するために労働者階級の人びとを革命の英雄扱いしたり、助けになる隣人に仕立て上げたりする必要はない。わたしがこの本を書きはじめたのは、二十世紀の権威づけられた記録のなかに、こうした労働者階級の人びとの歴史を見いだすことができなかったからである。また左翼の政治家や学者、同情的なチャリティの活動家たちによって広められるロマンティックにされた労働者階級神話のなかにも、労働者階級の人びとの歴史を見つけだすことができなかったからだ。わたしが描く人びとは、自分たちのことを代弁してくれる他者を必要とした、なすすべのない貧困の犠牲者ではない。ヴィヴのように、人びとは自分たち自身の精神と言葉をもっていた。

わたしがヴィヴの人生の断片を「幕間」と呼んだのは、本体をなす各章と形式、内容の両面で区別するためである。「幕間」の断片はヴィヴの自伝や新聞雑誌の報道から採られたものであり、ヴィヴのストーリーを本書のより大きなテーマに関連づけるその他の個人的な証言や情報源によって裏付けられている。[9] ヴィヴの話は、わたしが語る大きな公的ストーリーを私的で個人的な経験のなかに織りこんでくれる。そうした経験は、階級が公的なふるまいや活動に関わるものであるのと同様に、個人的な感情に関わるものでもあることを示している。

ヴィヴの人生は、労働者階級に何が起きたのかを示す挿話を、魅力的に強調された形で提供してくれる。一九一〇年から一九四五年のあいだに、労働者階級は貧民から人びとへと変身をとげた。社会階層を研究する中流階級の人たちが他愛なくも望むように、労働者階級の人びとがみな体面よくなろうと思っていたわけではない。多くの人びとは欠乏と不安からの自由を欲し、少しばかりの保障や給付金を、楽しいひとときを過ごすために可能なときには活用したまでのことである。彼らは生活のなかでよい品々に憧れ、第二次世界大戦後にはそうすることを奨励された。しかし、やっとの思いで休暇や家を手に入れることができたときでさえ、彼らは政治的、経済的な層の底辺にとどまったままだった。相続される富と教育とコネクションが重要であり、影響力をもっていた。急激な賃金の上昇や最低賃金、あるいは賭博での一攫千金によってすら、こうしたギャップを埋めることはできなかったのである。よかった時代は一九八〇年代には終わりを迎えた。ときの政府は、人びとが貧しさに逆戻りせざるをえなかったのは彼らの貪欲と無責任のせいだと言って非難した。しかし、年金生活者となったいまでも「悔いはない」と挑発的に主張するヴィヴのように、こうした人びとの多くは彼ら自身の労働者階級というアイデンティティから逃れることを拒否するのである。

希望にあふれる歴史を書くことがわたしの求めてきたことである。イギリスの人びとの大多数が、今日でも自分たちを労働者階級だと思いつづけている。深刻な景気後退のさなかにあってほとんどの人びとが、自分のアイデンティティを労働者階級であるとみなしているか否かにかかわらず経済こそ問題なのだと強く認識している。誰が経済的な力を有しているのか、そうした力をもつ者は何をなすのか――こうしたことがわたしたちの生活のすべての質に根本的な違いをもたらすのだということを強く意識している。これからわたしたちがみてゆくように、個人の利益が至高のものであるという考え方、勤勉と努力でどんな人でも成功できるという考え方、現在の社会は望みうる最良のものなのだという考え方に、多くの人びとが疑問を呈している。戦争に勝ち、多くの困難と抵抗にもかかわらず教育を受け、仕事におけるよりよい権利を求めて闘い、自分の子供たちに可能なかぎり最良の人生のスタートを切らせてやろうと懸命に働いてきたものの、結果的に失業手当をもらうための列に並ばなければならなくなった人びとは、人生がいつもこうであったわけではない、人生はふたたび変えることができるのだと強く主張する。

訳注

〔1〕リーズはイングランド北部、ウェスト・ヨークシャーの都市。以前は織物業で栄えた。

〔2〕『ダウントン・アビー』はイギリスITVで二〇一〇年から二〇一五年まで放送されたテレビドラマ。第一次世界大戦前後の貴族の館を舞台に、そこで暮らす貴族の一家と召使いたちを描く。

〔3〕ケントはロンドン南東部の州。

〔4〕ウォリックシャーはイングランド中部の州。その北西にコヴェントリ、バーミンガムがある。

〔5〕テディボーイとはエドワード時代（一九〇一－一〇年）に流行した紳士ファッションをベースに、アメリカのロックンロールやジャズのファッションの要素を取り入れた格好をする若者たちのこと。

〔6〕コヴェントリはイングランド中部、ウェスト・ミッドランズの都市で、バーミンガムの南東に位置する。大聖堂で有名だが第二次世界大戦の空襲で甚大な被害を受けた。自動車産業がさかん。

I

召使いたち　1910–1939

第1章　階下からの反抗

ヴァージニア・ウルフは一九二三年に「一九一〇年の十二月かそのあたりで人間の性質が変わった」と書いている。この変化は「料理人の性質」に体現されていた。「ヴィクトリア朝の料理人は巨獣みたいに地階に住み、恐ろしく、寡黙で、素性の知れない、得も言われぬ存在だった。ジョージ朝の料理人は太陽と新鮮な空気の産物である。いまや料理人は客間では「デイリー・ヘラルド」紙を借りて読み、外では帽子についての助言を求めてくる」[1]

　一九一〇年を分岐点だと考えたのはウルフだけではない。「マンチェスター・ガーディアン」紙はその年を政治的、社会的な激変が起きた「特別な一年」だとみなしたし、多くの点で一九一〇年は現代の労働者階級の出現を画した年であった[2]。その年の一月は総選挙で始まった。自由党政権はデイヴィッド・ロイド・ジョージの一九〇九年「人民予算」の貴族院による否決をひっくり返すべく選挙に臨んだ。国によるさらなる福祉の拡充を約束したこの予算は有権者に支持されていた。議席を大きく減らし、かろうじて過半数を維持した状態であったが、自由党は政権の座に戻った。結成十年目を迎えたケア・ハーディの労働党は、おもに工業地域の有権者の票を得て二十八議席から四十議席へと国会議員の数を増やし、勢力均衡の鍵を握っていた。その間、イギリス貴族の政治的な力は大きく失墜した。

　五月のエドワード七世の急死により、エドワード朝の安定が終わりを迎えたとの見方が強まった。エドワード朝の幕が下りたあとのイギリスは誰の利害にもとづいていかに統治されるべきかをめぐって議論が激しさを増した。七月には女性参政権を求める活動家たち一万人がトラファルガー広場に集結し、ひとつの反応を提示した。秋には改革を求める声に働く男女が自分たちの声を重ねあわせた。「タイムズ」紙は、老若男女を問わずよりよい賃金と労働環境を求める声が高まり、全国で「ほとんど例を見ない性質のストライキ」が勃発したことを慨嘆した。[3] 八月にはブラック・カントリー[1]のクラドリー・ヒースで、鎖工場の女性労働者たちが最低賃金と一日十時間労働を求めてストライキに入った。彼女たちの雇用主は十月になると折れ、労働運動と女性にとっての重要な勝利となった。十一月には内務大臣ウィンストン・チャーチルがトニパンディの町に武装した軍隊を送りこむ命令を出したあと、南ウェールズにおける三万人の炭坑労働者によるストライキはイギリス軍と労働者たちとの闘いで最高潮に達した。「暗黒の金曜日」と呼ばれた十一月十八日には三百人をこす女性参政権運動の活動家たちが議会の外で警察と衝突して六時間におよぶ暴動へと発展し、百十五人の女性が逮捕され、多くの人びとが襲撃を受けた。

　その間、貴族院の権限をめぐる議会での議論は行き詰まり、政府は十二月、二度目の総選挙に打って出た。投票は十二月三日に始まったが、十二月十九日になるまで終わらず、イギリスが政情不安であるとまでは言わずとも安定した状態でなくなっているという印象を強めることとなった。貴族院が法案を拒否する権限を廃止し、アイルランド自治を実行に移すことを約していた自由党がふたたび政権に就き、労働党はさらに二議席の躍進をみた。

　階級関係は一九一〇年に永久に変わった。保守系の「タイムズ」紙の社説は、その一年を振り返り、「民主主義は、新たに擁護されるようになったその力のふてぶてしさで、過去に国民の真の偉大さと永続的な繁栄を築きあげたあらゆるものがなくてもやってゆけると信じているかのごとくである」と結論づけた。[4] 民主主義が生きのびることはできるのか、あるいは生きのびるべきかどうかは定かでなかった。一方には、イギリスが他よりも繁栄したのは、貴族が強力で労働者階級に選挙権が与えられていなかったからだという点で「タイムズ」紙と意見を同じくする人たちがいた。他方、ふつうの労働者は雇用主との交渉と投票箱の両方を通じて福祉、労働、賃金に関する発言権をもっともつべきであると主張したトニパンディの炭坑労働者やクラドリー・ヒースで鎖の製造に携わる人びとのような労働者たちもいたのである。

　社会の変化のバロメータとして召使いたちを見たという点でウルフは正しかった。一九一〇年に――一九二三年にも――イギリスで働く人びとのなかで、召使いがもっとも大きな割合を占めるグループであった。[5] 召使いの雇い主との関係はイギリス社会を映す鏡であると多くの人にみなされていた。一九二四年、労働党最初の首相として発言したラムジー・マクドナルドによると「社会における真の断絶は生産者と非生産者、働くことなく所有する者たちと働く人びととのあいだの道徳的かつ経済的な分断線なのである」[6]（強調引用者）。そして一九一〇年以降の数年にわたり、召使いは誕生しつつある現代の労働者階級にとって中心的存在であった。十九世紀には、わずかばかりの力を求めて首尾よく闘うための交渉手段をもっていたのは熟練労働者だけだった。職能で武装した彼らがストライキを打ち、持ち場を離れると脅しをかけることは、熟練した技能をもたない労働者がそうするのに比べてはるかに大きなインパクトがあった。さらに、召使いとは違って熟練労働者たちは友情と連帯の絆をつくることのできる何十人、何百人もの労働者たちと肩を並べて働いていた。労働組合を結成し、互助団体をつくって集団的な自助を実践していたのはそうした労働者たちだった。しかし一九一〇年までに非熟練労働者たちはいっそう声を大にして自己主張するようになり、彼らの要求はますます無視しがたいものとなっていたのである。

　エドワード朝の時代はしばしば、少なくとも豊かな人たちにとってはすべての人が自分の地位をわきまえ、それ相応の満足を覚えていた「黄金に輝く午後の長く続いた園遊会」として想起される。[7] 現実はもっと不安定で確実性を欠いた、移ろいやすいものだった。一九〇〇年の労働党の結成は、政治的な力として工業労働者の重要性が増していることの証左であった。労働組合会議ができてからすでに二十三年が経っていたが、労働党ができたことは労働組合にとって大きな前進だった。

　二十九議席を獲得した一九〇六年の総選挙で労働党が収めた成功は、直接的な効果をもたらした。労働党が過半数をとるかもしれないし、もっと悪ければ大きなストライキが起きるかもしれないと恐れた自由党のアスキス政権はすばやく一連の福祉改革に着手した。この改革によって、国は従来になく大きな責任を人びとの社会的な状態に対して負うことになった。一九〇六年の労働争議法は、ストライキの結果として生じたいかなる損害にも労働組合は法的責任を負わされないと定めた。同年の労働者保障法では、仕事で負傷した人への賠償が示された。一九〇八年には、強力な組合を組織する労働力であった炭坑労働者たちが一日八時間労働を勝ちとり、年間三一ポンドに満たない額しか収入のない七十歳をこえた人びとには国が非拠出型の年金を支給することを定めた老齢年金法が政府によって導入された。オックスフォードシャーの石工の長女で、以前は子守をしていたフローラ・トンプソン[2]は、年金が導入されたとき三十二歳で、ボーンマスの郵便局員だった。彼女は『ラーク・ライズ』[3]のなかで、この新しい政策の衝撃の思い出を書いている。「最初に人びとが郵便局に行くと、……何人かの人は感謝の涙を流し、お金を受けとりながら「ジョージ卿［ロイド・ジョージ］に神の御恵みを」と言ったものだ。そして、ただ彼らにお金を手渡しただけの女子職員に「あなたにも神の御恵みがありますように！」と言って、庭から摘んできた花々や木からもいできたリンゴをくれたのだった」[8]

一九一一年に自由党は国民保険法を施行した。それは、肉体労働者と年収が一六〇ポンド未満の人びとに疾病と失業の保険を提供するものであった。政府はもっとも貧しい人びとだけではなく、生きていくために働かなければならないすべての人にとっての基礎的なセイフティネットを構築したのである。これによって自由党は福祉国家へ向けた土台を確立した。また自由党の政治家たちは、労働運動の中心的な主張、すなわち生きていくために働かなければならない人びとは政府が取り組むべき固有の利害とニーズを有しているのだということを認めた。自由党は自分たちの法案が人民の抵抗を防ぐことになると期待していたが、そのために政策では、労働者階級がひとつの独立した社会的、政治的な集団であることを認めないわけにはいかなかったのである。

これらの改革は、多くの労働者階級の人びとが満足するというところまではいかなかった。一九一〇年から一九一四年のあいだに、ストライキに突入する労働者たちと女性参政権論者たちがイギリスの新聞の大きな関心の的となった。労働運動の活動家とフェミニストは、すべての成人の男女に参政権が与えられるべきであると声高な抗議活動を展開した。彼らは、五百万人の男性が十分な財産を所有していないという理由だけで除外されるのは不公平であり、女性が性別にもとづいて除外されるのは、女性の労働が労働者として、母親として不可欠な世界においてはあきれたことであると主張した。一九一三年、エメリーン・パンクハーストに率いられた婦人社会政治同盟（ＷＳＰＵ）の女性参政権運動の活動家たちは、公共の財産も私有財産も破壊するという運動を強化した。結果として引き起こされる大混乱によって、政府が彼女たちの声を真剣に受けとめざるをえなくなる状況を期待してのことだった。二十世紀の主要な社会的、政治的な運動のほとんどと同様に、婦人社会政治同盟の構成員は階級の区別をこえていた。パンクハーストを含め、こうした運動の指導者たちの多くは中流階級の出身だった。一九一三年六月、ロンドン大学とオックスフォード大学の卒業生だったエミリー・デイヴィッドソンが、エプソム・ダービーで殺された。彼女は女性に参政権を要求する横断幕を掲げて国王の馬の前に進み出たのである。しかし、女性参政権運動の活動家たちのなかには、ランカシャー[4]で婦人帽の製造に携わるハナ・ミッチェルのような労働者階級の女性たちもいた。彼女は「わたしたちに選挙権がなければ、生活をなんとかしてやりくりしようとすることによって強いられる骨折り仕事を、誰ひとりとして終わらせることができないでしょう」という結論にいたったのだった。[9]

　労働運動から出発して女性参政権運動に参加するようになったハナ・ミッチェルのような女性たちは、経済的な不公平は性的な不平等と同等の甚だしい悪であると主張した。一九一〇年、医療への支出に前向きではない自由党政権にしびれを切らした労働運動に携わる女性たちがロンドンで最初の児童福祉診療所を開設した。ヘレン・ボーザンケトのような中流階級の十九世紀的な社会改良家たちの多くは、労働者階級の母親と子供の死亡率が高いのは劣悪な子育てと衛生状態がその理由であると論じていた。これに対し、こうした労働運動の女性たちは、貧困こそが責められるべきなのであり、国がよりよい食事と住宅と医療を提供すべきであるという運動を繰り広げた。[10]同じ年、二万七千人をこえる女性たちを代表していた女性生活協同組合は政府に対して、すべての成人女性に選挙権を与え、女性が陪審員になることや法廷弁護士になることを認め、学校に診療所をつくり、「貧しい人びとも手が届くように」離婚の費用を安くすることを要求した。[11]彼女たちの要求は一顧だにされなかった。

　その間、何千人もの工場労働者たちがピケに加わっていた。スコットランドの工業の中心地であるクライドサイド[5]では、一九一〇年から一九一四年のあいだでストライキのために失われた労働日の日数はその前の十年に記録された水準の四倍に達した。ストライキに突入する労働者たちは――その多くが非熟練労働者だった――よりよい賃金と労働時間の短縮を求めるのに加え、労働条件についてもっと交渉をもてるようにと要求した。[12]労働者が機械に関わる作業に従事していれば「非熟練」と定義して、きわめて低い賃金を正当化しようとする雇用主側のご都合主義的傾向を、彼らはとりわけ懸念していた。「熟練」を機械化されない技能とみなすこうした定義づけは、工場が自動化されたベルトコンベアと工業機械の利用をますます促進させるにつれて一九一〇年までには意味をなさなくなっていた。労働者たちは機械の操作には迅速さ、器用さ、力強さといった技能が要求されるのだと指摘した。アリス・フォリーが十四歳でランカシャーの工場で働きはじめたときに気づいたように、もっとも雑用に近い仕事であっても深刻な怪我を回避しようとすれば「敏捷な指先」が必要とされるのであった。仕事のせいで彼女は「あまりにもくたびれ果てて、お茶の時間や夕食の時間にもしばしば居眠りをしてしまった」ほどだが、「非熟練」の若い女性であるがゆえに雀の涙ほどの賃金しかもらえなかった。[13]

十四歳のアリスは、ランカシャーの工場で機械化が進むのを懸念した織工たちによって打たれたストライキに加わった。「この技術革新と引き換えに、経営側は賃金の引き下げを主張していたのです」。アリス・フォリーのようにストライキに加わった人びとは、「非熟練」の女性や若者が現状に満足して無気力であり、まったく非力であるという雇用主の想定に異を唱えた。彼女の参加した「長引く消耗戦となった」争議は完敗といって差し支えないものに終わり、工場の所有者から嫌々ながらの譲歩をわずかに引きだしたにとどまった。同じことは、この時代のほとんどのストライキについてもいえた。にもかかわらず抗議の声をあげた人びとは自分たちの大義への決意と挺身を示し、多くの雇用主、政治家、ジャーナリストを驚かせた。一九一二年にダンディーの麻布工場の労働者たちは——その多くが女性で、ほとんどが若かった——賃上げを求めてストライキに入った。三週間後「スコッツマン」紙は、「貧しい人びとの家庭には嘆き悲しむ声が広がっている」にもかかわらず、「三万人近くの労働者」がまだストライキを続けていることに驚きを示した。このことは多くの労働者階級の家庭が男性の稼ぎだけではなく、女性の稼ぎにも頼って生活していたことを思い出させる。[14] このストライキも完敗に近い状態で終結した。しかし後年アリス・フォリーが書いているように、この時代の好戦的態度は「その後の半世紀に綿織物産業を疲弊させ、破滅に追いこむことになるテクノクラシーと機械化がおぞましい勢いで迫ってきたことに対してなされた、伝統的な生産方法を維持しようという人間的な闘争における最初の一撃」だった。[15] 彼女のような人びとの行動は、わずかであっても雇用主との交渉を確立するのを助けたし、工業労働者は、いかなる集団的な交渉の権利ももたない召使いたちに要求されるような控え目な役割を強制されるものではないということを確認したのである。

しかし第一次世界大戦の直前の時期、雇用主たちは労働者に多くの権利を与えることを拒否した。失業率は高く、政府は好戦的な労働争議の容赦ない抑えこみを支持していた。イギリスの工場所有者と製造業者は、大臣たちの支持を味方につけてストライキに対峙することができた。一九一二年、ダンディーの麻布工場でのストライキが敗北に終わって一月も経たないころ、社会主義者で労働運動活動家だったトム・マンが、暴動を扇動したという理由からマンチェスターで告発された。召使いと炭坑労働者のあいだに生まれたマンは、一八八九年のロンドン港湾大ストライキを組織するのを助けた。このストライキはイギリス史における最初の非熟練労働者の大規模動員のひとつである。彼は一九一一年にリヴァプールの運輸労働者の大規模ストライキを組織する委員会を率いていた。これは「血みどろの日曜日」と呼ばれる一九一一年八月十三日に、丸腰でデモに参加していた人びとに警察が示した残虐さによって悪名高いものとなった労働争議である。それ以来、内務省と警察はマンをその政治活動を理由に法廷に引きずりだそうとしてきたのであり、扇動罪で訴追するという決定は――立脚した証拠は薄弱だったが――政府レベルでなされたものであった。マンは六ヵ月の実刑判決を受け、七週間服役した。釈放されたあと第一次世界大戦が始まるまでのあいだ、弾圧に屈しないマンはイギリスとフランスで積極的にストライキを支援した。[16]

好戦的な労働争議に対する自由党の情け容赦ない反応は、労働者階級一般に対する大臣たちの態度と完全に一致していた。自由党の福祉改革は労働運動の力を殺ぐための万能薬として企図されたものであって、金持ちと貧しい人びととのあいだの溝を埋めようとしたものではなかったのである。労働者補償法と国民保険法は、労働組合と互助団体によってすでに提供されていた給付金を模倣したものだった。現存する保険制度に拠出金を払うことができないくらい貧しい人びとにとって、自由党の改革はほとんど何ももたらさないに等しかった。一九〇八年の老齢年金による週五シリングの支給では、人びとを貧困から救いだしておくことはできなかった（一九〇一年に社会改革論者のB・S・ラウントリーは、最低限の生活を営むためにはひとりあたり週七シリングかかると見積もっていたが、ラウントリーの言う最低水準は切り詰めるだけ切り詰めた額であった）。[17] 政府は貧困を終わらせることにではなく、大衆をおとなしくさせておくために必要とされる最低限のことをすることにしか関心をもっていなかった。

それゆえボルトン、[7] クライドサイド、ダンディー、リヴァプールでストライキに突入した人びとには、憤慨するに足る十分な理由があった。政府の補助の約束は人びとの期待を高めた。しかし、改革によって提供された貧弱な補助は激しい不満を煽り立てることになった。一九一三年に

（結成十三年目の労働党と連携した）フェビアン協会の女性グループによってなされた調査は、何千ものふつうの家族にとって貧困こそが人生の現実であるということを示していた。『一週間に約一ポンド』は、このグループの創設メンバーのひとりであるモード・ペンバー・リーヴズ[8]の独創的な考えの産物である。一九〇九年、彼女は協会の参加者にランベス[9]で家庭生活の調査をおこなうよう説得した。この本の序文で彼女は、彼女が調査対象に選んだ地区が金持ちの改革論者にとっていかに恐ろしいものと映ったか説明している。

ヴィクトリア駅からトラムに乗ってヴォクソール駅まで行く。鉄道が上を通るトンネルのヴォクソール橋に面した側のアーチから外に出ると、そこはケニントン通りである。上を鉄道が走るアーチの天井は騒音に満ちていて、ひっきりなしに通る列車の轟音を、振動をともなうくぐもったゴーッという音に変えている。トンネルのアーチのどちらの出口からもトラム、バス、ビール会社の荷馬車、石炭を積んだ馬車、口にするのが憚られる原料を膠工場と皮なめし工場に運ぶ荷馬車、自動車、行商の手押し車、そして人びとがぎっしりと列をなして出てくる。……これが、北はランベス通り、南はランズダウン通り、東はウォルワース通りへと続く地区への西側の玄関口であり、そこでこの本の主題を形成する人びととの生活が営まれている。[18]

ペンバー・リーヴズと協力者たちがはじめて鉄道のアーチの下から足を踏みだした一九〇九年から一九一三年のあいだに、彼女たちは一週間に二回ずつランベスに住む四十二の家庭を訪問した。

フェビアン協会の女性たちは研究対象にするグループを意図的に選んだ。それは「その地区のなかでもっとも貧しい人たちではない。断じて最貧の人たちではない！」のだった。[19] ペンバー・リーヴズと彼女のチームは、行商人と路上芸人と物乞いだけが生活をやりくりするために苦闘している人たちではないということを示したいと考えていた。店員、魚のフライを売る人、お針子、職工を含む、週給が一八シリングから三〇シリングの数多くの労働者たちもまた家族に衣食を与えるためにもがいているのだということを明らかにしたのである。自由党の週刊紙「ネイション」が書いていたように、「今日、貧しい人びとがどんな暮らしをしているか知りたいと思ったら、ペンバー・リーヴズ夫人の小さな本を見ればよい。……そこに書かれているのは浮浪者のロンドンではなく、ふつうのロンドンであり、断固として体面を保つロンドンである。「最下層の人びと」ではなくて中間のどこかの層に属する人びとである」[20]。

ペンバー・リーヴズが出したもっともラディカルな結論は、貧困がごく少数の弱者に限られるわけではないというものだった。フェビアン協会の女性たちは、貧しい人びとは彼ら自身の困窮に責任があるのだという決めつけに異を唱えたのである。こうした決めつけは、保守党や自由党の政治家たちと、それらを支持する中流階級の有権者たちの多くに特徴的だった。十九世紀の救貧法のもとでは、低賃金のせいであれ、病気が理由であれ、失業や高齢のせいであれ、自分で生活していくことのできない者は地元の民生委員会に助けを求めなければならなかった。地元の納税者――通例、市会議員、牧師、自由党支持者と保守党支持者の寄せ集めを含む――からなるこの委員会が、申請者は援助に値するか、どのくらいの援助を与えるべきか、援助は現金の形で与えられるべきか、それとも食料品や衣服の形で与えられるべきかといったことを決定した。

一九〇四年に三十三歳で独立労働党（ＩＬＰ）の党員だったハナ・ミッチェルは、民生委員がいかに無神経であるかを経験した。農業労働者の娘であったハナは、召使いになるために十四歳で家を離れた。彼女は召使いの仕事が好きではなかったが、雇い主の息子から暴行されそうになって以降とくに嫌いになった。彼女はダービシャー[10]の村の下宿を借りられるだけのお金をやっとのこと蓄えて、勤め先の家を逃げだした。彼女は店員の仕事を見つけ、労働組合運動に加わるようになった。その後お針子となり、社会主義の会合で出会った仕立て屋の男と結婚して、一九〇四年にアシュトン・アンダー・ラインの民生委員に選ばれた。ハナは、労働党の代表者を除く民生委員のすべてが「給付金や救援物資をもらっている人びとを慈善にたかって遊び暮らす、感謝することもできない間抜けどもだとみなしている」のに気づき、嫌悪の念が湧くのを禁じえなかった[21]。このことは十年後にフェビアン協会の女性たちが調査結果を本にして出版したときにも変わっていなかった。調査は、イギリスの労働市場と福祉制度のせいで働く人びとの大多数が貧困すれすれか貧困状態での生活を余儀なくされているのだということを示した。これはとりわけ自由党の「改革」の時代の後にあって、イギリス政治の有罪を証明する糾弾されてしかるべき事態だった。

この間、自己主張を強めつつあった労働者階級の台頭がイギリスの中流階級と上流階級に不安を煽り立てていた。『コンサイス・オックスフォード・ディクショナリー』が一九一一年に「召使いを確保し、管理すること」の困難と定義した「召使い問題」は、ストライキに突入する労働者たちよりもはるかに多く新聞の関心を惹きつけた。[22]「信頼できる」召使いを見つけることの困難についての雇い主の不満は、この仕事が生まれたときから存在した。しかし第一次世界大戦に先立つ数年で、雇い主たちの怒りと不安は増大した。というのは、召使いたちがますます工業労働者のごとくふるまうようになっていったからで、自分たちは実際に労働者階級であり、雇い主たちの利害とは相容れない利害を共有しているかのようにふるまったからである。召使いは言いなりになる存在だと思われていたから、これはとりわけ悩ましいことだった。召使いのほとんどは十代の若い女性であり、彼女たちは雇い主の家に住みこんで働くために十二歳とか十四歳で家族のもとを離れていた。

ロンドンの大きな個人邸宅の階段を掃除しているメイド（1910年ごろ）

　一九一一年から一九一四年のあいだに「召使い問題」は、いっそう発言力を強めつつある労働者階級について中流階級と上流階級に広まった不安の的となった。[23]召使いたちが追従的な態度をとっているうちは、雇い主は社会秩序が安定的であると信じることができた。しかし、こそこそとした目つきやたいして取り繕われもしない薄ら笑いは、社会改革とストライキと女性参政権運動の時代にあって階級戦争を暗示するしるしと受けとられた。中流階級や上流階級の主人ないし女主人たちは「敬意と服従」の喪失を一様に嘆き悲しんだ。第七代リッチモンド公爵の娘であるミュリエル・ベックウィズ卿夫人は、この関係を「興味深い形で細密につくられた義務と愛情の不文法であり……相互依存」であると説明した。[24]多くの雇い主は、召使いたちのふるまいが彼らを社会的な自由にふさわしくないものにしており、参政権が与えられるなどとんでもないことだと主張した。召使いを雇っているある女主人は「スコッツマン」紙への投書に匿名で「夜中に車に乗ることが最近の娯楽のひとつであると聞いています」と書き、「ＨＭＴ」と署名していた。この匿名投稿子が言うには、夜になると若者たちが召使いを定期的に迎えに来て、田舎道でのレースに連れだすので、召使いは仕事を放りだし、「鍵のかけられていないひとけのない家に……老婦人がひとり残されてしまう」のであった。(25)

雇い主たちのこうした憤懣は、国民保険をめぐる議論でさらに募ることになった。一九〇八年、自由党政権が最初にこれを導入する発議をおこなったとき、アスキス内閣は疾病保険の枠組みに召使いを含めるつもりであることを明らかにしていた。これによると男性の召使いは週に四ペンス、女性の召使いは週三ペンス、雇い主は週に三ペンスを納めなければならないことになる。郵便局で支払いをして、引きかえに印紙を受けとり、雇い主か召使いのいずれかがそれを帳簿の形で保管しておく。そして病気になると、男性の召使いには週一〇シリング、女性の召使いには週七シリング六ペンスを受けとる資格が発生するのだが、「仮病」を防ぐために最初の三日間はいっさい支払われないというものであった。(26) 国民保険法は一九一一年に成立する。

召使いのなかには、なけなしの賃金からさらに支出を要求するこの提案に激しく憤る者もいたが、もっとも声高に反対の声をあげたのは雇い主たちであった。「国中で腹を立てた女主人と衝撃を隠せない紳士たちによって「四ペンスのために九ペンスも支払うのか」「印紙は舐めない」と叫ぶ激しい運動が始められた」と、当時は若い綿織物工で労働組合活動にも携わっていたアリス・フォリーは思い出を語った。(27) その法案は「家に住みこみで働く召使いと、利潤追求の仕事に雇われている者との区別を十分につけていない」と、ある女主人は「タイムズ」紙に投稿した。(28) このような雇い主が言いたいのは、個人の家は政府の干渉を受けるべきではないということだった。

こうした雇い主たちは家事奉公が他の賃労働とは違ったものであると説明したが、現実には召使いたちも他のすべての労働者と同じ理由で労働市場に参入していた。その理由とは、お金が必要だということである。一九一一年、「タイムズ」紙はポーツマス卿夫人、スタンリー卿夫人、ウィリアム卿、ブル卿夫人といった高い身分の人たちが書いた法案への反対の投書を突如多数掲載した。こうした人たちは国民保険が「主人と召使いのあいだの思いやりあふれるつながりを弱めてしまう」だろうし、その法律によって「仮病に特典が……与えられることになる」だろうと述べていた。投書では「われわれの女中たちが築きあげてきたみごとな健康の記録と弱音を吐くのをよしとしない精神と」が、厳しい労働条件と給付金の欠如を非難するだけに成り下がってしまったと示唆されていた。働く若い女性たちにこうした自由を与えてしまうと軽率で無責任になり、社会の弱体化のもとになるだろう。(29) 福祉の提供に反対するこのような議論は、二十世紀を通して、またそれ以降も長く続くことになる。

法案に反対の人たちは、雇い主と召使いの関係が保険によって変質し、召使いが少しであってもさらに管理の力をもつような関係になることを懸念していた。一九一一年までにこの法律は雇い主のニーズを優先させるということで合意ができていた。召使いの雇い主が果たすべき唯一の法的義務は「必要な食事と衣服」そして「住まい」を与えることだけだった。また雇い主が召使いの生命に関わるような、あるいはその健康を永続的に損ねてしまうような身体的な危害を加えることを禁じていた。[30] 召使いの労働時間と労働条件は制限されなかった。多くが一日十二時間労働に耐え、ほとんど休暇をもらえなかった（週に一度の日曜日と二週間に一度の半日の休み、そして年一回の無給の一週間の休暇というのが典型である）。

一九一一年の国民保険法はじつのところ、こうした状況にとって脅威となるものではなかった。召使いを対象に組み入れたことは、工場や商店の仕事の機会がゆるやかに拡大しつつある時代において召使いの職業の衰退を食いとめる手段として、自由党政権にとっては理にかなっていた。自由党の政治家たちは、この法律によってすべての労働者に最低限の保護を与え、将来の福祉のためにお金を納めることを通して賃労働をする人びとに倹約の精神を教えこもうと考えたのである。[31] 保険制度が税の再分配ではなく拠出にもとづくということで、もっとも豊かな層ともっとも貧しい人びととの不平等は強化されただけだった。これはジョージ・バーナード・ショーの言葉を借りれば「ポケットからお金があふれ出していることが目に見えてわかる金持ちを救うために、最低限度の生活を営むにも足りない貧しい人びととの給金に対して仕掛けられた無差別攻撃」であった。[32] しかし召使いの雇い主にとっては、彼らが召使いを所有物として扱うという時間をかけて築きあげられてきた権利に対する脅威となったにすぎなかった。

家事奉公をする召使いが不人気である理由についての調査によると、「しばしば召使いたちは自分たちが別の階級であると悲しげに語る」ことがわかった。女性産業協議会は、七百をこえる雇い主と五百人を上まわる召使いたちから回答を得たアンケートをもとに結論を出した。召使いたちからの回答は、孤独と長時間労働と労働環境の悪さへの不満を示していた。マーガレット・モリスはこうした女性たちのひとりである。彼女は一九〇〇年にオックスフォードシャーの寒村に生まれ、十四歳になる少し前に農家に奉公に出された。「彼らはポニーと二輪馬車でわたしを迎えに来ました。その夜はひどくホームシックになりました。

……翌朝、朝食が終わると、塵取りと箒を渡されて、食堂を掃除するように言われました。……一日のうちでもっともしっかりした食事もわたしは台所で食べました」。彼女の十四歳の誕生日は寒い冬の日だったが、「わたしはアヒルの羽をむしらなければなりませんでした。台所のなかでその作業をするのは許されなかったので、庭にある大きな椅子に座りました。わたしはどうやってその作業をすればよいのか知りませんでした。ああ、わたしは悲しかった。そうしたら郵便配達の人が来て、わたしにバースデイ・カードを届けてくれました。これで元気づけられました。……でも奥様はこのことをあまり快く思いませんでした」。あるときマーガレットは、週に一度の半ドンの日が家族に会える唯一の機会なので、九時まで外出してよいかおずおずと尋ねた。女主人はこれを撥ねつけ、「許しません。わたしたちは自分で夕食の支度をするためにメイドに給金を払っているのではありません」と言い、「いつもどおり八時までには戻りなさい」と命じました。こんなふうに田舎の少女たちは扱われていたのです[33]」。

しかし、多くの召使いたちが田舎の出身であったとはいえ、「彼女たちは工業に関わる他の共同体から切り離されていたわけではけっしてない。彼女たちの父親や兄弟は近年ではストライキに加わり、新聞を読むようになってきている。労働争議をめぐる不安と女性参政権運動を煽り立てる波が、ものを考える召使いたちの心にも打ち寄せてきており、心には自分たちの不満を嘆く余地しか残されていない人びとの憤りの集束を促した」ことを女性産業協議会は明らかにした[34]。召使いたちは愚かでも無責任だったわけでもなく、他の職業についてよく知っていた。労働組合や賃金の法制化、労働時間短縮が友人や親戚にもたらしてきた恩恵について彼女たちはわかっていたし、こうした恩恵にあずかれないことに不満を感じていたのである。

他の労働者たちが集団的に雇用主と交渉する権利を獲得しつつあった時代に、召使いは主人、女主人に完全に服従していることを期待されていた。追従的な服従の態度を示すことが求められるときを別にすれば、掃除をしているところを見られてもいけないし音を聞かれてもいけないとされていた。一九〇五年、ウェスト・ヨークシャー[11]のネイリー出身で十五歳のイーディス・グリーンは、バーンズリー[12]の石炭商の家族に奉公しはじめた。彼女の雇い主が夕方仕事から帰宅するたびに「わたしは彼の靴を脱がせ……スリッパを履かせなければなりませんでした。わたしはそれをとても嫌な仕事だと思いました[35]」。雇い主のなかには、召使いたちの親があまりにも「お高くとまった」名前をつけたものだと感じて召使いの名前を変えさせる者もいた[36]。イーディス・ロックウッドは一八九九年に奉公に出たとき十二歳だった。生まれてはじめて家を離れた彼女は孤独で、母親が恋しかった。なじみのものは何もなく、名前ですらなじめなかったのは、女主人が「自分のことをイーディスと呼ばなかったからで、……なぜかというと奥様にはイーディスという名の友人がいたため、わたしを［わたしのミドルネームを使って］アニーと呼んだからです」[37]。一九一四年、十二回目の誕生日を迎えたばかりのキャサリン・ベアンソンは、エディンバラの中流階級の家でメイドになるためにシェトランド諸島[13]の実家を離れた。彼女の女主人は「わたしの部屋を調べていました。……わたしがいないときに抽斗のなかを調べていたのです」。この年若いメイドは、金持ちで特権階級の人たちの目には「自分が信用ならない」と映っていることをすぐにさとった[38]。こうした支配、規制、さもしい侮蔑によって召使いたちは自分の地位を知らされることになった。召使いたちは雇い主と比べると卑しい身分であり、どんなに懸命に働いてもそのことに変わりはないのだと。

しかし、多くの召使いたちはこれが自分たちの地位なのだということに甘んじるのを拒んだ。反抗的な態度は感じられないとしても、それが抑えこまれているのはたしかだといって召使いたちの態度にかくも腹を立てるのは、多くの雇い主がたんに権威主義的なだけだということを示すしるしである。労働組合の活動家たちは、メイドを組織化することの困難に不満をあらわしていたが、多くの召使いたちは雇われている者がわずかひとりかふたりしかいない屋敷で暮らしていて、労働組合が自分たちに何をしてくれるのかわからなかった。しかし、自分たちの声を代弁してくれる労働組合をもたず、寝食を雇い主にかなり依存していてもなお、多くの者たちは要求された服従を受け入れることを拒んだのである。レスタシャー[14]で若くして奉公を始めたマイヤーズ夫人は、そうした召使いたちのひとりだ。雇い主が彼女に制服を示したとき、「わたしは［帽子を］着用しません。……なぜなら、髪の上にものが載っているのは嫌いだからです」とマイヤーズ夫人は言った。彼女はまた「背中で紐を使って留めるエプロン」を身につけるのも拒んだ[39]。帽子とエプロンは、召使いが他のほとんどの賃金労働者とは違うことを示すしるしであり、時間だけではなく身体までも雇い主にコントロールされていることをあらわすしるしだとして非常に不人気だった。

多くの召使いたちにとって人付き合いというものはなかった。雇い主が敬意のあらわれとして受けとめたがった沈黙は、プライバシーがたえず侵犯される仕事においては反抗のしるしだった。マーガレット・モリスは十代の半ばになると、オックスフォードの北部にある中流階級の家での仕事に就くために、奉公していた農家の家庭を去った。ヴァージニア・ウルフは、メイドが「帽子についての助言を求め」て部屋に駆けこんでくるなど雇い主を同等の身分として扱うほどに自己主張の強さを増してきていると信じていたが、多くの召使いたちはこれを、お節介なくらい口出しをしてくる女主人たちをなだめすかす手段であると考えていた。「奥様たちは帽子が好きだったりすると、ときどき意見をおっしゃいました」とマーガレットは回想する。「当時は誰もが帽子をかぶっていましたので、もしいい帽子をもっていたら、それについて奥様方に何か言うこともできましたし、意見を求めることもできました。なので、わたしはときには進んで情報を差しあげましたが、しょっちゅうというわけではありませんでした」。この一見すると開かれた関係の背後で、マーガレットは自分自身のためのわずかばかりの付き合いの時間を捻出することができた。「わたしたちは教会に行くことが求められていたとしても、行きたくなければ行きませんでした。ボーイフレンドと外出するときには奥様には言いませんでした」[40]

多くの召使いたちは、自分たちの仕事をあたうかぎり最大限に利用しただけである。ケイト・エドワーズのように、雇い主との温かな関係を享受した召使いもいる。彼女は一九〇〇年代に中流階級女性の付き添い《コンパニオン》として働いたが、雇い主のことを「ほんとうの友だち」と表現した。これは控えめであるというより親愛の情に満ちた関係であったことを示している[41]。また、どんなにわずかの報酬しかもらえなくても、自分の技術に誇りをもっている召使いたちもいた。一八九三年生まれのフローレンス・トムスンは、学校で習う家庭科を楽しむことができた。「調理とかそういうすべてのことが魅力的」だと感じ、これをきっかけに彼女は家事奉公の道に入っていった[42]。もてる技術に対する彼女の自負は、なけなしの賃金しか支払われない家事仕事の価値を低くみる雇い主に異を唱えるものだった。大きく裕福な家庭に仕える幸運を得た召使いは、支給される食事や温かな衣服を享受することができた。ベシー・アランは一九一〇年代にオックスフォード大学のニュー・コレッジで働いた。彼女はオックスフォード東部の貧しい家庭の出身だった。「それまであんなに上品《ポッシュ》な家に入ったことはなかったですし、まして大学なんて足を踏み入れたこともありませんでした」。彼女は「ポリッジとトーストとケジェリー」のぜいたくな朝食を満喫した[43]。組織で働く多くの召使いたちと同様に、彼女も雇い主との関係からではなくて、こうした物質的な利益から喜びを引きだしていた。

召使いのなかには、雇い主のライフスタイルの向こうを張ろうとした者もいる。大工の娘でダラムのイージントン[15]出身のリリー・ブレンキンは、一九一三年に十二歳で上層中流階級の家のメイドになった。彼女は雇い主のライフスタイルから多くのことを学べると信じていた。雇い主のライフスタイルは「自分よりも上である」と判断した。[44]しかし、雇い主に対する彼女の態度は、この判断の言葉が示すほど素直にうやうやしげだったわけではない。「もしわたしの学校の成績がもっとよかったら、家事奉公よりましな仕事に就くことができたかもしれません」と彼女は語った。[45]多くのメイドたちは、雇い主の暮らしのなかに代理の楽しみを得ることで、断念せざるをえなかった志への償いとした。彼女たちの仕事が可能にしてくれる上品な食事とおしゃれなパーティへの接近の機会をありがたいものとして受けとめていた。

雇い主の向こうを張ることと一線をこえることとのあいだにはわずかな違いしかなかった。雇い主に腹を立てているメイドは雇い主についての噂話をしたり、女主人の服を勝手に着たりした。[46]ベアンソン夫人は、エディンバラの女主人が外出したときのことを思い出してこう語った。「わたしだけだとそんなことをする勇気などなかったのですが、他のふたりの召使いが「さあ行くよ」と言うのです……わたしたちは上の階にあがって応接間で紅茶を飲みました。まあ、それが唯一できること――差を乗りこえるための唯一の方法だったのですね」。[47]リリー・ブレンキンでさえ割り当てられた役割を踏みこした。彼女は「家事奉公をすることで、結婚したあかつきにはどうやって物事をすてきにすればよいかがわかりました」と言いながら、自分の限られた資源が許すかぎり雇い主のように暮らす権利と能力を主張した。彼女は人生における自分の役割がまずもって社会的に身分が上の人たちへの奉公であるということに甘んじるのを拒否したのだ。一九一四年には、こうした拒否は奉公人を雇う多くの雇い主にとって急進的かつ危険であるように思われた。それはイギリス社会のヒエラルキーがじつに長いあいだ依拠してきた奉公の関係を否定するものであった。

ヴァージニア・ウルフが感じとった召使いの態度の変化は、一九一四年までに目に見える結果を召使いたちの身の上にほとんどもたらさなかった。工場労働の数が増えてはいたものの、かなり多くの人びとが雇用を家事奉公に頼らなければならず、雇い主にあからさまに反抗して職を失うことなど容易にできることではなかった。にもかかわらず、よりよい何かを求めて奉公から逃れたいという召使いたちの思いは、雇い主や女主人たちの不安をますます募らせることになった。工場での仕事を得ることが可能になり、保険をめぐる議論によって召使いたちも労働者であることが示された時代だった。雇い主たちは、工場でピケを張りストライキをおこなう急進的な労働者たちと同じような人間が自分たちの居間や台所にも配置されているのだということを強く認識した。これは現代版の労働者階級が誕生してきたしるしであり、人生が自分たちにどれほどわずかのものしかもたらしてくれないかということに不満と憤りを覚える非熟練労働者と熟練労働者、メイドと炭坑労働者をつなぐ共有されたアイデンティティがあらわれてきたしるしである。

ストライキを打つ労働者たちと召使いとの関係が、イギリスの雇い主や女主人にいくばくかの不安をもたらしたのだとすれば、雇っている召使いたちが何か別のものとひきかえに喜んで自分たちの地位を棄てるであろうとの認識も、不安の原因であった。一九一四年以前にはその「何か別のもの」というのは通例、結婚を意味していた。ケイト・エドワーズは女主人のことが好きだったが、「風雪から守ってくれる家と居場所を与えてくれるすてきな信頼できる男性との良縁があれば、女性はそれに飛びつきました」と述べた。[48] 結婚は奉公では得られない自由を提供してくれたし、メイドは工場労働者や事務職の労働者よりも婚期が早い傾向にあった。[49] 奉公先を離れる機会が到来すれば、仕事を楽しんでいると述べていた者も女主人に愛情を感じると公言していた者も荷物をまとめ、後ろ髪引かれることなく移動していった。マーガレット・モリスは三十四歳で結婚するまで奉公をしていた。最後の職場で彼女はとてもしあわせだったので、結婚後も「ジャムや瓶詰の果物をつくるために」しばしばそこに戻っていった。しかし彼女が恋しく思ったのは女主人ではなく、ともに奉公していた仲間たちだった。そして多くの召使いたちと同様、彼女は自分の子供たちには彼女の通ってきた道をたどらせまいと決意していた。「自分の娘たちには誰ひとりとして奉公に行ってほしくはありませんでした。とてもきつい生活ですからね……事務職をやっていればそれが好きになったのだろうと思います」。[50] マーガレット・モリスのような召使いたちは置かれた状況を最大限に活かしたわけだが、彼女たちの世界観は雇い主のそれとは異なっていた。雇い主たちは、自分たちに仕えるのが労働者階級の仕事だと信じていた。

一九一四年のイギリスは平和な場所ではなかった。第一次世界大戦に先立つ数年のあいだに現代版の労働者階級が登場しはじめた。召使いも含む非熟練労働者たちは雇い主からの独立をますます声高に主張しはじめた。十九世紀末にときどき起きていたストライキや叛乱は、闘争的な労働争議の大きな波にとってかわられた。メイドたちがピケの列で彼女たちの父親や兄弟によって表現された怒りを雇い主の台所と応接間にもちこんだため、「召使い問題」は新たな高みに達した。労働運動はイギリスの政治に携わる人びとに衝撃を与えはじめようとしていた。新たに誕生した労働党の成功によって改革の引き金が引かれた。こうした改革は貧困を改善しはしなかったが、仕える者たちと仕えられる者たちとのあいだに古くから存在する区別に疑問を投げかけた。自由党の福祉改革によって、これらふたつのグループの利害は相互補完的ではないのだということが認められた。現存する社会的、政治的な仕組みによっては労働者の福祉は適切に提供されていないことが認められたし、国民保険をめぐる議論では、私邸に奉公していようとも工場で働いていようとも、賃金労働者はある一定の重要な利害を共有していることが認められたのである。

にもかかわらず、このような労働者たちの立場は弱いままだった。「わたしたちは脅されている受け身の共同体でした」と後年アリス・フォリーは断言した。「解雇されるのではないか、罰を受けるのではないかという恐れ」から他のことが何もできなかった。「仕事がないときには、もっとゆとりのある暮らしがしたいなあと漠然と思うこともできたわけですが、それは力強い衝動ではなくて雲をつかむようなぼんやりした望みだったのです」[51]。彼女は工場労働者だったが、召使いたちは彼女よりもはるかに小さな力しかもっていなかった。しかし、仕事のある日はいつでも彼女たちの目の前には「ゆとりのある暮らし」の実例が、彼女たちよりはるかに裕福な雇い主の形をとって存在していた。快適な邸宅の薄暗い片隅に暮らしながら、召使いたちはいつも自分たちの生活の状態を主人や女主人の暮らしぶりと引き比べてみることができた。同時に召使いたちは、自分たちの交渉力の欠如を、工場で働く父親や兄弟、姉妹の拡大してゆく権利と比較することも可能だった。一九一四年の段階で彼女たちが豊富にもっていたのは希望と夢だけだった。戦争とその余波により、こうした夢と希望のいくつかを実現する能力が彼女たちに与えられることになる。

訳注

〔1〕ブラック・カントリーはイングランド中部、バーミンガムの西側の地域で、産業革命の時代から炭坑業、製鉄業などで工業化の中心となった地域。石炭層が地表にあらわれている場所という含意でこのように呼ばれる。

〔2〕オックスフォードシャーはロンドンの西に位置するオックスフォードを中心とした州。

〔3〕ボーンマスはイギリス南部の海岸に面したドーセットの都市。

〔4〕ランカシャーはイングランド北西部のランカスターを中心とした州。かつては綿産業で栄えた。

〔5〕　クライドサイドはスコットランド西部、グラスゴーを中心としたクライド川流域で、造船業の中心地だった。
〔6〕　ダンディーはスコットランド北東部の北海に面した都市。
〔7〕　ボルトンはマンチェスターの北西に位置する町。
〔8〕　モード・ペンバー・リーヴズ（一八六五—一九五三年）はフェミニストで、一九一三年にロンドンの貧困の調査にもとづいた本を出版した。
〔9〕　ランベスはロンドンのウェストミンスターの対岸、サウスバンクを含むテムズ川の南の区域。
〔10〕　ダービシャーはイングランド中部イースト・ミッドランズの州。マンチェスターの南東で、東側にはノッティンガムがある。
〔11〕　ウェスト・ヨークシャーはリーズやブラッドフォードを擁するイングランド北部の州。
〔12〕　バーンズリーはマンチェスターの東、シェフィールドの北に位置するサウス・ヨークシャーの町。
〔13〕　シェトランド諸島はブリテン島の北東、北海にある諸島。
〔14〕　レスタシャーはイングランド中部、レスターを中心としたイースト・ミッドランズの州。
〔15〕　ダラムはイングランド北東部にある歴史的な町で、ダラム城とダラム大聖堂は世界遺産に指定されている。

第2章　ショートヘアの叛逆者たち

　一九一四年八月四日、イギリス政府はドイツに対して宣戦布告した。すべての戦争を終わらせる戦争という名目の世界大戦《グレイト・ウォー》が始まったのである。数ヵ月と経たないうちに、中流階級と上流階級の家庭から召使いたちが実質上姿を消した。若い女性たちが軍需工場に集められたからである。当時十五歳でソルフォード[1]で機械工の徒弟をしていたロバート・ロバーツは、家事奉公から女性たちが大量に辞めるのは彼女たちの「自由――なかでも男性と難なく会うことのできる自由」がほしいという欲望が理由であると述べた。こうした自由は、男性たちが戦場に去り、工場や商店での仕事が急増したことによって与えられたし、軍需品に対する国のニーズによっても与えられた。後者は就業可能な工場の仕事の数を大いに増やした[1]。こうした仕事によって召使いたちよりも短い労働時間とよりよい賃金が与えられたし、決定的だったのは独立して暮らすチャンスが与えられたことである。一九一九年に産業における女性に関する戦時内閣委員会は、「若い労働者階級の女性たちが最終手段としてしか住みこみの家事奉公には戻りたがらない。さらなる自由と労働時間の制限を求めているのだ」ということに気づいた[2]。一九二一年には百三十三万五千三百八十九人の召使いがいたが、これは一九一一年と比べて百万人少ない数である[3]。

　第一次世界大戦は、イギリスの階級関係を劇的な形で疑問に付すことになった。戦争によって召使いを含む何千人もの人びとが工業の分野で働くようになり、新たな経済的、政治的な権利を獲得した。戦前、低賃金と長時間労働に耐え忍んできた人びとにはふたつの選択肢があった。もっといい仕事を探すか（いつも可能であるとは限らない）ストライキを打つか（そのせいで解雇されるかもしれない）の選択である。戦争中は雇用主も政府も働き手を必要とした。熟練工だけでなく非熟練労働者や、それまで家事奉公をしていた人びとも軍需工場での働き手として必要とされた。少なくとも百万人の女性が戦争中に労働力に加わった。労働運動の指導者たちは、賃金と労働時間をめぐって雇用主や政府と新たな交渉に入ることが可能となり、全国レベルで交渉のテーブルにつくことが永続的に可能となった。一九一四年には四十三万七千人の女性と三百七十万八千人の男性が労働組合に加入していた。一九二〇年までに百万人をこえる女性たちと七百万人の男性が組合員になっていた。[4]

しかし、戦時中の労働という共有された経験が現代の労働者階級の誕生にとって重要であったとするならば、戦後にもそれは大きな意味をもった。戦後の保守党と自由党の連立政権は、平時の雇用と「英雄のための住宅」という戦時中の公約を裏切った。政府は多くの女性を忌み嫌われている家事奉公の仕事に戻らせた。戦時中の労働の結果として高まった期待と、戦後の住宅と仕事の不足に対する憤懣とが結びついて、産業における労働の規制と休暇、政治による真剣な検討を求めるふつうの人びととの強い気持ちに拍車をかけた。流行に乗って髪を短く切ったメイドが体現したような労働者の独立の新たなめばえを雇用主たちが抑えつけようとしたことは、緊張を悪化させただけであった。

工場労働者や店員たちは、戦争から利益を勝ちとった。一九一六年、政府は戦時中のストライキ権を制限することで労働組合と合意に達したが、見返りにそれまで以上の交渉権を組合に与えた。労働者たちは賃金の上昇と労働時間短縮の恩恵を受けた。[2]ブリストルのアンドリューズ一家はそうした人びとである。アンドリューズ氏は七人の子供を養うために、ブリストルの港や鉄道工場などで臨時の仕事をしながら職探しに苦労していた。彼の十四歳になる娘ネリーは一九一六年に学校を卒業できる日を、熱意と不安をもって待ちかねていた。熱意というのは彼女にも家計に貢献できる日が来るからであり、不安というのは就けそうな唯一の仕事は家事奉公だけだったからである。しかし一九一五年までに彼女の家族をとりまく状況は一変した。両親にとって「最良の日々は戦争中でした」。ブリストルの港は取引で活気にあふれ、鉄道は忙しさを増して、男たちは前線に行ってしまっていたから、工場は新たな働き手を探し求めていた。「父は仕事に就くことができて、母も自分で……ちょっとした仕事をやっていました」。ネリー自身の見通しもよくなってきていた。ベドミンスターにあるウィルズ煙草工場での仕事に就くことができたが、これは南ブリストルでもっとも多くの人を雇用する会社であり、ブリストルで最良の働き口のひとつだった。妥当な額の賃金を払い、有給休暇と年金を与えてくれるのに加え、ウィルズ家は工場に電気と最新の機械を導入し、専用の浴場と労働者のための食堂も設けていた。一九一七年にはアンドリューズ一家の「三人がウィルズの工場で働いて」いた。定期的に収入を得てくる家族が五人いたので、「わたしたちはまだ小さい子供たちのためにより多くの食べ物と、少しだけ多くのお金をもつことができました」(5)。

　ウィルズの工場で働くことは、メイド——工場労働者たちが軽蔑したように使った呼び方でいえば「下女《スキヴィ》」——であることよりもはるかに好ましいものだった。一九二〇年に召使いたちは一週間あたり四シリングから一八シリングの給金を得ていたが、商店や工場で働く女性は二八シリング稼ぐことができた。一九一四年以降、彼女たちの得る週給は二倍になっていた(6)。工場労働者や店員たちは週四十八時間労働ということで雇われていたが、召使いたちは一日二十四時間、雇い主の言いなりで働かされていた(7)。戦争世代は自分たちの新たな経験にもとづいて家事奉公を満足できるものではないと判断した。労働者として最初にしたのが軍需工場での仕事であり、一九一九年には料理番として働いていた若い女性は、「家事奉公に入って以来、わたしは教会での仕事と音楽の勉強の全部をあきらめなければなりませんでした」と嘆いた。「店や工場で働く若い女性なら、どんな社会奉仕にも携わることができて、自分の教育をよりよいものにできるのに」(8)

　多くの中流階級、上流階級の論者たちは、労働者階級の女性が「女中仕事をする」のを拒否することで広範かつ急進的な社会変革がもたらされるのではないかと恐れた。一九一八年には人民代表法により、二十一歳をこえた男性に普通選挙権が与えられた。それ以前には財産による資格制限があり、男性の四〇パーセントが国政選挙の投票に行くことができなかった。持ち家を所有している三十歳をこえた女性にも選挙権が与えられたが、（ほとんどの家事奉公人を含む）財産をもたない女性たちと二十代の女性たちには選挙権がないままだった。これらは労働運動と女性参政権運動にとって、政府から勝ちとった重要な勝利だった。ときの政府はロシアやドイツで起きていたような革命ではなく、平和への安定的な移行をおずおずしながら望んでいた。一九一八年教育法では、義務教育修了年齢が十二歳から十四歳に引きあげられた。これはランカシャーの綿織物の町の労働組合の活動家たちが一世代をかけて熱心に求めてき

1911年11月にロンドンのフリート街で撮影されたこの家族のように、第１次世界大戦後には数多くの退役軍人とその妻たちが住む家も仕事もない状態に置かれていた

た目標だった。この地域では工場主たちが子供を安価な労働力として使っていた。一九一九年、政府は住宅および都市計画法を通過させ、住むところを必要としているすべての人びとに地方自治体が住宅を供給しなければならないと定めた。同じ年に制定された住宅（追加権限）法は、売るための住宅を進んで建築する民間の業者に金銭的なインセンティブを与えた。

しかしこうした政策は、労働運動を支持する流れを止めはしなかった。一九一八年、労働党は富の再配分に尽力するという新しい綱領を採択した。この年の総選挙で労働党は六十三議席を獲得し、労働者階級の支持が自由党から労働党に移ったことが明らかになった。

労働組合がその力と信頼性を増したため、戦争中には組合加入率が上昇した[9]。しかし労働党を支持する人びとも、ロイド・ジョージの連立政権には幻滅した。連立政権は英雄にふさわしい土地というのを公約に掲げて一九一八年の総選挙で勝利したが、投票した人びとは英雄たちが安定的な仕事に復帰でき、よりよい住まいを得られるものと確信していた。しかし、イギリスの産業が平時の経済状態に戻るのに悪戦苦闘するなかで、一九一九年までに失業手当に並ぶ人の数は増えつづけていた。政府は援助の手段をなんら講じなかった。手当の支払い額は失業中の何千もの人びとにとって不十分なままであった。第四回選挙法改正では、女性の四〇パーセントにしか選挙権が与えられなかった。連立政権は織物業者に説得されて一九一八年教育法の施行を一九二一年まで先送りすることになった。イギリスの都市部では何百万もの人びとが人口過密のスラムに住みつづけていた。戦争が終わるころ、五十万世帯の家族が新しい住居を必要としていたが、政府はそれを法制化したのちも地方自治体への直接的な援助をおこなわず、一九二一年までにわずか二十一万四千戸の家が建てられただけであった。(10)

　その直接的な結果として叛乱が起きた。一九一九年、暴動が主要な都市と町のほとんどで発生した。グラスゴー、ルートン[3]というまったく異なった場所で起きた抗議運動を鎮圧するのに警察と軍は悪戦苦闘を強いられた。一月三十一日にはグラスゴーのジョージ・スクエアで、週四十時間労働を求める何百という数のストライキ中の労働者と警察が衝突した。有罪になった者のなかには労働運動活動家のエマニュエル・シンウェルが含まれていた。彼は暴動を引き起こした廉で五ヵ月の禁固刑を受けた。ウィリアム・ギャラハーは同じ罪で三ヵ月服役した。ギャラハーはのちに共産党の国会議員として名を馳せるようになるが、一九一五年に造船業の労働者とその妻たちが組織的に家賃不払いと造船所でのストライキに打って出たとき、「レッド・クライドサイダーズ」のひとりとして警察に目をつけられていた。暴動に関与した人びとは、戦争関連で何百もの労働者がこの都市にやってきたのに乗じて家主たちが家賃を値上げし、雇用主たちが賃金を引き下げたことに激怒したのである。

　一九一九年の暴動は、戦争に勝利するため「国民的」な努力を呼びかけた連立政権に対する激しい憤りによって引き起こされたものである。現実には、産業資本家や土地持ちの有力者に比べてはるかに多くの犠牲をふつうの労働者たちが払ったように思われた。シンウェル、ギャラハーやその同志たちに対する扱いによって、抗議の声をあげる人びとの感じる不正義はいっそう強まった。一九二〇年代の半ばにいたるまで、対立と相互不信がクライドサイドにおける雇用主と労働者との関係を形づくり、賃金カット、ストライキ、解雇という悪循環を招いた。

　クライドサイドで抗議活動に加わった人びとのなかには年配の人や失業者、働いていない子供たちや女性たちも含まれていた。こうした人びとはみな戦後の数年、家賃不払い運動に参加していた。グラスゴーでも人びとは他のところと同様、雇用主に向けるのと少なくとも同じくらい敵意をもって家主のことをみていた。場合によっては雇用主と家主とが同じであることもあった。彼らはいろいろなことに手を出していたが、ある者たちは土地持ちの家族の生まれであり、また他の者たちは産業資本家として金持ちになっていた。小さな町では住民たちは土地持ちの紳士階級と産業資本家と家主とのつながりを容易にたどることができた。こうした連中が同じ家族のメンバーであるケースは多かった。パーシー・ウィブリンはオックスフォードシャーのアビンドンで育った。彼が子供のころ住んでいた家は中世の方庭のなかに建っていて過密状態だった。老朽化した家々は服飾工場の所有者によって貸し出されていたが、工場は方庭のひとつの側に建てられていた。パーシーが一九三〇年に結婚したとき彼と妻のリルは、地元のまた別の工場主であるビル・ブラインドから「ノミやシラミでいっぱいの……小さな家」を借りて住んだ。「当時、人びとにはなんにも口出しする権利なんてなかったですよ」とパーシーは振り返った。「モーランド家［地元の醸造所の所有者で家主もしていた］やサックスビー家のようなところの人がやってきて何かを言えば、それはそういうことだというので絶対でした。そんなふうにして町は運営されていたわけですし、議員には［これらの一家］に属する裕福な名士がなっていましたから。こういう人たちがアビンドンを牛耳っていたのです」(11)。貴族院の改革によって貴族たちの政治的野望はいくらか殺がれることにはなったが、多くの貴族が主要な家主や地主でありつづけたし、工場主や新聞王などになることによって戦後イギリスの新たな課題に適応した貴族たちもいたので、彼らの力は存続しつづけることになった。相続される富と産業資本家、政治上のエリートとのつながりはけっして完全には壊されなかったのである。

一九一九年の夏までに政府の欺瞞に対する不満が別の場所でも暴動を引き起こした。もっとも激しい暴動となった場所のひとつがルートンで、そこではパーシー・ウィブリンが説明したような路線で地元の政治が執り行われていた。かつて従軍し、失業したままの人びとは、地元の自治体がおこなった贅沢な勝利記念式典に憤りを感じた。七月十九日、彼らは公式の勝利記念パレードに参加し、市長の平和宣言にヤジを飛ばした。こうして群衆が殺到し、抗議の声をあげる何百人もの人びとに追いつめられた市長と市議会議員たちは、不名誉にも市庁舎のなかに逃げこまざるをえなくなった。引きつづいておこなわれた裁判で検察側は、暴動のさなかに逮捕された人びとのなかに「首謀者」を特定しようと試みたものの、報告される事柄がかみあわず、暴動はまったく自発的に起きたものだということになった。四十歳の女性モード・キッチナーは、「群衆に警察を襲撃するようけしかけた」ことを認めた。人が大勢詰めかけた裁判所でおこなわれた彼女の審理のなかで、モードは「冗談のつもりで軍人の格好をしていた」のだが、これは働く女性として、地元で高い地位にある人たちの大部分よりも自分のほうが従軍した人びとに共感できると感じたためであると証言した。[12]「戦争で負傷した軍人に与えられる勲章を三つ身につけて」いたジョウゼフ・パーシーは、「市長と役人どもはここにいるんだろう。連中を引きずりだせい！」と叫んだ廉で告訴された。[13]商店が襲撃され、暴動に加わったグループのひとつは楽器店からピアノを三台強奪した。食糧事務所も襲撃を受けた。その夜、市長は市が計画していた贅沢な祝宴を楽しむどころか、明かりを消した応接室に隠れる破目になった。明け方の早い時間に、市長は非常時の特別巡査に変装して市内から逃れ出たのだった。

暴動がもたらしたもっとも意義深い帰結は恐怖――労働者階級への恐怖と、労働者階級の人びとができることに対する恐怖であった。ルートンでは市長が政界から退き、救貧院に収容されている人びとのために市が祝宴を催し、暴動に加わった人びとの刑は軽微なものとされた。これらは当局が影響の拡大を恐れたことの反映である。グラスゴーではレッド・クライドサイダーズの人びとが望んだことのすべてを達成することはできなかったが、彼らの行動は雇用主や家主たちの強欲なもくろみを挫いた。こうした状況のなかで、多くの政治家たちは不安の目をロシアやドイツ、イタリアに向けていた。ロシアでは戦争が革命へと帰結し、ドイツとイタリアはかろうじて革命を回避したばかりであった。労働者階級の人びとの集団的な力に対する恐怖は、議会と労働運動のあいだに関係を形成することにつながり、それに続く十年で雇用主と労働者との関係の構築がなされたことはとくに重要であった。

一九二二年十月、保守党は戦後継続してきた自由党との連立政権に終止符を打つことに決めた。ロイド・ジョージは首相の座から退き、保守党党首のアンドリュー・ボナー・ローが跡を襲った。一ヵ月後、ボナー・ローは総選挙に打って出て、保守党が政権を握った。保守党の勝利は主として中流階級の票によるものだが、一九一八年以降新しく選挙権が与えられた労働者たちを粘り強くターゲットにしたことによって、労働者階級からの票も新たに獲得した。政党政治における帰属意識が社会階級に沿ってそっくりそのまま分断されるということはそれまでなかったが、労働党の台頭によって、保守党と自由党のなかには労働者階級が団結して自分たちを権力の座から追放するのではないかとの不安に駆られる者も出はじめた。一九一八年以降、自由党と保守党は、イングランド、ウェールズ、スコットランドの地方選挙でお互いの利益になる連携ができるよう力を注いだ。歴史家のジェイムズ・スミスが指摘しているように、こうした連携は「労働党を政権の座に就かせないというひとつの目標にいつも向けられて」いた。中流階級連合のような組織の加入者を増大させている有権者の票を獲得しようと、彼らは連携を模索していた。こうした有権者が課税と労働者階級の自立に対して抱いた不安は、自由党と保守党の政治家のほとんどが共有していた。しかしこれらの政党は、社会主義が「外国」のボルシェヴィズム、暴力、圧制、経済的不安定と結びついているのだと強調する反社会主義的なメッセージを広めることで、労働者階級の有権者に対するネガティブ・キャンペーンも展開した。労働者階級の男性たちのある部分にとって、保守党に票を投じることはみずからを愛国者として際立たせることだった。こうすることはある程度の政治的、経済的確実性を保証するようにも思われたし、とくに地方の選挙区においては自分たちの家主や地主、雇用主への一票であるようにも思われたのだった。[14]

保守党は、連立政権が設定した戦略を引き継ぎ、大多数の有権者の経済的、政治的な力に制限を加える道を慎重に模索する政策を導入した。戦後のロイド・ジョージ連立内閣の終了から総選挙までの一ヵ月のあいだに、デンビシャー〔4〕の地主の息子で五十七歳のアーサー・グリフィス＝ボスコーエンが厚生相に任命された。彼の任務には、戦後にやっかいなものとなっていた住宅問題が含まれていた。ボスコーエンが厚生相のポストに就いたとき、何百万もの人びとが、ひとつの部屋を三人以上で共有していることと定義される過密状態で暮らしていた。こうした人びとは田舎の戸建てやテラスハウスに住み、とくにスコットランドの都市部ではアパートで暮らしていた。

こうした状態での暮らしは苦しいものだった。とりわけ家を清潔に保とうとがんばっている女性たちにはそうであった。ウィニフレッド・フォリーはフォレスト・オブ・ディーンの「各階に二部屋ずつしかない二階建て」の炭坑労働者住宅で育ったが、一家はウィニフレッドが一九二八年に家事奉公に出るまで六人でその家に暮らしていた。彼女の村では、他の多くの村と同様に「下水もごみ収集もない」状態で電気も通っていなかったため、過密状態はさらに悪化していた。ウィニフレッド・フォリーの一家は石油ランプで生活していたが、お金はかかるし煙が多いうえ煤がひどく出た。[15] 小さなリビングルーム兼台所では、母親が洗濯物を乾かし、料理をしているときも五、六人の子供たちがその足元で遊んでいた。田園の暮らしというのからはほど遠く、田舎での生活は困窮して狭苦しく、閉所恐怖症的だった。

ボスコーエンにとっての課題は、これらの問題の改善だった。彼は経験豊富な保守党の政治家で、党の幹部たちの尊敬を集めていた。戦中の連立内閣では年金相を務め、戦後の政府では農務相の座にあった。しかし、彼は新たな役職に就くと、もっと多くの家を建設するという戦中の連立内閣の公約を尊重しなかった。ボスコーエンは労働者階級の有権者がよりよい住宅を必要としているという考えを一蹴し、若いカップルには自分たちで住む家を探すよりも親の家やアパートを共用しつづけるよう助言した。「中国や東洋では一般に、人びとは親たちとひとつ屋根の下でじつに満足して住みつづけている」とボスコーエンは声高に言った。ボスコーエンの発言は、労働者階級の有権者が保守党の関心からいかに遠いところにあったかを如実に示している。労働者階級のイギリス人が中流、上流階級の同国人と共有するものは彼らが中国やアジアの人びとと共有するものよりも少ないというボスコーエンの物言いは、この当時まだ中国やアジアの人びとがイギリス人に比べて社会的、生物学的に劣っていると広くみなされていたことを考えあわせると、本心を暴露するものとしてじつに示唆的である。[16]

ボスコーエンにとっての不運は、有権者の多くが彼の見解に賛成しなかったことである。一九二二年十一月の総選挙で、彼は大臣就任わずか一ヵ月にして議席を失ってしまった。しかし公営住宅への支出を制限するというボスコーエンの決定を保守党が反故にしなかったのは、有権者にとっては悲しむべきことだった。一九二〇年代のあいだに住宅問題は解決をみなかった。民間の建築業者は賃貸用の家をほとんど建てなかったし、地方自治体には多くの公営住宅をつくるお金もインセンティブも与えられず、建設された住宅の賃料は貧しい家族が支払える額をこえていたからである。歴史家のジョン・バーネットは「実際のところ公営住宅は……平均的な数の家族と安定した仕事をもった事務職員や商人、職人、半熟練だが金まわりのよい労働者が住む場所となった」と書いている。[17]供給は嘆かわしいほど需要に追いついていなかった。

政府の失業対策は、仕事の創出ではなく女性たちを家事奉公に送りこむことに焦点が当てられていた。右派の新聞はこの方針を支持した。「タイムズ」紙の社説は、失業者たちの「怠惰な生活が公共の支出によってまかなわれることがあってはならない」と厳しい口調で書き立てた。[18]ビーヴァーブルック卿の「デイリー・エクスプレス」紙は、「家事奉公がおあつらえむきの仕事であることは明白な」女性たちによる「失業手当の濫用」を慨嘆した。[19]ロザミア子爵の「デイリー・メイル」紙は、失業した女性たちの手当の「濫用」について警戒心を煽るキャンペーンを成功させた。新聞によるこうした猛攻撃に続いてボナー・ローの保守党政権は一九二二年に、失業中の未婚女性たちが家族のもとを離れなければならなくなるという理由で家事奉公に就くことを拒否したとしても彼女たちへの失業手当は支給されなくなると発表した。

しかし、この政策はイギリスの失業者の大部分を占める成人男性を助けることにはまったくならなかった。失業率は一九二一年にピークに達した。保険に加入している労働者の一一パーセントが失業しており、保険に入っていない数多くの労働者たちが仕事を失っていた。[20]失業者たちは、戦争末期あるいは終戦直後の数年に生産過多となった造船業のような産業や、海外からの熾烈な競争にさらされている産業で働いていた人びとだった。イングランド北西部で何千人もの女性を雇用していた織物業を例外として、こうした産業は圧倒的に熟練の男性労働者を雇用していた。炭坑労働者、鉄鋼労働者、建設作業員たちはそれぞれの産業で失業率が二〇パーセントをこえるなか、ひどい打撃をこうむった。[21]

女性たちのせいで男性が仕事を追われるようになったというのは神話にすぎないが、きわめて強力な神話である。男性の失業率の高さを女性労働者のせいにしたのは保守党だけではなかった。マンチェスター最初の労働党の市長となったトム・フォックスは一九二〇年に「自分の自由になるお金を稼ぐためだけに働く「小遣い稼ぎ」の女性たちは市役所の仕事から離れるべきである。そうすれば戦争に従軍していた男性たちがその仕事に就くことができるから」と言い放った。[22]しかしその後の調査で、市役所で女性の雇用が増えたのは女性が男性にとってかわったからではなく、「市役所の仕事が拡大したことがおもな原因である」と判明した。[23]

こうした政治家たちは、男性の失業をもたらすのに雇用主と政府が果たした役割をみなかった。男性の失業は女性が男性の仕事を奪ったからではなく、重工業の急速な衰退に原因があった。衣服、食品、家具を機械で大量生産することに特化した軽工業が、重工業にとってかわりはじめていた。雇用主たちは流れ作業による製造法をとりいれ、熟練の成人男性よりも安く済む非熟練の若い女性労働者を雇うことが可能となった。[24]雇用主の側に立った政府はこのような雇用方針に介入するのを容赦なく拒み、失業手当を受給している何千人もの男性たちに仕事を与えるという責任をとろうとはまったくしなかった。

家事奉公人の供給を増やすということは、政府の大臣たちの工業部門に対する自由放任主義的な方針から注意を逸らすための手段であっただけでなく、保守党がその支持に依存する中流階級の有権者たちの支持を広げる手段でもあった。「デイリー・メイル」紙の社説の言い方を使えば、若い労働者階級女性の「戦争の遺産としての独立への絶え間ない欲望」が彼女たちの雇い主の生活様式に対する脅威となっていた。[25] 伝記作家の表現によれば「辛辣にして自己中心的」な官僚で戦時中は労使関係についての政府の主要なアドバイザーであったジョージ・アスクウィズが、一九二〇年に中流階級連合を設立した。これは数多くの納税者連合や団体の最初のものだった。こうした団体のなかには、労働組合と福祉への支出によって中流階級の納税者の生活状態にもたらされる脅威であるとアスクウィズがみなしたものへの反応としてつくられた反無駄遣い連合も含まれる。[26] 他の納税者連合と同じように反無駄遣い連合も、失業者に対する政府の支出に憤った持ち家所有者たちのあいだで支持を集めた。

中流階級の物書きや政治家たちは、メイドというものが新たに自立を獲得し暴徒化する可能性をもった労働者階級のシンボルであると説明した。なかにはさらなる自立を求める現代の労働者階級の要求が非愛国的であると述べる者もいた。一九一九年にジョージ・アスクウィズの妻であるアスクウィズ夫人は、イギリス国民の将来を確かなものとするためには家事奉公が活気を取り戻さなければならないと主張するパンフレットを書いた。政府の復興省は、市民生活への復帰を容易にするべく短いシリーズとして発刊したパンフレットのひとつとしてアスクウィズ夫人の文章を出版した。中流階級女性の「健康と繁栄こそが、労働者ひとりひとりの要求を満たすよりも民族の将来にとってはるかに決定的に重要なのだ」とアスクウィズは結論づけた。[27] アスクウィズ夫人と政府のほとんどの人たちはイギリス人の大部分が労働者階級であるという事実を無視して、労働者階級の利害など周縁的で重要ではないと示した。「決定的に重要」なのは中流階級のニーズなのであった。

工場や商店での仕事の増加と一九一八年教育法によって政治的、社会的にますます自立していく労働者階級に対し、反発と不安が強まった。「デイリー・ミラー」紙は、召使いの不足に関する一九二三年の政府の調査について報じながら、「「教育水準の向上」により（いつものことだが）家事を下等なものとみなす感覚が一般に広まる結果となっている」と不服そうな記事を載せた。[28] 数多くの中流階級の論者たちは、労働者階級の生活状態が少しでも改善しようものなら、国の社会的安定と自分たち自身の特権にとって大きな脅威になると信じていた。

家事奉公に強制的に戻らされた女性たちは、このことに激しい怒りを覚えていた。戦前には他の機会などほとんどなかったが、戦時中の仕事の経験によって――自分自身の経験であれ、姉や友人たちの経験であれ――若い賃金労働者たちの地平が広がった。一九二二年にエミリー・クリアリは十四歳で学校を出た。彼女はマンチェスターの郊外の村に住んでいたが、菓子職人として熟練の仕事に就きたいという高い望みがあった。戦争によって「世界のすべてが変わりました。それ以前には女子に――わたしの階級の女子とか田舎の女子とかに――就くことのできる仕事はほとんど何もなくて、家事奉公以外には何もなかったのです」と彼女は言った。[29] 彼女は自分の目標を実現させたが、見習い期間に病気になってしまった。病気が治ったとき、家を出て家事奉公に入るよう母親から言われた。「そのときにはどうしようもなかったのです。……母は絶望的なくらい貧しかったですし、当時は言われたようにするのがふつうでしたから」[30]

一九二一年から一九三一年のあいだに家事奉公人の数は現実に増えてはいたものの、町や都市部に住む男女は工場での仕事を見つけることがますますできるようになった。戦後にゆっくりとしたスタートを切った製造業がようやく拡大しはじめた。鉄鋼のような旧来からの産業は少数の熟練労働者を頼りにしてきたが、製造業で新たに雇用主となった人たちは、缶詰や流行の衣服、電気器具といった機械化を最大限に利用することで安く均一に生産できる消費財に集中する道を選んだ。彼らは長い下積みを経た労働者を必要としなかったが、製造ラインを動かすための大量の従業員が必要となり、大人を雇うよりも安くて済む若い賃金労働者への需要が急に高まった。

家事奉公に入った女性たちは、工場や商店で働く女性たちの経験と自分たちの雇用の経験とをたえず比較することができた。エレン・ギブは、レスター郊外の村にある中流階級の家庭でなんでもひとりでこなすメイドとして働くためにレスタシャーにある寒村の実家を離れたとき、十代だった。しかし彼女が奉公を始める時代までに、彼女の雇い主の村に住む若い女性たちは、レスターの町へ向かうバスの定期便の恩恵を受け、町で拡大しつつあった織物工場や衣服工場での仕事を見つけていた。エレンが雇い主の家の掃除で忙しい夕方の六時に、毎日「わたしは女の子たちがバスから降りてくるのを見たものです。そして、あの子たちの生活はとても自由なんだと思ったのです」[31]。しかし大きな町や都市以外では、若い女性にとっての機会は限られたままだった。

自立を享受できる工場や商店で働く人がめだって増えてきたということは、家事奉公がつまらない仕事であり、もっとも貧しい層の家庭の子供やもっとも僻地から来た子供だけが引き受ける仕事であるとますますみなされるようになっていったことを意味する。第一次世界大戦後に家事奉公に入ったほとんどの男女と同じように、イーディス・エドワーズも自分の仕事には「いつも恥ずかしさ」がつきまとっていると感じていた。[32] マクルズフィールド[5]で育ったイーディスは事務職の仕事に就きたいとの志を抱いていたが、「わたしたちはとってもとっても貧しかった」[33]。父親は亡くなり、母親がいくつもの清掃の仕事をこなして得てくるなけなしのお金で家族は生活していた。事務職に就くためにはタイピングか簿記の勉強をしなければならなかったし、最低でも白いブラウスを買わなければならなかった。だから彼女は召使いになったのだが、この仕事は貧困と自由の欠如、そして第一次世界大戦の反故にされた公約と結びつけられることがますます多くなっていった。

　工場や商店が仕事をするのに快適な場所だったわけではないから、女性たちが工場や商店での仕事を求めて家事奉公を離れたいと望んだことは、数多くの女性たちが家事奉公をいかにみじめなものと感じていたかわたしたちに知らしめてくれる。一九二八年に、若者の雇用のためのロンドン顧問評議会は「平均的な工場労働者というのは機械番であるか、梱包、荷詰め、包装ないしはあれこれの袋詰めに携わっているかであって、女性や少女や少年が雇用されているのはおもに後者の種類の仕事である」と述べた。[34] 彼らの仕事は退屈で、長時間労働だった。条件はしばしば過酷なものであった。一九三〇年代の半ばになっても、ロンドンのイースト・エンドやバーミンガム、マンチェスターで工業に携わる数多くの労働者は狭苦しく小さな、明かりすらろくにない作業場で雇用されていた。十九世紀を思わせるこうした仕事場は工場調査団の査察から逃れ、「労働者の健康にとって……明白な脅威であった」[35]。十四歳のルーシー・リーズが雇われていたランカシャーにあるフェランティの工場は屋根があまりにもボロボロで、下で働く従業員たちに鳥のフンが落ちてくるほどだった。[36]

　家の主人たちは、若い召使いたちの不平不満に敵意をもって反応した。ちまちまと迫害されたりいじめられたりするのが多くのメイドたちの運命だった。一九二三年に十二歳だったノラ・サンディーズは、ランカシャーの村の実家を出て、数マイル離れたヴィクトリア朝様式の大きな牧師館でひとりですべてをこなさなければならないメイドとなった。彼女の一日は朝六時に始まる。狭苦しくて暖房のない部屋で起床して、仕事を始める前にすばやく着替え、「履物を集めて階下に降り、それらをもとに戻し、暖炉を掃除し火を入れて石炭入れを補充し、主人の朝食のためにテーブルを整え、居間に行って片づけをし……奥様のために朝食のお盆を上の階のベッドまで運ぶ」。この時点でノラは二時間立ちっぱなしである。運がよければ朝食にバターつきパンを食べてお茶を一杯啜ることができる。そして「塵取りをもちだしてブラシをかけ、カーペットを掃除し、とても重いマホガニー材の家具すべての埃を払う。……それから玄関を掃除し、食器を洗い、主人たちの寝室を整え、自分のベッドも整え、踊り場を掃除してバスルームの掃除をする」。

ノラはすばやく仕事をこなさなければならなかった。というのは、時間どおりに昼食を用意しようとすれば、正午までにはこれらすべての仕事を終えなければならなかったからである。牧師と妻は毎日できたての昼食を要求したから、午前中に肉か魚の下ごしらえをする時間を見つけなければならなかった。そして正午になると「野菜を調理し、一時までには午前用の制服から午後用の制服に着替えて昼食のテーブルを整えなければならなかった」。暖房のない台所でひとりで昼食をとったあと、誰ひとり手伝ってくれる者もなく山のようにある午後の仕事をこなさなければならなかった。「わたしはとても丈夫で健康でしたし、このころまでには奥様によってわたしの志は完全に挫かれていましたから、とても従順になっていたのです」と彼女は振り返った。「何も疑問に思いませんでした」[37]

ノラ・サンディーズの仕事量は異常だったわけではない。一九二〇年代に家事と料理を手伝ってもらえた召使いはほとんどいなかった。中流階級の家庭にとっては「なんでもひとりでこなすメイド」を雇うのが金銭的にもやっとだったし、ひとりしか住まわせる余裕がなかった。数多くの従僕、メイド、調理スタッフを抱えるイギリスの荘重な屋敷というものはごくわずかな召使いたちに雇用を提供してきたにすぎず、一九二〇年代までには安価な輸入品が農業の価値を蝕み、貴族は自分たちの土地の一部を売却するようになっていたので、数の上でも富の点でもそうした屋敷は少数となっていた。一九二〇年代には召使いを雇っている家庭の七〇パーセント以上がひとりしか雇っておらず、通例は若い女性で、あらゆる家事をこなし、雇い主の子供の世話もするよう期待されている場合が多かった。[38]

このような中流階級の家庭がメイドを雇う必要などなかった。大戦間期のモダンな家はエドワード朝の大邸宅やジョージ朝のテラスハウスに比べれば小ぶりで明るく、掃除がしやすかったし、新たな掃除法もあらわれていた。早くも一九一九年にはマンチェスター最大のデパートのひとつバクスンデイルズが、「掃除機は召使い問題を解決します」と広告で宣言していた。[39] 一九三〇年代までには給料をもらっている専門職の人たちのほとんどに新たな掃除機、冷蔵庫、調理器具を購入する金銭的余裕はあったのだが、潜在的な消費者たちはそれらの購入に積極的になれないままであった。彼らは、十四歳で家事奉公に入ったウィニフレッド・フォリーの言葉を借りれば「ごく少量の燃料で動き、自分の運命に疑問をもたない人間」のほうを好んだのだ。[40]この算段が功を奏するためには、中流階級女性が家庭用の器具に投資しなければならない時間とお金よりも、召使いを雇うほうが安上がりで時間も要しないというのでなければならなかった。こういうわけで中流階級の家庭は、ひとりですべてをこなすメイドをなけなしの賃金で雇ったのである。

このような休む間もない雑事に追われる召使いのなかで、ノラ・サンディーズのようにあきらめて絶望してしまう者がいても驚くにはあたらない。しかし戦後の召使いには、よりよい生活への希望を限られた余暇の時間へと振り向け、自分たちの屋根裏部屋と地下の外に新しい世界が生まれつつあるのを感じとる者もいた。大きな町や都市では、映画が人気を集めはじめていた。一九一六年までにイギリスにはすでに映画館専用の建物が五千も存在していた。[41]にもかかわらず一九二〇年代終わりの「トーキー」の到来までは、余暇の過ごし方ではダンスの人気がはるかに高かった。一九一八年から一九二五年のあいだに千百館のダンスホールが全国各地で開業し、労働者階級をおもな客とする需要をまかなっていた。[42]ある男性は、土曜の夜のダンスが「週に一回だけ外出することができる多くの店員たち、工場労働者たち、雇われた人びとにとっての現実からの逃避でした」と回顧している。彼は一九二三年に開業し、ピーク時には千五百人もの客を収容していたブライトン[6]のリージェント・ダンスホールに定期的に通っていた。[43]

召使いたちには、こうした楽しみを定期的に享受できる余暇があまりにも少なすぎた。しかし召使いの雇い主たちが非常に腹立たしいと感じていたのは、召使いの自由がいかに制限されていたとしても、中流階級や上流階級の家庭の心臓部でメイドたちが新たな独立のしるしをこれ見よがしに誇示しているということだった。一九二三年の「マンチェスター・ガーディアン」紙の投稿欄で、ある投書子が「旧来のメイドは分をわきまえていた」と嘆いた。「いまどきのメイドは分をわきまえていない。前よりも配慮と自由が与えられているにもかかわらず、しばしば自分の立場を濫用しさえする」。[44]召使いたちは自己主張の強い新たな現代性のシンボルとなっていた。大量生産された服で身を包み、大量生産の化粧を施した姿は、ほんの一時的ではあるにせよ自分の立場から逃避することのできる少女像というものを示していた。菓子職人になることを志していたエミリー・クリアリが一九二五年に髪を短く切ったとき、嫌悪感を抱いた女主人は「まあ、なんですかその姿は。見下げた女中だわね」と言ったんです。それでわたしは、うしろを向いて部屋から出ていきました」[45]。メイドの独立を抑えつけようという雇い主の無意味な努力は、メイドたちの敵意と、可能なかぎり早く奉公を終えて出ていくのだという決意とを増幅させるだけだった。

ジョージ朝のテラスハウスやエドワード朝の邸宅、イギリスの二軒一棟《セミ・ディタッチト》式の家において、召使いが髪をボブにして化粧をし、ストッキングを穿いたことは、微妙であるが重要な意味をもつ社会的変化を物語るものだった。奉公をすることが与えてはくれない金銭的、社会的な独立への要求を高い失業率、手当の削減、低賃金での長時間労働でさえ挫いてしまうことはできなかった。これがヴァージニア・ウルフの書いた「大変動」である。「大変動」は第一次世界大戦前に始まったが、ふたつの本質的な経験によって進行することになった。ひとつは戦時中の労働である。一九一四年から一九一八年のあいだにイギリスの労働力はほんとうの意味で工業化した。数多くの労働者たちが同じような状態を経験し、労働力への新しく急を要する需要のなかで、前例のない経済的、政治的な力を見いだした。こうした人びとはよりよい賃金を確実に手にできるよう集団的な行動の力を行使し、得た賃金で楽しむことのできる余暇も獲得した。

もうひとつの経験は、平時の「ふつうさ」に戻ったことである。雇用と住宅についての政治的公約の反故と、女性たちを家事奉公に戻すという強制的な政策とが、失業手当の長蛇の列で父親や兄弟たちが打ちひしがれているなか、政府と雇用主に対する敵意と憤りをかき立てた。この変化をヴァージニア・ウルフが描きだしてちょうど三年後、ウルフのほのめかした階級的反目が、イギリスがそれまで経験したなかで最大の、もっとも破壊的なストライキのひとつとして爆発することになった。

訳注

〔1〕ソルフォードはマンチェスターから数キロ西に位置し、人口が多い。
〔2〕ブリストルはイングランド南西部の港湾都市で、古くから商業港として栄えた。
〔3〕ルートンはロンドンの北、約五〇キロに位置する町で、ヴォクソールが本社を置く。
〔4〕デンビシャーはウェールズ北東部の州。
〔5〕マクルズフィールドはマンチェスターの南に位置する町。
〔6〕ブライトンはロンドンの南にあるイギリス屈指のシーサイド・リゾート地。

第3章　内なる敵

一九二六年五月四日の朝、二十二歳のハリー・ワトソンはロンドン東部の家を出て、人足として働いていた波止場《ドック》へ歩いて向かった。しかしこの日は、ふだんの労働日とは様子が違った。到着したハリーが加わった群衆は、数時間の仕事がもらえるのではないかと期待してひしめきあっていたわけではなく――これは波止場地区を訪れる者の誰の目にもとまるふつうの光景だ――集会を開いていた。イギリスのゼネラルストライキが始まっていたのだ。その朝、仲間の労働者が演説するのを聴きながら、ハリーは「自分たちは勝利するだろう。なぜならこれは全国におよぶストライキであり、これによっていかなる力と権威が行使されるか［年上の男たちはみな］わかっているのだから。政府が降伏することに疑問の余地はない」と確信するにいたった。(1)

労働組合に加入した六百万人のうち、百五十万から三百万の労働者たちが五月四日にストライキに入った。これは人口の四パーセントに当たるが、その間、何百万人もの妻たち、姉妹たち、友人たち、近隣の人びとがストライキに入った労働者たちに積極的な支援をおこなった。(2) 前日、五月三日の夕方、労働組合会議（ＴＵＣ）(1)の書記長ウォルター・シトリンは、残虐ともいえる賃下げに抵抗している炭坑労働者たちを支援するため、イギリスの運輸と交通に関わる労働者たちがストライキに突入すると通告した。しかしこれは、賃金をめぐる抗議以上のものであった。ストライキ中の炭坑夫の娘で当時十二歳だったウィニフレッド・フォリーは「ストライキはほんとうに人間らしさを求める必死の叫びだったのです」と言った。彼女の父と仲間の労働者たちは「炭坑で一週間を通して働くことができ、家族の空腹を満たしてやることができる賃金をもらえる」ことを求めていた。(3) ストライキは経済的な市民権を求める闘いだった。労働する人間は国の富に貢献しているのだから、その分け前にあずかる権利があるのだということへの承認を求める闘いだった。「労働者階級の決意の驚嘆すべきあらわれ」であった。(4)

ストライキ突入の呼びかけを加速させた不満は、大戦の終結以降ずっと醸成されてきていた。一九一九年以降、炭坑労働者たちは継続しておこなわれる賃下げに抗して闘ってきた。一九二四年には仕事と賃金を削減しようとする雇用主側の試みの帰結として、またこの年に史上はじめて発足した労働党政権が炭坑労働者の要求に応えようとしないことへの不満から、炭坑業と鉄鋼業でストライキが起きた。短命に終わった労働党少数与党政権の首相ラムジー・マクドナルドはストライキに入った人びとを「不誠実」であると非難し、マクドナルド内閣は労働組合運動内部の「共産主義の影響」の証拠だとして、それに責任があるとされた者たちを罷免した。このとき以来、労働組合員の利害と、より多くの有権者の支持を得たいと思う労働党の政治家たちとのあいだに存在する対立に気づいた労働組合の指導者たちは、かなりの用心をしてでなければ労働党の指導者たちには近づかなくなっていく。

一九二四年十一月の総選挙でスタンリー・ボールドウィンの保守党が政権の座に戻った。翌年、蔵相のウィンストン・チャーチルがイギリスポンドを金本位制に戻し、炭坑労働者と雇用主側とのあいだの緊張をかなり悪化させた。チャーチルは他の国の通貨に対するポンドの価値を上げたかった。一九一四年以前におけるイギリスの帝国としての輝かしい過去を想起する人たちにとっての士気の高揚であったが、経済学者のジョン・メイナード・ケインズが予見したとおり、イギリス経済にとっては悲惨な結果をもたらすことになった。一九一四年の時点では、イギリスの政府と産業資本家は自国の商品を生産するのにも消費するのにも帝国を頼りにすることができた。しかし、一九二五年までにイギリスの産業資本家たちは商品の輸出に大きく依存するようになっており、製造業者は国際的な自由市場で競争的に商品の価格を決定せざるをえなくなった。チャーチルの政策によって輸出品がひどく値上がりした。

とりわけ炭坑業への影響は深刻だった。炭坑所有者たちは石炭の価格を低く抑えなければならず、そのぶんを賃下げによって補わなければならないと通告した。炭坑労働者たちは怒りで反応した。労働者たちは第一次世界大戦が終わって以降すでに賃下げを受けており、これ以上の賃下げをされると生活が成り立たないと主張していた。彼らは炭坑所有者たちが享受しつづけているかなりの利益を削減する余裕は十分にあるはずだと指摘した。ボールドウィンの解決法は炭坑所有者に補助金を支払うというものだった。保守党がイギリスの失業者たちにとった対策に比べ、明らかに寛大な方策であった。

国会でボールドウィンは、イギリス最大の産業のひとつで雇用主と労働者のあいだの大きな衝突を回避するためには補助金が必要なのだと主張した。[5] しかし私的なレベルでは、より攻撃的な意見もあらわれていた。労働党の活動家でロンドン・スクール・オブ・エコノミクスの講師であったキングズリー・マーティンは振り返ってこう述べている。

閣内のチャーチルと他のタカ派の人たちは、炭坑業への補助金によって得られた六ヵ月の猶予期間のうちに自分たちが全国的な組織を構築できたとわかっていたので、ストライキが起きることを望んでいた。チャーチルはわたしが彼に直接会った最初の機会にそう言った。……補助金は、その間に炭坑労働者たちが折れないのであれば政府に労働組合を叩き潰すことができるようにするために与えられてきたのだ、とウィンストンが言ったとき、わたしのチャーチル像はできあがった。[6]

ボールドウィンはもっと穏健だった。彼はチャーチルと違って、軍隊がストライキ中の人びとに銃火を向けることを容認しなかった。しかし、労働組合は雇用主側の要求を呑むべきであると強硬に言いつづけた。一九二五年八月、ゼネラルストライキを予期した閣僚たちは、供給と輸送の緊急組織をどのように「可能なかぎり最高レベルの効率性」にまで引きあげるかを討議した。[7] ボールドウィンは労働組合会議に対し、ストライキに突入しないよう警告した。「自由な国において、いかなる少数派もこれまで共同体の全体を威圧するということはなかった。……十全な力を有する政府を背後にもった共同体が自己を防衛しなければならないとき、共同体はそのようにするのであり、その共同体の反応は世界中の無秩序な勢力の度肝を抜くであろう」[8]

イギリス人の大多数が労働者階級であるときに、ボールドウィンが労働組合員のことを「無秩序」に加担する「少数派」であると述べたのは、控えめに言っても奇異なことである。数の点からして労働組合が強力になりつつあることを保守党の大臣たちは認識していた。政治家たちを不安にさせたのはまさにこのことだった。組合員を代表して労働組合が交渉にあたる権利は、熟練労働を要する業種において十九世紀に確立され、二十世紀の最初の二十年で法として明文化された。第一次世界大戦によって数多くの非熟練労働者と半熟練労働者が運動に加わるようになり、こうした労働者の新たな交渉権が確立した。このような労働者の集団的な力を殺ぐための口実をなんとか見つけだしたいと思う保守党の政治家は大勢いた。

一九二六年四月、政府は炭坑所有者への補助金の支払いを停止し、ストライキが起きるおそれが出てきた。保守派の新聞だけでなくリベラル派の新聞までもが、労働者階級が分別なく罷業に打って出る大胆さをもちあわせているのではないかというボールドウィンの恐怖と憤りを反映していた。リベラル派の「マンチェスター・ガーディアン」紙は、「この国がゼネラルストライキのような事態に巻きこまれるなど考え」られない。「しかし、こうしたことが起こりそうだというだけではない。こうしたことが起きないでほしいと願う大半のイギリス人の潜在的な精神の健全さに対する本能的な信念に勝るものはほとんどない」との見解を示した。(9) この新聞は「戦闘的圧力」に屈することは「イギリスで多数派による支配の日々が制限されることになる」のを認めることにつながるだろうと読者に警鐘を鳴らした。(10)

ボールドウィンと同じように、イギリスの新聞は労働者たちを融通の利かない少数派であると表現し、労働者たちの目的は理解の範囲をこえていると述べた。多くのリベラルで左寄りの人びとは自分たちがイギリス社会の主流派を代表し、自分たちの意見こそが常識であるということを当然と考えていたが、労働組合員たちの意見は過激であるか非理性的であるかのどちらかだと思っていた。こうした新聞の社説には、抗争が勃発すると労働党や自由党を支持する裕福な人たちの多くは組織化された労働者たちから自分たちの特権を守るために政党とのつながりを投げ捨ててしまうものだということを示す最初の手がかりが読みとれた。

労働組合会議の指導部はゼネラルストライキへの突入に消極的だった。炭坑労働者の賃金の引き下げを受け入れることは労働運動を不能にすることになるだろうと労働組合会議は考えていた。しかし会議指導部の穏健派の人たちは、争議の直前にイギリスの新聞が示したように「国に対して無理な要求を突きつける」ことに熱心ではなかった。(11) 五月二日、労働組合会議の総評議会はボールドウィン内閣に書簡を送り、「ゼネラルストライキに突入した際には……必要な食糧の分配に責任をもって対処する」と申し出た。「政府の代表者と総評議会とのあいだの数回にわたる話し合い」のあとで、ストライキが起きた際には食糧と燃料の分配に協力するべく「非公式で、速記による記録を残すことはしない話し合い」が引きつづきもたれることで合意に達した。[12] これらの話し合いは一般の労働組合員には秘密にされつづけた。五月三日に労働組合会議がストライキに入るよう呼びかけたのは鉄道労働者、運輸労働者、印刷工、港湾労働者、鉄骨組み立て業者、鉄鋼労働者だけであったことが明らかになったとき、一般組合員の多くは驚きを禁じえなかった。

五月四日、ストライキが始まった。ストライキ突入への呼びかけによって国中の港、駅、町や都市の中心部には不気味な静寂が訪れた。売店の新聞棚は空っぽになった。造船所のドリルや金属の響く音がやんだ。蒸気機関の汽笛の音が消えた。仕事を止めてストライキに入った鉄道労働者、赤帽、バスの運転手、造船所の人夫、溶接工に加え、炭坑労働者たちを支援する他の労働者たちも、労働組合会議の指令がないにもかかわらず仕事を止めた。ランカシャーの多くの織物工たちも同じような行動をとった。

ストライキに突入した人びとは続く数日で、自分たちには指導者というものはいないのだということを意識するようになった。このストライキはふつうの労働者たちと政治的に地位を確立した人たちとのあいだの闘いであった。労働組合会議の指導者層は消極姿勢のままであり、労働党の指導的立場の政治家たちがストライキ中の人びとに支援の手を差し伸べることはほとんどなかった。貴族や上層中流階級のなかにはストライキ中の人びととの利害によって自分たちの利益が修復しようのない形で損なわれるかもしれないと懸念する人たちもいた。こうした人のなかに、一九二四年の少数与党政権で労働党初の蔵相となったフィリップ・スノウデンがいた。彼はストライキに反対であったが、「この実験がなされたことを残念だとは思わない。このように力に訴えることがいかに不毛で愚かなことであるかを労働組合は学ぶ必要があったのだ。ゼネラルストライキはどうしたってうまくいくはずがない。……中流階級の人口に占める割合がイギリスほど多い国は世界のどこにも存在しないのだ」と述べた。[13] スノウデンの理屈には大いに疑問がある。第四回選挙法改正で有権者層が大幅に拡大し、「中流階級」以外の多くの人びとが選挙権を得た。スノウデンの感覚は、自由党と保守党の閣僚たちとともに彼自身もこうして新たに選挙権を得た有権者の関心など、中流階級を構成する商店経営者や教師、小規模経営者たちの関心に比べれば真剣に受けとめていなかったということを示している。

ボールドウィン政権は、ストライキ中の人びとに法を守らず非愛国的で不誠実であるとのレッテルを貼った。ある公式の声明文には「政府がなくてはならないというのが政府の見解であり、そうした政府は争議で敵や味方になるものではなく、あらゆるセクト的な利害に優先すべき共同体の至高の権能を有するとみずから主張しうるものとして、統治をおこなわなければならない」と記されている。[14] ストライキ中の人びとは「セクト的な利害」と表現され、炭坑所有者の利害は「共同体」の利害と同義のものとみなされていた。

ボールドウィンの言う「共同体」を誰が構成しているのかは、五月のはじめの数日に政府が求めた「忠実な労働」への応答において明らかになった。歴史家のレイチェル・ザルツマンが説明するように「大学生や若いビジネスマンが労働者の格好をしてトラックの運転手、バスの車掌、臨時警官の役割を担った。……社交界の女性たちは交通手段のない人びとを車に乗せたり、電話交換手の役を務めたり、ボランティアの人たちにお茶を出したりした」[15]。エレン・ハヴェロックはケンブリッジ大学のガートン・コレッジを出たばかりだった。ストライキが始まったとの報せがあって数時間のうちにラジオと新聞で「『わが国は君を必要としている!』との呼びかけ」がなされた。「これに応えた最良の優秀な人たちは、わたしの婚約者も含め、すぐに集まってロンドンに駆けつけました」。多くの上流階級、中流階級の人たちはハヴェロックの愛国心を共有していた。ロンドンに住む中流階級のユダヤ人でパブリックスクールを出たばかりのフィニアス・メイは「ぼくのような家庭の出身者はみなボランティアをしました」と説明した。「戦争になったら従軍するのと同じように、それがなすべき正しいことだと感じた」から彼は臨時警官になった[16]。これは組織化された労働者階級に対してなされた戦争だった。

高い失業率と政府によるプロパガンダを考えれば驚くにあたらないが、多くの肉体労働者や失業中の男性たちがボランティアを求める政府の呼びかけに応じた。十八歳のジョージ・リチャードソンもそのひとりだった。ピーターバラ〔2〕でエンジニアの見習いをしていた彼がボランティアをすると決心したのには、一度も失業したことのない熟練工の父親の影響が大きかった。ピーターバラは運輸労働者を多く抱える町だが、その多くが臨時雇用の労働者だった。リチャードソン父子のような家庭は、工場労働者よりも自分たちのルーツである農業労働者と強いつながりをもっていることが多かった。一九二六年の五月には仲間意識と英雄になったような気持ちとを喚起してくれるので、地元の発電所での仕事を楽しむことができた。「自分たちが発電所を動かしつづけているわけです!……自分たちのやっていることがとても誇らしかった!」[17]。社会的に劣るものとして扱われるのに慣れていた人びとにとって、愛国者として称えられることは目くるめく経験だった。

スト破りをした他の労働者階級の人びととは仕事に飢えていた。ブリストルでバスの車掌をしていた十八歳のアルフ・カニングは、他の人びとがストライキに突入しても仕事を続けた。彼の父親は人足で「思うに組合には入っていなかった」が、アルフには仕事に精を出すよう言って聞かせていた。アルフの七人いる兄弟は大部分を父親の賃金に頼って生活していたが、一九二六年に「仕事に就いていられれば上出来」なのだった。ブリストルではあまりに多くの人びとが仕事を得るのに必死だったから、アルフと同僚たちは「あらゆる点で気をつけていなければなりませんでした。目の色が気に入らないという理由で迫害されることもありえましたから」(18)。いくつかの都市では、失業中の若い男たちがおもに数シリング稼ぐためにボランティアに加わっていたが、そのなかには保守的な愛国心を熱っぽく示す者もいた。グラスゴーでは、一九二〇年代と一九三〇年代を通して地元の保守党に警護を提供していたプロテスタント系の暴力的なストリートギャングであるビリー・ボーイズのメンバーもスト破りのなかに入っていた(19)。

しかし、ボランティアに従事したほとんどの人たちは、はるかに特権的な階層の出身者であった。ケンブリッジ大学のガートン・コレッジに通う裕福な学生だったメアリー・チティのような者のなかには、ストライキをしている人びとはあまりに危険な革命家であって、「結局のところロシア革命はあまりに時期尚早だったのだ」(20)と信じる人たちもいた。その一方で、ストライキに突入した人びとの窮状にいくばくかの共感を寄せる人たちもいた。ボランティアに加わった人たちのなかには、自分は労働党の支持者であるとか自由党支持者であるとかいうように自己規定する者も存在した。エレン・ハヴェロックの婚約者はケンブリッジで労働党の活動家だった。にもかかわらず彼は自分の国の利害が炭坑労働者たちの利害とは相容れないと考えたため、ボランティアに加わった。彼と同じ社会階層の出身者すべての意見が一致していたわけではない。あとになってわかったことだが、十九世紀の炭坑のロックアウトを思い出した彼の祖母は労働組合会議の援助基金にひそかに送金していたのだった(21)。

ゼネラルストライキは階級闘争であった。じつに多くの上流階級、中流階級の人たちが自分たちに仕える人夫や召使い、店員、工場労働者たちに対して抱いていた敵意をゼネストは明るみに出した。ジョン・ジョーンズはサフォーク〔3〕の名家の出身で、ケンブリッジ大学を卒業したばかりだったが、ストライキのあいだ、ロンドンでバスの運転に携わった。

すべてが冗談でした。バスに乗ると、そばには警棒の備わった「特別」な道具一式があって、誰かがバスに突入しようとしたらそれで叩き出せるようになっていたのです。……お客さんがバスに乗ってくると……「どちらまでいらっしゃいますか?」と声をかけます。……最終的に目的地に着きさえすれば、あとはどうでもよかった。みんな大声で笑っていました。……乗せてほしいという高齢のご婦人方を連れていってあげたりしました。……こうやってぼくたちは大いに楽しんだのです。

五月のこうした九日間に「上流階級の女性たちが召使いのように行動し……男性のような格好をして、上流階級の人たちは下層階級の人びとのような服装でふるまっていました。……全体としてやりたい放題のお祭り騒ぎの雰囲気でした[22]」。

扇情的で暴力的な「お祭り騒ぎ」は一九二六年までに、輝ける若者たちと呼ばれたロンドンのおしゃれな連中の暮らしの一部となっていた。このような連中を舞台の中心に据えたのがイーヴリン・ウォーの一九三〇年の小説『卑しい肉体』である。「お祭り騒ぎ」や「悪ふざけ」は、こうした若い世代が自分たちの金銭的、社会的優越性を主張する手段だった。「お祭り騒ぎ」には労働者や失業者のような格好をしてこうした人びとの垢抜けなさを真似してばかにすることも含まれていた。ジェシカ・ミットフォードは、田舎の貴族屋敷での孤独な暮らしにゼネラルストライキが多大な興奮をもたらしたと回想する。

ぞくぞくするような危機の感覚が、空中に漂っていた。……みな緊急事態の奉仕作業に急き立てられていた。ナンシーとパム［ジェシカの姉たち］は当時二十代の前半だったが、幹線道路沿いの古い納屋に仮設食堂を設置し……交替のシフトでお茶や温かいスープやサンドイッチをスト破りのトラック運転手たちに提供した。授業が終わると、バウドとわたしは家庭教師とナニーと一緒のデボを連れて、手伝いをするためにせっせと丘を登った。ミランダ［ペットの羊］は垣根からボルシェビキが飛びだしてくるのを恐れて足元にぴったりくっついていた[23]。

ジェシカの姉のパムは、スト破りの人たちのために開いた仮設食堂で言い寄られた。

言い寄ってきたのは汚らしい浮浪者だった。……「ねえちゃん、お茶を一杯くれねえか?」ぞっとする顔をぬっと突きだして男はパムをいやらしい目つきで見た。「キスしてくんねえか、ねえちゃんよお」と言って腕をパムの腰にまわした。パムは恐怖に凍りついて怯えた叫び声をあげた。パムは男から逃げようと狂ったように急いで転倒し、足首を捻挫してしまった。その浮浪者はなんと変装した［姉の］ナンシーだったことがわかった。ゼネラルストライキが終わったとき、わたしたちは概してとても悲しかった。生活はつまらない日常へと戻っていった。[24]

第一次世界大戦前には、召使いや人足の格好をしたりまねたりするのは、毎年のクリスマスや収穫祭のお祝いには欠かせないもので、そうしたおりには上流階級の雇用主たちが自分たちの雇っている人びとのために給仕をしたのだった。[25]こういう儀式は、「奉公」の定義として意図されている相互の義務の絆を強調していた。また、そのような役割の逆転は物事の「自然」な秩序からの一時的な、逆転された逸脱であることを意味していた。しかし一九二六年までに、こうした意味あいは輝ける若者たちの仮装パーティによって失われてしまっていた。彼らの「お祭り騒ぎ」の多くは戦後の政治的な不安定さに起因し、彼ら自身の社会的優越性を突発的、扇情的、ときには暴力的に主張する手段となっていた。

人びとを笑いものにするというのは由々しいことである。「そうやってストライキを打破したわけです。ぼくと同じくらいの歳の連中はみな、すべてのことを冗談だと思って扱っていましたよ。実際そうだったわけでね！」とジョン・ジョーンズは言い切った。[26]ストライキをしている人びとの仕事を代わりにやってしまうことで、労働者階級ではなくて金持ちのボランティアたちがイギリスの屋台骨なのだということをほのめかした。ストライキ中の人びとはいなくてもすむ存在なのであり、平等な処遇を求める彼らの要求など一笑に付すべきものだというわけである。一九二六年にはまだ子供だったダイアナ・アットヒルは、自分の家族の貴族的な感覚を当然のものと受けとめていた。しかし十代になると、これが次のような無情な真実に依拠していることを認識するようになった。「自分たちは世界の残りのほとんどすべてを軽蔑していた」のだと。[27]われわれこそが祖国である、われわれは必要とされている、と一九二六年のボランティアたちは言っていた。ストライキをしている連中はわれわれの善意が頼みの綱なのであって、その逆ではないのだ、と。

ボランティアの働きは重要ではあるが、勝利はメディアと警察と、最終的には武装した軍隊の動員にかかっているのだと政府は理解していた。ボールドウィンは攻撃に出ようとするウィンストン・チャーチルを抑えこんでおくために、政府のプロパガンダ紙であった「ブリティッシュ・ガゼット」を編集する許可をチャーチルに与えた。これはストライキ期間を通して出された唯一の日刊紙であった。紙面は、ストライキをしている人びとは「国を……飢えさせる」ことをもくろんでいるのだというボールドウィンのスピーチと宣言で埋め尽くされた。(28) BBCは政府の方針に従った。BBCは、内閣が賛同しなかったため、政府と労働組合会議は交渉のテーブルにふたたびつくべきであるとのカンタベリ大司教の訴えを放送することを拒んだ。労働組合会議も「ブリティッシュ・ワーカー」という自身の新聞を出してはいたが、きわめて入手困難であることが多かった。これはストライキ中の人びとがお互いに連絡をとったり、他の人びととやりとりしたりするのを阻止する政府の戦略の一部だった。バタシー〔4〕で自身もストライキに加わっていた二十一歳の鉄道労働者ハリー・ウィックスは「ニュースに飢えている」と不満を漏らした。(29)

しかし、ストライキ中の人びとが仕事に戻る気配を見せないため、政府は実力の行使を決定した。五月七日、「バーミンガム・ポスト」紙とスト破りの人たちによって刷られていた他のいくつかの新聞に「混乱を防ぐべく市民的防衛ないしは軍事的防衛に携わるすべての者は、現在も爾後も国王の政府によってその行動が支持されることを保証する」との告知が出された。(30) 軍隊が港湾《ドック》地帯に出動した。ハリー・ワトソンと同志たちは「船の積み荷を降ろす波止場に軍隊がいて、軍隊が配置されたヴィクトリア・ドック・ロードをトラックがやってきている」という話を耳にした。「カニング・タウン駅の外のパーキング・ロードに自分たちが着いたときには、荷台の上に有刺鉄線をめぐらし、その後ろに銃を構えて座る兵士たちを乗せたトラックがやってきているのがはっきりとわかりました」

争議のこの段階においては、ハリー・ワトソンを含む多くの労働者たちは、政府はプロパガンダで言われているように平和的かつ民主的な討議に力を注いでいるのだと信じていた。労働者たちは間もなく衝撃を受けることになった。カニング・タウンでは――

人びとがあざけり、ヤジの声を飛ばしていました……が……それにはまだユーモアがある程度混ざっていました。［そのとき］警官隊が背後から――わたしたちの目の前にいたのではなくて背後にいたのです――押してきはじめ、押して押して押してきたので、わたしたちは道路のずいぶん先まで追いやられました……このことに気づいたときには警察がわたしたちを警棒で殴りつけていて、これによってさらなる怒りがかきたてられ、本物の暴動が三十分ほどにわたって続きました。

衝撃を受けたハリーはバタシーの自宅に戻った。しかし、続く数日でストライキはさらに暴力的なものとなった。政府の行動が多くの労働者たちを過激にしたのである。五月八日、カニング・タウンのストライキ中の人びとは復讐を企てた。

> 警官隊が主要な道路に到着する前に何百人もの男たちが鉄柵を壁から外し、その棒を持ってバーキング・ロードに進んでいました。わたしがそこに着いたときにはすでに何台かのトラックがひっくり返されていました。……そしてヴィクトリア・ドック・ロードから部隊を乗せたトラックがやってきてふたたび警察が並びました。……しかし、警察が何かしはじめる前に人びとは警官隊に立ち向かい、手にした鉄の棒で殴りだしたのです。[31]

これはハリー・ワトソンと仲間たちにとっての短い勝利であった。その日の遅くにはハイド・パークに設営された分配センターに食糧を運ぶため、軍隊がピケを突破した。「ブリティッシュ・ガゼット」は政府が事態をコントロールしたことを示すものとして、これを大勝利だと宣言した。しかし、別の場所で暴力はエスカレートしていた。五月十日、ロンドンとエディンバラを結ぶ列車フライング・スコッツマンがノーサンバーランド〔5〕を走行中に、ストライキ中の人びとによって脱線させられた。グラスゴーの炭坑労働者たちは部隊をキルマーノックの路電車庫に入れようとしている警察と揉みあった廉で刑務所行きとなった。[32]

政府は抵抗を鎮圧するために、一九二〇年緊急事態権限法の権力を情け容赦なく発動した。スト破りをしないよう労働者たちに呼びかけるポスターを配ったとして、ペンリス〔6〕のある炭坑夫は重労働をともなう三ヵ月の禁固刑に処された。[33]ノーサンバーランドでは百三人のストライキ中の人びとが暴力と秩序擾乱の廉で起訴され、ヨークシャーのウェスト・ライディングでは百十人が、ダラム州では百八十三人が起訴された。[34]カウンティ・ダラムでは、あるストライキ中の労働者が次のような警告を発したという理由で三ヵ月の禁固刑となった。「もしスタンリー・ボールドウィンが警察、空軍、陸軍、海軍といった軍事力を行使するなら、わたしたちはそれに対峙し撃沈させてやる。……自分は陸軍にいる友人、海軍にいる友人と交信しているのだが、機会がめぐってくれば彼らの多くは赤旗に従うつもりだと言っている[35]」

自分たちは法を遵守するきちんとした市民だと思っていた人びとが犯罪者扱いされることになった。ハリー・マスグレイヴはカウンティ・ダラムの炭坑労働者の息子だった。彼の父親は――

物腰の柔らかい、法に従う……恥ずかしがり屋のおとなしい人でした。こんな物腰の柔らかい人が一九二六年のストライキのときには法を破ったのです。最初のうち掘りだした土が積んであるところに行って石炭がなくなるまで掘りだしていたのは明らかです。それでブロームフォンテンの森で……こちらの鉱脈に着手したわけですが……これはむろん、法に触れます。警官が来ないか誰かが見張っていました。そして火災が起こったのです[36]。

マスグレイヴ氏のような人びとは、イギリスの法が何よりも自分たちを守ってくれるためにつくられているのではないことに気づいた。政府のプロパガンダはストライキ中の人びとは少数派で「共産党の活動家」であるとさえ言っていたのだが、多くの人びとは政府の行動によって犯罪的なふるまいをさせられているのだと感じていた。自分たちは法を遵守する市民であると思っていた人びとにとって、このことは衝撃的な経験だった。

五月十日までには政府によるストライキ中の人びとの扱いが、当初ストライキに対して態度を決めかねていた多くの人たちのあいだに不安を呼び起こすようになっていた。ブリストルのイーディス・ホルトもそのひとりだった。幼い子供を抱えた工場労働者の彼女は「炭坑労働者に同情」していたが、ストライキに憤りも感じていた。「もちろん炭坑労働者たちのために［ストライキに突入したことで］他のみんなも仕事ができなくなった」。しかし南ウェールズの炭坑夫たちがブリストルまで行進してきて集会を開いたとき、彼らの扱われ方にイーディスはショックを受け、身が縮む思いになった。「すべての警官が馬に乗ってあらわれ、警棒がいたるところで振るわれていました」。買い物から帰る途中、イーディスは乱闘に巻きこまれた。「警官がいたるところであらゆる人に襲いかかっていました。わたしは赤ん坊を乳母車に押しこんでニューゲイト・ヒルを走って逃げました」。ストライキをしている人びとは公式的にはごく少数の者たちであると言われていたが、現実にはボールドウィン政権は労働者階級全体を相手に戦争を仕掛けたのであり、ストライキ中の人びとと傍観者との区別さえ落ち着いてなされることはなかった。その結果、イーディスのような傍観者の立場の人びとにも自分たちはストライキ中の人びとと多くの共通するものをもっていると感じさせたのである[37]。

五月十二日、労働組合会議は降伏し、ストライキは終わったことが宣言された。労働組合会議の指導部は、政府がプロパガンダ機構を駆使し、軍隊を掌握しているのに対しては勝つ見込みがいっさいないことを思い知らされていた。しかし、一般の労働組合員たちは打ちひしがれ、これが労働者階級にとっての大敗北であると正しく認識していた。スウォンジー[7]ではストライキ中の人びとは敗北を信じることができなかった。警察とジャーナリストたちがスト終結の決定を知らせたとき、ストライキ中の人びとは「その知らせを嘲り、「ふざけるのもいい加減にしろ」と歌った」[38]。この報せがバタシーの庁舎の外に集まった人びとに届いたとき、「労働者たちはただブーイングの声をあげ、叫びました」とハリー・ウィックスは振り返った。「行進して仕事に戻るべきだとわたしたちは決めました。ヴィクトリア駅[8]で雇われている労働者のほとんどはバタシーから来ていたので、支部は翌日出勤するようにと決定を出し、わたしたちはバタシーからヴィクトリア駅まで行進していきました」[39]。同様のことがイギリス全体で起きつつあった。

炭坑労働者だけがストライキを続けたが、一九二六年十二月までには彼らも仕事場に戻った。そもそもゼネラルストライキを引き起こすことになった賃下げを炭坑労働者の組合が受け入れるまでロックアウトを続けた炭坑所有者たちによって敗北させられた格好となった。クリスマスまでにマスグレイヴ氏のような人びとはより厳しい条件のもとで仕事に戻った。革命をもくろむ武闘派だと雇用主からみなされた労働者たちは解雇された。一九二七年、ボールドウィン政権は支援のための同情的ストライキを禁じ、ピケに厳格な制限を課す労働争議法を議会で通過させた。

ゼネラルストライキのもっとも重要な遺産のひとつは、イギリスの労働運動が戦闘的で革命的な行動ではなく体制の変革に深く関わるものになったということである。反対の声はたえずあがっていたが、労働組合会議と労働党の指導者たちはゼネラルストライキを自分たちに有利なように利用することができた。指導者たちのストライキへの支持はつねに曖昧で、ますます高まる好戦性に気を揉んでいた。「政府、全国雇用主連合、そして労働組合会議自身の観点からすれば、選択肢が階級間の戦争から資本主義社会の崩壊へという流れと労使間の融和とのあいだにあるのだとしたら、あのストライキは最終手段としては歓迎されてはいなかった」と歴史家のキース・ミドルマスは論じている[40]。どの政権も政治的な立場の違いはあれ、労働組合ならびに雇用主の組織と政策を話し合い、協力することで事足れりとしていた。これに代わる終わりなきストライキと操業停止はあまりに犠牲が大きく、時間がかかり、混乱をもたらすものなので、考えることも不可能だった。[41]

しかし、ふつうの労働者たちにとってゼネラルストライキの敗北は、イギリスの民主主義の欠点をめぐる自分たちの懸念に労働運動が応えてくれるという希望を根こそぎ失ってしまったことを意味した。労働者の集団的な力を政治の武器として使うことについて労働党の指導者たちの態度は定まっていないことが明らかになった。政府の方針は労働者階級の新しい政治的、経済的な権利への要求を包摂するものだった。労働時間、賃金、労働条件をめぐる交渉はいまでは確立していたが、さらなる社会的、経済的な平等を実現しようとする何かを求めることは「反体制的」であるとして非合法扱いされた。

しかし、大いなる敗北ではあってもゼネラルストライキは、声をあげることのできる怒れる労働者階級の存在を証明した。ハリー・ウィックスのような人びとの経験は、イギリス人が本質的に穏やかな民族であり、平和的で法を遵守する統治への共有された関心に比べれば人びとのあいだの（階級も含めた）違いが重要性をもつことは少ないという神話を吹き飛ばした。ストライキはイギリスの体制を揺さぶり、五月のあの九日間を生き抜いた人びとがこれを忘れることはけっしてなかった。これは階級闘争であり、労働者階級の集団的な力を示した一方で、自分たちの財産と利益と特権を守るためにあらゆる武器をほしいままに使った国の支配者たちの党派的な利害をも示していた。これを経験した世代の人びとは、団結は力であるという勇気を与えてくれる感情をけっして失うことはなかったが、「民主的」な政府が人びとを弾圧しようと意を決していたことも同様に忘れはしないだろう。一九二六年にスト破りをした人たちが、多くの炭坑の村では数十年ののち社会の除け者にされていたことはさほど驚くにはあたらない。[42]

ひとつの帰結は、労働者階級の労働党への票が増えたことだった。労働党幹部の熱の入らない支援にもかかわらず、地方の労働党支部はストライキに入った人びととの大いなる連帯を示した。地方議会選挙においては一九二〇年以降、労働党の支持は増えていなかった。しかし、はじめて一九二六年に労働党はグラスゴーとシェフィールド[9]を含むいくつかの主要な地方議会で多数を占めるにいたった。[43]ブリストル出身で十八歳のアルフ・カニングはスト破りをしたのだったが、こうした新たな労働党支持者のひとりでもあった。彼はゼネラルストライキには加わらなかったが、ストライキをしている人びとと労働組合によって示された連帯と、自分のひどい労働条件に影響されたのである。失業手当の列には代わりになる連中がいくらでも並んでいるのだと言ってアルフに警告する経営陣の命じるままに働かされて、長時間のシフト労働をこなしていた。ゼネラルストライキが終わって間もなくアルフは労働党の青年同盟に入った。彼は「より公平な社会をつくりだす」ために同盟の一員となったのである。(44)

ストライキをした人びとの経験は子供たちの将来に影響を与えた。一九二八年、十四歳のウィニフレッド・フォリーは実家を離れて家事奉公に入った。彼女の父は炭坑夫だったが、ゼネラルストライキで指導的役割を果したため雇用主から爪弾きにされ、減らされた賃金では家計をやりくりするのに困難な状況となった。「どんなにお母さんと俺がお前を家に置いておきたいと思っているか言わなくてもわかるだろう」と彼は娘に言った。「俺の言うことをよく聞けよ。もし家の人がお前をあまりにきつく働かせたり、十分な食事を与えてくれなかったりするときは……俺たちはお金をかき集めてなんとかしてお前を連れ戻しに行くからな」。しかしウィニフレッド・フォリーは、両親が自分の娘に「奉公先で将来の足がかりを得て」もらうのをなんとしても必要としていることがわかっていた。とはいえ、家族が一緒にいられないことはウィニフレッドの父の心を苦しめずにはおかなかった。(45)

六年後、ゼネラルストライキの記憶が違った状況でウィニフレッド・フォリーによみがえってきた。彼女は賃金は安いが強く望んでいた自立を与えてくれるウェイトレスの仕事に就くことになり、家事奉公から離れようとしていた。奉公最後の日、「ポットや鍋のカタカタいう音に紛らせながら出せるだけの大声で「赤旗の歌」を歌いました。父と世界のすべての虐げられてきた労働者たちのことを思い、泣き叫びそうになりました」。(46)一九二六年にストライキをした人びとは、完全な経済的市民権を求めた闘いでは負けたのかもしれない。しかし、彼らの夢は生きつづけたのである。

訳注

〔1〕労働組合会議は一八六〇年代に設立されたイングランドとウェールズの労働組合のナショナル・センター。その大会には、加盟する労働組合から代表団が組合の規模に応じて出席する。

〔2〕ピーターバラはイングランド東部、ケンブリッジの北に位置する都市。

〔3〕サフォークはイングランド東部、イプスウィッチを中心とする州で、ロンドンの北東に位置する。

〔4〕バタシーはテムズ川南岸でランベスの西に位置する。

〔5〕ノーサンバランドはイングランド最北の州で北はスコットランド、南はダラム州に接する。

〔6〕 ペンリスはランカシャーの北、ペナイン山脈をこえてダラムの西にある町。
〔7〕 スウォンジーは南ウェールズの海に面するウェールズ第二の都市。
〔8〕 ヴィクトリア駅はロンドン中心部のターミナル駅。バタシーやランベスの対岸にある。
〔9〕 シェフィールドはイングランド中部、サウス・ヨークシャーの工業都市。

第4章　失業手当

多くの賞賛を集めた小説『サウス・ライディング』[1]の作者ウィニフレッド・ホルトビーは、一九三四年、イギリスの工業地域で次のようなことが起きていると宣言した。

新たな要素が親と子の関係に入りこんできている。男性よりも女性のほうが仕事を見つけやすいことがしばしばあるように、成人よりも思春期の若者のほうが仕事に就きやすい。だから、しばしば若い少女が工場で働いたり、家事奉公をしたり、店や洗濯屋で働いたりして、そのわずかの賃金で両親を支えている。……物惜しみもしない、使われやすい青少年が大人の責任を肩代わりすることがいつも容易であるとは限らない。(1)

ホルトビーが言っているのは大量失業の悲惨な帰結のことである。彼女は怒りの矛先を政府による給付金削減の新機軸、家計の収入調査に向けた。三年前の一九三一年、政府は失業手当を削減し、標準的な失業手当をもらう資格のない請求者に対する収入調査を導入した。このなかには家事奉公人のような保険に入っていない労働者も含まれていた。また、保険に入ってはいるものの三ヵ月をこえて失業している人、一九一一年の国民保険法で導入された拠出制の失業手当を受給する資格が切れている人も含まれた。長期失業者の大半が養うべき家族を抱えた成人男性で、みな失業の重大な影響をこうむっていた。一九三四年には収入調査を受けるべき請求者の範囲が家族全員の収入と所有物にまで拡大された。

大戦間期の労働者階級には失業がついてまわった。もっともよかったときで失業率は一一パーセント前後であったが、一九二九年のウォール・ストリートの株価大暴落のあとの数年でこの数字は劇的に上昇した。[2] 一九三一年には成人男性労働者の二三パーセントと女性の二〇パーセントが失業していたと記録されている。たとえば少年少女や掃除人といった保険に入っていない、したがって記録に残らない多くの労働者たちもまた失業を経験していた。一九三八年になっても男性の一四パーセントと女性の一三パーセントが失業していたとの記録があり、イングランド北東部、織物業のさかんなイングランド北西部、スコットランドのクライドサイド、南ウェールズといったイギリスの工業の中心地でははるかに大きな割合の人びとが失業手当を受給していた。[3] 失業者のなかには熟練、非熟練を問わず男性も女性も含まれていた。ホワイトカラー労働者も失業の影響を受けてはいたが、もっとも大きな痛手をこうむっていたのは肉体労働者であった。

政府の方針は失業者に罰を与えるかのごときものだった。とりわけ収入調査は、貧困の責任が失業者本人にあると言っているようなものだった。しかし一九三〇年代も後になるにつれて、失業者たちはみずから自分たちの扱われ方に抗議し、民主的な社会で完全かつ活発な役割を果たしたいという強い気持ちを示すようになった。その間、失業中の男性の妻や子供が経験した困窮に触発されていくつかの重要な調査がおこなわれ、貧困が労働者階級の生活にとって共通の経験であり、個々人の無責任さゆえに貧困は生じるのではなく、むしろ政府の政策のせいで引き起こされているのだということを示した。

政府が家計収入調査を導入したことは、貧しい人びとが自分の意志で怠惰にしているから貧困に苦しむことになるのだという権力や特権をもつ人たちの抱く偏見の根深さを物語っている。貧しい人びとの怠惰が貧困の第一の原因であるのか、あるいはたやすく対処できる原因なのかということについて政治家と調査にあたった人たちとのあいだには見解の相違があったが、貧しい人びとは彼ら自身の貧困に責任があるのだという考え方が大戦間期を通して福祉政策を支配していた。しかし、現実には政府の政策がしばしば人びとの自助と助け合いを阻害していた。蓄えがあったり、家族や近隣や労働組合に頼りにできるつながりをもっていたりする人びとに不利となる収入調査はこの一例だった。

収入調査は新しいものではなかったし、特権を与えられるべきものでもなかった。一九二一年失業法で、失業手当を請求するすべての人が通らなければならない「ほんとうに仕事を求めている」かどうかの調査が導入された。一九二九年まで救貧法の実施を監督する保護委員会が、疾病手当も失業手当も受給する資格をもたない絶望的状態にある人びとに援助をおこなう責任を負っていた。一九五〇年代に育ったキャロリン・スティードマンは、祖母が「一九二〇年代の終わりに収入調査を受け、民生委員の同情を勝ちとって、売却可能なピアノが目の前にあるにもかかわらず民生委員が見逃してくれたのは、祖母がテーブルの上に布をかけるなど家をきちんとしていたからだった」と回想している。(4)

すべての民生委員が法律の文言に従っていたわけではない。一九二七年、スタンリー・ボールドウィンの保守党政権は保護委員会(不履行)法を制定し、政府が保護委員会をいっそう容易に再編成できるようにした。この法律は一九二六年にストライキ中の炭坑労働者を支援したリベラル派の民生委員の決定に向けられた報復的な対応だった。しかし、民生委員が貧しい人びとに猜疑の目を向けるほうがふつうであり、たとえば椅子が余分にあるだけで請求者の失業手当受給額が減らされることもあった。(5)

一九二九年、保守党が総選挙に敗れ、五年におよぶボールドウィン政権は終わりを迎えた。この敗北には労働者階級の女性たちが寄与した部分もある。女性の参政権を男性と同じ条件にすることを求めた闘いに女性運動がやっと勝利を収めた一九二八年、労働者階級の女性たちの政治的な力は増大した。一九一八年、保守党と自由党の連立政権は、戦前の交戦状態にあった労使関係と女性参政権運動が再燃しないようにとの思いから第四回選挙法改正法を通過させたのだった。この改正法で二十一歳をこえたすべての男性に選挙権が与えられたが、女性には三十歳をこえた納税者にしか選挙権が付与されなかった。ほとんどの労働者階級の女性たちには選挙権が与えられず、家事奉公の召使いもそうした女性たちに含まれていた。

もしも政府が一九一八年の法律で女性たちの運動を鎮めることができると望んでいたとしたら、それは間違いだった。女性参政権運動の活動家たちと、めだった活動をしていた女性組織のメンバーたちは「平等な市民権を求める全国組合協会」(UNSEC)を立ちあげた。指導者はリヴァプールの社会改良家で、市のグランビー地区の独立派議員エリノア・ラスボーンであった。政治的立場の違いをこえた女性活動家たちからの圧力を受けて、スタンリー・ボールドウィンは一九二四年に首相の座に就いたとき、選挙権の付与を平等にすると約束したが、自分の政権から反対にまわる者が出ることを認識していたため、そのあと三年以上にわたってこの問題の採決を先延ばしにしつづけた。ボールドウィンは「デイリー・メイル」紙のオーナーで保守党の有力な支持者であるロザミア卿からも影響を受けていた。ロザミア卿は紙面を使って「フラッパーに選挙権を与える愚」に警鐘を鳴らし、若い労働者階級女性の投票が労働党政権をもたらしかねないと主張した。[6] 他方、労働党は選挙権の平等化に力を入れていたから、ボールドウィンは平等化への反対を潰しておけば女性たちの支持を得られる可能性があるということを理解していた。[7] 一九二七年、国会の会期が終わりに近づいてきたとき、女性運動とそれを支持するあらゆる政党の議員たちは、ボールドウィンに対して公約の実現への圧力を強めた。こうした状況のもとでボールドウィン政権は選挙権平等化法を通過させたのである。

したがって、一九二九年の総選挙は、二十一歳から三十歳までの女性が投票をおこなうことができ、三十歳をこえた労働者階級の女性たちに選挙権が与えられた最初の選挙となった。イギリスははじめて真の意味で大衆民主主義の社会となり、一九一〇年には七百七十万人だった有権者が三千二百万人をこえるまでになったのである。

一九二九年の総選挙の結果は、ロザミアが恐れていたことを証明したようだった。有権者はラムジー・マクドナルドの労働党を選んだ。当初はロザミアのような保守党支持者が声高に反対していたたぐいの社会改革を労働党政権が実行に移す気配があった。一九二九年、労働党政権の地方自治法によって救貧法が廃止された。ほとんどの場所でごくわずかしか変化はみられなかった。たとえば保護委員会は公共扶助委員会に置きかえられたが、その仕事内容と人員は置きかえ前とほぼ同一だった。それでも収入調査は廃止された。

しかし、収入調査の廃止は労働党政権同様、長くは続かなかった。一九二九年のウォール・ストリートの株価大暴落とそれに続く世界的な恐慌と大量失業を受けて、マクドナルドは「全政党からなる」挙国一致内閣に入った。この新政権を支配したのは保守党だった。挙国一致政権は一九三一年に収入調査を再導入し、新設の公共扶助委員会が監督する家計収入調査が三年後に実施された。

一九二九年に労働党に投票した人びとは失望し、憤りを禁じえなかった。家計収入調査は失業の問題を和らげるどころか、増幅させさえした。それはきちんとした労働者階級であると長きにわたって思われてきた人びと、そしてみずからもそのように思ってきた人びとに影響をおよぼした。第一次世界大戦前には失業者のほとんどは臨時や非熟練の労働者であり、若者であることが多かった。しかし、一九三〇年代のはじめには成人で熟練の男性労働者たちが長期の失業に苦しめられることが多くなった。その理由は、恐慌が鉄鋼業や炭坑業のような製造業にもっとも深刻な打撃を加えたからである。

失業は熟練の度合いや職種、年齢、性別をこえて労働者階級の生活において共有される重要な経験となった。最初に影響を受けたのは男性だったが、多くの女性たちも仕事を失ったり、政府の方針と父親の失業によって家事奉公に入ることを余儀なくされたりした。召使いの数が増加し、一九三一年には百五十五万四千二百三十五人に達した。[8]

政府が言っていたのは失業者は自分の力でなんとかすべきだということであり、これは暗に、失業手当に頼っている人びとは自分たちの困窮に責任があるということをほのめかしていた。一九二七年にボールドウィン政権が導入した労働力移転計画を挙国一致内閣はさらに拡大させた。この計画は不況にあえぐ北部から労働者をイングランド南部に移転させて仕事に就かせるというもので、困窮した工業地域と豊かな南東部とのはっきりとした地域間格差を裏付けていた。この計画は北部に雇用を産みだすのではなく、労働者たちを配偶者や親たちから引き離して何百マイルも離れた場所で仕事に就かせるというものだった。計画は失敗だった。一九三〇年代の初頭までにミッドランド地方[2]とイングランド南東部の町や都市でさかんになりはじめていた拡大しつつある軽工業の雇用主に依存するものであった。しかし、雇用主たちは地元の若者を安く雇うことができるのに、年をとっていて金がかかり、労働組合活動経験もある成人男性たちには仕事を与えたがらなかった。移転させられた労働者の大半は若い女性で、多くがわずか数ヵ月前に学校を出たばかりであった。新しい工場に送られる者もなかにはいたが、彼女たちの八〇パーセントは家事奉公に入らされた。彼女たちは、いまや中流階級家庭での奉公を離れて新しい工場での仕事に移った南部に住む十代の少女たちのかわりをさせられることになったのである。[9]

労働力移転計画に加わった労働者たちは、イギリスがふたつの国民から成り立っており、それらが背中合わせで生きていることを――もしそれまでに知らなかったらの場合だが――思い知った。社会的な分断はたんに地域の問題にはとどまらなかった。イングランドのミッドランド地方や南東部に比べイングランド北部、南ウェールズ、スコットランドの工業中心地では多くの人びとが失業していたが、これですべてが説明しつくされているわけではない。主要な大都市圏のほとんどの場所では、豊かな財産と車を所有し、休暇と流行の衣装を金で買うことができる人たちとスラムの住人とが共存していた。一九三三年、J・B・プリーストリはサウサンプトン〔3〕の古くからあるハイストリートを歩き、『イングランド紀行』のなかでこの国の社会的、経済的状態に評価を下した。「一マイルにわたって続く店は景気がよさそうにみえた」とプリーストリは綴っている。「フリート街やストランド街のワインバーのような雰囲気があった。……わたしはそうした場所のひとつで昼食にしたのだが、店は満員だった」。しかし、隣りあう脇道に入ると、プリーストリはすぐに「煉瓦でできた狭い側溝と……過密状態の部屋に行き当たり」、続いて「ハエがたかって汚れのついた窓」のある「哀れを誘う」小さな商店があった。(10)

プリーストリはにわか景気のさらなる証拠をコヴェントリに見いだしたが、そこは「三つの尖塔をもつ有名な古い町で、自転車と自動車とラジオの新しい町としても同じくらい有名」だった。(11) しかし、案内役を務めたこの町のダイムラーの工場で働く青年はプリーストリに、このにわか景気は厳しい重労働と、それに比べて低い賃金によってもたらされたものであることを納得させようとした。コヴェントリの住人たちは仕事を見つけるために家族や友人から遠く離れて来ていたため、しばしば孤独だった。同様に、プリーストリの案内役の青年も「コヴェントリの出身ではなく、この土地が好きではなかった。この点で青年はわたしのホテルのポーター長と完全に意見が一致した。彼もコヴェントリ出身ではなかった。たぶんコヴェントリ出身者なんていないのだ」。ポーターは「夜の娯楽にはどのようなものがあるのか」というわたしの問いに、もっとも皮肉な否定の言葉でもって答えた」。彼は言う——人びとは仕事にとりつかれていて、お金を稼ぐことしか頭にない。たぶん多くの場合、まだ「家」にいる親や子供たちに仕送りをするためなのだと。(12)

コヴェントリで暮らすこうした労働者たちは、北部にいる親戚たちには経験のない安定性を享受していたが、その生活はプリーストリが近くのコッツウォルズ〔4〕で見た中流階級と上層中流階級の人たちと比べるとはるかに厳しいものだった。しかし、失業手当を求めて並ぶ人の列が長くなるのに比例して、誰が貧しい人びとのためにお金を払うのかということについての中流階級の不安も増大した。給料をもらう専門職やビジネスマンの多くは、自分たちのことを「デイリー・ミラー」紙のコラムニストの言葉を借りれば「自分で自分たちのことをやりくりできない人びとと、余裕をもってそれができる金持ちとのあいだで板挟み状態」にあると感じていた。(13) 彼らの怒りは、彼らと労働者階級とをそれ以前には隔てていた特権がなくなったことによってさらに激化した。選挙権はもはや中流階級のステータスをあらわすものではなくなり、すべての成人に与えられた権利となっていた。地方自治体、市民サービス、商店での仕事の広がりは、ホワイトカラー労働者が社会的な集団として第一次世界大戦以前のように独自の存在ではなくなったことを意味した。そして召使いの数の増加にもかかわらず、需要が供給を上まわり、中流階級はこれからも家事奉公に頼りつづけることができるのかという懸念を引き起こした。社会的地位と家庭の快適さを維持することに気を揉む持ち家所有者たちは、いまや貧しい人びとの救済という負担を背負わされた納税者として自分たちの責任に——潜在的な搾取性のことにも——たえず言及するようになった。

しかし、実際には中流階級の多くはむしろ暮らし向きがよかった。法外な財政上の負担を背負わされているどころか年収五〇〇ポンドの人であれば税負担は軽くて済んだ。一九二〇年代の半ばから民間の住宅建設が増加し、中流階級の持ち家所有者がまず恩恵を受けた。一九二〇年代の公営住宅の建設は遅々として散発的であり、新築の公営住宅の賃料はほとんどの肉体労働者にとっては高すぎて、とても住めなかった。他方、給料で生活する専門職の人たちはイギリスの主要都市の外縁部にあらわれはじめた広大で緑の多い郊外にローンで邸宅を買うことができた。[14] 奉公人を簡単に雇えるだけの余裕がある人たちも多く、ますます多くの人たちがそうしたいと望むようになった。一九三七年に教育省の役人たちは「召使いの不足は供給の不足ではなく需要の激増にその原因があるにちがいない」との結論を出した。[15]

失業者のために金を払わせられていることに対する中流階級の納税者の憤懣は、失業手当で生きている不運な人びとを挙国一致内閣がますます懲罰的に扱うようになったことによって煽り立てられた。一九三一年、「タイムズ」紙の社説は、失業手当が「ほとんど永続的に生活費を出してくれる代替的資金源」と化していると主張しながら、収入調査を賞賛した。[16] 一九三一年八月、「タイムズ」紙に載った手紙のなかでフランシス・ジョウゼフは、失業者たちが「失業手当によって麻痺させられ」ており、懸命に仕事を探しもしないで施しに頼って生きることに満足してしまっているとの見解を示した。[17] 同じ年の十二月にはスコットランドのビジネスマンや教師、郊外の主婦が読者層の「スコッツマン」紙が、「レックス」という名の読者からの異例の手紙を掲載した。それは「公共の財源からの援助を受けるくらいならみずから命を絶つほうがよほど好ましいとするスコットランド人の独立心の強かりし時代」から「われわれはかくも遠ざかってしまった」と嘆くものだった。[18]「探究者」と署名した投書子はこれに同意している。「失業者と違い、所得税の納税者は支払いをするばかりで、自分たちの払ったお金から直接的な見返りを得ることなどまったくない」と不満を述べた。「労働者の多くは失業手当を受けとりながら結婚し、家族を養って」おり、納税者の「重い負担」をますます重くしている。[19]

しかし、失業手当に依存して快適な暮らしを送るどころか、失業者たちは困窮の生活を強いられる可能性がもっとも高い集団であった。このことはそれ以前の時代からの変化を示していた。一九二四年、ロンドン大学の統計学教授A・L・ボウリーと助手のマーガレット・ホッグは、不況にあえぐ北東部の炭坑の町スタンリーにおいてさえ貧しい暮らしを送る家庭のうちほんとうに困窮の状態にあるのはわずか一五パーセントであり、これはそうした家庭の家長が失業した男性であるからだ、ということを明らかにした。ほとんどの家庭が貧しいのは、中心となる稼ぎ手が死んでいるか年をとりすぎていて働けないかであり、あるいは家族のなかの働き手の稼ぐ賃金が家計を維持するには「あたりまえの仕事を一日中しているにもかかわらず不十分」だったからである。[20] しかし、一九二九年までに、ヒューバート・ルウェリン・スミスに率いられた「ロンドンの生活と労働の新調査」と呼ばれる、それまでイギリスでなされたなかで最大の社会調査が実施され、「もっとも大きな割合を占める貧困状態［の家族］は、成人男性の稼ぎ手がいないところに見いだされる」ことがわかったが、これはしばしば失業の結果そうなったのである。[21]

軽工業や商店、オフィスでの仕事の口が増えるにつれて、一九三二年から失業者の数は下がりはじめた。にもかかわらず比較的豊かな地域を含む多くの場所で失業が困窮の主要な原因でありつづけた。一九三六年にはヨークの住民の約四パーセントが極貧状態で生活しており、そのうちの三〇パーセントが失業によるものだった。[22] 同じことは一九三八年のブリストルにも当てはまった。[23] ジャック・ベルは一九二二年に生まれ、ブリストル近郊のハナムで育った。母親は工場のミシン工であり、父親は行商をやっていた。ジャックは十四歳で学校を出ると建築業の人足となった。彼は自分を幸運だと思っていた。「何人かの男たちが街角でただしゃべりながら何かが起きないかと待っているのを目にするのはふつうのことでしたから」。[24] 失業した男たちの大部分は親類縁者の金銭的援助に頼らざるをえなかった。まずは息子の助けを頼み、ついで娘の援助に、そして妻の援助に頼ることになった。[25]

給付金の制度を設計した人たちやその制度を管理運営する人たちは、個々人の無責任さが貧困の原因であるかのように主張し、失業者に自分の面倒は自分でみるよう要求した。しかしオックスフォード大学ベイリオル・コレッジの学寮長だったA・D・リンジーのような批判的な識者は、収入調査が人びとの自助を妨げ、親類縁者を援助するのを妨げており、実際に「家族を分断させる」ことになっていると警鐘を鳴らした。[26]一九三四年から家計収入調査は、賃金を得ている者と失業者が住まいを共有している場合、失業手当を減額するようになり、失業手当を請求する人びとのなかには家を離れたり、家を離れていると装ったりする人も出てきた。スタンリー・アイヴソンは高い失業率に苦しむランカシャーの織物業の町ネルソンで育った。十代の工場労働者であった彼は近所の人びとに収入調査がおよぼす影響を目のあたりにした。「大きな建物が［道の］向かいにありました。……それはいわゆる木賃宿でした。人びとが、若者たちが週日はそこに来て泊まっていました。……一晩一シリングでした。……そうすることで失業手当をもらうことができたのです。けれども食事は家に帰ってとっていました。……当時はこうして家庭が崩壊していったのです[27]」

他の家庭では賃金を得ている若い家族が、彼らのわずかな収入に失業中の兄弟や父親が頼るよりは失業手当をもらいつづけられるようにと家を出ていった。一九三五年、パディントンで労働党の議員をしていたジェイン・ライトは「親たちを助けるために家にお金を入れていた息子や娘が収入調査のもとで結果として家を離れていってしまう事例に数多く遭遇した。当然このことは親たちに多大な不安を引き起こした[28]」。グラスゴーとリヴァプールの青年たちが収入調査を避けるためまだ若いうちから親元を離れることにカーネギー・トラストの調査が注目したのは、ようやく一九三七年になってのことだった。[29]

収入調査を受ける過程は、収入調査の原理が人の面目を失わせるものであるのと同様、屈辱的なものだった。査察官――あるいは「援護官」――は失業者が手当を請求する前に売却可能な物をもっていないか、お金を無計画に使っていないか確かめるため、家を査察する権限をもっていた。一九三四年、リーズのハンズレットに住む二十二歳のアーニー・ベンソンは、やっとの思いで生活をやりくりしていた。人足としての彼の仕事は打ち切りとなり、失業手当を請求した。妻のアイリーンは工場で働き、「週に三回の出勤でしたが、彼女の賃金の大部分は、わたしたちがふつう公的扶助で受けとることになっていた額から差し引かれ……惨めなことにわたしは週に一〇シリングしか受けとれませんでした」。要するに、社会調査に従事したB・S・ラウントリーが平均的な家族は「健康な生活を送るために不可欠のもの」を確実に手にするには四三シリングより多い額を必要とすると試算していたときに、ベンソン夫妻とふたりの子供たちは週に二〇シリングで暮らすことを求められていたのである。(30) アーニーのお金は、毎週やってくる援護官のフランク・ウォーターズという「ほんとうの下種野郎」次第だった。

わたしは一日家のなかに座って彼がやってくるのを待っていました。どんよりと湿気の多い日が続き、暖炉のなかの火もやっと燃えていました。わたしが火かき棒でつついていると、ノックもなしにドアが開き、フランク・ウォーターズが家のなかに入ってきました。横柄な口調で「何か変化はないか」と訊いてきました。腹が立ったわたしは……「出ていけこの野郎、礼儀もわきまえないで。女房がそこの流しで身体を洗おうとしていたんだ。出ていけ。ノックをしてから、いいと言われるまで入ってくるな」……ウォーターズは出ていってノックをしました。彼をなかに入れてにらみつけると、彼は「状況に何か変化はないか」と言いました。わたしは噛みつくようにこう答えました。「大ありさ。とんでもなく悪くなっている」と。「棚のなかに何か隠していないか？」……［食べ物を入れる棚のなかを］急いで見たあと、「いいだろう。だが今日のことは忘れないからな」とウォーターズは言いました。

運命を決するウォーターズの訪問の直後、公的扶助委員会はアーニーが靴修理をしてひそかに週一〇シリング稼いでいることを突きとめた。「わたしへの給付金は五週間停止され、クリスマスには公的扶助が何もない状態になりました」(31)

人びとは自分自身を維持し、家族を養っていくためには詐欺まがいのことも避けられないと感じていた。一九三一年、アビンドンに住む二十一歳のフランク・ヘインズは失業手当を受けていた。学校を出たあと大工の見習いとして働いていた。「わたしは二十一歳までそこで働き、週に一〇シリングもらっていました。賃上げを頼んだら馘になったんです」。公的扶助委員会は「わたしの請求を撥ねつけて父親に面倒をみてもらえと言いました」。これに対し、塗装職人で四人の小さな子供を抱えるフランクの父は抗議した。一ヵ月後、委員会はフランクに一〇シリングを与えたが、生活していくにはあまりに少なすぎたし、結婚しようとしていた彼にとってはなおさら足りなかった。だから「わたしは彼らに知られないように家の塗装のこまごました仕事をしたわけです」(32)。

アーニー・ベンソンの場合のように、手当を請求している人がじつは仕事をしていると告げ口することによって近所の人が積年の恨みを晴らそうとすることもあった。また別のケースでは、近所の人びとがお互いに助けあっていた。一九三四年に十六歳だったエミリー・スウォンキーは、グラスゴーの共同住宅で暮らす十二人の子供のひとりだったが、店員として働いていた。二十代半ばの兄チャーリーが失業した。「わたしと姉妹ふたりが働き、父も働いていました。ですのでチャーリーの手当は減らされました……まずチャーリーの賃金を失い、ついで失業手当までもらえなくなったのは家族にとってほんとうに深刻な事態でした」。チャーリーは収入調査の役人に、もっと多くの手当をもらえるよう親たちの住む共同住宅を出たのだと言った。実際には「できるかぎり外出しているようにしていただけだった」。その時分、「調査官がやってくると思ったときには近所の人びとがお互いに教えあっていた」ので、チャーリーのように失業中の者は「隠れることができた[33]」。このように人びとの私的な生活に足を踏み入れることは憤懣と怒りと疑念を増大させたのである。

　失業をきっかけに過激な道に進む者もいた。エミリー・スウォンキーは共産党に入り、全国失業者運動（NUWM）によって組織されたグラスゴーからロンドンまでの飢餓行進に参加した[34]。アーニー・ベンソンはNUWMの熱心な支持者となり、失業者に失業手当を受けとる見返りとして雑用の仕事を強制しようとするリーズの公的扶助委員会の試みを引っかきまわして楽しんだ。地元の「職業センター」に出向く義務があったので、「わたしはたくさんの仕事をそこでやりましたが、彼らのためにやったのではありません。持ち運びができるタイプライターを借りだして手紙をタイプし、［共産］党と失業者運動のためのリーフレットをガリ版で作成しました。わたしが最初にこれをしたとき、仕事場の監督官はいったいなんと言えばよいものやら途方に暮れていました」。最終的にベンソンと仲間たちの反抗によって、職業センターの職員は雑用仕事を講義に置きかえさせられ、ついにはセンターが閉鎖されることになった[35]。

　しかし、一九三〇年代といえば長期失業に苦しむ人びとの絶望で知られた時代である。多くの家で二世代かそれ以上の家族が失業を経験した。イアン・マッコールは一九一五年にソルフォードで生まれた。「母が産んだ四人の子供のうち三人が幼くして死にました。わたしだけが生き残ったので、母には特別かわいいようでした」。母親のベッツィは家事奉公の雑役婦で、父親のウィリアムは地元の鋳造所で鋳鉄工をしていた。父マッコール氏は、共産主義への信念と労働組合での活動のために一九二〇年代にいくつかの仕事を失わざるをえなかった。一九二九年、イアン・マッコールは十四名の同級生たちとともにグリーシャン・ストリート小学校を卒業したが、「両親の絶望に影響されていて将来のことが怖く、明日を待ちつつ、明日がもう来なければいいのに、と思ったりしました[36]」。

エミリー・スウォンキーとアーニー・ベンソンのように、運命への抵抗がイアン・マッコールを政治的な活動に向かわせた。彼の場合、それは共産主義青年同盟と社会主義劇団を通してのものだった。

一九二九年から一九三四年にかけては激動の数年でした。……学校を出て職業安定所に登録し、クラリオン・プレイヤーズに加わり、針金工場に雇われたときは意気軒昂でしたがふたたび失業、でもまだ意気高く(やる気まんまんで)「織物取引」に雇われてまた馘になり、レッド・メガホンを立ちあげ(少し意気消沈)、自動車工の見習いになりました(そしてたちまち馘)。それ以降あらゆることがいっぺんに起きたような感じです。週に二、三回、夜にアジプロ寸劇のリハーサルと上演をおこない、日中は政治活動で手いっぱい。週末にはダービシャーや北ランカシャー、湖水地方などを散策し、手にとれる本はなんでも読みました。またＮＵＷＭの青年会議でも熱心に活動しました[37]。

しかし彼よりも年長の人びとは、このようなエネルギーとやる気を呼び起こすことが困難だった。一九三〇年にウィリアム・マッコールは人生最後の解雇を言い渡された。一九三一年までに「彼は三百万人の不適格者のうちのまたひとりの不適格者になったというだけのことです[38]」。彼が定職を得ることは二度となかった。

一九三四年までに「不適格者」の多くが仕事を求めて家を離れた。こうした人びとは仕事があるところへ移住せよとの挙国一致政府の忠告に従おうとしたのであり、妻や子供たちにのしかかる圧力を和らげようとしたのだった。しかし、首尾よくいかないことが多かった。その夏、十八歳のローリー・リーは、コッツウォルズのスラッドという村にある母親と六人の兄弟と一緒に住んでいた過密状態の家を離れた。彼は仕事と冒険を求めてロンドンへの旅路についた。

わたしは他にも大勢の人がいるのに気づきました。みな北のほうに向かって歩く、憂鬱な行進でした。なかにはもちろん筋金入りの浮浪者もいましたが、大部分は当時イングランドをあてもなくさまよっていた大勢の失業者たちでした。……彼らは戦争に敗れて歩き去る軍隊のよ

> うで、頬は落ちくぼみ、疲労で目は死んでいました。道具の入った鞄や、みすぼらしい紙板製の衣装鞄をもっている人もいました。スーツの名残をとどめるような服を着ている人もいましたし、休むために立ち止まると注意深く靴を脱いで、手につかんだ雑草で茫然とした感じで靴を磨く人もいました。こうした人びとのなかにはミッドランド地方から来た大工、事務職員、機械工がいました。多くの人びとは数ヵ月のあいだ路上をさまよい、一九三〇年代の踏み車ともいうべき仕事から拒否されたことに当惑して国中を歩きまわっていたのです……。[39]

こうした人びとには逃げ場などないようにリーには思われた。彼自身は目標をロンドンに定めていたが、そのうち、不況にあえぐ母国を離れることが可能になり次第すぐに外国に行きたいと思うようになった。ロンドンに着き、首都にある数多くの建設現場で仕事を見つけた。一年後、彼はスペインへ向かっていた。

ローリー・リーは幸運な人びとのうちのひとりだった。多くの家庭は子供たちに家を離れて遠くへ行くのを許すだけの余裕がなかった。若者たちが学校を出るとき、彼らの雇用機会は誰と知り合いであるかによって決まった。一九二三年、政府は若者の雇用に関わる部局を創設し、情報の不足が失業のおもな原因であると主張した。しかしこの部局は仕事を創出することはできず、一九三〇年代のはじめに学校を出たばかりの十代の若者の役に立つことはたいしてできなかった。大きな町や都市では、学校を出たばかりの若者も小さな村や炭坑のコミュニティの若者たちに比べれば多くの選択肢をもっていたものの、競争率の高い労働市場にあっては親方なり経営者に自分たちの「代わりに口をきいてくれる」親戚や近所の人に頼る者がほとんどだった。高い失業率に突き動かされて実施された若者の仕事と暮らしについての調査で、父親と同じ仕事に就く息子はごく少数であるが、圧倒的多数の者が仕事の等級としては同じところで働いていることがわかった。非熟練の仕事から熟練の肉体労働に移る機会はほとんどないに等しく、肉体労働者の息子が等級の高い事務職や専門的な仕事に就く機会は皆無と言ってよいほどだった。[40]これはほとんど流動性を有しない労働市場であり、失業に襲われれば悲惨な状況が待ち構えていた。

大戦間期に仕事を始めた人びとでは、社会階層を上昇するより下降する人のほうが多かった。運よくなんらかの仕事の見習いとなることができても、見習いが終わると仕事がないのが通例で、これはウォルター・グリーンウッドの一九三三年の小説『失業手当に生きる愛』のなかの機械工見習いハリー・ハードカッスルの運命だった。[41] 一九六九年、社会学者のリチャード・ブラウンはタインサイドのウォールセンド造船所でおこなわれたインタビューを指揮した。ブラウン自身は一九六〇年代の終わりに造船所で働く人びとの経験と態度に関心があったのだが、彼らにインタビューをする過程でブラウンのチームは二百六十六人の機械工、ボイラー修理工、人足の雇用履歴の詳細を集積していった。一九三五年より前に仕事を始めた男たちのほとんど（全部で百八十七人のうちの七〇パーセント）が、一九三〇年代のあいだに社会階層を下降する流動性を経験していた。その多くが、見習い期間が終わって成人の賃金で働ける資格を手にすると、その仕事から離れることを余儀なくされた。ほとんどの人びとが見習いをした仕事を続けたり、その仕事にふたたび携わったりする機会を二度と手にできなかった。彼らは結局、人足や半熟練の労働者として働かざるをえないのであった。[42]

このことが示すとおり、成人の賃金を受けとる資格のない十代の若者への需要は成人男性よりだいぶ大きかった。二十一歳になってしまうと彼らは解雇された。これは造船業のような古くからある製造業にも、一九三〇年代にあらわれはじめたラジオや掃除機を製造する新たな工場、デパート、事務職にもあてはまる事態だった。若い労働者は安く雇うことができた。雇用主たちは、若者は「小遣い稼ぎの労働者」なのであり、お金を使うために働いているだけだと言い募ることで彼らを低い賃金で働かせるのを正当化していた。しかし現実には、ウィニフレッド・ホルトビーが述べているように、若くして賃労働に携わる者たちは重い責任を背負っていた。ノーマン・サヴィッジはマンチェスターで育った。父親の長期失業により、ノーマンは学校に行っている期間を通じて臨時の仕事をせざるをえなかった。登校前と放課後は店で働き、学校が休みのときは配達の仕事をした。一九三〇年代のはじめに学校を出たとき、彼と姉とで六人家族を養う責任を背負っていた。「姉は工場で働いていました。……そうしてわたしと姉のわずかな賃金だけが家族を支えていたのです[43]」

父親たちはしばしば子供を養っていくことができないのを罪つくりで恥ずべきことと感じた。ペギー・フューはノッティンガム[5]で育ち、一九三〇年代のはじめに学校を出て地元のプレイヤー煙草工場で仕事を得たときには幸運だと感じた。工場の賃金はよく、労働条件も妥当だった。この工場でペギーと仕事仲間たちは「プレイヤーの天使たち」として人気を集め、清潔な職場環境で働き、多くの工場労働者よりも勤務時間は短く、定期的な昇給もあった。しかし、一九三〇年代の半ばにはこれが一長一短であることをペギーは認識した。彼女の賃金が上がった次の日、父親の失業手当が止められた。「父は赤ん坊のように泣きましたし、わたしも泣きました。父がわたしを仕事場から連れ出しにきました。……わたしは言いました。「お父さん大丈夫、たいしたことではないよ。わたしたちなんとかなるから、なんとか切り抜けられるから」と」[44]

ペギーの世代は、自分たちが面倒をみなければならない父親ではなく、こうした事態をもたらした政府と雇用主を非難するようになっていた。彼女たちの経験が歴史の流れに影響をおよぼすことになる。彼女たちは一九四五年に人びとの支持を集めた世代であり、一九三〇年代の経験によって、一九四五年にはじめて労働党を多数政権の座につかせた世代であった。

憤りを感じていたのはウィニフレッド・ホルトビーだけではなかった。収入調査によって多くの左派的な作家、学者、社会調査員、福祉に携わる人びとの共感は強まった。「わたしの両親は左派でした」とパブリックスクールの寮監の娘でジャーナリストのキャサリン・ホワイトホーンは振り返る。「二百万人の失業者が置かれた状態、スラム、最後に残った大事な持ち物を売り払わないと失業手当が止められてしまうからといって石炭入れに隠すのを強いる収入調査――これらに震撼していたのです。それから、あの世代の多くの人びとと同じく第一次世界大戦の恐怖がありました。父はこの戦争では良心的兵役拒否者で、その経験から熱心な平和主義者になっていました」[45]。オックスフォード大学ベイリオル・コレッジの学寮長A・D・リンジーは、一九三五年の「タイムズ」紙で収入調査について仮借ない批判を展開し、「いまやわたしたちは、失業している［現在は失業手当で生活している］人びとのほとんどが彼ら自身の過ちでそうなったのではないと認識している」と書いた[46]。

労働党は混乱を来たし、失業手当を求めて並ぶ人の長い列がいまだ途絶えないなか、長期失業の帰結を懸念する人びとは正式の政治には背を向け、影響を受けている人びとの状態を調査する方向へと向かっていった。一九三四年、H・L・ビールズとR・S・ランバートのふたりの調査員が人びとの証言を集めた『失業者体験記』を出版した。翌年、労働党支持者のヨーク大主教ウィリアム・テンプルは、慈善団体ピルグリム・トラストの後援を受けて失業調査委員会を招集した。委員会のメンバーにはみずからを「独立派進歩主義者」と呼んだベイリオル・コレッジのA・D・リンジーも含まれていた。失業が南ウェールズ、イングランド北東部、ロンドン、リヴァプールの人びとにおよぼす衝撃を広範囲にわたって調べた彼らの研究は、一九三八年に『仕事のない人びと』として出版された。

これらの研究が明らかにしたのは、貧困は貧しい人びとの責任なのではないということだった。ビールズとランバートは、失業しているすべての人に背景となる事情が存在することを示した。それは通例、仕事に就くことができた場合に経験する過酷な労働の歴史であり、病気や高齢であることや世界的な不況が障害となるケースを含む個々人の歴史であった。ピルグリム・トラストの調査員たちも、失業が無責任な少数の者たちに限られた話ではないという点でビールズとランバートと見解が一致していた。『仕事のない人びと』は「恐慌の時代には多くの人びとが自分ではどうにもならない状況によって仕事から放り出されるのだ」と結論づけた。(47)

これは重要であると同時に議論を呼ぶ主張でもあった。保守党の政治家や保守派の新聞は、失業手当を受給している人びとはこれまで貯金をしたり、国民保険の保険料を納めたりする分別をもたない連中なのだという考えをしつこく広めようとしていた。一九三一年の「タイムズ」紙の社説は「手当を受けとる条件として失業者は手当が必要であることを証明しなければならない」と断言し、こうすることで「保険に入っていない」人びとが請求者の大部分を占めるシステムに「道徳的な強み」を与えることになると主張した。(48) こうした主張が都合よく無視しているのは、手当を請求している人びとのほとんどがあまりに長期にわたって失業しているため、蓄えも、国民保険の支払いによって積み立てた拠出型の給付金も使い果たしてしまったという点である。

失業を経験した人びとに声と歴史と個別性を与えることで『失業者体験記』と『仕事のない人びと』は、失業手当で生活する人びとを新聞や政治家が表現する際につきまとう無責任と怠惰というステレオタイプを突き崩した。広告代理業をしていて失業した男性は、「自分の本やその他こまごましたもの」を売り払うという最終手段に出なければならなくなったときの「絶望」についてビールズとランバートに語った。「ついに妻がもっていたわずかなジュエリーを売らざるをえなくなりました。結婚指輪を質に入れなければならなくなったときには、これまでにない悲しみに襲われました」。(49) 彼は借金を抱え、妻が結婚相手として想定していたような一家の稼ぎ手であることができなくなったことへの「自暴自棄」と「恐怖」を説明し、「どの政党のどの政治家に対しても敵意を抱く」ようになったと語った。(50)

「タイムズ」紙が示唆するように収入調査の支持者たちは、

失業手当のせいで人びとが仕事を見つけようとしなくなっているのだと想定していた。しかし、失業者たちはこれに反論する。「わたしはつねに自立してやっていけるよう努めてきました」と南ウェールズ出身の四十歳の炭坑労働者は語った。「しかし、わたし自身の間違いからではなく、わたしが悪循環の犠牲になったというだけで炭坑の仕事を失わざるをえなくなったのです」。こうした人びととの話が明らかにするのは、失業手当の問題がその金額の多いことにあるのではなく、むしろ限られていることにあるのであって、そのせいで多くの家族が困窮に追いこまれていたということである。この炭坑労働者はビールズとランバートに対し、政治家には「なんの希望ももてない」と語った。失業手当を受給していることで「自分はこれほどまでに憤っているのだ」と彼は言った。(51)

失業者たちの声は、個々人の外見、ふるまい、支出のパターンが貧困の原因なのではなく、その結果であることを明るみに出した。ビールズとランバートに話をした人びとのなかには、「体面を保ち」ある特定の仕事に就きたいと願うところから、以前は「がさつ」で無責任だと思っていたような人びとと共有する利害があるのだと認識するにいたった過程を詳しく語る人もいた。ある「ホテルの召使いをしていたスコットランド人」は、彼にとって最悪の時期は「グラスゴーの暮らし向きのよい人たちが住む地区」の下宿に居つづけられるようあがいていたときだった、と書いている。ついに――

わたしはプライドを捨て……労働者階級の地元民が住む地区で共同部屋を借りたのです。そこでは、失業手当で生活しているのが異常だということはありませんでした。わたしは自分の服の洗い方とアイロンのかけ方を覚え……靴の直し方を覚えましたが、もっと大事だったのは、お金を使うたび、それをどう最大限に活かすかということを学んだことです。……お買い得衣料クラブに入りました。……「タナー・ダブル」という二重勝式の競馬の賭け方がうまくいったときには三ポンドも儲けることができました。この「あぶく銭」で靴、靴下、シャツ、下着を買うことができたばかりでなく……海辺に旅行して一日休日を過ごすことさえできたのです。その旅行の楽しかったこと!(52)

こういった話は、きちんとした体面を保つことと貧困とのあいだの隔たりがいかに小さなものであったかをはっきりと示している。それは困窮が状況次第であったことの証明であり、怠惰であることや蓄えがないことが人びとを貧困に突き落とすのだという考えに対する異議申し立てでもある。その日一日を楽しむこと——競馬のスリルを味わい、列車に乗って海岸へ行き、海辺でポテトチップスを食べること——、置かれている状況が人びとに課した生き方であった。

これらは別に新しい話ではなかった。何百万もの人びとが自分たちのせいではないのに貧困にさらされており、貧困は家族の収入に悪影響をおよぼすだけでなく、精神的、身体的な健康にも不幸な結果をもたらすということはチャールズ・ディケンズ、[6] ヘンリー・メイヒュー、[7] モード・ペンバー・リーヴズのような社会調査員、ジャーナリスト、小説家によって一世紀以上にわたり書かれてきた。しかし、どの世代においてもこうした話は語りなおされる必要があった。貧しい人びとが自分たちの貧困を生みだしているのだという神話がしぶとく残っていたからであり、まさしくこのほうが権力をもつ人たちにとっては都合がよかったからである。失業者もまた市民であること——なかにはかつて税金を納めていた人もいるのだということ——は、一九三〇年代の半ばには政治家たちがまず認めようとしなかった真実である。

しかし、地方税納付者と納税者のなかには少しずつ考え方を変える人たちもあらわれた。大量失業の経験によって、そもそも「値する」貧者と「値しない」貧者とを区別することがほんとうに倫理的かどうか考えるようになったのだ。何人かはこの結論に自分の失業の結果としてたどりついたのだが、ホワイトカラー労働者や専門的な仕事に携わる労働者も失業を免れていたわけではなかったからである。キャサリン・ホワイトホーンの両親のような人びとは長年にわたって社会的進歩主義者であったが、彼らの物の見方は収入調査が引き起こした困難と貧苦によって裏付けられた。しかし、ほとんどの人びとは仕事場で見たもの、都市部や田舎を旅するなかで目撃したもの、あるいは読んだものによって考え方を変えていった。一九三八年、ピルグリム・トラストの『仕事のない人びと』が、一九三六年にレフト・ブッククラブを設立した熱心な出版者ヴィクター・ゴランツの目に留まった。ゴランツは労働者階級の書き手に活躍の場を与え、労働者階級についての書きものが発表される場を提供したいと願っていた。そして幅広い層の読者が購入できる本をつくることをめざしてもいた。南ウェールズの炭坑の村での暮らしを書いたL・P・クームの『これら貧しき労働者たち』やジョージ・オーウェルの『ウィガン波止場への道』を出版したのはゴランツであった。一九三九年の四月までに、クラブは五万七千人の会員を抱え、会員たちは「今月の本」を心待ちにしていた。[53]

労働者階級の書きものを売り出すことに力を入れていたのはゴランツだけではなかった。一九三〇年代の半ばまでに政治的に左派の多くの人びとは「人民戦線」という考えを信奉するようになっていた。これは共産党に端を発する考え方だったが、ウィニフレッド・ホルトビー、ルイス・グラシック・ギボン、[8] セシル・デイ・ルイス[9]といった幅広い作家、芸術家、ジャーナリスト、学者たちの集団によって支持され、発展させられていた。大陸ヨーロッパでは人民戦線はより直截な政治的影響力を発揮し（フランスでは一九三六年に人民戦線政府が選ばれた）、イギリスの文化的生活にも影響をもたらしていた。人民戦線は作家と芸術家のゆるやかなつながりから成り立っていたが、定期的に刊行された「レフト・レビュー」が彼らの活動の拠点だった。一九三四年十月に出された第一号のびっしり活字の詰まった冒頭のページで、「レフト・レビュー」は読者に人民戦線を次のように紹介している。

　今日の資本主義世界では、経済の危機に劣らず思想の危機も重大である。……すでに多くの作家がこのことに気づいている。作家たちは社会の資本主義的秩序の終焉を強く望み、それへ向けて仕事をしている。財産と利益にもとづくのではなく、共同の努力にもとづいた新しい秩序を目標としている。この新秩序のつくり手は労働者階級であり、変化が革命的な結果をもたらすにちがいないことを彼らは認識している。[54]

　こうした雰囲気のもと、『失業手当に生きる愛』の作者ウォルター・グリーンウッドや『収入調査の男』を書いたウォルター・ブリアリーといった数名の影響力の大きい労働者階級の作家たちは、出版社と関心をもってくれる読者を見いだすことができた。[55] こういった本を読む読者層がどのくらいの規模だったのかを知ることはむずかしいが、グリーンウッドの『失業手当に生きる愛』はベストセラーで、一九三四年から一九三七年のあいだに十回版を重ねた。[56] 売り上げの高さ、ゴランツのレフト・ブッククラブが惹きつけた会員の多さ、これらの本を評価するさまざまな新聞の書評からは、多くの人びとが労働者階級の生活について政治家たちの演説や新聞の見出しにあらわれる以上のことを学びたいと熱心に思っていたことがうかがい知れる。

　こうした読者の多くは中流階級であったが、すべてがそうであったわけではない。ときに労働者階級の読者たちは、自分たちのことをみずから考え政治的意見をもつ人びととしてではなく、無知であるとかなすすべをもたない犠牲者であるとか表現しているようにみえる社会調査と小説に対して批判的な目を向けていた。一九三〇年代半ばにリーズで共産主義の書店の開業を助けたアーニー・ベンソンもこうしたひとりだった。彼はジョージ・オーウェルが『ウィガン波止場への道』に書いた労働者階級の暮らしよりも都市における労働者階級を表象したもののほうが好きだった。オーウェルは不況にあえぐ北部を訪れ、そこで出会った人びとを描いていた。オーウェルの本が出版されてから一年後、ベンソンがウィガンを訪れると――

地元の党員のひとりであるジム・グレイディーは、［オーウェルが］ジムの兄弟にウィガンでもっともひどいスラム地区に連れていってくれるよう頼んだのだと言いました。……オーウェルはみすぼらしく無知な労働者たちを選びだしたいと思っていて……そうした人びとにウィガン全体の典型例を投影したわけです。こんな考えの連中がわたしたち労働者階級のこと、わたしたちの向上心や夢、欲望について、ごみ溜めのようなところから、貧困から、戦争から、資本主義がもたらす飢餓状態から這いだすわたしたちの能力について、もっと正義にあふれた人間的な社会をつくるためのわたしたちの努力についてどれほど理解できると言うのでしょう。(37)

失業した人びとのうち政治的な活動に積極的だったのはごく少数であったものの、彼らの経験と行動は社会調査をおこなう人たちから顧みられなかったことが多かったと指摘したベンソンは正しい。社会調査をおこなう人たちは「典型」的な失業者を気力がなく、あきらめきっていて、不満ゆえに何をする力も失っているものとして説明することを選んだ。こうした人たちは、労働者階級の人びとがリベラルな中流階級の指導者などいなくても社会を変える主体になる能力をもっていることを進んで認めようとはしなかった。

一九三〇年代の終わりまでには、中流階級の有権者の多くが失業者というのは生まれつき無気力で無責任なのだという見方を変えつつあった。そのひとつの理由は、一九三三年一月にドイツの首相に指名されたヒトラーが具現化している大陸ヨーロッパにおけるファシズムと独裁主義の台頭であった。ムッソリーニのファシスト党と同じくナチスもポピュリズム的な訴えかけを活かし、大衆の集会やデモを組織していた。政治的変化の主体となるふつうの人びとの能力を無視することが突如としてできなくなった。一九三二年以降、オズワルド・モズリーの英国ファシスト連合（BUF）がヒトラーの成功をイギリスでも再現しようとした。以前に労働党の国会議員だったモズリーは、いくつかの町や都市で大規模な集会を開くのに十分な支持を獲得していた。そのうち一九三四年六月のロンドンのオリンピアでの悪名高い暴力的な集会は、何人かの有力な保守党議員を震えあがらせ、保守系の新聞「タイムズ」と「デイリー・テレグラフ」はモズリーの「私有軍」をその「暴力性」ゆえに非難した。(58)

　イギリスの右派も左派も、ふつうの労働者階級は自分たちの側についていると主張していたが、現実には街頭も近隣も町も分裂していることが多かった。モズリーのメッセージには、自分たちは限られた数の仕事と住宅を移民と争っているのだと信じた人びとに訴えかけるものがあった。労働者階級の多いドックランズ地区は、当時入ってきたばかりの移民にいつも棲み処を提供していた。そこは入ってきたばかりの人びとが安く泊まれる宿と臨時雇いの仕事を提供する場所だった。ロンドンのイースト・エンド(10)やタインサイド(11)のサウス・シールズ、リヴァプールのドックランズのような地区では安定した仕事の数は限られており、住宅は過密であったから、移民はこうした問題を引き起こすか悪化させるのだというモズリーの主張をすんなりと受け入れてしまう人びともいたのである。英国ファシスト連合が総選挙に候補を出すことは一度もなかったが、一九三七年のロンドン州議会議員選挙でモズリーの党はベスナル・グリーンとショーディッチというイースト・エンドの選挙区で多くの票を獲得した。イースト・エンドの街頭をBUFが反対の声を浴びることなく行進することも幾度かあった。

　しかし、最終的にはナチスがドイツの労働者階級の人びとのあいだに広げたような支持をBUFは勝ちとることができなかった。これは部分的にはイギリスの失業率がドイツやイタリアの失業率ほど高くはなかったからである。失業手当を受給している人びとのほとんどが若い世代ではなく、そのうちの多くはイギリスの労働組合活動に参加している組合員だった。イギリスの組合活動はドイツの労働運動に比べて強力であり、自律的であった。イギリスで失業手当の列に並ぶ人びとは、ナチスがとりこむことのできた幻滅しているが若くてエネルギーあふれる青年たちとは年齢も考え方も大きく異なっていたのである。

　労働者階級のファシズムへの支持は弱かった。人種的な違いを完全に受け入れるというところまではいかなくても、そうしたことに寛容であるというのは、モズリーがターゲットにしていた共同体の生活を長きにわたって特徴づけてきたことであった。異なる人種や宗教、文化が衝突する地域では、とりわけ貧困と失業の時代においては緊張がたえず可能性として潜在していた。しかし、こうした時代のほとんどにおいて大部分の人びとはなんとか生活を送っていくことだけで精いっぱいだった。そうするなかで、近隣の人びととのつながりを醸成し、ときには人種や宗教の垣根をこえた深い友情を育むこともあった。イギリス国民になることを希望する移民は申請書にイギリス生まれの身元保証人を挙げる必要があり、あらゆる職業の人びとが職場の同僚や近所の人に支援を申し出た。イエメン人、ドイツ人、オーストリア人、ロシア系ユダヤ人、スカンジナビア人を受け入れてきた港町であるサウス・シールズに長いこと住んでいたジョン・ジョージ・ロビンソンは、一九一九年、ジョージ・エドウィン・アンダーソンの帰化申請を支援した。ジョンは長年ジョージを知っており、「十七年にわたって郵便配達を仕事にしていたので、彼の親父さんをよく知っていたのです」[59]。ロンドンのイースト・エンドですらBUFは地方議会の議席を獲得することができなかった。ほとんどの労働者階級の有権者が選ぶのは労働党でありつづけた。一九三五年にはBUFに五万人のメンバーがいたというモズリーの主張にもかかわらず、彼はわずか一万六千票しか得ることができなかった[60]。

熱心にファシズムの活動をしていた者の多くは豊かな社会階層の出身だった。一九三四年、労働党は各支部にその地域でのBUFの党員についての情報を提供するよう呼びかけた。その反応から、モズリーがすっかり頼りにしているのは金融危機を懸念する店主たちやビジネスマンであり、上層中流階級であることがわかった。ハロゲイト〔12〕では「保守党の若い党員たち」がBUFの制服と競技大会に惹きつけられていた。ポーツマスではBUFは「独立して生計を営む若い男女」を頼りにしていた。その一方で、ホーム・カウンティーズ〔13〕ではもっとも有力な弁士のひとりは「英国国教会の牧師であり、ボーイスカウト運動の指導者でもある人物」だった[61]。アーサー・ロジャーズは十五歳で小さな売店の助手をしていたが、オックスフォードでは大学の学生がもっとも顕著なモズリーの支持者であったと回想している。「土曜の夜には大学でナチ集団による黒シャツ運動が繰り広げられていました。彼らは通りにやってきてあちこちに立っていました。[アーサーの友人の]シドは彼らのまんなかに立って議論をしていたものです。シドは彼らよりも運動についてよくわかっていました[62]」

しかし多くのBUF支持者は用心深く、ひそかに支持をしていた。ヒトラーの残虐行為がイギリスの新聞に伝えられるようになるにつれてBUFの不人気も高まっていった。ランカシャーの綿織物の町ネルソンでBUFのオーガナイザーをしていたネリー・ドライヴァーは、「わたしたちを支持してくれる人のなかには保守党支持の有名なビジネスマンもいたりして、こうした人が実際に何者であるかを知って仰天したものです」と語った。ネリーはBUFのなかで「奇矯な人物や、たちの悪い人物」がめだっていたことを悔やんでいた。[63] BUFの反ユダヤ主義と全体主義的な信条（加えてハロゲイトとポーツマスが典型であるようなその制服と競技大会）が不満を募らせた保守党支持者の捌け口となってはいたものの、ほとんどの人びとは選挙で勝つことのできるボールドウィンの保守党から離れていくほど幻滅を感じていたわけではなかった。

モズリーは「商取引……新聞……映画［そして］ロンドンのシティ」を牛耳る「巨大な利害」を声高に批判していたが、貴族や産業資本家、工場経営者たちからの支持を受け入れていた。[64] サフォークでは富裕な農家がBUFの活動を支援した。[65] 一九三一年まで「デイリー・ミラー」紙の所有者であったロザミア卿は一九三四年、自分の書いた「黒シャツ隊に支援の手を」という記事に「デイリー・ミラー」の一ページの三分の二を割かせた。ロザミアは反ファシズムの「パニックを煽る連中」を非難し、黒シャツ隊の「愛国主義と規律がイギリスの若い男女にとっての実践的な見本となるであろう。若者たちは、祖国の諸問題に対する統制力と、組織のなかで彼らが正当にあずかる権利を有している分け前とを古参の政治家連中によってだましとられているのだ」と述べた。一党支配の国家がイギリスの若者にどんな種類の「統制力」を与えようとしているのかについて、ロザミアは何も言っていない。[66] たえず危機にさらされつづけた貴族であるミットフォード一家もこの論争に加わった。ユニティとダイアナは一九三〇年代半ばに数回にわたってドイツを訪れ、ヒトラーの幹部たちと親密な関係を結んだ。[67]

ファシズムに反対する武闘派が一九三〇年代中盤にあらわれはじめた。ヒトラーがいったん権力の座に収まると、新聞を読んでいる人びとはみなヒトラーの政権が暴力、反ユダヤ主義、全体主義に芯から染まっていることに気づいた。このことがロンドン東部のような労働者階級の多い地区のいくつかでBUFへの反対運動を加速させることになった。亡命してきたポーランド系ユダヤ人の息子で二十一歳だったチャーリー・グッドマンが近所でモズリーの黒シャツ隊が行進することを計画しているらしいと耳にしたのは、一九三六年にそうした地区でのことだった。友人の多くと同じようにチャーリーも家族の左寄りの政治姿勢に影響を受け、十代のとき共産党に加わっていた。しかし一九三〇年代の半ばまでは、ほとんどの友人や親戚の政治的な活動は討論と集会に限定されたものだった。チャーリーの経験は、イディッシュ語を話すロシア系ルーマニア人を両親にもつウィリー・ゴールドマンの経験と共鳴している。ゴールドマンの親たちは「わたしたちが外国人であるということを忘れるのをけっして許しませんでした。わたしたちに繰り返しこう念を押していました。「ひとり悪いユダヤ人がいるとユダヤ人全体が災厄をこうむることになるのだ」と」[68]。失業率が上昇し、BUFが行進をするようになると、態度に変化が生じた。一九三六年までにはウィリー・ゴールドマンもチャーリー・グッドマンも多くの友人や親戚と一緒に「ファシズム反対運動の高まり」の一部となっていた。チャーリーは積極的にモズリーへの反対運動を繰り広げる気運の高まりが「ドイツで起こっていること」に端を発していると思った。一九三六年、ケイブル・ストリートを行進しようとするBUFに抗議の声をあげ、行進を阻止した何百人もの人びとのなかにチャーリーもいた。成功を収めたこの抗議デモで、チャーリーは警察官を殴った廉で逮捕され、ウォームウッド・スクラブの刑務所での一年の刑に処された[69]。

一九三六年、失業者のなかには、失業手当の列やイギリスでの飢餓行進から離れて別の闘いに向かう人びとがいた。その年の七月、将軍フランコが新たに成立した共和国政権に対して攻撃を開始し、スペイン内戦が勃発した。これがその後長く続くことになるヨーロッパの民主主義に対するファシストの攻撃の始まりを画したのはたしかだが、イギリスとアイルランドからは二千三百人をこえる義勇兵が共和国軍を支援するために立ちあげられた国際旅団に加わった[70]。義勇兵のなかには、少数だが(ジェシカ・ミットフォードの従兄で、のち夫になった)エズモンド・ロミリーのような貴族もいたし、この内戦についての息もつかせぬ新聞記事の多くを書くことになるジョージ・オーウェルもいた。しかし、ほとんどはロンドンや北東部の炭坑の町、南ウェールズの谷あいやマンチェスターのスラムのふつうの家庭からやってきた青年たちだった。このなかにはデューズベリ[14]の最年少の労働党議員だった三十四歳のクレメント・ブロードベントも含まれていたが、一九三八年にエブロの戦いで戦死した[71]。ロンドンのイースト・エンドに住んでいたナット・コーエンはユダヤ人の平和主義者だったが、「夜に軍事戦略とスペイン語を勉強した」のち国際旅団にトム・マン縦隊を立ちあげた[72]。多くが失業者だったが、グラスゴーからスペインに最初に到着した義勇兵である二十五歳のフィル・ギランもそのひとりだった。彼は学校を出たあと数ヵ月間だけ賃金の支払われる仕事に就いていたが、その後「およそ十年間失業して」いた[73]。

義勇軍に志願した人びとは自分たちを民主主義の守護者とみなしていた。スコットランド人の義勇兵ゲーリー・マッカートニーは、自分の仲間たちが「共産主義とかそのたぐいのものをもたらすためにスペインに行ったのではないと確信していました。わたしたちは国民が投票用紙にバツ印をつけることのできる自由のための闘いを続けるべく、スペインに行ったのです」[74]。スペインで成功を収めればヨーロッパのファシズムを壊滅させることができると多くの人びとが期待していた。一九三七年に釈放されたチャーリー・グッドマンは「手に武器をもち、身体を張ってファシズムとの闘いを続けたいと感じた」ので、ただちにスペインへ向けて出発した[75]。

すぐに新聞や労働党の政治家たちから、義勇兵は民主主義の守護者であると表現されるようになった。とりわけ影響力があったのは「ミラー」紙で、このイギリスでもっとも読まれていた新聞は一日に四百万部を売り上げていた[76]。一九三八年までにこの新聞の編集部は、スペイン内戦を「労働者階級のための戦い」として擁護するのに十分なくらいロザミア卿の影響から自由になっていた。新聞の主要なジャーナリストたちのなかには国が無償で提供する（一八七四年に確立された）初等教育の恩恵を受けた労働者階級の子女の第一世代の人びとも含まれていた。教養があって野心に富んだこのようなジャーナリストたちは、労働者階級の読者に届く情報を提供することに仕事を通して尽力した。彼らはまた自分たちが育った家族や共同体に失業が与える影響を目のあたりにしてきた。特集記事の編集委員補佐をしていたヒュー・カドリップは「わたしたちはふつうの家庭の出身なのです」と語った。「わたしは南ウェールズの出身ですが、不況にやられた地域です。……それを一度経験すれば、二度と忘れられないでしょう」[77]。「ミラー」紙の記事は、スペインに行ったイギリス人義勇兵たちの多くの意見を反映したものだった。完全な市民権とはたんに投票権があるというだけではなく、その国の経済的な生活のなかで十全な役割を果たすことのできる権利をも意味するという意見である。これが働く権利を意味するのか、もっとも高いレベルでの経済政策を交渉して決める権利を意味するのか、完全な政治的、経済的平等を意味するのかはイギリスの左派内部で議論の分かれる問題だった。しかし、民主主義はファシズム以上に労働者階級の人びとが志を実現する機会を与えるものなのだという感覚は、すべての人が共有していた。

スペイン内戦で戦った人びと、あるいはモズリーのBUFと戦った人びとは少数派であった。しかし、彼らの抗議は新聞と広範な人びとの注目を集めた。これは、こうした人びとが、民主主義が深刻な脅威にさらされているように思われた時代に、労働者階級の人びとこそイギリスにおける民主主義のほんとうの守護者なのかもしれないと示したからである。このような闘いに加わった人びとの多くは失業者だったが、彼らはイギリス貴族とナチスとの喧伝されていた友情に対抗するべくみずからを奮い立たせて闘った。彼らは無責任で救いようがなかったわけでは全然なく、反ファシズムと社会主義の大義を前に推し進めようとしたのであった。こうすることで、ヒトラーの影響力の強い支持者たちが提示していたのとは大きく異なる将来のヴィジョンを彼らは示したのである。

イギリス国内では、南ウェールズの谷あい、イースト・エンドのスラム、ランカシャーの織物業の町で失業が貧困を生みつづけていた。一九三〇年代の半ばまでに労働者階級女性の生活状態がフェミニストや労働運動活動家らの注意を引くようになっていた。一九二〇年代と一九三〇年代のはじめに地方政府と中央政府は、医療が貧困に与える影響を調べる際、子供の健康に注目した。地域間格差があるにもかかわらず、幼児の死亡率は次第に減少していると保健省は示すことができた。しかし女性の健康については気がかりな説明が示されていた。一九二三年から一九三三年のあいだに母体の死亡率が現実には二二パーセント上昇していたからである。一九三〇年代の半ばには全国レベルでの母体死亡率は下がったものの、貧しい地域では千件の出産で十人もの母親が亡くなると記録される状況が続いていた。[78]

こうした女性たちの窮状をめぐる懸念は、出産制限のよりよい助言や妊婦と幼い子供への国からの給付金を求める運動を加速させた。これらはさまざまな社会階層の出身者からなる労働党や生活協同組合運動の女性たちが長きにわたる活動を通して求めてきた変革であった。第一次世界大戦後、こうした女性たちは国による妊婦ケアのサービス、無償の医療、家庭での介護の支援、無償ないしは低価格での学校給食の提供を労働党の政策に組みこむことに成功してきた。しかし一九二四年、一九二九年のいずれの労働党政権も、これらの変革を実行に移すことができなかった。[79]

より幅広く女性運動に取り組んでいる活動家たちも、このような目標のいくつかを共有していた。彼女たちのうちで労働党の女性たちと異なる者がいるのは、国家の介入についての見解をめぐってであった。国が運営すべきだと労働党の女性たちが主張する出産と育児のサービスは、それらに自発的に取り組む部門こそが提供するべきであると信じるエリノア・ラスボーンのような人たちもいた。最初にラスボーンの見解を支持した人びとのなかにマージェリー・スプリング・ライスがいた。彼女はロンドンの裕福な弁護士の娘で、ケンブリッジ大学ガートン・コレッジの学生だった。スプリング・ライスは一九二四年にコレッジを出たあと、ロンドンのスラム街で福祉の仕事を引き受けている同時代人たちの仲間に加わった。そこでの労働者階級女性たちとの出会いによって貧困は彼女たちの責任ではないとの確信を抱いた。その後の十年間、スプリング・ライスはロンドンのいろいろな地区でいくつかの妊婦と子供のための福祉クリニックの設立に尽力した。

一九三三年、スプリング・ライスは女性の健康調査委員会に加わった。これは生活協同女性組合のような主要な女性団体の代表を含む超党派の委員会であった。この委員会の仕事は貧困が病気を引き起こすと政府が認めなかったことに触発されていた。女性と幼い子供に焦点を絞ることで、この女性運動は貧しい人びとが「値する」人と「値しない」人とに分けられるという想定に異議を唱えることができた。病気の母親や瀕死の母親は失業中の男性のように悪しざまにけなされることはないし、子供たちに罪がないのは明らかだ。女性や子供は、守ってくれる者もいない貧困の犠牲者として容易に説明がつく。

にもかかわらず、スプリング・ライスと仲間たちは懐疑的な見方と闘わなければならなかった。貧困と女性の病気のあいだにつながりがあることを受け入れている人たちの多くでさえ問題は女性たち自身で解決すべきだという考えを抱いていた。一九三四年、「母親としての道徳性」をめぐる「タイムズ」紙の社説は、それ自体こうしたことが差し迫った政治的問題となっていたことの証しであるが、「母親の栄養状態によって分娩時の母体の安全がかなりの程度左右される」と述べた。しかし、社説の執筆者は、国家の介入よりもボランティアによってなされる努力と教育のほうが女性の健康状態を改善するよりよい手段を提供するのだという多くのリベラルな論客と意見を共有していた。問題の核心は、自分たちに何が必要であるのかを「多くの若い母親たちがわかっていないこと」にあると社説の執筆者は結論づけた。[80] 同じ年、保健省は母体の死亡率についての一連の調査を地域別に始めたが、これは部分的には活動家たちの批判を鎮めるためでもあった。しかし、「不適切な食事と誤った授乳が労働者階級の多い地域における母体死亡率の高さの要因であろう」としぶしぶ認めたウェールズについての一九三七年の報告のなかでさえ、「こうした影響は現在のところ正確には評定できない」と保健省は結論づけた。[81]

失業者にもっと援助が提供されるべきであり、公共の保健サービスにはより多くの資金が投入されるべきだとの労働党の要求に保守党は強く反対した。一九三五年、高齢で病気がちのラムジー・マクドナルドに代わってスタンリー・ボールドウィンが首相の座についた政権は、これみよがしに「挙国一致」と呼ばれていたが、現実には保守党によって支配されていた。「お金を支出するだけでは母親の命を救うことなど絶対にできません」と保守党の国会議員であるメイヴィス・テイトは、母体死亡率をめぐる一九三五年の議会の討論のなかで宣言した。(82) 国による保健制度の拡大に反対するテイトは、「ボランティア団体によってなされてきた偉大な仕事」は私費で医者にかかることのできない人びとの医療のニーズを満たすのに十分であると主張した。(83)

しかし、三年も経たないうちにテイトの見方は大きく掘り崩されることになった。マージェリー・スプリング・ライスのような活動家や、貧しい人びとによりよい福祉を提供すべきとの訴えを支持する（ほとんどが労働党によって占められていた）地方自治体の働きが結果を出しはじめたのである。同時に労働党は国が福祉と住宅開発に関与するという方針を採り、一九三五年には新しいリーダーであるクレメント・アトリーのもとで一九三一年の危機から回復し、ふたたび結束を固めた。労働党は一九三四年にハーバート・モリスンのリーダーシップのもとでロンドン州議会の支配権を獲得するなどいくつかの重要な地方議会選挙で勝利を収めた。こうした自治体では、労働者階級地区における健康状態と住宅問題の改善が優先的に取り組まれた。

労働党に変革のイニシアチブをとられたくないボールドウィン政権は、一九三六年住宅法を制定した。これは地方自治体に「労働者諸階級」への住宅供給の責任を負わせるものであり、公営住宅建設が大幅に増大した。一九二〇年代はじめの公営住宅はもっとも羽振りのよい肉体労働者をターゲットにしていたが、多額の補助金が投入された今回の計画では最貧層に焦点が当てられた。ニューカッスルやリヴァプールのような都市では野心的なスラム一掃計画が始められた。生活にとって必要なものは国が供給すべきである、とますます多くの人びとが確信するようになっていた。

一九三八年、女性の健康調査委員会の仕事が『労働者階級の妻たち』の刊行という形でまとめられた。マージェリー・スプリング・ライスがこの研究の執筆をおこなったが、それ自体は千二百五十名の労働者階級女性へのインタビューにもとづいていた。インタビューを受けた女性には賃金労働者の妻、失業者の妻、田舎に住む妻、都市の中心部のスラムに住む妻たちが含まれていた。こうして幅広いサンプルから声を集めたことで、母体死亡率の上昇は貧困によってさまざまな病気が引き起こされていることの証拠であるとスプリング・ライスは説得力をもって主張することが可能となった。「この四年間たえず貧困に苦しんできたことでとても不安になり、いらいらするようになってしまったのです」と失業者の妻で、自身は以前タイピストをしていた女性は説明した。以前は召使いをしていた「カーディフのL・C夫人」は「難産だった最初の出産のとき以来」続く背中の痛みを訴えた。医者の診察を受ける経済的余裕のない夫人は「説明のつかない動悸と心臓の痛み」を経験しており、浴室もなくお湯も出ない家で六人の子供を抱えて小康状態を得る暇もほとんどないのであった[84]。

　これらの女性たちの不健康の理由は、貧困によって説明がつく。夫のふるまいがなんの助けにもならないというケースもあった。「最大の困難のひとつは、時間的な余裕が必要だということを夫が認識していないことなのです」とある女性は語った。「長いあいだ、わたしの人生は二・七平方メートルほどの台所に閉じこめられ、十四ヵ月ごとに出産し……自分が機械にすぎないように感じたものです[85]」。しかし過密、低賃金、失業のいずれもが、貧困とお金のかかる医療とあいまって問題の原因となっていたのである。「人生から、他の人びとよりも多くのものを手にする人たちが存在するのは当然のことだ」とスプリング・ライスは認めつつ、「しかし、これはほとんど例外なく、子供をわずかしか産まず……どういう理由でかはともかく、はるかに恵まれた経済状況にある女性たちに限られたことである」と述べている[86]。

『労働者階級の妻たち』が出版されたとき、母体死亡率が高いことは貧困のせいなのか、医療が行き渡っていないことが原因なのかをめぐって議会と新聞では論争が巻き起こっていた。マージェリー・スプリング・ライスが話を聞いた女性たちと医師たちは次のことに疑問の余地はないと思っていた。貧困が病気をもたらすのであり、医療にお金を支払わなければならないことが問題を悪化させるのだと。

『労働者階級の妻たち』の出版と同じ年、継続しておこなわれていた母体死亡率についての議論の結果、保守党は国民の健康状態を改善するために政府にはさらにできることがあるということを認めざるをえなくなった。政府は医療への支出を増やし、一九三六年には助産師に訓練を義務づけ、何千人もの新たな助産師を訓練するための支出をおこなった。保健省は一九三五年には母体死亡率が四・一一パーセントにまで下がり、過去十年でもっとも低い数字になったことを示す統計を発表した。

　一九三七年、スタンリー・ボールドウィンの後を継いでネヴィル・チェンバレンが首相に就任した。チェンバレンは蔵相として一九三四年の給付金削減に大鉈を振るい、母

「連立政権のもとで豊かさと平和への行進に加わろう」。保守党が主導権を握っていた1930年代の連立政権は、イングランド南部などでの仕事の口、収入の増大を自分たちの手柄とした

体死亡率の低下を保守党の保健改革の勝利だと喧伝した。支持者の野外集会でチェンバレンは、将来的には「これから出産するすべての女性が、置かれた状況にかかわりなく資格をもった助産師の助けを得ることができるようになるだろう」と宣言した。さらにチェンバレンは一般論として、体つきが貧弱なのは貧困のせいではなく運動不足によるものだと示唆した。彼は「若者に人生の新たな歓びと、むやみに疲れを感じることなくやりたいことをやれる力の感覚とを与え」て、若者たちを「すぐれた運動選手にするだけでなく、よりよい市民」にすることにつながる「身体訓練」の全国的な計画を提案した。(87)

　労働党はこれに疑問の声をあげ、不健康と困窮とのつながりはますます明白になってきていると指摘した。ジャロウ[15]選出の若い労働党の国会議員エレン・ウィルキンソンは、助産師の養成は貧困によって引き起こされる全国的な問題への計画性を欠いた部分的な対処にすぎないと述べた。労働党の議員たちは「収入調査を受けながら子育てをすることがどんなものであるか、こうした家庭を訪問することが何を意味するかということについてたくさんの経験を積んできている」とウィルキンソンは宣言した。労働党の議員たちは「看護師や助産師がいかに優秀でも、食事と生活状態がまともであることの代わりにはけっしてならない」ことがよくわかっていた。(88) 政府を批判する人びとは、母体死亡率の低下が大きな地域間格差を覆い隠してしまっていると指摘した。労働党の国会議員ジェイムズ・グリフィスは、南ウェールズの彼の選挙区では母体死亡率が「異常に高い」ままであり、「人びとは十年にもわたってひどい貧困と失業に苦しんできた。……母親たちがそのことで罰金を払わされてきたのだ」と言っている。(89)

　事実、母体死亡率のもっとも低い数値は労働者階級の地域であるウェスト・ハム[16]で記録された。一九三七年、保守党の保健相キングズリー・ウッドは「二十八万人をこえる人口を抱えた貧困の行政区」としてのウェスト・ハムによって貧困が必ずしも不健康につながるわけではないことが証明されたと述べた。医学的に適切な注意を払い、労働者階級の母親たちに子育てについての指導をおこなえば十分だというのである。[20] しかし、実際にはウェスト・ハムの女性たちの母体の健康は、労働党の支配する地方自治体が健康と福祉に関わる供給に豊富な公的資金を支出するよう粘り強く働いた結果なのであった。ウェスト・ハムの自治体は、貧しくて医療費の払えない住民に助産師と病院を提供するための投資をおこなった。しかしもっと決定的だったのは、ウェスト・ハムがイギリスの他のどの自治体にもまして失業者に対する金銭的支援をおこなったということである。ジェイムズ・グリフィスが指摘したように、ウェスト・ハムで母体死亡率が低かったのは「他の財政的に豊かな自治体が使うのを拒んだお金を人間の生命のために進んで使う用意がウェスト・ハムにはあったから」である。[21]

一九三八年までにマージェリー・スプリング・ライスは、共感をもって『労働者階級の妻たち』を読んでくれる読者を頼みにすることができるようになった。ウェスト・ハムと、より広域的に労働党が主導権を握るロンドン州議会で実行された福祉改革は、公共福祉の改善には法外な費用がかかるというわけではなく、豊かな見返りをもたらしうるものだということを明らかにした。[22] 地方が先導したこうした取り組みは雇用、医療、住宅への国家による投資と組織化を求め、生活賃金と完全雇用を求めた経済学者ジョン・メイナード・ケインズの提案に形を与えた。

全国失業者運動と労働組合（前者が共産党と近い関係にあったため、連携に不安が走ることもよくあった）によって組織された失業に反対する活動は、世論に変化をもたらすのにも一役買った。一九三六年、ジャロウの飢餓行進では、イングランド北東部の荒廃したこの造船業の町からロンドンにいる首相スタンリー・ボールドウィンに請願書を届けるため、二百人の失業中の人びとが行進した。その行進は多くの新聞にとりあげられ、人びとの想像力を呼び覚ました。飢餓行進する人びとが通る村や町、都市に住む多くの中流階級の人たちにとっては、デモをおこなう失業者たちを見ることが北部の労働者階級に接する最初の機会となった。彼らがイングランド南部を通る際、ケンブリッジ大学ガートン・コレッジの学生たちはコーヒーとサンドイッチを行進者たちに提供した。彼らがベドフォード[17]に到着すると「ロータリー・クラブからひとりひとりに煙草が提供され」、さらには「地元の映画館に無料で入ることが許された」。[23]

しかし行進者たちがロンドンに着いたとき、スタンリー・ボールドウィンは彼らに会うことを拒否した。首相の反応は多くの人びとの反感を買った。一九三六年十一月五日の「タイムズ」紙の社説で編集委員は、行進者たちは「合憲的な請願の方法」を用いたのであり、政府の考慮に

1936年、ジャロウの飢餓行進。ロンドンへの途上、ルートン近郊の村でサンドイッチの支援を受ける

値するものだと肯定的に書いた。「ジャロウの人びとは……彼ら自身が影響をおよぼすことのできない決定によって苦しめられているのであり、その決定は他の場所に利益をもたらしてきたものだ。彼らは自分たち自身のためにできることをしたまでのことだ」。社説は閣僚たちに「産業の現状と産業の位置づけが政府の直接的な関心事項ではないと言うにはあまりにも遅きに失している」ことを認識するよう促し、「不況にあえぐ地域を新産業によって死の淵から救いだす必要がある。もし私企業が関与しないようならば政府が行動を起こすことがいっそう必要となってくる」と言い切った。(24) これほどまでに「タイムズ」が公然と失業者に対する共感を示したのは、これが最初であった。

『労働者階級の妻たち』が出版になるまでには、ボランティアによる努力だけで人びとに健康と幸福をもたらすことができるという以前の考え方をスプリング・ライスは変えるようになっていた。彼女の委員会の調査は医療をもっと利用可能なものとするのに加え、失業を減らすことによってウェスト・ハムのような自治体の取り組みを政府も採用すべきであると力説した。スプリング・ライスはまだボランティアに二次的な役割があるとみていたが、いまでは国による福祉の提供と適切な経済計画だけが、包括的で統一のとれた継続的なケアを提供することによって女性たちとその家族の喫緊のニーズに応えうるのだと信じるようになった。「委員会にとって［こうした方策を推薦することに］なんら革命的なことも、非現実的なことも、法外なことも、社会的に不健全なこともないように思われます」とスプリング・ライスは宣言した。彼女は全国的な保健サービス、よりよい失業手当、仕事を生みだすための国の介入が「病気の治療と貧困の対策にかかる出費を計り知れないくらい節約してくれる」ことにつながると指摘した。ボランティアや慈善組織は多くの役立つことをおこなってきたが、こうした組織は必然的に差し迫って助けを必要としている人びとに焦点を絞らざるをえなかった。求められているのは新たな力点を予防に置くことであった。これは生活協同女性組合を含む数多くの労働組織が長年にわたって活動の目標にしてきたことだった。一九三〇年代にこれらの組織は新しい仲間を見いだしたわけだが、この仲間は、失業者が苦しむ極度の困窮を目のあたりにして考え方を変化させたのである。

スプリング・ライスは、自分の提唱する福祉改革がいまやヨーロッパのいたるところで頭をもたげつつある独裁主義の脅威からイギリスを護ることにもなるだろうと主張した。「すべての市民に提供される共同体のサービスを通じた個人の幸福と福祉の民主的な発展の原理」が「賢明なる統治の不可欠な要素であることはいつの時代も変わるまい」と彼女は論じている。[25] これは、あまねくすべての人が生きるのに必要とされる手段を利用する権利をもっていることを擁護する主張であった。この権利は家計に収入があるとかないとかに由来するものでもなければ、個人の道徳的性格によるものでもなく、たんにこの世に生まれてきたことにのみ由来する権利なのであった。

しかし、この形態の民主主義は労働者階級に上から援助を与えることを意図したものであって、政治的、経済的な平等を促すものではなかった。スプリング・ライスの提案は、労働者階級の人びとが集団的な自助を促進するために立ちあげた労働組合や生活協同女性組合などの組織になんらの中心的な役割も予見してはいなかった。労働者階級の人びとが変化の重要な主体になりうるという考え方は、失業者に同情を寄せる人たちも含めた中流階級の多くの識者たちにとって不穏と思われる考え方であった。女性組合のメンバーたちが貧困を直接自分たちの声で説明した文集を出版するとき、レナード・ウルフとヴァージニア・ウルフの所有になる出版社ホガース・プレスは、これにヴァージニア・ウルフみずからが書いた序文をつけた。そのなかで彼女は寄稿者女性たちの文章は重要であるとしながらも、「ちょうど当の女性たちの特徴が多様性と遊びを欠いているように距離のとり方と想像力の幅」が欠落していると述べた。その結果「記述の正確さが半減」してしまっている、とウルフは主張した。

ウルフは、労働者階級の女性たちが民主的な討議に満足に参加するにはまだ能力が足りないのではないかとの自分自身の抱く不安感にとても正直だった。(96) スプリング・ライスの研究はこれとは違っていた。つまるところそれは、生活協同女性組合からの代表者と、労働組合の活動家で構成される産業女性組織常設合同委員会からの代表者を含む調査にもとづいていた。にもかかわらず彼女の提案が強調したのは労働者階級の組織の必要性ではなく、国の介入の必要性だった。こうした将来へのヴィジョンは、失業手当の列の悲惨な現実からすればたしかにいくらかの進歩ではあったが、政治のシステムにより積極的に参加することを求めたジャロウの行進者たち、全国失業者運動（NUWM）に共鳴した人びと、一九二六年のストライキに加わった人びとの多くが抱いた大きな志とは食い違うものだった。

何百万もの人びとにとって一九三〇年代は失業を意味し、失業は困窮と屈辱を意味した。失業手当をもらうという経験は熟練、非熟練の区別や「きちんとした」人びとと「がさつな」人びととの区別をこえるものだった。政府の政策は失業者が国家に頼らないようにし、仕事を探すインセンティブを与えることに主眼を置いていた。しかし連続しておこなわれた社会調査が明らかにしたように、この焦点の置き方は方向性を誤っていた。それは部分的には中流階級の納税者を懐柔しようとするものであったが、失業の根本に横たわる原因に取り組むものではなく、失業に耐える人びとが困窮するのを防ぎもしなかった。皮肉なことに、失業が失業手当を求めて列に並ぶ人びと以外の多くの人にも直接的で悲しい影響をおよぼすことは政府による家計収入調査によって確実なものにされたのである。失業者の妻や子供たちは言語道断なほど仕事に見合わない低賃金で家族を支える責任を背負うことになったのだから。

しかし、この時代は前向きな遺産を残した。炭坑労働者、職人、事務職員——いわゆる「きちんとした」労働者階級と下層中流階級——が失業手当の列に並ぶ光景は、世論形成に力をもつ中流階級の論者たちに困窮というのは恣意的で偶発的なものだということを認識させた。収入調査は、大きなストレスがかかっているときに人びとの屈辱感を増幅させたばかりで、そこからほとんど何も得るものはなかった。懲罰的な福祉はまったく失業者の数を減らすことにはならず、失業中の男性たちの健康のみならず女性と子供たちの健康をも著しく損ねることにもつながった。収入調査は福祉の供給を減らすことを目的としていたが、その実施は、社会福祉を普遍的な権利とする運動をかえって後押しした。

貧困は個々人のふるまいによってではなく社会的な不平等によって引き起こされるのだと主張した飢餓行進の人びと、社会調査に携わった人びと、フェミニズムの活動家たち、労働党の政治家たちは、一九三〇年代の終わりにはまだほとんど政治的な影響力をもっていなかった。これは一九四〇年代に変化することになるだろう。そして新たな世代の労働者階級の有権者に利益をもたらすことにつながるだろう。「飢餓の三〇年代」、とりわけ忌々しい収入調査の強烈な記憶が、大戦間期に家族を養う責任を肩代わりした子供たちに一九四五年の総選挙で福祉国家と完全雇用に尽力する労働党を選ばせることになる。

しかし、一九四〇年代の「二度と繰り返さない」というレトリックを一九三四年当時、失業手当の列に並ぶ男性たちとその家族は知るよしもなかった。一九三六年にジャロウの行進に参加した人びとは、貧困の原因と失業をめぐる全国的な議論の形成に貢献したとして最終的には賞賛され、記憶にとどめられることになる。しかし、首相が自分たちに会うのを拒否したと知りながら職もなく空腹のまま家に帰った行進者たちにとって、いまだ知られざる将来はなんの償いにもならなかった。公的扶助を申請するという屈辱的な経験を根絶することはできなかったし、選挙権を求めた何十年にもわたる闘いの末、労働者階級の人びとの政治的な力はまだ限られたものにとどまっているという事実によって引き起こされる怒りを和らげることもできなかった。政治家や社会調査員によって労働者階級の人びとに提供された唯一の合法的な役割は、無力な犠牲者という役割にすぎなかった。この時代は、あまりに多くの人びとにとって残酷な欠乏と絶望の時代であった。

訳注

〔1〕『サウス・ライディング』はウィニフレッド・ホルトビー（一八九八－一九三五年）による一九三六年出版の小説。大戦間期のヨークシャーを舞台に、教育に情熱を注ぐ若い女性校長の教育現場での経験や恋愛を描いた。

〔2〕ミッドランド地方はイングランド中部の諸州を指し、ウェスト・ミッドランズとイースト・ミッドランズに分けられる。バーミンガムが最大の都市で、この地域は産業革命以来、イギリスの工業の重要な拠点のひとつでありつづけた。

〔3〕サウサンプトンはイギリス南部の都市で、古くから港町として栄えた。

〔4〕コッツウォルズはイングランド中部の丘陵地帯で、緑の多い美しい景観と歴史ある家並みのため、イギリスを代表する観光地である。古くは羊毛の交易がさかんだった。

〔5〕ノッティンガムはイースト・ミッドランズの都市で、ロビン・

フッド伝説ゆかりの歴史ある土地だが、自転車やタバコの生産など工業もさかん。

〔6〕チャールズ・ディケンズ（一八一二－七〇年）は十九世紀に活躍した小説家。貧困などの社会問題を物語に取り込み、『オリヴァー・トゥィスト』『デイヴィッド・コパーフィールド』『大いなる遺産』など多くの名作を書いた。

〔7〕ヘンリー・メイヒュー（一八一二－八七年）は風刺雑誌「パンチ」を創刊した作家。社会調査をおこない、都市の貧困の実態を詳細に描きだした。

〔8〕ルイス・グラシック・ギボン（一九〇一－三五年）はスコットランドの作家。

〔9〕セシル・デイ・ルイス（一九〇四－七二年）はアイルランド生まれの詩人。ニコラス・ブレイクの筆名で推理小説も書いた。

〔10〕イースト・エンドはロンドンのテムズ川北岸、シティの東側の一帯の下町。テムズ川に沿ってドックが多くある。

〔11〕タインサイドはイングランド北東部のタイン川流域。ニューカッスルが主要都市。炭坑業、造船業、鉄鋼業がさかんだった。

〔12〕ハロゲイトはリーズの北に位置するノース・ヨークシャーの町。

〔13〕ホーム・カウンティーズはロンドンを取り囲むバッキンガムシャー、ハートフォードシャー、バークシャー、サリー、ケント、サセックスの諸州。

〔14〕デューズベリはリーズの南に位置するウェスト・ヨークシャーの町。

〔15〕ジャロウはニューカッスルの東に位置するタイン川沿いの町。

〔16〕ウェスト・ハムはロンドンの北東部に位置する地区。

〔17〕ベドフォードはルートンの北二〇キロほどのところにある町。

幕間Ⅰ　スター誕生

わたしは一九三六年にヨークシャーのカッスルフォードで生まれた。地図を見れば載っているけれど、わたしがそこを有名にした張本人というわけだ。
——ヴィヴィアン・ニコルソン『今日の出し物』（一九七七年）

一九三六年四月三日、ヴィヴィアン・アスプリーはウェスト・ヨークシャーの町カッスルフォードのウォリントン通りにある「一階に二部屋、二階に寝室二部屋」の公営住宅で生まれた。「わたしたちが住んでいたところにいたのはみんな炭坑夫だった」と後年ヴィヴィアンは説明している。「うちの父親だけは例外で、筋金入りの熟れ切った外《げ》道《どう》をフルタイムでやっていた」。しかし、国勢調査の回答欄には「炭坑夫」と記していた。炭坑夫はその労働によってイギリスを偉大にした男たちである。ジョージ・オーウェルが一九三七年に出された『ウィガン波止場への道』のなかで畏敬の念を込め、半ばうらやましげに「目まで真っ黒になり、喉を石炭の煤でいっぱいにして鋼のごとき腕と腹の筋肉でショベルを前へ前へと掘り進めていく」と書いたような男たちだった。(1)

現実はいくぶん違っていた。「炭坑夫はストーリーテラーですよ」と、二十年後に社会科学者たちがヨークシャーの炭坑の町で生活調査を実施した際、炭坑夫の妻たちは皮肉交じりに警告した。炭坑夫の仕事は危険できついものだが、このことへの炭坑夫たちの反応にはオーウェルが魅了された英雄的で大袈裟なふるまいや、たまの休みに飲みに行くことが含まれていた。(2) 彼らの仕事は健康にもよくなかった。ヴィヴの父は癲癇と喘息と酒への愛のせいで現役時代のほとんどを「疾病手当に頼って」過ごしていた。五人の子供たちは——ヴィヴは最年長だった——同じく喘息持ちの母が地元の農場でじゃがいも掘りをして稼ぐなけなしのお金で生活していた。

ヴィヴが生まれるころまでには、祖母や母の世代の人びとが携わらざるをえなかった農業労働や家事奉公を大半のカッスルフォードの若い女性たちはばかにできるようになっていた。工場労働の時代が到来していたのだ。織物やリコリス菓子、キャンディや化学物質を生産する工場の雇用主たちは働き手として若い女性をほしがっていた。成人男性よりも安く雇えたし、面倒をみなければならない家族のいる既婚女性と違って十代の女性たちはフルタイムの仕事を望んでいた。若い女性は農場で働くよりも工場のほうが多く稼ぐことができたものの、工場での仕事には危険がともなわないわけではなかった。ヴィヴの生まれる六年前、ヒクソン・アンド・パートナーズという染料工場で爆発があり、十三人が死亡して三十二人が怪我をするという事故があったが、そのためにカッスルフォードは全国的に有名になった。この事故で三百戸もの家が居住不可能となった。ニュース映画のブリティッシュ・パテ・ニュースは、「地震に襲われたかのようなカッスルフォード」とイギリス中の映画館で報じた。

仕事から離れると、若者たちは町のクイーンズ・シネマやスター映画館にハリウッドの最新ヒット作を観に行って夜を楽しんでいた。生活協同組合のダンスホールは多くの客を引き寄せていた。ミュージックホールと劇場の人気も高かった。一九三三年にブラッドフォードを訪れたJ・B・プリーストリは「工業の不況にもっとも苦しめられている地方で自分たちの仕事と生活がどうなるのかわからないことの多い若者たちにとって、劇場は……彼らの父親や母親たちが知りえた以上に情熱的で、想像力と思いやりにあふれた暮らしを送るようにと励ます、明日を担う市民たちのための前哨地の機能を果たしている」と書いた。(3) プリーストリは映画に対してはこれほど熱心でなかったが、ヴィヴが子供になるころには映画も似たような目的のために機能していたことはたしかだった。

ヴィヴは家族の家を回想してこう書いている。「くすんだ茶色の建物で、まるで崩れ落ちるかのように見えた」。過密状態の家庭だった。七人家族にふたつだけしか寝室がなく、「遊ぶスペースなどなかった」。ヴィヴはよちよち歩きのころから近所の子供たちと外で遊んだ。通りが遊び場だった。庭がある家はなく、「表のドアは直接歩道に向かって開け放たれていた」。

生活がこれ以上に悪くなる可能性もあった。「トイレと石炭庫は庭のいちばん奥に」あり、「風呂もなければお湯も出ず」、目に見えるような変化が起きる見込みはなかった。ただヴィヴの家族には最低でも庭があった。もしアスプリー家がリーズのような大きな工業都市に住んでいたとしたら、スラムに特徴的な、一階と二階にそれぞれ一部屋しかない長屋住まいをしていたかもしれなかった。こうした家には表側に窓と通気口があるだけで、住人たちは通りの端のほうにある野外トイレを共用していた。

炭坑夫の娘であることの利点もあった。ヴィヴの家は公営住宅で、民間の家主の所有になる住宅に比べれば概してよい状態が維持されていた。一九一八年以降に建てられた住宅は民間の賃貸住宅より高くつきがちであったが、ヴィヴの家は一九〇〇年代に建てられたもので、一九〇〇年労働者階級住宅法により地方自治体がもっとも貧しい住民を対象にした住宅を建設、再開発し、維持する権限をもったあとにつくられた住宅だった。ヨークシャーのウェスト・ライディングは手の届く金額で住むことができるまともな住宅を希望する炭坑夫の労働組合からの圧力を受け、この課題に取り組んだ。他の多くの労働者たちが公営住宅に住むことができるようになるには、一九三六年住宅法を待たなければならなかった。

その他にも慰めになることはあった。ウォリントン通りの家はくすんで見えたかもしれないが、「中は快適だった」。リチャード・ホガートは『読み書き能力の効用』のなかで、カッスルフォードの近くのハンズレットでの一九三〇年代の子供時代を描いている。彼の子供時代の家は「ごたごたと混乱して過密な場所」だったが、強固な家族の絆を形成し、「村と呼ばれるにふさわしい均質な小世界」のうちに近所の人びととのつながりを育んだ。「心をとらえて離さない独特な全体性」をもった暮らしだった。[4] ヴィヴならこれに同意しただろう。カッスルフォードで育ったことは「ほんとうに楽しい出来事だった」とヴィヴは思っていた。「やっかいな地域ではあったが、多くの点ですてきなところ」だった。大人になって振り返ってみるとロマンティックなヴェールを通して過去を眺め、ノスタルジーに浸らないでいるのは困難だった。「言ってみれば夏が延びたような感じさえ味わった」。しかし楽しかった時代の思い出に浸ることはできるが、ノスタルジーというのはふつうなんらかの現実にもとづいている。ときには大人たちが外の通りに座っていることもあって、「おしゃべりをし、笑い声をあげ、お互いにクスクス笑いをしたり煙草を吸ったりビールを飲んだりしていた」が、かたや子供たちは夜になるまで遊んでいた。

子供のころ、ヴィヴは自分の置かれた環境を判断する多くの基準をもっていて、環境に不足があると感じていた。一日何時間も働き、長い年月にわたって続く工場でのきつい仕事と不健康さゆえ、楽しい時間——おしゃべりやクスクス笑いや煙草や夏の夕べに道端で酒を飲むこと——が長く続いてほしいとの願いが呼び起こされた。ヴィヴが危険を冒して行ったもっとも遠い場所は通りの端にあるフィッシュ・アンド・チップスの店だったが、ヴィヴと家族の経験は、病気と貧困以外に人生にはもっと多くのことがあるにちがいないと理解するのに十分であった。ハリウッド映画は違った現実を提示してくれたが、映画館の電気が灯っても終わりを迎えない逃走の方法を見つけだすのは容易なことではなかった。リチャード・ホガートは子供時代の家を「外の世界から遠く離れた隠れ家」と言って称揚したが[5]、ヴィヴとその家族にとって外の世界は魅惑にあふれたものだった。ただ、じれったいくらいに遠く、その機会は銀幕だけに限定されていたのだけれど。

第5章　ダンスホールの政治学

一九三八年、ダンスへの新たな熱狂がイギリス国内を席巻していた。「メイフェアの舞踏場で、郊外のダンスホールで、ロンドン子たちのパーティで、村のダンス場で人びとがランベス・ウォーク〔1〕を踊っているのを見ることができる」と出されたばかりの『マス・オブザヴェーションによるイギリス』は書いた。この本の著者はマス・オブザヴェーションを創設したトム・ハリスンとチャールズ・マッジのふたりである。マス・オブザヴェーションはふつうの人びとがどのように暮らしているかを検証するためにつくられた新しい進歩的な社会調査組織だった(1)。

　ランベス・ウォークを踊る人びとは、つましい行商人でも享受することのできる豊かさの時代が新たに到来したことを示していた。一九三八年までに失業率は下がり、賃金は上がりつつあった。空腹の三〇年代は明らかに終わった。ランベス・バースでのランベス・ウォーク商工組合の年次ダンス大会には多くの人びとが参加し、イギリスのジャーナリストたちはダンスに加わる人びとをそこで目撃することになった。大会に参加している人たちはみな「踊り《ウォーク》」に加わったが、それは「ウィーンのワルツ、ニューヨークのチャールストンダンス、スペインのタンゴの熱気を帯びていて、ブラウンエールを四杯飲み、赤ん坊の頭と呼ばれるミートプディングを一個食べたあとで踊るタフィーアップルの貴公子ハリーの半分ほどにもまともに踊っている人などいなかった」と「デイリー・エクスプレス」紙は報じた(2)。ここにみられるのは新しい現代的な労働者階級で、失業によって空中分解しているのではなく、そこそこの賃金とそ

シルクのストッキングにエナメルのサンダルを履いたリーズのバートン衣料工場で働く女性たち（1932年）

れを使って楽しむことのできる時間があることを物語る商業的な余暇文化によって結びついた労働者階級である。

一九三〇年代の半ばには貧しさだけでなく豊かさもあった。イングランド南東部やミッドランド地方と北部のいくつかの地域――マンチェスターのように大量の雇用を擁するにぎやかな都市――の労働者階級の家族は、より多くの休日と余暇、家庭でのぜいたくを楽しみはじめていた。こうした新たな消費者のなかでめだったのが若い青年と、とりわけ若い女性たちだった。日中、彼らはイギリス各地の工場で新しい余暇ブームを支えるラジオや自転車、流行の衣服などをつくり、夜になると自分たちの労働の果実を消費したのである。彼らはすべての人が生きていくなかでよいものにアクセスできる、より平等な新しいイギリスを体現しているようだった。一九二六年にストライキを打った人びとは反民主的と言われた。しかし、一九三〇年代の半ばにファシズムと全体主義の脅威がヨーロッパ全体で高まってくるなかで、ふつうの労働者と消費者の活力と希望が独裁に対するイギリスの最良の防御であるとますます感じられるようになっていた。

ランベス・ウォークはたんなる踊りにすぎない――しかし、踊りこそが一九三〇年代には重要だったのだ。ダンスホールの人気は労働者階級のあいだの余暇ブームの証拠であった。その影響は作家や政治家たちによって不安げに議論された。一九三三年、J・B・プリーストリはレスターの織物の町を訪れた。ウルジー靴下工場で彼は「何百人もの若い女性」が製造ラインで働いているのを目にしたが、そこには「秘密めいた沈黙と、蜂の巣や蟻塚がもつ管理されていなくても整然としている感じ」があった。こういう労働者たちは「歯車とレバーであるにすぎない」とプリーストリはしかつめらしく書いている。彼女たちは「いじめられているわけではないし、がみがみ言われているわけでもない。彼女たちの弱さはしっかりと考慮され、快適さも考えられている。しかし、彼女たちが「出勤」し「退社」するまでのあいだに、われわれの民主制のもとで他のすべての人びとと等しい価値をもつ投票権を彼女たちに与えている肝心の人間的な尊厳は実在していないのだ」とプリーストリは認めていた。そして彼女たちがいったん仕事場を離れると待ち構えている「危険はむろん、こうしたロボット的な雇用がロボット的な余暇と交代するということなのだ」。

プリーストリの主たる懸念は次のようなことにあった。彼が工場を立ち去るときに「ぽかんと口を開けて見ていた」ぜいたくな服装の労働者階級の女性たちは民主主義に見切りをつけているのかもしれない、ということだった。こうした世代は仕事場ではロボットであることに甘んじ、ハリウッド映画とそのファッションに充足を見いだし、道端のあらゆるところに立てられて清涼飲料と休暇を売りこむ広告板の新しいアメリカン・スタイルの宣伝に支配されて、ファシズムや共産主義を裏口から招き入れるかもしれない。もっと心配なことには選挙を通じてファシズムや共産主義を受け入れるかもしれない。[3] というのもプリーストリは、女性が男性と同じ条件で参政権を獲得したわずか五年後、ドイツでヒトラーが実権を握ったのと同じ時代にこれを書いているからだ。

多くの中流階級の論者たちがプリーストリの懸念を共有していた。ジョージ・オーウェル、ジャーナリストのイーヴァー・ブラウン、詩人のルイス・マクニースといった人たちは、政治的な立場が左であれ右であれ、製造ラインが民主主義と文明を破壊してしまうだろうと気を揉んでいた。[4] マクニースは一九三〇年にオックスフォード大学を卒業し、バーミンガム大学で講師となって、そこに六年間勤めた。左派には共感的であったがマルクス主義には懐疑的だった彼の主たる政治的感情は、イタリアとドイツの全体主義に対する反感だった。一九四一年にマクニースはバーミンガムにいた時代についてこう書いている。

バーミンガムのボーンヴィルにあるキャドベリーのチョコレート工場で働く若い女性たち（1932年）

> 南風が吹くと、チョコレートの匂いで空気が濃くなった。わたしたちのいた場所はキャドベリーの工場からわずか一マイルのところにあったのだ。……もし自分が大量生産の工場で雇われなければならなかったとしても、チョコレートを大量生産はしないだろうとひとり考えた。白い前掛けをつけた少女たちはおのおの些細で単調な作業をしていた。ボンボンの上にピンク色の飾り玉を正確に弾きつける。これをえんえんと繰り返し、百万もの飾り玉が百万のボンボンの上に載せられる。別の少女はそれらをフリルのついた籠状の紙の包みに入れる。そうしてそれらは永遠の六月がカバーに描かれた箱に並べられて世界中に発送され、人びとにとってもっとも大切な娘たちと母親たちのもとへ届けられる。そのフリルのついた包み紙は映画館や列車やスタジアムで踏みつけにされるが、毎日が誰かの誕生日なのだ。[5]

ここでマクニースは、大量生産に批判的だった人たちを心配させたひとつの要因をとらえている。つまり人間が機械へと変容し、もはや自立して考えたり感じたりできなくなったというのである。

　他の多くの中流階級の自由主義者や社会主義者と同様、マクニースは、製造ラインによる生産が現代の労働のあらゆる悪と、ますます非熟練化する反復的で機械化されたその性質とを体現していると確信していた。「彼はあまりにも効果的にみずからを機械に変えてしまっていたので、機械から人間に戻ることがいっそう不可能になりつつあるのに気づいた」とウィニフレッド・ホルトビーは一九二七年の小説のなかで銀行員について書いている。[6] 一九三四年に「マンチェスター・イヴニング・ニュース」紙は現代の働く若い女性についての連載記事で、店のレジ係を「計算機」と呼んだ。[7] マクニースは大量生産がもたらす大量消費に関連した懸念を次のようにとらえた。文化は単調な均一性に還元され、匿名性を特徴とする映画館やスタジアムでは安物チョコレートの味が支配的になり、大量生産された誕生日はどれも同じである、と。

マクニースのような論者たちは、何百人もの人びとを雇用する工場の製造ラインでの大量生産は一九三〇年代において驚きをともなった新しい発展だったのであって、普遍的に歓迎された発展というわけではなかったことをわたしたちに思い起こさせる。アメリカの企業家ヘンリー・フォードは自身のアメリカの自動車工場で大量生産を普及させ、その方法は同じ考えを抱くアメリカ人フレデリック・テイラーによってさかんに売りこまれた。テイラーは商品を製造するのにもっとも効率的な方法を算出することに生涯を捧げた。彼は生産の全工程を細かな作業に分け、車にバンパーをとりつけるのであれ、ドリルで穴を空けるのであれ、継ぎ目を機械で接着するのであれ、ひとりの労働者がひとつの作業をいかに速く完了できるかストップウォッチを用いて計測した。テイラーは迅速かつ一貫して仕事をするインセンティブを与えるために、労働者たちへの賃金は出来高によって——ひとつの作業ごとに——支払われるべきだと主張した。労働者たちは自分の作業について以外は自分たちの働く場や機能について何も理解している必要はないのだとテイラーは論じた。彼の方法は、労働者たちの注意は要求された時間で要求された数の仕事を完了することに向けられるべきなのだから、労働者たちの「注意が散漫」にならないようにするものであった。[8]

一九三〇年代までには、合衆国で財産を築きあげたフランスの富豪シャルル・ブドーもテイラーの弟子のひとりになっていた。一九三一年までにブドーは高い地位にある人たちの知遇を得ていた。そのなかにはエドワード王太子[2]や国家社会主義ドイツ労働者党の指導的地位にあった者たち数人も含まれていた。[9] ブドーは自身が緊密なつながりをもっていたイギリスの製造業者たちにテイラーの方法を紹介するのに一役買った。「ブドー・システム」として知られることになるその方法は衣服、車、化粧品、家庭用電気器具、家具、加工食品を生産する企業家たちにとって魅力的だった。こうした産業の拡大は、歴史家たちが一九三〇年代を貧しさの十年ではなく豊かさの十年として再評価するきっかけとなった。しかしこのような発展の背後には、人びとの労働状態の劇的な変化が存在しており、その性質と影響はたんに「進歩」と言ってまとめられるものではない。

工場で働く労働者たちは、プリーストリのような論者が危惧したほどナイーヴでもなければ、他人に左右されやすい存在でもなかった。マクニースが指摘していた新たな自由――映画やチョコレートに費やすことができるお金と時間――は労働者たち自身が大変な苦労をしてやっと手に入れたものだった。こうした人びとのなかには、プリーストリが訪れたレスターのウルジーの工場で働く若い織物工員たちも含まれていた。プリーストリによる訪問の二年前の一九三一年、彼らは集団でストライキに突入した。彼らが挙げた理由は工場が「科学的管理」すなわちブドー・システムの導入を提案したことであった。

一九三一年にウルジーの労働者たちが携わっていたのは、経済回復の頼みの綱だった産業のひとつ靴下の製造である。持ち場から離れてストに入った人びとのほとんどが若い女性であり、彼女たちの多くは出来高払いで賃金を受けとっていた。自分たちがストライキに突入したのはブドー・システムによって稼ぎが減ってしまうことを恐れたからだと地元の新聞に語った。ブドー・システムの結果として時間ごと、日ごとに要求される高い生産目標が労働者たちの前に据えられることになる。機械と製造ラインの導入が自分たちに益するものだということにウルジーで働く女性たちはきわめて懐疑的だった。恐ろしく無気力だとプリーストリが感じた「ぽかんと口を開けて」いる女性たちは、一九三一年十二月七日、道具を下ろして工場から出ていったのである。

ストライキに入ったウルジーの労働者たちは「乱暴な工員たち」という否定的な称号を地元の新聞から与えられることになった。この呼び名は彼女たちの自発的な行動――先頭に立つ指導者はいなかった――が仕事に対する若い女性たちのふまじめな態度によって引き起こされたものだということをほのめかしていた。工場の外でピケを張りながら、彼女たちが「歌ったり踊ったりしている」ことが問題視されたのである。ウルジーの経営側と良好な関係を保っていたレスター靴下製造業組合は、当初ストに賛同しているようにみえた。レスター靴下製造業組合がこの争議に正式に同意したのは、若い女性労働者たちがストに入って三日後の十二月十日になってのことだった。それまで組合の指導者たちはブドー・システムについての議論の分かれる問題を避けてきた。指導者たちが共感を寄せていたのは男性の熟練労働者たちであって、熟練労働者たちは自動化された作業に従事するよう求められることもないし、それゆえブドー式改良によって直接の影響を受ける可能性も低かった。

女性たちが凍てつく冬のピケで三日間を耐え忍んだ後になっては、彼女たちをふまじめだとか「乱暴」だとかで非難することはもはやできなかった。レスター靴下製造業組合の書記長ホラス・モウルデンは「ブドー・システムの導入をめぐる今回の争議の結果、ブドーの原理を賃金支払いの枠組みとして組合が受け入れる用意があるのかどうかという問題に、組合として真正面から取り組まざるをえなくなった」と認めた(10)。十二月十五日までにはウルジーで働く総勢三千人の労働者たちがストライキに加わり、レスター靴下製造業組合の支持を受けて多くの女性たちが組合に加入した。しかし、ストライキが始まって二ヵ月経った二月十一日、レスター靴下製造業組合は労働者たちに仕事へ戻るよう通告した。レスター靴下製造業組合の幹部と経営側との交渉の結果、出来高払いの賃金について組合が会社と交渉するのを認めるという修正された方式でブドー・システムの導入が合意に達したのである(11)。

ウルジーの争議はストライキに入った労働者たちにとって残念な結果に終わったものの、完全な敗北だったわけではない。労働者たちが大量生産に加えた修正はわずかだったが、それでも重要なものだった。ストライキを打った人びとは非熟練労働者と半熟練労働者にとって重要な交渉の権利を確保したのである。こうした権利によって労働者は、来たるべき次の十年の労使関係において小さくはあっても決定的に重要な関与をなすことが可能となった。生活賃金を求める闘いのなかで彼らと彼らのような人びとは、労働者階級の人びとが新しいラジオや化粧品、衣服、食品など自分たちが日々製造ラインで産みだしているものを買うことができる賃金を得られるようにしたのである。

もっとも重要なことは、政治的な「常識」によって投票箱が変化の主体であるとみなされ、ストライキを打つ人びとは好戦的で無責任な浮わついた連中と思われて、ますます高速化する製造ラインが不況から脱出する唯一の道だと考えられる時代に違った世界観をこのような労働者たちが打ちだしたということである。ブドー・システムは新たな形の工場生産のシンボルであり、労働者たちが反対した働き方についての考え方を象徴していた。労働者たちはスピードや生産性、利益よりももっと大切なものがあるということを示した。ブドー・システムに異を唱える理由を語ってくれと「レスター・イヴニング・メイル」紙から求められたウルジーで働く若い女性は、「非人間的だから」と簡潔に答えている。[12]

同様の争議は、一九三〇年代も時が経つにつれて他の産業でも起こるようになった。失業と一九二六年のゼネストの影響で労働組合の加入率は急落した。一九三三年には三百六十六万一千人の男性と七十三万一千人の女性が労働組合に加入していたが、一九二〇年と比べると男女ともに五〇パーセントをこえる落ちこみであった。しかし、一九三〇年代の半ばから組合員の数は増えはじめた。より多くの労働者が軽工業の工場に雇われるようになり、こうした労働者たちが組合に加わるようになったのである。一九三九年において女性労働者の一六パーセントにあたる百一万人の女性が組合に加入しており、男性労働者の三九パーセントにあたる五百二十八万八千人が組合員であった。[13]

こうして新たに労働組合員になった人びとの多くは非熟練や半熟練の工場労働に従事していた。一九二九年、ルウェリン・スミスの『ロンドン新調査』は、「近年新しく鉄鋼業に入った追加の労働力の大部分と、とくに女性労働力の大部分が大量生産工程の開発によって大きな規模で可能となった実質的に新しい産業に従事している」と記した。[14]多くの男性労働者が失業に直面している一方で、新しい製造業は男女を問わずますます多くの若い労働力を雇用するようになっていた。彼らは必要とされ、結果としてより大きな交渉の権利を獲得したのである。

このような工場労働者の多くはかつて家事奉公人だった。こうした人びとは奉公人として働くなかで交渉の技術を磨いた。というのも、一九三〇年代までに家事奉公は十年前とはかなり違った職業に変わってしまっていたからである。都市部では工場での雇用の増加によって家事奉公人の不足に拍車がかかった。中流階級の家庭において家事奉公人への需要が高かったので、若いメイドたちは望みさえすれば別の家庭のよりよいポストに就くためにいまの奉公先を離れることができた。多くのメイドたちがもっとよいポストを求めていた。一九三〇年代のはじめには奉公人たちがますます現在の職を離れる傾向が強まっているというのが彼らの雇い主や女主人のおもな不満であった。アイリーン・ボルダーソンが回想しているように家事奉公人たちはそれまで以上に自己主張をすることが可能になっていた。「家事奉公人は搾取されてきたと言われている。わたしはこれには同意できない」と彼女は自伝で述べている。「搾取というのは他の労働者についてさかんに言われるものだった。……少女たちは予想をこえて多くの賃金が得られるのをいつも求め、奉公人周旋所を通じて地位の向上を求めた。条件が悪いところに居つづける必要性は彼女たちにはなかった」[15]。しかし、たんに現在の仕事を辞めるという奉公人がますます増えた。ウィニフレッド・フォリーは一九三四年にチャンスをつかんだ。ついに「ニッピー」としての仕事を得たのである。「ニッピー」というのは急増していたライオンズ・コーナーハウスで働くウェイトレスのことで、そのチェーンはイギリス各地の都市の中心部で働く大勢の事務職員や店員たちにランチとお茶を提供した。「賃金はひどいもので、労働時間は長かった」とウィニフレッドはロンドン中心部での仕事を振り返った。「でも、わたしは独り立ちを果たせたのです[16]」

多くの奉公人たちが工場で働くために仕事から去っていった。それまでより短い労働時間と生活賃金という自分たちが長年羨望してきた工場労働の特長を享受したいという熱心さが彼女たちにはあった。しかし、こうした新参者たちを工場の組合は必ずしもサポートしたわけではなかった。労働組合の指導者たちの多くは、女性と若者は男の仕事にとっての脅威であるとみなし、自分たちが代表すべき構成員であると考えなかった。一九三二年、ロンドン労働組合協議会は次のような不安を表明した。「科学の進歩により、十代の女性労働者でも操作できる機械がつくりだされている。……これは男性労働者にとってきわめて重大な問題を引き起こす[17]」

「女性労働者」が仕事をサボタージュしたりストライキを打ったりするようになって、労働組合の活動家たちは当惑していた。一九三五年にはほとんどの労働者がいまだ有給休暇を与えられていなかった。ランカシャーの織物工場で働く若いメアリー・アボットがブラックプール[3]の海岸で遊ぶ喜びを満喫したいと願い、組合の代表に全国大会で有給休暇の問題をとりあげるように若い同僚と求めたところ、敵意に遭遇することになった。それに続いて彼女が中央執行部に自分たちの要求の詳細を書いた電報を送って地元の役員たちに抵抗すると、地元の委員会の書記が彼女を呼びだしてこう言った。「それは正しいことではない。中央の執行部は、現在この地域に戦闘的な組合員が多いと考えるだろう」。彼女は「いいではないですか。戦闘的な人たちがいてほしいくらいです」と応じた。彼女の決意は熱心な組合活動家であった父親の援助もあって、さらに強固なものになった[18]。

違った路線をとる組合もあった。港湾労働者から運輸一般労組の書記長にまで叩きあげたアーネスト・ベヴィンの抜け目ない指導のもとで、運輸一般労組はイギリスで最大の労働組合組織となった。一九三〇年代の半ばまでに運輸一般労組はイギリスの製造ラインで働く女性と若い労働者に的を絞って組合に勧誘する活動を決然とおこなうようになっていた。組合の雑誌には女性のページが設けられた。若い女性労働者の「ダンス、サイクリング、散歩、サッカー、体育、その他のチーム・スポーツと余暇への強い関心は効果的に労働組合の活動へ方向転換させることができよう」と組合の役員たちは述べた[19]。

余暇を楽しみたいという労働者たちの気持ちを利用しようとする運輸一般労組の期待は、一見そう感じられるほどに恩着せがましいものではなかった。一九三五年に『ロンドンの生活と労働の新調査』の著者ヒューバート・ルウェリン・スミスは、「新しい文明」が出現し、ロンドン市民の賃金が上がり、新しい住宅への入居が可能となって、ダンスホールやデパートによく行くことができるようになったことで「日々の仕事から毎日の余暇へと労働者の生活の関心の中心がますます移っていくのだ」と楽観的な結論を記した[20]。仕事がない時間と休日の重要性は、ふつうの労働者たちとその代表者たちにとってしだいに大きくなっていった。一九三〇年にはユースホステル協会が設立され、一九三五年までにはサイクリングと散歩が流行になっていた。自動車の所有——増加しつつあったものの、まだ中流階級に限られていた——と安価なバスツアーがビリー・バトリンのような企業家にホリデイ・キャンプを開催する道を開き、ピクニック、トレーラーハウスでの旅行、キャンプへの情熱をかきたてた[21]。

フランク・ゴガティは、ここから利益を得たひとりである。一九一六年に非嫡出子として生まれたフランクを養うことができないほど彼の母親は貧しく、また恥の感覚にとらわれていた。ウォリックシャーの田舎にいるおじとおばによって彼は育てられた。ラグビー[4]にある学校に通い、十五歳で仕事を見つけて学校を離れた。フランクは事務職員になるか小売業に従事したいと望んでいたが、見習いのはじめからその終わりまで彼の面倒をみるだけの金銭的余裕も意志もおじとおばにはなかった。彼のように限られた教育しか受けていない少年が就くことのできる事務仕事は存在していなかった。親戚と金銭をめぐって喧嘩をしたあげく住むところを失ったフランクは歩いてコヴェントリに向かい、町の工場のひとつで仕事を求めたが、そのとき「何も、文字どおり何もポケットのなかには入っておらず、何日もひもじいままでした」。二年後、二十歳になったフランクはコヴェントリの自動車工場のひとつで働いていた。そこは賃金が高く、超過勤務手当も気前よく払ってくれた。彼は自転車を買うために稼いだお金を使った。「車とバイクがちょうど流行りはじめたところでした。バイクも買えないし車も買えません。なので自転車を買ったのです」。彼は毎日自転車に乗り、週末は地元のサイクリング・クラ

スケグネスで休暇を楽しむフランク・ゴガティとリタ・ゴガティ（1937年ごろ）

ブのメンバーとともにウォリックシャーをめぐった。その年の末に彼はリタと婚約した。彼女は彼がときおり菓子パンを食べながらお茶を飲むために通えるようになったカフェで出会ったウェイトレスだった。「リタは自転車に乗れませんでしたから、ぼくがしたことは何かというと、中古のふたり乗り用自転車を買いにいったのです。おかげでぼくたちの仲は長続きしました[22]」

フランクのような労働者たちは運輸一般労組の呼びかけに熱意をもって応えた。彼らのうちの多くは、それまで労働組合から声をかけられるということもなかった。ブリストルの路面電車の運転手アルフ・カニングもそのひとりだった。一九三五年に「運輸一般労組は労働者たちを組織化しようとしました」。これは緩やかなプロセスだった。はじめのうちは二十七歳のアルフも多くの路電の運転手たち同様、組合に加わるのに乗り気ではなかった。上司から不当な扱いを受けるのではないかと恐れていたし、一九二六年のゼネストに加わらなかったのもこの懸念があったためである。しかし「三人、四人と加入していきました。……誰かが不当な扱いを受けでもしたら断じて許さないと組合の指導者たちは言っていました。あいだに入ってやるから、と」。これがアルフに与えたインパクトは大きかった。苦情を言いたい労働者は管理職の上司に直訴しなければならず、職長が自分の仕事に不満をもっていたとしたら代弁してくれる者もいない現行のシステムがアルフは嫌だったからである。「上司に話さなければならないとすると馘にされるかもしれないということを恐れていたのです」と彼は言った。「労働組合があれば代弁してくれる存在があるということですし、これは大きな違いになりました」。とはいえ、アルフが勤めるキングズウッドの路電車庫の労働者たちを組織化するには二年を要した。これは組合の加入促進に携わる人びとが全国で取り組んでいた数多くの闘いのひとつにすぎなかった。[23]

ハックニー・ウィックのイングラムゴム工場の労働者たちも組合のパイオニアだった。イングラムはその地域でもっとも大きく、もっとも古くからある企業のひとつだった。一九三三年に会社は三〇万ポンドの売り上げを出したが、賃金は低く抑えられていた。男性には時間あたりわずか九ペンス、女性には週に二五ペンスに満たない賃金しか支払われなかった。労働者たちには超過勤務手当もなく有給休暇もなかった。一九三六年四月、近くの木材工場の労働者たちの助けによって運輸一般労組の支部、「1／149支部」が立ちあげられた。八月までに、成人男性から十代の女性まで労働者百七十人がこれに加わった。いま「休暇中」だから組合が承認する賃金について話し合いをもつために労働者の代表と会うことはできないとイングラムの家族が見下したような態度で通知してきたとき、「あなた方の工場で働くわたしたち組織化された労働者は、合意に達するときが来るまで仕事をしない」旨を通達する文書を書いた。[24]

九月八日の昼休みに、ストライキ中の労働者たちは急いでこしらえた横断幕を掲げて工場の門まで行進した。彼らは貧困に苦しむ労働者たちが行動を起こすのにしばしば無力さを感じさせられる地域にあって、できるかぎり注目を集める抗議活動になるようにしたいと意を決していた。「わたしたちが到着したとき、男性、女性、子供たちがとてもたくさん集まっているのが見えました」とハリー・フォートは回想する。自分たち自身の大胆さから力を得て、まわりの人びとに勇気づけられながら、女性たちのなかには踊りはじめる者もいた。労働者たちの行進とダンスは、イングラム家が要求のほとんどを受け入れた九月二十日にいたるまでハックニー・ウィックでは連日、注目の的だった。ストライキを打った労働者たちが仕事に復帰したとき、不当な処分に遭う者もいて、少なくとも十名の若い女性が工場を辞めることを余儀なくされた。[25] 同様の争議は国中で起こり、関係した人びとの努力は報いられた。一九三九年までに運輸一般労組はイギリスで最大の労働組合となった。[26]

一九三八年までにイギリスが階級によって引き裂かれた状態は、一九一八年と比べて、あるいは一九三〇年と比べても緩和されたようにみえた。広がりつつあるイギリスの郊外に建てられた明るくてモダンな住宅で、ますます多くの家族が新たな家庭を築いていた。そのなかには結婚したばかりのフランクとリタのゴガティ夫妻もいた。彼らに自分たちの家を買う余裕はなかった――「貯金はしていなかったし、もっているお金はすべて家具のためにとってありました」――が、コヴェントリの郊外に築三年の家を借りることができた。「寝室はふたつあって、家のなかにバスルームがあり、とてもすてきな調理コンロからすべてが揃っていました。完璧でしたよ」

一九三〇年代の終わりまでには大戦間期に開発された郊外の住宅に、公務員から工場労働者まで多様な労働者が住むようになっていた。ブライトンのモウスルクーム地区は一九二〇年代に開発されて以降、事務職員や教員が住む場所であったが、一九三九年までには街のスラムから移動してきた労働者たちもそこに家を構えるようになった。[27]「ここに住宅が建築中であるのを知った人たちが……みずから見にやってきました」とリヴァプールで賃貸住宅に住んでいた人は語った。「自分の住んでいる通りをいつも人びとが行ったり来たりして歩いていた」のが彼女の誇りだった。[28]ノーマン・ルイスは一九三一年に艀の船頭の長子としてランカスターで生まれた。町の新しいマーシュ地区の公営住宅に四人家族が引っ越したのは、彼がまだ六歳のときだったが、この重要な出来事は家族のあいだでの語り草となった。それにはお湯が出るとか家のなかにバスルームがあるとかいう話が含まれていた。「うちの風呂に入りに来る親戚のリストがありましたからね」。[29]はじめて家を所有してそこに住んだ労働者の数は少ないが、その意味は大きかった。一九三八年にはイギリスの肉体労働者の二〇パーセント近くが自分の住宅を所有しているか、それをローンで購入していた。[30]

失業率は下がりつつあった。ブリストルのクレア・スティーヴンズは、一九三八年に父親が十五年ぶりにようやく仕事にありついたとき十歳だった。地元の引っ越し業者に雇われたのだった。ますます多くの家族が民間の住宅に住むようになり、持ち物の移動に専門業者を雇い、ブリストルに増えつつあったデパートから新しい椅子やテーブルを配達してもらうのにお金を払うだけの金銭的余裕が出てくるようになって、引っ越しの仕事は増加していた。働きだして最初の週末、「父は帰ってくるとお金をすべて机の上に出し、やっと仕事ができてお金を稼げるようになったことがとても誇らしそうでした」。妻は家族の借金を返済し、洗濯機を「分割払い」で購入した(31)。

再軍備によって数多くの仕事の口が生まれた。一九二三年にアビンドンの学校を卒業したパーシー・ウィブリンは、他にできる仕事もなかったため「まったくクズみたいな仕事をする雑役夫として」サッチャー建築会社で働くことになった。しかし、一九三五年には人生が変わりつつあった。イギリスが再軍備を始めたときにはすでに結婚していたパーシーは、よりよい条件と賃金で近くのハーウェル飛行場の建設の仕事に就くことができた。軍需産業と住宅供給の仕事がパーシーに新たな交渉の機会を与えた。彼は別の空港に移った。「ある日、強風が吹いていまして、「これじゃあ自転車に乗れないし、どうしようもない」と思いました。それで、サクソン・ロードに［公営住宅を］建てている会社の親方に会いに行ったんです。……そうしたら「お前、明日から来られるか?」って言われました(32)」

このような家庭の子供たちは向上心が高かった。彼らはいまよりも独立した生活を送り、自分たち自身と家族の暮らしのためにさらなる豊かさを手に入れるべく、工場、店舗、事務所などでの新しい雇用の機会を活かそうと心に決めていた。一九三〇年代の終わりまでにはホワイトカラーの仕事がイギリスでもっとも急速に拡大しつつある職業になった。一九三五年に十四歳だったエルシー・スミスは、マンチェスターで初等教育を終えて仕事を始めた。工場労働者の父と雑役婦の母の娘であるエルシーは事務職に就こうと決めていた。「足元におぞましい機械があるような仕事ではなくて、手にペンをもつ仕事をしたいと思っていました。「堂々と歩きたい」……そう思いました。「他のみんなと同じように胸を張ってやっていくんだ。誰もわたしの上には立たせないぞ」って。……身なりを整えていい気分になれば、まさにそれが自分の感じることだし、胸を張っていられる。……よりよい暮らしをしたいと強く感じていたのです(33)」

結婚はもはや女性が社会の階梯をのぼる唯一の手段ではなくなっていた。よりよい暮らしをつくりあげるためにはファッションと余暇が重要であり、オフィスでの仕事がそれらを手に入れるための手段を提供した。

モダンな女性たちの若い世代はその自己主張の強さで周りの者たちを驚かせ、若い男性たちを惹きつけた。こうした新しい世界では、慎ましさや服従の姿勢は女性たちをどこにも連れてはいかなかった。進取の気性、創意工夫、そして独立心が人生をうまく歩んでいきたいと思う者たちにとってのモットーであった。同様のことをフランク・ゴガティも感じていた。

自分たちがふたり乗り用自転車に乗りはじめたとき、サイクリング・クラブで着るウェアはコーデュロイの半ズボンと上着でしたが、雨のときは全天候型のウェアを着ました。その当時半ズボンを穿く女性は多くありませんでした。あまりいませんでしたね。でもリタはそれを受け入れて半ズボンで来てくれました。近所の人のなかには「はしたない女ね」みたいなことを言う人もいましたが、リタはそんな女性ではありませんでした。彼女は時流に乗ってきていたわけで、それが彼女の人柄でした。彼女が悪く言われる筋合いのものではありません。

若い女性たちは同じような態度を男性にも求めた。失業率がまだ高かった時代、信頼できる稼ぎ手を見つけだすことは簡単ではなかった。そのかわり創意に富み、進取の気性があって女性の権利を守ってくれることが、状況が許しさえすれば何かひと仕事なしとげる潜在能力を男性がもっていることの証とされたのである。(34) 工場での臨時の仕事にかろうじて就くことができた男性とヒューソン夫人が一九三〇年代に婚約したとき、彼女はマンチェスターで家事奉公をしていた。「わたしは彼に保険に入るよう説得したんです。当時、保険で積み立てておけるだけのお金はもっていましたから」。しかし彼女の婚約者が結婚式の段取りを決めたり、アパートの敷金のための貯金をしたりするのにイニシアチブをとれないでいると、ヒューソン夫人はときどき他の男性と出かけるようになった。「わたしはフィアンセを見つけるとこう言いました。「いまこの彼といい感じなの。……結婚式の日をどうするかはあなた次第だからね。でないとわたしは奉公の仕事に戻っちゃうから」。そうすると彼は「わかった、八月十五日に式を挙げることにしよう」と言いました」。彼が意を決したことで彼女と仲直りすることができた。(35) ヒューソンやゴガティのようなカップルは、幸せな時代が始まるのを待ちきれない、新しくモダンで自己主張の強い労働者階級のなかで地歩を固めつつあったのである。

こうした労働者たちは一九三八年、意義深い勝利を勝ちとった。有給休暇を求めた二十年におよぶ運動の結果、有給休暇法が成立したのである。これには労働組合会議と、そのなかでもとくに運輸一般労組が中心的な役割を果たしてきた。この法律により、ほとんどの工場労働者、店員、事務職員（臨時労働者や家事奉公人たちは含まれていなかった）に年に一度、一週間の有給休暇をとる権利が認められた。マージェリー・スプリング・ライスに率いられた女性の健康に関する調査のような社会調査に携わる人びとや女性団体の精力的な仕事が（労働運動が要求していた二週間には満たなかったものの）年に一週間の有給休暇を支持するよう保守党政権に働きかけるうえで重要な役割を果たした。「年に一度の休暇をとることが労働者とその家族の健康を大いに増進させます」と労働相のアーネスト・ブラウンは庶民院に法案を提出する際に宣言した。しかし彼はすぐに労働者の福祉だけでは国の介入を推し進めるのに十分な議論とはなりえないことを明らかにした。もっと大事なことは「一般の労働者の福利が増すことは産業の効率が上がることを意味し、これが今度はわれわれ全員の福利が増進することを意味する」[36]。保守党はいまだに「われわれ」と「彼ら」という観点から世界を見ていた。「われわれ全員の福利」とは産業で働いていない人たちを指して言われていたのである。

にもかかわらずその新しい法律が「労働者階級の……余暇を合法化し」、そうすることで「誰が余暇を合法的に消費する者だと考えられているかを再定義した」と有給休暇法について研究している歴史家のサンドラ・ドーソンは指摘する[37]。余暇と贅沢品の消費によって、ことによると仕事と収入における不平等を克服するか、少なくともそれらの埋め合わせをすることができるかもしれなかった。「あらゆる社会改革の評価基準は、最終的にはそれによって労働者たちがより長い余暇を享受することができ、よりよく余暇を楽しめるようになるということだ」と労働時間をめぐる議会の討論で労働党の国会議員ゴードン・マクドナルドは一九三七年に主張した[38]。同じような理由で、ランベス・ウォークを踊る人びとは新聞と政治家の双方から喜んで迎えられた。こうした人びとは新しい快適さの時代と貧困の終焉を感じさせ、すべての人が暮らしのなかでよいものを手にすることができる社会の到来を感じさせてくれるように思われたからである。

しかし、なされなければならないことはまだたくさんあった。若い労働者たちは新しい種類の余暇を消費することはできたものの、他のことについての機会は限定されたままだった。白いブラウスや映画を見に行くお金が教育を受けたくても受けることがかなわなかったことに対する慰めになるような人たちもいるにはいた。ほとんどの労働者階級の子女は、国の小学校が提供するごく基本的な学びのトレーニングを受けるとすぐ十四歳という可能なかぎりもっとも早い年齢で教育を終えていた。一九三六年教育法により義務教育の修了年齢が十五歳に引きあげられたが、その導入は三年間延期されることになった。さらに戦争が始まり、これが実現するには一九四八年まで待たなければならなかった。

さらに教育を受けたい子供たちは中等学校に行く必要があったが、これには授業料がかかった。地方教育局（LEA）による限られた数の奨学金を得ることができた幸運な者たちだけが、お金を払うことなく中等教育の恩恵にあずかることができた。一九三八年、中等教育に関するスペンズ報告は、地方教育局の奨学金の数は一九三〇年代を通して上昇したものの、いまだ非常に低い水準にあると述べた。奨学金を得ている生徒の数は中等教育を受けている全生徒のうちの四分の一にも満たなかった。奨学金を獲得することができた少数の労働者階級の子女たちでさえ、親たちが彼らの稼ぎを必要としたため、せっかくの機会を活かすことができない場合も多かった。ランカシャーはクリズロウの工場労働者の娘であったマーガレット・シャープは一九三四年に「奨学金を獲ったけれど、学校に行かなかった」。家族はできるだけ早く彼女がお金を稼ぐことを必要としていたため、母親にならって地元の工場で働くことになった。[39]一九三八年に義務教育を終えた子供たちの一五パーセント未満しか中等教育を受けることができなかった。残りの十四歳の子供たちは小学校を出ただけだった。[40]

このような若い労働者たちは新たな種類の余暇という慰めをもっていたが、年齢が上の多くの人びとは貧困に苦しみつづけていた。イングランド北東部、南スコットランド、南ウェールズといった経済の不振な地域に暮らす人びとは、失業と不安定な仕事の悪影響を受けつづけたままだった。一九三八年において労働力人口の一四パーセントが失業手当を受給しており、数にして百万人をこえていた。[41]何千もの人びとがいまだに収入調査を受けなければならなかった。一九三七年の政府の調査は、男性の失業手当の受給額は平均的な賃金の五分の二にしかならないことを明らかにした。[42]仕事に就いている人びとはダンスホールでの夜を楽しむことができたが、彼らにとって余暇とは、しばしば失業中の親たちの面倒をみなければならない息子や娘として直面する重い金銭的負担を忘れるための方法なのであった。

仕事に就いていた人たちでさえ一九三〇年代は豊かな時代だったとは言いがたい。都市以外のところに住んでいた人びとが余暇と買い物における新たな進展の恩恵を受けることはほとんどなかった。ジャック・ベルはブリストル近郊のハナムという村で育った。一九三〇年ごろ、八歳だったジャックは「女性たちの集団がハナムにやってきて、ケロッグのコーンフレークの試供品を配ってまわる」のを目撃したが、それが一九四〇年代の終わりになるまでのあいだにハナムで加工したインスタント食品に出会った最初で最後の機会だった。誰も新しい商品を買う余裕などなかったので、「食事はごくありきたりのものだった」。一九三〇年代の後半は、彼の家族にとってある意味ではいい時代だった。ハナムに個人住宅の開発を意欲的に進めていた建築業者は、一軒の家に彼が要求する四〇〇ポンドを支払うことのできる地元の人など実際のところほとんどいないことがわかった。だから「われわれは新たな開発に着手したんです。建築業者は家を売ることができないのだから、それを貸しだすことにすればいいではないか」と。スカートの丈が上がったり下がったりしながら、新しいファッションがハナムの少年少女たちを通り過ぎていった。「ファッションを変えるのはいいことではありませんでした」とジャックは言った。「なぜなら、わたしたちには新しいものを買う余裕がありませんでしたから」[43]

仕事の口が増加しつつあった大都市においてさえ、人びとの豊かさは不安定だった。一九三〇年代が提供した新しい消費財や休暇や映画の支払いには、多くの家庭が仕事をしている息子や娘の賃金にその大部分を頼っていた。一九三八年にマンチェスターの工場で働きはじめたドリーは次のように説明した。「仕事を始めたときにどう感じたか憶えていません。十四歳まで養ってもらったので、今度はわたしが家庭に何かお返しをする番でした。弟たちと妹たちがいましたから、わたしの賃金を——週に一〇シリングでしたが——家庭に入れなければなりませんでした。家計を助けたいという気持ちを抱くものでしょう。……仕事を始めたとき、いい家庭にしたいとそれまで以上に強い願望をもちました」[44]。こうした願望を彼女は母親や同世代の数えきれない人たちと共有していた。ドリーの家族はこの目標を、彼女がまだ十代のあいだに実現した。それは「当時、家族の数名が働きに出ていたから」可能になったことである。[45]

しかし子供たちが親許を離れてしまうと、こうした生活を維持することはむずかしくなった。福祉による給付金は乏しく、雇用も限定されている時代において賃労働に依拠することはいずれにしても賭けであった。仕事をしている人びとは、栄養不足や仕事場での事故のため、あるいは医者にかかる費用を避けていたため、しばしば健康状態が悪かった。影響力の大きい独立調査シンクタンクである「政治経済プランニング」は、病気によって失われた労働日が毎年一億二〇〇〇万ポンドの損失を経済にもたらしていると算出した。[46]病気になった人たちは疾病手当に頼ることもほとんどできず、ほどなくして収入調査を受けることを余儀なくされた。

左翼の人びとのなかには、政治家や新聞が労働者階級の余暇に注意を向けることによって、いまだに何百万もの人びとの生活を苦しめている問題が体裁よくごまかされてしまっているのではないかと考える人もいた。一九三八年、マス・オブザヴェーションは人びとに設立者たちが興味深いと思った社会現象についての日記やレポートを送るよう促した。マス・オブザヴェーションにボランティアで参加した人のほとんどは中流階級で、多くが若者であり、左翼的な人びとであった。ある若者はこう書いている。「散歩をしているときと労働者教育協会（WEA）のパーティのときにランベス・ウォークを踊っている人たちを見た。わたしはそれが気に入らなかった。……困窮と不衛生、惨めさをともなうスラムの暮らしを、気の利いた都会っ子や派手な衣装の呼び売り商人のバラ色の色眼鏡を通して見ることにつながるのだから」[47]。社会的、経済的な不平等から生じる屈辱と苦しみがよりよい余暇によって克服されうるかという問いを投げかけた政治家は、一九三〇年代にはほとんどいなかった。これに続く十年で、この若者が言及した労働者階級の人びとが職場と公の政治の場において力をもっていないという問題に取り組むことが、さらに喫緊の課題となっていく。

一九三九年におけるイギリスの労働者階級は、一九一八年の労働者階級とも、さらにいえば一九三〇年の労働者階級ともかなり違って見えた。家事奉公人よりも多くの労働者が工場や事務所で雇われていた。賃金労働をする労働者たちはもはや召使いではなかった。彼らはますます店で、事務所で、工場で多くの他の人びとと一緒に働くようになり、集団としての利益と自分たち自身の交渉力についての感覚を強化することになった。彼らは労働組合のさらなる承認を求めて闘い、それを達成した。いまや組合の指導者たちは労働時間を規制し、何百万という労働者たちの賃金を規定する役割を果たすようになっていた。日が暮れると若い労働者たちは映画館やダンスホールで金銭的な自立を楽しんだ。そうした場所で彼らはハリウッド的な魅惑とにぎやかなダンスを通して自分たちの父母の暮らしよりもよい生活を送るという夢を模索することができたのである。

しかし一九三九年の夏の段階で、それまでに変化しなかった物事は、変化した物事と同様に明白であった。失業がなくなったわけではなかった。工場では若い男女が低賃金で長時間働いていた。彼らの父親たちの多くは職を失ったままであり、家族は忌々しい収入調査にいまだ耐えていた。戦争の脅威が大きくなってくると雇用主と政府は労働者の新たな有給休暇の権利を撤回して、数多くの労働者たちを落胆させた。雇用主や政治家、組合の指導者、ジャーナリストたちは労働者たちに退屈な仕事、職の不安定さ、改善されない政治的、経済的な従属に対する慰めは新しい消費文化からやってくるのだと説いた。つまり、ダンスホールで過ごす夜、半ドンの日の昼間に観る映画、家賃の高い郊外の家、チョコレート、蓄音機、そして、たぶん戦争が終わってからブラックプールで過ごす休暇などである。しかし一九三九年八月、人びとが戦争に行くのはこうした類の民主主義を守るためなのかどうかという疑問は残ったままであった。

訳注

〔1〕「ランベス・ウォーク」は一九三七年のミュージカル『ミー・アンド・マイ・ガール』のなかの歌の題名。ミュージカルに触発されてウォーキング・ダンスが大流行し、アメリカやヨーロッパでも流行した。

〔2〕エドワード王太子（一八九四－一九七二年）は一九三六年にエドワード八世として王位に就くが、離婚歴のある米国人女性と結婚するため、即位後一年を待たず退位した。

〔3〕ブラックプールはイングランド北西部、ランカシャーの海岸沿いにある町。観光地として有名。

〔4〕ラグビーはコヴェントリの東にある町。

II

人びと　1939－1968

第6章　人びとの戦争

一九四〇年六月五日、ドーセットの町ブリッドポートは、ダンケルク[1]から撤収してきた疲弊の極みにある兵士たちで「息も詰まるほどいっぱい」だった。他にも憲兵隊、引きも切らない戦争の報せから逃れようと束の間の休息を求めてやってきたが無駄に終わった日帰り旅行者たち、トラック、銃器、制服、そしてロンドンから最近到着したばかりの全国慰安奉仕協会（ENSA）の一団で町はあふれかえっていた。ENSAの理事だったバジル・ディーンは、軍隊に対して何ができるかお偉方が決定を下すあいだ軍人たちのためにノンストップの映画上映をおこなうようにという命令を受けていた。その夜、ディーンはこの計画について話し合うため同僚たちと会っていた。

わたしたちは小さなパブで印象を交換して、さらなる計画を練っていた。そのときわたしたちは、煮えくり返った軍人たちが（そう、まさにそれこそがふさわしい唯一の形容詞だ）彼らの身に起きたことを冒瀆的な憤怒の言葉で語るのを聞いていた。バーには典型的な「トロイ軍曹」[2]タイプの男がいて、彼の高射砲連隊の尉官たちを大きな声で非難していた。彼らは唯一利用できた輸送手段を使ってフランス沿岸に向かい、下士官と部下たちを自分たちで防御するしかない状態に放置したのだという非難は、彼の話に耳を傾けている者たちのあいだで怒りの共感を獲得しつつあった。残酷なほどに自尊心を傷つけられたこれら意気消沈の男たちは、彼らの上に立つ者たちに辛辣な非難を浴びせることによる気晴らしを求めていたの

だ。(1)

敗北した軍隊が上官に反感を抱いているというのは、フランス中を疾風《はやて》のごとく行進している敵に対するイギリスの勝機にとって幸先のよいものではなかった。ディーンは自分が耳にした会話がイギリスのいたるところで繰り返されていることを心配し、戦争に勝利するための団結と力を見いだしえないほどに社会的な分断が起きていることのあらわれではないかと懸念した。

しかし、一九四〇年六月から一九四五年七月の総選挙までのあいだにイギリスは社会の大転換を経験したのだ。バジル・ディーンは、ブリッドポートでの夜のことを口にできると感じるようになるまでにダンケルクがイギリスの勝利にとって永遠にその名が刻まれる場所になろうとは、またイギリスの軍隊が「人びと《ザ・ピープル》」を代表する存在として忘れえないものになろうとは夢にも思わなかった。「人びと」とは、戦争に勝利し、平和を勝ちとる価値のある労働者たちのことだった。戦争の勝利を可能ならしめた労働者たちへの感謝の意を込めて完全雇用と福祉の維持を公約に掲げた労働党が一九四五年の選挙で劇的な大勝利を収めるとは、ディーンには想像できなかった。

第二次世界大戦は人びとの戦争だった。それは二十世紀におけるふたつの主要なターニングポイントのひとつを画し、完全雇用と包括的な福祉の提供の時代の先触れとなった。これに幕が引かれたのが、ふたつめのターニングポイントとなった一九七九年の総選挙でのマーガレット・サッチャー政権の誕生である。戦時中、政府は人びとと次のような契約を交わした。仕事と生活賃金と必要なときのケアを保証するかわりに勤勉に働くこと。これに関する交渉が進展していったのは、軍需品と人員に対する需要がイギリスにはじめて完全雇用をもたらし、労働者の側はこれを活かして集団的な交渉の力を強化したためである。

しかし、第二次世界大戦が「人びとの戦争」と呼ばれたからといって、イギリスが無階級社会になったわけではなかった。政府は、工場と通常の軍隊で労働者たちにいっそうの犠牲と努力を要求することにより戦争に勝利しようともくろんでいた。危機が有無を言わさず要請するときにならなければ、政府は中流階級と上流階級の人たちにこのような犠牲の一部を分かちもたせようとはしなかった。大部分の政治家たちは、イギリスをより平等な社会にすることにはほとんど関心を抱いていなかった。事実、どうやって戦争に勝つかをめぐる政治家たちの考えは、経済的な不平等はイギリス人の生活の自然で有益な部分を形成しているのだという想定に依拠していた。イギリスには生活のために働かなければならない何百万人もの人びとがおり、それゆえにこそこうした人びとは戦争労働者になることができるのだと。

このような前例のない要求を労働者たちはさらなる政治的、経済的な権利を確実にするために利用することができたが、そこからの収穫は容易に得られるものではなかった。戦時連立内閣を仕切っていた保守党は、ふつうの人びとに必要なのはもっとも基礎的な福祉の供給であり、これはボランティアが先導することで可能になると考えていた。戦争のあいだ福祉による支援と完全雇用への人びとの支持は大きくなり、よりよい社会を実現するための手段としての国の介入への信頼も増し、人びとは職場でも家庭でもよりよい報酬と福祉の供給を得る自分たちの権利を主張するようになった。しかし、労働者階級はそこにとどまったままであった。つまり、生活費を稼がないと生きてゆけない労働者たちの階級であり、それゆえ他人の労働に依存して生きる金持ちたちと区別される人びとなのであった。一九四〇年代には、国民の経済的、政治的生活における人びとの新たな役割はいまだに従属的なものだった。他の者たちに雇われる存在であり、利益の対等な分け前にあずかるのではなくて賃金を受けとる立場であって、社会福祉の構築者ではなく受益者であった。

にもかかわらず、働く人びとは新しく全面的なやり方で自分たちを集団的な力、すなわち階級としてみるようになっていた。工場労働が国の最大の雇い手としての家事奉公の座を奪い、失業者たちが労働力に加わるようになったため、働く人びとは戦争の前にそうであったよりもはるかに多くの経験を共有するようになった。こうした状況において労働者たちが力を合わせ、共有されたニーズのために集団的に闘うことで多くを勝ちとることができたのは明らかだった。彼らは新たに得た力の足場に立ってそうしたのである。労働者たちは一九二六年のゼネラルストライキのときのように国家の敵として戯画化されることはもはやなかったし、一九三〇年代の失業手当の請求者のように無力な犠牲者とみなされることもなかった。彼らはいまでは政治家たちや新聞から、その労働をイギリスが頼みとする国民の屋台骨と認められるようになっていた。労働者たちの利害が国の利害と同義となったのだ。

一九四〇年の夏にこのような前進は想像だにできなかった。非戦闘員だった労働者階級の人びとのほとんどが、ブリッドポートでバジル・ディーンが居合わせた兵士たちの抱く不満を共有していた。戦争への準備を国が怠っていたことで矢面に立たされたのは一般の兵士たちだった。金持ちや特権的な人たちがふつうの部隊や労働者たちとはかなり違った戦争を経験しているようにみえることに、怒りは起これども驚きはほとんどなかった。チェンバレンの保守党政権によって検閲を受けていた新聞の報道は、ダンケルクから戻った兵士たちが旗を振って喝采する人びとに迎えられ、人びとはドイツの侵攻を恐れながらも勇気を失っていないと報じた。しかし、戦争が続くあいだの国民の士気についての秘密のレポートを用意するよう付託されたマス・オブザヴェーションは、こうした報道がいかに真実とかけ離れているかを強調した。[2] マス・オブザヴェーションに携わった人びとは「古老の者たち」と「既得権」に対する反発が日に日に高まりつつあると警鐘を鳴らした。これはとりわけ南部の海岸地域においてそうであった。こうした地域の「金を持っている連中は誰しも」すでに「大挙して」戦火を逃れて去ってしまっていたからである。[3]

しかしながら、怒りと不満以上に懸念されていたのは無気力であった。侵攻の脅威に直面して「中流階級の人たちは個人的な理由、経済的な理由、贅沢と独立に関わる理由から気を揉んでいる」ことをマス・オブザヴェーションは明らかにした。しかし多くの「労働者階級の人びとは、いずれにしても自分たちに大きな違いが生じるとは思えない、と口にした」[4]。イギリスの多くの労働者たちは自分たちが「民主主義」の名のもとに耐え忍んできた貧困よりもナチの独裁のほうが悪いという確信をもてない、というのが過酷な真実であった。

政府の態度はこうした疑念をいっさい和らげはしなかった。一九四〇年の六月までにマス・オブザヴェーションは政府のプロパガンダと情報が「人間味を欠き」「漠然として」「大衆の反応に……同情を寄せない」ものだとの不満を述べていた。侵攻の脅威が日ごとに高まりを見せるなか、政府は「敵が侵攻してきたら」と題されたリーフレットを各家庭に配布した。受けとった人びとの反応は白けたもので、ある若い女性はそのリーフレットを「負け犬根性」と呼んだ。リーフレットは「頭の悪い大衆に向かって上流階級が話している」ようだとの評価をマス・オブザヴェーションは下した。人びとというのは「逃げる」ものであり、彼らに対しては「自分のことよりも母国を優先せよ」と命じる必要があるとのリーフレットの想定は、危機のときに人びとを頼りにはできないと政府が考えていたことを示している。

政府と軍の高級将校たちは、マス・オブザヴェーション創設者のひとりトム・ハリスンが「非戦闘員の大衆への根深い軽蔑」と呼んだものを共有していた。侵攻と空爆に対する閣僚たちの計画は、「プロレタリアートは彼らの主人や軍に入った者たちがもつ勇気と自制心を欠き、取り乱し、逃げだし、パニックを起こし、狂乱状態になりさえする」と想定しつつ、子供たちを都市部から疎開させ、大人たちには動じないよう命令することでヒステリーを抑えこもうともくろんでいた。[5] 人びとには侵攻してくる可能性がある者たちに対抗するためのはっきりとした大義が示されなかった。工場労働者たちにもっと生産性を上げるよう発破をかける意図でつくられた政府のキャッチフレーズについて、「ハーバート・モリスンの「どんどんやれ」のかけ声には「君たちの勇気が……われわれに勝利をもたらすだろう」という標語をなんとなく彷彿させる見下したような響きがある」とマス・オブザヴェーションは結論づけた。[6]

喜んで戦争に出征した男たちなどほとんどいない。もう二度と戻ってこられないのではないかという恐怖だけでなく、兵士たちは低い報酬と悪条件に耐えていた。一九三九年九月、兵役(軍隊)法のもとで十八歳から四十一歳の男性には徴兵に従う法的責任が生じた。将校任命辞令を与えられない者は、ほとんどの肉体労働者の賃金よりも低い額の報酬しか受けとることができなかった。これは失業していた人びとにとっては利益であったが、家庭の主要な、あるいは唯一の稼ぎ手であるホワイトカラー労働者や肉体労働者にとっては満足できる水準には届かないものだった。

フランク・ゴガティは招集されたとき、コヴェントリで自動車の機械工をしていた。彼は機械工のような「兵役免除職」を続けておくだけの平静さをもちあわせていなかったことを悔やんだ。戦争は人生を「引っかきまわした」とゴガティは言う。戦争は、見通しの利く未来のためのフランクの稼ぎを(彼の場合は五年ものあいだ)妻のリタとふたりの幼い息子たちから奪ったのだから。フランクのような男たちは、闘うに値する何ものも提供しない政府の汚れ仕事をやることには慎重だった。

フランク・ゴガティが望んだように、工場で黙って仕事を続けるほうが賢明だった。戦時労働に携わった人びとは賃金の増加と安定した仕事から恩恵を得た。戦時の工場は経済的、政治的変化、とりわけ労働者たちが主体となった変化の中心であった。一九四〇年の秋までにはイギリスでは失業が実質上なくなった。一九四三年までには労働年齢にある独身者の九〇パーセント以上が仕事に就いていた。また三分の一をこえる数の既婚女性も働きに出ていた。このような労働者のほとんどが工場で働き、軍需品、戦車、銃器を製造し、それまで工場労働者が夢に思い描いた以上の賃金を得ることができた。

一九四〇年にもたらされた恐怖と不確実さにもかかわら

ず、こうした労働者たちには新たな安定が戦争によって提供された。一九四〇年の二月には、マス・オブザヴェーションの調査員のひとりがロンドンの職業安定所を訪れると、家事奉公から配達、事務職にいたるまでよりどりみどりの仕事が採用待ちであった。一九三〇年代の絶望は過ぎ去っていた。家事奉公を辞め、王立兵器工場での仕事に就いた二十歳の女性は、当時支配的だった雰囲気について次のように語った。「もし仕事が気に入らなければ辞めるまでのこと」と彼女は質問者に答えた。「つまらないことには我慢しないわ!」(7)

マス・オブザヴェーションに匿名で話をした、以前家事奉公人だったこの女性は、政府に対する拡大しつつあった猜疑の念をよく示している。一九三九年の秋に熱意の最初の高揚を見たあと、工場の生産性は下降していた。労働者たちは雇用主によって強いられる長時間の仕事に疲弊していた。一九四〇年の五月までには、戦争に勝ちたければこうした不信は克服されるべきだと政府も認識しはじめていた。その月にはチェンバレンの辞職にともなってチャーチルが首相となり、数名の労働党議員が入閣した。そのなかには労働党の党首で王璽尚書となったクレメント・アトリー、以前に運輸一般労組(TGWU)の書記長を務め、労働と義務兵役の担当大臣になったアーネスト・ベヴィンが含まれていた。一九四〇年五月、この新政府は緊急事態権限法を通過させ、国民と私有財産に対する前例のない統制権が政府に与えられることとなった。アトリーは、この法律が「金持ちも貧しい者も」すべての人が必要なときには「国のために尽くし、財産を差しだす」ように要求されることを確実にするものであると強調した。(8)

しかし、左派のみならず右派の政治家たちのあいだでも、戦争に勝つためには国民と財産に対するいっそう中央集権的な統制が必要になるだろうとの認識がますます高まっていた。『タイムズ』紙の一九四〇年七月一日の社説は、ふつうの労働者と兵士たちにとってはっきりと利益になる戦争の目的を明確化するよう訴えた。戦争後のイギリスは自由と民主主義を擁護すべきであるが、「これらの価値を純粋に十九世紀的な意味で定義しないように留意しなければならない。わたしたちが民主主義について話すとき、選挙権は維持するが仕事の権利と生きる権利とを忘却するような民主主義のことであってはならない」(9)。

この論理を具体的な戦争の目的へと変えるのにもっとも力を注いだ政治家は、アーネスト・ベヴィンだった。一九四〇年、彼は雇用主ではなく政府が人材と賃金と労働条件を管理すべきであると主張して功を奏した。緊急事態権限(防衛)法によってベヴィンは「戦争の指揮においてチャーチルが果たすのに比すべき役割を銃後の市民生活の分野で」担うことになった。[10] ベヴィンは生産性を市民的自由よりも優先させた。ストライキを違法とし、非合法的にストライキに突入する労働者への厳罰を導入した国家調停指令一三〇五号を迅速に制定した。工場労働者は毎日十時間から十二時間、持ち場で作業をするよう要求された。有給休暇は「戦争の続くあいだ」差し控えられた。しかしベヴィンは、工場労働への徴用、ストライキの違法化、長時間労働と有給休暇の一時中止は労働組合にイギリスの産業生活における中心的な役割が付与され、労働者たちの福利厚生が優先されるならば、もっぱら生産性の向上につながるのだと主張した。ベヴィンは一九四〇年五月には王立兵器工場の労働時間の短縮、仕事場の食堂の数の増加、労働者のための簡易宿泊所の建設と、工場労働者が利用できる医療サービスの改善に着手した。ベヴィンは、戦争が終わるまでには「いかなる産業も……労使間の協約を欠いた状態にはない」ことを確実なものとする決意があるのだと公言してはばからなかった。これによってすべての産業が雇用主と労働組合とのあいだでの集団的な交渉を実施せねばならず、そうすることで組合に新しい永続的な形の力を与えることをベヴィンは意図していた。[11] 労働者には自分たちがいまやっていることを通して既得権が確立したのだと感じさせる必要があった。そうでなければ、戦争への努力が労働者たちに要求する量で仕事をする動機は与えられまい。

ベヴィンはみずからの主張で勝ちを収めたが、これは歴史家のキース・ミドルマスが指摘するように「機械や資本ではなく労働力がもっとも稀少でもっとも貴重な産業商品となった」からである。[12] 別の言い方をすれば戦争の努力は労働者たち――あたうかぎり懸命に働く数多くの労働者たち――頼みだったのである。このことは第一次世界大戦にもあてはまったが、一九四〇年には、ドイツの軍事力と空中戦の重要性を考えれば、今回の戦争における戦闘員は前の戦争で必要だったのに比べてひとりあたり三倍の経済的な支援――武器弾薬、輸送、装備という形で――を必要とするであろうことはすでに明らかになっていた。[13] そして労働者の満足度が上がれば生産性も向上するというベヴィンの確信はすぐに正しかったことが証明された。彼の就任後わずか三ヵ月のうちに、イギリスの工場労働者はより勤勉に、より迅速に、仕事をするようになっていたのである。[14]

ベヴィンは、工場労働者への新たな需要を労働者階級が「人びと」に変わる好機ととらえ、「人びと」の産業における利益のみならず政治的な利益も最高のレベルで考慮されなければならないと考えた。ベヴィンの戦略は、イギリスの労働者たちにとってのちのちまで影響の続く劇的なインパクトをもっていた。彼は労働組合運動の指導者たちがイギリス国内の労働力の民主主義における代表者なのだと主張した。ベヴィンが自分の新たな権限への承認を求めたのは、国会議員でも有権者一般でもなく労働組合員たちであった。一九四〇年五月二十五日、彼は労働組合会議の代表二千人を国会に招き、彼らに「国家のために実質上、身を捧げるよう」求めた。「わたしたちは社会主義者であり、これはわたしたちの社会主義の試練です。……いまわたしたちの運動と階級が全精力をあげて立ちあがり、この国の人びとを災厄から救いだすならば、国は自分を救ってくれた人びとをいつも信じて頼りにするようになるでしょう[15]」

ベヴィンはこれが「社会主義的」戦略であると主張していたが、彼の方法は組合を政党政治の外側に置くものでもあった。賃金構造、労働時間、産業の管理をめぐる交渉は政党政治の問題ではなく、全国的な利害に関わるものだとベヴィンは示唆した。このことが労働組合の指導者たちに新たな行動の基盤を与えたのは明らかだった。これはまた、労働力となる人びとの利害は国民の利害と同義であるという考え方にもとづき産業の国有化に新たな論理を与えた。しかしこの新たな計画も、労働組合員たちがみずからもその一部をなす経済システムを受け入れることにかかっていた。賃上げを求めて交渉することはできるかもしれないが、仕事と富を組織する違った方法を求める交渉はできないかもしれない。多くの草の根の労働組合員たちが産業資本主義のシステムは不公平であると議論していた一九二六年の日々は、遠い昔のように思われた。

しかし、一九二六年の武闘的行動がもはや可能ではなくなっているようにみえたとしても、一九四〇年の労働者たちは自己主張が強く、ゼネラルストライキを支援した人びとよりもいっそう組織化されていたことは少なくとも確実だった。熟練工の男性たちの特権を油断なく守ってきた組合は、その門戸を、戦時労働力として数を増やした非熟練や半熟練の労働者たちにも開きはじめた。一九四二年、ついに合同機械工組合（AEU）が女性の加入を認めた。これらの新しい工場労働者たちは職人たちと同様、労働者への大きな需要が労働者の交渉の権利を強化するということに気づいていた。彼らは労働組合を拡大させ、一九三九年には組合は男性労働力の三九パーセントと女性労働力の一五パーセントを代表していた。さらに一九四三年には、男性労働力の四六パーセントと女性労働力の三〇パーセントを代表するまでになった[16]。

しかし、この労働力は階級によって階層化されたままだった。一九四一年に政府は女性の徴用も始め、最初は若い独身女性が対象だったが、一九四二年までには既婚の女性も対象となった。しかし、実際には徴用されたのはほぼ例外なく労働者階級の女性だった。中流階級や上流階級の女性はほとんど工場労働には携わらなかった。もし女性が兵士のための食堂でのパートタイムの仕事や、新しくつくられた国防婦人会のようなボランティアの活動を通して戦争の努力を助けていることを示せるならば、徴用からは免除された。こうする余裕があったのは中流階級と上流階級の女性たちだけだった。

ロンドンのブラックヒースに夫のホラスとともに住んでいた四十歳の主婦エリノア・ハンフリーズは、こうした女性のひとりだった。労働組合会議が労働者階級女性の徴用に反対していることにベヴィンは「断固として容赦ない」対応をとるにちがいない、と彼女は思っていた（労働組合会議の書記長ウォルター・シトリンは、既婚女性がパートタイムの仕事をするようにきっと奨励はされるだろうが義務化はされないだろうと考えていた）。にもかかわらず、彼女は一九四二年の日記のなかで、「正直に言うとパートタイムの仕事をさせられるのを避けることができるだけの［ボランティアの］仕事をしようかという気になっている」と認めていた。[17] 彼女の一週間のボランティアは、市民相談局と疾病児童支援協会での秘書の仕事を午後に二日こなすことだった。ブリストルに住んでいた中流階級の主婦マーゴット・ハーパーは一九四三年ついに徴用されたが、工場で働くかわりにパートタイムの事務仕事をすることが認められた。数ヵ月後、十八歳の娘ジョイスが病気になると、マーゴットは看病するために休みをとった。しかし、ジョイスが回復したとき、マーゴットは自分が家にいるほうがいいと思い、職業安定所に看病が終わったことを知らせないでいようと決めた。一九四四年に日記のなかで彼女は「しばらくのあいだ「じっと雌伏」していた」のだと勝ち誇ったように書いた。[18]

こうした女性たちがなんとかして公の調査から逃れようとしているときに、政府が彼女たちの置かれた状況に同情的だったのは明らかだ。労働省はハンフリーズのように「召使いのいない」女性たちのために多額の手当を用意した。戦争のもっとも激しかったときでさえ、労働省は召使いの雇い主がメイドの徴用免除を要請することを認めた。とはいえ、一九四二年には役人たちは多くの召使いたちが「自発的に戦争の仕事をするために職を離れている」と驚きを込めて述べた。[19] 職業安定所の多くの役人は徴用された労働者階級の女性たちを工場に送ったが、召使いのいない中流階級女性は家事をやりくりするので手いっぱいだという訴えを進んで受け入れた。[20] 国内情報局の役人は「すでに働いている女性たちは、中流階級と上流階級はボランティアの戦争の仕事をするといって「逃げる」ことがいまだに許されているとの不満を強く抱いている」と報告した。[21] 戦時中のイギリスは、政府がそれまでと比べて高い賃金と職の安定性、規制の利いた労働時間という形でのより大きな報酬を労働者階級に与えるのと引きかえに労働力の提供という伝統的な役割を遂行させようとした社会であった。これが平等な社会でなかったことは明白だし、政府と雇用主が社会的な平等をもたらそうと望んでいなかったことも明らかである。

多くの政策立案者や役人たちは、中流階級の社会的な特権を支持することで明らかに満足していた。ベヴィン自身は既婚女性の仕事という意見の分かれる問題をめぐって対立を煽りたくなかった。庶民院でベヴィンは既婚女性の徴用を「不幸な事態」だと説明していた。[22] 政府は、現実には必要な数の女性労働者を労働者階級の妻や母親たちから集めることが可能だった。一九四二年、労働省は雇用主たちに向けたパンフレットを発行し、より多くの既婚女性を雇うためにパートタイムの仕事の導入を検討するよう求めた。これによってフルタイムで働く労働者がパートタイムで働くことを要求するようになるのではないかとの恐れを和らげるため、労働省は「フルタイムで働く多くの女性たちはさらにお金を稼ぐ必要があるのだ」と雇用主たちに請け合った。[23] 戦中の社会政策を研究する歴史家リチャード・ティトマスが指摘したように、多くの労働者階級の女性たちが働かなければならなかったのは、出征した男性の家族に支払われる手当が非常に少なかったからである。[24] 労働に関係する政府の組織は、賃金を得ることを人口の大部分が必死で求める経済体制を積極的に維持し、こうした人びとを戦時労働者として徴用するための人材として確保したのである。

ベヴィンの改革は多くの達成をみたが、それらが多くの労働者に完全な満足をもたらしたわけではなかった。国内情報局の役人が見いだした不満が示すように、雇用主と政府による広範な管理に怒りを覚える労働者たちもいた。ストライキが非合法化されたにもかかわらず、多くの労働者たちが抗議の声をあげはじめ、平等な賃金を要求し、とくにさまざまな仕事に割り当てられる価値をめぐって、人びとが生産の管理にもっと参加できるようにすることを求めた。戦前は、「熟練」と呼ばれる仕事に携わる労働者たちの権利を労働組合は周到に保護していた。戦時中、職人技の重要性は低くなった。雇用主はブドー・システムのような大量生産の技術を導入し、そこで働く労働者を「非熟練」ないしは「半熟練」と定義しようとした。こうして、そのような労働者に低い賃金しか支払わないことを正当化した。

この時代の初期のストライキのひとつが一九四一年に起きたゲスト・キーン・ネトルフォードのスメジック工場での争議である。この会社は「半熟練労働者」と位置づけた女性たちに男性労働者よりも低い賃金を支払おうとしたが、その結果、何百人もの労働者たちがストライキに入った。ストに入った労働者のほとんどは女性だったが、熟練の男性労働者でストに加わる人びともいた。ストライキに突入した人びとは、会社がそこで働く男性労働者のなかに徴兵された者たちがいることを利用して、ブドー・システムへと生産を再組織化しようとしていると指摘した。その工場に徴用された女性たちを、雇用主は労働組合の役員と結託して「半熟練」と位置づけた。こうすることで会社は熟練労働者よりも低い賃金しか女性たちに支払わなくても済ますことができた。他での争議と同じように、ゲスト・キーン・ネトルフォードでストライキをおこなった労働者たちも、製造ラインでの生産は労働者たちとの適切な話し合いを経てのみ導入されるべきであると主張した。彼らはまた製造ラインでの仕事は自動的に「半熟練」と定義されるべきではないと主張し、こうした定義づけは、製造ラインで働く労働者が心身ともにすり減らしながら生産に価値ある貢献をしていることを考慮していないと指摘した。(25)

もうひとつの重要な争議は、一九四一年十二月にバース[4]の生活協同組合で起きた。若い事務員たちが、賃金を減らすという雇用主の決定と、労働組合がこれへの対応を渋ったことに抗議して違法な「座り込みストライキ」を始めた。これを先導したのは十代後半と二十代前半の若い女性たちだった。彼女たちの仕事は戦争に不可欠な仕事とは考えられていなかったため、一九四一年には徴用に直面せざるをえなくなった。彼女たちの多くはこれを冷静に受けとめていたが、そうしたおりに生協の幹部が若い女性たちの賃金を減らし、同時に、低い賃金で雇うことができる学校を出たばかりの若者への新たな賞与を導入すると発表したのである。彼女たちは、もしこの方針が認められれば自分たちはもっと若い者たちにとってかわられ、戻ってきてからする仕事を失ってしまうと心配した。彼女たちはこの方針の裏に、自分たちの仕事を学校を出たばかりの者でもこなすことのできる半端仕事に分類することで事務仕事を「非熟練」とみなそうという雇用主の意図を見てとった。女性労働者たちは十二月二十三日にストライキに突入したが、まさにクリスマスの商いを混乱に陥れるタイミングだった。憤慨した消費者を目の前にして、生協の経営陣は彼女たちの要求を受け入れ、賃金を以前の支払い額へと戻した。(26)

このようにストライキをおこなった人びとは、戦争を自分たちの利益のために利用しようとする雇用主たちのもくろみに敏感だった。「わたしたちは賃上げのためにストライキをやったわけではありません」とバースでストライキに突入した労働者のひとりは地元の新聞への投書で書いた。「わたしたち若い下級スタッフは新たな賃金体系を取り消してほしかったのです。それは生協に雇われる新入りの下級スタッフを惹きつけるためにごまをするようなもので、三年とか四年とか働いてきた者たちに対する侮辱です。……わたしたちは賃金体系をもとに戻してほしかっただけなのです」[27]。バースでストライキをおこなった人びとは、雇用主たちが賃金と地位に関する戦前の協約を取り消す口実として戦争の努力を利用するのではないかという広がりつつあった不安を反映していた。

ストライキをおこなった人びとは、労働組合の指導者たちに対する憤りも表現した。指導者たちは、多くの労働組合員がもっとも重要な構成員であるといまでも考えている熟練の男性労働者たちに雇用主が過度の干渉をしてこないかぎり、雇用主の要求に黙って従っていた。ゲスト・キーン・ネトルフォードのような工場の多くで平等な賃金を求める争議が起きたが、合同機械工組合が女性たちの不満に耳を貸さなかったことに原因の一端はあるし、またバースの全国流通関連労働者組合（NUDAW）が男性の支部幹部のための賃上げを確実にすることに優先して取り組み、若い女性労働者の不満をすくいあげるのを怠ったことも原因のひとつであった。これに対して労働者たちは憤激し、労働組合の指導者たちと話し合うことなくストライキに突入したのである[28]。

ストライキをおこなった人びとに対するベヴィンの労働省の反応は、総じて同情的なものだった。非合法ストライキの結果、政府が調査を実施することになった。一九四三年一月、労働省はバースでの争議の調査に着手した。この調査を実施したチームは、ストライキをおこなった人びとにではなく組合の役員と幹部に批判の矛先を向けた。調査団は「この件全体において最悪の特徴は……もし労働者たちが実際に行動したごとく経営委員会に無理ともいえるような要求を突きつけなかったとしたら、労働者たちの利益となる結果は得られなかっただろうということだ」との判断を下した[29]。雇用主と労働組合は、公平な賃金と労働時間の規制を承認するべく協力するよう求められた。

ストライキに突入した人びとが自分たちは訴追されないだろうと確信している場合も多かった。早くも一九四一年の段階で、彼らはチャーチルとベヴィンと新聞の唱える戦争の目的を引き合いに出しつつ、投票所の民主主義に加え仕事場における民主主義への権利を主張していた。ストライキをおこなった若い労働者のひとりが、同情的ではない「バース・アンド・ウィルトシャー・クロニクル・アンド・ヘラルド」紙への投書で書いたように、「自由の国に生きる人間として、わたしたちには自分たちを雇う人たちに少なくとも話を聞いてもらえる権利があってしかるべきなのではないでしょうか」。彼女は自分のことを「出征兵士の娘」と署名していた。[30] なんとしても労働力が必要とされた時代にあって、労働者たちは自分たちがこれまで以上の交渉の権利を手にしていると認識した。このことは熟練の男性労働者だけでなく、戦前には労働組合によって代表されることがなかった若くて非熟練の賃金労働者にもあてはまった。

こうした労働者たちは、よりよい扱いを受ける権利を有しているという強い感覚を共有していた。この時代は、彼らと彼らの家族が兵士としてであれ、熟練工、ホワイトカラーの事務員、組み立てラインで戦車をつくる作業員としてであれ、戦争の努力を支えていたのである。ときに彼らは政府が予想したり望んだりした以上のところまで前進しようとすることもあった。ストライキに突入した人びとが実際ほとんど訴追されなかったのは、労働者の団結の賜物である。バースでのストライキのあとに実施された政府の調査は、ストライキをおこなった人びとに対して追加の処置をとるべきではないとの結論を下した点で特徴的だった。その理由は、彼らを訴追することでさらなる抗議を引き起こし、「労使関係の未来と戦争の努力におよぼされる影響が全体として惨憺たるものになるかもしれない」からであった。[31]

ストライキをおこなった人びとは、限定されてはいたがある程度の成功を収めた。彼らの抗議と、それへのベヴィンの抜け目ない対処の結果として戦時中に肉体労働者の収入は三倍をこえ、なかでも非熟練と半熟練の労働者たちが最大の利益を得た。[32] しかし、労働者たちは生産組織に関してそれまで以上の力を得ることはできなかったし、労働条件をめぐる交渉への参加を勝ちとることもできなかった。バースでの政府の調査は労働者たちが「組合によって制限されることはない」と結論づけ、組合の仕事は職場での労使関係において労働者たちが直接行動に出るのを抑制することだと示唆した。[33] 一九四〇年におけるベヴィンの政府と組合指導者たちとの交渉は、政府が雇用主だけでなく組合指導者とも協議をして労働時間と賃金と福利厚生により大きな規制をかける見返りに、労働者たちは生産を支配したり混乱させたりすることを求めないとの想定にもとづいていた。労働者たちは変化を前に進める存在ではなく、変化から受動的に利益を得る存在であることが期待されていたのだ。これは人びとの戦争だった。しかし、人びとが平等を実現できそうにないのもたしかであった。

「公平な分け前」と「平等な犠牲」というのが非戦闘員の生活の評語であったが、一部の者たちは他の人びとよりもっと平等であった。[5] これが職場において明らかだったとすれば、労働の現場に比べてベヴィンと労働組合の支配がおよばなかった銃後の暮らしの領域ではよりいっそうめだった。つまり配給、疎開、空襲避難においてである。政府は福祉については自由放任の方針を断固として維持しつづけた。一九三九年の諜報の報告によると、ドイツとの戦争は瞬く間に悲惨な食料不足をもたらすだろうということだった。内閣には、必需品の価格が高騰してふつうの消費者が入手できなくなる事態を招くような欠乏と衝動買いと物価上昇を回避するために食料と燃料の配給を支持する閣僚もいた。しかしチェンバレンは、「デイリー・エクスプレス」を筆頭とする右派の新聞によって画策された配給は「政府による狂気の沙汰の統制」だと主張する運動に押されて、その年の秋には配給の案を退けた。[34] 最終的に政府が食料の配給を導入したのは一九四〇年の一月で、最初はいくつかの基本的な食品に限定されていた。しかし、輸入品の供給が減少していくなかで、基本的な食べ物の大部分と衣服と燃料が二年のうちには配給されるようになった。

チャーチルの連立政権は、配給を「公平な分け前」を提供するものとして推し進めた。ひとりひとりに配給手帳が配られた。それには配給品を買うと店の人が切り離すかサインをするクーポンがついていた。大人が受けとる配給はみな同じで、みな同じ黄褐色の配給手帳をもっていた。しかし、すべての人のニーズが同じだったということはない。たしかに、チャーチルが首相の座につくとすぐ、政府は子育て中の母親と五歳に満たない子供に緑色の特別な配給手帳を配布し、毎日無償の牛乳が一パイントと、通常の倍の卵が支給されることになった。ペンバー・リーヴズの時代からフェミニズムの活動家たちは妊婦と幼児への無償の牛乳の支給を求めて闘ってきたが、政府が要求をのむには、国民全員を巻きこむ戦争を待たなければならなかったわけである。一九三〇年代の終わりに、工場労働者や農業労働者の家族が摂取するカロリーは経営者や会社の幹部の家族が摂取するカロリーよりもはるかに少なかった。一九四三年において後者の階層のカロリー摂取量はほとんど変わっていなかったが、労働者階級家庭では、彼らが一九三〇年代に消費できたよりも多くの肉や乳製品が食されるようになっていた。子育て中の母親と幼い児童への無償の牛乳の提供によって彼女たちの健康は目に見えて改善した。[35]

にもかかわらず配給が「公平な分け前」を実現できなかったこともたしかだった。お金を払う余裕のある者には、とくに戦争が始まって最初の数年はお金で買えるものがまだたくさんあった。一九四一年まで配給は少数の不可欠な食品に限られており、金持ちは衣服や燃料のみならず、いまだにたくさんの贅沢なごちそうを購うことができた。配給はレストランには適用されなかった。一九四三年に女性生活協同組合は「上流階級に雇われているシェフが解雇されたという話を聞いたことがない」と断言した。「金と影響力をもっている人たちは何ひとつ不足していない」[36]。その間、肉体労働者たちに求められる身体的、物理的な努力を鑑み、彼らへの配給を増やそうとした闘いにアーネスト・ベヴィンは敗れた。保守党が支配する政権は富裕層の特権を侵害することを極端に嫌がった。政府は国民を健康な状態に保つために必要とされることだけをして、それ以上のことはしなかった。

同様に、空爆に対する政府の対応も必要最低限で済ませたいという姿勢に特徴づけられていた。政府の対応は保守党がボランティアの努力に頼むほうを好み、福祉に国家が介入することにいまだ消極的であることを示していた。一九三九年九月一日の早朝、国が組織したイギリスで最初の主要な疎開計画が始まった。ネヴィル・チェンバレンの政府は、戦争が悲惨な事態をもたらす空爆へと発展することを想定してこの計画の実行を決定した。一九三七年の政府の公式の予測では、戦争が始まって最初の二ヵ月で百八十万人が死亡するか重傷を負うと試算されていた[37]。それにもかかわらず疎開計画は自発的になされるべきだとの考えに政府は固執していた。疎開に加わることは義務ではなく、計画を監督する責任はボランティア組織に与えられ、最低限の援助は地方自治体が提供し、中央政府は何も提供しないというものだった。実際、多くの金持ちたちは自分たちの富を使って疎開に関与しない道を選んだ。彼らには子供を海外に送りだしたり、田舎の寄宿制学校にやったり、家族全員で田舎の別邸に移ったりする余裕があった。作家のヴェラ・ブリテンはこれら三つの選択肢すべてを実行した[38]。公式の計画でイギリスの都市を離れた百万人の疎開者のほとんどが労働者階級の子供たちだった。子供たちを受け入れたのもほとんどが労働者階級であり、新たに世話をすることになる子供たちを養うための手当はごくわずかしか支給されなかった[39]。

疎開が浮き彫りにしたのは、大勢の人びとのケアをボランティア組織がやりくりするのは不可能だということだった。政府は国を、そこから疎開すべき地域と受け入れ地域とに区分けする責任は負ったものの、残りは地方自治体に委ねられた。一九三九年の夏、二十七歳のヒルダ・ダンは「通常の仕事がリスト作成のためにたえず中断させられ」て「憤り、疲労困憊している」多くの教師のひとりだった。ニューカッスルのワシントン・ロード・スクールに勤めるヒルダと同僚の教師たちは疎開すべき地域にいた。彼女たちには学校から避難させる子供たちの名前を地元の当局に届け出る責任があった。一九三九年八月、地方教育局（LEAs）は、受け入れ地域の割り当てを担当する役人と連携して子供たちの疎開の手はずを整えた。割り当て担当の役人たちは子供たちの到着に備えて調整をおこない、受け入れ家庭を見つけて疎開児童たちを割り振るという注意の求められる仕事をこなさなければならなかった。政府は疎開者を受け入れる地域にも役人にも受け入れ家族にも、利用可能な追加の補助金をほとんど出そうとはしなかった。結果として割り当て担当の多くの役人たちは自分の日中の仕事の合間を縫って、この新しい仕事をこなすことになった。ランカスターの割り当て担当官G・M・ブランドは市立図書館の職員でもあった(40)。国防婦人会のようなボランティア組織に仕事は委任してしまえばよいという政府の奨励に耳を貸す者もいないではなかったが、ブランドのような人びとは、むずかしい状況のなかでできるかぎり最善を尽くした。ほとんどの場合、彼らの努力は背負わされた巨大な仕事をこなすには不十分であることが明らかになった。

疎開の経験はしばしば混乱を極めた。九月一日、ヒルダ・ダンは疎開先がわからないままの三十人の子供たちを連れてニューカッスル中央駅に着いた。数時間列車に揺られたあと、彼らが到着したときには「子供たちの綿の服にはしわが寄り、顔は垢で汚れ、髪はぐしゃぐしゃになっていた。子供たちは「スラム」からやってきたように見え、彼らもその一部であるかのようだった」。ヒルダが連れてきた子供たちは幸運だった。受け入れ委員会が待機していて、「やさしい笑顔と握手、お茶の急須から立ちのぼる湯気」と子供たちの新しい家の情報とともに迎えてくれた。ヒルダは、これにはどれほどの努力が必要だったことかと感謝した。悲しいことにジョン・マクガークの経験のほうが典型的だった。彼は一九四〇年、七歳のとき、ブートル[6]からサウスポート[7]に疎開した。「それはもうカルチャーショックでした」と彼は語った。「わたしは地下室で暮らすような、荒っぽくて元気だけはいいが、ほとんど何ももっていない家庭からやってきたわけですから」。とはいえ、彼は近所の「みんなが貧しいという意味で同じレベルにいた」愛情あふれる家庭から疎開したので、サウスポートへの到着は不快な発見とならざるをえなかった。「わたしたちはひとかたまりで教会の庭に押しこめられました」と彼は言った。「受け入れる人たちがやってきて、ペットショップで犬でも選ぶみたいに選んでいったのです」[41]。こうした経験は国のあちこちで繰り返されていた。[42] こうした経験が明るみに出したのは、トレーニングもほとんどせず、資源もあるかないかの状態のボランティアの手にほとんど丸投げにされた計画の悲痛な不適切さであった。

疎開児童と受け入れ家族との関係は、イギリスを分断している社会的亀裂を反映していた。中流階級と上流階級の人たちはしばしば助けの手を差し伸べるのを拒否した。国内情報局のある職員が述べたように、受け入れ地域のなかには、疎開してきた人に部屋を貸すように求められた村人たちが「大きな邸宅の所有者たちは責任逃れをしているとしょっちゅう噂している」地域もあった。その職員も同僚たちも、こうした不満は正当であると思った。[43] リヴァプール大学の疎開調査は、疎開者の受け入れを拒否する傾向がもっとも高かったのは上流階級と上層中流階級だったと結論づけている。疎開者について不満を言うことがもっとも多かったのは中流階級と上流階級の受け入れ家庭であり、こうした家族は面倒をみている子供たちに冷淡で無情な扱いをすることで自分たちの敵意をあからさまに示す傾向にあった。スコットランドのある割り当て担当官が述べたように、「労働者階級の受け入れ家族は真剣に取り組み、疎開者が身ぎれいな状態でいられるようにしていた。性格的にも同じだったから、疎開してきた人と一緒にいてもとてもリラックスしていられた。もっと快適な受け入れ家庭には多くの便利な設備が整っていたが、疎開児童が別の家庭に移されるまで怒って騒ぎ立てることが多かった」[44]。ジョン・マクガーク兄弟にはサウスポート郊外に大きな家を構えるビジネスマン夫婦の家庭が割り当てられたが、粗末な食事しか与えられず、家のなかでいちばん寒くて狭い部屋に押しこめられた。はっきりとしない言い方ではあったが、子供たちは受け入れ家族が「自分たちをクズだと考えている」のだと思い知らされた。

疎開によって多くの子供たちの階級の感覚が敏感になった。ジョン・マクガークのように中流階級の家に滞在した子供たちは、自分たちがいることに家の人が腹を立てているとしばしば勘づいた。劇作家のジャック・ローゼンタール[8]とアーノルド・ウェスカー[8]は似たような経験を想起している。ローゼンタールの場合には母親が彼を最終的にはソルフォードに連れ戻した。一方、ウェスカーはさまざまな里親のもとで六年間も過ごすことになり、「ロンドン」と「貧しいけれど幸せ」な家族の「もとへ戻りたいと願う気持ちがやむことはなかった」[45]。二十年後、両方の劇作家とも、去ることを強制された労働者階級の家庭と共同体がもつ情感あふれる暮らしについて書き、名を挙げることになる。
疎開の経験から、それまで見過ごされてきた美徳を労働者階級の親たちと家庭が有しているのだと確信する教師やソーシャルワーカーたちもいた。アーニストンの村に着いてから数日後、ヒルダ・ダンは遠く離れた丘にある農場に送られた「土色の顔をして鼻のとがった」スミスソン姉妹のもとを訪ねた。

たぶん四十歳くらいのがっしりした体型の女性が……石を敷いた台所へ案内してくれた。そこは以前は肥やし置き場だったのかもしれないと臭いからして思った。……大きな黒い鍋が泥炭を燃料とする火の上で煮立っており、開けっ放しの戸口からは痩せ細った鶏が出たり入ったりし、……ふたりの少女が戸口に向かって走ってきた。ふたりとも同じぶあつい暗い色の靴下と巨大な木靴《ぼっくり》を履いていて、無言劇から飛びだしてきたように見えた。しかし顔はバラ色でいきいきしていた。

スミスソン姉妹は割り当てられた先によくなじんでいた。「その農場を何度訪れても、清潔さとか効率のよさとかを感じることはなかった」とダンは振り返る。彼女は姉妹を別の家庭に移すべきかどうか思案した。「もっと暮らし向きのよい家はあった……が、強制的に割り当てられた家に送られる子供たちが惨めだと限られるだろうか？」ヒルダはこう認識するようになった。清潔さよりもはるかに大事なことが「他にもある」。暮らし向きのよい家庭に見いだされるのと同じくらい容易に、貧しい家庭でも愛と愛情は見いだされるだろう、と。(46)
ジョウン・クーパーは、不況にあえぐ一九三〇年代に生まれ故郷のマンチャスターで教師としてキャリアを始めた。この経験から、彼女は第二次世界大戦中には児童福祉の仕事に携わることを求め、ダービシャーで疎開計画のリーダーを務めた。ときに無情な疎開先を割り振られた子供たちへの行きあたりばったりの対応を目のあたりにして、彼女は立場の弱い子供たちのケアは慈善団体ではなく国がなすべきであるとの立場を擁護するようになった。労働者階級の家庭からダービシャーにやってきた子供たちと、疎開児童を受け入れる労働者階級家庭にみられる愛と愛情を経験したことで、クーパーは子供たちを施設でのケアに委ねるのではなく、可能なかぎり親許に置いておくべきであるとの確信を強くするようになった。こうした戦時中の経験は戦後の福祉国家に多大な影響をおよぼすことになる。戦後クーパーのような女性たちが、教育政策と社会政策の改革の実現に寄与することになった。戦前には立場の弱い子供たちのケアは慈善団体が先導し、子供たちを施設に入れるというのが主流であった。ジョウン・クーパーは一九四八年児童法の実施に寄与した。この法律は子供のケアを管理する権限を国に与え、幼い子供たちのための施設を開設し、できるだけ子供たちを生みの親のところに置いておくようにするものだった。クーパーは内務省の児童部局長に昇進した。(47)

都市においては、チェンバレンの政府が予想したような空襲によるヒステリーはまったく起きなかった。一九四〇年の秋にロンドン大空襲が始まったが、ほとんどの人びとは仕事に行き、家族の面倒をみつづけていた。もっとも激しい空襲に遭ったのはドック地区の周辺だった。これはロンドンのステップニーのような地区のことだが、そこではドックで働く人夫、工場労働者、人足、店員などが賃貸の部屋や、寝室がひとつかふたつのところに平均して十二人が暮らす、じめじめして荒んだ家にひしめきあって住んでいた。(48)空襲でやられたイースト・エンドを訪れて住人たちの勇気に感銘を受けない人はいなかった。しかし、そこの人びとを取材したジャーナリストは怒りも感じとった。大空襲は、惨事に対処する備えがイギリスはいかにできていないか、政府がいかにわざとふつうの人びとを見殺しにしているかということを露呈させた。自発性に任せようという政府の姿勢によって、人びとはアンダーソン式防空壕を庭に設置するよう促された。しかし、時間にも資材にも場所にも恵まれない人びとはぞっとするような不自由さを耐え忍ばなければならなかった。ロンドンのイースト・エンドの狭苦しくて悪臭がひどい防空壕を訪れたあとで、あるアメリカ人ジャーナリストは「そこの人びとは上に立つ人たちへの信頼を失いつつある」と警告した。(49)コヴェントリは一九四〇年十一月十四日に大規模な空襲を受けた。翌日の夕方、マス・オブザヴェーションのトム・ハリスンは、家から逃れずに生き残った人びとが街にある嘆かわしいほどに出来の悪い、「いつもひどくじめじめ」していて「腐敗臭のする水」が足首のところまで溜まっている防空壕へと向かうのを目にした。ハリスンは「庭にアンダーソン式防空壕をつくるには、街の中心部は多くの家が密集しすぎている」と書いた。彼は公共の防空壕の多くが安全ではないとも指摘していた。地上に煉瓦でつくられた防空壕のいくつかは爆破され、そこにいた人びとは死んでしまった。(50)当局が動かないのを目のあたりにして、数多くの人びとがみずからイニシアチブをとった。ロンドンの人びとは、政府が提供しなかった防空壕の代わりに地下鉄の駅を使って避難所とし、そこに集まったのである。(51)

1941年冬、夜間の空襲で焼け出され、路上に逃れたクライドサイドの女性と子供たち

ブリストル出身で二十二歳のバート・シアードは、大空襲が始まったとき海外の戦場にいた。工場労働者であったが、「新聞を見ると見出しに「われわれは戦争を受けて立つ、兵士を戦場に送りだそう」というような文句があって苛立ちました。家に帰ると、そんなことは誰も言いませんでした。みんな「もうこれ以上耐えられない」と言っていたのです」。バートにとって新聞の報道は「プロパガンダにすぎなかった」。それは、戦争の勝利が医療支援と避難所と軍隊に対する政府の投資にではなく、被害を受けてもなお微笑みを絶やさない人びとにかかっていると示唆していた。[52] バートはこうした報道は恩着せがましいと考えた。これは空襲を受けた地域でどのような士気がほんとうは好まれるかわからなかったり、感づかなかったりするほどふつうの人びとは愚かではないと想定した点においてマス・オブザヴェーションから質問を受けた多くの人びとに共有されていた見方であった。そうした図々しいプロパガンダは、コヴェントリのような都市ではどれだけひどい状況になっているかについての噂を増幅させるだけだった。

大空襲で家を失った人びとへの支援は、出し渋られた限定的なものだった。政府は、空爆を受けて家から焼け出された人びとへの支援は戦前の救貧を管理していた公的扶助担当の役人たちが担うべきものとした。マス・オブザヴェーションが注目したように、こうした役人たちの多くは一九二九年以前にイギリスの救貧院を運営し、一九三〇年代には収入調査を実施していたのと同じ人たちだった。[53] こうした人たちが抱く、援助を求める人びとは最低限のことだけしか必要としないとの信念は、根深く残りつづけていた。彼らはロンドンに、どんな夜にも一万人を収容できる避難所を開設したが、これは必要とされる数を情けないほど低く見積もったものだった。一九四〇年の十一月には、二万五千人がこうした避難所に詰めこまれる夜も数日あり、これを目にして恐れをなしたジャーナリストは「カビ臭くてむっとする地下の穴」と表現した。長い期間そこにいる人びとには薄い紅茶、パン、コーンビーフ、少量のジャムといった救貧院での典型的な食べ物が供された。[54] 国民の緊急事態に対処するのに戦前の救貧が効率的な手段でないことは明白だった。困窮が拡大していたが、公的援助を担当する人たちは貧しい人びとのごく少数だけが援助に「値する」にすぎないという謬見に依拠しつづけていた。この危険な神話によって、イギリスでもっとも助けを必要とする人びとが資源と意志の欠如のせいで必要な援助を受けられない過酷な現実が覆い隠されてしまうことを戦争は明るみに出した。一九四一年三月、ベヴィンの要請により政府はひそかに家計収入調査を廃止した。[55] 大空襲によって痛感させられた重要な教訓は、大災害の犠牲者がその災害を引き起こす者と同じであることなどめったにない、ということだった。

政府が恐れていたヒステリーは起きなかった。マス・オブザヴェーションに従事した人たちやジャーナリストは、ふつうの労働者階級の人びとを銃後における静かなる英雄たちと称えたが、裕福な住民たちは利己的で非愛国的であるように思われた。コヴェントリやポーツマスのように[10] 空爆で甚大な被害を受けた地域では、人びとは「ひどく動揺している」が「敗北者にはなっていない」ことをマス・オブザヴェーションは明らかにした。逃げだす割合がもっとも高かったのは金持ちである。一九四〇年十一月、レスターに最初の空襲があった翌日、マス・オブザヴェーションは「金持ちたちはすでにレスターの外に家を買うことを検討しており、車をもっている多くの人たちは車を田舎にもちだして……夜はそこで過ごしている」ことに気づいた。ポーツマスに夜の空襲が数日続いたあと、「大部分が最初の数日のうちに車に乗って逃れ、しばしば車のなかに居場所を求めることのできる裕福な人たちに対する敵対的な意見が労働者階級のなかには見られた」。[56] 社会調査に携わった多くの人びとやジャーナリストたちは、社会的、経済的な不平等が危険な浸透性をもつ政治的帰結をもたらすということを、疎開や配給と同じく大空襲によっても痛感した。自分たちの特権にしがみつこうとする裕福な人たちの欲望が国民的な危機の時代になんの役にも立たないのは明白だった。

対照的に、ふつうの人びとはこの時代における英雄のようだった。田舎に住む人びとは、すでに過密状態の家にしばしば疎開児童を受け入れた。都市に暮らす人びとは夜ごとの空襲に耐えながら、仕事に通いつづけた。一九四二年までには、多くの家族が地中海地域や中東に出征した息子たちはもう帰還することはないのだと悟っていた。むろん、犠牲はひとつの社会集団に限られていたわけではない。しかし労働者階級は、戦前には無責任だとか怠惰だとかの汚名を着せられていた兄弟、息子、夫を失ったのである。一九四一年、エミリー・スウォンキーの兄のチャーリーは「ビスケー湾〔11〕で船が魚雷攻撃に遭い、行方不明となった[57]」。チャーリーは一九二八年に失業し、一九三二年に収入調査で失業手当を削減され、両親の暮らす家から離れているふりをして数年間を過ごしていた。無責任であるとかヒステリーであるとかいった状態からはほど遠く、チャーリーと同じような境遇の多くの人びとは戦争の努力を続けていた。

一九四二年までに、メディアと政府は決まったように労働者たちを人びと《ザ・ピープル》と表現するようになっていた。人口の大部分を占めるこの集団の利害と欲望がイギリスの文化を形づくっているのにちがいなかった。一九四一年までには、中流階級の趣味と趣向だけがイギリスのメディアの基準を定めるのだと言うのは愚かしいこととなっていた。一九四〇年、士気を高揚させるため、工場労働者へ向けてBBCによって放送される軽音楽番組「労働時間の音楽」の企画をめぐる争いにベヴィンは勝利した。彼は一九四一年に始まった「イギリスのどこか」の工場の食堂から放送される『労働者の休み＝上演時間《プレイ・タイム》』というバラエティ番組に出演した。こうしたバラエティ番組では、番組が訪れる先で才能が見いだされ、生放送を聴く全国の聴衆の前で労働者たちが歌を歌ったりジョークを飛ばしたりするのであった。その結果、歴史家のジェフリー・フィールドが指摘するように、戦前にはしばしば似ていると譬えられた上層中流階級のディナーパーティのようにではなく、「国民の一般大衆が大衆自身に向けて語っているようにラジオは聞こえた」のである[58]。

一九四二年までに食料と衣服の供給は欠乏状態になった。海上での交戦によって、輸入食品のイギリスでの供給が根本的に枯渇してしまった。この困窮と不確実の時代に、大戦間期の恐慌の時期に磨きがかかった、ごくわずかのもので生きてゆくための労働者階級の戦略は多くの人びとに賞賛されることになった。戦争の初期にマス・オブザヴェーションをあれほど絶望させた政府のプロパガンダとメディアの尊大な口調は、労働者ではなく上層中流階級を悪く言うような調子へと変化していた。「フィッシュ・アンド・チップスの話になったときに、目上の人間の味方をすればいいというものではありません」とBBCの「ラジオ・ドクター」チャールズ・ヒルは何百万人ものリスナーに向けてアドバイスした。「それはたんにうまいというだけではありません。一級品の食べ物なのです。公爵の夕食の席に威厳たっぷりに盛りつけられて供されたとしても、膝の上に広げた新聞紙から子供がむしゃむしゃ食べたとしても、どちらも本物なのです(59)」。一九四三年、取引委員会はイギリス国民に対し、「修繕して間に合わせる」よう促した。そのリーフレットやポスターは主婦たちに「きちんと継ぎはぎされた衣服は今日では誇るべきこと」であって、恥ずべき貧しさの象徴なのではないことを思い起こさせた(60)。繕って当座をしのぐというのは労働者階級女性にとってはまったく目新しいことではなかったが、彼女たちが率先してそれをすることで賞賛されるというのは新鮮な経験だった。

「タンスのなかをくまなく探し、修繕して間に合わせましょう」。第2次世界大戦中、倹約といった労働者階級の人びとのもつスキルがますます重宝されるようになった

メディアと政府のプロパガンダによって平等な犠牲と「修繕して間に合わせる」ことが強調されたため、それを「まんまと逃れる」連中は国民への裏切りとしてあからさまに批判される雰囲気が醸成された。政府のポスターとリーフレットは配給を通して「公平な分け前」を実現することの重要性を強調した。非戦闘員の市民には空爆に「動じず」工場で「本分を尽くす」よう説得がなされた。多くの中流階級、上流階級の人たちはこうしたことから逃れることができたし、社会的な不平等をなくしてしまうことに適切な理由を見いだせない政府がそれを後押しすることもしばしばだった。にもかかわらず社会的な不平等の正当性は、微妙にではあれどたえず戦争の努力によって異議を突きつけられた。微妙にではなく非常に重要だったのは、労働者階級の兵士たち、軍需工場の労働者たち、つましく堅実な主婦たちが新聞とプロパガンダにおいてますます英雄的な

立場を占めるようになったことである。

第二次世界大戦も中ごろになると連合国軍の勝利によって、人びとの関心は戦後の世界がどのようになるのかということに移りつつあった。人びとが何より望んだのは仕事が枯渇しないことであった。労働党の新聞『トリビューン』で軍の「一兵卒」は「公約においても予言においても戦後の失業への恐れが消え去ってしまうことはなさそうだ」と警鐘を鳴らした。[61] 完全雇用は経済的な安定と新たな交渉力とをもたらした。「うまくいくのは計画される経済だ」というのが、三年間飛行機工場で働いてきた二十一歳のペギー・チャールズの感じたことだった。彼女と数多くの他の人びとは戦時中の収穫が平時において確実なものとなることを望んだ。[62] 一九四二年の終わりに戦後社会のあるべき姿への強い思いが、「揺りかごから墓場まで」の福祉の実現を約束するベヴァリッジ報告書の形であらわされた。ボーンマス郊外の軍のキャンプでしびれをきらし、戦争にうんざりしていたフランク・ゴガティでさえ、次のような報せに接したときは元気を取り戻した。「使われていた表現は「揺りかごから墓場まで」というもので、それがどんなものになるか大きな希望を抱きました。新しい革命が始まろうとしているのだとわたしたちみんなが思いました。わたしたちはその実現には数年はかかるだろうと認識していましたし、認識できていると思っていました。揺りかごから墓場までわれわれがあなたがたの面倒をみる。それはすばらしい表現でした」

そうした気持ちの強さを理解するためには、戦前の状況を少し思い出せばよい。必要の生じた人びとは、納めるに足るだけのお金を持っていると拠出制の保険に頼らざるをえなかった。その余裕のない人は、地方別に組織された救貧法や一九二九年からは地方自治体によって管理された公的扶助委員会、あるいは民間の慈善事業に頼ることになった。扶助には収入調査がともなった。失業手当は支えてくれる家族のいる人にとっては不適当なままだった。病気でも医者にかかるお金もないほど貧しい人は地元の慈善の診療所や救貧法病院を利用できたが、与えられる治療は町によってばらばらだった。

この制度の欠陥が、価値ある多くの自発的なイニシアチブを促進した。それにはマージェリー・スプリング・ライスのような大戦間期の活動家によって設立された福祉医院も含まれていた。しかし、こうしたボランティアによる福祉の供給では、一九三〇年代の失業者家族の母体死亡率の増加が示すように貧困の問題を克服できなかった。一九三九年までにウィリアム・ベヴァリッジ、ジョン・メイナード・ケインズ、マージェリー・スプリング・ライスのようなリベラル左派の多くの政治家や思想家たちは、健康と教育と経済的安定を改善するためには国がもっと直接に介入する必要があると主張するようになっていた。彼らの見解は国に果たしてもらいたい役割に関して異なっていた。ウィリアム・ベヴァリッジはボランティア組織が主要な役割を担いつづけられると信じていたが、ハーバート・モリスンのような人びとは中央による計画が前進への道であり、市民の福祉には国家が第一に責任を果たすべきであると主張した。この主張は戦争の最初の二年のあいだに支持を得た。虱がわいて汚くて病弱だという疎開者のイメージは戯画ではあったが、社会科学者のリチャード・ティトマスが指摘したように既存の福祉の不適切さを強調するに足る真実をもちあわせていた。[63] その間ベヴィンは、王立兵器工場の衛生状態と医療設備の改善を求める戦いに勝利を収め、健康な労働力こそが生産的な労働力なのだと閣内で首尾よく主張を繰り広げていた。しかし一九四二年の段階で誰も示唆しなかったのは、こうした前進が平時にどのように統合され拡張されるのかということだった。

この間隙に入りこんできたのがウィリアム・ベヴァリッジだった。自由党の指導的存在であったベヴァリッジは、既存のすべての社会保険制度を再検討するよう連立内閣の保健相であった労働党のアーサー・グリーンウッドから委託された。グリーンウッドの行動が包括的な社会保険制度を導入してほしいという労働組合会議の要請に促されたものだったということは、労働組合の新たに見いだされた力の発露である。ベヴァリッジの委員会は一九四二年十二月一日に『社会保険と関連サービス』と題された報告書を出版した。

出版にいたるまでの数週間、この報告書のそっけないタイトルが魅力的な提案を隠しているという噂が流れた。長いあいだベヴァリッジは拠出制の保険制度が社会福祉の土台であると考えてきた。拠出制の原則は、人びとが怠惰になったり国に頼りすぎたりするのを防止すると彼は固く信じていた。彼はまた、社会福祉のいかなる拡大も人びとにやる気があり、可能でさえあるならば勤勉に仕事をすることと引きかえに認められるべきだと確信していた。しかし戦争までは、ボランティアによる福祉の提供が福祉の援助を拡大する最善の方法であるとの考え方にベヴァリッジは深く関わっていた。戦争の最初の二年間の大空襲、疎開、徴兵の経験によってベヴァリッジはそれまでに可能であるとか望ましいとか考えてきた以上に国家の中心的で積極的な役割について考えるようになったのである。[64]

厳しい寒さのなか、何千人もの人びとがベヴァリッジ報告書を手に入れようと熱心に列をつくった（出版された六十三万五千部はまたたく間に売り切れた)。「人びとが抱いた関心は尋常ではなかった」とある中流階級の男性は十二月二日にマス・オブザヴェーションに答えた。「報告書を手に入れようと政府刊行物発行所に着いたとき、買い求める人の列がいくつもできていました。わたしがそれをバスから見ていたら、車掌が「報告書を一部お持ちではありませんか?」と訊いてきたのです」(65)

ベヴァリッジ報告書が出されたときはタイミングがよかった。その一九四二年は合衆国が参戦し、ヒトラーがソ連に宣戦するという破滅的決断を下した年だった。ついに戦争はイギリスに都合よく推移するようになった。労働党の多くの人はすでに将来のことを考えていた。四月、ベヴィンは国際労働組織の緊急委員会をロンドンに迎え、こう歓迎の辞を述べた。「これは人びとの戦争であり、人びとの平和へとつながらなければならない」(66)。これから一ヵ月も経たないうちに、労働党大会で代表者たちは労働党と保守党と自由党のあいだでなされた政治上の一時的な戦時休戦を擁護する動議を通過させた。しかし、これはごく僅差での通過だった。政治上の休戦が続くことは、ベヴィンの演説を支える代表者たち、異議を唱えようと大会に参加している代表者たちを奮い立たせた将来への強い意志に形を与える存在がないということを意味した。ベヴァリッジの報告書はこうした人びとに重要な武器を提供したのだった。マス・オブザヴェーションは、報告書の読者層には肉体労働者とその家族も多く含まれ、そのほとんどが報告書の主要な結論を歓迎していると述べた。十二月二日の「デイリー・ミラー」紙の一面は事態をこうまとめている。「ベヴァリッジ、欠乏をいかになくすか示す。揺りかごから墓場まで計画、みなが支払い、みなが利益を受けとれる」。圧倒的な支持を人びとから得たのは、そのシンプルかつ直截なメッセージだった。

ベヴァリッジの提案は欠乏、病気、無知、不潔、怠惰からすべてのイギリス人を解放することをめざしていた。国は市民が生きるための基礎的手段(「国民としての最低限度」)を確実にもてるようにするべきであるが、一方で労働者たちは保険料の支払いを通して貢献することになる。ベヴァリッジが言うには、制度のこの要素は労働者たちが「義務と節約の喜び」を経験するために不可欠なのであった。完全雇用への政府の関与がこの制度を下支えするのだとベヴァリッジは強調した。

ベヴァリッジが自助を力説し、「無償での給付」は「怠惰」につながると想定していたことは、労働者階級の道徳心への古くからの懐疑がいまだになくなってはいなかったことを示していた。にもかかわらず、収入調査によって管理されることなくすべての人に福祉を提供するという議論を繰り広げることでベヴァリッジは、「値する」人びとと「値しない」人びととのあいだの区別を取り払った。こうした区別によって戦前には多くの困窮した人びとが懲罰的な扱いを受けていた。中央政府の必要不可欠な役割をベヴァリッジが強調したことも新しい事態であった。

ベヴァリッジ報告書への政治的な反応により、政府内の保守党員と労働党員とのあいだの広がりつつある溝が明るみに出た。保守党はすべての人への福祉の給付というベヴァリッジの中核的な前提を支持するのを拒んだ。チャーチルは、戦時中にふくらんだ公約はそれが平時に実現されないと戦後の不安につながると主張し、そうした公約をチャーチルは賄いきれない贅沢と考えていたことが明らかになった。「多くの大衆は生活の困窮にひるむことなく立ち向かっているが、だまされたと思ったら……彼らは激しく憤ることだろう」と一九四三年一月に戦時内閣に宛てられた秘密のメモのなかでチャーチルは注意を喚起した。「わたしがこれまで将来についての約束を差し控えてきたのは……偽りの希望をもたせることによって人びとをあざむきたくなかったからである」[67]。しかし、大戦間期の保守党の考えをよくあらわしていた経済的リアリズムと「常識」という言葉は、戦時中においてはもはや人気を失っていた。チャーチルのスタンスのとり方が多くの人びとに、「なかでも労働者階級の人びとに失望」と「怒り」を引き起こしていると国内情報局は報告した[68]。戦時中に支払った犠牲により「人びと」が平時に報いられる資格を得たというのは、国民の多くの部門と新聞においてしっかりと確立された思いであったが、保守党の指導者層には共有されていなかった。

議会の外では、ベヴァリッジの提案は多くの人びとから、とりわけ労働者階級から支持を得ていた。工場労働者、事務職員、店員がとくに熱心に支持していた。支配的だった雰囲気について、二十八歳の熟練労働者の男性は次のようにまとめている。「明日のこと、老年になったときのこと、子供たちがどうなるのかということを心配しなくて済むようになるのはまったくもって正しいことです」と彼はマス・オブザヴェーションに語った[69]。「できるかぎり早く実現されるべきです」と別の労働者階級の男性は言い切った。「たぶん保険会社を除けば、それに反対する人なんていないと思います。でも保険会社は……もう十分に儲けてきたでしょう」[70]。中流階級の人たちは用心の気持ちを表明した。ビジネスマンと結婚した中流階級の主婦の思いはこうだった。「わたしたちは労働者階級に……食堂と音楽を与えて甘やかしているのです。彼らはもっとしっかり働かなくてはなりません」。しかし、彼女は自分の反対意見が時代遅れで「利己的であり……自分が幸運な少数者であって、そうありつづけたい」と思ったことを認めていた(71)。これは、そうであって当然だという召使いの雇い主たちの多くが二十年も経たない前には表明していた呑気な感覚とは大きく違っている。そしてマス・オブザヴェーションは、中流階級のなかであっても「その制度に反対する人は少数派である」ことを明らかにした。たとえば一九四三年二月、ベヴァリッジの推奨することに賛成の人が七であるのに対して、反対の者はわずかに一であった(72)。

労働党はベヴァリッジの推奨することを採用し、その利益を収穫した。一九四二年から補欠選挙の結果が保守党への幻滅を示すようになった。戦争が続くあいだは主要な政党は総選挙をおこなわないことで合意していた。しかし、在職中の国会議員が死んだり引退したりした場合には補欠選挙がおこなわれ、一九四二年以降、有権者たちはベヴァリッジとベヴィンと労働党が示している方針に沿った変革を熱望していることを表明した。投票率は高く、大きく左派的と括られるラディカルな社会変革を支持した候補の人気が高かった。このなかには共産主義者も多く含まれていた。

投票箱から離れたところでも、社会変革への人びとの関与を示す兆候があらわれつつあった。映画館での観客調査やマス・オブザヴェーションが明らかにしたように、もっとも人気の高い映画が戦争からの完全な逃避を提供してくれるドタバタ喜劇や歴史ロマンスであったというのは理解できる。しかし、上映された戦争映画のうちもっとも人気があったのは、階級の分断をこえた国民的統合を支持する映画ではなく「世界は二種類の人びとから成り立っている」ことを認めた映画であった(73)。これは一九四三年の映画『わたしたちのような多くの人びと』に出る職場監督チャーリーの台詞である。この映画は田舎の王立兵器工場での仕事に送られたさまざまな社会階層の女性たちの話だった。彼女たちが出身階級の違いから、人生について非常に異なる態度をとることを映画は示していた。そのなかでジェニファーはもっとも恵まれていて、はじめのうちはもっとも怠惰で、もっとも非愛国的であった。「さあ、いまは戦争なのだから、われわれはひとつなのだ。ひとつになる必要がある」とチャーリーは自分のガールフレンドになったジェニファーに言う（労働者階級の若い女性はまだ魅惑的な地位をもっていなかったため、ジェニファーが映画のなかでは憧れの的のままだった）。「戦争が終わったらどうなるんだろう？　ぼくたちはこのままでいられるのか、それとも後戻りしてしまうのか？」チャーリーがこの台詞を気持ちのよいイングランドの緑の大地を見下ろす丘の上で口にしたのは偶然ではない。不平等は「人びと」が守るために戦っている「イギリスの伝統」の一部などではないということを彼はほのめかしていたのである。(74)

労働党の訴えは、たんに労働者階級と中流階級の連帯の主張にもとづいていたというだけではなかった。この連帯は、権力と富を持っている人たちへの反発として生みだされたものでもあった。権力と富を有する人たちはいまや人びとのスケープゴートとなっていた。国内情報局は、ベヴァリッジ報告書の内容がその人気の高さに関わりなくけっして実行されないよう、「一九三九年に戻りたい」と思っている「既得権をもつ人たち」が画策するだろうということを報告書の支持者たちは懸念していると明らかにした。(75)「一九四二年十二月の「労働」党の広報活動は、労働者階級にだけではなく国民全体に向かって国が経済を指導することと社会福祉との実際的な利益を強調した点で注目に値する」と歴史家のローラ・ビアーズは論じている。(76)「保守党は個人の利益の将来を心配している」と労働党の一九四五年の選挙パンフレットは声高に言った。「労働党が心配するのは人びとの将来である」(77)

これが一九四五年における人びとの感じ方だった。過去十年の貧困が戻ってくるのではないかとの恐れが広まっていた。人びとは前の戦争でなされた約束が反故にされたことと、一九一九年の失業手当に並ぶ長蛇の列を思い出していた。軍需工場で働く女性労働者は、自分は戦争が終わったら仕事を辞めたいが「事態がどうなるのかわからないし……道端でマッチ売りをすることになるかもしれない」とマス・オブザヴェーションに語った。(78)別の女性は「前回と同じくらいひどいことになるか、それより悪くなるのではないかとわたしは思います」と悲観的に言った。(79)

ヨーロッパでの戦争は一九四五年の五月に終わった。二ヵ月後には総選挙がおこなわれた。大戦前には、利益をあげることはあらゆる市民社会の基礎として広く受け入れられていた。そのように言うことはもはやできなくなった。集団的な供給への労働党の関与はゲシュタポに比すべきものだというチャーチルの思慮を欠いた警告は、人びとの雰囲気についての現状認識を彼が驚くべき度合で欠いていることを明らかにした。(80)しかし、労働党の勝利はたんに保守党の失敗だけが理由だったわけではない。その年に出された労働党のマニフェスト『将来を見据えよう』は、労働者階級の有権者のみならず多くの中流階級の有権者とも共鳴する力強いメッセージを発していた。労働党の選挙運動の責任者だったハーバート・モリスンは、国による集団的で

1945年、有権者ははじめて労働党を多数派政権の座に就かせた

包括的な福祉の供給がイギリスのすべての「役立つ人びと」の利益になるのだと主張した。「肉体労働者と頭脳労働者のあいだに利害の溝は存在しない」とモリスンは宣言したが、これは労働党の党首クレメント・アトリーによっていつも繰り返された意見であった。[81] こうした考え方へのモリスンの信念は強く、労働者階級が支配的な自分の選挙区サウス・ハックニーを離れ、もっと中流階級色の濃いイースト・ルイシャムから一九四五年の総選挙には立候補した。彼の信念は支持された。労働党がこれまで勝てそうにないと考えてきた議席を、一万五千票の差をつけてモリスンは獲得したのである。

国中で同じような光景が繰り返された。労働党はそれまで保守党が議席をもっていた選挙区で大躍進を果たした。中流階級は福祉の供給のためにはけっしてお金を出さないとか、民間の事業が社会を組織する唯一の手段であるとかいった一九三〇年代の常識は誤りであることが示された。労働党が収めた成功は、金持ちの「既得権」に対抗する――モリスンの言葉を使えば――「生産的な市民」としての事務職員、炭坑労働者、学校の教師たちを団結させる労働党の能力を証明した。一九四五年の四月から八月にかけて連続しておこなわれた世論調査は、これがたんに反保守党の流れに乗っただけの選挙での勝利ではないということを示した。これは労働党の政策を積極的に支持する票のなせるわざだった。その年の春と夏を通じてなされた世論調査の結果、質問を受けた（さまざまな社会的背景と政治的信条をもつ）人びとのうち六〇パーセントをこえる回答者が産業の国有化を支持していることがわかった[82]。

しかし、何にもまして労働党の勝利は労働者階級の人びととの票の賜物だった。八月、ギャラップの世論調査に回答した労働党支持者の半数をこえる人びとが、労働党は「労働者階級にとってベスト」だから労働党に投票したのだと答えた。キティ・マーフィは、労働党を政権の座につかせたはじめて投票をした人びとのひとりだった。彼女はロンドンのイースト・エンドで育ち、失業が父親とおじたちにおよぼした影響を目のあたりにしてきた。一九四〇年には若い既婚女性となっていたキティは、夫が外国での戦闘に出征しているあいだ母親、父親、弟とともにウリッチ兵器工場で働いた。一九四五年、彼女は動員解除され、夫の帰還を待ちながら一票を投じた。労働党の一九四五年のスローガンである「二度と繰り返さない」と「お父さんに訊いてみて」が、彼女にはなるほどと思えた。「わたしたちはかつてのような状態に戻るつもりはありませんでした」とかの女は説明した。「労働党はこれをやります、あれをやりますと約束し、実際に実行してくれました。……もしチャーチルが首相の座に戻っていたら、こうはならなかったのではないかと思います[83]」

「わたしたちはみんな一緒に戦った」という大空襲の精神は、戦中と戦後を通してたしかに神話化されてはいる。しかし、これは集団的な利益のために集団的に努力した現実に基礎をもつ神話である。このことは平和な時代にも継続しうると労働党は約束し、その主張は大戦間期の貧困と戦中の不確実さを生き抜いた多くの人びとを強く惹きつけた。有権者の四八パーセントの支持を得たアトリーの労働党は百四十六議席の多数で政権を樹立した[84]。

労働党の勝利は人びとの戦争の明白な帰結であった。戦争に勝つために戦いながら人びとが耐え忍んだ疲弊と喪失、傾注しつづけた努力への報奨として完全雇用を維持し、よりよい福祉を提供することへの支持をあらわす票だった。国の経済的、軍事的、政治的勇敢さにとってふつうの労働者がいかに価値ある存在だったか、計画と団結とまともな賃金がいかに印象的な結果をもたらすかを戦争は示した。経済的、政治的な力としての労働者階級の強さが増したのは、労働者階級の人びとの労働力への新たな需要と、彼らが確立しようと懸命に闘った交渉権とのおかげである。戦争が終わるころのイギリスはたしかに平等な国ではなかったが、一九三九年に大きく開いていた社会的分断の溝は配給と賃金上昇のおかげもあって、わずかではあれ賃金労働者に有利なように狭まった。一九四五年、何百万もの有権者たちが、戦時中の暮らしのある特定の側面が継続するのを望んでいると表明した。第一に完全雇用であり、僅差の二番手には国家が人びとのニーズの面倒をみる福祉国家が来た。有権者の強い思いは、国と人びととの関係が大きく変化したことを証明していた。こうした変化の原動力となったのは、銃後の労働者たちと外国の戦地から帰還しようとしている兵士たちであった。ベヴィンが「わたしたちの人びと」と呼び、いまや「ザ・ピープル」となった人びとである。

訳注

〔1〕ダンケルクはドーヴァー海峡に面するフランスの港町。一九四〇年、ドイツ軍がフランスに侵攻した際に追いつめられた英仏軍を撤退させる大規模作戦が展開された。

〔2〕トロイ軍曹はトマス・ハーディの小説『はるか群衆を離れて』（一八七四年）に登場し、女性たちを翻弄する放蕩な軍人。

〔3〕王璽尚書は国王の御璽の管理を司る官職で、内閣の閣僚。

〔4〕バースはブリストルの南東に位置し、ローマ時代の浴場跡の残るイギリス屈指の観光地。

〔5〕ジョージ・オーウェルの一九四五年発表の小説『動物農場』に「すべての動物は平等である。しかし、一部の動物は他の動物よりもっと平等である」という有名な一節がある。

〔6〕ブートルはリヴァプールの北部、マージ川の河口にある町。

〔7〕サウスポートはリヴァプールの北にあるアイリッシュ海に面した町。

〔8〕ジャック・ローゼンタール（一九三一－二〇〇四年）はマンチェスター生まれの劇作家。『コロネーション・ストリート』の初期の脚本を手がけた。

〔9〕アーノルド・ウェスカー（一九三二－二〇一六年）はロンドンのイースト・エンドで生まれた劇作家。父は共産党の活動家だった。

〔10〕ポーツマスはイングランド南岸の港湾都市。古くから軍港として栄えた。

〔11〕ビスケー湾はスペイン北岸、フランス西岸に面する湾。

幕間II　ロイド・ジョージに頼って

ヴィヴは一九四一年に学校に通いはじめた。ヴィヴの人生は戦争によってはたいして変わらなかった。炭坑労働は兵役免除職であり、いずれにせよ父親は持病の癲癇がひどく、召集されなかった。弟と妹たちはみんなヴィヴよりも小さかったから、母親は戦争労働に従事するよう要求されはしなかった。

一九四五年に戦争が終わるまでに、ヴィヴと四人のきょうだいはふたりのいとこマイケルとマーガレットと一緒に暮らすことになった。おばが亡くなり、「いとこの面倒をみる人が誰もいなかったので、母が引きとることになった」。四つしか部屋のない家にいまでは九人が暮らしていたが、一家が新しい家に引っ越す可能性はなかった。近所にいまより大きな家がなかったのだ。「ひとつの部屋でわたしとジェス、モーリーン、マーガレットがひとつのベッドに寝て、母がひとりで一台ベッドを使った」。一方、男の子たちとヴィヴの父はもうひとつある寝室で一緒に寝た。ヴィヴは、可能なときには狭苦しい家から脱出するのを楽しんだ。しかし家には小さな子供がたくさんいて、彼女は長女であったから、母親を手伝うよう期待されていた。「わたしは朝六時に起きて、洗濯物を出し、お湯を沸かさなければならなかった」。そして弟と妹たちを起こし学校に行く支度をさせた。

ヴィヴの父は仕事をせず、養わなければならない子供も多かったので、家族は一九四〇年代はじめの賃金上昇の恩恵がまったく感じられなかった。一家は、地元の公的扶助委員会（収入調査を実施している組織）から受けとる手当の足しとするために、ヴィヴの母が農作業で得てくるお金に頼ったままだった。

ヴィヴは学校をさぼりがちになった。「わたしたちは着るものを［委員会から］与えてもらっていたので……その服が以前には学校の子供たちのもので、わたしがそれを身につけているのに気づき、「あっ、それわたしの靴よ！」とか言われるのではないかと気が気ではなかった」。一九三四年失業保険法では手当の額が各地方別にではなく、全国的に決定されることになってはいたが、委員会は病気で失業した人びとや賃金があまりに低いため家族を養えない人びとをどのようにして援助するか（厳格な収入調査によって判断が下された）について、まだ自由裁量になるかなり大きな決定権を有していた。カッスルフォードの委員会を含む数多くの委員会は、衣服のような「現物」による支給のほうが望ましいと考えていたが、これであれば家族がお金を「間違った」やり方で遣ってしまうのを防ぐことができると信じられていたからである。

労働党政権がベヴァリッジ報告書によって推奨された「揺りかごから墓場まで」の福祉の提供を始めた一九四八年、ヴィヴは十二歳になった。ヴィヴの家のような大家族は一九四八年を必ずしも大転換の年として経験したわけではなかった。この年は母親がヴィヴに「学校があるときにも畑仕事をさせ」はじめた年でもあった。ヴィヴは抗議した。ジャガイモを掘ったり豆を摘んだりする骨折り仕事は大嫌いだったからである。母親はヴィヴに父親が「ロイド・ジョージ」――わたしたちが生活保護と呼んでいるもの――しか得ていない」のだから他にやりようがないのだと言った。「ロイド・ジョージ」という呼び方が示すとおり、一家は戦前からほとんど何も変わっていないように感じていた。大歓迎を受けていた福祉国家は、ヴィヴにとって「毎週月曜の朝にタラ肝油を受けとるための列に並ばなければならなくなるというだけのことだった。彼女はこれが嫌で、「いつも自分の順番を避けていた。結局いちばん最後になって、スミスという担任の教師がわたしを見つけた。彼はわたしの頬をつかんで口を無理やり開かせるのだった」。ヴィヴは仕返しをした。「わたしはいちどスミスにゲロを吐きかけてやった」

そうであっても、新たな福祉政策はヴィヴにとって重要な変化をもたらした。一九四〇年代の終わりはヴィヴに彼女が逃したものについての感覚を与えただけでなく、彼女が受ける権利のあるものについての感覚も与えたからである。タラ肝油と教育は彼女が重要な存在なのだということを示しており、怒りに火をつけて違った種類の人生への欲望をかきたてたのだった。そうした人生が何で成り立っているかは、一九四九年に「担任だったウィルソン先生がわたしに別の学校に行くべきだと示唆してくれた」ときに示された。一九四八年当時の労働党の教育相エレン・ウィルキンソンは、一九四四年教育法の施行を監督した。ヴィヴの学校の校長が言うには、この法律によりカッスルフォードのアートスクールはいまや無償で、必要とされる能力があることを証明する試験に受かりさえすれば誰でもアートスクールに行けることになった。校長は「わたしに両親がわたしの進学に関心があるかどうか尋ねた」。ヴィヴは「とてもわくわくした」が、父親が首を縦には振らず、「おれたちにそんな余裕はない」と言った。ヴィヴのもらう賃金が四人の小さな子供を支えるには必要だったし、いうまでもなく父親の飲み代のためにも必要だった。ヴィヴの学校の校長が手紙を書いて「父親にはまったく金銭的負担はかからず……政府とかそのへんがすべて賄ってくれる」と言ってくれたあとでも、父親は聞く耳をもたなかった。一九五一年、ヴィヴが十五歳になったとき、「お前は学校を出て金を稼ぐんだ」と父親は言った。

第7章　新しきエルサレム

一九四五年から一九五一年のあいだに、労働者階級の人びとの暮らしは大きく改善した。労働党は完全雇用と団体交渉の維持、揺りかごから墓場までの福祉の提供の実現を付託され、政権の座についた。ヘイゼル・ウッドは一九四一年に生まれた。三人の子供のうちいちばん下の子だった。一九四〇年、彼女の家族は失業中の父親の仕事を求めてサンダーランド[1]からコヴェントリにやってきた。ヘイゼルの母は大家族の長女で、鍛冶屋であった父親は失業していたから、彼女が店員として得る賃金で家族を支えなければならなかった。一九三九年に結婚し、こうした生活からは離れた。一九四五年までには夫が自動車工場で熟練工の職を得て、ヘイゼルの母は家で三人の子供の面倒をみた。「母はたくさん笑っていました」とヘイゼルは言った。「母は厳しい時代を知っていましたし、そんな時代を切り抜けてこられたことがとても幸せだったのです(1)」

彼女の経験は数多くの他の人びとにも共有された。労働党が配給制を維持したこと（一九五四年までは完全に廃止されなかった）と包括的な社会保障の導入によって、もっとも富裕な人たちともっとも貧しい人びととのあいだの収入の溝の拡大が阻止された。この溝は一九四〇年代のはじめに縮小していた。賃金が上昇し、肉体労働者と下級の事務職員がもっともその恩恵を受けた。完全雇用によって戦前の貧困の主要な原因が根こそぎにされたことがもっとも重要である。クレメント・アトリーの戦後内閣は、次の三十年の政治的な枠組みをつくりあげた。一九四八年から一九七〇年代のはじめにかけては、労働人口の二パーセントを下まわる数しか失業者は出なかった(2)。

しかし、政府の政策は同時に労働者階級の人びとの力を制限するものでもあったため、人びとのあいだに不満を呼び起こすことになった。労働党の閣僚たちは経済的、政治的平等の確立に関わろうとしなかった。彼らが促したのは機会の平等だった。労働者たちには産業を管理する力はまったく与えられず、代わりに経営陣の権威に従うよう期待された。福祉は収入の再配分によって賄われたのではなく、保険で賄われていた。このため夫と父親に重い責任がのしかかり、彼らに女性たちと子供たちが大きく依存することになった。労働党政権は私的な住宅、教育、医療と賃金の格差を維持しつづけた。この賃金格差は、肉体労働者に比べて給料をもらう専門職や管理職により多くの報酬を支払うものであった。これらの政策は誰もが勤勉と才能によって成功を収めることのできる実力主義社会の創出を促進するよう意図されていた。しかし現実にはこれらの政策は、中流階級の有権者たちに自分たちは労働者階級とは違った利害を有する集団なのだと思うよう促すことで現存する社会的な分断を強化した。「既得権」のある人たちに「人びと」を対置する一九四五年のレトリックは、ますます空疎に響くようになっていった。

一九四〇年代についてのヘイゼル・ウッドの見方は、みじめな耐乏生活という通説とはだいぶ異なっている。そうした陰鬱な表現は、一九四八年に南アフリカからロンドンに到着したときのことを書いたドリス・レッシング(2)が自分のスーツケースのなかにもっていた自伝的な小説『草は歌っている』の原稿にまとめあげている。

カフェもない。まともなレストランもない。衣服は戦争中からいまだに「耐乏」のまま、みじめで醜い。みんな夜は十時までには屋内に入り、通りは誰もいなくなった。戦時中には補助金の出ていたダイニングルーム(イギリス食堂)というのが唯一の食事の場、ということがしばしばだった。……ただひとつの文明化された施設といえばパブだったが、それも十一時には閉まってしまう。……配給はまだ続いていた。戦争は空爆を受けた地域だけでなく、人びとの精神とふるまいのなかにもいまだに長く尾を引いていた。どんな会話も戦争の話題へと流れていきがちだった。動物がひりひりと疼く傷を舐めるように。用心と疲弊があった(3)。

レッシングの思い出には多くの真実が含まれている。しかしわたしたちは、これが誰にとっての真実なのか問う必要がある。なぜなら、快適な暮らしぶりに慣れっこになっていた人たちにとっては一九四〇年代の後半は不快な耐乏の時代であったから。しかし、恐慌の時代に育ち、大空襲を生きのびてきた人びとにとって終戦直後の数年は新たな生活の始まりを予感させるものだった。一九四五年から一九五一年のあいだに、ふつうの労働者階級の人びとの暮らしは劇的に改善した。

福祉国家と、とりわけ完全雇用は、戦争から平和への移行を人びとが思っていた以上に容易にした。一九四三年から徴集兵となっていた三十二歳のフランク・ゴガティは一九四八年六月、ついに妻のリタとふたりの幼い息子の待つ家に帰ってもよいとの辞令を受けた。それは五年間、夢にまで見た日であった。しかし、その日がやってくると不安を感じた。

わたしはワイシャツにネクタイを締め、スーツを着て揃いの靴を履き、さあこれが新しい人生だと思って動員解除の事務所から出てきました。そしてあれこれ考えはじめたのです。というのも、わたしは五年間軍隊にいて、そこではなんでもやってもらえていたからです。軍にはなんの責任も負わなくてよかったわけですが、列車に乗って帰還する道中、こう考えていたのです。「ああ、自分はコヴェントリに家を持っていて、妻がいて、ふたりの子供がいる。妻子の面倒をみなくてはならないのだなあ」と。

自分でほんとうに面倒がみられるかどうか、フランクは「少しの疑念」を感じた。幸運なことに、彼は帰還した家庭にすぐ落ち着くことができた。「リタに会うとすぐ自己猜疑が消えたのだと思います」と彼は言った。フランクが戦争の前にやっていた熟練の金属工の仕事に復員兵が再就職できるようアーネスト・ベヴィンが力を尽くしたことも助けになった。「もし帰還したら」とフランクは自分に言い聞かせた。「工場はわたしを一年間は雇わなければならないのだから、社会に完全に復帰するまでの一年間が与えられるわけだ」

帰還兵、とくに戦時中捕虜になった人びとが向きあわなければならないトラウマを経済的な安定が癒すことはできなかったが、助けにはなった。労働党の政策は「人びと」にまともな生活水準を与えることをめざしていただけではなく、政治的、経済的な市民権を与えることも目標としていた。労働党の国会議員チャールズ・パネルは一九四八年に次のように宣言した。「完全雇用は、週末には定期的に賃金がもらえることを意味する……。しかし、それ以上のことも意味している。つまり、自尊心のある労働者階級というじつに大きな集団が……人間性を完全に発揮してみずからの足でしっかりと立つことができ、ひざまずいて追従するのではなく、自分たちの足で立てる人間になることである」(4)

この形の市民権は、健康な人びとだけでなく負傷した退役軍人たちにも拡大された。二十五歳のロバート・リグビーはそのひとりで、兵士として負ったおぞましい負傷から回復しつつあるときに出会った看護師のネリーと一九四五年に結婚した。ロバートが動員解除されると、ふたりはロバートの故郷リヴァプールに移った。一九四八年までに、リグビー夫妻はリヴァプールの南の郊外に突貫で建設されたプレハブ住宅の集まる地区ベル・ヴェイルの新しい公営住宅に落ち着いていた。負った傷のためロバートは断続的な痛みに苦しみ、治ることのない障碍を抱えてしまった。にもかかわらず夫妻は、公営住宅があることと、ネリーの言葉を使えば「障碍を負った退役軍人が仕事を見つけてもらえる制度がある」と知っていたことの両方から安心を得ることができた。(5)労働党政権がこれを保証したのだった。実際にはロバートは地元の工場での仕事を一九五二年まで見つけてもらえなかったのだが、彼の軍人年金と新しい家、そしてネリーが地元で就職できたことで、彼らはなんとかやっていくことができた。チャールズ・パネルが言ったように完全雇用はたんに人びとに仕事を与えるだけではなく、わずかでも自分たちの生活を管理する力も与えたのである。

戦争が終わったことは、多くの人にとって平和な時代のふつうの生活への回帰のようには感じられず、つらい生活の始まりのように感じられた。多くの労働者の懐には、余分に使えるお金はわずかしか入っていなかった。熟練の肉体労働者は非熟練の仕事仲間よりも多くの賃金をもらいつづけていたし、給料をもらう専門職の人たちと肉体労働者のあいだの格差は大きいままだった。しかしこの格差は、肉体労働者が以前よりはるかに高い賃金を得るようになり、専門職と比べて定期的な賃上げを多く得られるようになって縮小した。(6)一九四〇年代末、ほとんどの人びとは収入の約三分の一を配給品に費やしていた。これは一九三〇年代に多くの家族が収入の少なくとも三分の二を食品と衣料に使わなければならなかったことと比べれば大きな変化である。「配給によって格差が大いに縮まったのです」とノーマン・ルイスは言った。彼は一九四〇年代末には十代で、未亡人になった母とランカスターで暮らしていた。ノーマンと母の置かれた状況は厳しいものだったが、「稼ぐ力のおかげで、わたしたちはみんな少しはいい暮らしができるようになっていたのです」[7]。一九四九年、マス・オブザヴェーションは収入と支出のパターンを調査するため、イングランドの各地で二千四十人にインタビューを実施した。調査にあたった人たちが発見したのは多くの人びとの満足であり、とくに肉体労働者とその家族に顕著だった。「三分の一の人が、自分で買うことができるもの以外にほしいものはとくにないと言っている」[8]。これはひもじい思いをした三〇年代からの劇的な改善をはっきりと物語っている。

人びとはこれまでになく余暇に時間を費やすようになった。「耐乏と制約の六、七年と、数多くの自己否定と犠牲とが、快楽への渇望という流行の再発ないしはそれへの回帰を生みだした」と社会調査に携わるフェルディナンド・ツヴァイクは一九四九年に説明した[9]。戦時の共同体的な営みの習慣から各家庭への撤退を望むわけでもなく、多くの人びとは灯火管制の終了を、外出してまわる好機ととらえた。賃金労働者とその家族は国有の食堂であるイギリス食堂に集まった。この食堂は戦時中、購入可能な食事を提供するために開設され、十年をこえて存続しつづけていた。全工場労働者と店員のうちのほぼ半数が、週に一回は映画館に足を運んだ[10]。キャロル・ブラックバーンは、ソルフォードの近くのスウィントンで育った。彼女の両親はふたりとも工場労働者で、戦前には何年も失業手当に頼る日々を耐えてきた。彼女の家族が新たに見いだした安定は、はじめて家族で町にある映画館や喫茶店を定期的に利用できるようになるということを意味した。「わたしたちは金曜の夜には映画館に行ったものです」とキャロルは振り返った。「父が連れていってくれたのです。家族総出でした。映画館に行ったあとでフィッシュ・アンド・チップスの店に寄るのです」[11]。フィッシュ・アンド・チップスの店と同様にパブも盛況だった。ビールの消費は、一九三八年の二〇〇〇万バレルから一九四五年には三〇〇万バレルへと上昇した[12]。

配給は続き、人びとの配給への支持も続いていた。一九三五年の平均的な工場労働者は、賃金労働者の上位二〇パーセント（主として給料をもらっている専門職）のカロリー摂取量の八七パーセントしか栄養をとれていなかった。一九四七年までにこの差はなくなった[13]。働いている女性たちは自由になる貴重な時間を食料品店に並んで費やさなければならないことに不満を抱き、ほとんどの人びとは信頼されている店主から「こっそりと」少量のバターや砂糖を受けとることに反対ではなかった[14]。法の抜け道を見つける人たちは親戚や友人からロビン・フッド的性格と呼ばれることが多く、闇屋や軍が自分たちの物としておさえておこうとする商品を再分配しようとしたのである。ブライアン・スレッシュの動員を解除されたおじたちが「毛布、衣服、使いこまれた懐中電灯」を持ってマンチェスターに帰還してきたとき、彼らは英雄として喝采された。警察が近くに来ていたのが不運だった。「実際おじたちは捕まってしまいました。持って帰ってきたものが盗品だったので」。しかし、軍から持って帰ってきたのは、それが公平な取り分だと思えたからだった。「人びとが戦後の日々でほんとうに必要としていたのは、それまで軍で使用されていたあらゆる物品」であった。[15] 人びとには自分たちが必要とするもの——それ以上は望まない——は持っていってもいいのだという感覚が存在していた。[16]

ほとんどの人びとが政府は自分たちの政府であり、自分たちの利益に尽力してくれるものだという考えを進んで受け入れた。一九四七年、大雪のため発電所への石炭の運搬が止まってしまった。政府は停電を実施し、人びとに燃料を備蓄するよう促した。なかには停電の影響にほとんど気づかない労働者もいた。そのなかには「週末には喜んで石炭運搬車の掃除をやっていましたが、そのときは必要とされませんでした」とマス・オブザヴェーションに語ったエセックスの鉄道員とその同僚たちがいた。多くの労働者階級家庭と同じように彼らの家族が毎日使う燃料の量はわずかなものだったので、危機のときにも苦しむことはなかった。「わたしたちは薪をたくさん持っていましたから、屋内で十分ぬくぬくとしていられました」とその鉄道員は語った。[17]

労働党は、食料と燃料に対する統制を拡張するのではなく撤廃したために、さらなる怒りを買うことになった。一九四八年、財政的に行き詰まっていた政府は、合衆国政府に負っている戦争の負債を返すため、マーシャル・プランによる援助を受け入れた。資本主義を促進し、ソ連の拡張主義的な野望を挫くことを意図していたマーシャル・プランの条件によって政府は必然的に自由市場を促進せざるをえなくなり、配給を漸次的になくす方向へもっていかなければならなくなった。一九五一年にはほとんどの人びとは収入の一〇パーセント未満しか配給品に使っていなかったから、物価の上昇はふつうの消費者を直撃した。新聞は、配給が停止されたあと、どれほど急激に物価が上昇するのかを心配する労働者階級女性についての記事でいっぱいだった。たとえば一九五一年二月、コヴェントリ・サウス選出の労働党の国会議員エレイン・バートンは、地元の店主たちに「週末の野菜の値上げをやめる」よう要請した。バートンは「デイリー・ミラー」紙に「コヴェントリの主婦たちが、月曜から木曜までと比べて金曜と土曜には値上げされている例を示してくれた。……キャベツは一ペニーないし二ペンス……オレンジは一個あたり一・五ペンスも値上がりしている」[18]。これらの女性たちの多くは、政府に価格統制を弱めるのではなく強めることを要求した。彼女たちの抱いた恐怖には十分な根拠があった。一九五一年以降、最貧層と最富裕層のあいだのカロリー消費の差がふたたび開きはじめた（とはいえ、このことの重要性は戦後の三十年間において、一九三〇年代と比べればはるかに低いものだった）[19]。

一九四八年は多くをはらんだ年だった。一方で、政府はマーシャル・プランによる援助という毒盃を受け入れた。他方で、労働党は救貧法を廃止し、社会保障と無償の医療と無償の中等教育の新制度を導入した。世論調査ではこうした改革への圧倒的な支持が示された。「この新制度が支持を受けた最大の要因は、個人の出すべき費用が安かったことだ」と一九四九年にマス・オブザヴェーションは報告した。「このあと、すべての人びとに平等がもたらされる」[20]。無償の医療がとりわけ高く評価されていた。一九二九年に生まれたベリル・ゴットフリートは、自分の人生に最大の進展をもたらしたものについて意見を求められ、こう答えた。「もう医者にかかるのにお金を払わなくて済むのです」。彼女の父親はオックスフォードシャーの鉄道の信号手だったが、人びとに歯医者の金を払う余裕などなかったため、「彼らの歯を抜いてやっていたものです」[21]。以前召使いをしていたモイラ・ゴードンは、変化を観察するのにとりわけ好適な位置にいた。一九四八年より前にふたりの子供を授かり、国民保健サービスが導入された直後にもうひとりが生まれた。彼女は農業労働者と結婚してスターリング〔3〕の近くの村に住んでいた。「医者への支払いをしなければならないし、助産婦にも支払いをしなければならないし、子供が少し大きくなると予防接種の支払いをしなければならない。実際に義務づけられていたわけなので、支払わなくてはならなかったのです。でも、一九四八年にこれらが全部、お金を払わなくて済むようになりました。その前にふたり一九四〇年と一九四七年に生みましたが、一九四八年には国民保健サービスが全部世話してくれるようになりました。おかげで［小さい子供たちを抱えていたので］だいぶ楽になりました[22]」。乳児の死亡率は、一九四一年から一九五五年のあいだに千件の出産のうち五十人亡くなっていたのが、千件中二十七人死亡というところまで急速に下がった[23]。

重要なのは、こうした福祉の提供が労働党の言う人びととの「社会契約」の一部を形成したことである。政府は労働者への福祉を労働に対する見返りとして保証する。労働者のニーズが家庭だけでなく仕事場でも満たされるようにするため、労働組合は全国レベルで交渉のテーブルにつくことができると保証された。「個々の市民にとって、社会はいまだに頭上にあるものと感じられることだろう」と保健と住宅を担当する労働党の大臣であったアナイアリン・ベヴァンは言った。「人びとに投票所だけでなく職場においても権利が与えられないかぎりは」と。[24] すべての人がひとりひとり、自分たちの選ぶ相手に労働力を売る権利と投票権とをもっている。しかし、労働者たちは団結して雇用主と交渉する集団的な自由も要求した。

しかし、この集団的な独立には厳しく制限がかけられていた。産業に対する管理の権限が労働者に与えられるというようなことはまったく示唆されなかった。この背景には、実力主義の社会を確立することへの労働党の肩入れがあった。政府は、福祉の改革が税を通した再配分によるよりも社会保険によって賄われるべきだという点でウィリアム・ベヴァリッジと見解の一致をみていた。労働党の政治家たちの多くは、社会保険と、専門職や管理職には高い給与が支払われることが勤勉と才能に報いると決めた社会においては重要であると信じていた。一九四六年、労働党の大法官ウィリアム・ジョウィットは貴族院で労働党の考え方を説明した。六十一歳のジョウィットは戦時連立内閣にも仕え、その末期に国民保険担当の大臣となって、ベヴァリッジの提案のいくつかを実行するためにその地位を利用した。家族手当の導入はそのひとつだった。一九四六年八月、ジョウィットは最初の子供を除くすべての子供ひとりあたり週に五シリングが母親に支給されると公表した。これは女性が世帯主である家族を含む多くの家庭にとって大きな助けとなった。こうした手当が不可欠なのは「労働者が受けとる報酬はその労働者が何に尽くしたかによって決められるべき」だからで、「家族の大きさに左右されるものであってはならない」からだとジョウィットは述べた。このように、家族手当は「共同体のなかのすべての家庭の子供たちがわたしたち全員の望む平等な機会を手にすることができる」ようにするものだった。[25] 労働党の言う実力主義については、生まれたときの機会の平等を子供たちに提供することに政府は時間と労力を注いだが、賃金の格差については勤勉に働き、それへの報酬を得ることへのインセンティブとしてこれを促進した。

これらの改革の「トップダウン」的な性質が、政府への大きくなりつつあった幻滅を説明している。ストライキはアトリー政権のもとではまだ非合法化されたままだったが、刑務所行きになる可能性があるにもかかわらず、多くの労働者たちが賃金と労働条件をめぐってストライキに突入した。ストライキをすることで労働者たちは、仕事をするなかでもっと言うべきことが言える権利を政府の改革が許容した以上に主張した。労働者たちは、彼らの組合の役員たちは交渉のテーブルにつく権利を与えられているが、「国」

のために運営されているとされている国有産業においては、とりわけ組合幹部が経営陣の代弁者になってしまうことが多いのに気づいた。国有化に喝采を送った炭坑労働者や鉄鋼労働者たちは、戦前の厳格な経営陣のヒエラルキーがしばしば責任者の顔ぶれも変わらないまま残っていることに気づいて失望した。政府がもっとも懸念していたのは、一九四七年から一九五〇年のあいだにイギリスの港湾で多発したストライキである。戦前、港湾労働者は臨時で雇われるものだった。ほとんどがさまざまな雇用主によって日雇いされたり、週ごとに雇われたりした。失業率が高かった時代、このことで雇用主は多大な力を得た一方、労働者たちの安定は奪われていた。アーネスト・ベヴィンは、港湾労働に規制を加えるという公約を、一九四七年に港湾労働委員会を設置することによって実行に移した。しかし多くの港湾労働者は、苦労して獲得した地区別の交渉権を失ったことと、日雇いで労働者を雇うことができるという雇用主の権利が維持されたこと（一九六〇年代になってやっと撤廃された）に不満を抱いた。[26] 一九四七年から一九五〇年のあいだに四つの大きな非公式ストライキがロンドンの港湾で勃発し、地方でも小規模のストライキが起きた。ストライキに突入した労働者たちのほとんどは労働組合に入っていなかった。このことをマス・オブザヴェーションは、労働組合の指導者たちと政府に幻滅した労働者たちのあいだに広まった「不能と孤立の感覚」のせいであるとした。[27]

「今日の若者たちにとっての明日のための仕事。国の炭坑で仕事を学び、賃金がもらえます」。完全雇用に近い状態が達成された大戦後の時代、青年たちは国有化された産業での生涯の仕事が約束された

労働組合の権限の範囲外にいた労働者階級の人びとには、もっと不満が募った。何十万人もの人びとが貧困状態で暮らしつづけていた。一九四八年、四十九万五千人の老齢年金受給者と年金受給年齢には達していない十四万三千人が、他に生活をやりくりする手段のない人びとに基礎収入を提供する国民扶助の追加受給を受けとっていた。国民扶助は収入調査をともなっていた。労働党は、ベヴァリッジが推奨した最低限の生活が営めるレベルの年金を導入することができなかった。[28] 多くの高齢の人びとは、自分の家で収入を調査されるという不名誉に引きつづき耐えていた。

多くの戦争未亡人をはじめ家族を女手ひとつで養っている女性たちもまた苦しんでいた。家族手当と同様に一九四八年の国民扶助の導入も、いわゆるシングルマザーにとっては恩恵だった。そうした女性に就学年齢に達した子供がいる場合は、手当を請求するのにもはや仕事の登録をしなくても済むようになった。しかし、手当は収入調査を受け、男性と住んでいることが疑われる場合には手当の支給が停止された[29]。

未亡人や夫と離ればなれになった女性たちにとって、生活をやりくりすることは多大な負担であった。一九四〇年代の終わりに十九歳だったノーマン・ルイスは、ランカスターのマーシュ地区にまだ学校に行っている妹と母と一緒に暮らしていた。艀の船員をしていたノーマンの父は一九四三年に亡くなっていた。「父は運河に落ちて溺れ死んだのです。なんというロマンティックな死に方でしょう。会社はわたしたちに何もしてくれませんでした」。数年後ノーマンの母は病気になり、「医者をいつも家に呼ばなければならなくなりました。……わたしは医者をつかまえて母はいったいどこが悪いのか訊いたんです。医者ははっきりとした言葉は使いませんでしたが、「お母さんは君たちふたりに食事をさせるために自分はがまんしているんだよ」と言ったのです」。ノーマンは建具師の見習いの仕事を辞めた。「母には何も言わないで……もっとお金を稼がなくてはなりませんでした。人足の仕事を得て賃金はだいぶ上がりました[30]」。小さな子供のいる女性はしばしば極貧状態にあった。一九四八年、マージーサイドのバークデイル[4]に住むアニー・パイ夫人は、自分の配給手帳を売った廉で一〇ポンドの罰金を課せられた。「夫と離れ、週二ポンド未満で四人の子供を抱えて暮らす」パイ夫人は「ふたりの子供には靴がなかったため、学校にやることができなかった」と「リヴァプール・エコー」は報じた[31]。福祉国家は貧困を除去してはいなかった。

労働党の閣僚たちは、完全雇用によって貧困が一掃されるとあまりに容易に考えていた。政府は、シングルマザーのような社会保険制度には簡単に適合できず、常時家の外で仕事をすることができるわけではない人びとに対する他の形の支援を確立すべきだというベヴァリッジの提案に沿った政策の実現ができていなかった[32]。このことを棚上げにしたまま、労働党はアメリカからの借款の償還を優先し、冷戦がエスカレートするにともなって防衛費を増額した。攻撃的な外交をするよりも「世界の羨望の的」としてのNHSを軸とした、さらに充実した福祉国家をつくることが国際的な名誉ある地位への洗練された（現実的な）道であるとの左派アナイアリン・ベヴァンの提案はむなしく終わった。[33]

国内問題では、政府は消費財への国内の需要を喚起することで経済を活性化させることに力を注いでいた。このことは製造業の促進を意味し、その結果、非熟練と半熟練労働者が製造ラインを動かすために必要とされた。一九四五年、既婚女性の多くは軍需工場の仕事を離れた。大部分の女性たちはありがたいことだと感じながら自発的に辞めたのだった。「勤労動員で働いているとき、圧倒的多数が工場で働いていたわけだが、結婚と家庭生活がほとんどすべての人に共通する戦後の希望であった」と働く女性についてのマス・オブザヴェーションの調査は一九四四年に書いている。[34]しかし、戦争が終わって二年と経たないうちに、政府は既婚女性に労働力不足を解消するため工場での仕事に戻るよう奨励した。一九四七年六月一日、労働大臣ジョージ・アイザックスは「仕事へ戻ろう」という政府の訴えを、ラジオを通じて開始した。アイザックスは、国は収入を増やすためにより多くの輸出品を生産することが急務であり、「その仕事をする人手が十分ではない」のだと説明した。[35]

しかし、政府は働く女性が必要であると認めることに前向きではなかった。戦時中の託児所は閉鎖された。一九五一年、託児所は三パーセントの子供にしか利用可能な数がなく、これは一九三六年に託児所の恩恵を受けることができた子供の数と同じ割合だった。[36]アイザックスは「人びとは自分たち自身で［育児の］調整をするのを好むし、近所の人びとや家族の誰かと調整してうまくやっていることだ」と述べたが、これは不誠実な言い方だった。[37]こうしたことはネリー・リグビーが一九四〇年代の末に働きに出たとき気づいたように、どんなところでも可能なわけではなかった。ネリーの住んでいた郊外の団地には、近くに親戚のいる住人はほとんどおらず、「働く女性は喉から手が出るほど援助を求めていた」。ロバート・リグビーは、一九五二年に仕事に復帰するまでは幼い娘の面倒をみることができたが、彼が面倒をみてくれるあいだネリー自身はベビーシッターをしていた。「なぜなら、人びとはほんとうにベビーシッターを必要としていたし、わたしたちの住んでいる場所には全然託児所がありませんでしたから」

政府は女性労働者たちのニーズに応えるのを拒否したが、これは見込まれる費用と、働いている女性の大部分がゆくゆくは男性にとってかわられるだろうという近視眼的考え方が理由であった。女性たちが工場労働に戻るのは「一時的なことであり、われわれはそのうち遅れを取り戻すだろう」とアイザックスは強調した。[38]しかし、政府の委託を受けて広範囲に実施された経済調査は、女性の労働が今後長いあいだ不可欠なものとなるだろうと示唆していた。イギリスの経済の回復は大量生産と、車、家庭用品、電化製品、衣服の国内消費にかかっていた。この調査が指摘したように、こうした産業の雇用主たちは、お金のかかる成人男性よりは若者と女性を中心とした非熟練と半熟練の安価な労働力を雇うことを好んだ[39]。しかしアトリー内閣は、労働運動において長いあいだ金科玉条とされてきた、理想的な家庭というのはひとりの男性の稼ぎ手によって養われる家庭であるとの考えにしがみついていた。女性の賃金と労働条件は二次的な重要性しかもたない問題として扱われた。一九四六年、教師と上級の公務員の給与を平等にすることを支持した「平等賃金についての王立委員会」の推奨を顧慮しない理由として、政府は財政的な逼迫をあげた。一九四八年に女性工場労働者は週に平均七四シリング六ペンスを得ていたが、これは男性の平均賃金の半分だった[40]。

しかし、労働党に投票した人びとがもっとも失望させられたのは住宅――あるいは住宅の不足――だった。一九四五年時点で十万世帯が、戦争勃発の前に住居として不適切との烙印を公式に押された住宅に住んでいた。さらに二十万もの人びとが、戦争がもし始まらなければ不適切とされていたであろう住宅に暮らしていた。さらに二百五十万人もの人びとが戦時中の空爆の結果として安全でなくなった家に住んでいた。加えて、数えきれないほど多くの人びとが親戚や友人たちと過密状態で暮らしていた。人口の約一〇パーセントが基準を下まわる住宅での暮らしに耐えていた[41]。保健と住宅を担当していた大臣アナイアリン・ベヴァン――ナイとして知られていた――は、毎年二十四万戸の住宅を新たに建築すると約束した。ベヴァンの一九四八年住宅法は、贅沢な基準を公営住宅について規定した。頑丈で断熱が施され、通気性がよく、明るくて風通しのよい、バスルームが屋内にある贅沢な住宅だった。

ベヴァンは必要とするすべての人に公営住宅を提供しようと決意していた。一九三六年の住宅法では、「労働者階級」への住宅供給は地方自治体の責任であるとされた。ナイ・ベヴァンの一九四八年の法律は大胆にも、必要とする人すべてに地方自治体が住宅を与えると宣言した。ベヴァンは戦争による被害がさまざまな人びとに影響をおよぼしていると認識していた。ベヴァンの法律は、民間の家主や建築業者よりも地方自治体のほうがよりよく計画された質の高い住宅を提供できるという、戦前のイギリスの過密なスラムの経験から導きだされた信念にもとづいて形成されていた。

新しい住宅の大部分は町や都市の郊外、あるいは労働党が建設を計画した十八のニュータウンにつくられた。地価

広々とした二軒一棟式の家を特徴とするクロイドンの新しい公営住宅団地（1948年）。
近隣の家が未完成で、周辺の景観が整備される前に入居者が越してくることも多かった

は町の中心部を出ると安かったが、ゼロから共同体をつくりたいとベヴァンが考えたのには別の理由があった。社会的な多様性を確保したかったのである。「われわれはイングランドとウェールズの村がずっともっていたすばらしい特徴、つまり医者と食料品店と肉屋と農家がみな同じ通りに暮らしているという特徴を……活かそうとしなければならない」とベヴァンは一九四九年に宣言した。[42] ベヴァン自身、南ウェールズの谷あいにある炭坑の村で育った。彼は自分の故郷で経験した集団的な扶助を促進したかったし、自分の家族と近隣の人びとが耐えてきた劣悪な住宅をなくそうとした。クローリーのようなニュータウン地区は、商店や施設と並んだ「村の緑地」のまわりに建設された。[43] ベヴァンは持ち家所有者と公営住宅の賃借人のあいだの区別をなくし、健康的な郊外と大戦間期の公営住宅地区とのあいだに存在する地理的な区別を根絶しようと決意していた。

幸運な人びとは新しい住居を満喫できた。「天国のようです」というのは、動員解除された海軍兵士の妻が夫妻のアパートを描写して「マンチェスター・イヴニング・ニュース」に言った言葉である。この新聞は、マンチェスターのこのような「戦後に最初につくられたアパートは……ロンドンのウェスト・エンドからもってこられたかのようだ」と誇らしげに報じた。[44] 一九四八年、ビル・レインフォ

ードの家族はリヴァプールのエヴァトンで親戚と一緒に住んでいた狭くて荒廃した家を出て、ベル・ヴェイルの新しく建てられた公営住宅へと移った。その当時ビル自身はまだ赤ん坊だったが、成長して両親がいかにその移転を喜んだか、彼らの新しい住まいをいかに誇らしく思っていたか知った。レインフォード一家の新しい近所の人びとも、この移転には新居を得るという以上の意味があるのだという確信を共有していた。つまり、この移住によって貧困と破滅を過去のものにするということである。「戦争を過去に追いやって、新しい生活を再建しようとしていたわけです」とビルは説明した。[45]

ビル・レインフォードと姉。リヴァプールのベル・ヴェイル団地の新しいプレハブ住宅の前で（1950年ごろ）

しかし、レインフォード一家のような家族は、幸運な少数派だった。一九五〇年までに九十万戸の家が新たに建てられたのは印象深いことだったが、年間に二十四万戸の新築住宅を建てるという目標にベヴァンの役所は毎年到達できなかった。ある調査は、バーミンガムだけで何百人もいる公営住宅への申請者は二十年以上待つことになるだろうと推測した。[46] 一九五一年までに、住宅は有権者の最大の不満の対象となっていた。

こうした困難は重要であるが、一九四〇年代後半には多くの人びととの生活が前向きに変化した。戦争の恐怖と不安定さは終わりを告げたものの、国は単純に戦前のふつうの状態に戻ったわけではなかった。一九四五年の選挙での労働党の勝利に続いた六年間で、包括的な福祉国家体制が、イギリスではそれまで例をみないほどに急速な発展をとげた。これによってすべての人びとに無償の医療と中等教育が提供され、完全雇用の恩恵を受けられない人びとには重要なセイフティネットが与えられた。経済的安定のおかげで、人びとは現在の暮らしを楽しみながら将来の計画を立てることができた。人びとは希望をもつことができたし、外出して楽しむ余裕さえ生まれた。人びとは自分たちが経験したことをほんとうの改善として高く評価した。

同時に、多くの人びとは肉体労働者と頭脳労働者とを問わず、労働党が提供してくれるように思われた平等主義的で思いやりのある新しい社会を支持しつづけた。フィリップ・ギルバートは一九二〇年にロンドン東部のステップニーでユダヤ人の労働者階級家庭に生まれた。一九五〇年、三十歳のフィリップはハックニーの工場で働いていた。彼は一九九〇年代に自分の半生を振り返り——このころにはオックスフォードの裕福な地区に住み、書店を営んでいた——一九四〇年代がノスタルジーを感じられる唯一の時代だと述べた。「戦争の時代とその直後には、わたしたちの国にもいまより多くの気遣いと感情があったと思います[47]」

アラン・ワトキンズは、こうした感情が「戦争のあと十年くらい」続いたと思った。一九四〇年代の後半、彼はコヴェントリの学童で、大空襲にやられた街の中心部近くの狭い中世の路地に建つ崩れかかった家で育った。人びとは戦後、貧しさに耐えていたと彼は語った。「わたしは『そうならなかったことは神様のおかげ』だと思うんです。というのも、多くの人びとが自分たちの運命を呪っていましたからね。爆弾は労働者の家に落ちるのと同じように実業家の屋敷に落ちたってよかったわけですから[48]」。アランは自分の家族は「ちょっと荒っぽい」のだと嬉しそうに説明したが、これにはなんの価値判断もともなっていなかった。戦後のイギリスでは、人びとは必ずしも自分たちが選択したのではない状況に置かれているということを理解していた。これはワトキンズ一家の場合、住宅がどうしようもなく不足している大空襲にやられた街のなかで、非熟練工の父親の賃金で生きてゆかざるをえないことを意味した。ノーマン・ルイスの意見も同じである。もし他の家族のように自分たちの家をきちんと保っておくことができない家族がいても、これによって責められるいわれはない。ノーマンの母親もそうだったが、「夫を亡くした女性」のように、こうしたことは自分たちの力ではいかんともしがたい状況のせいなのだから。他の家族よりもある家族のほうが「値する」とか「きちんとしている」とか考えることをノーマンは意識的に回避していた。「当時のわたしの価値観は、自分たちが他の人びとよりもよいとか悪いとかいうことではありませんでした。自分たちはみな平等なのだと考えたいと思っていました[49]」

この結果のひとつが、一九五〇年の総選挙で議席を減らしはしたものの、労働党が勝利したことである。敗北後に保守党が選挙結果について秘密裏におこなった分析によって、この理由が明らかにされている。地元の活動家たちや投票の数字、世論調査によると、労働者階級の選挙区では労働党が多くの票を集めつづけていたが、中流階級の地域のいくつかでは票を失った。保守党は、労働党が有権者を惹きつけたのは重要な順番で言うと次のような要因によると結論づけた。「完全雇用、国民保健サービス、社会福祉、公平な分け前、賃金の上昇［そして］「保守党の失政」である」。有権者の脳裡には飢えに苦しんだ三〇年代が生々しくよみがえってきた。所得税減税に力を入れる保守党に大いに惹きつけられる中流階級の有権者もいたが、とくに労働者階級の有権者たちは「完全雇用についての［保守党の］政策の曖昧さ」、配給制度の打ち切りの公約も含む「食料品への補助金の削減」そして「好戦主義者と思われるチャーチル」に嫌気がさしていたのである。[50]

しかし、ちょうど一年後の一九五一年十月二十六日、労働党は総選挙に敗れた。ウィンストン・チャーチルの保守党が政権に返り咲いた。保守党が勝利したことは驚きではなかった。世論調査では保守党が楽に過半数をとるだろうと予想されていたし、新聞はこれが有権者の耐乏疲れのせいだと推測していた。食料品の六〇パーセントを高値での輸入に頼っているイギリス経済に、再軍備が財政上の打撃を与えた。選挙の五週間前に「ガーディアン」紙に書いたジャーナリストのアラスター・クックは、保守党の勝利が燃料不足、継続される配給とインフレに特徴づけられる「不満の冬」への有権者の恐怖によってもたらされるだろうと予見した。[51] 事実、世論調査は、労働者階級の有権者が保守党に乗り換えたのは住宅の不足が最大の理由だと示していた。保守党は、ベヴァンがなんとかやりくりしてきたのに比べてはるかにすばやくずっと多い数の住宅を建築するとの公約を掲げた。多くの有権者は、配給と価格統制は完全雇用と福祉のために支払うべき妥当な犠牲であると考えていたが、結局はウィンストン・チャーチルがわずか十七議席の僅差で過半数を獲得し、ダウニング・ストリートに戻ってきた。この僅差での勝利を、BBCは保守党にとっての「落胆の種」であると評した。[52]

しかし、保守党の勝利は耐乏への人びとの不満が広がったためではなかった。住宅をめぐる労働党の公約が反故にされたことへの不満が助けになったとはいえ、一九五一年の選挙で保守党は人びとの票を失ったのだった。一九四五年と比べても、これまでにないほど多くの有権者が労働党に投票したのである。労働党に対する中流階級の反感という新たな波に乗って、チャーチルはダウニング・ストリートに戻ってきた。保守党の僅差での勝利は主として裕福な選挙区での得票と、社会階層がもっと混交した選挙区における中流階級の投票率の高さによって可能になったものである。[53] こうした中流階級の有権者たちのほとんどは民間部門の上級の役職に就いていたが、自分たちを労働党体制における敗北者であるとみていた。彼らは労働者階級の人びとよりも一九四〇年代後半を欠乏の時代として経験しがちであった。「均衡のとれた予算で、もし多様性と豊かさの両方がふつうに達成されていたとしたら、不足がもっと苛立たしく感じられ、欠乏がもっと承服しがたいものになっているかもしれない」とマス・オブザヴェーションは結論づけた。(54) 一九四七年の燃料危機のとき、少数の中流階級の人たちが意識的に「(ある意味で政治的な、ある意味では悪意による) 燃料の無駄遣い」をおこなっていることをマス・オブザヴェーションが発見した。あるマス・オブザヴェーションの調査員は、ロンドン南西部の高齢の女性が「シンウェル氏［一九一九年のグラスゴーでの蜂起のあとで有罪判決を受けたあのエマニュエル・シンウェルで、当時は労働党の大臣］のことを憎んでいるので毎晩玄関の電灯を点けるようにしているのだといってきかず、シンウェル氏と政権をその座から追放するためならなんでもするだろう」と報告している。(55)「大戦間期の二十年ほどが労働者にとって貧困と失業手当に並ぶ列のイメージを喚起するのだとしたら、中流階級にとってこの時代は、低い税金と安い召使いの失われた楽園となったのである」と歴史家ジェフリー・フィールドは書いている。(56)

すべての中流階級の有権者が労働党を見捨てたわけではなかった。政府は教師、公務員、技師や事務官といった公共部門の労働者のあいだで高い人気を維持していた。マス・オブザヴェーションが調査した人びとの多くは労働党の福祉改革から恩恵を受けていたのは明らかだったし、改革を評価していた。このなかにはノーマン・ルイスとフィリップ・ギルバートが平等主義に抱いた強い支持の感情を共有する人びともいた。また、中流階級を他の階級から際立たせる新たな役割を提供したプランナーや工学技師といったエリートを養成しようという労働党の政策に惹きつけられる者たちもいた。(57) 一九四八年、マス・オブザヴェーションは人びとに、なぜ自分たちを中流階級であると考えるのか、将来のことをどう考えているのか尋ねた。ある中年の男性は確信をもって、新たな福祉国家においては「われわれの階級の管理職層とインテリ層への需要が高まるだろう」と予測する典型的な回答をした。(58) 彼のような労働者たちは、福祉国家をキャリアの観点に限らず新たな機会を提供してくれるものとみなしていた。多くの事務職員、教師、下級の公務員たちは戦前、学校の授業料や医療費を捻出するために苦しんでいたから、労働党の改革を歓迎した。すべての人に提供される手当やサービスを中流階級が利用する割合は非常に高く、無償の中等教育と医療への彼らの支持は強固であるとマス・オブザヴェーションは報告していた。[59]

労働党の政策を快く思わなかったのは、戦前には民間のサービスを使って快適に過ごし、いまでは自分たちの特権が失われたことを後悔している人たちだった。「わたしたちは健康計画に入っていましたので、医者に診てもらってどこが悪いのかを見つけるのに時間はかかりませんでした」とバロウ・イン・ファーネス[5]の小規模実業家と結婚した主婦ネラ・ラストは書いた。一九五〇年までに彼女は、友人たちが無償の中等教育をめぐって子供のことで抱えることになる「心配」に激しい憤りを覚えるようになった[60]。以前はグラマースクールにかかる比較的安い授業料を支払うか、可能な少数の奨学金を得るかすればよかった中流階級の家族が、いまでは学力で選抜をおこなう中等学校に入るために激化する競争に直面していた。「いい家庭の出身で頭もよく志の高い子供が、「自分は医者とかになりたいのだけれど、グラマースクールに受からないからなることができない」と言うのを聞くと胸が痛みます」と二十七歳のグラマースクールの教師が一九四九年に書いた。「わたしたちのグラマースクールに（どういうふうにしてだかは神のみぞ知るだが、ともかく）合格してきた子供たちのうちの何人かを見て（教えて）いると、たしかにわたしは考えこんでしまうのです[61]」

その間、労働党は、「既得権」者の利害に対抗して「人びと」の利益を促進するとしていた一九四五年の自信にあふれたヴィジョンを喪失してしまった。政府は肉体労働者と頭脳労働者に、生きるために働くという共通のニーズがあるのだから、いくつか重要な利害を共有していると信じるよう促してきた。労働党は有権者が共有した総力戦の経験を土台に据えることができた。しかし、一九五一年までに状況は変化してしまった。戦争の集団的精神は薄れゆく記憶となった。そして多くの労働党の政治家たちは彼ら自身中流階級家庭の出身であったが、肉体労働者と、教育のある給与をもらう非肉体労働者とのあいだには重要な区別があるのだと信じていた。「わたしは自分たちがとても重要な階級だと思っている」と労働党の法務大臣ハートリー・ショークロス卿は、幅広い聴衆に向けられた一九五〇年の選挙演説で述べた。「われわれはさまざまな仕事に最良の頭脳をもつ多くの人材を供給してきたが、これは親たちが子供に可能な最良の教育を受けさせようと多大な犠牲をしばしば進んで払ってきたおかげなのだ[62]」。管理職とプランナーに重きを置く労働党の改革のトップダウン的な性質は、教育を受けた中流階級の差別化された役割を強調していた。

多くの中流階級の人たちは（ネラ・ラストもそのひとりだ

った）労働党が民間の教育と医療を廃止してしまうのではないかと気を揉んでいたが、政府はそうしなかった。しかし政府は、こうした警戒感によって懐柔しうると期待していた中流階級の民間部門の労働者や経営者層からの票を得ることができなかった。ハーバート・モリスンをはじめとする労働党の閣僚のなかには、国によるよりよい供給を確立することで民間による供給を後景に退かせることができると主張する人もいた。しかし、これはネラ・ラストやマス・オブザヴェーションに匿名で回答した教師が示唆したように、多くの中流階級の人びとが民間の教育や医療を選ぶのは民間による供給がごく少数の者たちに限られているからだという事実を見落としていた。このような民間のサービスを利用する人びとは、自分たちが他の賃金労働者とは違うのだという「区別」を主張し、維持する重要な手段としてこういったサービスをとらえていた[63]。

労働党がこうした特権をなくすことに前向きでなかったことは、自分たちは特別扱いされる権利を有する他とは違った社会集団なのだという中流階級の考え方を強化することになった。左派のナイ・ベヴァンでさえ、ふつうの労働者は管理職や専門職よりも安くて小さな家に住むべきだという考え方に同意し、国有化された炭坑の管理職には「邸宅スタイル」の家が与えられるべきだと勧告した[64]。専門職や上級のホワイトカラー労働者たちは、自分たちはよりよい供給に値するのだと信じるよう促されたので、労働党が減税を実現できなかったとき、彼らの剝奪の感覚は悪化させられ、恥じらいもなく民間企業に肩入れする保守党を後押しするのに拍車がかかった。「既得権」に対抗した、肉体労働者と頭脳労働者のあいだの戦時中の連衡は破綻した。

多くの点で、一九四〇年代が「人びと」の全盛期だった。人びとは仕事場での団体交渉、すべての人への社会保障と教育と医療の提供から多くのものを得た。完全雇用は人びととの生活状態を向上させただけでなく、重要な意味をもつほどの経済力を労働者に与え、労働者は自分たちの政治的な力を増強するために経済力を利用することができたし、実際に利用した。

しかし、このような収穫は犠牲を払って得られたものである。職場の管理と国の富のいちばんうまい汁を少数者の手に委ねるという旧来からの力関係を「人びと」が受け入れることを条件に得られた前進だった。アトリーと閣僚たちは、イギリスの社会構造はいまや生まれではなく実力にもとづいているのだと主張していた。しかし、経済的な力と政治的な力が賃金の格差と大学に入ったり職に就いたりする際の選抜とを通して少数者の手に集中するかぎり、ほとんどの人びとの機会は、彼らがどんなにがんばったところで限定されてしまうだろう。ちょうど「人びとの戦争」が無階級なものではなかったように、「人びとの平和」も階級によって引き裂かれていたのである。

訳注

〔1〕サンダーランドはイングランド北東部の町。ニューカッスルの南、ダラムの北に位置する。

〔2〕ドリス・レッシング（一九一九－二〇一三年）は作家。一九五〇年のデビュー作『草は歌っている』で有名になる。二〇〇七年、ノーベル文学賞を受賞。

〔3〕スターリングはスコットランドの都市。エディンバラとグラスゴーのなかほどに位置する。

〔4〕マージーサイドはリヴァプールを中心とするマージ川の河口域の州。

〔5〕バロウ・イン・ファーネスはランカスターの西の半島部にある港町。

幕間Ⅲ　人びとを自由にする

一九五一年、ヴィヴは学校を出て、地元のリコリス菓子製造工場で働きはじめた。選挙の結果、新たに政権の座についた保守党は選挙公約のなかで、配給のような制約から「人びとを自由にする」と約束し、（ソビエト・ブロックを連想させる国家社会主義に対置されるべきものとしての）「自由」を実現して「個人の努力」に報い、「階級戦争」と「羨望」を「豊かさ」と「英語を話す諸民族の統合」で置きかえることを約束した。チャーチルは訴えのターゲットを中流階級の主婦に定めて「倹約としっかり家事をすること」を求め、労働党を「キュートピア」〔待ち列《キュー》をもたらすユートピア〕を生みだすとして非難した。繁栄しているイギリスは魅力的だとチャーチルは約束した。しかし現実には一九五〇年代を通して、豊かさというのはふつうの賃金労働者にとって得がたいものであった。

雑誌とハリウッド映画はクリスチャン・ディオールの裾の長い「ニュールック」ドレスのような新しいファッションを、耐乏に代わって贅沢を提供するものとして売りだした。一九五一年、人気の高かった週刊雑誌「ピクチャー・ポスト」は、「スポーツをする女性のニュールックが発進」と謳ってテニス界の「革命」を宣言した。記者は「まじめなスポーツ女性の地味なスタイル」――あるいはあらゆる場所のまじめな女性――の否定を賞賛した。機能性よりも「軽い感じのイノヴェーション」が強調され、「男っぽさ」ではなくて「女性らしくあること」、目的の真剣さより「行動の自由さ」が強調された。[1] これは豊かさがもうそこまで来ているというメッセージだった。例をみないこの経済成長の時代に、それまで上層中流階級の理想とされていた余暇と快楽を追い求めることがすべての女性にとって可能となったのは明らかだった。

こうした夢にわずかに手が届くかどうかというところにいると感じたヴィヴのような人びとにとっては、どこか別の場所（たぶんパリとか、もしかするとリーズとか）の誰か（たぶんニュールックのドレスを着ている）がはるかに楽しい時を過ごしていると考えると、人生がみじめになるだけだった。衣服の配給は一九四九年に終了し、ヴィヴが学校を出るころまでには、戦時中の服装の茶色と灰色は、雑誌のファッションのページの上でエリザベス王女の「瞳の色にぴったりと合った……お好みの碧い色合い」の琥珀織にとってかわられていた。[2] しかしこの「自由」の果実には、ヴィヴのような多くの女性たちが一日中製造ラインでそうした果実たる衣服を製造していても手が届かないままなのであった。

一九五二年にヴィヴは工場での仕事を辞めて映画館の案内係になった。映画館はまだ多くの人びとを集めていたし、案内係はすべての映画を観ることができた。ポーツマスで案内係として働いていた二十代の女性は「仕事が大好きでした！」と振り返っている。「あれほど楽しいことをやってお金がもらえるんですから夢みたいです！」[3]。洗練された制服が魅惑の感じを付け加えたし、ヴィヴは「モンロー、バルドー、マンスフィールド」[1] のスタイルに染髪して髪を立てるようになった。[4] 小遣い銭を稼ぐ機会もあった。「砂漠で迷ってしまう人びとを描いた映画を多くやっていました」と一九五〇年代に案内係をしていた女性は振り返る。「夜にはマネージャーが映写技師に暖房の温度を上げるように言うのです。こうするとアイスクリームの売り上げが伸びましたから。思わず笑ってしまうようなことですが、実際に効いたのです。……わたしたちはふつう交替でアイスクリームを売り、そうして余分に何シリングか稼いだのです」[5]

ヴィヴもこのトリックを使ったが、父親は彼女がアイスクリームを売って余分なお金を稼いでいることを察知し、毎晩映画館にあらわれては彼女をエスコートして帰った。父親が彼女の稼ぎの一五シリングの大半をとってしまうと、キオスクと呼ばれた地元のダンスホールで遣うお金はわずか一、二シリングくらいしか手許に残らなかった。「一週間に二晩の楽しみじゃあ、とても割に合わなかった」。映画とダンスホールは毎週、若い賃金労働者たちを楽しませつづけていたが、ヴィヴが気づいたように、それらはきつい仕事に対して部分的な慰めにしかならないこともしばしばであった。

一年後、違った種類の逃避がエリザベス二世の戴冠とともにやってきた。「若い新女王の戴冠となると、人びとは新たなエリザベス朝について話しはじめた」とケンブリッジ大学を出たばかりで向上心に燃えていたジャーナリストのキャサリン・ホワイトホーンは振り返った。(6) これはテレビで放映された最初の戴冠式となった。ロイヤル・ファミリー――ニュールックのドレスを着こなす女王と、ギリシア出身の粋なプリンス――はハリウッドのセレブに対抗する典型的なイギリス式の回答だった。数多くの人びとがテレビの前でひしめきあいながら豪華さと壮麗さを満喫した。

多くの人びとにとって戴冠式は、チャーチルが熱心に自分と結びつけようとした軍事的勝利とは異なる大戦の記憶をとらえていた。社会学者のモーリス・ブローディによれば戴冠式は多くのイギリス人にとって戦時中の同胞意識を復活させる機会であり、もっと要を得た言い方をすれば予期せず訪れた休暇を楽しむ機会なのであった。ブローディによるマージーサイドの労働者階級地区の研究は、戴冠式の祝典の主催者の多くは強力な王室支持の感情に突き動かされていたわけではなく、いかに自分たちの人生が変容したかを記念したいとの気持ちに促されていたのだと結論づけた。人びとはヨーロッパ戦勝記念日に立ち返りながら、キャンディやケーキ、レモネード、ビール、そしてダンスを楽しんだ。こうした楽しみは「地元の人びとが共通に分かちもった困難と困窮の経験によって促進された。一九三〇年代の経済不況についての人びとの記憶にはとりわけ生々しいものがあったのだ」。(7)

街頭での祝典が古くからの形式の労働者階級共同体の名残だったとするなら、ヴィヴを含む多くの人びとは新しい贅沢の経験を追い求めた。つまり家庭用電気器具、車、あらゆる新聞や街角の広告板で宣伝されている流行の服、そして自分たち自身の家である。戦争中はなんとかやりくりできていれば十分だったが、一九五〇年代はじめのメッセージは豊かさと安楽さこそが成功をあらわすというものだった。

十六歳になるとヴィヴは地元の炭坑夫マットと付き合いはじめた。「妊娠しさえすれば、それが逃げ道になった」。そして一九五二年に彼女とマットは結婚「せざるをえなく」なった。ヴィヴは「マットのことなんて全然愛していなかった」と言い切った。両親は彼女が予想していたよりも理解があった。父親は結婚をしないようにと助言し、ヴィヴがそれまでめったに見たことのない気遣いを示した。「おれたちはお前が家にいられるようにするためだったら一緒になってなんとかするからな」と父親はヴィヴに言った。一九五〇年代は抑圧的な保守の時代であり、私生児とその母親は家庭生活から追放されるという神話を、これは裏切る言葉だった。

しかし、ヴィヴには両親の家で自分自身の将来を見通すことができなかった。「わたしは自立したかった」と彼女は述べた。いくら福祉国家の時代になったとはいえ、シングルマザーでは自立する機会はほとんどなかった。第二次世界大戦後、結婚の平均年齢が劇的に下がった。仕事がたくさんあったので、多くのカップルは待つ必要がなくなった。両親たちの世代がしばしば経験したように、一緒に生活を始めるのに何年も待つことはなくなったのである。しかし、若くして結婚することは余暇の歓びが制約され、仕事に追われることも意味した。結婚は、労働者階級の若い女性が親の家を出るもっとも可能性の高いルートだった。結婚は、王子様があらわれて貧乏生活が裕福な暮らしに変わり、宮殿に住む女王にしてくれるというおとぎ話や映画のハッピーエンディングをもたらしてくれるかもしれない欲望の的だった。[8] 戦後のすばらしい新世界ではこうしたことが可能なはずであった。

自分たち自身の家を持つということは、一九四〇年代の終わりと一九五〇年代の多くの若いカップルが共有していた夢だった。一九五一年の選挙運動で、チャーチルの保守党は、毎年三十万戸の家を建築すると喧伝した。[9] イギリスの悲惨なスラムでつらい思いをしてきた多くの人びとにとって、この公約はきわめて魅力的だった。一九五〇年代のはじめにおいて人びとは、一九五一年にどの政党に票を投じたかに関わりなく、これが政府の守るべき約束であってほしいと熱い気持ちで願ったのである。

訳注

〔1〕ジェーン・マンスフィールド（一九三三－六七年）はアメリカの女優。マリリン・モンローと並ぶ金髪のセックス・シンボル。

第8章　コミュニティ

一九五四年、二十六歳のベティ・エニスは、コヴェントリ郊外にある寝室がひとつの公営アパートで暮らしていた。イラン人の母とイギリス人の父とのあいだに生まれた彼女は、父が中東から「母国」へ家族を連れてきた一九四六年、コヴェントリの移民労働者と難民のための宿泊所であるバギントン・フィールズに入った。一九五四年のはじめまでにベティはアイルランド人の人足で近くの宿泊所に暮らしていたマイケル・エニスと結婚し、三人目の子供が生まれようとしていた。ベティは近所のウィレンホール団地の完成を心待ちにしていた。役所はエニス一家がその団地に新居を得られると言っていた。「わたしはそれが建てられているのを毎日見に来たものです」とベティは述べた。最終的にベティとマイケルは、団地のまんなか近くにある三つの寝室を備えた家を選ぶことができると言われた。「この家とあの家、どちらにしたいですかと建築業者が訊いてきたので、わたしはあちらを選びました」[1]。これは自分たちの人生を管理するいくばくかの力を行使できる数少ない機会であり、公営住宅はエニス夫妻が新たな明るい未来を形づくるのを助けた。

ベティ・エニスと、それから二十年あまりのあいだに公営住宅へ引っ越した二百五十万人の人びとにとって、新しい家はたんなる住まいだったわけではなく、自立へ向けた重要な一歩だった[2]。非常に多くの若いカップルが親戚と一緒に住んでいた時代に、公営住宅は親戚の支配からの自由を提供し、家賃はとるが家を補修しようとはいっさいしないスラムの家主からの自由と、状態に文句を言ったり家賃

ベティ・エニス（左）とマイケル・エニス。1950年代初頭、転居先が決まるまで暮らしていたコヴェントリの移民用宿泊施設の前で

を滞納したりすればホームレスになってしまうかもしれないという恐怖からの自由を与えてくれた。公営住宅が与えてくれる安定と空間をほとんどの人びとは歓迎した。しかし一九五〇年代、間借り人たちが新しい住居へ落ち着いていこうとしているとき、三期続いた保守党政権はベヴァンが力を入れた社会的に混交するコミュニティづくりから距離をとっていった。保守党政権は、公営住宅というのはもっとも貧しい人びとを収容する場所であるという戦前の理解を復活させようとし、持ち家制度を熱心に促進した。新しくつくられた団地とその近隣がコミュニティになったのは、住民たちが政府の無関心や敵意を目のあたりにしつつも努力してきた結果であった。

一九五〇年代、イギリスは前に進みつつあった。エニス一家が新しい家に引っ越す三年前の一九五一年、一八パーセントの家庭が地方自治体から家を借りているか、戦後につくられた二十二のニュータウンを運営する会社のひとつから家を借りていた。十年後、ベティ・エニスの家族もこのようにして家を借りている二五パーセントの家族のひとつになっていた。この数字は、一九七〇年代までにはイギリスの家庭のほとんど三分の一にまで高まった。その他の多くの世帯は自分たちの家を購入していた。一九五一年には三一パーセントの家庭が持ち家所有世帯であったが、十年後には四四パーセントが家を所有するまでになった。民間の家主から家を借りる家庭の割合は一九五一年の五一パーセントから一九六一年には三一パーセントへと激減し、一九七〇年代までには一九パーセントにまで下がった。(3)

一九五〇年代、都市計画者や社会科学者は、新しくつくられる近隣関係は活発で社会的に混交し、自立したコミュニティになることができるというナイ・ベヴァンと同じ信念を抱きつづけていた。この信念は戦後の時代に目新しいものではなかったが、労働者階級の人びとが国の他の人びとにコミュニティについてひとつやふたつ教えてやること

1940年代と1950年代には多くの家族が町の中心部で暮らしつづけていた。リーズのハンズレットの家の前にてフレッド・ハースト（左）とジャック・ハースト（1948年）

ができるとの新しく広まった確信の先触れをなした。消すことのできない集団的精神が労働者階級の生活を定義づけているという考えは、大空襲をきっかけに確固たるものとなった。シェフィールドの都市設計者ルイス・ウォマーズリーは一九五二年、「スラムの親しみやすさ」をめぐる都市計画者の会議に熱烈な支持を表明し、新しく生まれる近隣コミュニティはこのような生き生きとした共同体の暮らしぶりを守るものでなければならないと注意を促した。(4)

社会科学者たちは、労働者階級の暮らしと、リヴァプールの中心部のスラムから郊外のオックスフォードにいたる多様な地域でいかにコミュニティを計画するのが最善かについて調査に乗り出した。これによりウォマーズリーの主張を支持する多くのことが明らかとなった。一九五七年、社会調査に従事してきたマイケル・ヤングとピーター・ウィルモットが、ベスナル・グリーンの住民へのインタビューと調査にもとづいた画期的な研究『イースト・ロンドンの家族と血縁関係』を出版した。ヤングとウィルモットは住民たちが近隣の人びととの友情や血縁関係の緊密な絆を楽しんでいることを強調し、住民たちがどこに住みたいのかに耳を傾ける必要があり、「イースト・エンドを離れたいと思っている人はほとんどいない」ことを明らかにした。ヤングとウィルモットは、スラムを一掃するという政策は

変貌しつつあるイギリスの町の中心部。ソルフォードの石畳の通り（1962年）

暮らしている地域への住民の強い「所属意識」を考慮に入れていないと批判した。バンベリー[1]からシェフィールドまでの多様な地域でおこなわれた調査によって、多くの人びとがより質の高い住宅を望んでいるが、町の中心部のスラムを離れたいとは思っていないことが明らかになった。[5]

彼らの調査による発見は「伝統的」な労働者階級の暮らしがどのようなものかについてのイメージの形成に影響をおよぼしてきたし、おそらく大きすぎる影響力をもってきた。ヤングとウィルモットの研究はペーパーバックのベストセラーとなり、出版以来一度も版を切らしたことがない。しかし、彼らは労働者階級「コミュニティ」の決定的に重要なひとつの側面を見落としていた。それはすなわち労働である。自動車工場で働く労働者の娘で、以前に召使いをしていたアン・ランチベリーはコヴェントリのピンリー・フィールズという名前の通りにある公営住宅で育った。彼女の気に入っていたのは「そこには生活がある」ということだった。戸口で女性たちがおしゃべりをし、子供たちは通りで遊び、地元の工場に往き来する歩行者と自転車に乗った人びとが通った。工場のおかげでアンの兄や近所の人びとは仕事を得ることができた。[6] 劇作家のシーラ・ディレイニ[2]は似たようなことを故郷のソルフォードについて述べている。一九六〇年代初頭に撮られたテレビのドキュメンタリーのなかで「通りには生活があふれていた」とケン・ラッセルに語ったが、まさしくこれは人びとにとって地元に仕事と店があったからである。(7) ひとつの近隣地区や、ひとつの通りでの人びととの関係に焦点を当てて調査をおこなった一九五〇年代の研究者たちは、労働者階級の生活というのはそうした地区に暮らす人びとの美徳や何かだけで形成され、密閉された近隣で営まれるものだとほのめかしていた。彼らは善意にもとづいて調査をおこない、労働者階級の生活の数多くの重要な側面に加え、新たにつくられる近隣コミュニティのあるべき姿について労働者階級の住民の意見を聞く必要性も強調した。しかし、彼らは雇用主や家主、政治家たちが新旧を問わずすべての近隣コミュニティにおける生活の質を形づくる方法には少ししか注意を払わなかった。ルイス・ウォマーズリーが感銘を受けた、お互いに子供の面倒をみたり、お金の貸し借りをしたり、付き添いをしてやったりすることは貧困によって余儀なくされてのことだという現実を、調査に携わった研究者たちは見落としていた。彼らは人びとを真の意味で労働者階級たらしめているものを見逃していた。それは人びとには権力がなかったという事実である。

このことについて、テリー・リマーは研究者たちに話して聞かせることができたかもしれない。一九五〇年代の終わりに、テリーは母親とともにリヴァプールの南の労働者階級地区にある小さなテラスハウスを民間の家主から借りて暮らしていた。テリーは二十代の前半だった。彼は兵役から戻ったばかりだった。「わたしたちは家にお金が必要だったので」追加で三年間、彼は陸軍にいた。戦争未亡人の母親は三人の小さな子供を抱えて工場で働いていた。彼らが新しい家に越してから間もなく、テリーと母親は近所に電気が通っていないことに気づき、頑強な鉄道労働者だったテリーは「壁に穴をあけ、[うちの電気を使って]近所の人びとがテレビを見られるようにしてやりました」。(8) 人びとはお互いに助け合ったが、こうすることがなんとかやっていくための重要な方法であり、テレビがその中心的なひとつである戦後の生活の新しい娯楽のいくつかを楽しむための方法だったからである。

進んで手を貸す近隣住民の姿勢に熱を上げる社会調査の研究者がいる一方で、そのようにして生き残っていかなければならない人びとは、研究者たちほどにロマンティックな見方をしてはいなかった。もっとプライバシーがあるほうがいいという人もいたし、近所の人の善意に少なくともあまり頼りたくはないという人もいた。テリーは自身の経験から、近所の人びとに用心深い配慮をもって接するようになった。子供のころ、テリーは近所の人びとが彼の母親の噂話をしているのを耳にした。「母はシングルマザーで……付き合っている男性がいましたからね」。近所の人びとや親戚とのよい関係を楽しんでいる人でも、まわりの人びとからのある程度の独立を保つことが大事であると考えていた。一九五四年、七十歳のシーラ・アダムズはリヴァプール中心部のスラムから、娘たちが住むウェスト・ダービー郊外の公営アパートに移ることを強く望んだ。彼女は訪ねてきた社会科学者に「わたしが望むのは慰めと平穏であり、親類が近くにいるとわかっていること」だと語った[9]。年金生活者の大半が、もし可能なら、子供と一緒にではなく、子供たちの近くで、世話にならずに暮らしたいと思っているか、必要なときには家事の手伝いや看護が簡単に受けられるような状態で暮らせればと思っていた[10]。

人びとは、人生のステージに応じて家庭に望むものが違っていた。高齢の人びとは友人や親戚を町の中心部のスラムに残して去ることに乗り気でない場合が多かったし、新しい場所で孤立してしまうことを恐れた。しかし、若い人びとの多くは両親の住む通りから逃れられるのを喜んだ。一九五七年、社会科学者のD・V・ドニソンは、ほとんどの肉体労働者、事務職員、店員は「もっと部屋がほしい」という理由で住居の移転をしていると明らかにした。一九五五年に社会科学者たちがリヴァプール中心部に住む六百近い家族にどこに住みたいか尋ねた。年配の人びとは街の中心部に近いアパートを望んだ（戸建ての家よりも管理しやすい）。小さな子供のいる人びとは郊外に移ることを望んだ。こうした人びとは、ある母親が羨望の思いで説明したように「きれいな空気と遊べる公園のある」「健康的」な環境で子供たちには育ってほしいと願っていた[11]。

住居を移りたいともっとも切実に願った人びとは、現在暮らしている閉所恐怖症的なコミュニティから逃げ出したいのであった。なかには、暴君のような父親や母親と暮らしているという不幸な例もあった。違った宗教や人種の相手と結婚して反対に遭っているという人もいた[12]。過密状態と貧困ゆえ、スラムの住人のなかにはコミュニティを狭く定義し、「外部の人間」を特定して、提供される限られた支援から排除する住人たちもいた。彼らはそうした判断を下すことで、冴えないながらも権威を主張することができた。ジェイムズ・キャロルの両親はリヴァプールでこれを経験した。ジェイムズの父はカトリックで、彼の母のプロテスタントの親戚は父とめったに口を利こうとはしなかった。しかし、すべての人がこうした見方を共有していたわけではない。一九四〇年代の終わりに、ビル・レインフォードの両親はエヴァトンにある親戚の家に共同で住んでいた。レインフォード夫妻は「異教徒間結婚」だった。夫人はプロテスタントで、夫はカトリックだったが、彼らの家族は「宗教についてはあまりとやかく悩まなかった」。夫婦に子供が生まれると、彼らは宗派主義とスラムから逃げ出したいと強く思った。「両親は、そうした環境からわたしたちを連れ出したかったのです」とビルは言った。レインフォード夫妻が町の南の郊外のプレハブ住宅に引っ越したとき、新しい近所の人びとにはプロテスタントもカトリックも両方いたが、ビルの言葉を借りれば「新たな生活を始める」という強い気持ちで結束していた。労働者階級のコミュニティには頑迷な人もいるにはいたが、戦後復興によって提示された、脱皮して新たなスタートを切るという機会をつかむ人びともたくさんいたのである。

レインフォード一家やエニス一家は幸運だった。一九五四年にベティ・エニスが引っ越したとき、何百万もの人びとがまだ公営住宅への入居を求めている状態にあった。このことはとりわけグラスゴー、リヴァプール、ニューカッスルといったイギリスの大きな工業都市で顕著であり、住宅環境はとくにひどいものだった。バーミンガム、リーズ、マンチェスターと同様にこれらの工業都市でも、膨大な需要を前にして地方自治体が導入した住宅の待ちリストで、数多くの住人たちがつらい思いをして待っていた。新しい家やアパートに移ることを望んだ人びとの大半は民間の家主の賃貸住宅に住んでおり、絶望的な過密と不衛生のなかで暮らしていた。[13] 一九五五年、リヴァプールのマホーニー夫妻は、大学と街の中心部のあいだの本通りマウント・ヴァーノン・ストリートの小さなテラスハウスで暮らしていた。社会科学者たちが夫妻のもとを訪ねたとき、彼らと三人の子供たちがほとんど真っ暗ななかで生活しているのに気づいた。窓枠が朽ちかかっていたが、家主はそれを修理しないまま「釘で打ちつけ」ていたのである。ひとつしかない寝室の床も腐りかけており、「ベッドの脚が階下の天井に突き抜けていた」。マホーニー一家が近所の人びとの大半と比べて悪い状態にあったというわけではなかった。[14]

そうした状態で暮らしていた人びとにとって、公営住宅はほとんど信じられないほどの贅沢を提供してくれた。一九五〇年代半ばより前につくられた公営住宅は、民間の賃貸住宅や多くの持ち家住宅よりはるかに質の高いものであることが多かった。ベヴァンの一九四八年住宅法は、広い部屋と屋内のバスルームを備えた公営住宅を気前よく提供することを定めていた。ドニソンによる一九五七年の全国調査で、引っ越しを考えている人びとのほとんどが民間の住宅ではなくて「公営住宅の賃借人になれば享受できる、広くて新しい設備の整った住宅に移りたい」と思っていることがわかった。[15] 一九六四年までに、地方自治体の賃貸住宅に住んでいる家庭の八〇パーセントが流しと備えつけの風呂、洗面台、給湯設備、トイレを単独の世帯で利用できるようになっていた。持ち家の六一パーセントにしかこうした設備は備わっておらず、民間の住宅では五七パーセントにとどまっていた。[16] 利益をあげることに第一の関心がある民間の建築業者や家主には、多くの人びとがどんな家でもいいからとにかく住まいがほしいと思っている時代において、所有する住宅を近代化しようというインセンティブが欠けていた。

チャーチルの保守党政権は、年間に三十万戸の住宅を建てるという選挙公約を守ったが、公営住宅は民間の住宅に比べて劣ったものだという戦前の考え方に戻ることによって公約を実現したのだった。保守党政権はベヴァンの定めた厳格な規制を緩め、建築戸数の数値目標を達成するためにスペースを削減し、安い材料を使うよう地方自治体に奨励した。政府はまた民間住宅への規制も撤廃した。「地方自治体だけがスラムを一掃し、その住人に住宅を与えることができる」と一九五四年に住宅問題担当の大臣だったハロルド・マクミランは認めた。「その一方で、一般的な住宅のニーズは、戦前においてかなりの程度まで満たされていたように民間の事業によって満たすことができるだろう」。家を所有することが「独立」を促すのだとマクミランは宣伝した。[17]

住まいを必要としていた何百万もの人びとはマクミランに同意しなかった。その多くが、質においても安全性においても民間の住宅より公営住宅のほうがよいと考えていた。クリスティーン・エリオットとジャック・エリオットもそうした人びとに含まれていた。一九五一年、彼らはコヴェントリ郊外のウィレンホール村にある荒廃した小さな家を借りていた。非熟練の工場労働者だったジャックは、コヴェントリの自動車工場のひとつで雇われ、クリスティーンは地元のホテルで清掃係として働いていた。彼らを疲弊させる仕事からの息抜きを家庭は提供するはずのものだったが、そうはならなかった。一九五一年に、その小さな家には六人が住んでいた。クリスティーンとジャック、クリスティーンの身体の不自由な母と日に日に弱っていく父、そして九歳のキャロルと七歳のポーリーンという夫婦の娘たちである。屋内にトイレはなく、電気も通っていなかった。「病床にいる父と母を抱え、世話をしなければならない夫とふたりの子供がいたのです。どうやって切り抜けたのかとよく思います」とクリスティーンは言った。[18]

公営住宅に入居できる機会もなく(ベティ・エニスが住まいを見つけることになるウィレンホール団地は当時まだ計画段階だった)、エリオット一家は地元の建築業者から新しい家を購入する機会に飛びついた。三つの寝室があるその家は一五〇〇ポンドかかった。郵便局長をしていたジャックの父が前払い金の五〇〇ポンドを出してくれたのは幸運だったが、ローンの支払いはそれから二十五年間、ジャックとクリスティーンが休まず働くことにかかっていた。このことは一九五〇年代の終わりにジャックが病気に臥せる回数がますます増えてくるようになると、可能なことのようには思えなくなり、クリスティーンが賃労働をさらにしなければならなくなった。クリスティーンはちゃんとしたバスルームがほしかった。その家には「戸外のトイレ」がひとつだけしかなかった。屋外のトイレは戦後の公営住宅では法律で禁じられた不便な設備である。しかし、一九五一年には「わたしたちは必死でした。住めるような家がなかったのですから」[19]。一九六〇年には全国の持ち家所有者の五分の一が、賃貸のほうがいいと思うようになっていた[20]。

公営住宅に入居できた人びとにとって、それは記憶に残る幸せな出来事だった。なかでも注目すべきは転居が子供たちに与えた効果である。子供たちの喜びと引っ越しの鮮明な記憶は、住宅についての心配がいかに大きく一九五〇年代の家庭生活を支配していたかを物語っている。ヴェラ・ゴールドスミスはリヴァプールで育ったが、彼女の両親は街の中心部の「一階に一部屋、二階に一部屋」式のテラスハウスに幼い娘と母方の祖母とともに住んでいた。ヴェラの母親は状況をとりわけ困難であると感じていた。娘は「母親はそのことで参っている」と切実に感じとっていた。ヴェラが十歳のとき、自治体から手紙が届いた。

> わたしの母はスミスダウン・ロード病院で「給仕係として」働いていましたが、おばあちゃんがレターヘッドについた紋章を見て、それが役所からの手紙だと気づき、「きっと家のことにちがいないよ」と言いました。それで、おばあちゃんとわたしはこの手紙を持ち、母に会いにスミスダウン・ロード病院にはるばる駆けつけました。おばあちゃんが手紙を見せると、母にはリー・パーク地区の住宅が割り当てられていたのです。それから、おばあちゃんとわたしはバスに乗り、リー・パークにその家を見に行きました。わたしたちはみんなそれに大興奮でした[21]。

リヴァプールの南のベル・ヴェイルの五千戸のプレハブ住宅のひとつに家族が引っ越したとき、ドルカス・ケリーは十代だった。「家族みんながひとつ屋根の下、わたしたち自身の家にいる！　ほとんどの労働者階級の家庭が享受できる水準をこえた、素敵な新しい家！　冷蔵庫の備わった棚つきのキッチン！」[22]。公営住宅は数多くの人びとに自分たち自身の家を持つ機会を提供したし、そのうえそれはいい家だった。しかし、引っ越しが終わると、近所とコミュニティを形成するための努力が始まるのだった。

一九五〇年代に新しい住宅地区に引っ越した人びとは、見慣れない殺伐とした風景のなかにいると感じた。リー・パークについてヴェラ・ゴールドスミスが抱いた第一印象は「どこもかしこも泥だらけ」で、家をきれいに保っておくことや気楽に歩きまわることがむずかしそうだというものだった。車を持っている人びとの集まりを楽天的に想定していた計画者たちは、歩行者のニーズなど予想していなかったが、一九五〇年代に公営住宅の借り手で車を買う余裕のある人はまずいなかった。エリオット夫妻の住む村と隣接するコヴェントリの新しいウィレンホール団地の道路は、地元の自動車工場に向かう車でごった返すようになっていた。しかし、学校とバス停がある以前からの村と団地とを結ぶ舗装道路はつくられなかった。そのため、ベティ・エニスは子供たちを学校に連れていくのに「大きな乳母車では通るのが困難な」泥だらけの土地を横切らなければならず、地元の工場の夜のシフトを終えて帰るとき、電灯もない同じ道を戻らなければならなかった。

公営住宅団地は住人たちがよく見知ってきた町の中心部やスラムの近隣から離れたところにつくられることが多かった。一九五四年、シェフィールドにある大きな公営住宅団地に社会調査の研究員たちが訪れた。その当時、団地はできてから二十年が経ち、街から一マイルと離れてはいなかったのだが、「人びとは……他の地区の住民たちからほぼ完全に孤立していた」。その団地は「ごみ処理場」に囲まれ、鉄道の線路が住民たちをシェフィールドの他の場所から分断していた。自治体には地区を造成するために限られた予算しかなく、場所柄そこは地価が安かった。こうしたことは戦後につくられた多くの他の団地の状況にも影響を与えていた[23]。

住民たちは囲いのなかに入れられて孤立させられていると感じていた。一九五五年、十歳のローナ・セイジと両親は、シュロップシャー[3]のハンマーの村にある祖父母の牧師館から村のはずれに新しくできた小さな公営住宅団地へと移った。「自治体はコンクリートでできた柱を立て、チェーンリンクを張りめぐらせました」とローナは振り返った。しかし、「それは信頼のおける境界ではありませんでした」[24]。ローナの住む団地の向こうには田園風景があった。これは政治家の力がおよばない、計画から除外された存在のしるしであるというだけでなく、住民たちは社会の周縁部にいて容易に忘れ去られてしまいかねないということを思い出させるものでもあった。

新しい公営住宅団地が建設された土台は安定的なものではなかった。政治家たちは民間の事業者によって仕事や店やレクリエーションが提供されるのが正しいと信じていたからである。一九四五年、ニュータウン委員会は十八のニュータウン建設を計画したが、そのいずれも土地が豊富にあって安く、雇用主たちを惹きつけられる地域に位置していた。一九四六年、アトリー政権は、一九三〇年代の不況でもっとも大きなダメージを受けたクライドサイド、タインサイド、マージーサイド、南ウェールズといった地域の新しい工業地区への工場の建設を製造業の会社に促すための補助金を導入した。ミッドランド地方や南東部では、主要な港や都市への道路が整ったニュータウンに近い土地を雇用主たちに提供することで、政府はロンドンから企業を惹きつけようとした。「特別な目的というのは近くで仕事が得られる家を提供することだ」とニュータウンについての報告書で住宅省は宣言した。[25] 同じことは公営住宅地区についてもいえたであろう。

現実は違っていた。労働党の補助金は政府が期待したほど多くの企業を惹きつけることができなかった。実際にやってきた企業は軽工業の製造業者であることが多く、こうした会社は成人男性よりも安価な若者や女性労働者を雇用したがった。[26] リヴァプールの中心部から数マイル南のスピークにある工業地区には、一九六〇年代初頭にフォード社がやってくるまでほとんど仕事の口がなかった。一九五五年、ペギー・ブルックは夫とふたりの十代の子供とともに、リヴァプールの中心部のスラムにある荒廃した民間の賃貸住宅で暮らしていた。彼女はスピークの新しい公営住宅に移りたかったが、「［わたしの］家族の仕事からあまりにも遠すぎる」という結論に達した。[27] 同じころロンドンの役所は、ベスナル・グリーンの住人たちをエセックスの「グリーンレイ」（ヤングとウィルモットのペンネーム）に開発された新しい公営住宅に移住させることに追われていた。しかし、一九五〇年代の終わりにそこへ移住した男性のほぼ半数がイースト・エンドで仕事を続けていた。[28]

一九五七年に保守党政権はアトリー政権が導入した工業への補助金を削減した。これは公共支出を減らすことを意図した数多くの費用削減策の一部であり、民間の賃貸市場を刺激することも意図されていた。しかし、この削減によってベッドタウンとして存在していた既存の地区と計画中の地区の開発が将来に先送りされた。そうした地区の住民たちは、仕事のために遠くの町や都市に出かけなければならない状態が続いた。一九五九年、中心部から北へ五マイルほど離れたラングリー地区のマンチェスター市の公営住宅に住んでいた人びとは、二時間にもおよぶ毎日の通勤に耐えていた。「地域への産業の拡張が、期待されたようには進んでいなかった」[29]。人びとは家族や友人によってだけでなく、仕事をする必要性によっても町の中心部に結びつけられていると感じていた[30]。この時代のどの政権も計画された新しいコミュニティを提供するものとして公営住宅団地を宣伝したが、地域が提供してくれるはずの施設や設備を享受し、賃借料を支払うために住人たちが切実に必要としていた仕事を提供することはほとんどなかった。

住んでいる場所に仕事がないことは、男性のみならず女性にも影響を与えた。家の稼ぎ手が毎日長距離を通勤しなければならない状態だと、女性たちは家に長い時間ひとりでいることになった。訪ねていく親戚や友だちがいる人はほとんどおらず、地元の店もないに等しい状態では、生活をやりくりしていくこと自体が重荷となりえた。一九六〇年、マーガレット・ジョーンズと家族はリヴァプールの中心部から街の南の郊外のリー・パーク団地へ引っ越した。「団地での買い物はストレスが溜まりました」と一九六三年に彼女は不満を漏らした。「絶対的に食べ物は高かった。移動式の店だけでしたから」[31]。公営住宅団地での生活にかかる費用は、住民が予想した以上に高くかかることが多かったため、食べ物の値段は重要だった。一九四六年に公営住宅の住民は週に平均九シリングを賃料として支払うように求められていたが、民間の賃料は、貸しに出されているほとんどの住宅の状態がひどかったことを反映して公営住宅よりも低い場合が多かった[32]。仕事のほうからやってくると言い聞かせられて移住した人びとにとって、バス代は予期してもいなければ歓迎もできない出費であった。

住民たちは次第に必要な施設や設備を自分たち自身でつくりだしていった。近隣がコミュニティになっていったのは、住民たちの懸命な努力のためだけではなかった。計画者たちの近視眼的ヴィジョンと、政治家たちが自分たちのつくった新しい団地に適切な投資をおこなうことを渋ったことのせいで、公営住宅を借りている人びとが行動することを余儀なくされたのであった。ベル・ヴェイルの住人たちは「自分たちの手で労働者クラブをつくりました」とビル・レインフォードは振り返る。「そこには何もありませんでした。建築業をしている男性がいて、他の人びとを組織したのです」。ウィレンホール団地ではベティ・エニスと近所の人びとがボランティアで、自治体がちゃんとした信号を設置するまでのあいだ地元の小学生のために道路横断監視員を務めた。住民たちの連帯が生まれた。マイケルとベティのエニス夫妻は、ウィレンホール団地組合の設立メンバーであった。

近隣の人びとがお互い知り合うようになると、友だちになる人びとも出てきた。広い家が、社会生活において道端の代わりを果たすようになった。[33] ベティ・エニスとマイケル・エニスはコヴェントリのダンスホールやパブからはかなり遠いところに住んでいたので、彼らが望んだほどしばしば出かけていくことはできなかった。週日は家にいて、子供たちとテレビを見て過ごした。しかし、毎週土曜の夜には「わたしたちはよその家に行きました。そしてサンドイッチやカレーライスやスパゲッティなんかを食べました。その家のなかでお酒を飲み、レコードをかけてダンスをしたのです」。

都市計画者がすべての責めを受けなければいけないというわけではなかった。というのは、政治の潮流が変わりつつあることは彼らの責任ではなかったからである。[34] 一九四〇年代の後半に政府の投資によって公営住宅地区が維持され、拡大されると都市計画者たちが想定していたとしても、それはまったく理解できる話である。ベヴァンとその支持者たちは公園や図書館、レジャー施設の利益を熱心に擁護した。しかし一九五一年に保守党が政権に復帰して以降、これは変化した。政府は住宅建設を増加させたが、公共施設や設備の建設を犠牲にしてのものだった。一九五四年以降、この路線が強化された。地方自治体はスラムの一掃にのみ関与すればよいとハロルド・マクミランが通告したのである。彼が主張するには、一般の住宅のニーズは民間の事業によって最適な形で満たされるというのである。[35] 一九五五年の総選挙の保守党の選挙公約は「財産所有の民主主義」の確立をめざすと宣言し、一九五六年住宅法によってこの促進が意図された。[36] この法律は、新たな住宅の提供はもっとも必要としている住民たちに絞るよう地方自治体に義務づけた。自分たち自身の家を購入することができる有権者は、家を買うよう奨励された。自治体には所有する住宅を売却する権限が与えられたが、実際それを行使する自治体はまずなかった。公営住宅は選択肢としての魅力を減らしていった。自治体はより安価な資材を用い、できるだけ早くつくりあげることに力を注いだ。高品質の家と公共空間への投資を通して社会的に混交したコミュニティをつくるというベヴァンのヴィジョンを、保守党は高層アパートを早急に建設するために放棄した。

社会的な分断が新しくできたコミュニティに亀裂を入れはじめた。ときには地方自治体がこれを悪化させることもあった。公営住宅の二層制——一九五〇年代半ばまでに建てられたものとそれ以降に建てられたものとの二層制——が明らかになり、自治体が誰をどこに割り当てるか判断した。ロンドン市当局を含めた多くの地方自治体は、町の中心部のスラムからやってくる家族は悲惨な状態にある可能性が高いと想定し、こうした家族をもっとも貧しい地区に集中させるようにした。(37) エレイン・レザーは一九五八年、コヴェントリのウィレンホール団地の公営住宅に移った。この団地でベティ・エニスが家を選んでから四年が経過していたこのころまでには、いくつかの通りは「悪い」という評判が立つようになっていた。エレイン・レザーは自分がどこに割り当てられるか聞いたとき、そこが「汚くて……ごみやくずだらけ」であるという「悪評」を得ていない通りであったため、安堵の溜息を洩らした。当初エレインはこういう通りに住んでいる家族の行動を快く思わない人びとのひとりであった——「子供がたくさんいて、みんな汚らしかった」——が、数ヵ月その地区で暮らすと、住むにはあまりに小さすぎる家を大家族にあてがい、同じひとつの通りに住まわせたがために「自治体がこういう事態を招くこともあるのだ」と思うようになった。(38) 地方議会議員の多くは、必要としている人びとは「値する」人と無責任な人とに区別されうると信じつづけていた。

最悪の住宅問題に直面したのは、英連邦からの移民たちであった。一九四八年以降、カリブ海諸国やアジアからイギリスに入ってくる人びとの数は、新たな製造業の労働者を獲得しようというアトリー政権の政策の結果増加した。こうした移民の多くはイギリスが自分たちの「母国」なのだと信じて育った。第二次世界大戦中は連合国のために戦った人びともいた。「わたしたちは生まれながらのイギリス人だった」とバルバドス出身の黒人レオ・ジョーンズは言った。一九三三年に生まれた彼は「クリケットの腕を上達」させ、職を得るために一九五一年、イギリスにやってきた。カリブの島々にはほとんど仕事がなかったが、イギリスとアメリカの双方に歴史的なつながりがあったので、島の多くの人びとは外国で数年間働いて過ごすのだと想定しながら大きくなった。学校を出たあと、人足としてプランテーションで働いていたレオもそうしたひとりであった。彼はレディングにある工場で働くようになった。「バルバドスでは白人を誰々ご主人様、何々ご主人様と呼んで育ちました」と彼は言った。彼は違った種類の人生を求めていた。「イギリスにいるのも五年くらいかと考えてやってきたのです」。五十年後も彼はまだイギリスにいる。

最初は生きていくのも非常に困難だった。仕事を得るのは簡単だったが、「看板を出して「貸部屋あります」と言っている人たちも、相手の顔が黒いのを見ると「すいません、もう決まってしまったんです」と言ったものです」。

それゆえレオと仕事仲間の移民たちは「自分の住む場所は自分で見つけなければ」と感じていた。レオはイギリスに来てからちょうど二年後に「こういう家を全部所有していた人」からヴィクトリア時代の小さなテラスハウスを購入したのが最初の家だった。「週に二ポンドを利子なしで合計六〇〇ポンド支払うということで、その人はわたしに家を売ってくれた」のだが、これはその人がレオのクリケットの能力を気に入っていた（しかもそれで相当な利益をあげていた）からだった。レオはレディング・ウェスト・インディーズ・クリケット・チームを立ちあげ、工場の白人チームと対戦するようになった。「わたしたちは人びととても仲よくやっていたので、彼らから自分たちのところに来て住んでくれと言ってくれたのです」。にもかかわらず、レオはこえられない境界が存在していることもわかっていた。「黒人のいるパブに白人の女の子や女性が入ってくれば、彼女たちは売春婦呼ばわりされました」。彼は一九五八年にバルバドス人の看護婦と結婚した。「彼女はわたしが人生で出会ったなかでもっとも美しい黒人女性でした」[39]

　移民のほとんどが、たとえ自分たちの生まれは中流階級だと考えていたとしても労働者階級の住む地域で暮らしていた。エズム・ランカスターは仕事を見つけるのにジョーンズよりも苦労した。彼女にはより高い向上心があったからである。彼女は若いジャマイカ人の教師で、一九五四年にイギリスにやってきた。「祖国で上級の教師になるには英語の資格が必要だった」からである。エズムは黒人だったが、彼女のトレーニング費用は、彼女が乳母として奉公していたプランテーションを営む父権的な白人家族によって支払われていた。

　カリブの島々では、人種のヒエラルキーが階級関係と絡み合っていた。ジャマイカでエズムは白人よりも社会的に劣等であるという扱いを受けていたが、教育のある女性として尊敬も集めていた。イギリスでは彼女の教育はほとんど何物でもないか無であることに気づいた。エズムはバーミンガムに家族の友人と共有の住まいを見つけることができて「幸運」だと思った。バーミンガムの労働者階級地区にある一部屋だけの共同住宅だった。仕事に就くのはもっと大変だった。イギリスでは教師の数が不足していたが、多くの校長や地元の委員会の人たちは黒人の移民には仕事を担わせることができないと考えていた。「わたしはある学校に派遣されたのですが、校長はわたしをじっと見ただけでした」とエズムは言った。「わたしは授業をさせてもらえず、教員室に一日中座っているだけでした。校長はわたしを教壇に立たせようとしなかったのです」。次の月曜日に「自治体の当局から電話がかかってきました。わたしが学校にいることに理事たちが文句を言っているというのです。それでその派遣は終わりになりました」。バーミンガムの校長たちが示した人種差別のせいで、エズム・ランカスターはトレーニングに必要な教育経験を積むことができなかった。

　エズムは必要とされる資格もとれないまま、ジャマイカに戻って落ち着くことに気が進まなかった。島には奴隷制の遺産が強く残っており、裕福な白人の家族がいまだに頂点に立っているプランテーションの存在によって、なぜ人種的なヒエラルキーがそこではあれだけ浸透して力をもっているのかということにたえず思いいたらされた。イギリスは人種差別的ではあったが、ほとんど完全に近い雇用を達成していたし、エズムの母国で遭遇するような厳格な人種的ヒエラルキーのようなものは存在しないこの国のほんとうの可能性を自分はまだ見つけられていないと感じていた。レオ・ジョーンズのように、彼女も自分のイギリス滞在は一時的なものだと信じており、年月が経てばジャマイカに戻って志を達成するために必要とされるトレーニングを受けることができるようになるだろうとの希望を抱いていた。その間、彼女はレスタシャーでソーシャルワーカーとしてのトレーニングを受け、最終的には一九五〇年代末に里親となって、過密で湿気に満ち、虫や不衛生さに汚染された住宅に暮らす黒人の子供の面倒をみるようになった。「あの当時、多くの西インド諸島出身の人びとが子供たちを祖国から呼び寄せていましたが、どこにも住まわせる場所がありませんでした」とエズムは言った。「ソーシャルワーカーや学校が気づけば、子供たちは保護されました。それで、わたしは知っている人びとの子供の世話をしはじめまして、そのうち社会福祉事業のほうからわたしに子供たちを送ってくるようになったのです」。この仕事でエズムは自分の住む家の賃料をちょうど払えるだけの賃金を得た。一九六〇年までに「わたしはたぶんもう母国に戻れないのだろうなと悟りました。里子をもらってからむずかしくなりました。どこに子供たちを置いていけますか？　突如としてイギリスで、わたしには責任が生じたのです[40]」。

　多くの人びとの住宅に対する好みは、人種差別と狭量な偏見によって形づくられていた。一九五五年、リヴァプールの中心部に住む人びとの多くは、近くに住む「有色人種」が嫌いなので引っ越しをしたいと思っていた。プロテスタントの住民たちは、二十年前に港湾地区のスラムから移住させられてきたカトリックの「新たな」賃借人の流入に憤慨しつづけていた[41]。二十五歳で白人のエレン・ハリバートンが黒人のボーイフレンドであるアルフと逃げ出したのはこの地区からであった。エレンの父親が娘の交際に気づき、彼女を勘当したのである。敵意剝き出しの家主たちと何度か会って断られたあと、郊外にある公営アパートをいくつか紹介されたのだが、そうした地区で近隣から自分たちに向けられるであろう敵意を恐れ、街の中心部に近い「スラム状態のアパート」のほうがまだましだろうと紹介を断った[42]。彼らの経験はめずらしいものではなかった。ロンドンについての研究は、異人種間のカップルが近所の人びとや家主からの敵意に遭遇していたことを示している[43]。

しかし、政治家たち――とくに保守党の政治家たち――に人種差別を生み、悪化させた責任のある場合が多かったのである。一九五八年の夏、ノッティンガムはセント・アン地区のスラムとロンドンのノッティング・ヒル[4]で人種暴動が勃発した。きっかけのひとつになったのが住宅不足であった。一九五七年、政府は賃料法を通過させ、課税評価額が四〇ポンドをこえる家具なし物件からすべての賃料統制を撤廃することにした。家主は課税評価額が四〇ポンド未満の空き物件から統制を外してもらうこともできた。大臣たちはこれによって民間の住宅市場にさらなる刺激を与え、人びとがなお住みたがっている町の中心部の地区を活性化するよう家主たちを促すことになると主張した。現実には、暴利をむさぼる家主たちが跋扈し、このなかには荒廃した家を買いあげ、白人の賃借人を追い出し、賃料統制を免れるために物件を空き状態にしておいて、やってきたばかりの移民を賃借人として受け入れていたロンドンの悪名高いピーター・ラックマンもいた。黒人の移民が住宅を見つけることが困難な時代に、ラックマンは過密で不衛生な状態の住宅に法外な賃料を設定した[44]。一九五八年の夏に黒人の住人たちへ暴力的な攻撃をおこなった白人の若者たちの不満の背後には、借りることのできる住宅の不足が理由のひとつとして存在していた[45]。セント・アンとノッティング・ヒルには失業中だったり、低賃金の臨時の仕事に雇われていたりする白人の若者が多数いた。彼らにはまともな住宅がなかっただけでなく、戦後の豊かさのいかなるあらわれを楽しむこともできていなかったのである。

政治家のなかには、移民に対する選挙区の住民の恐怖をわざと煽る者もいた。住宅の不足と若者の失業が暴力の起きるきっかけになったとすれば、黒人男性が白人女性と付き合うことに対して激しい嫌悪感を抱く白人住民がいたことも原因のひとつであった。セント・アンとノッティング・ヒルの双方において、若い白人男性の暴力は当初、異人種間のカップルに向けられたものだった[46]。しかし仕事と住宅の数は限られており、移民はいずれにあずかるにも値しないと言って緊張を煽り立てたことで、地元の政治家たちが責めを負うべき場合は多かった。一九六四年、ロンドン州議会ラフバラ地区の住民たちはアパートを黒人の鉄道労働者に割り当てることに抗議する請願書に署名した。この請願は地元の保守党の国会議員候補ケネス・ペインによって組織され、提出されたものだが、ペインは「この国で生まれ育った」人びとに「第一の選択権が与えられるべきだ」と主張した(47)。翌年、ロンドン州議会と、保守党が支配するケンブリッジシャー[5]のミルデンホール議会とのあいだで、ロンドンに住む黒人への人種差別をめぐって論争が起きた。ロンドン州議会は、首都の住宅供給への需要を緩和するべくミルデンホールに移転することを希望するいくつかの企業に財政上の支援を与えた。移転させたい労働者たちのなかにロンドン在住の黒人たちも含まれていることが明らかになると、白人と有色人種との差別化を導入しようとするミルデンホールの議員があらわれた(48)。ミルデンホール議会の保守党の副議長だったトレヴァー・ハガーは、記者たちにこう語った。「彼らはわたしたちがもっているのと同じ基準をもちあわせていません。……彼らはすべての物件を買い占め、一部屋に十人で寝ているのです(49)」。しかし、ハガーの「不快な意見」が政策になるなら財政上の支援を撤回するとロンドン州議会が脅しをかけると、地元の人びとは自分たちが黒人の隣人たちと「一緒にいることで不愉快な思いをするだろう」とのハガーの意見に正当性はないと地元の新聞に投書した。このケースでは、移民たちによって新しい住宅と仕事の口が地域にもたらされたのであり、議会の人種差別的見解は住民にほとんど共感を呼ばなかった。ミルデンホール議会はしぶしぶながら人種差別策を撤回した。にもかかわらず、黒人住民の数を制限するための割り当て量を秘密裏に決定した(50)。

労働者階級の白人女性であるエレン・ハリバートンが示したように、街の中心部で育ったすべての者が人種差別主義者だったわけではない。全然そうではなかった。労働者階級地区の多くは移民の受け入れ地域だった。寛容さと適応力が、郊外に住む中流階級には望むべくもない水準で新旧の住民たちの双方に求められた。そして移民の地位それ自体も完全に均質的というわけではまったくなかった。クレア・スティーヴンズが気づいたように、移民たちがどのように受けとめられ、どのように扱われるかに階級が影響した。若かった彼女は、ブリストル大学に近い、中流階級の多い郊外の店で働いていた。クレアの店に定期的にやってくる客のひとりはインド人に部屋を貸していた。「それでわたしは彼と知り合いになり、彼が所属するテニス・クラブにわたしを紹介してくれたのです」。テニス・クラブに所属することは、労働者階級の女性にとってステップアップだった。彼女はクラブで出会う学生たちや若い専門職の人たちとの交流を楽しみ、すぐにひとりのインド人学生に惹かれはじめた。惹かれる気持ちはお互い同じで、彼と二十代はじめのクレアは二年間付き合った。クレアは「彼と付き合っているのがほんとうに誇らしかった。なぜなら彼はとても頭がよく、ブリストル大学に行っていたから」。彼女の両親が黙っていたのは中流階級の学生という彼の地位のおかげがあったかもしれない。「父は少し気にしていたとは思いますが、何も言いませんでした」[51]。将来は専門職に就くことになっている大学生と付き合うことは、エレン・ハリバートンの場合のように決まった住まいを持たない船乗りと付き合うのとは別問題だった。いまだに肌の色は問題になっていたが、階級もまた重要な意味をもっていたのだ。

　人種に対して「白人労働者階級」の単一の態度というものがあったわけではない。一九六〇年、ロバート・コルズはタインサイドの小さな町サウス・シールズに住む十代の白人労働者階級の少年で、グラマースクールに通い、タインサイドの共同住宅（小さなテラスハウスで、一階の部屋と二階の部屋とが別の戸として分かれていた）の立ち並ぶ通りに住んでいた。しかし「白人だけからなる労働者階級ではありませんでした」。というのは、この地区ではイエメンから来た多くの船乗りが下宿屋に住み、家庭生活からごくわずかしか離れていないところで暮らしていたからである。「すべての人が彼らの友人であったわけではありませんでしたが、その他すべての人たちとみんなが友だちだったというわけでもありません」とコルズは振り返った[52]。

　一九五八年の暴動がきっかけで、政府や大学が中心となって移民とその影響に関する調査が実施された。いくつかの調査で驚くべき結論が出された。ブリストルのある地区についての調査では、黒人住民の近くに暮らす白人住民のほうが移民に対する敵意を感じない傾向にあり、小さな子供を育てるという共有された経験によって黒人と白人の母親たちのあいだにいくばくかの友情が育まれていることがわかった[53]。コヴェントリでベティ・エニスがした経験がこれと同じだった。イラン系だったことで、彼女は街の中心部では自分が浮いているように感じたし、移民の住人の数が非常に少なかった一九五〇年代にはとくにそう感じた。買い物に出ると、「わたしのうしろについてきた男の子が「黒んぼ《ニガー》、黒んぼ《ニガー》」と言いました。……わたしは自分がよそ者なのだと感じました」。彼女は自分の住む公営住宅団地に戻るほうが落ち着いた。そこでは「わたしはみんなを知っていましたし、みなさんがわたしのことを知っていました」。彼女の友人には、イギリスの他の場所や海外から最近移ってきた人びとに加えて白人のコヴェントリの住民も含まれていた。

ベティ・エニスの公営住宅団地での暮らしの経験は、コヴェントリ市当局の配慮ある計画戦略によって心安いものとなった。コヴェントリは労働党が支配しており、アトリー政権時代に、一九四〇年のおぞましい大空襲から人びとが立ちなおるのを助けるべく多額の政府の投資を受けていた。市当局はこのお金を街の中心部に投入し、大きな劇場とショッピング地区が開業した。のみならず、ふつうの労働者たちが暮らす周辺の地域にもお金が投入された。コヴェントリ市はベティ・エニスとマイケル・エニスが最初に住んだバギントンの宿泊施設からやってくる子供たちを受け入れるため、移動教室をウィレンホールにあるふたつの小学校に追加した。その結果、この地区の多くの移民たちが過密状態の学級に苦しめられることもなくなったし、親たちが憤慨するということもなかった。宿泊施設で暮らす人びとがウィレンホール団地に移りはじめたころまでには、ベティ・エニスを含む多くの人びとが村に住み着いた住民たちの一部とすでに知り合いになっていた。市当局は新開発地区に最初の家が建てられたすぐあとにショッピング地区の開発を始め、そこの店は公営住宅団地の借り手のためだけではなく、ウィレンホールのすべての住民たちのためのものであると明言した。その結果、ウィレンホールに長く暮らす労働者階級の住民たちの多くは新開発の公営住宅団地を歓迎した。クリスティーン・エリオットは「わたしたちの子供が結婚するときには、公営住宅団地が彼らに住宅を提供してくれる」よう望んだ。この段階でクリスティーンの娘のキャロルはまだ十代だったが、「わたしたちの近所に店などなく、それまで若い人もほとんどいなかったので、ただほんとうに興奮していました」[54]。こうして、古くからの住民と新しく越してきた人びととの緊張は回避されたのである。

公営住宅を借りている労働者階級の人びとと近隣の中流階級の関係は、もっと緊張していることが多かった。ウィレンホールの持ち家所有者は、まんなかに新しい団地がつくられることに楽天的だったが、中流階級の持ち家所有者は公営住宅のせいで自分たちの家の価値が下がるのではないかとしばしば気を揉んだ。一九三〇年代、オックスフォードの中流階級の住人のなかには保守党の市議会議員の支援を得て、自分たちの土地と近くに造成された小さなカトゥスロウ公営住宅団地とを隔てる壁をふたつ建てた者たちもいた。公営住宅の住民たちは近くの店に行ったり、オックスフォードの本通りに行ったりするのにも、長い距離を歩く破目になった。一九五八年、住宅所有者たちからの声高な反対に遭いながらも、オックスフォードの労働党の市

議会議員がようやくカトゥスロウの壁を撤去した。(55)

しかし、カトゥスロウの壁が壊されようとしていたのとちょうど同じころ、別の場所では新しい住宅開発への中流階級の反対が高まりつつあった。最貧層に公営住宅をとっておこうとした保守党の一九五六年住宅法によって、公営住宅の住人は望ましくない隣人になるという持ち家所有者の猜疑心が深まった。(56) 一九六三年に社会学者たちはルートンの工場労働者たちにこう尋ねた。「労働者階級と中流階級の境界はなんだと思いますか?」。アンドリュー・ブラウンは、住宅は重要であると言いながら多くの人びとを代弁して次のように語った。「ここルートンに好例があります。民間住宅の地区と公営住宅の地区があり、これらを区別するため、民間住宅地区が煉瓦の壁をつくりました。これは人びとがどのように自分たちのことを見ているかの典型例です(57)」

一九五六年住宅法は、福祉の給付金のために自分たちはお金を払っているが、そこから個人的にはなんの利益も得られていないと感じている納税者の怒りをも引き起こした。国内のいたるところで中流階級の持ち家所有者と賃借人が、公営住宅に住む労働者階級の人びとの無責任さについて地元の新聞に不満を述べた。「労働者階級の人びとは補助金で賄われている家を持ちながら……わたしたち専門職の階級を見くだしています。わたしたちは彼らが求める贅沢を享受できるようにしておくために、法外な賃借料を払って集合住宅の最上階か地下に住まなければならないのです」とホヴに住むガートルード・ジョーダンはブライトンの「アルゴス」紙に投書した。(58) こうした感じ方は一九三〇年代前半に失業手当にかかる費用をめぐって納税者から示された不満や、戦後の福祉改革が自分たちには高くつきすぎていると一九五一年に主張していた中流階級の有権者によって示された不満を想起させるものだった。以前のこういった時代と同じように一九五〇年代末においても、このように漏らされる不満は経済的に正当化されるものではまったくなかった。むしろ彼らの不満は、中流階級は自分たちの勤勉と社会的地位ゆえに労働者階級の隣人たちよりも高い生活水準を享受する資格があるのだという強い思いに根差していた。選別的に手当を支給するという保守党の姿勢が彼らの怒りを悪化させた。これは一九三〇年代のはじめごろを思い出させることであり、その当時の国民政府のきわめて選別的な手当の支給によって、納税者は誰かが自分たちよりもほんとうに支援に「値する」のかどうか詮索するようになっていた。

保守党の政治家たちも労働党の政治家たちも、中流階級の住人たちに、他と際立った果たすべき重要な役割をもっていると「自分たちのことをみなす」よう促した。公営住宅団地に「混交した」コミュニティをつくりだすよう求めた戦後の住宅問題の開拓者たちは、中流階級が指導的役割を果たすコミュニティというヒエラルキー的な考え方をすることが多かった。管理職や専門職の人たちは彼らのもとで働く人びとよりもよい住宅を求めるものだとアトリー政権が想定していたのはすでにみたとおりである。一九五〇年代には地方議会、中流階級の住民、保守党の政治家たちは、初期の公営住宅団地の問題の多くは中流階級のリーダーシップが欠落していたことに原因があるのだとの非難さえ口にすることも多かった。一九五三年、クローリー・ニュータウンの教区牧師は「タイムズ」紙に投書し、「高所得者層を……十分に惹きつけられていない」との不満を述べた。このことが「リーダーシップの欠如」につながっているのだと牧師は主張した。[59]リヴァプールの都市建設局と住宅局長は、スピーク地区における雇用の欠如は「新しく工員になる人びとの指導を担う重要な人材を住まわせられる適切な住宅がないこと」に原因があるとした。[60]

一九五一年にハロルド・マクミランが住宅相に就任し、地方自治体とニュータウン開発事業者に、中流階級を惹きつけるべく保有している住宅のいくらかを売却するよう強く促した。[61]しかし、中流階級の住人たちの多くはコミュニティでリーダーシップを発揮することにほとんど関心を示さなかったし、提供される住宅の質に関係なく、村を模してつくられた新しい地区をさっさと捨てて、本物へと移っていった。社会科学者のジャネット・マッジは、給料で生活するウスター〔6〕在住の専門職の人たちの多くが郊外に住むことを選ぶのは大きな家と庭だけが理由なのではなく、「ステータスが上がったと感じる」から郊外に住むのだという者もいることを明らかにした。[62]こうした社会的な距離への欲望が労働者階級住民のふるまいよりも影響力のある脅威を「コミュニティ」にもたらすことを認識もせず、政治家たちは住宅計画においてその欲望に迎合していただけなのであった。

一九六二年、ジャーナリストのビル・ロジャーズはマージーサイドの新しい「都市地区」であるカークビーを訪れた。彼は「主婦の憂鬱」と「退屈し不満の溜まった十代の若者」を見いだした。新たな住民たちがどれだけ決然として熱心であっても、公営住宅地区やニュータウンの問題を完全に克服することはできなかった。中心部から離れた場所にあるということは家族と近隣のネットワークが壊れてしまうことを意味したし、ビル・ロジャーズが示唆したように、極度の孤独を経験する可能性のある女性たちにはなおさら深刻な影響があった。一九五六年以降、こうした地区は人びとのための新しいコミュニティではなく、貧しい人びとの掃きだめ地区だとの汚名をますます着せられるようになっていった。

しかし、広範囲にわたるインタビューを実施したあと、ロジャーズはこう結論づけた。「問題とは？　カークビーには問題が山積している。しかし、問題の大半は大きくなりつつある苦痛なのだ(63)」。一九五〇年代の保守党政権の怠慢にもかかわらず、多くの公営住宅団地は繁栄していた。調査に携わったピーター・ウィルモットは一九六三年までに「ダゲナムでいまやひとつの世代が育った」と述べることができた。彼が訪問したロンドン市の大規模な公営住宅団地は一九二〇年代に造成された。最初の数年は、その団地にも他と同じように「初期段階のあらゆる不適切さが出揃っていた。地元に産業がない、学校がない、交通機関その他がない。そして「単一の年齢集団」からなる住民人口」。これは戦後の開発地区に調査員たちが見いだした特徴だった。しかし、一九六〇年代のはじめまでに「拡大された家族が……団地では……育ってきて、地元に近隣住民のネットワークができてきた(64)」。

ダゲナムやその他の団地の住民たちは、施設や設備がほとんどないまま家だけが建っている泥だらけの土地を活気あふれるコミュニティに変えようと懸命に努力してきた。彼らの尽力が示すのは、多くの人びとが町の中心部の荒廃した住宅と民間の家主たちの権力から逃れたいといかに熱心に願っていたかということである。同じく重要だったのは、地元に職があるかどうかということだった。コミュニティは住民たちの決意からだけではつくりだすことができない。仕事に行くのに長い時間と高い金額がかかれば、人びとが新しい近隣コミュニティにエネルギーやお金を注ぐことは不可能だった。一九六〇年までに、ダゲナムの労働者の三分の二は地元の工場や店や事務所で雇われていた。生計を立てるための稼ぎが住まいの近くで得られるということは、快適な公営住宅の賃料を払うことを可能にするだけでなく、イースト・エンドに残してきた高齢の両親を訪ねたり、家のさまざまな備品を買ったり、地元の映画館やダンスホールで楽しんだりするに足るだけのプラスのお金を持っておくことができることを意味した(65)。職場の近くに住むことができた戦後世代の人びとに、公営住宅はそれまでになかった安心と快適さを提供した。しかし、もし仕事がなくなってしまったら、状況は根底からひっくり返っただろう。

不満や苛立ちもあったが、ベティ・エニスとマイケル・エニスは自分たちが幸運なのだとわかっていた。公営住宅に越してきた人びとは新たなレベルの快適さを経験したのに加え、自分たちの生活をある程度管理することもできた。つまり、公営住宅の家主は有権者に説明責任を負っていたが、民間の家主は誰にも説明責任を負ってはいなかったということだ。しかし、ふつうの労働者の住宅問題は戦後のどの政権にとっても最優先課題だったわけではない。労働党は仕事と福祉を供給することに忙しかったし、保守党は民間の住宅の再生に焦点を絞っていた。一九四五年から一九六〇年のあいだのどの政権も、新しいコミュニティにおいてその存在が重要であり、よりよい住宅に住むべきだと信じられていた経営者や雇用主たちに住まいを提供することに時間とお金を注いだのである。結果として一九五〇年代が終わりを迎えるころでも、何百万もの人びとがまだ過密のスラムで暮らしているままだった。一九六四年の総選挙の直前、「デイリー・ミラー」紙は一面に、老朽化した町の中心部の裏庭で洗濯物を干している女性の写真を掲載した。見出しはそれまでの十九年間で打ち砕かれた希望をうまく要約していた。「これが約束の地なのか?」(66)

訳注

〔1〕バンベリーはオックスフォードシャーの町。オックスフォードの北に位置する。

〔2〕シーラ・ディレイニ(一九三八 - 二〇一一年)は劇作家。生まれ育ったソルフォードが舞台の一九五八年のデビュー作『蜜の味』で有名になる。

〔3〕シュロップシャーはバーミンガムの西に位置する州。

〔4〕ノッティング・ヒルはロンドン中心部にあるハイドパークの北西の地区で、現在は高級住宅地だが、以前はカリブ系の移民が多い安価な住宅地だった。

〔5〕ケンブリッジシャーはイングランド南東部、ケンブリッジを中心とする州。

〔6〕ウスターはバーミンガムの南西に位置する町。ウスター・ソース発祥の地。

幕間Ⅳ　愛と結婚

一九五六年にはヴィヴは母親になっていた。彼女は自分が多くのことに感謝しなければならないとわかっていた。マットは炭坑夫としてたいした稼ぎはなかったが、定期的に仕事をし、「思いやりがあって役に立った」。彼が「しっかり仕事に行ってお金を持って帰ってくれたので、わたしたちは貧しくなかった」。マットは立派な稼ぎ手だった。安定した仕事に就き、一九三〇年代の末以降、肉体労働者が経験してきた緩やかな賃金の上昇の恩恵を受けていた。彼は家族への思いやりもあった。家のことを賄うために彼は賃金のほとんどをヴィヴに渡した。夫婦は「持っているものでやりくりし、外出したいときには出かけることができた」。ヴィヴは、自分の人生が陰鬱な一九三〇年代に母親が経験したのに比べれば、よい暮らしができているとわかっていた。ヴィヴの母親は、娘には少しでも安楽な暮らしを送ってほしいと思っていた。マットとヴィヴが借りていた家は「母親がわたしのために手に入れてくれた」家だった。母親が自治体の公営住宅担当者に、これから子供の生まれる若い夫婦にとって夫の仕事場に近いところに家を持つことが必要なのだと話して手配してくれたのだった。

ヴィヴの結婚生活は、もうひとつ別の点で母親の結婚生活とは異なっていた。ヴィヴとマットは子供をひとりだけに制限することができたのである。一九四〇年には、一家族に平均ふたりの子供がいたが、この平均は階級による重大な差を見えなくしていた。中流階級の家族は一般に、労働者階級の家族よりも人数が少なかった。中流階級のカップルはマリー・ストープスの『結婚の愛』のような本から、それまでにも長いこと産児制限についての情報を多く得ていたし、国から資金が出ている医院では避妊薬の処方が禁じられていた時代に（これは一九六八年になるまで変わらなかった）、民間の医療機関にお金を払う余裕もあった。ヴィヴ自身は避妊についてほとんど何も知らなかった。ＮＨＳの医師が避妊について助言することは違法だったから、彼女はマットに、避妊について調べるべきだとか、セックスをしないで済ましてくれるようにと言うだけだった。しかし一九五〇年代に変わったのは、労働者階級の女性たちが母親たちのように子育てに縛られたくないし、自分たちの経験した貧困に子供たちを耐え忍ばせたくはないと決意したことである。夫たちの多くも心から同意してくれて、こうしたカップルは目標達成のために、コンドームや膣外射精といった限定されてはいるが自分たちでも可能な避妊法を用いた。歴史家のケイト・フィッシャーが言うように「家族を「計画」することは……人生に対する前向きで楽観的な姿勢を反映していた」[1]。他の数多くの働く人びとと同様に、ヴィヴとマットにもこのような方法を採用するよう促したのは完全雇用と福祉だった。

　しかし、息子のスティーヴンが生まれるとヴィヴは生活にストレスを感じはじめた。彼女とマットは、公営住宅ではあったが自分たちの家を持っていた。しかし、この家は一九一八年以前に建てられたものだったため、小さくて荒廃しており、きれいに保っておくのがむずかしい暗鬱な家だった。母親であることは、ヴィヴが想像していたよりも大変なことだった。スティーヴンには深刻な健康上の問題があり、数マイル離れた病院へ定期的に通わなければならなかった。医療費は無料になっていたが、バス代はそうではなかった。安定した仕事、それなりの賃金、自分の家があることは、ヴィヴの世代にとってはよりよい生活を与えてくれるはずであった。しかし、面倒をみなければならない幼い子供を抱え、朽ちかかった家に住んでいるとき、生活ははるかにしんどいものになったのである。

　スティーヴンが二歳になると、国中で多くの既婚女性が始めていたことをヴィヴも始めた。パートタイムの仕事を見つけたのである。大きな町や都市では、工場労働の拡大から女性たちは恩恵を受けた。雇用主たちは製造ラインで働く労働者をほんとうに必要としており、戦前にあった既婚者の壁が戻ってくることはなかった。カッスルフォードでは、仕事を得られる機会がだいぶ制限されていた。ヴィヴは以前に案内係として働いていた映画館に復帰し、そのあと地元のパブで女給として働いた。

　多くの女性たちが仕事に就いたのは、お金が必要だったからである。しかし「わたしたちがどうしてもお金が必要なときは、マットがシフトに二重で入って、その稼ぎをもって帰ってきた」とヴィヴは認めている。しかし、「貧しさを言い訳にして、わたしはスティーヴンの世話を代わりに母親にやってもらっていた」。子供に必要なものを与えるためというので、女性は外に出て働くのを正当化することができた。ヴィヴはたしかにお金を必要としていたが、現実には一九五〇年代の炭坑の村で「最低限必要」と考えられているもののためにお金が必要だったわけではなかった。ヴィヴはテレビと新しい服がほしかったし、夜にはときどきダンスホールに行きたかった。「わたしは若い女の子たちに交じって外出し、もういちどあのまぶしい光のもとで楽しみを得たかった」。彼女は両親に、「マットは仕事をしないし金もくれない」と言った。「親たちは、「まあ、［スティーヴンを］ここに連れてくればわたしたちが面倒をみるから、お前は外で働けるよ」と言うだけだった」

ヴィヴは束の間、恥じらいを感じた。マットは思いやりがあって優しい夫だったから。しかし、結局は恥じらいも過ぎ去った。自分の両親がマットのことを悪く思わないのはわかっていた。多くの男性が賃金を自分が遊ぶためにとっておき、妻には「家事」のために二、三シリング与えるだけだった。女性の働き口がほとんどなかった炭坑の村では、賃金の大部分を自分のために男たちがとっておくことは広く彼らの「権利」と（少なくとも彼ら自身によっては）みなされていたし、危険な仕事をしてひとりで家計を支えていることへの償いであると思われていた。このことはヴィヴのケースにはあてはまらなかったが、古くからの伝統とステレオタイプが女性の側の役に立つこともときにはあり、これはそうした例のひとつだった。男が独立していたいという気持ちでお金をとっておくのはかまわないし、懸命に仕事をしていることへの報酬であるということが人びとには受け入れられていた。これと比べれば女性が結婚と子供以上のものを望むことは、とくに女性が信頼できる働き手と結婚している場合には理解されなかった。「うそはついたけれど、わたしも必死だった」。家の骨折り仕事と病気の子供と若くしての結婚から逃れるのに必死だったヴィヴには、後悔の気持ちが芽生えはじめていた。

第9章　こんなにいい時代はなかった

一九五一年、社会調査に従事してきた著名な慈善家であり、チョコレート生産業者でもあるシーボーム・ラウントリーは、戦後の福祉改革と完全雇用が貧困を「ほぼ……根絶した」と述べた。(1) これはラウントリーと彼の協力者ジョージ・レイヴァーズによって実施された重要な社会調査『貧困と福祉国家』の結論である。この調査はその年の総選挙のわずか数週間前に刊行された。労働党はこれが福祉国家の確たる裏付けとなると賞賛し、その一方、選挙の勝利に沸く保守党は、貧しい人びとを助けることに焦点を絞るのではなく繁栄を促進することへのお墨付きを与えてくれるものだと主張した。五〇年代を通して残りつづけた貧困はほぼ撲滅されたという通説では、両党とも意見が一致していた。一九五六年、労働党の国会議員アントニー・クロスランドは『社会主義の未来』という大きな影響力をもった著書のなかでラウントリーに言及し、「経済上の最悪の弊害と現代社会の非効率が修正されたのだ」と力強く主張した。(2) この翌年、保守党の首相ハロルド・マクミランは「わが国民の大部分にとって、こんなにいい時代はなかった」と宣言した。(3) 一九五〇年代のあいだに、イギリスは表面上豊かな社会となった。

しかし、労働者階級のイギリス人の声は違った見方を提供してくれる。前例をみない繁栄の時代というにはほど遠く、一九五〇年代は多くの人びとにとって不安定さと恐怖の十年だった。保守党は、戦前からそうであったように福祉にも産業にも介入することに消極的なままだった。金持ちと貧しい人びとの収入の格差は一九四〇年代に劇的に縮

「支払いの簡単さ」を謳った電気調理器の広告。1950年代、広告業者と政治家たちは、人びとに規制が緩められた掛け買いの利用を奨励した

まったが、一九五〇年代には拡大した。[4] 実質的に政治の世界ではタブーとなっていた貧困は、高齢者、病気の人、大人数の家族に耐え忍ばれ、多くのふつうの労働者たちにとって真の恐怖でありつづけていた。一九五〇年代に家族をもっていた世代は大戦間期の不況の困難な時代をまだ思い出すことができたし、戦後の数年の新しい慰めは一時的なものかもしれないということを痛切に意識していた。安定を切望した世代にとって、信用と自由市場に依拠した保守党の繁栄への道は不安を生みだすにちがいない道なのであった。

一九五〇年代、労働者階級の「繁栄」は、それまで知られていなかった一連の消費財によって明らかだった。テレビ、ソファの三点セット、冷蔵庫、調理コンロ、即席の食品などである。しかし、労働者階級の消費者たちは豊かさのしるしだと言われたこれらの商品を分割払い（HP）の「掛け」で買うか、何時間もの超過勤務をして買ったのである。一九五〇年代初頭に、社会調査に携わるフェルディナンド・ツヴァイクは、バーミンガムとルートンを含むさまざまな町や都市のいくつかの工場で何百人もの男性労働者たちにインタビューをおこなった。これらの工場では多くの労働者は熟練の肉体労働に従事し、賃金がよかった。ツヴァイクは、これらの労働者の多くが「比較的高い生活水準に達しているが、きつい仕事をともなわないわけではなく、長時間の超過勤務とシフトの仕事をこなしている」と明らかにした(5)。それまで以上に懸命に働くことによってのみ家族に「豊かさ」がもたらされるのだった。五〇年代のイギリスでいい時代を過ごすには、長時間のきつい仕事と借金と少しの運が必要であった。

労働者階級の人びとの生活水準は、たしかに一九三〇年代と比べるとよくなった。自動車と家はほとんどの人びとの買える範囲をこえていたが、多くの人びとは新しい公営住宅に賃借で住むことができ、テレビを分割払いで買い、たまに休日をとって子供たちを楽しませてやることもできた。仕事の口はたくさんあり、一九五〇年代のはじめには労働力人口の二パーセント未満しか失業しておらず、肉体労働者の賃金は上昇していた(6)。男性労働者の最大の雇用先は鉄鋼業で、一九五一年における男性労働力の一五パーセントを、コヴェントリのような自動車産業が拠点を置く都市では男性の大多数を雇用していた。アラン・ワトキンズは一九五六年にコヴェントリの学校を出て、地元の工場でエンジニアの見習いとなった。学校を終えたばかりの彼は「見習いが終わるとエンジニアになり、そこから自分のキャリアを築くのだ」と認識していた。彼の父親が大戦間期の南ウェールズで経験した失業は遠い記憶であった。

とはいえ、父親のワトキンズ氏がコヴェントリに来るきっかけになった地域間格差は重要な問題でありつづけていた。非熟練労働に携わる男性にとって、安定した仕事を見つけるのは困難だった。運輸業は男性にとって二番目に大きな雇用先であり、建築業とともに数多くの非熟練の男性に仕事を提供していた。リヴァプールのような港湾都市やロンドンのドックランズ、ニューカッスルやグラスゴーに住む男たちが港湾地区や鉄道、新規に操業を始めつつあった製造業の工場での非熟練の仕事以外の職を見つけることはいまだにむずかしかった。こうした人びとは熟練労働の増加を享受できていなかった。一方で、軽工業と技術職の中心地にいたアラン・ワトキンズのような人びとはそこからの恩恵を受けていた。かつて産業の中心地だったところに工場を開業した会社は、こうした地域の低賃金の歴史と継続する臨時雇用をうまく利用しようとした。フォード・モーターは一九五〇年代末に南ウェールズに工場を建設し、一九六二年にはマージーサイドのヘイルウッドに工場を進出させた。フォードの経営陣は「失業は低賃金と打撃を受けやすい労働力とを意味する」と信じて、慎重に工場進出の場所を選定した。これらの工場の労働者たちには、フォードのイギリスで最初の工場であるエセックスのダゲナム

で働く労働者より低い賃金が支払われていた。(7)

にもかかわらず、失業が減少したことは意義深い前進だった。リヴァプールで育った十五歳のテリー・リマーは、一九五二年に学校を卒業した。彼はもっと教育を受けるか見習いの仕事に就くかしたかったが、夫を亡くしていた彼の母親はもっとも稼ぎのいい仕事に息子が就くことを必要としていたので、人足になった。彼の最初の仕事は一九五二年、リヴァプールのリブロ衣服会社での倉庫係だった。二、三ヵ月後には退屈して「いたずらしてまわる」ようになった彼は、「馘にされることになっていたのですが、彼[上司]がそれを撤回したので「いや、いいんです。もう別の仕事を見つけましたから」と言いました。当時はいくらでも人足の仕事がありましたからね」。一九五五年には「デイリー・ミラー」紙が「いまや少年たちが上司を面接!」と書き立てた。(8) 一九五〇年代に仕事を始めた十代の若者たちは、「金曜に仕事を辞めても月曜には別の仕事に就くことができた」最初の世代だった。(9)

人びとには前と比べてお金ができたし、お金を使う品物も増えた。一九五四年、保守党政権は食料の配給に終止符を打った。一九五六年には、イギリス人旅行者の一二パーセントが休暇を海外で過ごした。一九五五年におこなわれたリヴァプールの中心部に住む家庭を対象とした調査では、この比較的貧しい集団の四分の一もの人びとが、前年には休暇を地元から離れた場所で過ごしていたことがわかった。(10) もっと豊かであったコヴェントリでは、フランクとリタのゴガティ夫妻は生活を快適にする新しく登場した品々を楽しんでいた。一九五〇年にフランクはコヴェントリの自動車工場のひとつで熟練の職長となり、ふたりの息子は中等学校に進んで、リタも工場での仕事に就いた。「お金が入っても、わたしたちは無駄遣いをしませんでした。しかし、十分に楽しんでいましたよ」とフランクは言った。彼らの楽しみには車を買ったことも含まれていた。ゴガティ夫妻の住む通りで最初に自動車を買ったのはフランクだった。その当時、車を所有していたのはイギリス人の五パーセントにも満たなかった。そして「家に便利な設備をとりつけたのですが、それは当時の多くの人にとって、そんな余裕などないものでした」。一九五〇年代の半ばにはふたりの息子も仕事に就き、フランクとリタは海外で休暇を過ごすようになった。最初の海外旅行はスペインのサン・セバスチャンだったが、「わたしたちがパイオニアであるかのように感じました」。一九五五年までにはパックの旅行ツアーが登場し、旅行会社はこの新しいイギリスの市場をベニドルムの海岸に惹きつけようとした。旅行会社はこの海岸を「コスタ・ブランカ」と名づけた。(11)

配給を終わらせ、働く人びとも掛けでの買い物をしやすくすることによって保守党がこうした新しい消費財の購入を促進したことは、なぜ一九五五年の総選挙で勝利し、一九五九年にふたたび選挙がおこなわれたとき、なぜ議会で保守党が多数を増強しえたのかを説明する助けとなる。しかし、新たな消費財に対する人びとの喜びは繁栄の不安定な性質によって抑制された。かつてはあらゆる労働者階級のコミュニティにとっての柱であった質屋がなりをひそめていく一方で、分割払い（定期的な支払いが要求されるがゆえに信頼できる収入を得ていることが条件となる）が増加した。[2] 一九五三年、「デイリー・ミラー」はハートルプールの住民の七〇パーセントをこえる人びとが掛けでの購買に頼っていると報じた。「結婚でさえも掛けでする！」[12] 一九五五年には、リヴァプールの中心部のほとんどの家庭が衣服や家の備品の購入においても掛けに頼っていた。[13]

一九五〇年代の終わりには、テレビのような消費財を持っている人びとの数は増加したが、大戦間期の不況でもっとも大きな打撃を受けたイングランド北部からスコットランドにかけての工業地帯においてはとくに人びとの不安定さは残ったままだった。一九六〇年代のはじめに、社会学者たちがリヴァプールの中心部と豊かな南部の郊外のウールトンの五〇〇世帯を対象に調査をおこなった。これらの家族の八〇パーセントをこえる世帯がなんらかの形で掛けを利用していた。このなかには技師をしている夫のビルとふたりの十代の子供とともにウールトンに住む四十一歳の主婦ジョウン・ヒックスも含まれていた。ヒックス家は小さなテラスハウスを所有し、ビルは熟練の仕事に就いていた。にもかかわらず、ジョウンは生活をやりくりするのに困難を抱えることがあるかと問われると、迷わず「はい」と答えた。「ローンの支払いを続け、食料や雑貨、テレビの支払いのためには我慢をしなければなりません」と彼女は言った。ジョウンは「もっとお金を貯めて、ビルと子供たちの服のために使いたい」と思っていた。[14] 一九五〇年代半ば以降、暮らし向きはよくなり、以前には望みもしなかった贅沢までできるようになったが、彼女たちの地位の不安定さがヒックス夫人を心配にさせていた。多くの家族が彼女の不満を共有していた。世論調査は人びとが借金を避けたいと強く思っていたことを示している。[15] ふつうの労働者の家庭にさまざまな商品が増えていったことは、五〇年代の現実の一側面を示しているにすぎない。多くの人びとの消費は犠牲と心配の前置きとなる話であった。

それでは、なぜ人びとは積みあがっていく借金に足を踏み入れたのか？　おもな理由は政治による圧力である。保守党は積極的に人びとに掛けを利用するよう促していた。

その前に政権を担った労働党と同様に、保守党も戦後の経済成長はイギリスの製造業によって生産される商品への消費者の需要を刺激することにかかっていると考えていた。しかし、製造業に頼るのは危ういことだった。商品への需要が高まると、需要を抑制するために、あるいは儲けを増やすために製造業者は価格を吊りあげた。ある点に達したとき、こうした価格上昇は消費者を制止し、商品の購入が控えられるようになって失業をもたらしたのである。

配給を含む労働党の価格統制は生産と消費の双方に規制をかけていたが、保守党は断固として自由市場を支持した。保守党は消費を刺激し、利益をあげるのを支援するために他の方法を見つけださなければならず、そのひとつが掛けなのであった。一九五四年、保守党はローンと分割払いに関わる規制を緩和し、さらに多くの家族がこれらの両方を利用できるようにした(16)。一九五五年、財務相のラブ・バトラーは洗濯板のような基本的な生活用品に消費税を導入したが、自動洗濯機を含むより高価な家庭用品の大部分には税を免除した。「保守党、主婦にとっては大打撃」と労働党支持の新聞「デイリー・ミラー」は一面で悲鳴をあげた(17)。こうした政策によって、大量生産の消費財が労働者階級の賃金労働者にとってますます魅力的になり、一見、購入可能なものとなった。

ものほしそうに店のウィンドウを眺めていた人びとには、そこに見ていた物を購入する理由は十分にあった。掃除機、冷蔵庫、調理コンロ、テレビ、休暇、ラジオ、ソファの三点セット、自動車、バイク――これらすべてが暮らしを楽にし、贅沢にしてくれることを約束するものだった。これはまだ何百万もの人びとが新しく造成された公営住宅への入居を待っている時代のことだったが、人びとは戦争による耐乏のあとで生活を楽しみたいと思っていたし、新たな戦後の実力主義社会において、可能なかぎり最良のスタートを子供たちには切らせたいと願っていた。広告は、どうすればこれを達成できるかについての指針を示してくれるものだった。雑誌や新聞には広告が増え、一九五五年からはインディペンデント・テレビジョン（ＩＴＶ）という新しい媒体が登場した。ＩＴＶはイギリスで二番目のテレビ局で、民間初のテレビ局だった。クラウン・ペイントは「あなたの住宅《ハウス》を家庭《ホーム》にします」と約束した。クロスリーのコンロは「気づかいの要らないキッチン」をもたらしてくれるとされていた。キャンベルのスープは妻や母親たちに、家族のために料理をする際「最良のもので始める」チャンスを与えた。バトリンズは夫たちに「お母さんに完璧な休日を」提供することができると訴えた。すべてが「信じられないくらい妥当な値段」で、よりよい暮らしを保証していた。消費財は戦後のイギリスで人びとが果たすと思われていた多様な役割を結びつける手段となった。責任感のある一家の稼ぎ手であり素敵な夫。魅力的な妻であると同時に献身的な母。健康で幸せな子供たち。

その間の労働党の人びとへの訴えは、ほぼ完全に後ろ向きだと言ってよかった。一九五五年の労働党の選挙公約は「水素爆弾が全人類に大きな影を落としつつある」との警告で始まり、「この脅威にわたしたちはどう立ち向かうことができるのか?」というのが有権者にとって差し迫った問いであると示唆していた。多くの年金生活者が貧困状態の生活を続けている一方で、株主たちへの配当は賃金よりも速く上昇しているのだと労働党は指摘した。しかし労働党の政治家たちは、もっとも深刻な平和への脅威はソ連の共産主義であるということで主要な政党が意見の一致をみていた時代に前向きなオルタナティブを示すことができないようだった。不安定の時代にふつうの人びとでも自分たちの家で平和と繁栄を楽しむことだけは少なくともできるという保守党のメッセージは、多くの人びとにとって魅力的なものに映ったのだ。

しかし、保守党の政策は人びとにもっと多くの商品を消費するよう促すものだったが、労働者階級の消費者の経済的な力には制限を加えてもいた。保守党の優先事項は取引への規制を最小限にし、税を低く抑えることで、雇用主、管理職、ビジネスマンといった党にとって核となる有権者たちの富を維持することであった。[18] 一九五六年、パンの価格を抑えるための補助金を撤廃することで、保守党は労働党が導入した重要な価格統制の最後のものを取り払った。政府はこれによって消費者にはより大きな選択の「自由」がもたらされるだろうと宣言した。食品生産者のあいだでの競争を刺激することが価格を低く保つ確実な方法であると喧伝された。しかし、パンの値段は上がっていった。保守党の政策は基本的な商品の値段の安定性を奪うことによって、家庭用の器具に課税することによってふつうの労働者に大きな打撃を与えた。逆に中流階級と上流階級は、一九三〇年代のはじめ以降でもっとも低い税率の恩恵を受けていた。同時に、肉体労働者の収入と専門職の人たちの収入との格差が拡大した。両者とも賃金の上昇を経験したが、専門職のほうがはるかに大きな上昇を享受した。[19] 豊かであると思われていた社会は、じつのところ信じられないほど社会的な分断が進んだ社会なのであった。

多くの労働者たちが将来のことを心配していた。肉体労働者の稼ぎは一九五〇年代のあいだに五〇パーセント上昇したものの、物価の上昇を考え合わせると実質三〇パーセント上昇したにすぎなかった。[20] それでもこれは重要な上昇だったが、十年を通して散発的に起きたものであり、人びとは賃金上昇のたびにその利益が続くのか確信がもてなかった。政府は一九五五年と一九五九年の総選挙の直前には懸命に物価を抑えようとした。両方の選挙で保守党が勝利したことはこれで説明がつくが（一九五〇年代を通して、実際はほとんどの肉体労働者が労働党に票を投じていたが）、選挙後の物価上昇は有権者には痛切に感じられた。保守党のもっとも地位の高いアドバイザーであったマイケル・フレイザー卿は一九五九年に、保守党が選挙の前に気前のよい予算を組む習慣は経済の回復を「その程度においてもスピードにおいてもめざましいもの」とすることにつながりうるだろう「が、まさにこの事実が人びとに結果として生じる状況の安定性に疑問を抱かせることになった」と述べた。[21]こうした状況は人びとから、先のことを計画する力と、一九四〇年代の終わりにはじめて多くの人びとが享受できた生活を楽しむ力の両方を奪ったのである。

「人びと《ザ・ピープル》」は、終戦直後の数年にそうであったほどには結束力をもたなくなっていた。熟練労働者と非熟練労働者のあいだの収入と労働条件の格差は、一九五〇年代のはじめに広がった。この時期、熟練労働者は非熟練、半熟練労働者に比べて大きな賃金の上昇を経験した。[22]多くの会社が大量生産へと向かうなか、熟練労働者を代表している労働組合は、より高い賃金と安定に対する組合員の権利を周到に保護した。そのなかでもめだっていたのは、イギリスの自動車工場において活発だった合同機械工組合（AEU）である。AEUが断固として組合員から除外していた半熟練や非熟練の労働者は、自動車工場で多数雇用されていた。[23]

もっとも栄えていた町や都市においてさえ、労働者たちは生活水準の非常に大きな格差を目のあたりにしていた。労働組合の協約と雇用主側のニーズによって、非熟練と半熟練の労働者たちは好景気と不景気の波――あるいは保守党の批評家が呼ぶところの、引き締めと拡大を交互におこなう一九五〇年代の「ストップ・ゴー」経済――のあおりをまともにくらうことになった。彼らは熟練労働者が享受していた仕事の安定性にあずかってはいなかった。キャロル・ハインドの父親ジャック・エリオットは、一九五〇年代にはコヴェントリの自動車工場のいくつかで作業員として働いていた。「父がひとつの仕事をずっと続けるということはありませんでした。なぜなら父は非熟練でしたので」、車の需要が落ちこんで労働者が整理解雇されるときには「真っ先に首を切られましたから」。

多くの非熟練、半熟練労働者たちは熟練の同僚に憤りを覚えていた。熟練労働者の賃金が自分たちよりもいいというだけでなく、熟練労働者たちなら手に入れられる食べ物、家具、家、休暇といった形での報酬が一九五〇年代のはじめに増えていったからである。保守党政権は配給に終止符を打ち、民間の住宅建築を支援し、安定した収入のある人にとっては掛けでの購買が容易になった。不満を募らせた非熟練労働者たちは、自分たちの怒りを正当化するためにしばしば戦争当時を振り返り、犠牲の平等と「公平な分け前」という一九四〇年代のレトリックを引き合いに出した。動員を解除された帰還兵は、兵役免除の職にとどまりつづけた熟練労働者たちへの怒りをあらわにした。ハワード・ブレイクは一九四一年、コヴェントリの労働者階級の多い郊外で生まれた。ハワードの父は戦時中イギリス空軍に従軍したが、一九四八年に動員を解除されたあとはバスの運転手としての仕事に戻った。ブレイク氏は怒りを込めて幼い息子にこう指摘した。「通りで最初に車を持ったのは工場で働いている人で、最初に電話を持ったのも……」(24)

しかし、工場にとどまりつづけた非熟練労働者たちの抱いた不満にはおまけがついた。彼らの多くは、帰国したあと出征前の仕事に復帰できたフランク・ゴガティのような帰還兵を妬ましく思った。アン・ランチベリーの父のキディ氏は「兵士たちが戻ってきて、仕事に就いていくのを見て腹を立てた」。一九五〇年代までには、従軍した人びとと銃後にいた人びととの生活水準のあいだに明確な分断はなくなっていた。ブレイク氏とキディ氏は、熟練労働者とその他の労働者階級の人びととのあいだに戦前に存在していた生活状態の分断がふたたびあらわれてきたことを指していたのである。

これらの不満をためた男たちは、一九四〇年代に自分たちになされた約束が反故にされたと信じていた。彼らの多くは一九五〇年代を生活水準の上昇の時代としてではなく、熟練の仕事を得たり仕事に復帰できたりするという希望が打ち砕かれた時代として経験した。大戦間期の失業と戦争による中断の結果、多くの男たちが職業上の階梯を滑り落ちることになった。アン・ランチベリーの父もそうしたひとりだった。彼は訓練を積んだ大工だったが、一九三〇年代の困難な時代に解雇された。戦争中はコヴェントリのジャガーの工場で半熟練の労働者となり、「ジャガーの車の木でできた内装のすべてを」つくることに誇りを感じていた。彼は仕事を愛しつづけ、毎年クリスマスには同じ通りに住む子供たちにおもちゃをつくってあげていた。一九四〇年代には暮らし向きがよくなるというキディ氏の希望は大きかった。アンは家族の祝いごとにおいては父が「生命であり魂であった」と振り返った。しかし、これは一九五〇年代の半ばまでに変化してしまった。生活をやりくりするために彼は「何時間も超過労働をせねばならなかった」

ため、ふたたび大工をやれるかもしれないという考えをあきらめ、「とても打ちひしがれた男」になってしまった。

一九五〇年代の暮らしは同じ通りに住む家庭のあいだで異なっていただけでなく、キディ氏の場合のように同じ家庭内でも格差があった。長いあいだ一九五〇年代は、離婚率が低く結婚が長続きする家庭生活の「黄金時代」として想起されてきた。[25] しかし、多くの「イギリスの家庭」[26]の扉の背後には緊張と失望が潜んでいた。一九五〇年代の中ごろの社会調査は、非熟練ないしは半熟練の仕事をしている男性の多くが家族を持ちたがらないようであると指摘した。家庭における生活費調査のなかで、マイケル・ヤングは、賃金を得ている多くの男性がその大部分を家事にかかる費用にまわさず自分でとっておくという傾向は第二次世界大戦後まで続いていたと示している。[27] 他の調査に携わった研究者は、これが貧窮の第一の原因であると主張した。一九五〇年代のはじめに家庭福祉局がまとめた一連の報告書において、自治体と緊密に協働してきたあるボランティアの社会福祉団体は「家族に与えるべきものを適切に与え」ない男性労働者を批判し、彼らの仕事に対する後ろ向きの姿勢と妻に賃金を渡すことに対する消極的な態度が貧困を引き起こしているのだと示唆した。[28]

男たちのなかには、自分のことより家庭のことを優先させることはたしかに気が進まないという者もいた。たとえばキディ氏は「とりわけ酒を飲んだあとはとても激しやすく、非常に不安定な人」になり、一九五〇年代には断続的にこうした状態に陥ることが増えた。アン・ランチベリーは、パブで「夫が家に入れるはずのお金を使っていることをわかりすぎるほどわかっていた」母親と家で過ごす張りつめた金曜と土曜の夜を思い出した。父親は帰ってくると暴力的になった。「父は怒っているようには見えませんでした。なんというか「俺を見ろ、俺は殿様だ……俺がこの家を治めているんだ」とでも言いたげに見えたのです」

キディ氏は十九世紀にまでさかのぼることのできる緊張と戦っていた。数世代にわたって労働者階級の男たちは、ふたつの異なった役割を果たそうとしていた。ひとつは家庭の稼ぎ手としての役割であり、アトリー政権が擁護した人物像だった。もうひとつは自立した屈強な働く男の像だった。これらの役割は相互に強化されえたが、とりわけ男性が有能な稼ぎ手であることが困難な時代には役割が互いに矛盾をきたすこともありえた。一九五〇年代に多くの男性たちにとって、繁栄が要求しているように思われるありかたで家族を養っていくことは困難だった。[29] 幸運にもこれらすべての男性がキディ氏の抱いた無力さゆえの怒りにかられたわけではなかったが、仕事場を管理する希望をまった

アン・ランチベリー（旧姓キディ）と父。
1950年代にコヴェントリの公営住宅の前で

く失ってしまったと痛切に感じていた男たちにとって、お金と家族を管理する力を行使するのは重要な意味のあることであっただろう。アン・ランチベリーに母親は、父親のふるまいは満足な稼ぎ手となりえていないことと仕事に対する「落胆」のせいなのだと言って聞かせた。

こうなると非熟練労働者たちは豊かな社会における敗北者だった。年配の人びとと大家族もそうであった。楽観的なラウントリーとレイヴァーズでさえ、年金生活者と三人以上の子供のいる家庭はいまだに貧困状態で生活する傾向にあり、それは国の給付金のレベルがこうした人びとを支えるには低すぎるからだと指摘した。[30] 一九五〇年代のあいだに人びとをめぐる状況は悪化した。一九五五年、保守党内閣は、社会福祉委員会に対し支出削減の戦略を立てるよう求めた。しかし世論調査の結果、収入調査の復活を含む委員会推奨のおもな方針を採用した場合、選挙で大敗北を喫するだろうということが示された。[31] 代わりに政府は、大家族にとっての頼みの綱であった家族手当を含む多くの給付金を削減または凍結した。[32] 一九五〇年代のどの時点においてもイギリスの家計の七パーセントが、ラウントリーが厳格に定めた貧困線を下まわる生活を送っていた。[33]

しかしながら、一九五〇年代の終わりまでには多くのふつうの人びとにとって生活はよいほうに変化していた。キディ氏は、最終的にはみずから望んでいたような一家の稼ぎ手になることができた。「父は幸せで、誰もびくびくしなくて済んだし、誰も酒に頼らなくてよくなりました」とアンは回想した。「わたしの世界全体が改善したのです」。一九六〇年にアンが結婚したとき、「父は他の娘の結婚式のお金を出してやることができなかったので、わたしの式のためにお金を払いたいと言ってくれました」。これにアンは感動した。アンの結婚式のすぐあとに彼は最初の車を買い、彼女の両親は人生ではじめて地元から離れた場所で休暇を楽しむようになった。

一九五〇年代後半のふたつの変化が、キディ一家と同じような多くの家族に大きな影響をおよぼした。ひとつはスラム一掃の強化で、これによりキディ家は待ちリストで何年も待った末、新しい公営住宅がついに割り当てられることになった。同時に、非熟練と半熟練労働者の賃金もようやく上がりはじめた。拡大しつつあるこのグループの労働者たちの重要性にめざめ、彼らを代表することに合同機械工組合のような組合が同意したためである。[34] 公営住宅を享受できるようになったのに加え、労働者たちは自分の家にいくつか贅沢な品を買いそろえることもできるようになった。一九五五年にはイギリスの家庭の三分の一がテレビを所有していた。一九六〇年までに九〇パーセントの家庭がテレビを所有しているか、借りて持っていた。[35]

結婚式直後のアンとノーマン・ランチベリー。
1960年、コヴェントリで

　しかし、こうした家庭の経済的な安定性が増していったのには、ふたつめの劇的な変化に理由があった。すなわち既婚女性の就労である。イギリスの多くの地域で、それまでも労働者階級の妻たちは働きに出ていたのだが、その割合は戦時中と戦後に上昇した。既婚女性の三分の一が一九五一年には賃金労働に就いており、十年後にはほぼ四〇パーセントが就労していた。より多くの既婚女性が働きに出るようになったというだけでなく、長い期間労働力でありつづけるようにもなった。五〇年代の女性たちは母親になると仕事を辞めてしまうのではなく、子供を産むために一時的に仕事から離れるだけで、大人としての期間を通して賃労働に携わりつづけるようになった最初の世代だった。[36] 彼女たちはそれ以前の世代と比べてより多く稼げるようになっていた。少数ではあったが、公共部門でしだいに実施されるようになった男女平等の賃金の恩恵を受ける女性もあらわれた。公務員の平等賃金についての一九五五年の政府の公約（この動きは、給与をもらう専門職にまず影響をおよぼした）を受けて、労働組合は地方自治体と郵便局で男女間の平等な賃金を求める交渉を首尾よく始めることができた。戦後の製造業の活況に多くの女性たちが影響を受けた。みずから進んで製造ラインで働く労働者が大量に求められたからである。国中で雇用主たちは母親たちを雇えるよう、子供が学校に行っている時間や夜間に主婦のためのシフトを導入した。

この変化の先駆けとなったのは労働者階級の女性たちだった。一万世帯を対象におこなわれた一九六五年の調査で、肉体労働者や下級の事務職員の妻のほうが専門職の男性や給与外所得のある男性と結婚した女性たちよりもはるかに多く働きに出る傾向にあることが示された(37)。社会調査の研究者のなかには、女性が働くのは家族の無責任さを証明していると言う人もいた。「そのおもな経済的効果は、女性が労働力となることで主婦としての技量の欠如を相殺し、そうでもしなければ手に入れられなかったであろう贅沢を労働者階級の家庭が楽しむことを可能にすることである」とシーボーム・ラウントリーは言った(38)。しかし、千二百人の働く母親を対象とした一九五〇年代末の調査は、ほとんどが「住宅の不足や子供たちにより高い物質的、教育的な水準を実現させてやりたいという気持ちとしばしば関係した、通常きわめて現実的な金銭上の圧力」ゆえに働きに出ているのだと結論づけた(39)。つまり、彼女たちは必要だったから働きに出ていたのである[3]。社会調査の研究者パール・ジェフコットは、バーモンジーの働く女性の調査から「家族のためにより高い生活水準を実現することが目的だった」と明らかにした(40)。

働く妻たちや母親たちに対する政治家たちの見解はけっしてわかりやすいものではなかった。児童福祉協議会の研究はこう指摘した。「政府は曖昧な態度をとるか、まったく政策をもっていないかのいずれかである。ある閣僚は、働く母親を若者の非行の原因になっているとして非難し、同時に別の役所は働く母親たちを教育現場や病院に引き入れようとしている」(41)。既婚女性の就労は、雇用主にとっても労働者階級の家族にとっても決定的に重要であった。しかし、豊かな社会において女性の労働は、掛けでの購買同様にしばしば「必要以上」で「贅沢」なものだと言われた。そのせいで、政府は豊かさの限界を認めることができなかったし、それに取り組むこともできなくなってしまった。

子供の非行につながるという恐怖心を煽る話に、働く母親たちが動揺させられることはなかった。バーモンジーの工場で働く女性たちは、「怠慢な母親というのは家庭の物質的な水準を引き上げることによって子供たちに益をもたらすその日その日の黄金の機会、しかし束の間であるかもしれない機会を、あまりに無関心で無精であるがゆえに取り逃すような者のことを言うのだと主張した」。彼女らの夫たちの多くもこれに賛同し、妻が仕事を続けられるよう家事や料理を助けた。[42]「そういうわけでわたしは働きに出ていたのです」と一九五五年にリヴァプールのエドワーズ夫人は社会調査員に語った。「子供たちがうまくやっていくのを見たかったのです」[43]。彼女の夫は人足だった。夫人はパートタイムで雑役婦とウェイトレスの仕事をした。夫妻はみすぼらしい家に住み、三人の子供がいた。そうした願いは新しいものではなかったし、子供たちに経済的な支援をしようと女性たちが決意していたというわけでもなかった。しかし、一九五〇年代の終わりには新たな仕事によって、母親たちは自分たちの希望をかなえる新しい機会を手にすることができた。

ヘイゼル・ウッドとボーイフレンドのジョン。
1959年、ヘイゼルの両親の公営住宅で

口紅をつけてエプロンをかけた主婦の十年、という一九五〇年代についての長く維持されてきたイメージは広告のなかだけの真実にすぎなかった。一九六〇年代のはじめまでには一九四〇年代の子供たちは成長し、「よい」母親は外に出て働くものだと思うようになっていた。ジャン・マクラーリンは「母にはいつも赤ん坊がいたので、一度も仕事に就かなかったし、就くこともできなかった」ことに腹を立てていた。[44]一九五〇年代にコヴェントリで成長したヘイゼル・ウッドは、「戦争中には多くの女性が働きに出ていた」ことを理解していたし、一九五〇年代の半ばに母親がウェイトレスの仕事を始めたときも「これはごくあたりまえのこと」だと思った。工場労働者だった父親は「はじめはいい顔をしていませんでしたが、すぐに慣れました」。三人の子供は母親の仕事のおかげで買ってもらえた学校用の新しい服と本をうれしく思った。また、ヘイゼルは母親の稼ぎが母親自身の自尊心と楽しみのために重要であるとわかっていた。ヘイゼルの母は「針仕事に器用」で、稼ぎのいくらかをマーケットで安い材料を買うのに充てていたが、デザインにはけちけちしなかった。一九五〇年代のはじめに、母親は何時間もかけて自分用にニュールックのドレスをつくった。それにはかなりの量の生地も必要だった。彼女は薄汚れたコヴェントリにも、こまごまとした家事に

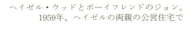

も自分の労働で得た果実を楽しむことの邪魔をさせなかった。「いまでは、母が決然とした表情を浮かべてミシンの上に身体をかがめているのが目に見えます」とヘイゼルは五十年後に回想した。ドレスは母親にとって懸命に働いたことへの褒美だった。娘がそこから得たメッセージは、女性も人生においていくばくかの快楽に値するのであり、そのためには働かなければならないということであった。

多くの人びとにとって、一九五〇年代は矛盾に満ちた十年だった。親たちの世代よりも暮らし向きはよくなったが、広告や政府の物言いが示唆するほど豊かな暮らしができていたわけではなかった。そして人びとが手にした利益がそのまま続くのかどうか、確信はもてなかった。一九五七年、ハロルド・マクミランは「こんなにいい時代はなかった」演説で人びとの恐れを増幅させた。この広く知らしめられた演説で、マクミランは完全雇用と福祉国家がほんとうに持続可能なのかどうかについて議論を呼びかけたのだった。まじめに働く人びとには自由市場がより大きな繁栄をもたらすだろうと彼は主張した。これは魅惑的なメッセージだったが、非常に多くの人びとに掛けと不確実さと恐れを通してのみ維持されるライフスタイルを強いるメッセージであった。

一九五七年には、多くのふつうの人びとはマクミランが言ったような豊かさをまだ経験していなかった。仕事をしている家族にとって、「繁栄」とは安楽や物質的豊かさを意味するものではなく、終わることなく続く製造ラインでの長時間の作業、リノリウムの床の公営住宅、レンタルのテレビ、分割払いで買ったソファの三点セット、子供たちへの定期的な出費、たまに遊ぶ土曜の夜の贅沢、長いあいだお金を貯めてから行く海岸での一週間の休暇を指していた。こうした前進は重要で、一九三〇年代の記憶も生々しい家族にとってはありがたいものだったが、両親ともに働きに出て長時間の残業に耐え、貯金をし、犠牲を払うことにかかっていた。豊かな社会は人びとの労働の上に成り立っていたが、労働者階級の人びとはその果実のごくわずかの分け前にしかあずかれてはいなかったのだ。

訳注

〔1〕 ベニドルムはスペインはバレンシア州の地中海に面したリゾート地。

〔2〕 ハートルプールはイングランド北東部、ダラム州の海岸に面した町。

〔3〕 バーモンジーはテムズ川南岸のロンドンの地区。

幕間V　豊かな社会

一九五六年、二十歳になったヴィヴは、映画館の案内係として垣間見たハリウッド映画に描かれる興奮と魅惑を少しだけでも手に入れたいと焦がれていた。彼女は髪をブロンドに染め、息子のスティーヴンの面倒をみてくれと母親を説得できたときはいつもダンスに出かけた。ヴィヴは両親がとっておいた雑多な塗料と、マットと一緒に貯金して買った壁紙で何年もかけて新しい家を飾りつけた。彼女は「マットとわたしには少なくとも自分たちの家がある」と自分に言い聞かせた。家は彼女がいつもほしいと言っていたものであり、一九五〇年代の労働者階級の人びとの満足の鍵を握るとされていたものであった。しかし、限られた収入で妻と母の役割をこなすことは容易ではなかった。ヴィヴは親の家に行っては豊かな社会の片鱗をあらわす品を味わっていた。子供たちのほとんどが働きに出ていたので、父親と母親にはいまでは「テレビ《ゴーグル・ボックス》を見る」前に鮭の缶詰とコーンビーフの夕食をとる余裕さえあった。これは保守党が唱えていた消費社会からはほど遠いものだったが、ヴィヴは自分の家に戻ってますます不満を募らせた。「壁を四方見まわしても、わたしたちはラジオすら持っていなかった」

一九五七年には「デイリー・ミラー」紙に新しい漫画のキャラクターが登場した。アンディ・キャップである。布製の帽子を被った小柄なこの北部男は家庭内で長いこと辛抱してきた妻を助けることもせず、仕事もしないのらくら者だが、パブや馬券売り場に行くための金を妻からなんとかしてせしめることにいつも精力を注いでいる。キャップを生みだしたレグ・スマイズは、ハートルプールにいる自分の父親をモデルにしたと言っていたが、そこは一九三〇年代からほとんど何も変わっていない場所なのだという。数週間のうちに、キャップのもとには男女を問わず「ミラー」の読者から山のようなファンレターが届いた。一九五七年にワットフォードのD・L氏は「アンディ・キャップこそ、どの男性もああなりたいと願うひそかな夢なのです」と「ミラー」紙に投書した。「五十年前なら男が夜に外出したければ、女房にひとこと言って出ていったものです。いまや許可をもらわなければならないのですから！　古きよき時代に戻りましょう」。女性たちにもこの漫画は人気だった。「わたしには「アンディ・キャップ」みたいな人と結婚する約束がありました」とゴスポートの「匿名希望」の女性は書いた。「アンディのしれっとしたユーモアはいつも魅力的で、彼の言葉できゅんとなるのです。でも悲しいかな！　わたしは南部の男と結婚し、彼は見かけもふるまいもまじめなのですが、横柄でがさつで世慣れた「アンディ」が恋しくてなりません」

ヴィヴも同じような男を恋い焦がれていた。自立していて、仕事や家族の要求とか借金や失業の恐怖にたじろがない男である。そんなとき出会ったのが十六歳の炭坑夫キース・ニコルソンだった。日々の退屈な骨折り仕事と比べれば、彼らの道ならぬ恋愛は「セクシーでロマンティックな映画」さながらだった。しかし、最終的には現実に追いつかれた。ヴィヴはキースの子供を妊娠していることに気づき、マットに離婚したいと言った。望まざる妊娠はヴィヴに、自分は自分の人生をコントロールできないのだとあらためて感じさせた。医者は医学的な見地でのみ避妊薬を処方してくれることになっていただけだった（ピルは一九六一年になってようやく処方されるようになった）。しかし、少なくとも彼女は離婚をすることができた。アトリー政権のおかげで離婚に費用がそれほどかからなくなり、労働者階級の人びとも離婚しやすくなっていた。マットは母親のもとへ帰り、代わりにキースがヴィヴの家に越してきた。

キースの稼ぎはマットより少なかった。彼の炭坑夫見習いの賃金は週に七ポンドだったが、わざわざ起きて仕事に出かけるのを厭うことがしばしばあった。彼はヴィヴに、炭坑というのは息が詰まるように熱くて埃っぽく、退屈だし、くたくたになる仕事なのだと言った。冬には陽の光をまったく見なかった。まだ暗いうちに家を出て、坑道のあるかなきかの光のもとで仕事をした。ヴィヴにはそんな彼を責めることはできなかった。「キースが稼ぐわずかの金では、ないのも同然だった。それだとほとんど何も買えなかった」

これが五〇年代の問題であった。暮らしにおけるよいものというのはじれったくなるほど身近にあり、休暇、車、家庭用器具などすべてが生活の安寧を約束していた。しかし、これらのものを手に入れ維持することは、たゆまず懸命に働くことと少しばかりの幸運を必要とした。こうした経験を通してみると、アンディ・キャップには訴えかけてくるものがあるのだった。上司と国と女房のコントロールから逃れていようというアンディ・キャップの狡猾な企みにはユーモアがともなっていたが、豊かさ――もう少し正確にいえば少しだけ余分に安定性があること――にはこれほどまでの犠牲が必要とされるということへの後悔と怒りもともなっていたのである。アンディ・キャップは、福祉国家と製造ラインに依拠した生活が男たちから正当な責任と力を奪っているのではないかと思う人びとに受けた。エッジウェアの「匿名希望」氏は「デイリー・ミラー」に、自分がそのキャラクターを好むのは「日々の生活の平凡さと画一化に反抗する内なる魂をアンディ・キャップがあらわしているから」だと投書した。[1] わずかの報酬しかもたらさない毎日の仕事に対するキースの反抗をヴィヴも大目に見たのだった。けれどもロマンスでは食卓に食べ物を得ることはできなかった。

第10章　グラマースクールの黄金時代

人びとにとって「こんなにいい時代はなかった」とマクミランが宣言するころまでには、二世代の子供たちが戦後の抜本的な新制度――無償の中等教育――の恩恵を受けていた。一九四八年に労働党の教育相エレン・ウィルキンソンによって施行された一九四四年教育法は中等教育を無償とし、十一歳から十五歳の子供の教育を義務化した。ウィルキンソンは、この法を設計した保守党のラブ・バトラーと「教育機会の平等」を与えるという目標を共有していた。将来の世代の教育は、富や生まれ育ちではなく実力によって決定されるという目標である。しかし、一九四八年以降の教育の拡張は機会の平等を生みださなかった。その代わり政府の方針は、少数の者に最良の場所を確保しておくというきわめて選抜的な学校制度を生みだした。最終的に労働党政権も保守党政権も労働者階級の親と子供の向上心より雇用主たちからの要請を優先し、平時の「繁栄」を支える工場へと若者たちの大部分を送りこむ教育制度をつくったのである。

一九四八年より前に機会の平等というのがなかったことはたしかである。中等教育には授業料がかかり、少数の労働者階級の子女を除いては学校に行くことができなかった。一九三八年には、イングランドとウェールズの小学生のうちわずか一四パーセントしか中等教育へと進めず、進学者のほとんどは限られた数の自治体の奨学金に頼っていた。(1)スコットランドではもう少し高い割合で子供たちが中等教育を受けていたが、労働者階級の子女で上級中等学校（中等教育の全課程と外部による試験を提供した）に進む者はほとんどいなかった[2]。平等な機会の達成は教育がそれぞれの子供の才能に合わせてなされるかどうかにかかっているとウィルキンソンは考えていた。ウィルキンソンは、中等教育は三本の柱に沿って導入されるべきだとする超党派のノーウッド委員会の一九四三年の推奨を受け入れた。イングランドとウェールズのほとんどの子供たちは現代中等学校に進んだが、このうち一五パーセントは技術系の学校であり、都市計画者や建築家や技師の養成を目的としていた。また他の一五パーセントは学術的な選抜があるグラマースクールで、そこからは国の医師や弁護士、学者が輩出した。この制度はすでにスコットランドで導入されていた制度と似通っていたが、スコットランドでは一九三六年に無償で中等教育が受けられるようになっていた。そこではふたつに分かれた形で中等教育が存在していた。ほとんどの子供たちは下級中等学校に三年間通い、ＩＱテストの結果で上級中等学校によって提供される五年間の勉学コースに進むことができる少数の者が決定された。

労働者階級の親たちは、無償の中等教育導入を熱心に支持した。一九四五年、マス・オブザヴェーションは教育法について何百人もの人びとにインタビューし、「みなが平等な機会をもつこと」への多くの人びとの強い思いを明らかにした。重要なのは無償教育への支持がとりわけ「初等教育しか受けていない人びと」のあいだで強かったということである[3]。イアン・ホワイトの父もそうしたひとりだった。イアンはランカシャーの炭坑夫の息子だったが、一九四一年の空襲の時期に妊娠された「大空襲ベビーと呼ばれる世代」であった。一九四〇年代の終わりに「父がわたしを炭坑のてっぺんに連れていってこう言ったのです。「おまえにはふたつ選択肢がある。勉強するか、ここに降りて働くかのどちらかだ」。わたしたちが炭坑の一番上に立っていると、硫黄の匂いのする風が吹きあがってきました。それは地獄のようで、それゆえわたしは自分には教育だ！と思ったのです[4]」。学校に行くことは、よりよい生活へのパスポートであると思われていた。

自身、奨学金を得てグラマースクールに行ったウィルキンソンはふたつの「指針となる目標」をもっており、「わたし自身の経験にその大部分は由来する」と一九四六年の労働党大会で述べた。マンチェスターの労働者階級の家庭に生まれたウィルキンソンは「大学へ行くのに自分で道を切り拓かなければならなかった」。「男の子も女の子も、お金がないことで除外されることがない」ようにしたいとウィルキンソンは決意していた[5]。選抜制の中等教育に進めるかどうかは、「イレヴン・プラス」という学力試験における十歳の子供の成績によって決定された。教育は労働党の唱える新たな実力主義社会の土台をなすものであり、それは世襲の特権よりも努力と才能が重要となるはずの社会であった。

しかし、ウィルキンソンと政府には雇用主たちのニーズに応えるという三番目の目的があった。ウィルキンソンによって支持された三つのタイプの中等学校は、教員と親たちと子供たちが要求するものにもとづいているのではなかった。これらの学校は、戦後の経済が必要としていると政府が考えた労働者を生みだすべくつくられたのである。教育法を設計した人たちは、グラマースクールによって「国の優秀な子供たち」が大学で学ぶようになり、技術系の学校の生徒たちは戦後の都市計画だけでなく「デザインと職人技という産業の面」に貢献してくれるよう望んだ。(6) しかし、ほとんどの子供たちがこれとは違った未来に直面していた。一九四六年の労働党大会でウィルキンソンは、自分の主張を〔選抜制でない〕包括的中等教育への数多くの党員の大きな支持の声から守らざるをえなかった。「みなが学問的な教育を望んでいるわけではありません。どうしたって石炭は採掘されなければならないし、農地は耕されなければならないのですから」(7)。彼女の主張は人びとの才能と欲望は雇用主の求めるものと容易に一致するだろうというナイーヴな想定を裏切るものだった。一九四〇年代の終わりまでに多くの雇用主たちが求めたのは、製造ラインで働く労働者たちだった。

一九五〇年代の終わりまでにウィルキンソンの改革は多くのことをなしとげた。労働者階級の子供たちは、正式な教育をそれまでになく受けることができていた。一九五一年にはイギリス中の十六歳の男女の四分の一未満しか学校に行っていなかった。ちょうど十年後にはほぼ三分の一が学校に通うようになった。一九四〇年代に生まれた子供たちが正式な教育を修了した数は、大戦間期に生まれた子供たちのほとんど倍であった。(8)

しかし、労働者階級の子供たちがその親たちよりも多くの教育を受けていたとしても、中流階級の子供たちと比べると不利な立場に置かれていた。子供たちの八〇パーセントが一九五〇年代には選抜によらない現代中等学校で教育を受けていた。(9) こうした子供たちの大多数が肉体労働者の子女だった。これらの学校のグラマースクールとの縁は希薄だった。実際多くの学校がむかしからある小学校の名前を変えただけだった。一九五一年、イングランドとウェールズにある六百二十八の学校が、一九二〇年に「使用に適さない」との判断を下された建物をいまだに使用していた。(10) リヴァプールのグランビー・ストリート校もこのひとつだ

1960年代の後半までは多くの子供たちが、ヴィクトリア時代からある
設備の乏しい「全学年一緒」の学校で教育を受けつづけていた

った。この学校では「じめじめとした湿気で深刻な影響を受けている」過密な教室に、五歳から十五歳までの子供たちがぎゅうぎゅうに押しこめられているのを目にした国の学校査察官が怖気をふるった。[11] 一九五八年、保守党の教育相ジェフリー・ロイドは、大部分の現代中等学校には「適切な中等教育のために必要な設備、なかでも科学と技術に関する科目で必要とされる設備」が欠けていることを認めた。[12] しかし、現代中等学校への政府の投資は低いままにとどまっていた。

労働者階級の子供たちが成績による選抜を経てグラマースクールに入るチャンスはきわめて少なかった。マンチェスター・グラマースクールの校長は一九五八年に「われわれは新たな中流階級を生みだしているのだ」と声高に述べた。「グラマースクールは社会的流動性の運動のほんとうの最先端なのだ[13]」。しかし、グラマースクールに入ることができたのは肉体労働者の子供の一〇パーセント未満で、専門職や経営者層の子供たちは五〇パーセントをこえる数がグラマースクールに入れた。[14] リヴァプールでは、「中心部の」パディントン地区を例にとれば、この地区からはわずか一〇パーセントの子供たちしか十一歳以降グラマースクールに進学していない。この割合は、チルドウォールとかモスリー・ヒルといった「中流階級の」地域では七〇から八〇パーセントにまで上昇する」と地元紙「デイリー・ポスト」は報じた。[15]

数多くのジャーナリストや政治家たちが、右派のみならず左派までも労働者階級の子供たちの教育的達成度が低いのは親たちに責任があると示唆した。一九五一年に「エコノミスト」紙は、十六歳で学校を終えてしまうグラマースクールの生徒の大多数が示しているのは「入学を声高に求める者たちのすべてが完全な責任感にもとづいて選択をしているわけではないということであり、ボーダーラインにいる子供にとってグラマースクールの課程がいかに厳しいものであるか親たちも意識していない」ということなのだとの判断を下した。[16] J・W・B・ダグラス、J・M・ロス、H・R・シンプソンによる調査では、グラマースクールに進学する労働者階級の数が少ないのは「おそらく肉体労働者の家庭の生徒と親たちの側の向上心の低さがその理由であろう」と示唆されたが、五千人の生徒を対象とした彼らの調査はなんら決定的な証拠を提示してはいなかった。[17]

親たちのなかには、自分の子供がイレヴン・プラスの試験のストレスと、失敗する可能性のほうが断然高いことに耐えるのを見るのが忍びないという人びともたしかにいた。一九五〇年代のはじめに、かつてはパブリックスクールの生徒であり、のちに著名なSF作家となったJ・G・バラードは、百科事典を一軒一軒訪問販売してまわるなかでこうした親たちに出会った。百科辞典は多くの労働者階級の家庭にとって本棚に加える価値の高いものだったが、[18] コヴェントリにおいてはそうでないことに気づいた。「そこでは人びとはわたしを家のなかに招き入れて、テレビやソファの三点セットを見せたがった。……教育はほとんど価値をもっていなかった」[19]

バラードは自分の子供を私立の学校に行かせることを選んだが、訪問販売で出会った親たちの向上心を理解していなかった。こうした親たちのほとんどは必死になって仕事を探し、生活をやりくりしようとした経験をもっていた。彼らにとって戦後の完全雇用のもっとも意義深い利益は、これによって子供たちが心配することなく生きていくことのできる機会を得られるということだった。コヴェントリのウィレンホールに住んでいたジャック・エリオットとクリスティーン・エリオットもそうした親たちであった。娘のキャロルとポーリーンは一九五〇年代にイレヴン・プラスの試験に落ち、正式な修了証のないまま中等教育を終えた。二十年前、クリスティーン自身、中等教育を受けたいと思っていたが、小学生時代には父親の失業と家族の貧困が暗い影を落とし、その悲惨さゆえ九歳で精神的に参ってしまった。一九三四年に「わたしは［学校に］戻りましたが、あまりにも多くのことを学び落としていたので、ついていけない落第生になっていました。まわりは心配もしませんでしたし、わたしも気にしませんでした」。一九五〇年代までに、娘たちは十五歳で賃金のいい工場での仕事に就くことができ、生きていくための仕事は明らかに保証されていた。コヴェントリでは、イングランド全体と比べるとAレベルを受験する子供の割合はわずかに低かったが、[1]これは就職可能な工場や事務所での仕事が多くあることを反映したものである。[20]「娘たちにはただ幸せになってほしかったのです」とクリスティーンは言った。クリスティーンが経験したストレスと緊張、グラマースクールに入って成功するために要求される試験というハードルにつきもののストレスと緊張を娘たちには経験させたくないという思いだった。

親たちのなかには、自分の子供が社会の階梯をのぼっていくことに慎重な人びともいた。ポール・ベイカーは一九四八年、コヴェントリの郊外の「段ボールでできたようなプレハブ」に生まれた。彼は大戦中には兵役で尽力した牛乳配達夫の息子だった。ポールは父親が「[教育よりも]仕事、生活、友人たち――彼が戦争に行っていた六年間を切り抜けたこと、つまり生き残ることのほうに関心があった」と回想した。[21]友人たちとの連帯、安定した仕事を維持すること、生き残ること。これらは重要な美徳であり、このような父親たちは、自分の息子たちが人生を生きていくのにこれらの美徳を斥けなければならないのを認めることが困難だった。しかし、多くの親たちは「成功」を中流階級の地位と同一視する教育制度に対して猜疑心を抱き、懐疑的だった。たとえばクリスティーン・エリオットは娘たちがさらに教育を受けると、「自分たちのほうが他の誰よりも優れているのだと」思うようになるのではないかと心配した。「もし大学に行けば他の者より優れていると思うかもしれませんが、たいして変わりはないのです。たんなる想像上のことにすぎません」

親たちのなかには――一般的には父親だが――娘には教育は必要ないと考える人もいた。アン・ランチベリーは父親について、「父は娘に教育をするのが正しいとは思っていませんでした」と回想する。一九四七年、父親はアンの姉のパムに、仕事を始めることができるようグラマースクールをできるだけ早く出るべきだと言っていた。教育法はこうした反応を変化させる助けにはなったが、根底にある態度は変えられなかった。アン自身が一九五二年に姉と同じグラマースクールに入ったとき、「父はまったくなんの関心ももとうとしない」ことに気づいたが、「学校が無償だという事実ゆえに父は何をすることもできなかったのです」。一九六〇年代のルートンとタインサイドの労働者たちの調査は、男たちが娘の教育をたいして重要とはみなしておらず、多くの父親たちは英語や数学よりも家計のやりくりを学ぶほうが価値が高いと信じていたことを示している。このことは女性の仕事が少ない農業地域や北東部の炭坑といった性別役割分業が厳格な地域からやってきた家族についてはとくにあてはまったが、他の家庭においても明白であった。(22)ランカスターのノーマン・ルイスは一九五一年、二十一歳のときに結婚した。一九六〇年代のはじめまでに彼の三人の子供、イヴォンヌとキャロルとデイヴィッドはみなイレヴン・プラスの試験を受けて失敗した。「女の子がグラマースクールに行くなんていう話はありませんでした」と彼は振り返った。しかし、ノーマンはデイヴィッドには進学してほしいと思っていたし、自分に何か手助けしてやれることがないか、小学校に訊きに行った。「わたしはデイヴィッドにうまくやっていってほしいと願っていました。……娘たちは結婚して、その暮らしは彼女たちの選んだ相手のタイプを反映したものになるでしょう」。父親の目から見ると、デイヴィッドは違っていた。彼には成り立たせるべき生活があった。(23)

変化しつつある労働市場が、こうした態度を変えるのに一役買った。事実、イギリス全体で一九五〇年代に十五歳で学校を終えたのは、女子よりも男子がわずかに多いくらいだった。女子にも開かれている拡大しつつあった事務職と技術職の仕事は、十六歳にならないととれない正式な資格を必要とした。アン・ランチベリー自身この恩恵を受けた。彼女が選んだ看護師の職は、彼女が十代になるころに拡大しつつあった。一方、姉のパムの仕事の選択肢はもっと限られていた。(24)

労働者階級の親のなかには息子たちがホワイトカラーの仕事や専門職に就くことにアンビヴァレントな感情を抱く人たちもいた。息子の機会が自分たちよりも広がったことに嫉妬心をもったという場合もあろうが、これとないまぜになっていたのは、中流階級の管理職や官僚が行使するつまらない権威に対する猜疑心だった。多くの人びとはこうした職業に就くことをなんら自慢すべきことではないとみていた。戸籍本署長官は十年に一回の国勢調査で、これらの職業のステイタスの格づけを認めたのだったが。五〇年代の半ばにピーター・ウィルモットとマイケル・ヤングは、ベスナル・グリーンの「多数派ではないがかなりの数の男たち」が事務職や管理職は価値のあることを「何もしていない」と思っていることに気づいた。こう思っていた父親たちは息子に見習いになるよう促した。見習いによって一生の職を手につけることができるし、重要な交渉の道具となりうる技術を身につけることもできた。[25] こうした考えの男たちは息子たちを引きとめておこうとしていたわけではない。そうではなく彼らの価値観は、戦後のいずれの政権によっても助長されてきた肉体労働者－事務職員－管理職というヒエラルキーと相容れなかったのである。ホワイトカラー労働者の雇用の見通しが大きくなっていくにつれて男たちの向上心も変化した。一九六三年に社会学者たちは、ルートンの自動車工場の労働者たちの大多数が息子たちには事務職に就いてほしいと願い、事務仕事を工場での仕事よりきれいで安全でおもしろいとみなしていることを明らかにした。バーナード・ハリスは息子のジェイムズに「ちゃんとした技術職とちゃんとした事務所」を得て、「きちんとした白いワイシャツを着た、ほんとうにハイカラな製図工」になってほしかった。「それはわたしの仕事よりもおもしろく……どこに行っても通用する仕事ですから[26]」

しかし、労働者階級の母親たちは教育それ自体へのはるかに強い欲望を抱いていることが多かった。社会科学者のブライアン・ジャクソンとデニス・マースデンがハダスフィールド[2]の労働者階級のグラマースクール入学者の経験を調査したとき、ある男性が「グラマースクールに行く子供たちを教育するのは母親ですよ」と言った。[27] こうした女性たちのなかには一九三〇年代に教育の世界をあきらめざるをえなかった人たちもいた。この時代、誰に教育を受けさせるかという厳しい選択を迫られた家族は、娘よりも息子を選ぶ傾向が強かった。彼女たちは熟練の肉体労働に体現されていると多くの男たちが信じている技術、誇り、友愛を経験する機会をほとんどもつことができなかった。その結果、女性たちは自分の子供には違った希望を抱くようになった。ポール・ベイカーの母親はこうした女性のひとりだった。彼女はコヴェントリ市役所で出納係をしていた。中等教育を受けさせてもらえなかったため、息子と娘には納得のいくようにさせてやろうと決意していた。ふたりの子供のうちポールは上の子だった。彼女は息子をポール・ヴィンセント・ベイカーと名づけたが、ポールが回想して言うには「とても早い段階で母はわたしがオックスフォードかケンブリッジに行って法廷弁護士になるという夢を抱き、ヴィンセント・ベイカーという二重姓であればとても立派に響くだろうと考えたのです」。ポールの父は学校についてほとんど口を挟まなかったが、「母は教育が戦後の生き方のとてもとても重要な部分になるのだということをわかっていました」。彼女は自分の稼ぎを子供のピアノのレッスンに使い、「いつも宿題をすることや本を読むのを手伝おうとしてくれました[28]」。

ほとんどの親たちが、子供たちに最上の教育を与えてやりたいと望んでいた。子供たちが最終的にどういった職に就くかは問題ではなかった。一九五四年、「デイリー・ミラー」紙の「教育の焦点」は、現代中等学校が提供する狭隘なカリキュラムへの親たちの不満を書き立てた。「わたしの十四歳の娘は聡明なのです。でも娘は綴りがちゃんと書けない。これはなぜなのでしょう?」とウェストン・スーパー・メア[3]の「心配な母」は問うた。「なぜなら娘は学校であまりに多くの時間を料理の仕方、縫物の仕方、洗濯の仕方、買い物の仕方などを学ぶのに費やしているからです。家で娘はこれらを全部することができます」[29]。一九五九年、国の学校査察官は、コヴェントリにある大規模な現代中等学校の親たちも子供たちも学校に居つづけて試験を受ける機会がないことに不満をもっていると述べた。こうした機会を得られないのは、「戦後の義務教育が需要に見合うほど十分には提供されていない」からであった[30]。

一九五九年までに、人びとの学ぶことへの渇望は無視しがたいものになっていた。政府はジェフリー・クラウザー率いる委員会に、十五歳から十八歳までの年齢の子供たちの教育について助言するよう命じた。クラウザー報告書は、「あらゆる地域と職業」の親たちの最大の不満は「子供たちがグラマースクールに入れないことによって学校に通う期間が短縮されてしまう運命にあること」だと結論づけた。さらには「もっと長く教育を受けたいという要求は、親たちよりも子供たちのほうがはるかに強い」。現代中等学校に通う男子の一六パーセント、女子の二三パーセントが、「少なくともあと一年は学校にいられたらよいのにと思う」と答えた[31]。

教育へのこうした熱意が示唆するように、子供たちの人生における好機は子供たち自身の向上心によって決定づけられるわけでもないし、親たちの期待によって決まるわけでもなかった。大多数の子供たちは進学目的ではない中等教育を受けていた。政府の政策で進学による成功は少数者に限られていたからである。このため数多くの子供たちと親たちが落胆し、遺憾とするところとなった。一九四九年、ランカシャーの炭坑夫の息子イアン・ホワイトは、父親の励ましがあったもののイレヴン・プラスの試験に失敗した。イアンは地元の現代中等学校に通ったが、そこで彼が得たのはガーデニングの資格だけだった。「わたしは後年、自分で勉強しました」と五十年後にイアンは振り返った。「失敗」の記憶がいまだについてまわっていた。

社会科学者のジーン・フラウドとA・H・ホルシーは一九五〇年代半ばに徹底的な調査をおこなったあと、「グラマースクールが好まれるのは選考の結果という現実とはなんの関係性もない」との結論を出した[32]。ビル・レインフォードはこのことをよくわかっていた。彼は一九五八年にイレヴン・プラスの試験を受けた。ポール・ベイカーと同じくビルの母親も「子供の将来には高い理想をもって」おり、店員として稼いだお金で「本やおもちゃを買ってくれました」。父親は地元のダンロップの工場で働いていて、「わたしたちのことに少なからず関心をもっていてくれたようですが、母親ほどには教育が多くのことを与えてくれるとは考えていなかったと思います」。母親からあらゆる助力と励ましを受けたビルは、試験に受かれば母親の高い希望を叶えてやることができるだろうと確信した。

> わたしはボーイスカウトに入りたくて仕方なかったのですが、母はわたしがイレヴン・プラスの試験に受かったらスカウトに入れるという条件をつけました。わたしはその日が忘れられません。……家に帰ると父が座ってお茶を飲んでいました。わたしが「あれは来たの?」と訊くと「ああ」と父は答え、わたしのほうを見ました［首を振りました］。わたしは少し動揺して二階に上がり、母も落胆しているだろうなと思いましたが、あとで母はわたしに「お茶でも飲んでから身体を洗ってスカウトに行きなさい」と言ってくれました。わたしは「でもぼくがイレヴン・プラスの試験に通らないとって言ったじゃない」と言うと、母は「気にしちゃだめよ」と言ったのです。

高い望みが挫かれたのはレインフォード夫人だけではなかった。J・ビナーは彼のチームとともに何千人もの父母にインタビューをおこなった教育に対する親たちの態度についての最大の調査のひとつで、「肉体労働に従事している親たちは子供たちの教育上の達成について一連の失望と落胆を経験しているようだ」と述べた[33]。

失敗する割合がもっとも高かったのは労働者階級の子供たちだった。生活水準の物質的な格差に原因のひとつはあった。中流階級の子供たちはたくさんの本を持ち、宿題をするのに暖かで静かな部屋があり、快適な住まいがあって、お金の面で心配する必要のない場合が多かった。一九五四年、子供たちが早くに教育を終えてしまうことをめぐる政府の調査は、なぜ肉体労働者の子供たちのほうが他の職業の親をもつ子供たちよりも早い年齢で教育を終えてしまうことが多いのかを説明するのに「住宅の劣悪さ」が決定的であると結論づけた。大家族の子供や親が失業中の子供は学校での成績がふるわず、賃労働に就くために可能なかぎり早い年齢で学校を去る傾向にあった[34]。

困窮が労働者階級の失敗を説明するものなのだとすれば、

イレヴン・プラスの試験における階級的偏向が中流階級の成功を助けていたことになる。一九五〇年代の末までにA・H・ホルシーのような社会科学者たちは、試験は一貫して中流階級の文化的参照枠を使いつづけてきたのだと強調していた。試験を受けるための個別指導は子供たちの成功のチャンスを大きくしたが、中流階級の親たちにはそれを賄うことができた一方で、労働者階級の子供たちはめったにそうした指導を受けることができなかった。[35] これらすべてのことにより、イレヴン・プラスは教えられたことではなくて「適性」を問う客観的試験なのだという擁護派の主張が掘り崩された。

一九五〇年代末までには、イレヴン・プラスの試験は才能ある子供が頂点にのぼりつめるのを助けるのではなく、ほとんどの子供たちを階層の底辺にとどめおく欺瞞に満ちた手段であると示唆する社会科学者たちもあらわれてきた。一九五五年、ロンドン大学ユニヴァーシティ・コレッジ教育学部の研究者ロビン・ペドリーによる報告書が「デイリー・ミラー」紙の注意を引いた。「一九五三年にはもともとカッスル・ラッシェン総合学校に入った子供たちの三分の一が……修了証を手にしたが、イングランドとウェールズでは全体で五分の一の子供しかグラマースクールには行っていない」。[36] イレヴン・プラスが実際にはイギリスの子供たちの学業における潜在力を過小評価しているというペドリーの指摘は、労働党の議論とますます共鳴するようになっていった。一九五六年の党大会で、三本立ての制度よりも選抜によらない総合制の学校のほうをよしとする現行とは異なった教育政策を採択することが票決された。しかし保守党政権は、教育上の選抜を終わりにすることには断固として反対しつづけた。

もうひとつの大きな教育提供機関であった教会も、労働者階級の子供たちに適切な通学機会を提供するのには乗り気でなかった。リヴァプールでは、この都市に住む学童の三分の一の中等教育の責任をカトリック教会が負っていたが、教区に住む労働者階級の子供たちには、もっとも基礎的な通学の機会を提供する以上のことはまったくしようとしなかった。一九四〇年代の末、中等教育に関わるリヴァプール市当局の計画は、「グラマースクールの提供が不適切」だとして教育省から批判を受けた。これは自治体の説明によれば、カトリック教会が「十分なグラマースクールの提供を……考えようとしない」ことが理由だった。[37] 教会は、労働者階級の学童の大部分を受け入れつづけている荒廃した中心部の「全年齢」学校に新たにお金をつぎこむつもりもいっさいなかった。

ジーン・マクラーリンはこの影響を感じたひとりだった。

一九四七年に生まれたジーンは、リヴァプール中心部の寝室がふたつしかない公営アパートで育った十五人の子供のひとりだった。マクラーリン一家はリヴァプール大学のキャンパスから歩いてわずか数分、有名なデパートであるルイスとライム・ストリート駅から歩いて十分ほどのマートル・パレードに住んでいた。街の中心部と大学は、まだ小さかったジーンには別の世界のようにみえた。「父は扶養してくれる存在だとは言えませんでした」とジーンは述べた。子供たちには父が何をして生計を立てているのか判然としなかったが、どんな父親でも仕事をしているはずだということはわかっていたので、「母親に訊いたら『あいつは女たらしよ』と言ったのです。それで弟が学校で父親の職業を聞かれたとき、『女たらし』だと答えたのです」。これは以前は小学校で、一九五〇年代にもまだ五歳から十五歳の子供たちの教育をしていたカトリックのセント・アン校での話である。「修道女たちは、うちの母親はなんと驚くべき人かと考えていました」とジーンは振り返った。「彼女たちは『十五人子供がいて、十三人を育てたなんて！』と言っていたものです」。

この学校では子供を産み、死なせないで清潔な状態に保っておくことは賞賛すべき達成であったが、ジーンにとってはそれで十分ではなかった。十歳でイレヴン・プラスに「失敗した」とき、「わたしはがっかりしましたが、修道女たちのことが好きでしたし、失敗してもセント・アンにいることができました」。しかし、十二歳になるまでに学校に対するジーンの態度は変化した。彼女は家族でいちばん年上の娘になったのだが、まだ稼ぐために働きに出ていなかった。それゆえ「母は毎週金曜にはわたしを休ませて小さな子供たちの面倒をみさせ、自分は［近所の洗濯屋での］洗濯に出かけていきました。わたしは嫌でたまりませんでした」。ジーンは自分が新しいことを学ぶのがほんとうに好きだと気づいていたが、学校の先生たちは彼女が欠席しても何も言わず、まして家庭に介入したり、ジーンの人生は母親のとは違ってよりよいものになりうるのだと言ってくれたりすることもなかった。できるかぎり早い機会にジーンは学校を辞めて仕事を見つけるものと思われていたし、実際、十五歳で彼女はそうした。ジーンは地元の服飾工場で仕事を始めた。

一九六〇年、リヴァプール大学の大学院生ジョウン・ブラザーズは、社会的、教育的な変化に対するカトリック教会の抵抗がいまだに強く残っていることに気づいた。教会と学校の関係についての彼女の調査は、労働者階級の教区民たちがカトリックの小学校にいてくれるほうが好ましいとほとんどの神父たちが思っていると明らかにした。しかし神父たちのおもな不満は、神父の宗教的、社会的地位に疑問を投げかける自信と能力をグラマースクールの子供たちがもっているということだった。「あの子たちは自分たちがとても勉強していると思っているのです」とある神父は非難めいた言い方をした。「彼らは自分たちが口答えをしてもいい立場にあると思っているようです[38]」。多くの親たちは、自分の子供たちが新しくて設備も整った宗教系ではない公立校に行ってくれたほうがいいと思っていた。ビル・レインフォードの母も同じで、彼が一九五八年にイレヴン・プラスで失敗したあと、住んでいる現代的な公営住宅地区の近くの、新しいゲイトエイカー総合学校に息子を入れるべく「決死の思いで奮闘した」。自治体の職員は彼女に、この現代的で設備の整った学校にはビルの場合のように、たとえ地元の非宗教系の小学校で教育を受けたとしてもカトリックの子供は行くことができないのだと説明した。こうなると街の中心部にあるぼろぼろのカトリックの中等学校にバスに乗って通わなければならなくなる。ビルの母親は闘いに勝ったが、他の親たちと子供たちは、自分たちの宗教上の理由だけで劣悪な教育に耐えなければならなかった。

イレヴン・プラスのハードルを跳びこえることのできた少数の者たちには、グラマースクールが最初は約束の地であるように思えることも多かった。多くの者たちが親を喜ばせることができたと意識していた。ハワード・ブレイクは、合格が「母のもっとも幸せな瞬間のひとつ」だったと振り返った。立派な建物、教師陣の目標の高さ、新しい学校の壁を飾る名誉の芳名板によって、生徒たちの達成には誇らしさの感覚が植えつけられた。一九五九年、ポール・ベイカーはイレヴン・プラスの試験に合格し（母親の喜びはひとしおだった）、コヴェントリのバブレイク校の生徒になれたことが「とても誇らし」かった。「メッセージは、「諸君はみな成功するだろう」だった」。学ぶことが好きな生徒たちは、提供される新しくて興味をそそる教科に大喜びだった。彼らの学ぶ教科は、その親たちが学校で経験した何にもましてはるか先を行くものだった。自動車機械工の娘だったロルナ・セイジは、イングランドとの境のウェールズの小さな村ハンマーで育った。一九五五年、彼女はクラスで二、三人しか出ないイレヴン・プラスの合格者となった。この偉業を彼女は試験監督をした校長のおかげだと言った。賢明な不正行為によって「わたしたちをひとりかふたり、ごみ集めをしてまわるような運命から解放してくれました。……わたしの特権的な立場は牧師館とのつながりにあったのです［彼女は牧師の孫だった］」。ロルナはウィットチャーチ女子高校での最初の学期を、わくわくする新たな生活の始まりとして思い出した。「バスが毎日わたしを……八時十五分に迎えに来て、夕方四時半には送ってくれました。そのあいだには、わたし自身とあらゆる種類のラテン語があっただけです」[39]

しかし、無階級からはほど遠い環境で、自分たち自身と中流階級の同級生たちとの社会的な差が、多くのグラマースクール入学者にみずからの社会的出自を痛切に意識させることになった。「わたしにとってそれは自分が労働者階級なのだと気づいたときでしょうね」とハワード・ブレイクは言った。彼はビジネスマンや弁護士の息子たちに混じっていた。一九五二年、アン・ランチベリーもコヴェントリでイレヴン・プラスに合格し、女子校のグラマースクールに入った。「わたしは公営住宅に住んでいるという事実が［「イレヴン・プラスへの」合格に影響したのかと思いました」と振り返った。「なぜなら、公営住宅に住んでいた同級生なんてほんとうにひとりも思い出せないのですから」。ロルナ・セイジはウィットチャーチ高校での勉強を楽しむどころか、「避難民か住むところを奪われた人になったような」気がしていた。[40]

労働者階級の子供たちのこうした格差の感覚と劣等感は、クラスメイトによって悪化させられた。グラマースクールのほとんどは労働者階級の多い地区から少し離れた中心市街地か、もっとも多かったのは中流階級の住むなじみのない郊外に位置していた。豊かな家庭の同級生たちは、入学前から学校がある地域とクラスメイトの多くを知っていることが多かった。中流階級の子供のなかには、出身階級だけを理由に労働者階級の同級生を除け者にする生徒もいた。「中流階級の子供たちは、ほとんど強迫観念のように自分たちは清潔だが他の者たちは不潔なのだと思いこんでいた」とブライアン・ジャクソンとデニス・マースデンが明らかにした。

何人かの者は……学校で労働者階級の子供たちがとても「みすぼらしい」とか「浮浪者」のような格好をしていると言った。学校で惨めな服装をしているというめずらしい事例があったのかもしれないが、総じてこれは一般的事実としては受け入れがたい。わたしたちは例外的な事例が社会的なステレオタイプを裏づけるような境界線上で、いま調査をおこなっているのだと感じられてきた。

……「これは公平だとは思えません」とクリストファー・ファレルは言った。「これらの鼻水を垂らした子供たちにはチャンスが与えられるべきです。マルバートン・コレッジ［彼のグラマースクール］のような場所ではないところでね[41]」

社会的な分断を克服するどころか、人生での成功に「値する」のはごく少数の者たちだけだとほのめかすことで選抜制の学校はそうした分断を悪化させたのである。

学校それ自体も微妙ではあるが重大な差別の形式を永続化させることになった。イレヴン・プラスに受かったという喜びのあと、労働者階級地区の小学校から来た子供たちはもっとも人気の低いグラマースクールの底辺部にいることに気づかされる傾向にあった。これは社会調査に携わった研究者たちによって試験の結果とほとんど関係がないとされたことである[42]。グラマースクールは授業料「以外のお金」をとることができたし、実際にとった。文房具、修学旅行、制服、スポーツ用品はしばしば手が出ないほど高額だったが、これらを持っていないことは子供たちに癒しがたい傷を負わせることになりえた。アン・ランチベリーの姉は「肩掛けの学生鞄を買ってくれたのですが、姉はグラマースクールに行っていたので、こうしたものが大事なのだと知っていたのです」。ポール・ベイカーの両親は、「わたしが祖母の家で毎日お昼を食べられるように手筈を整えてくれました。祖母の家にはずいぶん距離がありましたが、両親はわたしが校庭でサンドイッチを食べるたったひとりの生徒になってほしくなかったのだと後年気づきました」。ポールの両親には学校の食事の代金を出す余裕がなかった。ジャクソンとマースデンは、労働者階級の親たちが特定の親たちは学校から歓迎されるのに、自分たちは子供の学業の進み具合を話し合うために学校に招かれることなどまったくないとの不満を抱いていると報告した[43]。

子供たちは学校の断固として中流階級的な精神に順応するかどうか選択しなければならなかった。多くのグラマースクールは、生徒たちに近所の青少年クラブやスポーツ・チームには加わらないようにと言っていた[44]。「学校によって組織されたクラブや団体で課外活動を楽しもうとする生徒は、学校への忠誠心と対立する可能性のある学校外のクラブや団体に参加する生徒よりも成績がいい」とバブレイク校の保護者向けパンフレットには書いてあった[45]。しかし、これが意味していたのは、学校の宿題とスポーツに適応するために、労働者階級の生徒たちは近所の友だちとの付き合いをあきらめなければならないということだった。学校にラグビーやサッカーのチームがないことは労働者階級の子供たちを苛立たせた。グラマースクールではユニオンラグビーがおこなわれていたが、これはイギリスのパブリックスクールのまねをした方法にすぎなかった[46]。学校文化のこうした要素は、学業での成功を促進することとはなんの関係もなかった。たんに社会的なエリート主義を促進し、永続化させるだけだった。

子供たちはふたつの世界のあいだで引き裂かれていた。親たちに誇りに思ってもらいたかったが、成功は親たちの経験を否定することにかかっていると教えられていたのだった。マーガレット・フォースターはイレヴン・プラスの試験に一九四九年に合格した。彼女は工場労働者の娘だった。母親は結婚するまで地元の自治体で事務職員をしていたが、家庭に収まっていることに満足していないのは明らかだった。母親はマーガレットにうまくいってほしいと願っていたが、娘がカーライル・カウンティ高校で前進しつづけているのを見ると、「母の目に映ったのは立ちあらわれてくる問題であり、広がっていく溝なのでした」[47]。

「わたしはあのころ、あまり親の顔を見なかったですね」と、バブレイク校での最初の四年についてポール・ベイカーは語った。彼のグラマースクールへの入学は、それまで牛乳配達夫だった父親が工場での賃金のよい仕事に就いたのと同時期だった。一家は少し富裕さの増す郊外のカウンドンに家を買い、ポールは「息子として大きなほうの寝室をもらえた」し、妹のヴィッキーには屋根裏部屋が与えられた。ポールは宿題をやるためと理由をつけて自分の部屋にこもりがちだった。ポールが豊かに暮らせていたのはたしかだが、両親の生き方にはアンビヴァレントな感じを抱いていた。両親は多くのものをあきらめ、さまざまなやり方で手助けをしつづけてくれた。ポールの部屋には、父親が空いている時間につくってくれた、学校で息子が使う本のための大きな本棚があった。ところが親たちは、ポールの地平線が広がってゆきつつあることを理解していなかった。彼らは息子がより豊かな暮らしをしているクラスメイトの家を見ると、自分の家に不足を感じるのではないかと心配したが、これはポールにとっては問題にならなかった。ポールにとってもっと問題だったのは、学校がコヴェントリをこえたわくわくする新しい世界を開いてくれたものの、これが両親にとって脅威となったということだった。「修学旅行か何かでフランスに行くとかスキーに行くとかの行事がありましたが、わたしは行けませんでした。親たちはパスポートとお金の問題だと言ったのですが、なぜみんなそんなことをしたがるのか両親には理解できなかったというのもあるでしょう。それは親たちの世界のことではなかったのです」。ポールの母には、大切なお金を海外旅行に使うという感覚が知れなかった。そんなことが学業をうまくこなし、ちゃんとした職に就くのになんの関係があるというのか？　マーガレット・フォースターの母親と同様、ポールの母も自分と息子とのあいだに教育によって生みだされていくようにみえる社会的な距離を気にしていたのだろう。

多くの生徒たちは、最終的には反逆した。ポール・ベイカーもそのひとりだった。十五歳になるまでに彼はなんとしてでも「成功したい」誇り高き十一歳から「アウトサイダー」へと変化していた。「わたしは彼ら［学校］に自分のような……あわれな人間を生みだしている責任があるのではと感じていました。……少し除け者にされたように感じていたのです」。グラマースクールによってコヴェントリをこえた世界への視界が開かれたものの、学校は試験で優れた成績をあげることが第一目標の狭隘なカリキュラムに固執するばかりで、彼の向上心をサポートしてはくれなかった。大学への道が拓けたように思われる子供たちもいたが、ポールはそのなかには入っていなかった。「彼らはわたしの両親を議論とかそういうもののなかにけっして招き入れようとはしませんでした」とポールは言った。「他方、いつもイベントに参加している人たちもいて、そうした人たちの子供は旅行に行っていました」。彼の経験を共有してくれる人びともいた。「ぼくたちはみなみすぼらしい子供でした。学校でいちばんうまくやっていたのは、いい服を着ていい家に住んでいた連中です」とロンドンのイースト・エンド出身でグラマースクールの生徒だった十八歳の青年が一九五六年のインタビューで語っていた。「ぼくはいつでも連中のことが嫌いでした」[48]。グラマースクールの生徒の大多数は十六歳で学校を出た。しかし、労働者階級の子供たちが学校を終える割合は、中流階級の同級生たちに比べてはるかに高かった。

グラマースクールの教師たちは、社会的流動性の積極的な促進者であるどころか、多くの労働者階級の入学者たちを説得して第六学年[4]に進級することを思いとどまらせていた。例外的に決然とした少数の者たちは進級を奨励されたし、やる気を与えてくれる教師に幸運にもめぐりあえる生徒たちもなかにはいた。「わたしの英語を担当していたワイン先生は優れた人でした。先生のおかげでわたしは本を読むようになったのです」とマーガレット・フォースターは回想した。「先生は読書人なら読むべきすべての作家のリストを渡してくれました。それこそまさにわたしが必要とし、ほしかったものだったのですが、母を苛立たせました。母はそれによって恐れていた溝が生みだされると思ったのです」[49]。後年、第六学年のとき、教師たちがオックスフォードとケンブリッジの女子コレッジについての小冊子をつくってくれたので、マーガレットはそれに励まされて首尾よく大学に出願することができた。しかし、第六学年に進んだ少数の者たちのほとんどが大学への出願を奨励されるのではなく、技術系、工業系の仕事へと送りだされた。クラウザー報告書は、十五歳以降も学校に残った少数の労働者階級の子供たちは大学に入るには不適切なAレベルの試験やOレベル〔5〕の試験を受験しているか、政府の補助金や奨学金が大学生のために用意されていることを認識していないかのいずれかであると強調した。[50] 中流階級の子供たちを多く受け入れる学校は、大学出願のプロセスを生徒たちにわざわざ説明しなかった。親たちがそれをやってくれると見込んでいたからである。そして労働者階級の生徒たちはさらに進んだ学問をするには向いていないと想定してかかっている場合も多かった。法廷弁護士になりたいというポール・ベイカーの夢は、校長によって打ち砕かれた。校長はあとになって、大学で人文学を学ぶにはラテン語のOレベルが必要なのだと指摘したが、手遅れだった。多くの労働者階級の女子生徒たちは、大学入学に必要とされる成績をとることよりも教員養成のほうに送りこまれた。[51] グラマースクールは新たな地平を拓くどころか、多くの子供たちにとってははるかに狭く、くっきりと境界が定められた「成功」への道を重い足どりで歩いていくなかで飛びこえなければならない一連の試験のハードルなのであった。

　確たる決意をもち、運に恵まれた少数の生徒たちは成功を収めたが、それはごく少数だった。一九五〇年代には十八歳から十九歳のうちわずか四パーセントしか大学に行っていなかった。ところがその年齢層の四分の一は大学入学要件を満たしていたのだ。[52] たんに大学の側に受け入れ枠がなかったのである。一九六一年、この事態を受けて、ようやくマクミラン政権はロビンズ委員会に「フルタイムの大学教育のパターンを見なおす」よう命じた。[53] しかし大学を拡張するようにというロビンズの推奨は、労働党がふたたび一九六四年に政権の座につくまで実行されず、一九四四年教育法のもとで中等教育を受けた最初の世代にとって、これは遅すぎた。グラマースクールだけにこうした状況の責任があるわけではないが、特権的な社会階層の出身者が確実に大学に選抜されるような事態をグラマースクールは助長していたのである。

　とはいえ、グラマースクールに通った労働者階級の子供たちは親とは違った職業に就く傾向が高かった。ポール・ベイカーは十七歳の誕生日を迎えてすぐ学校を終えた。彼は教師たちに説得されて科学のAレベルを受けた。教師たちは、科学でAレベルをとっておけば就職にプラスになるというのだった。しかし、つらい勉強で息が詰まるように感じられ、ポールは試験を完遂できなかった。その代わり彼は会計士になった。彼の落胆は収まらなかった。「わたしの関心のすべては人文学だったのです。フランス語、文

いくつかの職業が1960年代に拡大を見せた。ヘイゼル・ウッドがコヴェントリで看護師としてはじめて迎えたボクシングデイで同僚たちと（1961年ごろ）

学、映画」。これらのことへの関心は日々の仕事では活かされないままだったが、ポールはワイシャツにネクタイをして仕事に行き、自分の仕事と生き方に対して彼の父親が享受できたよりも大きな力をもつことができた。

若い女性の職業的な選択も拡大しつつあった。一九五六年、コヴェントリの自動車工場で働く父と店員の母の娘であったヘイゼル・ウッドは看護師になった。彼女は友だちとともに地元の病院を訪れて触発され、「これがわたしのやりたかったことなのだと気づきました。……家族には看護師はひとりもいませんでしたから、誰もその仕事についてはまったく知らなかったのです」。しかしヘイゼルの級友のアン・ランチベリーが、十六歳と半年になればすぐにトレーニングが始められるということを知ったのだった。「近所の人びとや友人たちの多くは、学校を出ると自動的に工場での仕事に就いていました」とヘイゼルは言った。「でも、そんなことは考えることさえしませんでした……なぜなら、わたしはグラマースクールに行っていましたから」。グラマースクールに行っていた生徒は現代中等学校を出た生徒よりも事務職に就く傾向が高かったし、実験施設の技術者や科学者、製図工になって、ますます数が増えつつあった中間管理職のポストや技術職に就いていった。

こうした新たな機会は教育制度が変化した結果として出

てきたのではなく、職場における革新の結果なのであった。一九五〇年代と一九六〇年代には、地方自治体や国民保健サービス、電気技術産業の成長のおかげで技術者、看護師、中間管理職への需要が増加した。一九五一年には労働者の六パーセントがこのような仕事に雇用されており、三パーセントが管理職の地位にあった。一九七一年にはこのような仕事に就いている労働者の割合は一〇パーセントで、管理職の割合は六パーセントだった。[54] 社会学者のＪ・Ｈ・ゴールドソープが指摘したように、グラマースクールそれ自体によって仕事への道が拡大されたわけではなかった。重要だったのは教師、技術者、看護師への需要の増大である。[55] 教育制度はたんに、こうした職を求めて競う機会を誰が得るのか決定しただけであった。

運がよかった少数の人びとの大半は、社会的な階梯をわずかにのぼっただけだった。労働者階級のグラマースクールの生徒たちがもっとも名声があり報酬も高い法曹や公務員の職に就く可能性は、第二次世界大戦前と同じくらい低いままだった。[56] グラマースクールは依然はっきりと中流階級的だったし、私立の教育部門は戦後の教育改革を経ても残存していた。クレメント・アトリーは、自身パブリックスクールであるヘイリーベリー校の出身だったが、お金のかかるエリート主義の教育機関の慈善的な地位に終止符を打ちたいという労働党左派からの要請をはねつけた。一九五〇年代を通して私立校は人口の五パーセントしか教育していなかったが、オックスフォードとケンブリッジの学部生の半数以上を送りだしていた。[57] 法廷弁護士、大学教授、上級の公務員はほぼ排他的にパブリックスクールとオックスフォード、ケンブリッジの卒業生という少数者のなかから人材を得ていた。[58]

グラマースクールに進むことができた労働者階級の子供たちが彼らの限定された成功を失敗と受けとめることは少なからずあった。小学校のころの同級生の多くとは違い、彼らは事務所で働き、自分自身の家を持ち、家族の家からは離れた郊外に住んだ。しかし、一九六〇年代には看護師と技術者の賃金は大部分の熟練の肉体労働者と変わらなかったし、昇進が見込める人はほとんどいなかった。調査のなかにジャクソンとマースデンが例を見いだしたように、こうした人びとは自分たちの懸命の努力がいかにわずかなことしか達成していないかということに挫折感を抱くこともあった。[59] 両親が彼らに抱いた夢を達成した人びとはわずかだった。ポール・ベイカーは「母親をがっかりさせた」ことへの一生消えぬ「罪悪感」について語った。ヘイゼル・ウッドは両親が看護師の仕事を「低賃金」とみなしていることに気づいていたし、「親たちは自分たち家族がうまく生活できて、ちゃんとした仕事が得られ、お金がたくさんあってくれさえすればいいと願っていました。……彼らはわたしがグラマースクールに入ったので医者か研究者にでもなるのだと思っていました。……両親は突然大きな希望を抱き、わたしが失望させることになってしまったのです」

ヘイゼルの世代は両親の抱いた夢を実現することが必ずしも幸せをもたらすことにはならないと気づいた。幸運なことに、ヘイゼル自身は看護の仕事を楽しむことができたし、両親もすぐに「わたしのことを誇りに思ってくれました」。トム・コートニーはハル[6]の港湾労働者の息子だが、あまり幸運ではないと感じていた。母親は、グラマースクールと大学の在学中を通して彼を強く支援してくれた。熱心に本を読む人間だった彼の母は、かつて彼に「わたしは教育を受けていないので泣きそうになった」と書き送った。しかし、息子は学業上の成功を退屈だと感じた。「ロンドン大学のユニヴァーシティ・コレッジに学び、良質の教育を受けることがほとんど耐えがたい重荷であると気づいたのはさして驚くに足りませんでしたが、とても強い罪悪感を覚えました」[60]。彼は卒業することができなかった。トム・コートニーの話はハッピーエンディングで終わる。彼は英国王立演劇アカデミーへの奨学金を得ることができ、彼が望んでいたよりも両親には理解があることもわかった。

しかし、ジャクソンとマースデンがインタビューした人びとの多くは、技術者や教師として仕事を始めて数年後に「落ち着かなさ」や「幻滅」を感じていた[61]。その間もイギリスでもっとも名声のある仕事はごく少数の者たちの手に収められたままで、彼らは他の人びとを自分たちの輪のなかに入ってこさせようとはしたがらなかった。

五十年が経ち、政治的立場の左右を問わず政治家とジャーナリストたちは一九五〇年代が「社会的流動性の黄金時代」であったとのコンセンサスを生みだした[62]。しかし、現実には成功への黄金のチケットはごくわずかしか出まわらず、そのほとんどが特権的な親たちの子供の手に渡ってしまうという事態を選抜制の中等教育が強化した。多くの肉体労働者たちは、子供たちの機会が増大するという大きな希望を抱き、これを可能にするためにできることはなんでもした。しかし、戦後の経済は製造ラインで働く数多くの労働者を必要とし、さらに多い数の労働者たちに型通りの事務職に従事するよう求めた。そしてどの政権も、教育制度がこうした労働者を確実に生みだすようにした[63]。「幸運」な少数の者は、順応に疑問を投げかけないで狭い道を踏み分けていくことこそ「成功」が意味することであり、これによっていくばくかの物質的な報酬は得られるが、望んだような教育的な充足や職業上の前進はめったに得られないということに気づいた。彼らの「成功」は多くの人びとの失敗の上に成り立っていた。教育は多くの子供たちに、イギリスはいまだになんと不平等であるかということを痛切に意識させた。

一九五〇年代末までに、中流階級になるという流動性がほんとうに教育の目的であってよいのかとの疑問を投げかけはじめる人びともあらわれた。一九五八年、テレビのジャーナリストであるジャック・アシュリーは、「階級は問題か?」という画期的なテレビのシリーズをBBCで制作した。アシュリーは繁栄の度合い、スラムの一掃による影響、教育と社会的流動性の効果を含む「現代における社会階級の問題」を検証したいと思った。こうした問題についてアシュリーは労働者階級出身のオックスフォードのある若い学部生にインタビューした。彼はデニス・ポターといった。彼はアシュリーにこう答えた。両親が住む炭坑の村の貧しさと田舎根性から逃れたいと思っていたが、「いわば自分のバックグラウンドとしてアイデンティティの感覚を保っておきたいと思うのもたしかなのです」[64]。一九五〇年代が終わるころには、自分たちの日々の生活によって労働者階級の人びとにはユニークで価値あるアイデンティティが与えられるのだ、というポターの主張にますます多くの人びとが共感するようになっていた。こうしたアイデンティティは、多くのお金を稼いだり学位をとったりしても単純に消えてしまうものではなかった。労働者階級であることがファッショナブルになりつつある時代だった。

訳注

〔1〕 Aレベルは一般教育修了資格の上級(Advanced)レベルの試験で、大学進学のために必要とされる。
〔2〕 ハダスフィールドはリーズの南西、ブラッドフォードの南に位置するウェスト・ヨークシャーの町。
〔3〕 ウェストン・スーパー・メアはブリストルの南西に位置し、ブリストル湾に面した町。
〔4〕 第六学年はAレベルを受験するための二年間のコース。
〔5〕 Oレベルは一般教育修了資格の基礎(Ordinary)レベルの試験。
〔6〕 ハルはイングランド北東部の海岸に面した都市。

第11章　労働者階級の英雄たち

一九五七年十月、マーガレット・フォースターはオックスフォード大学ソマヴィル・コレッジで歴史学の勉強を始めた。彼女はカーライル[1]の公営住宅からやってきたのだった。父は工場労働者で、母はかつて事務職員をしていた。兄のゴードンはイレヴン・プラスの試験に失敗し、いまでは薬局で働いており、妹のポーリーンはまだ学校に通っていた。オックスフォードでマーガレットは驚くことになった。「五〇年代の終わりに労働者階級であることは……流行りだったのです。……自分たちが労働者階級だというので恥ずかしく思ったり、そのことを隠したりする代わりに、労働者階級であることを効果的に誇示し、労働者階級であることで自分たちがいかに特別な存在になったかを理解しました」[1]

一九五〇年代の終わりから一九六〇年代のはじめにかけて、文化の革命がイギリスで起きた。労働者階級であることがファッショナブルになったのだ。これにはティーンエイジャーがいくぶんか寄与していた。「豊かさ」は限定的なままだったが、若い賃金労働者たちがますます重要な消費者になりつつあった。フォースターのように社会的な階梯をなんとかのぼることができた少数の人びとも中心的な役割を果たした。こうした人びとは親たち世代と同じようには見えなかったし、非常に異なった種類の生活を送った。彼らは多くのジャーナリストと政治家たちにとって、労働者階級の人びとが重要な役割を果たすことのできる豊かで実力主義的な社会の象徴であった。

こうした変化にある一世代のティーンエイジャーたちが

重要な役割を果たしたのだとすれば、少数ではあるが上向きの流動性を実現した作家、俳優、ジャーナリスト、テレビ業界の人たちも同様の役割を果たした。こういった人びとによって戦後世代の労働者階級の英雄たちは視聴者たる何千人、ときには何百万人というふつうの人びとのもとへ届けられた。彼らは『年上の女』[2]のジョー・ランプトンや『ビリー・ライアー』[3]のビリー・フィッシャー、『コロネーション・ストリート』[4]のダッフルコートを着たケン・バーロウのような「怒れる若者たち」を創出した。ケン・バーロウがもつオックスフォードの学位としばしば起こす癇癪の発作は、イギリスでもっとも成功した連続メロドラマの他の登場人物たちから彼を際立たせていた。これらの若者たちはとても現代的なジレンマを体現していた。富と社会的なステイタスを追求するために戦後の新たな機会を活かすか、労働者階級の暮らしが提供するコミュニティと連帯のためにこうした機会を拒否するか、というジレンマである。新しい小説も映画もテレビのショーも、まったく解決法を示してはいなかった。しかし、これらすべてが労働者階級の暮らしは本質的に興味深く価値あるものだということを示唆していた。

このような文化の革命によって、人生を永久に変化させられた労働者階級の人びともいた。彼らは作家や俳優、ポップ・スターとして名声を築いた。しかし、この革命はさらに何百万もの人びとにも影響を与えた。こうした人びとは、自分たちの暮らしと経験がふつうであるとともに注目に値するものだと語られるのをじかに経験した。一九五〇年代の終わりから一九六〇年代のはじめに成人を迎えた人びとは、とくに影響を受けた。彼らは自分たちが親たちの経験した以上によい暮らしを送るに値するのだと信じるようになり、安定した職業に就いたのみならず、より大きな興奮と自立をそこに見いだしたのである。

マーガレット・フォースターがオックスフォードに入学するわずか一年前には、誰もこうした変化を予見できなかった。一九五〇年代のイギリスでは大多数の人びとが労働者階級であったが、舞台や銀幕、文学を支配していたのは中流階級と上流階級の暮らしだった。BBCラジオは『アーチャー家』[5]で、地方の地主階級に焦点をあてた「田舎の人びとの日々のストーリー」を提供した。最初のテレビの連続ドラマであるBBCの『グローヴ家』は、自営の建設業者ジャック・グローヴを家長とするイングランドの中流階級の静かで快適な郊外での暮らしを描いた。ハリウッドのロマンスや時代劇が映画の主流だったが、当時は観客が戦時中の記憶と家庭の過密という現実から逃避したいと思っていた時代だった。一九五六年一月は、演劇好きの人たちがロンドンのセント・ジェイムズ劇場でテレンス・ラティガンの中流階級的客間演劇『銘々のテーブル』[6]を観る最後の機会となった。二年続いたロングランの掉尾であり、ひとつの演劇がそれまでに達成した最大の成功だった。学問の世界を陽気に活写したキングズリ・エイミスの『ラッキー・ジム』[7]は、新しいミドルブラウ文学のひとつだった。一見「ふつう」の暮らしが客間や大学で送られ、気の利いたちょっとした会話に焦点があてられるが、豊かさは続くのかとか、特権が残存していることへの怒りとか贅沢な暮らしへの向上心といったものは描かれていなかった。

「オブザーヴァー」紙の影響力の大きい劇評家ケネス・タイナンも、一九五六年にジョン・オズボーンの『怒りを込めて振り返れ』を観に集まった人びとのひとりだった。劇の中心は、下層中流階級ないしは労働者階級出身の「怒れる若者」ジミーと、そのガールフレンドで上層中流階級のアリスンである。この劇が急進的だったのはジミーより社会的に上位の人物たちの視点からではなく、ジミーの視点から語られているということだった。タイナンは『怒りを込めて振り返れ』が戦争以降にあらわれたもっとも革新的な劇であると宣言した。彼の意見では一九五六年は「バリケードの立てられる音が響き渡った」年として記憶されることになるだろう。[2]

そして一九五七年四月には、ジョン・ブレインの小説『年上の女』が出版された。この小説は戦後のイギリスで成功を求める労働者階級の若者ジョー・ランプトンの話である。出版から一年で『年上の女』のハードカバー版は三万四千部を売り上げ、すぐに「デイリー・エクスプレス」紙に連載された。労働者階級の英雄が誕生したのだった。文学の新しい波は北部出身の若い労働者階級の男女（通例は男だったが）が直面する難題を描きだした。彼らは自分たちのルーツを失うことなく人生で成功を収めたいと思っていた。一九五八年、アラン・シリトーの小説『土曜の夜と日曜の朝』が（シリトー自身がそうであったような）ノッティンガムの工場労働者アーサー・シートンの物語を描いた。同じ年、ソルフォード出身の十八歳、シーラ・ディレイニの戯曲『蜜の味』がロンドンのウェスト・エンドで大ヒットとなった。この劇は労働者階級の十代の少女ジョーが家を離れ、黒人の船乗りと短いあいだ関係をもち、妊娠していることに気づくという話である。さらに一九五九年にはキース・ウォーターハウスの小説『ビリー・ライアー』が出た。欲求不満のボヘミアンの主人公は、ウォーターハウスと同じウェスト・ヨークシャー出身だった。翌年にはスタン・バーストウの『愛の王』[8]とデイヴィッド・ストーリーの『孤独の報酬』[2]が出された。
一九六〇年までに、労働者階級の暮らしは映画にも描かれるようになっていた。九つのいわゆる「労働者階級もの《キッチン・シンク》」小説、演劇、短篇がただちに映画化されて成功を収め、イギリス映画のニューウェイヴを決定づけた。一九六一年、『土曜の夜と日曜の朝』がイギリスで三番目の大ヒットとなり、その年に公開されたイギリス映画すべてをしのぐ興業成績をあげた。なかでももっとも重要だったのは、グラナダ・テレヴィジョンで一九六〇年十二月から放送された『コロネーション・ストリート』である。二十三歳のトニー・ウォレンは、自分の制作した連続ドラマを「アクが強く剛毅で生意気な北部ランカスター人の懐疑心が登場人物たち全員に刻みこまれている」と説明した。[3]グラナダは当初、放送を北西部だけに限定する予定だったが、視聴者に訴えかけるものが非常に大きく、すぐに『コロネーション・ストリート』はイギリスでもっとも人気の高いテレビ番組となった。

　これらの作家たちの多くは、自分たちの経験と家族、近所の人びととの経験に戦後の文学と映画が頑なに目を向けてこなかったという不満に突き動かされていた。シーラ・ディレイニはソルフォードで工場の事務員をしていたが、マンチャスターのライブラリー・シアターでテレンス・ラティガンの『主題の変奏』を観て触発され、『蜜の味』を書いた。ディレイニはラティガンの描く「魅力的な環境で安全に守られた文化的な生活は、ふつうの人びとの大多数が知っている生活ではない」と嘲笑的に一蹴した。彼女は「笑いものにされる愚鈍者としてのみ労働者階級の人びとがあらわれる劇」にうんざりしているのだと言った。[4]『コロネーション・ストリート』の制作チームは、「ありふれた形式とありふれた人物——階級のない土地の出身で、うまく防腐処理され乾燥された典型氏と典型夫人」と番組の最初のプロデューサーのひとりであったデレク・グレインジャーが呼ぶものに対してきわめて批判的だった。[5]

　一九五〇年代後半には、無視することのできない方法で労働者階級の人びとは社会的なヒエラルキーに異議を唱えているのだと多くの作家たちが信じるようになった。「地方出身の優秀な若者たちは、おとなしく座って与えられるものを受けとるだけではもはや満足しなくなった」とヨークシャーの製図工スタン・バーストウは言った。『愛の王』を書いたのは彼だった。「空気が新しいエネルギーで音を立てて弾けた。なんでもできそうな気がした」[6]。しかし、こういった若者たちは政治家たちが「実力主義」をもてはやすのに反抗し、人びとは労働者階級の生活を逃れることができるのだし、そう望むにちがいないという考え方に与しないようにした。彼らは中流階級が社会的ないしは文化的に上位なのかと問い、社会的流動性やスラムの一掃によって脅かされうるコミュニティ、忠誠心、真心の強い感覚といった価値観を労働者階級の人びとが保持しているのだと主張した。アラン・シリトーは作中人物のアーサー・シートンについて、「わたしは働いている男についての小説を書きたかった。その男は必ずしも彼が住まう生活圏の典型ではないが、全身全霊でそこに属しているから、何をもってしても彼をそこから引き離すことはできなかった」と述べた。(7)

労働者階級の人びとが自分たちの生き方をコントロールする新しい力を得つつあると考えたのは、バーストウひとりではなかった。一九五〇年代の末までに、ひとつの世代が完全雇用と福祉国家を知って育った。彼らは一九五八年にキース・ウォーターハウスが『デイリー・ミラー』の特集で「豆の木世代」と呼んだものの象徴だった。この呼び方は、戦後に生まれた赤ん坊の健康と豊かさをうまくとらえていた。彼らはいまや十代となり、将来の見通しは「その前のいかなる世代」よりもよいものになっていたとウォーターハウスは述べた。(8)彼らには責任を負うべき家族もなく、それゆえ多くの可処分所得を享受できた。一九五八年、ロンドン・スクール・オブ・エコノミクスの研究者マーク・エイブラムズは、「ほぼ全体が労働者階級」からなる新たな「十代のマーケット」の出現を興奮した調子で告げた。こうした若者たちは同世代の中流階級の大部分とは違って、十代の半ばまでには自分で賃金を得ていた。彼らはみずから化粧品、タバコ、レコード、スクーターの生産に携わり、同時にそれらの主たる消費者でもあった。ダンスホールとコーヒーバーに足しげく通った。(9)こうした若者にとって「飢餓の三〇年代」は見知らぬ過去であった。

十代の若者たちは、労働者階級の家庭で読まれていた新聞によって、自分たちはふつうであると同時に新たな種類の豊かな生活のパイオニアでもあると思うよう促された。一九五〇年代と一九六〇年代初頭にはテディ・ボーイの暴力やモッズとロッカーズの抗争の話題が新聞を釘づけにし、働く母親たちと新たな消費財への欲望が若者の非行を生みだしているのかということをめぐる政治的なパニックの火に油を注いだ。しかしジャーナリストたちは、十代の若者たちについてもっと楽観的な見方を示してもいた。とくに一九五〇年代の後半には若者たちが豊かさを先導しているとみられていた。「豆の木世代はビッグ・ビジネス!」と「ミラー」紙は謳った。(10)一九五八年、「マンチェスター・ガーディアン」紙は若い労働者たちの集会について報じ、「テディ・ボーイの動きは希望にあふれた出来事だった」

と結論づけた。社会についての進歩的な若者運動であるウッドクラフト・フォークの創始者レズリー・ポールは、「現代の若者が二五ポンドのスーツをこれみよがしに身につけるのは、お金は持っているが、いまだに陰気な裏通りに住んでいる若者らによる否定すべき権威をもつ過去に対する抗議なのだ」と指摘した。[11] こうした若者たちは、先例をみない繁栄と機会を経験している世代であった。賃金上昇と完全雇用の時代に十代の若者たちは、安定した仕事とそれがもたらす経済的安定だけでなく創造性と感情の面での充足をも希求するよう促されていたのである。

1961年、シェフィールドのパーク・ヒル団地のクラブでダンスする10代の若者たち

政治家たちも労働者階級の十代の若者たちにスポットライトをあてた。一九六〇年、レズリー・ポールは、十代の若者たちが何を必要とし何をほしがっているのかを政府の委託によって調査するアルブマール委員会に加わるようにとの招聘を受けた。一九三〇年代に「奨学金を獲得して」中等教育を受け、リーズ大学を卒業し、戦前には成人教育の講師となり、一九五七年に『読み書き能力の効用』を出版したリチャード・ホガートも委員のひとりだった。委員会の報告書は、ショッピング、ファッション、コーヒーバーで過ごし、夜に踊りに出ることは重要な文化的活動であり、工場やオフィスでの単調な仕事のなかで窒息させられてしまいかねない「創造性」の捌け口を若者たちに与える「情緒的な内容にあふれた」活動だという判断を下した。[12] こうしたことすべてが示したのは、労働者階級の十代の若者たちは多くのものを国に与えているのであり、彼らの向上心は真剣に受けとめるに値するものだということだった。

幸運な少数の者たちには、この数年のあいだにスターへの道が拓かれた。『土曜の夜と日曜の朝』のなかでアーサー・シートンを演じたアルバート・フィニー、『ビリー・ライアー』と『長距離走者の孤独』[10]に出演したトム・コートニーのような若者は労働者階級の家族のなかで最初に高等教育を受けた人びとだった。コートニーは王立演劇アカデミーでフィニーの数年後輩だったが、この当時は「労働者階級であることが流行りで、ロンドンの野心あふれる若者は競って自分たちが労働者階級だと示そうとしていた」[13]。同じことはごく少数の女性たちにもいえた。二十二歳のボルトン出身の女優シャーリー・アン・フィールドが『土曜の夜と日曜の朝』の映画でドーリーン役に抜擢されたとき、「[監督の]トニー・リチャードソンが、われわれは労働者階級のヒロインを探し求めていたのだと言ったので、わたしは少し侮辱されたように感じました」。彼女はその当時、自分の訛りを捨てようとしていたところだった。「北部がわざわざ温情をかけられるほど顧みられない場所だとはわたしは思いません」と彼女は言った[14]。一九六一年、トニー・リチャードソンは『蜜の味』を映画化し、オードリー・ヘップバーンを主役にしたい有力な制作会社に抵抗して、シーラ・ディレイニを味方につけた。リチャードソンとディレイニは「知られていない」ほうがいい仕事ができると主張して、それが功を奏し、リヴァプール出身の十九歳、リタ・タッシンガムがその役を手に入れた[15]。

階級上昇を果たした少数だが優秀なジャーナリストや作家のグループは、このような労働者階級の英雄を熱心に売りこんだ。『読み書き能力の効用』のなかでリチャード・ホガートは、労働者階級のコミュニティは近所づきあいや助け合い、真心や誠実さといったイギリスが失う危険にさらされている価値観を擁護しているのだと述べた[16]。ハンター・デイヴィーズはホガートよりも一世代若いが、変化のパイオニアという労働者像を売りこむのを好んだ。カーライルの労働者階級家庭の出身であるデイヴィーズは、一九六四年には「サンデー・タイムズ」の記者だった。彼は新聞の「アティクス」というコラムの担当になったとき、「主教とか権力者たちへのインタビューや関連資料をすべて棄ててしまった」。その代わり焦点をあてたのが「自信にあふれたロンドン訛りの写真家であり、北部出身の生意気な俳優であり、若いファッション・デザイナーであり、新進のテレビ劇作家であり、労働者階級の小説家であり、サッカーの若きスターであった」[17]。

ジャーナリストと政治家たちは、これら気鋭のスターたちを新たな実力主義の証明として早速利用した。これらの若い有名人たちは、自分たちの労働者階級の過去を回避しようとするどころか喜んで前面に出し、必要ならばでっちあげさえした。「ほんとうはわたし労働者階級ではなかったのよ」と三十年後にリタ・タッシンガムは振り返った。「ジャーナリストたちに言いつづけてきたように、わたしは中流階級の生まれだったのだけれど、労働者階級なんだって称してきたの」[18]。政治家たちが実力主義について話し、ジャーナリストたちが労働者階級の十代の若者たちの豊かさを言祝いだことは、労働者階級であるということが革新的であることと同時に勤勉であることも意味したと示唆している。労働者階級の出身であることは、スターが実力と人びとへの魅力で「成功」したことを意味した。下層中流階級が多い郊外で育ち、グラマースクールに行っていたジョン・レノンは、一九五〇年代の末、リヴァプールで当時もっとも名の知れていたグラマースクール、リヴァプール・インスティテュートでポール・マッカートニーと出会った。彼らは自分たちの出自をまったく隠そうとはしなかったが、すぐに新聞から労働者階級の英雄と呼ばれるようになった。(19) ポール・マッカートニーとジェイン・アッシャーの関係を書いた新聞記事は「ビートルズのボーイフレンドをもつ医者の娘」ということに焦点をあて、彼女の「階級なんてもはや問題にならないわ」という発言を引用した。(20) これらすべてのことが示しているのは、階級的な不平等が死に絶えたとは言わずともなくなりかけており、新しい、いけいけ《スウィンギング》の実力主義世代にとってかわられようとしているということだった。

一九六四年、ビートルズのマネージャーとしてすでにその名が広く知られていたブライアン・エプスタインは、契約したばかりの新人シーラ・ブラックについて、「デイリー・エクスプレス」紙に自慢げにこう語った。「シーラはリヴァプールのもっとも荒れた危険な地区の出身で、目の覚めるような燃え立つ自然の生命力に満ちあふれている」。(21) 労働者階級の人びとは、「怒れる若者たち」のように日々の苦闘の経験に由来する本物らしさをもっているということをエプスタインは示した。彼らは中流階級や上流階級の生活の堅苦しい慣習にとらわれもせず、その親たちが耐え忍んだ貧困によって挫折させられもしなかった。一九六〇年代はじめのポップスターは、ふつうの暮らしについて歌い、街のにぎやかな通りのファッションに身を包んだ。アルバート・フィニーやトム・コートニーといった同時代の俳優たちのように、彼らは誇らしげに自分たちの地方の訛りを保持していた。一九六〇年代のはじめまでには、戦後の政治家たちやグラマースクールが提示した「成功」の狭い定義に彼らは意図して異を唱えるようになっていた。

数多くの人びとは有名になりはしなかったが、ふつうであると同時に特別でもあるという労働者階級の十代の若者たちをめぐる新たな理解に影響を受けていた。コヴェントリのアラン・ワトキンズが言ったように——

> わたしたちは両親を模範だとは……思わなかったし、親たちもわたしたちにそうしてほしいと思ってはいなかったと思います。わたしたちは成功したかったし、何か違

ジュディ・ウォーカー（左から３番目）と、コヴェントリの
ブリティッシュ・ホーム・ストアズの同僚たち（1958年ごろ）

ったことをやりたかった。そして親たちはわたしたちがよりよい生活を送ることを望んでいたのでしょう。親からは励ましがありました。……おわかりでしょう、「お前にはできる。……わたしにはそれをやる機会がなく、することもできなかったが、お前ならできる」というように父は言ったわけです。父はいつも背中を押してくれました。「チャンスをつかむんだ」と。[22]

「チャンスをつかむ」という方法は学校ではうまくいったが、その道は少数の者にしか開かれていなかった。多くの親たちも十代の若者たちも、家族や友人たちとともに近隣コミュニティに根を下ろしたままでいるほうを好んだ（あるいはそうする以外の選択肢がなかった）。自分たちの出自から逃れようとするのではなく、彼らは労働者階級という人物証明を誇り高く示した。ジュディ・ウォーカーは一九四〇年にコヴェントリで生まれた。一九五五年に学校を出ると、街の中心部にできたブリティッシュ・ホーム・ストアズの新しい店舗で店員になった。その後「若い女の子向け」のおしゃれな新しいブティックで働いた。十八歳のとき、ジュディはコヴェントリのダンスホールで「週に六回踊っていた」。彼女はツイストよりもスウィングが好きだったが、後者のほうが「もっと自己表現の余地があった」

からだと彼女は言った。[23]ダンスとファッションは、仕事では発揮する場が与えられない創造性の捌け口を長きにわたって労働者階級の十代の若者たちに提供してきたが、一九五〇年代の終わりから一九六〇年代のはじめにかけて、彼らの豊かさと(一九四〇年代半ばから末にかけての出生率の上昇による)数の多さによってこの世代はいっそうめだつようになり、ジャーナリスト、政治家、親たちの関心が若者たちの活動に新たな意味を吹きこむことになったのだ。

別の十代の若者たち——とくに若い男性——はポップ・グループをつくった。ランカシャーのイアン・ホワイトは一九四〇年代の終わりにイレヴン・プラスの試験に失敗し、一九五〇年代の終わりにはスキッフル・バンドのメンバーになった。リヴァプールのテリー・リマーは母親の貧困を理由にアートスクールの夢をあきらめ、一九六〇年代はじめのマージービートの時代には「いくつもいくつも」バンドに入った。これらの若者たちで真剣に有名になることをめざした者はほとんどいなかった。社会科学者のピーター・ウィルモットは、ベスナル・グリーンの十代の若者のうちわずか一〇パーセントしか「企業家やポップ・スター、プロのサッカー選手として成功を収めよう」という者はおらず、「少なくともある意味で自分たちの出自から切り離されないようにしたいと思っていた」ことを明らかにした。[24]

しかし、イアン・ホワイトが気づいたように、洗濯板から音楽を生みだすことは工場労働がけっして与えてはくれない創造的なものの発露を可能にしてくれた。一九六〇年代のはじめにアラン・ワトキンズは仕事仲間のグループとバンドをつくったが、みな彼と同じくエンジニアの見習いだった。彼らは自分たちが働く「ロールス・ロイスのエンジンの部品にちなんで」バンドを「ザ・センターズ」と名づけた。自分たちの仕事と自分たちは何者であるかということへの誇りの表明であった。

こうした十代の若者たちと彼らの親たちの多くは、増えつづける労働者階級の暮らしについての本や映画やテレビ番組を消費した。賃金が上昇するにつれ多くの人びとが本を買えるようになり、本はペーパーバックをつくる費用が低くなったこともあって、ともかく安くなっていった。「わたしはリチャード・ホガートの『読み書き能力の効用』に強い印象を受けました」とトム・コートニーは振り返った。彼はハルのグラマースクールを出てロンドン大学に入った年にこの本を読んだ。「ホガートは自意識的にではなく、わたしの知っている労働者階級について語ったのです。わたしがそのなかで育った人びとが真剣な考察の対象となっているのを見てうれしかった」。[25]一九六〇年のある土曜日の午後、ロバート・コルズは家族の住むサウス・シールズの小さなテラスハウスで『読み書き能力の効用』を読んだ。彼は自分の寝室の窓から見ることのできる人びとについて書いてあるのを読んだので驚き、著者が「自分たちの送っている暮らしは文化的であり、注目に値するのだと言っている」ことに気づいて仰天した。コルズは本を置くと、「わたしが窓から見ているものこそまさしく「コミュニティ」なのだということがわかりました。……これはその当時、自己を自分自身と出自から追いだす訓練の最中だったグラマースクールの少年にとってじつに大きなニュースでした[26]」。

他の労働者階級のティーンエイジャーたちは、学校でイギリスの「ニューウェイヴ」に遭遇した。グラマースクールが試験に焦点をあてる傾向にあった一方、現代中等学校や継続教育のための学校の教師はもっと冒険的なことができた。一九六三年、ランベスの図書館員だったジャネット・ヒルは十代の読書について調査をおこなった。彼女は「内務省認可学校中等部の三人の少女」から手紙をもらった。少女たちは「「わたしたちの先生が『長距離走者の孤独』を読んでくれたのです」と熱い調子で報告してきた」。マンチェスターの大学で、就労免除で授業を受けに来る学生の指導をしていたエヴァ・フリーラヴは、こうした学生には「『蜜の味』の人気がとても高いことがわかった」が、その人気は内容によるところもあるし、「彼らの言葉で書かれていた」からでもあった[27]。これらの本や映画や演劇は、この世代の人びとに彼らの出自と経験は重要であり、彼らは考察に値する存在なのだということを語ったのである。

映画よりも小さな画面がはるかに大きなインパクトをもった。一九六〇年には、九〇パーセントをこえるイギリスの家庭がテレビを持っていた。その年の十二月九日の夜、クリスティーン・エリオットとジャック・エリオットの長女で、当時は工場労働者をしていた十九歳のキャロル・ハインドは、「ジョン〔彼女の婚約者〕の母親のところにいて、わたしたちはみんなテレビで新番組が始まるのを楽しみにしていました。『コロネーション・ストリート』です。エナ・シャープルズを憶えています。……新しくて驚きでした。人びとがただ台所に座って話しているだけなのを見るのはとてもおかしかった。……出てくる人びとはわたしたちみたいでした」と語った。

一九六一年、「マンチェスター・イヴニング・ニュース」紙は読者特集「わたしにとっての『コロネーション・ストリート』の意味」を組んでこの連続ドラマの誕生を祝した。読者たちは老いも若きもありあまるほどの賛辞を添えて投書してきた。「この番組はわたしたちの多くにとって、古くからのランカシャー精神を再現しています」とセイルの

M・V・H氏は書いた。この感覚は、スラムの一掃や郊外の住宅地や豊かさによって脅かされる近隣の人びとのつながりをこの連続ドラマが描きだしていると感じた他の人びとにも共有された。また『コロネーション・ストリート』の同時代的な要素も若い視聴者を惹きつけた。十三歳のリンダ・ヘイグは、これが現在の「ランカシャーでの暮らしの典型」なのだと思った。さまざまなコメントが寄せられ、誰がもっとも好きな登場人物かをめぐって議論が白熱した（ケン・バーロウに票を入れる者はいなかったが、威厳ある婦人エナ・シャープルズ、てきぱきしたパブの女将アニー・ウォーカー、シャープルズに嫌われたきわどいエルシー・タナーが多くの票を集めた）ことは、古くからの町の中心部を連想させる文化と一九六〇年代の経済的安定をこの番組が抜かりなく結びつけていたことの反映だった。人びとがこの番組をノスタルジックと感じるか現代的と感じるかにかかわりなく、『コロネーション・ストリート』は楽しい「現実の一片」を提示しているのだというフリクストンのJ・テイラー氏の意見に、多くの労働者階級の視聴者は賛同した。[28] 他に労働者階級の生活を描く番組がほとんどなかった時代に、これは革新的なことだったのだ。

一九六〇年代のはじめまでに労働者階級の人びとは自分たちの生活が本屋や図書館の棚に並び、映画やテレビに映しだされているのを見ることができるようになった。こうした文化の革命は、一九六〇年代への転換点に成人を迎えた世代が抱いた新しい政治的な主張に寄与することになる。

多くのジャーナリストと政治家たちが言うには、イギリスは繁栄の時代に突入しつつあり、階級は個人の文化的アイデンティティとなって、経済的ないしは政治的忠誠とは切り離された。若いポップスターや俳優たちは、彼らの労働者階級としての真正さによって（正餐用ジャケットの着用と上流階級的な話し方を拒んだことによって）賞賛され、ティーンエイジャーの新しい世代は、それまでになかった豊かさを楽しみながらも、労働者階級的価値の最良の部分を保持しているのだということをあらわしていた。

しかし、このように幸運な少数者に注目することは、自分たちの生きている状況をみずから選んだのではない数多くの労働者階級の人びとを無視することであった。オーストラリア人ジャーナリストのジョン・ピルジャーは、一九六〇年代の終わりから振り返って注意を喚起していた。「労働者階級のポップスターやファッションデザイナーや俳優をもてはやすような、新たに見いだされた見せかけの平等主義の背後で、「最新のものになりゆく」社会というのは、むかしながらのスラムから人びとが現代版の荒地へと移っていくことにみられるように貧困を更新していくことを意味していた。そのメッセージはいまやいけいけの時代なのであり、進歩は進歩なのだ、というものだった[29]」

ピルジャーは正しかった。階級は気まぐれに選びとったり廃棄したりできるようなたんなる文化的アイデンティティだったわけではない。テレビと映画の画面から離れた教育の現場や職場、近隣コミュニティにおいて人びとは根深い不平等を経験しつづけていた。一九六四年の総選挙が近づいてくるにつれ、階級をこえた有名人について政治家たちが大袈裟に話すことと、人びとの日々の生活の現実とのあいだの溝は新たな怒りと不満の波を引き起こした。

訳注

〔1〕カーライルはイングランド北西部の都市。スコットランドとの境界に位置する。

〔2〕『年上の女』はジョン・ブレイン（一九二二‐八六年）の一九五七年の小説。労働者階級出身の主人公ジョー・ランプトンが第二次世界大戦後に除隊になったあと、立身出世を図る生活を描いた。

〔3〕『ビリー・ライアー』はキース・ウォーターハウス（一九二九‐二〇〇九年）の一九五九年の小説で、のちに舞台化、映画化された。主人公はヨークシャーに住む十九歳の青年ウィリアム・「ビリー」・フィッシャー。

〔4〕『コロネーション・ストリート』は一九六〇年からＩＴＶで放送が始まり、現在も続く連続メロドラマ。ソルフォードをモデルにした町のコロネーション通りを舞台に、労働者階級出身で大学に進学したケネス・バーロウ、地元のマドンナ的存在のエルシー・タナーなどの暮らしぶりが描かれる。

〔5〕『アーチャー家』はＢＢＣラジオで一九五一年から放送が始まり、現在も続くラジオ・ドラマ。ミッドランド地方の農村がドラマの舞台となっている。

〔6〕『銘々のテーブル』は劇作家テレンス・ラティガン（一九一一‐七七年）の戯曲。ボーンマスのホテルを舞台に、二組の男女の関係を描く。一九五四年初演。

〔7〕『ラッキー・ジム』は作家キングズリ・エイミス（一九二二‐九五年）による一九五四年発表の小説。若い大学教員の地方の大学での日常を喜劇的に描き、キャンパス・ノヴェルの先駆けとなった。

〔8〕『愛の王』は作家スタン・バーストウ（一九二八‐二〇一一年）の一九六〇年の小説。ヨークシャーの労働者階級出身の青年がホワイトカラーの仕事に就くことによって階級上昇しようとする生活を描く。一九六二年には映画化された。

〔9〕『孤独の報酬』はデイヴィッド・ストーリー（一九三三年‐）による一九六〇年の小説。ヨークシャーで炭坑労働者をしていた主人公がラグビーのスター選手となり、未亡人との恋愛で苦悩する。一九六三年の映画版は多くの賞を受賞した。

〔10〕『長距離走者の孤独』はアラン・シリトー（一九二八‐二〇一〇年）の一九五八年の小説。労働者階級出身の不良少年が少年院に入り、長距離走の才能に目覚め、競技大会に出場する。一九六二年に映画化された。

幕間Ⅵ　使って使って使いまくる

一九六一年、ヴィヴはそれまででいちばん幸せだった。彼女は自分の愛する男性と結婚し、「わたしたちはソファの三点セットと素敵な赤いカーペットと小さなテーブル・ランプを買い、テレビをレンタルした」。ヴィヴはキースと子供たちが毎晩温かい夕食のテーブルにつくことができるように努め、「子供たちがほんとうにお腹いっぱい食べている」ことを誇らしく思った。生活がようやく上向きになってきたと感じたのは彼女ひとりではなかった。一九六〇年には平均的な一週間あたりの賃金は一四ポンド一〇シリングだった。一九五〇年から三倍に増えていた[1]。

しかし、一九六一年の九月までにニコルソン一家は破産の数週間手前というところまで来ていた。理由は掛け買いだった。家具にテレビ、自分たちの服でさえ「もちろん全部掛けで買った。母から少し援助してもらって」。ヴィヴは結婚する前に自分とキースがお金を貯めておかなかったことを後悔した。「わたしたちは一緒になって間違いだったかと思っていた」とヴィヴは言う。「なぜなら、他の人たちがこう言っているのを耳にしたから。「わたしは家に使えるお金と家具を買えるだけのお金が十分に貯まってから結婚するわ」と」

安定した仕事と上昇していく賃金は、婚約期間を長くするほうが、たとえずっと楽しくてたまらないということはないにしても賢明であるということを意味した。完全雇用と一九五〇年代における住宅への入りやすさのおかげで、人びとはそれまでよりはるかに若い年齢で結婚するようになり、この傾向がようやく終息したのは一九七〇年代になってからだった。しかし、家と暮らしの快適さをもたらす品々を買えるように貯金しておく必要があったが、港湾労働者、人足、炭坑夫、鉄鋼労働者のような不安定さと危険をいまなおともなう仕事に就いている人びとの家庭にとって、長年にわたる貯金はさほど意味をなさなかった。ヴィヴにはキースが見習い期間をやりとおすことができるかどうか確信がもてなかったが、その間、掛け買いは暮らしに便利な商品を手に入れるのに簡便な魅惑の手段だった。労働党の国会議員ナイ・ベヴァンは、よく言われるところの豊かな社会というのは「恐怖をともなって一瞬で消えるような軽率な物質主義」だと批判した。[2] ベヴァンの言葉はヴィヴの日々の生活について語ったものだと言ってもよかった。彼女はキースに、自分たちが借金に溺れてしまいそうだとは言わなかった。ヴィヴは、キースが夜に友人たちとパブで遊べないと家を出ていってしまい、「子供たちとわたしが家にひとり捨て置かれてしまう」のではないかと恐れていた。一九六一年までに、彼女は三児の母になっていた。『石炭はわれらが生命』の著者たちは、多くの炭坑の町や村では「金を稼いでくるのは男の仕事、それをうまくやりくりするのは女の仕事」と述べていた。しかし、たとえ夫が家に現金を持って帰らないとしても、妻は家族の食卓に食べ物を並べなくてはならないのだった。[3]

生活をなんとかやっていくことはいまだひと苦労であった。家庭生活を楽にする商品によって、女性たちが矢面に立って耐えている根深い貧困が隠されてしまった。一九六〇年、ヴィヴが三人目の——最後の——子供ハワードを産んだとき、彼女の体重はわずか五〇キロあるかないかだった。彼女は日に「一回、ちゃんとした食事にありつければいいほうだった」。ハワードの生まれた年、ロンドンの研究者たちは首都に住む七百三十四家族を対象にした調査をおこない、男性よりも女性のほうが病気にかかる割合が大きいこと、最貧層の家庭の女性たちが消化不良や背中の痛み、関節の病気にもっともかかりやすいことを明らかにした。これらの病気はいずれも乏しい食事と疲労によって引き起こされ、悪化させられるものだった。[4] 一九三〇年代にマージェリー・スプリング・ライスによって書かれた問題は少なくなってきてはいたが、なくなってしまったわけではなかった。

ヴィヴは、自分たちの家庭の安楽がキースの認めたがる以上にバーの女給としての彼女の仕事に依存しているとわかっていた。しかし、彼女が外に出て働くことができるのも、母親が孫たちの面倒を喜んでみてくれるからだった。一九六一年までに母親の慢性的な喘息はさらに悪化し、「もう子供たちの面倒はみられない」と宣告した。

九月十九日火曜日、ヴィヴには「飢えてしまうまでにあと六ポンド」しか残っていなかった。その週の金曜にはレンタル・テレビの業者がニコルソン家にやってきて、返済の遅れた借金を払うよう要求した。執行官の脅しで心配になったヴィヴは支払いを済ませた。「その金曜の夜にわたしはキースにこう言った。「ねえ、わたしがどうしようと考えているかわかる？　二ポンドしか残っていないの。全部使っちゃおうか？」」。「いまのは、この忌まわしい数ヵ月で聞いた最高の言葉だぜ」とキースは言った。「飲みに行こうぜ」」

1961年、紙面を飾ったヴィヴィアン・ニコルソン

労働者階級の女性たちは、こんなふうにして家計をやりくりするものとは思われていなかった。戦後の福祉国家によって報いられたのは勤勉であり、無責任は非難の対象だった。しかし九月二十三日の土曜日、ヴィヴがパブに行く準備をしていたときに、キースはレンタルしたテレビの前に座り、他の千四百万人とともにリトルウッド・サッカーくじ券の当選結果をチェックしていた。アナウンサーが結果を読みあげたとき、キースはほとんど自分の耳が信じられなかった。彼はその券を持って義父の家へ駆けつけた。「お前さん、八つ当たってるよ」と義父は確認した。ニコルソン家の暮らしは一変してしまった。

「デイリー・ミラー」紙は、一九六一年九月二十八日付の見出し――「金持ちになることを夢見た少女」――が読者をわしづかみにするということをわかっていた。「金髪のヴィヴィアン・ニコルソンは金持ちになりたいといつも夢見ていた。山のようなお金」とキースの英雄的な大当たりを読者に伝える記事は書きだされていた。ブルース・フォーサイス[1]がキースに小切手を手渡したとき、ヴィヴが気を失ったことをさもありなんと説明しながら、タブロイド紙は気を取り戻したヴィヴがどうしたかを書き立てた。「誰かが置いていった山高帽を彼女はつかんで高く蹴りあげ、こう叫んだ。「うひゃー、わたしたちはお金に漬かってる！いまからわたしは使って使って使いまくるわ！」

ヴィヴの野望は、サッカーくじを毎週買った何百万もの人びとの欲望と共鳴した。彼女は「大きなパーティをいくつも開きたい」と思ったし、「料理をする気づかいなどいっさいなくなった」。アメリカは自由と豊かさの土地だったから、「大きなアメリカ車」がほしかった。そしてなにより、子供たちに自分よりもよい暮らしを送らせてやりたかった。小切手を受けとりにロンドンに行ったときのことについて語りながら、「子供たちに山ほど買い物をしたから何を買ったか憶えていない」と言った。買った物のなかには次のようなものも含まれていたと「ミラー」紙は報じた。「ヴィヴィアンは子供のころにほしくてたまらなかったものよりも大きく、もっと素敵な人形を、使いを走らせて得たお金でやっと自分のために買ったのだ」。これは、人びとに自分たちがどれだけいい時代を生きているか思い出させるために、戦前の困窮とたえず対比させながら大書きされた戦後の豊かさだった。

ヴィヴがお金を勝ちとったわけではなく、勝ちとったのはキースである。しかし、新聞は彼女に魅了された（キースは、ヴィヴの「最初の結婚は解消された」と読者に伝えるついでにかろうじて言及されるくらいだった）。記者たちは彼女がどのようにお金を使うか推測した。労働者階級の女性たちが豊かさを賢くやりくりできるかをめぐる不安が、彼らの書く記事の背景にはあった。一九五八年、「ミラー」紙は「男の小切手にサインをすることだけが好き」な「金髪のバーバラ・カーター」について報じた。彼女は（おびただしい数の）ボーイフレンドのサインをでっちあげることで、自分が買った流行の服の支払いをおこなっていた。偽造罪に問われた彼女の裁判をめぐる新聞記事は、女性の浪費をめぐる話に共通する感嘆と説諭が組み合わさった結論になっていた。「被告人席での彼女は、青灰色のスーツに淡い水色の帽子を被り、肘まである手袋をおしゃれに身につけていた。しかし判決を受け、彼女のおしゃれな衣装は、ホロウェイ監獄で着ることになるくすんだ色の衣服にとってかわられた……」[5]

男は勤勉さで人生の成功を収める。女は運と裏切りとセックスで成功する。こういうことを右のような話はほのめかしているようだった。こうした話の背後には、賃労働によってであれ安易な掛け買いによってであれ、豊かさの提示する経済的独立が労働者階級女性たちの貪婪な性的欲望と物質的欲望を解放してしまうかもしれないという恐れが潜んでいた。

当初の多幸感が消えていったあと、新聞はヴィヴとキースを、勤勉に働き賢明に貯金をしていた現代カップルのモデルとして示すことに力を入れだした。記者たちはふたりの話に道徳性を注入し、キースは何年も懸命に働いてきた炭坑夫であるゆえ、くじの当選に値するというのであった。当選から五日後、「ミラー」紙はニコルソン一家の帰郷を特集し、キース（「元炭坑夫――「元」を強調」）と「質素な好みのふつうの人物で、幼い子供たちのことをとても気にかけ、苦労と勤勉さをわかっている」ヴィヴの写真を載せた。いまではヴィヴよりも長くてまじめに響くヴィヴィアンという名が与えられた彼女は、彼女の期待していたことの多くを明らかに修正していた。「大きなアメリカ車？」とヴィヴィアンは言った。「カッスルフォードにはちょっとめだちすぎない？ 近くの道にもあんまり適しそうにないし」。キースが横から口を挟む。「おれたちはイギリス製のファミリー・カーで十分だよな」

「道路の先に住んでいるヴィヴィアンの父親」は次のように「ミラー」紙に語ったらしい。「あいつらがわしに入れ歯を買ってくれれば、それで満足だよ」。「ヴィヴィアン」とキースは「先週までと同じように公営住宅に住んで簡素な暮らし」を続けたいと思っており、キースは仕事を辞めて有閑の人になるという決定を下したことを明らかに後悔している、というのだった。(6)

富を手にした最初の数週間についてのヴィヴの思い出はかなり異なっていた。「生まれてはじめて朝食が運ばれ、みんながまわりでちやほやしてくれる大きなホテルに行った」と彼女は自叙伝に書いている。「キースとわたしはわたしの母のところに滞在して」ヴィヴの夢の車を探しながら贅沢に遊び暮らした。最終的に大きなアメリカ車であるシヴォレー・インパラを買うことで決着した。この車はあまりにも大きかったので、次なる長いあいだの彼らの夢――家――を探す段になると、ヴィヴは自分が気安く運転できるくらい道路の広い新興住宅地区に家探しを限定しようと主張した。それまで住んでいた家から数マイル離れた民間の住宅地区にある大きな展示住宅に落ち着いた。キースはそこが炭坑から十分に離れているのに気づいて、ありがたいことと胸をなでおろした。「ミラー」がどう書こうと、彼は仕事に戻るつもりなど毛頭なかった。

質素な生活を失ったくじの当選者の悲劇的な話は、ほとんどの読者に受けないとメディアは気づいた。「使って使って使いまくる人たちの話を読むのはなんと愉快でしょう！」と「ミラー」紙が載せた投書のなかでスラウのB・ヘントン夫人は書いた。「くじに当たったって「仕事を続けなければならないし、お金なんてなんの変化ももたらさない」というような、陰鬱な気分になる扱いをわたしたちはふつう受けているのですから」。イプスウィッチのウア夫人の意見も同じだった。彼女は「若いカップルがやっとくじを当てたのです。そのお金を使いたいと思うのはどれほど賢明なことでしょう」と書いた。カーディフの「引退した校長」氏だけが「自分のことにお金を使いまくるという考え」の女性に「嫌悪感を覚える」と言い切った。「嘆かわしいことに、こうした考えが今日イギリスには蔓延している」[2]。大部分の人びとはこの意見には賛成しなかった。人びとは、幸運を楽しむ前に「体面よく」ふるまって「値する」人物であるように見せなければならないとは考えていなかった。いずれにしても自分のためにお金を使うことは豊かな社会において正当な楽しみなのであり、新聞や広告板や新設テレビ・チャンネルのＩＴＶでの宣伝でたえず売りこまれてきた楽しみなのであった。

ヴィヴの話は新時代の先触れのようだった。一九六〇年代のはじめに古い時代の制約は取り除かれつつあるように見えた。若い労働者階級のカップルが自分たち家族のためによりよい生活を送り、そのなかで楽しい時間を過ごすことは、たぶん可能になるのだろう。

訳注

〔1〕ブルース・フォーサイス（一九二八年―）はイギリスの名物テレビ司会者。

第12章　新たな中流階級？

一九六〇年一月一日、「ガーディアン」紙の編集委員アラスター・ヘザリントンはこれからの十年について「政治の六〇年代」になるだろうと書いた。彼は一九五〇年代の終わりに「新たな中流階級」があらわれてきたと感じていた。自動車工場で働く労働者、技術者、看護師、事務職員といった「五〇年代に……驚くべき物質的な収穫を得た」人びとのことである。しかし、一九六〇年代ははるかに深甚な変化を経験することになるだろうと彼は考えた。彼は「この新たな階級は政治的影響力をおよぼしうるほどの数にはなっていないし、自分たちが何を欲しているか理解するほどの自信をもってもいない」と言い切った。「これからの十年でいっそう数が増え、自信をつけてくるだろう」(1)。彼は正しかった。しかし、このグループがみずからを「新たな中流階級」とみなすだろうとの想定は間違っていた。

一九六〇年代のはじめ、イギリスの各都市や町の肉体労働者のもとに社会学者たちが訪れ、豊かさとホワイトカラーの仕事によって労働者階級の人びとの政治的なつながりとアイデンティティがどのくらい変化をこうむったのか見定めようとした。一九五〇年代の終わりから一九六〇年代のはじめに仕事を始めたほとんどの人びとは、親たちよりも実質的によい暮らしをしていることがわかった。にもかかわらず、そのほとんどが自分たちのことを労働者階級であるとみなしていた。これは多くの政治家たちにとって驚きだった。その理由についての社会学者たちの説明は、保守党の政策が社会的、経済的不平等を強化してしまい、完全雇用に終止符を打って福祉国家を弱体化させようとしたことに対しての増大しつつある不満を明るみに出した。社会学者たちが聴きとった内容は、彼らが評価することになっている社会的な前進の限界について多くのことを伝えていたし、イギリスは中流階級の国になるというところからはほど遠いことを示していた。

労働者階級の人びとの大半が豊かさをはじめて経験したのは一九六〇年代だった。一九五〇年代はテレビがほとんどのイギリスの家庭に入り、公営住宅が多くの人びとの希望の的となった十年だった。一九六〇年代にはこの希望が現実となった。この十年が終わるまでに過密状態は緩和され、家族は親たちの家ではなく自分の家で生活を始めることを期待できるようになり、テレビだけでなく調理コンロ、冷蔵庫、二槽式洗濯機を持つこともできるようになった。労働者の所得は上昇していた。一九六〇年と一九七〇年のあいだに大半のホワイトカラー労働者と肉体労働者の賃金は倍増した[2]。失業はほとんどの人びとにとっておぼろな遠い記憶となり、もっとも若い層の労働者たちの知るところではなくなっていた。戦争の記憶も薄らいでいきつつあった。一九六〇年には二十歳未満の者には戦争のくっきりとした記憶はなかっただろうし、一九七〇年までには、平時に生まれ育って家庭を持ちはじめた世代がひとつできあがっていた。

1960年代までに多くの家庭が洗濯機を所有するにいたったが、購入はほとんどが掛け買いによった

こうした社会の変容は一九三九年以前の暮らしを思い起こすことのできる人びとを仰天させた。そのなかには、社会調査組織マス・オブザヴェーションの創設者のひとりで人類学者のトム・ハリスンもいた。一九六〇年、ハリスンと調査員たちのチームは、彼らが一九三〇年代と一九四〇年代に日常生活のドキュメンタリー調査を数多く実施したランカシャーのボルトン（調査では「ワークタウン」という仮名で呼んでいた）に戻ることに決めた。ボルトンの通りを歩きまわり、ハリスンは子供たちがいまでも戸外で遊んでいるのを目にしたが、今回はおもちゃで遊んでおり、子供

家族の車で休日の外出を楽しむアラン・ワトキンズと子供たち（1970年ごろ）

たちは靴を履いていた。しかし、最大の変化は経済的な安定を人びとが期待していることだった。「一九三六年から三七年にかけては、全体の空気が不安定さと失業の不安を吸いこんでいるというのが正しかった」と一九六一年にハリスンは書いた。「わたしたちはそのような恐怖の空気を、一九六〇年には年配の人びとにも若い人たちのあいだにもほとんど感じなかった」(3)

ハリスンが会った人びとは、自分たちが手にした安定を享受し、将来を計画できると感じていた。他の地域の労働者たちも同様だった。一九六三年にアラン・ワトキンズはコヴェントリでエンジニアの見習い期間を終えて、コヴェントリにある自動車工場のひとつで熟練の職に就いた。アランとその婚約者のヴェロニカは、生活するうえで何がほしいかわかっていた――自動車、家、定期的な休暇である――し、自分たちの目標を達成することができると確信していた。子供のころ、アランがある近所の人を「気取っている」と思っていたのは、その人が「車を持っていた――信じられない！　車を持っていた」からである。しかし、わずか十年後には「わたしたちは自分たちでも車を持てるものだと思っていました。……車を持って結婚して、家を持つ」。

一九二〇年代の子供たちはみずからの勤勉を自分の子供

たちの将来への投資であるとみていたが、一九六〇年代の半ばまでに、アラン・ワトキンズの世代は自分たちの労働の果実の一部を自分たちで味わうことができるようになっていた。ブライアン・スレッシュは一九四一年にマンチェスターで生まれた。両親は生活をやりくりするため、一九三〇年代にはあらゆる仕事をした。父親は工場労働者で、母親は掃除婦と店員をしていた。一九四〇年代の終わりに彼は、動員を解除されたおじたちが毛布や衣類、タバコといった当時手に入れるのが困難だった品々を戦利品として持ち帰って感謝されているのを目のあたりにした。しかし、一九五九年までにブライアン自身の人生が大きく変化した。彼は学校を出ると、地元の産業地区であるトラフォード・パークにある工場に安定した職を得た。同じく工場で働く女性と結婚し、共働きの稼ぎがあるので一緒に家を持つことにふたりは自信を抱けた。「子供が生まれるころになっても、わたしたちは休暇には遠出していました」とブライアンは言った。(4)

リヴァプールではロン・ジョーンズとエドナ・ジョーンズも、一九六〇年代のはじめに少しではあるが余計に使うことのできるお金が可能にしてくれる自発性を楽しんでいた。ロンは一九四七年に十四歳で学校を終えた。彼は学業を続けたかったが、一九四四年教育法の施行前でもあり、戦時中の疎開のために「奨学金の試験を受け損ねてしまった」。いずれにしても家族はロンに外で働いてもらう必要があった。彼の父は賃金の低いトラック運転手で、「不運なことに当時は片親しか働いていなかった」。ロンは幸運だった。一九五三年に兵役を終えると、彼はリヴァプール市のバスの車掌として高賃金の職に就くことができた。一九五九年には市役所の社交クラブで市の事務員をしていたエドナと出会った。一九六三年、ふたりは結婚し、公営アパートに移った。「エドナとわたしはほんとうに遊びました。週末は出かけることが多かったですね。金曜の夜に仕事が終わり、土曜の朝、「今日は何をする？　さあ、出かけよう」と言うので、モーカムに出かけたものです。本を持ってベッドに入り、朝にはベッドで朝食。まわりはよく「遊びすぎだよ」と言ったものですが、わたしたちは生きるということを経験していたのです。じっとしてなんかいませんでした」

ロンが中等教育を受けておらず、エドナは自分の仕事が好きだったので、結婚したら彼女が仕事を辞めるということにはならなかった。エドナは実際、一九六〇年代の終わりに最後の三人目の子供を産むまで仕事を続けた。(5)

左派の政治家たちと社会科学者たちは、豊かさが労働者階級のアイデンティティを蝕むのではないかということを恐れた。一九五九年、労働党は三回連続となる総選挙での敗北を喫したが、党の上層部は所有に対する有権者の貪欲さに党がうまく訴えかけをできていないと非難した。一九六〇年に、労働党の一九四五年の選挙公約の設計者のひとりであったマイケル・ヤングは「生産に基礎を置く階級が消費に依拠したポジションへとゆっくり移行しつつある」と主張した。[6]「労働者階級もの《キッチン・シンク》」のリアリズム小説や映画が労働者階級のアイデンティティに新たな文化的威信を付与したが、階級はもはや政治的な力をもっていないのだとマイケル・ヤングは示唆した。人びとは自分たちを、みずからの労働力を売る必要性によって規定された政治的利害を共有している労働者集団の一員だとはみていなかった。いまや人びとは自分と家族のためにより多くの商品を買うべく、どれだけたくさん稼げるかということに関心があるだけの個人なのであった。

こうした議論のさなか、ケンブリッジ大学の社会学者J・H・ゴールドソープは、ほんとうに「新たな中流階級」が到来したのかどうかの検証に乗りだした。彼は、一九五九年の選挙結果が「ニュータウンや広範囲な住宅移転計画が実施されてきた選挙区のような国のなかでもとくに繁栄している地域で、労働党への支持の低下がもっとも顕著であることを示している」と気づいた。[7]その結果、彼と研究チームは豊かさがいかに労働者階級の生活と、とりわけ人びとの政治的な行動とを変化させているかを探りはじめたのであった。

この問いに厳密に答えることのできる研究を組み立てるのはむずかしかった。どのようにして人びとは自分たちの階級を特定するのか？　これが人びとの政治とのつながりにどういった影響を与えるのか？　しかし、ゴールドソープはひとつの方法を見いだした。彼の研究チームはルートンの「豊かな労働者たち」へのインタビューを開始した。ルートンは一九四五年に労働党が勝って短期間議席を持っていたが、一九五〇年以降は保守党と国民自由党の国会議員を送りだし、その得票は一九五九年の総選挙で増加していた。ここは労働党が次の選挙で政権をとるチャンスをつかむつもりなら勝たなければならない選挙区だった。

ゴールドソープのチームは、平均賃金よりも高い給与を払っている工場のいくつかから回答者を選んだ。二百二十九名の回答者のほとんどがヴォクソールの自動車工場に雇われていた。彼らは労働者たちに一度は工場で、もう一度は家庭でインタビューをした。彼らの生活の全体像をつかむためだった。社会学者たちは、家にいる労働者のもとを訪れたときはその妻もインタビューに含めるようにした。「中流階級的なライフスタイルと社会的態度に向かいつつあるイギリスの労働者階級のある部分」において大きな変化が進行しているのかどうか、このグループに対する調査からはっきりさせるという任務をゴールドソープは自分のチームに課した。(8)

この先進的な研究には不可避の弱点もあった。調査の対象となった人びとは、ゴールドソープがのちに示すことになるような均質な肉体労働者たちの集団ではなかった。彼らはさまざまな背景をもっていた。もっと賃金のいい仕事や家を求めてルートンに移ってくる前はロンドンのイースト・エンドで商人をしていた者もいれば、農業労働者をしていたベドフォードシャー〔1〕の村からやってきた者もいた。彼らの妻は主婦だったり、事務職員だったり、工場労働者だったり、掃除婦だったり、学校給食をつくる仕事をしていたりした。彼らに共通していたのはルートンに住みはじめて長くは経っていないということだった。五年をこえてそこに住んでいる人はほとんどいなかった(それゆえ一九五九年の総選挙では、その選挙区で投票はしていなかっただろう)。(9)インタビューのなかで、彼らはまだ新しい場所での生活に適応しようとしていることがしばしばあるし、このことがコミュニティと仕事に対する彼らの見方と、これら双方での経験に影響を与えているということを明らかにした。

より深刻だったのは、回答者たちをどのようにしてひとつの社会階級に当てはめるのかをめぐるジレンマと調査員たちが格闘しなければならないことだった。調査員たちはそもそも自己規定に関心を抱いていたわけだが、「あなたはどの階級ですか?」とか「あなたなら誰を上流階級と呼びますか?」というおもしろみに欠けた答えのないような問いに(十分理解できることだが)回答者たちが手こずることに気づいた。調査員たちは、階級は一義的にはお金によって決定されると回答者の大半が信じていると判断した。これが彼らの研究成果として出版された『階級構造における豊かな労働者』の結論だった。(10)しかし、インタビューを読みなおしてみると、回答者のほとんどが調査員の提示する階級区分に抵抗していることがはっきりした。その代わり彼らは階級をもっと歴史的に特定された個人的な見方で語り、そうすることで一九六〇年代のはじめにおける暮らしぶりについての価値ある豊かな説明をわたしたちに提供してくれる。しかし、ゴールドソープが見いだしたことは根がしっかりとしていたから、時の試練に耐えた。彼の研究チームにとっての核となる結論は、豊かさが労働者階級を破壊することはなかったというものだったからである。(11)

ルートンの自動車工場で働く労働者たちは、イギリスをふたつの階級からなる社会だとみていた。彼らとその妻たちは社会が「金持ち」と「残りの人びと」に分断されているという強い感覚を抱いていた。「中流階級と労働者階級をなくしてしまうべきだと思います」とフレッド・グラハムは言った。[12] 彼らの多くは、上流階級というのは貴族によって構成されていると信じていた。ジム・ファルマーは「上流階級」を定義するようにと言われて「王室」と答えた。[13]「貴族、貴婦人、紳士階級」とハリー・ハークネスは答えた。[14]「映画のスターたちだね」とアイヴァー・グレッグズが言ったように、上流階級には最富裕層のセレブたちの新たなグループも含まれると考える者もいた。[15]

　こうした上流階級が富と権力を所有していた。アーノルド・ジャッドは、上流階級というのは「鼻持ちならない」連中で、その財産と特権は「父親から息子へと譲り渡され、金持ちの家族同士で結婚する」と思っていた。[16] アーネスト・オルブリッジの意見も同じだった。彼も上流階級は「紳士階級であり、彼らの金は代々譲渡されてきた」と思っていた。[17]「あの金持ちの人たちはなんで金持ちなのでしょう?」とジョー・ナッシュは問うた。「なぜなら彼らは、はるかむかしに盗みとって代々譲り渡してきた彼らのものではない広大な土地を持っているから」[18]

　対照的に、労働者階級は自分たちが所有するものはなんであれ、そのために働かなければならないのだった。「ほとんどの人びとは生計を立てるために働かなければならなかったのです」とアン・ベイカーは言った。彼女は、夫トニーのような自動車工場労働者も息子ディヴィッドのような管理職も、近所の人びとのような事務職の人もみな「労働者階級」だと思っていた。[19] 働く人と働かない人とを区別していたものはお金だけではなく、自分たちのために働いてくれる人びとを支配することから生じる権力に加え、働かずして得られる富や貴族の称号、影響力のある友人や親類とのしかるべきネットワークに由来する権力なのであった。「もし持っていれば権力の座に導いてくれるものとは、家族の金と教育だ」とジェフ・スミスは言った。[20]「わたしの考えでは、上流階級とはお金のなかに生まれてきたような人たちのことですね。……なのでお金のために働かなくていい」とハリー・ハークネスは言った。「しかるに、労働者階級はいつも生きていくために働かなくてはなりません」。上流階級の権力が影響をおよぼすのは誰かと問われ、ビル・アンドリューズは「[雇い主によって]馘にされる労働者階級だけだ」とぶっきらぼうに答えた。[21]

　これらのルートンの労働者たちのなかで、一九六〇年代を社会的流動性の黄金時代だと思っていた人はほとんどいなかった。社会階級を変えることは困難だったし、たぶん望ましいことでもなかった。彼らは家族のうちの誰が「自分たちの力で成功した」かと問われた。専門職にまで成り上がった家族や、安定した中流階級になったといえる家族を挙げることのできる人はごく少数だった。イレーネ・ピーコックは弟について、「彼は最初からプラスチック製品の取引の仕事を始めました」と言った。「弟は一生懸命働いてウォルソールにある会社の責任者にまでのぼりつめた」が、それは例外的なことだった。(22) 男たちのあいだでは、昇進を望むかどうかで意見が分かれるが——望む者もいれば、管理職になることは仲間の労働者たちへの裏切りだと考える者もいた——、ほとんどの人びとはこうした軌跡を「成功」とみなした。またエリック・ヘインズの兄のジョンのように、なんとか「いくつかの資格」をとった人びとは認められた。ジョンは「懸命に勉強し」て、ルートンのスケフコの製造工場の事務所で「いい仕事」に就くことができた。(23) テリー・ジェイムソンのいとこのアンは、教育で「成功を収め」た。「彼女はタイピストたちを養成しているのです」とテリーは言った。「教えることができるようになる前は、ずっと夜学に通わなければならなかったのです」。(24) ルートンの自動車工場の労働者たちは、これらのことを勤勉と努力の上になしとげられた達成だとして誇らしげに語った。しかし、こうした人びとがきわめて稀な例であるとも彼らは言った。戦後のイギリスが才能と勤勉さで誰もが成功できる社会であると彼らが言っていたわけでないのはたしかである。

成功したとみなされる人びとのほとんどすべてが「努力して成功した」人たちであったが、運もまた一役買っていた。女性のほうがいい結婚をすることによって男性よりも「幸運」を得られることが多かった。自動車工場で働く労働者とその妻たちの多くは、女性の夫の選択が女性の将来を決定すると信じていた。そして実際ほとんどの場合そうだった。アラン・トレウィックの妹のパムは看護師だった。看護師の仕事は尊敬を集めたが、彼女は「医師と結婚したことで成功したのです。彼女はとても安定しているようです」。(25) 金持ちの男性と結婚することは、女性にとって豊かさが保証される最良の方法でありつづけていた。しかし、男性もいい結婚をするということがありえた。ラルフ・ヒアソールのおじのハリーは「幸運でした。奥さんの家族がお金を遺してくれたのです」。その結果、彼は保険の代理店を営めるようになった。(26)

ルートンの労働者たちは、豊かな人たちは手に入れることができる機会を自分たちと親戚はもつことができていないと痛切に感じていた。彼らは「成功」を計るのは人がどこからスタートしたか次第だと指摘し、機会の平等が存在しているとは思っていないということを示した。「彼は教育の機会にはあまり恵まれていませんでしたが、うまくやったのだと思います」とエイミー・クロスは弟のウォルターについて話した。彼はいまでは英国海外航空会社（ブリティッシュ・エアウェイズの前身）でホワイトカラーの仕事に就いていた。[27]一所懸命に働くことが、家族的な背景を利用するより成功に達する廉直な道だと言う人びともいた。ジャック・マースデンは「会社の使い走りから身を起こした」弟のマシューのことにふれた。マシューが兵役に就いたとき、「まわりは彼に将校になってほしいと思ったのですが、弟はそれを拒み、最終的には軍曹訓練指導員となって兵役を終えました」。仕事に復帰したとき、彼は「世界中を動きまわって船を売る」仕事を見つけた。それだけにとどまらず、「彼はまわりの人たちといつもうまくやっていくことができるので、まわりを助けることができるでしょう」[28]。働かずして得られる特権を受け入れるのを拒否することは賞賛すべきことと考えられ、これはふつうの人びとと「金持ち」の多くを区別する美徳であった。

ゴールドソープの調査チームは、ルートンの労働者たちがあらわした不満のレベルにもっとも驚いた。彼らが見ていたのは快適な家庭と、高い賃金が可能にする十分な食事を与えられた健康な子供たちだけだった。しかし、自動車工場で働く労働者の多くは、親たちの経験した恐怖や不安定さとともに生活しているわけではなかったが、自分たちの収穫は終わりのない大変な労働抜きにはありえないのだという確信を共有していた。ある匿名の調査員は、一九六三年夏のガレット夫妻（自動車工場労働者とその妻）との会話についてこう記している。「妻は……わたしがペンをとりだす前に、生産ラインについて堰を切ったように話しだし、みんなあまりにも懸命に働かなければならないので社交などいっさいできないし、実際には生活すらままならないのだと言った。そして住宅、食料品、家具などにかかる費用についてたっぷりと不満を述べた」

ガレット夫人にインタビューをした調査員は、彼女の不満を一蹴した。「実際は、家は染みひとつなくきれいであり、とてもよく飾りつけがなされ、とても趣味がよく、適度に上品で非常によく手入れのされた家具がいっぱいあった」。調査員は、食料品の費用についてのガレット夫人の心配などたいしたことはないと言えるくらいその家庭の豊かさに確信を抱き、自分を夕食に招いてもらえるよう一工夫した。「ビスケットとサンドイッチに加え、コーヒーを二度にわたって勧められた。わたしはうまく二回目を断って、代わりに夕食をいただくことができた。ステーキで、とても美味しかった」。ガレット夫妻は豊かな労働者の格好な例だと彼は結論づけた。[29]

しかし、ガレット夫妻は痛切に感じられ多くの人びとが口にした不満を述べていたのだった。家庭に快適さをもたらすのに必要とされる労働は、いわゆる「豊かな」社会にしては度の過ぎたものだ、と。これはルートンに限ったことではなかった。一九六三年二月、リヴァプール大学の調査員が、緑の多い南部の郊外ウールトンの公営住宅に住むジャクソン一家を訪れた。郵便局に雇われている電話交換手のウォルター・ジャクソンは調査員に「わたしは問題なくやれていると思います」と言ったが、彼の生活水準は五年前と「ほとんど同じ」であるとも言った。「生活にかかる費用は上がった」が収入は「上がらなかった」。妻のアンは家計のやりくりに責任をもち、四人の子供を抱え、ときにはやっていられないと思うこともあった。長女は工場に働きに出ていたが、「おかげで暮らしが楽になります」とアンは説明した。しかし、「たしかにわたしは自分が持っているお金の番をしていなければなりません。何ほどの価値もないのですが。物価は上昇しつづけています」[30]。

これらの家族が口にした不満は、社会学者たちには新しいものだった。戦前の貧困の飢えと不安定さが述べられていたわけではなく、店の窓や広告で彼らがたえず目にする消費財はあまりにも高いという不満が述べられたのであった。「食べ物が足りなくなるということはありません」とジャクソン夫人は言った。「休暇とかよりよいカーペットとか、二、三の贅沢をするためにもっとお金がほしいのです」[31]。ウールトンの他の女性たちも、「わたしの時間は家族を食べさせておくために全部とられる」という点で意見が一致した[32]。これはアイリーン・スミスが言ったことだが、彼女は工場でフルタイムの技師をしており、事務職員と結婚して、子供はひとりしかいなかった。

こうした不満は、保守党政権の政策によって悪化させられた。「こんなにいい時代はなかった」という一九五〇年代末の自画自賛の調子は賃金の凍結、物価の上昇、国によって分け隔てなく支給される福祉の給付金を終わりにしようとの議論に間もなくとってかわられた。一九五九年の総選挙に続く二年間で、消費者の需要の高まりから利益をあげることに熱心な製造業の会社は、家庭用品の値段を引き上げた。インフレを抑えようと政府は公共部門の労働者の賃金の凍結を実施し、雇用主には労働組合幹部からの賃上げ要求をはねつけるよう勧告した。ガレット夫人とジャクソン夫人は、物価の上昇によって引き起こされる不安定さに反応していたのだった。一九六二年と一九六三年を通して、ギャラップの世論調査で、物価が上昇を続けるなか人びとにとっての主要な心配事は生活費の高さであることがわかった[33]。

物価の上昇が女性たちに特定の心配事をもたらしたのだとすれば、多くの男性たちは「豊かさ」を達成することは前進であると同時に喪失も含みもつものだと気づいた。一九六〇年代のはじめまでに自動車工場労働者はもっとも賃金のよい肉体労働者の一部となり、その多くが、超過勤務をしさえすればホワイトカラー労働者よりも多く稼ぐことができた。公共部門の賃金凍結と熟練の仕事における賃金の停滞に直面して、多くの男性労働者には支払いはいいが退屈な組み立てラインの仕事に就く以外の選択肢がほとんどなかった。

アルフ・チェスターもそのひとりだった。一九五九年、彼と妻のメアリは彼らの生まれ育ったロンドン北部からルートンに移ってきた。一九六三年に彼らは状態のよいテラスハウスを買おうとしていた。「家の表と裏に広い庭があり、外壁は塗装され、レースのカーテンがかかっていました」。チェスター夫人は調査員にこう語る。「わたしたちがいま手にしているものは十年前には買う余裕がありませんでした。テレビと冷蔵庫です」。しかし、夫は引っ越しに複雑な感情を抱いていた。彼は以前ロンドン市水道局の現場監督をしていた。責任のある仕事で彼は大いに楽しんでいたが、ヴォクソールほど賃金は高くなかった。調査員はチェスター氏が「穏やかだった「水上での」日々のことを懐古的に語ることで調査の腰を折るとても頭のいい人だ」と判断した。[34] しかし、アルフ・チェスターの後悔は真剣に受けとめる価値がある。彼の後悔が明るみに出すのは、家を所有し高い賃金を得ることをすべての人が「生活水準」の上昇として経験したわけではないということである。

アルフ・チェスターの後悔は、なぜ多くの肉体労働者たちがみずから自分たち自身の上司になりたいと強く思っていたのかを説明する助けとなる。小さくても自分自身の事業を始めることは、組み立てラインと公共部門の賃金凍結と物価上昇の時代には魅力的と思えるわずかばかりの自己管理力を与えてくれた。ルートンの労働者たちは自営業の親戚や友人たちを賞賛した。アルフ・チェスターは弟のビルについて「ゼロからビジネスを始めたのです」と語った。[35]「彼は肉屋です」とデニス・ベルは弟のフランクのことを話した。「数多くの事業に手を出していましたがね。コンバインで収穫する仕事もしていました。契約して耕作することもやっていましたし、農場での仕事を一括して契約することもしていました。彼は自分の車と家を持っていました」。[36] フランク・ベルが携わってきた労働は、ゼロから事業を始めることにともなう仕事の厳しさをほのめかしていた。しかし、ルートンの労働者の多くは、雇われる立場でいるよりも誰にも恩義を受けないでいるというほうを明らかに好んだ。思い切ってやってみる人は多くはなかったが、資本が十分ではないと感じていたからだった。しかし、彼らの夢は、自分たちの携わる仕事と生きていくための生活手段により大きな管理力をもちたいという強い気持ちを裏づけていた。そして一九六三年時点の豊かな社会における自分たちの力の欠如に満たされないものを感じていたことを裏づけていた。

工場労働者や事務職の人びとと教師、下級の公務員、看護師、技師といった給与のもっとも低い専門職の人びとは、一九六〇年代最初の総選挙で勝つために労働党がその票を必要としたグループであった。保守党は一九六四年に総選挙を実施することになっていた。実際、ほとんどの工場労働者は一九五〇年代を通して労働党に投票してきたが、豊かな社会の到達範囲が限られていることに不満を抱いていた。豊かさを増進させるという保守党の公約が一九五九年の選挙での勝利を助けたが、一九六〇年代のはじめまでには、さらに多くの有権者によって工場労働者の感じた幻滅が共有されるようになっていた。このなかには公共部門の多くのホワイトカラー労働者が含まれていた。ブルーカラー労働者が産業の中心地からニュータウンや郊外の住宅地に移住してくることは労働党が政権に復帰することへの脅威になるどころか、それまでは保守党が議席をもっていた選挙区を労働党が奪う助けとなった。ルートンはその一例だった。一九六三年の補欠選挙で、こうした工場労働者たちが現職の保守党の議席をひっくり返し、四八パーセントの得票で労働党を勝利に導いた。[37] ゴールドソープのチームは、「豊かさと、イギリスの労働者階級が保守党(あるいは労働党ではない政党)に投票することとのあいだにはなんら重要な関係はない」ということを明らかにした。[38]

一九六四年のはじめ、真剣な選挙活動がスタートした。労働党は平等という危険な領域に向けて議論の舵を切った。党は選挙戦を新旧間、人びとと社会的なエリートとのあいだの争いへと転化し、グラマースクールで教育を受けたハロルド・ウィルソンを、保守党党首で貴族のアレック・ダグラス＝ヒュームよりもふつうの人びとのニーズによく通じた人物として提示した。ウィルソンは自分のオックスフォードの研究員《ドン》としてのキャリアをめだたないようにした。その代わり彼は北部のグラマースクール少年という背景を強調し、労働者階級の多い自分の選挙区ヒューイトン〔2〕の人びとのニーズがよくわかっているとした。一九六三年、「デイリー・ミラー」紙は「次の首相になるかもしれない男」のプロフィールを紹介し、「ハダスフィールドの工場の化学者の息子」としての出自を強調した。ウィルソンは学童のころ、どうして「蓄音機というのが非常に派手なものに思えたか」について話した。「なぜなら、わたしたちは蓄音機を持っていなかったから」。彼は自分のもっとも好きなスポーツは「長距離走」だと主張した。読者のなかには、少年院を出た才能ある走者である労働者階級の青年をトム・コートニーが演じて近年映画化されたばかりのアラン・シリトーの小説『長距離走者の孤独』を思い出す人びともいた。ウィルソンは労働党が実力主義の社会の説明として描きたがっていたイメージにぴったりだった。世襲の特権によってではなく科学と工業によって生計を立てた父を持ち、グラマースクールから「実力によって」学問の世界にまでのぼりつめ、政治の世界に参入した北部の学童、というイメージである。(39)

ウィルソンはマイケル・ヤングとトニー・クロスランドの警告に注意を払っていた。豊かさの悪には焦点をあてないと決めていたのである。ウィルソンは一九六四年七月にロイヤル・アルバート・ホールでおこなったスピーチで「わたしたちはじつに多くの人びとの生活水準が上昇したことを歓迎する」と宣言した。また、貧困が残りつづけているということだけに焦点を絞ることもしなかった。労働党はこれを一九五五年と一九五九年にしようとして失敗したのだと彼は感じていた。一九五〇年代を通して主要な政党は、貧困はほとんど排他的に高齢者と病人の領域であると言ってきた。究極的にこのことが、ほとんどの人びとにとって、「こんなにいい時代はなかった」という保守党のメッセージをたんに強化することになった。そうするのではなく、ウィルソンは既得権に対抗する「役に立つ人びと」というハーバート・モリスンの描いた旧来からの説明に立ち返った。既得権者のなかには、一九六四年までには「投機筋の連中……脱税者、土地詐取者」とスラムの土地を支配したピーター・ラックマンのような「強請り」にふける連中が含まれるようになっていた。(40)

こうして労働党は、親世代よりもいい暮らしをしているが機会が限られていることに幻滅している若い世代の労働者たちの不満に向きあったのだった。ウィルソンの演説は社会的、経済的な不平等に継続して言及しつづけた。バーミンガム・タウン・ホールでの演説でウィルソンは、保守党の政治家たちが「生まれと富が優先される閉じられた社会」を支持していると批判した。彼は労働党が「頭脳が貴族の血よりも優先される」社会で「すべての人びとの、すべての人びとによる政府をつくりたいと思っている」政党なのだと売りこんだ。(41)労働党の選挙公約は「中等教育は総合制学校の線で改組されるであろう。……どの子供も十一歳時点での恣意的な選抜によって［学問的な教育から］利益を得る機会を奪われることはなくなる」と約した。総合制の教育を受ければ「新しいイギリス」の市民は拡大を続ける技術職、専門職に就くことができるようになる。それはこうした職を雇用主が進んでつくりだすかどうかにかかっているのではなく、経済に関する政府の「全国計画」によって保証がなされることである。これが教育と訓練と科学における「革命」から利益を得つつ、「機会の平等」をもたらす「前進する」イギリス像なのであった(42)。

ウィルソンはさまざまな背景をもつ幅広い層の有権者の不安と希望に直接語りかけようとしていたが、とりわけ増加しつつあった若い賃金労働者、ホワイトカラー労働者、母親であり労働者でもある女性たちに向けて訴えかけた(43)。選挙の一年前の一九六三年の労働党大会で、労働党の幹部たちはこうしたグループをたくみに利用した。教育をめぐる議論は、「デイリー・ミラー」が「五人の息子を持つ痩身で魅力的な母親」と説明したジョイス・コープによって導入された。イレヴン・プラスに反対の彼女は、「道徳性はもちろんカールトン・テラスにそれまであったのと同じ誠実さと能力が『コロネーション・ストリート』には存在している」と述べた(44)。国民に人気の連続ドラマへの彼女の言及が示したように、労働党は党とその新しいリーダーを、舞台と映画におけるファッショナブルな労働者階級の英雄たちに熱心に結びつけようとした。

一九六四年にウィルソンは、労働者階級の人びとは社会的なヒエラルキーにおいて上位の人たちと少なくとも同じくらい有用な存在であるとの考えを発展させた。「根本的に新たな種類の社会を求める欲望、まだかなり一貫性を欠いているにもかかわらず本物の欲望があることにわたしは気づいた」と選挙の一ヵ月前、一九六四年九月にウィルソンはあるジャーナリストに語った。「ラックマンのようなやり方に対するきわめて激しい憤りが渦巻き、有用で生産的な仕事に従事している人びとよりも上に物質的、社会的な尺度において投機家が位置づけられるのは正しいのか、と多くの人びとが思いはじめている(45)」

ルートンの自動車工場労働者の大半はウィルソンを好んでいた。彼らのほとんどがすでに熱心な労働党の支持者であって、マイケル・ヤングの理論とは矛盾するが、彼らがいまでは海外旅行に行くことができ、自家用車を持つことができるようになったからというだけで政党への支持を変える理由は見当たらなかった。「労働党は働く人びとの政党です」とマーティン・クロスは言った。「その政策は働く人びとに基礎を置いています(46)」。「労働者階級のための政権なのです」とバーナード・ハリスは述べた。「保守党の政治家たちは彼らの階級のためだけに存在しているにすぎない」。バーナードはアイルランド人で、一九五〇年代の大半を建築現場と工場で働いて過ごした。彼は五人の幼い子供たちを育ててきた能力に誇りをもっていたが、子供たちには自分よりも充実した仕事に就いてほしいと思っていた。長男について、「彼には製図工になってもらいたいのです」と言った(47)。それゆえ「科学技術の白熱」と、計画および科学にもとづいた実力主義をウィルソンが強調したことは、訴えかけるものをもっていた。年配の人びとは一九三〇年代を想起した。「わたしが戦前に目にしたものを考えれば、他の党に投票するなぞとんでもないことだよ」と恐慌の時代以来工場で働いてきたビル・アレンは言った。それについてもう少し詳しく話すように求められた彼は、間髪を入れず「失業。[それは保守党の失策でしょう?] 疑いなくね」と答えた(48)。こうした労働者たちはどんなに暮らし向きがよいとしても、「金持ち」がもつ政治的、経済的な力を自分たちは欠いているとわかっていたから、ふつうの人びとを代表していると自分たちがみなした政党と連帯したのである。

一九六四年の世論調査は、社会の最貧層と高齢者が保守党に投票する可能性のもっとも高い労働者階級の人たちであると示していた。彼らの多くは社会の他の人びとよりも悪い暮らしになれてしまい、望みうる最良のことは金持ちの食卓からのおこぼれにあずかることだと信じていた。エリック・トールボットはブラックプール出身の非熟練労働者だったが、一九六四年の選挙が彼にとって投票権を行使できる二回目で、彼は保守党に投票した。「ある農家の人がわたしに「次の一点をいつも覚えておけ。保守党が政権に就いていれば、わずかだがお金がお前の膝の上にこぼれ落ちてくるのだ」と言ったのです。たしかに、こうやってお金はまわっているのです(49)」。

ルートンの自動車工場労働者のなかにはエリック・トールボットの用心を共有する人たちもいた。「保守党は金の扱いに慣れています」とジョン・カミングズは言った。「労働党はどうやったらいいかわかっていません。金の扱いに慣れた金持ちとは違ってね(50)」。経験は重要だが、それはおそらくフェアではなかった。労働者階級の保守党支持者は、自分たちの主人が本来的に自分たちより優れているとか社会秩序はまったく満足のいくものであるとか言っていたわけではない。こうした人びとの態度は一九六〇年代に新しく出てきたものではなかった。労働者階級の保守党支持者は、一九三〇年代にさかのぼって保守党の富と経験を引き合いに出した(51)。そうしたからといって、無意識のうちに「彼ら」と「われわれ」をエリック・トールボットとジョン・カミングズのような人びとが区別しなかったということにはならない。実際、一九六三年に保守党の中央局は有権者のなかに似たような態度を示す証拠を見いだしていた。そのときの調査が明らかにしたのは、保守党は「企業に支持され、国を豊かにすることはできるが、ふつうの人びとにはほとんど関心をもっていない」と多くの人に思われているということだった。対して労働党は「ふつうの人びとのことを気遣う」とみなされていた。[52] 労働者階級の保守党支持は根強かった。しかし、豊かさが階級の区別や階級のアイデンティティを破壊してしまったということを示していたわけではなかったのだ。

有権者のこうした用心深さによって、なぜ一九六四年の選挙は接戦で、僅差での勝利となったのか説明がつく。投票日は十月十五日であった。選挙の直前、「デイリー・ミラー」紙は読者に「選挙は接戦になるだろう」と警告を発した。「ミラー」紙は正しかった。わずか四人の議員の多数で労働党はかろうじて政権の座に就くことができたが、得票率は一九五九年のそれよりもたいして高くなったわけではなかった。多くの中流階級の持ち家所有者と高い税金を納めている人たちは保守党を支持することで満足していた。しかるに機会の拡大という志は高いが曖昧なウィルソンの公約と、貧困に取り組む具体的な政策を彼が無視したことによって、貧しい人びとや年配の人びとへのウィルソンの受けは悪かった。労働党が勝鬨を高らかにあげるどころか、選挙は保守党の敗北というのがほんとうのところであった。保守党は、プロフューモのセックス・スキャンダル[3]とラックマンのようなやり方と一九六〇年代はじめの経済的不安定から立ちなおれていなかったのである。[53]

一九六四年の十月までに、社会学者たちはルートンをあとにした。ゴールドソープの調査チームは、豊かな労働者たちのほとんどは生活水準の上昇を経験したにもかかわらず揺るぎない労働党支持者でありつづけたと結論づけた。このことを調査員たちはうまく説明することができなかったが、それは彼らが「生活水準の上昇」を当然のこととみなしたからであり、これほど多くの回答者たちがなぜ現状に満足できず、将来に不安を抱えているのかを問わなかったからである。インタビューを受けた人のほとんどが、自分たちはみずから選んだのではない状況で生活しているといまだに感じており、自分たちは「金持ち」から区別された「その残り」だと感じていた。[54]

ウィルソンは若い賃金労働者のあいだで評価が高かった。彼らの多くは保守党が約束した豊かさと日々の生活の現実とのあいだの溝に不満を抱いていた。「保守党の政治家たちは、若い人びとが家や家具を買うのを容易にしてくれたわけではありませんでした」とヴォクソールで働くアラン・バクスターは言った。一九六四年は彼がはじめて投票できる選挙だった。「一家でふたりは賃労働をしている必要がありました[55]」。彼の世代は目標を高くもつよう勧められてきたが、組み立てラインで超過勤務をせざるをえなくて幻滅していた。賃金の凍結と物価の上昇のため、彼らのなかには違った種類の経済の管理のあり方を望むようになった者もいた。選挙で選ばれた政治家と労働組合員がより大きな管理の力をもつようなあり方である。「この時代においては、物事に対してある一定の管理の形態が存在すべきだ」とバクスターの同僚のスチュアート・シャープルズは考えていた。「民間企業は気まぐれで動いているようにみえます[56]」。こうした若い労働者たちは、自分たちの高い向上心を実現してくれるとの希望を託して労働党を選んだ。一九六四年の選挙で得票差を広げ、五〇パーセントの得票でルートンの議席を労働党が押さえたのは、大部分がこうした人びとの投票によるものだった[57]。

十三年にわたった保守党政権の時代が終わり、豊かさゆえに人びとが自分たちを中流階級だと考えるのではないかとの労働党の政治家や社会科学者たちの一部が抱いた懸念は、根拠のないものであるということで見解の一致をみた。多くの労働者たちは、イギリスは「彼ら」と「われわれ」からなる二階級の社会であり、「彼ら」が不当に権力を握っていると思っていた。人びとが自分たちのことを労働者階級だと考えたのは、稼ぐお金の額がその理由でもなければ、従事している仕事が理由なわけでもなく、彼らが暮らす社会における他の人びととの関係のためであった。保守党が完全雇用と普遍的な福祉への戦後の関与から身を引いたことは多くの人びとの不満を引き起こし、とりわけこれら戦後の収穫を当然のこととととらえはじめていた若い有権者の不満を煽った。若い有権者たちは国の利益のより大きな分け前を彼らに与え、彼らとその子供たちに教育、余暇、仕事の機会を幅広く与えることによってもたらされる安定性に足場を置く政府の誕生を待ちかねていた。ウィルソンのもとで労働党は、雇用主たちの変革に頼るのではなく科学技術の革命を実現すると約束した。労働党はイレヴン・プラスに通った例外的な少数者だけではなく、すべての人の生活水準を上げ、貧困が過剰となっている最悪の部分を少しずつ削っていくのではなく、ほんとうの機会の平等を提供し、若い有権者により多くの消費財を与えるのみならず違った種類の生き方のチャンスを提供すると約束した。一九六四年十月、ハロルド・ウィルソンは十三年ぶりの労働党の首相としてダウニング・ストリート十番地に入った。しかし、ルートンの労働者たちが望んだことをウィルソンの政党が実現できるかどうかはまた別問題だった。

訳注

〔1〕ベドフォードシャーはロンドンの北、ケンブリッジの西の州で、ルートンはそのなかでもっとも人口の多い地域のひとつ。

〔2〕ヒューイトンは一九五〇年から一九八三年まで存続したリヴァプール近郊の選挙区の名前。

〔3〕一九六二年、マクミラン政権の陸軍大臣だったジョン・プロフューモが、ソ連の駐英海軍大佐と肉体関係にあった娼婦と関係を持ち、国家機密を漏洩したのではないかとの疑惑が生じた事件。これをきっかけにマクミラン政権は退陣に追いこまれた。

幕間Ⅶ　成り上がって

一九六三年までに、ヴィヴは自分が夢見たような自由な暮らしはお金では買えないと悟った。彼女とキースは近くのガーフォースにある民間の新興住宅地に広くて現代的な一戸建ての家を買った。「それはあのお金がもたらしてくれた楽しい時間のひとつだった」。持ち家所有率は上昇していたが、一九六三年においてカッスルフォードの労働者の大半は賃借人で、大家の規則と規制に縛られていた。ヴィヴとキースは友人たちと夜通し騒がしいパーティを開き、自分たちがしたいように家を飾りつけて、自由と気前のよさを満喫した。しかし、彼らがガーフォースに溶けこめているると感じたことはいちどもなかった。近所の人たちは管理職層であり、地元のビジネスマンだった。彼らは「ガレージから車を出し、洗い、もとに戻し、土曜になるとまた出して洗うような……タイプの人たちだった」。その妻たちは働いていなかった。そのかわり彼女らは朝コーヒーを飲み、おとなしくて従順な子供たちの世話をして家をきれいにする。ヴィヴは贅沢をして安楽にしていたが、以前の公営住宅にいるのと同じくらい息苦しいような閉塞感を覚えていた。

ヴィヴにとってくやしかったのは、新しい隣人たちが彼女を見下していたことだった。「ひとりとしてわたしたちに話しかけてこなかった」。彼らはニコルソン家の騒がしいパーティにいらついていたし、くじを当てたこの恥知らずな連中が自分たちの近所の体面のよい名声を損ねるのではないかと心配していた。「ついに誰かがこう言うことになる。『あなたたち草を刈ってほしいの？』と。なぜならわたしたちはそんなことでは思い悩まないから」。彼女は近所の人たちのよそよそしさと堅苦しい因習を軽蔑して、彼女とキースがあとにしてきた通りの親しみやすさと引き比べた。ときにはそうして詮索好きな近所の人びとと剝げかかった壁紙からなんとかして逃れようとしていた事実を忘れたのだった。彼女が手に入れたように思われた中流階級のライフスタイルは、外から見えていたほど魅力的ではなかった。これみよがしの体面を保つために長い時間を費やすことと勤勉さが近所の人たちの暮らしを特徴づけていた。この人たちは自分たちの限られた特権を維持しようとしていたのだ。

ニコルソン夫妻は暇な時間を埋めるのに苦労した。キースはパブに行くのをやめた。「おれはもう彼らとは仕事について話せないよ」とキースはヴィヴに言った。「もううんざりだ。だけど何をすればいいのかわからないんだ」。彼らはアメリカやヨーロッパで海外旅行を楽しんだが、帰ってくるといっそう生活の空疎さが募った。ヴィヴは子供たちを寄宿制の学校に行かせるべきだと主張したが、いなくなるとひどく子供たちが恋しかった。「わたしは必要とされる必要があった」と彼女は言った。ヴィヴはまだ二十七歳だった。

ますます多くの人びとが、自分は余計者だというヴィヴの抱いた感情を共有するようになっていた。暇な時間がいやおうなく増えるのにはさまざまな事情があった。一九四五年から一九六二年のあいだ、イングランドの労働者の二パーセント未満しか失業していなかったが、一九六三年にはこの数字が上がりはじめた。全国的には三パーセントくらいでとどまっていたが、イングランドの産業の中心を担う地域のいくつかでは失業手当に頼らざるをえない労働者の数が他よりはるかに高いところもあった。(1)

若いBBCのリポーターで、一九五八年にドキュメンタリー『階級は問題か?』を制作したジャック・アシュリーは、ウェスト・ハートルプールの苦しむ家庭のもとを訪れた。とても豊かな他の多くの地域と比べ、失業に見舞われたこうした地域では将来への希望が恐怖にとってかわられていることにアシュリーは気づいた。「彼は一日中家をただ歩きまわっていて、少し気が塞いでいます」とある女性は夫について語った。「わたしも気が塞ぐんです」。働く男たちのクラブを映した場面についてジャック・アシュリーは、「外出する金もない失業中の人びとと仕事がある人びととのあいだに分断が生じてきている」と説明した。(2) この分断はイギリスの伝統的に産業の中心である地域——北東部、クライドサイド、マージーサイド、南ウェールズの谷あい——でとくに深刻だった。

ヴィヴ・ニコルソンもジャック・アシュリーがインタビューした人びとと同じように、賃労働であれ家事であれ、働くことが自分は何者であるかを決めるのだということを少しずつ悟っていった。ヴィヴとキースはもはや自分たちの家族や友人たちとしっくりいかなくなっていたが、近所の人たちが培っていた勤勉にビジネスにいそしむ人物像にも彼らは合致しなかった。ヴィヴとキースは、富がもたらしてくれるとヴィヴが想定していた楽しい暮らしを享受する権利の感覚も欠いていた。贅沢に遊び暮らしているあいだも、ヴィヴとキースは自分たちの幸運に「利己性」と「罪悪感」を感じていた。「わたしたちがこの大金を勝ちとったがために、わたしは死ななければならなくなるのだ、というぞっとする恐怖を感じたものだ」とヴィヴは言った。「くじで当たったことで罰が下るのだと本気で考えた」。彼女の心の隙間には貧困への恐怖が息をひそめていた。

一九六五年、この罰がやってきたようにヴィヴには思われた。キースが自動車の衝突事故で死んだのである。彼のお金はあまり残っておらず、残ったお金の大半は子供たちの信託になっていた。「ミラー」紙は「以前は映画館の案内係と工場での仕事をしていた二十九歳の金髪女性ニコルソン夫人が職探し中」と報じた。新聞の表現では「くじでの大勝と衝突事故という暗黒の悲劇」となるヴィヴの人生の不安定な状況が、多くの人びとの同情を誘った。[3] ハロルド・ウィルソンの労働党政権が誕生してから一年が経っていた。マージービートの時代、多くの人びとが車を所有する時代が到来していたが、ヴィヴがすべてを失ったのと同じ年に、社会学者たちが貧困は消失するどころか多くの人びとの生活を苦しめつづけているとの報告を出した。一九六五年、ロンドン・スクール・オブ・エコノミクスのピーター・タウンセンドとブライアン・エイベル＝スミスは、何百万もの家庭の消費パターンを記録した労働省の支出調査を用いて、七百万人をこす人びとが低賃金と不適切な家族手当のせいで「わたしたちの豊かな社会の平均的な収入を実質的に下まわる」生活を送っていることを明らかにした。[4]

一年間泣き暮らしたあと、ヴィヴは自分で新しい生活を始めようとした。富がもたらしてくれた魅力と独立を彼女はなんとかして維持しようとした。一九六七年までに、ロンドンのカーナビー・ストリートはファッションとセレブの代名詞となっており、ヴィヴもいけいけの六〇年代の舞台の一部になりたかった。お金がなかったので、ヴィヴは自分の基礎的な資本——つまり、自分の身体である——に頼った。売春宿やセックス・ショップがひしめきあういかがわしいソーホー地区で、ヴィヴはキャバレーの踊り子になった。こうした店のオーナーたちは、ポルノと売春に目をつぶってくれるロンドン警視庁の警察官たちに喜んで賄賂を渡した。ソーホーは、その地区のクラブに通う有名人たちやレスター・スクエアとオックスフォード・ストリートのまぶしいネオンへの近さもあって、いまだにその魅力を保っていた。しばらくはこれでヴィヴには十分だったのだが、キャバレーでの仕事は長つづきしなかった。ヴィヴの演技は他のもっときわどいソーホーの店での出し物に比べるといやらしさに欠けていたし、彼女の働いていた店は警察と地元のギャングから要求される防護のための金を支払うことができなくなって閉店したのである。

一九六八年、ヴィヴは北部に戻った。その年は、イギリスの海岸と大学のキャンパスでは愛の夏だった。カッスルフォードでヴィヴも、マンチェスター出身で「クリスタル・ボールルームの用心棒」をしていたブライアンとの愛を見つけた。結婚生活は三ヵ月しか続かなかった。ブライアンは自分が結婚したのが彼の夢だった億万長者ではないとわかって落胆し、ヴィヴの顎を負傷させたのである。小説とポップ・ソングで文化的な変化の中心地と描かれた北部であったが、いくつかの点ではヴィヴが育った北部とほとんど変わってはいなかった。

ヴィヴには新たなキャリアが必要だった。一度たりともほんとうには手にできなかったセレブのライフスタイルを彼女は取り戻したかった。あるいは彼女がマットとともにしていたようなむかしながらのちゃんとした結婚で、しかし今度はもっと贅沢な環境で自分を養ってくれる男を見つけたかった。ヴィヴはキースと短いあいだガーフォースで経験した郊外の生活を望まなかった。そのかわり、ウィルソンの新しい現代的なイギリスのヒッピーやポップ・スターが送る冒険的なボヘミアンの生活にヴィヴは憧れていた。しかし、お金とコネを持たずして、いけいけの六〇年代に割って入ることは容易ではなかった。とはいえ、ヴィヴにはまだ自分の身体があったし、名が知られていたので、人前に出る仕事にありつくことができた。彼女はショー・ビジネスに参入しようとした。今度はマンチェスターのストリップ・クラブで「大金使い」を歌った。不運なことに、彼女の名前は名声を保証するほどのものではなかった。彼女は下着を脱ぐのを拒んだために間もなく馘になった。セックスはいまだに六〇年代に自力で運を切り開こうとする女性に残された数少ないルートのひとつだったのだ。

Ⅲ　奪われし人びと　1966-2010

第13章　新しいイギリス

一九六九年、リヴァプール大学の年若い社会学者ヒュー・ベイノンはマージーサイドにあるフォードのヘイルウッド工場の労働者と雇用主との関係の研究に着手した。この工場の労働者たちは武闘派で知られ、ベイノンはほとんどの時間を労働組合の活動家とともに過ごした。彼らは若さ（大半が三十歳になっていなかった）と「権威に対してほとんど敬意を示さない」ことによって団結していた。「彼らは粋な服装をしていた。ボックス・ジャケットのスーツを着ていた。……少し肩をいからせて歩いた。……彼らはビートルズを生みだした街で生まれ育ち、完全雇用に近い状態しか知らなかった。……彼らは……伝統に敬意は払うが、それに縛られてはいないようだった[1]」

一九六〇年代末、その前の十年にティーンエイジャーだった若者たちがイギリスの工場で武闘派の活動家となっていた。彼らは政治家、雇用主、家主たちからのいっそうの自立を求めて闘った。自分たちの仕事の管理にさらなる発言権を求めた。

彼らはイギリスが一九二〇年代以降経験したなかでもっとも過激な労使間の緊張を扇動した。一九六五年から一九七五年のあいだに、毎年イギリスは平均して二千八百八十五件のストライキを経験した。これらのストライキはきわめて破壊的だった。一年に約二百五十一日の労働日が失われたのである[2]。これらのストライキは、伝統的に労働組合を構成してきた男性の熟練労働者だけにとどまらない拡大しつつある新たな自己主張を証明していた。この新たな自己主張は若年の労働者、女性労働者、イギリスに来たばかりの移民、非熟練の賃金労働者にまで広がっていた。彼らは豊かな社会における暮らしへの期待の高さと工場の労働現場で経験した現実とのあいだの隔たりによって、ストライキへと駆り立てられたのである。

ベイノンが調査を始める三年前、労働党が圧倒的な多数でふたたび政権の座についたのは、こうした若い武闘派の労働者たちのおかげだった。政権について二年後の一九六六年三月三十一日、ハロルド・ウィルソンは「労働党政権が機能しているのは周知のとおり」というスローガンを掲げて選挙をおこなった。失業は減り、賃金は上がり、政府は福祉の給付のレベルと範囲を拡大した[3]。「政権に就いて以降、われわれは旧弊な手続きと制度を現代化するという長期的プロセスに乗りだした」と労働党の選挙公約は宣言した。「既得権の支配に終止符を打ち、若者の力を解放して新しいイギリスをつくりあげる」[4]。労働党は九十六議席の多数にまで得票を伸ばし、政権の座に戻った。

しかし、イギリスの工場では不満がくすぶりつづけていた。ウィルソンが「科学技術の白熱」を売りこんだことが、原始的な労働状態に対する労働者たちの不満を悪化させた。戦後の実力主義のレトリックと、努力と向上心によって実際にもたらされる報酬の少なさとのあいだの溝も、不満の悪化につながっていた。十九歳のビル・レインフォードは一九六七年にフォードのヘイルウッド工場で短い期間働いた。彼は四年前に学校を終えていた。どん底の肉体労働を二年間経験したあと、オートマティック・テレフォン社の使い走りとなった。この仕事の口は、地元の新聞に「前に進む向上心のある若い男性」を求むと広告が出ていた[5]。ビルはその仕事を二年間続けるくらい十分に楽しんでいた。「わたしたちはみんな十八歳、十七歳、十八歳、十九歳で、[上司と]わたしたちのあいだでの知恵の競いあいでした。上司をかつごうとしていたのです」。しかし「前に進む」ことは、どんなに「向上心」があっても可能にはならないと彼は気づいた。オートマティック・テレフォン社は雑事をこなしてくれる働き手を必要としていただけで、昇進の機会はなかったからである。「それでわたしは「フォードはどんなだろうか」と思ったのです。賃金がずば抜けて高いということでしたから」。彼はすぐにそれがなぜだかわかった。「あとで誰かがフォードの離職率はものすごいと言ってくれたのです。……わたしの最初の仕事はプレスをする持ち場でした。鉄板を叩く人がいるので、わたしは鉄板をつかみ、荷運び台に投げあげなければなりませんでした。何時間もそれをしつづけなければならなかったのです。そこでの仕事を終えるときまでには、指の先はまめだらけになっていました」。ビル・レインフォードは一ヵ月もった。

同じころ、マンチェスターでは二十八歳のイアン・ホワイトがメタルボックスの工場で働いていた。そこの「労働状態は、一九六〇年代にしては名の通った会社であるわりにほんとうにひどいものでした。煙がフォークリフトから――ディーゼルのフォークリフトだったのですが――一日中吹き降ろしてくるのです。騒音を抑えることもされていませんでした。……家に帰ってもカンカンという音が聞こえて、朝の二時ごろまで続くのです」[6]。仕事の現実は、政府の閣僚たちが言う大げさな「白熱」のレトリックと教師や政治家や新聞が若い労働者たちに抱くよう勧めてきた高い向上心からすると、あまりに貧しいものだった。

こうした労働者たちの不満は、現代化と社会的な前進というウィルソン政権のメッセージと対比すると矛盾しているようにみえる。「機会の平等」が政府のスローガンだったが、ウィルソン政権は二十年前にアトリー政権によって促進されたのとは違った「機会の平等」の実現に力を入れていた。一九六五年、教育相トニー・クロスランドは、地方自治体に中等教育を再編するための計画を提出するよう求めた（義務づけはしなかったが）。再編によって「すべての子供たちにより大きな機会を与える」ために「社会的にも学業の面でも実行可能なかぎり総合的な学校」をつくり、学業上の修了資格を与えるだけでなく「民主的な一九六〇年代」において子供たちの社会的かつ創造的な潜在能力を引きだすことを目標とした[7]。

一九七〇年までには、中等教育を受ける子供の三分の一が総合制学校に通うようになっていた[8]。総合制学校に通う労働者階級の子供たちは、グラマースクールに行った生徒たちと同じくらい大学に進学する機会を手にしていた。総合制学校は、それがなければ現代中等学校に行っていたであろう子供たちの大部分の機会を明らかに拡大していた[9]。同時に、政府は高等教育についての一九六三年のロビンズ報告の推奨を採用した。その中核は大学の受け入れ枠を四年間で五〇パーセント増やし、一九八〇年までには三倍にすべきだというものだった。

労働者階級の親たちのほとんどはこれらの改革を支持した。総合制の教育についてクロスランドが通達を出してから一ヵ月後、エセックスの百六十五人の母親を対象にした調査では、「モデルとなる小学校に子供を通わせている中流階級の母親」と説明されたごく少数の人たちだけがクロスランドの提案に反対していることがわかった。「十五歳で学校を出」て「肉体労働者と結婚」した女性たちがこの改革をもっとも強く支持していた[10]。オデッサ・ストゥート

1960年代が終わるころには、ロンドンのウリッチにあるこの学校のような
総合制学校で教育を受ける子供たちがますます増えつつあった

は賛成だった。彼女は、子供たちにいい暮らしをさせようと一九六〇年にバルバドスからリーズにやってきた。彼女と夫は工場労働者だったが、子供たちにはよりよい機会をもってほしいと望んでいた。「子供たちはみんな工場で働ければ十分だと役所は考えていたようでしたが、わたしは自分の子供には違ったことを望んだのです。子供たちをちゃんと勉強ができて、中等教育修了証明書（GCE）をとることのできる学校に入れるのにとても苦労しました」。リーズの教育局がクロスランドの計画を検討しはじめたとき、「わたしたちは闘うためにチャペルタウン保護者組合をつくりました。……子供たちによりよい機会を与えるために学校は総合制へと変化しつつありました」[11]。一九七〇年代には、労働者階級の大学生の割合と数が一九三〇年代以来はじめて増加した[12]。

他の変化も成人の労働者たちに直接の影響を与えた。一九六四年から一九七〇年のあいだに、労働党政権は前の十年で保守党がなんとかつくったよりも多くの公営住宅を建設し、民間部門に家賃の統制をふたたび導入した[13]。人びとは自分たちの家を新しい家庭用機器で満たすことができるようになった。一九六〇年に冷蔵庫と洗濯機を持っているイギリスの家庭は三分の一にも満たなかったが、一九七〇年までに半数をこえる家庭がこれらを所有するようになった。[14] 多くの労働者階級の人びとははじめて何かしら豊かさに近づきつつあることを経験したのだった。

変化はとりわけ一九五〇年代の豊かさを享受し損ねたイングランド北部、クライドサイド、南ウェールズといった産業の中心地において顕著だった。一九六八年、タイン川の河口の小さな工業の町ノース・シールズに住む三十一歳のフレッド・ロブスンは、スワン・ハンター造船所で船大工として働いていた。社会学者たちからこの五年間で何が変わったかと問われ、彼は「工業のおかげで安定を手にできました。公営住宅に入れました」と答えた。[15]「それは……車を買ったときですね」とテリー・リマーは振り返った。彼はフォードのヘイルウッド工場の組み立てラインで働いていた。一九六〇年代の末には、富裕な南部と工業地域の北部のあいだの労働者階級の人びとの生活水準の格差は一九四〇年代後半以降でもっとも小さくなった。

イギリスで働くためにカリブや南アジアから一九五〇年代と一九六〇年代のはじめに移民してきた人びとにとって、これは自分の子供たちや配偶者を呼び寄せることができた時代だった。オデッサ・ストゥートもそのひとりだった。バルバドスの家をあとにすることは「わたしの人生のなかでもっともつらい出来事でした。八歳と二歳のふたりの娘を、わたしの父母とともに家に残してきました」。彼女はリーズのバートンの工場でコートをつくる仕事を得た。一九六〇年代の半ばに賃金が上昇したので、「夫とわたしは家を買ってふたりの娘と一緒に住むことができるように貯金を始めました。なんとかがんばって一九六五年には……娘たちがやってきました」。アグネス・ハインドはずっと長く待たされた。彼女と夫は仕事を見つけ、子供たちによりよい暮らしをさせてやりたいと一九五七年にリーズにやってきた。しかし、彼らは長男のディヴィッドを残してきていた。一九六五年になるまで「お金を借りて息子を呼び寄せる」に足るほどの安定を得ることはできなかった。[16]

しかし、人びとの生活のこういった物質的な面での改善は、いまだかなりの厳しい労働と犠牲に依拠していた。多くの家庭がふたりは賃金労働に従事して、やっとやりくりしていた。既婚女性で賃労働に従事している人の数は一九六〇年代に増えつづけた。アラン・ワトキンズは、そのころにはコヴェントリで完全な資格をもつエンジニアになっていたが、一九六九年にふたりの子供のうちの上の子供が学校に行きはじめたとき、妻のヴェロニカが仕事に復帰することに当初反対していた。しかし「それはたんなるわたしの男としてのプライドで、すぐに慣れました。……［彼女の稼ぐ］お金は有用でしたよ！」しかし仕事と子育ての要求のために、男女ともに妻や夫と一緒にいる時間をとる

1965年、ミドルセックスにあるEMIの工場。ますます多くの
既婚女性たちが「主婦シフト」で工場に雇用されるようになっていた

ことができなくなった。一九六七年、ビル・レインフォードはフォードを辞めてリヴァプールにあるオグデンのタバコ工場に勤めた。彼が妻のバーバラに出会ったのはこの工場だった。彼女はそこの事務所で働いていた。一九七〇年代の半ばまでに彼らはふたりの幼い子供を持ち、ノリス・グリーンという郊外に家を借りていた。「そのころわたしたちはお互いあまり会いませんでした」とビルは言った。彼は娘たちの面倒をみるため、お茶の時間に仕事から帰り、ちょうど入れ替わりで、バーバラが工場の夜の「主婦」シフトに出かけていった。

ビルとバーバラの世代の男女は、結婚と子育ての新しいパターンをつくりだしていた。女性が新たに稼ぐ力を手にしたことは、男性がもっと家庭生活に関わるようになりたいと思うようになったこととあいまって、これを加速させた。一九六〇年代の末、ベスナル・グリーンの住人たちの多くが十年前に移り住んだ住宅地区であるグリーンレイに、マイケル・ヤングとピーター・ウィルモットが戻ってきた。ヤングとウィルモットは、結婚した若いカップルが家事と家計のやりくりの決定を親の世代より平等に分担していると明らかにした。「よりよい家を手に入れられるようになったことで夫が家にお金をかけ」、家の面倒をみるのに時間を割く「価値がいっそう高まった」。男性たちが家庭に満足を求める傾向も強まった。熟練の仕事が、儲けはいいが虚しい組み立てラインでの仕事にとってかわられたため、仕事に内在する満足を見いだしにくくなっていったからである。[17] また、彼らは満足の中心として家庭に焦点をあてることを促す仕事にますます就くようになっていた。たとえば家庭用の機器を製造する工場で働く人は製品を割引きで買えたりした。一九六六年、アビンドンで店員をしていたアン・ターナーは、夫の仕事を通して最初の掃除機を手に入れた。夫は南部電力委員会に勤めていた。「夫が新しい［掃除機を］ある奥様に届けると、彼女はこう言ったのです。『前のはどこも悪くないのですよ。あなたに差しあげましょうか？』と」。ターナー夫人は「二槽式洗濯機」も買ったが、「夫が南部電力委員会を通したので割引きになったのです」。[18] 一九六七年に四千をこえる家庭を対象におこなわれた調査では、女性だけの決断で調理器具や冷蔵庫、洗濯機を買ったのはわずか三分の一の家族だけだった。そうした大きな機器を購入する大多数の場合には、夫がその場にいるか、もっとも典型的には夫婦一緒に購入したのだった。[19]

しかし、夫と妻の新たな役割がさらなる緊張を生みだした。というのも、ほとんどの家庭がまだ相当の注意を払って予算内でやりくりしなければならなかったからである。共同で決定することで自立が損なわれると感じる女性もいた。リヴァプールのバスの運転手だったロン・ジョーンズは、家で次のようにふるまうのを誇らしく思っていた。「給料日に帰ってきて、テーブルの上に給与明細票を投げだすのです。賃金について秘密はなかったですし、わたしたちには何が買えるかしっかりとわかっていました」。そして彼と妻のエドナは次にはどの機器を買うか、どの家具を買うか計画した。ロンは冷蔵庫を買うか洗濯機を買うかを決めるときに、少なくともエドナと同じくらいには何かを言う権利があると思っていた。しかし、エドナの考えでは家事のほとんどを彼女が背負っているのだから、少しはロンが彼女の言うことを聞くべきだということになった。夫婦の最初の大きな買い物は洗濯機であるべきだと彼女は強く思っていた。バスに乗ってロンの母親の家まで洗濯物を持っていかなくてすむようにするためだった。一九六四年に息子が生まれて、なおさらそうしたいと思うようになった。ある土曜日、二槽式の洗濯機を分割払いで買うためにロンは町に出かけたが、戻ってきてエドナに気が変わったのだと言った。彼はこれはお買い得品だと思えるものを目にしたのだった。エドナは「わたしは洗濯機がほしかったのですが、夫は出かけていって冷蔵庫を買ってきたのです」と言った。「わたしは彼をほんとうに殴ってやろうかと思いましたが、まもなくわたしたちは洗濯機を買いました［笑］」。エドナは仕事に復帰するとすぐ洗濯機のお金を自分で稼いだのだった。[20]

政治家と製造業者は、男性たちにこのような消費における決定で主要な役割を果たすよう働きかけた。そうして男性が家族の稼ぎ手であるという古くからの考えを強化した。政治家たちは家計の財布の紐を握る正当な存在は夫であると考えていた。一九七四年になってはじめて、消費者信用法により妻が分割払いで物を購入する際には夫のサインが必要であるという定めが廃止された。掃除機や洗濯機、冷蔵庫の製造業者は機器のすぐれた技術を強調することで男性消費者に強い印象を与えられると考えていた。こうした商品を選ぶことは、技術を要する「科学的」な仕事なのだと考えるように男性たちは宣伝によって促された。[21] 一九六〇年代半ば、看護師のヘイゼル・ウッドは、工場労働者のジョンと結婚していた。「ジョンの稼ぎは生活費に使い、わたしの収入はそれ以外のものに使いました」。それ以外とは洗濯機やテレビなどである。しかし、これらを選ぶのはジョンの仕事だった。コヴェントリの家の近くの「中古品の店で、夫がすてきなモデルを見つけてくれました」。

こういった男性の多くは、愛にあふれた父親であると同時に頼りになる稼ぎ手でもあることに誇りを抱いていた。アイルランド系のカトリックでルートンのヴォクソールの工場で働いていたバーナード・ハリスは、一九六三年にある社会学者からインタビューを受けた際、「残業するのは［五人の子供たちのために］物を買ってやるお金を得るためだ」と何度も口にした。「彼はわたしに、赤ん坊のために買ったばかりのフリルのついた黄色いナイロンのパーティ・ドレスを誇らしげに見せてくれた」。ハリス氏はインタビューをした社会学者に、「自分は子供たちの邪魔をしたり満足な食事を与えなかったりすることを正しいとは思っておらず、子供たちには自分と同じ量の食事が与えられているのです」と誇らしそうに語った。彼の妻のマージョリも「完全に意見が一致していた」。[22] 社会学者のマイケル・カーターがシェフィールドの団地に住む十代の若者たちについての研究で述べたように、親たちは子供たちに自分たちが経験したよりも楽しい時間を与えることでよろこびを感じていた。[23] バーナードのような男性は、暮らしにおけるよい物を妻や子供たちと分かちあうことを楽しんだ。これは彼らの父親たちにはしばしば不可能であった。あるいはその世代の父親たちが認めるわけにはいかなかったことだった。

しかし多くの男性たちにとって、よい稼ぎ手であることと、親身で愛情あふれる夫であり父親であることとを結びつけるのは困難だった。バーナード・ハリス自身も残業に頼らざるをえないことが不満だった。そのせいで週に三、四日は夜に家にいられなかったからである。一週間あたりの平均労働時間は、一九五一年の四十四時間から一九六〇年代末には四十時間に減少したが、ほとんどの労働者は追加の賃金を求めて夜間や週末に働いていたため、余暇の時間はまったく増えなかった。(24) 一九六三年に出版された働く母親たちについての研究のなかで、サイモン・ヤドキンとアンシア・ホームズは「父親たちが肉体的に疲弊していない状態で家族の一員としてあらわれることなどほとんどないのかもしれない、という事実を社会が平静に受けとめてきたのは驚くべきことだ」と述べた。(25) その間、女性たちは子育てと家事の矢面に立ちつづけ、その合間を縫ってパートタイムの仕事に従事していた。

非熟練の仕事に就いていた男性はとりわけ困難な選択に直面することが多かった。家族を養うに十分なほど稼ぐには、しばしば残業をするか家から離れて仕事をするかしかなく、結果として不在の父親にならざるをえなかった。ブートルで育ち、戦時中はサウスポートに疎開していたジョン・マクガークもそうしたひとりだった。一九五一年に学校を出たあと、ジョンはしばらく商船の乗組員をしていた。「世界を見てまわったし、女性にもてました」。一九五九年に妻と出会い、マージーサイドに戻ってきた。一九六五年までには夫妻には五人の子供がいて、リヴァプールの北にあるひどい過密状態の家を借りて住んでいた。その年、ついに新しい公営住宅を借りる許可が一家におりた。そこは家族全員が快適に過ごすに十分な広さがあった。しかし、家賃を払うのに必要なお金を稼ぐためにはジョンは道路建設の仕事をしなければならず、仕事のときには五日から七日は家を離れることになった。子供たちと一緒に過ごすことができず、怒りと悲しみを感じた。「身をふたつに引き裂かなければなりませんでした」と彼は言った。

多くの人びとが公営住宅や公営のアパートを借りていたが、公営住宅での暮らしはだんだん困難になっていった。労働党は保守党よりも多くの公営住宅を建設したが、安価な高層アパートの建設を好んだ保守党の方針を継続した。この方針が変更されたのは一九六八年になってからで、ロンドンのローナン・ポイントにあった大きな高層アパートが崩壊してからだった。子供が戸外で遊ぶスペースなどほとんどなく、店や公園も近くにない公営アパートに間借りの住人たちが取り残されたように感じることはしばしばあった。同時に、地方自治体はますます平凡化し、高圧的になっていくようだった。一九六八年以降、製造業が海外との競争に直面して経済成長は減速した。一九五〇年代、イギリスは戦争による被害がもっとも少なかったヨーロッパの国々のひとつとして利益を得ていた。貿易の競争相手である西ヨーロッパの国々と違って、イギリスは占領を経験していなかった。しかし一九六〇年代の終わりまでには、戦後にみごとな復興をとげた西ドイツと日本がイギリスの労働者たちの頼みの綱である自動車産業、エンジニアリング、電気工学の分野を含むいくつかの産業で抜き差しならない競争相手となったのである。政府はイギリスの製造業の停滞を埋めあわせるべく、公共支出の削減を要請しはじめた。このことは扶助や訪問看護師や賃料の収集にまわるお金が少なくなることを意味した。ウォリントン[1]は工業の町で、とくに貧困度が高いことで知られていたというわけではなかったが、訪問看護師の数が削減された。一九七〇年にウォリントンの保健局長は「訪問はきわめて選抜的におこない、ほんとうに必要な人だけが訪問を受ける」のだと述べた[26]。全国で繰り返しみられたパターンであったが、ノリッチ[2]の郊外の大きな公営住宅地の住民たちは、住宅の状態や家賃の滞納について貸主と話しあう必要があるときは運賃の高いバスに長時間乗って町なかに出るか電話をするよう求められた。電話は贅沢品で、住民のごく少数しか買うことはできなかった[27]。

　不満が暴力にいたるケースもあった。「わたしは当時カッとなりやすかったのです」とロン・ジョーンズはリヴァプール市役所で住宅担当の職員と会ったときのことを振り返った。一九六八年には、ジョーンズ一家の住む公営アパートは五人に増えた家族にとってあまりに狭くなっていたが、ロンがたびたび住宅局を訪れても、家に入るのにどれくらい長く待たなければならないのか、そもそも家にありつくことができるのかについて矛盾した話をしてくる職員から「ごまかされ」てきた。ついに「わたしは近づいていって、その職員を怒鳴りつけると、やっと彼はわたしが本気で怒っていることに気づいて恐れをなし、電話をとりあげて処理してくれました」。ジョーンズ一家は自分たちの家を手に入れることができた。

　役所の気まぐれを乗りこえるために力や攻撃的態度に訴えたのはロン・ジョーンズだけではなかった。ジョー・ヘイスティングズはノリッチに住んでいた。同じく彼の若い家族も自分たち自身の家をぜひともほしいと思っていた。ジョーは「毎日昼休みに住宅局に足を運んでいました。……そしてあの高慢ちきな小役人に会ったのです」。ある日「わたしはやつをつかみ、仕切りの窓口から引きずりだしました。……十日と経たないうちに連中はわたしたちに家を提示してきました[28]」。いじめる者たちに立ち向かった英雄的な「弱い立場の男」はイギリスでは長い歴史をもっている。ジョー・ヘイスティングズとロン・ジョーンズの話は一九三〇年代に収入調査員を脅して追い返したアーニー・ベンソンの話を思い出させる。この話が一九六〇年代末に新たな妥当性を帯びたのだ。それぞれの男性の話の細部がほんとうかどうかは、ある意味で問題ではない。というのは、これらの話は彼らが当局の権力をもつ人たちとの関係で自分たちをどうみていたのかについて、また自分たちの生活を自分たちで管理する力がいかに制限されているか彼らが認識していたことについて多くのことを物語ってくれるからである。

これがイギリスの工場で怒りが爆発し、交戦状態を生みだした時代の雰囲気だった。労働者たちは自分たちの生活の組織を管理する力がもっとほしいと要求した。労働党は多くのことをおこなったが、平等なよりよい世界の創出と「白熱」のイノヴェーションという高邁な公約を政府が実行できなかったとき、一九六〇年代末の労働者たちはみずからそれをつくりだそうと決意した。労働者たちは自分たちの仕事が組織され、賃金が支払われるあり方にもっと関与したいと願った。一九六五年から一九七〇年のあいだ、肉体労働者たちは戦争以来もっとも長い継続的な賃金の上昇を享受し、事務職の人びとも収入の増加を経験した。[29] しかし、こうした利益は慈悲深い政府によって労働者たちに手渡されたわけではなく、ストライキによって勝ちとられたものであった。「雇用主の心のやさしさによって何かを得た労働者などひとりだっていない」とジョン・マクガークは言った。「何かを得たとすれば、それは労働組合のおかげであり、組合がストライキをやったからです」。彼の言葉によれば、一九六〇年代の末は「労働組合が闘いはじめた時代」だった。労働組合の加入者数は一九六〇年の一千万人から、一九七九年までには千三百万人に増加していた。組合加入率は一九六〇年代の初頭には労働者の四四パーセントだったが、一九七〇年代の終わりには五五パーセントの労働者が組合に入っていた。[30]

こうした数字は話の一部を物語っているにすぎない。一九六〇年代の終わりと一九七〇年代はじめのストライキは非公式のものが多かった。それらは労働組合の指導者に統率されていたわけではなく、仕事の現場で始まり、若い労働者たちがそれに加わった。彼らのなかには組合員ですらない者たちもいた。職場でのこうした活動家たちは、雇用主からの自立を求める古くからの労働者階級の闘いのなかに自分たちの主張を枠づけた。伝統的には熟練の技術をもっていることで、労働者たちにはある程度の自立と、職場から職場へともっていくことができる道具が与えられたが、このことが雇用主との交渉力を付与することにもなった。

しかし、一九六〇年代の終わりまでに雇用主たちは、組み立てラインでの仕事のような拡大しつつある職の多くを非熟練ないしは半熟練と位置づけることに成功していた。しばしば雇用主たちは組み立てラインでの仕事を「女性の仕事」とみなし、それが低い技能しか要さないので低賃金であると定義されても異を差し挟まなかった古い世代の労働組合の幹部と近視眼的に共謀して、その位置づけをやってのけたのである。しかし、一九六七年までには女性のみならず多くの男性がこの種の仕事に頼るようになっていた。

多くの雇用主たちは、このような労働者たちには古い世代の熟練の男性労働者がもっていた政治的な抜け目なさがないのだと呑気に信じていた。フォード・モーターもそのひとつだった。イギリスにもっとも古くからあるフォードの工場はエセックスのダゲナムにあった。一九五〇年代の終わりにフォードは南ウェールズ工場を開き、一九六二年にはマージーサイドでヘイルウッド工場が操業を始めた。会社は組合活動の前歴をほとんどもたない既婚男性と、非熟練とみなされる作業に携わる女性を採用しようとした。(31)

しかし、このような労働者たちには彼らなりの不満があった。第一に賃金の低さと、そのことが物語る彼らの仕事の価値の低さであった。一九六八年、フォードの労働者たちは超過労働の支払いをめぐってストライキに入った。この争議に触発されてヒュー・ベイノンは調査を始めた。ストライキに突入した労働者のひとりだったテリー・リマーは「超過労働が大事だったのです」と言った。テリーと仕事仲間たちは超過労働、つまり人気はないが実入りのいい夜のシフトの割り当てやボーナスの支払い額について彼らになんの相談もなされなかったという事実に憤慨していた。(32)

これはたんなる賃上げ要求ではなかった。豊かさとほぼ完全な雇用とが維持されつづけていることで、テリー・リマーのような労働者たちは基礎的な賃金と労働条件という目の前の物質的な必要性への取り組みの一歩先へ、労働組合の運動によって進んでいけると信じるようになった。歴史家アラスター・リードの言葉を借りれば、テリーのような男たちは「日々の労働をする生活のなかに、創造性と自己表現と参加の機会」を求める闘いを労働組合に遂行してほしいと思っていた。(33) 自分のことを「ビート族のテディ・ボーイ」と言っていたテリーは、超過勤務の割り当てをめぐって争うためだけにストライキに突入したわけではなかった。自分の行動は「まわりに壁ができることを望まないわたしのなかの自由な精神」によって引き起こされたのだと彼は言った。テリーは雇用主の言いなりになることにうんざりしていた。

テリー・リマーは一九六〇年代の余暇の現場から――彼

の場合はリヴァプールのダンスホールやコーヒーバー、演奏に加わっていたバンドから——世界は組み立てラインに立っているだけにとどまらない多くのものを提供してくれるのだということを知った。マージサイドのピルキントンの工場で、一九七〇年に一般組合員によるストライキ委員会を立ちあげた男たちも同じだった。彼らのほとんどは一九六〇年代のはじめには十代ないしは二十代の前半で、経営陣と「ぐるになって」いるように彼らにはみえた組合に幻滅していた。彼らのなかには「旅をして、因習のしがらみを投げ捨て」たい「ニック・M」や「自然について書く作家になり」たい「ジョージ・F」、自分に教育がないことを悔やみ、「人びとが自分たち自身の生活をコントロールできるような変化を生みだす人物になりたい」と願う「アーサー・G」が含まれていた。[34] このような労働者たちは、労働者たちの集団的な独立への古くからの労働運動の関わりとポップ・ミュージックやファッションや公民権運動で促進された個人の自立と自己表現という六〇年代の理想とを融合させた。そうすることで彼らは、自分たちの生き方をみずから管理する力がもっともてるようになることは自分たちの人権であるはずだと主張した。しかしこの権利を手にすることは、生産過程と賃金について先例のないレベルのコントロール力を労働者たちがもつことを意味するだろう。

ストライキの多くを引き起こしたのは自動車工場の労働者たちだった。他の部門の労働者たちは、組み立てラインと残業でのしかかってくる要求に疲弊し、不満を抱いていたが、自動車工場の労働者たちにはこれらに加えて三つの動機があった。ひとつは自動車生産の季節的な性質で、年間のある時期には超過労働はなくなり、一時解雇もふつうになされた。ふたつめは多くの自動車工場で労働組合が強いことだった。組合の指導者への相談なしで労働者たちが突入する非公式ストライキの数は増えつづけていたが、集団での会合や抗議の伝統がおよぼす影響力は大きかった。さらに重要だったのは、激化する海外との競争を目のあたりにして、自動車の生産が維持できないのではないかという不安を労働者たちが抱いたことである。雇用主の側が競争のためにコスト削減が必要だと主張すると、多くの労働者たちはほんとうに求められているのはイノヴェーションであると反論した。テリー・リマーと同僚たちは、次のような事態に不満を募らせた。

管理職の人間は、脈拍を計るために指をじっと置いておこうとはしなかったのです。わたしたちはがんばっていましたし、契約もとってきていました。しかし、競合相手が出てきたので新しい機械が必要でした。競合相手、とくに日本人は脈を計るために指をしっかり置き、新しい工場が必要だということをわかっていましたよ。わたしはフォードが操業を始めた当初の工場のことを言っているのですが、これはもうひどかった。第一次世界大戦の戦車をつくるのに使われていたヘイルウッドの工場もありました。そういうわけで、わたしたちが新しい機械を使えるようになったのは組合が少し声をあげはじめてからでした。

同様に一九六八年、タインサイドで造船に携わる労働者たちも、彼らのイノヴェーションのアイディアを管理職と共有する機会がないことに不満を抱いた。スワン・ハンター造船所で働く四十八歳の溶接工ジョン・ロスは、彼の仕事で最悪なのは「統制です。時間が計測され、わたしの仕事には個が尊重される見込みなどまったくありませんでした」と語った[35]。雇用主は仕事の現場から労働者たちの考えと実際的な専門の知識をたくさん学ぶことができるはずだ、と彼らは主張した。

ストライキをおこなった労働者たちの要求に政府の高官たちはかなり動揺した。懸念は自動車工場に集中した。一九六九年、労働党の雇用相バーバラ・カッスルは「スタンダード・トライアンフのリヴァプール工場での非公式ストが深刻な懸念を生じさせた」と閣議で述べた。カッスルがもっとも心配したのはストに示された人びとの気持ちの強さであり、ストに突入した労働者たちに対して労働組合指導者たちが行使できる権威の欠如であった。ストライキは少数の首謀者たちによって引き起こされたわけではない、とカッスルは言った。「仕事の現場のアナーキーに近い雰囲気を反映しているだけなのです」[36]

カッスルは労働者たちがストライキへの突入にどれほど乗り気ではないかについて過小評価していた。ほとんどの労働者にとってストはどうにもならないときの最終手段であり、上司のみならず労働組合の指導者たちへの失望を物語るものだった。一九六〇年代の終わりまでに、ヘイゼル・ウッドとジョン・ウッドには支えるべき幼い子供がふたりいた。一九六〇年代の末にジョンがコヴェントリの自動車工場で働きはじめたとき、「わたしたちは彼らがなんの理由もなくストライキをやると聞いていた」ので、ヘイゼルは心配だった。しかし、ジョンがピケの列に加わるとすぐにヘイゼルはストライキを始めた人びとに共感するようになった。「それは労働者たちが何かを勝ちとる唯一の方法でした」と彼女は言った。非公式のストライキはしばしば労働組合の幹部と管理職が何もしないことや関心を示さないことに抗議して発生した。のちに有名な俳優となる三十歳のリッキー・トムリンソンは、彼自身もそのひとりであった道路建設作業員の組合を組織した。彼は「他の組合の幹部の一部が怠惰で腐敗している」ことに気づいて驚いた。「とくにそのひとりはわたしの電話にいっさい返答しませんでした。……ある日わたしは電話をかけて［大きな建設会社］マカルパイン［の部長］だと名乗ったのです。彼はすぐに電話に出て、ぺこぺこするおべっか遣いのような声で話すのです。彼が上司たちとぐるだったのか、たんに平穏な生活を求めていただけなのか、わたしにはわかりません[37]」。イギリスの港湾でストライキが勃発してから二十年後、一九四〇年代に確立された「トップダウン」の交渉過程にこれまでにない数の労働者たちが不満を抱いていた。この交渉過程で実際、組合幹部は経営陣との交渉の席に着くことができるようになったが、ふつうの労働者にはほとんど発言権が与えられなかったのである。

ヒュー・ベイノンがインタビューをとりはじめたのはこうした労働者たちだった。しかし、彼がヘイルウッドに行き着いたときまでに別の思いがけない関係者たちが闘争を始めていた。一九六八年、フォードのダゲナム工場で働くミシン工の女性たち百八十七人が男性との賃金の平等を要求してストライキに打って出たのである。雇用主にとっても労働組合にとっても、これは驚きだった。フォードの幹部は、ほとんどが中年の既婚女性であったこうした労働者たちを「無秩序で無責任」であると非難した[38]。ミシン工のひとりリリアン・キャラハンは彼女たちの立場を明確にした。「男性のミシン工は夜のシフトでわたしたちよりも時給を一シリング四と二分の一ペンス多くもらっていますが、これはひどく不公平だと思うのです。わたしたちの主張は、フォードの工場で女性にも平等な賃金を求めるというものです」。上司たちはこれまで長く繰り返されてきた理屈を用いて自分たちの立場を擁護した。この理屈は雇用主だけでなく労働組合によっても使われてきたもので、「女性はシフトの仕事をしないのだから……平等な賃金を要求する権利はない」というのだった。あるフォードの幹部が平等な賃金を求める女性たちの主張を「感情的な問題」だと一蹴したことは多くを物語っている。このように言うことで、女性の平等は真剣に議論すべき問題ではなく、女性の労働者は交渉のテーブルに着くことができるほど理性的ではないとほのめかしていた[39]。キャラハンと彼女の仕事仲間たちはバーバラ・カッスルからお茶に招かれて広く知られるようになり、ミシン工たちは最終的に闘いに勝利した。それはしかし、部分的なものでしかなかった。彼女たちには男性の賃金の九五パーセントが与えられたが、彼女たちが求

「賃金と格付けの性的な差別に終止符を」。1968年、平等な賃金を求めて抗議するフォードのダゲナム工場の女性労働者たち

めて闘った半熟練の地位は得られず、「非熟練」労働者と位置づけられる状態は続いた。[40]

フォードのミシン工たちの闘いは過去からの根本的な切断をしるしづけた。労働組合の指導者たちは一九六〇年代には女性の勧誘に力を入れていたが、女性たちの要求を真剣に受けとめることには前向きでなかった。一九四〇年代の終わりから一九六〇年代初頭にかけては女性労働者のわずか四分の一しか組合員ではなかった。多くの女性たちが加入したのは一九六二年以降であり、この年には保守党の賃金凍結政策によって事務職の労働者たちが多数組合に加入し、ますます多くの女性たちが組み立てラインで働くようになった。しかし、一九六八年には女性労働者の三分の一に満たない数しか組合に加入しておらず、これに対して半数をこえる数の男性労働者が組合員だった。[41]

労働組合の指導者たちは、女性の加入率の低さを女性たちの無気力のせいにした。彼らは女性は「『小遣い銭』稼ぎ」で働いているので「組織化することはできない」と主張した。[42]女性たちの主張は違っていた。イングランド北部の大きな食品製造工場を訪れた研究者は、「多くの女性労働者にとって組合の職場代表は「上司のような」男性たちだった」と述べた。[43]組合がよりよい労働条件を求める女性たちの主張を擁護してくれることはめったになく、幹部は平等な賃金を要求することに難色を示した。幹部はこうした要求が男性の組合員たちに害をおよぼすことになるのを恐れたのだ。この食品加工工場では、夜のシフトで働く男性は女性が日中におこなうのとまったく同じ仕事をしていたが、彼らは自分たちが「「女の仕事」をやっている」のだという痛切な意識をもっていた。組合のなかでの彼らの地位だけが自分たちを女性の労働力と区別してくれるもので、その仕事には男性の賃金を支払うよう経営陣に求めた。[44]

急速に変化する一九六八年の労働市場で、組合は女性たちを無視してもなおうまく生き残れるという考えをダゲナムのミシン工たちは打ち砕いた。平等な賃金を求めて闘ったフォードのミシン工のひとりシーラ・ダグラスは、この争議に対する全国自動車製造業組合（NUVB）の反応は当初「なんのためにこんなことをするのだ。お前たちは小遣い銭を稼ぎに来ているだけのくせに」というものだったと回顧した。組合の支援がほとんど受けられないなかでストライキに突入するのは勇気のいることだったが、力の湧いてくることでもあった。「あの強力なフォード・モーターですよ」とダグラスの同僚のバーニー・パッシンガムは言った。「フォードの女性たちがストに入った。これは目新しいことです。これで彼らを骨の髄から震撼させられると思います」[45]。彼女たちが収めた成功によって、労働組合員のあるグループが「女性の平等を求める全国合同行動運動」（NJACWER）を設立するきっかけとなった。このメンバーたちは女性のための平等な賃金と平等な雇用の権利を求める運動を主導するよう労働組合会議に要求した。「何か大きなことを始めたのかもしれないなと気づいたのは……平等な賃金を求めて物事が動きだしたあとでした」とシーラ・ダグラスは言った。[46]一九七〇年代に女性の組合加入率は、工場だけでなく事務職員、看護師、教師のあいだでも上昇しつづけた。

ダゲナムの女性たちの行動は労働運動の外でもいくつかの重要な変化を引き起こした。彼女たちの行動は一九七〇年の平等賃金法の成立に寄与した。同じくらい重要だったのは、非熟練と半熟練の労働者たちもみずからの権利を求める闘いに力を尽くし、そのための強力な戦略をもっていることを示したことである。賃金は労働にともなう技術的なスキルによってではなく、できあがった製品に労働者がなした貢献によって決められるべきだとの提案がなされた。一九六〇年代を通して事務職員の労働組合、公共部門の労働組合、運輸一般労組のいずれもこの戦略を採用したが、ダゲナムでのストライキは労働者たちがこの理論を用いて雇用主と対峙し、勝利を収めた最初の主要な争議であった。

労働者たちがいつも団結していたというわけではなかった。女性たちが雇用主と労組幹部の性差別主義に対して立ち上がらなければならなかったように、多くの黒人やアジア系の労働者たちも差別を経験した。一九六一年には、カリブと南アジアから来た人びとはイギリスの人口の約一パーセントだった。一九六〇年代に移民の数は増加し、とりわけインドとパキスタンからの移民が増えた。一九七一年にはカリブと南アジアからの移民をあわせた数はイギリスに暮らす人びとの三パーセントを構成していた。

雇用主はしばしば黒人やアジア系の移民を使い捨てできる安価な労働力として扱い、労働組合の指導者たちは彼らを白人労働者への脅威であるとみなした。こうした状況のなかでサスナム・ギルは一九六二年、イギリスにやってきた。彼はパンジャブからコヴェントリに来た移民だった。農家のいちばん下の息子であった彼は、生計を立てる手段として父親の小自作農に頼ることはできず、インドでの雇用機会はきわめて限定されていた。一九五〇年代、イギリスの自動車会社はデリーでの採用募集を加速化させ、その結果サスナムの義兄はイギリスに移民していた。しかし、サスナムがコヴェントリの義兄のところに到着するまでに自動車工場での仕事はそれまでほど多くはなくなっていた。日本やドイツといった海外との競争で、自動車への需要はもはや伸びていなかった。サスナムが「列に並んでいると、白人が後ろからやってきて仕事をもらい、自分は断られました」。これは社会調査に携わった人びとが典型的だと認める経験だった。[47]

労働組合はサスナムのような労働者をほとんど守ろうとはしなかった。ブリストルでは一九六〇年代初頭、ブリストル・バス会社が導入した有色人差別に運輸一般労組の指導部は反対したが、その反人種差別の方針は組合員の多くからの反対に遭った。[48]組合員たちは人種差別への反対に焦点をあてるべきか、移民がイギリスの労働者の賃金を減らすことになるという論拠で移民に反対の運動をするかで意見が分かれた。[49]移民に対しては多くのグループと個人が一貫性を欠いた態度をとった。コヴェントリ労働協議会（地元の労働組合の協議会）は多くのパブの主人が採用した有色人差別に声高に反対したが、コヴェントリの賃金の高い自動車工場に黒人やアジア系の労働者を入れることには消極的だった。[50]ほとんどの労働組合は、移民労働者を無視するか勧誘しないことにしていた。

しかし、移民自身が組織化しはじめた。労働組合も雇用主側も、ある組合員の言葉を使えば移民労働者は「産業社会にはまったく慣れていない人びと」であると想定していたのだが、これは間違いだった。[51]現実には多くの移民が職場や共同体の活動を経験しており、その経験をイギリスで活かしたのだった。たとえばインド系労働者連合（ＩＷＡ）は一九三〇年代にパンジャブの移民によって設立されたが、一九五〇年代の新たな移民の波によって再興された。インド系労働者連合はパンジャブの伝統である直接行動を採用し、集団的なアイデンティティの感覚を共有していたため、イギリスにやってくる以前は農業労働者だった人びとを重点的に勧誘した。そこに、一九六二年コモンウェルス移民法が制定された。この法律は移民を制限し、事務職員や大学生、教師や医師といった教育上の資格や職業上の資格をもつ移民に優先権を与えた。「教育を受けた人びとがこの国に来はじめたのはそのときです」とサスナム・ギルは振り返った。こうした人びとのすべてが資格に釣りあった仕事に就けたわけではなかった。彼らはイギリスの組み立てラインで働くことになり、インド系労働者連合で指導的地位に就いた。彼らの多くがマルクス主義の理論に精通し、共産主義に共感を抱いていた。(52)

インド系労働者連合のメンバーたちは、社会的な便宜や友達づきあいの提供を通してお互いが生き残っていくのを助け、自分たちの仕事のために労働組合の承認をいっそう求めるようになった。サスナム・ギルが最初にＩＷＡと連絡をとったのは「わたしたち二、三人でコヴェントリにカバディ［インドのスポーツ］のチームをつくろうと決めたときで、連合はわたしたちにお金をくれました」。このときまでにサスナムはコヴェントリの自動車工場ではなかったが、小さな化学工場に仕事を見つけた。そこで、彼と仲間たちは汚い環境のもと一日十時間も働き、なけなしの賃金を稼いだ。サスナムの同僚のほとんどがインド亜大陸の出身だった。カバディのチームはグループのなかに信頼と友情を生みだした。このグループには、一九六〇年代の半ばにやってきた向上心の高い新たな移民が数多く含まれていた。一九六九年、ＩＷＡからの援助を受けて「わたしたちは闘い闘い闘い抜き」、ストライキに打って出て運輸一般労組の地元支部の支持を勝ちとった。この工場では組合が組織され、労働者が置かれた状態のいくつかは改善をみた。サスナム自身が職場代表となり、地元の組合支部で積極的に活動した。

移民労働者たちは全国各地で同じような勝利を手にした。(53)一九六五年、「サウソールのインド系労働者連合の指導者たちによる組織化のみごとな功績」により、ゴム工場で働く五百名をこすアジア系労働者たちがストライキに入った。賃金と組合の承認をめぐる争議を指導したのはＮ・Ｓ・フンダルで、彼は「パンジャブ大学で法律を学び、グレイズ法学院に属するまでに叩きあげた」。運輸一般労組が労働者たちへのいかなるストライキ手当の支給も拒否した――「ストライキ中のさまざまな労働者がどれくらい受けとるべきかを決める前に、彼らの資格を変更してしまうという問題になるのだと地区の書記長F・ハウエル氏は言った」――にもかかわらず、フンダルとその仕事仲間は六ヵ月にわたってストライキを継続した。彼らは惜しみない寄付をするよう地元のインド人コミュニティに求め、ストが続くあいだは家賃の取り立てをしないように地元のインド人の家主を説得した。彼らの雇用主は最終的に彼らの要求の大半を受け入れた。[54] 人種とジェンダーの関係は、いつも労働者階級の生活を形づくってきた。ときには、移民の集団的な民族アイデンティティが不慣れな、しばしば敵意に満ちた国にいるということによって強化され、サウソールのインド人コミュニティのように、彼らの争議に対する強力な支援を生みだすのを助けた。同時に、利害を共有しているというこの強烈な感覚は、こうした労働者たちが仕事仲間や隣人たち、家主や雇用主から受ける人種差別の存在を示してもいた。

一九六〇年代の終わりまでに人種問題は政治的な議論の中心になっていた。一九六〇年代を通して政府は移民の制限を強化しようとし、イギリスはこれ以上住民が増えるのを処理しきれないと暗に示唆した。もっとも悪名高い攻撃は一九六八年に起きた。保守党の国会議員イーノック・パウエルが悪意に満ちた攻撃を移民に向けた「血の河」演説である。人種の混交に対するパウエルのあからさまな反対は保守党の指導者層から反発を受けたが、何百人もの港湾労働者たちがパウエル支持を表明して国会議事堂の外でデモをおこなった。あまり知られていないことだが、これらの港湾労働者たちは組合に入っておらず、彼らのデモは組合員の白人労働者たちが近くでおこなったパウエルの演説に対する大規模抗議に刺激されて起きたものだったのである。[55] 黒人とアジア系の労働者たちは仕事仲間の白人たちの猜疑の目と敵意に耐えなければならなかったが、すべての白人労働者が人種差別主義者だったわけではなかった。移民を安価な労働力として使う雇用主の態度が外国人の仕事仲間に対する白人労働者の敵意を悪化させ、多くの移民が生活のなかで強いられた貧困を深刻化させたのである。

人種やジェンダーの関係が緊張をもたらした一方で、別の点ではイギリスの労働者階級は、一九七〇年代のはじめにはより均質化するようになった。熟練労働者と非熟練労働者のあいだの溝は狭まりつつあった。一九六八年、社会学者のリチャード・ブラウンは、二百人をこえるタインサイドの造船労働者に聴き取り調査をおこなった。ほとんどの労働者が「この大きな全体のなかの特定のグループに特化した忠誠心」をもっていた。そのグループとは仕事仲間であったり職場であったり、仕事であったり組合であったりした。経済的な安定のおかげで非熟練労働者はいっそう自己主張を強め、進んで労働組合に入るようになり、熟練の労働者たちと共有する関心についていっそう意識的になった。ブラウンがインタビューした人びとの多くは、新たな教育の機会を通して自分の子供たちが熟練の肉体労働の仕事や事務仕事に就けるようになることを期待していた。彼らの息子や娘たちのなかには、すでにエンジニアになったり事務員になったりしている者もいた。こうした変化は、彼らが父親たちよりも「偏狭」ではないということを意味した。「彼らは「われわれ」というのが労働者階級の一員であるということを意味し、造船コミュニティの一員であるということも意味すると意識している」とブラウンは結論づけた[56]。このことは、あれだけ多くの労働者たちが共有された不満を核として効果的に組織化しえたのはなぜなのかを説明する助けとなった。

　管理職の人たちの無関心と独善も、これらの労働者たちを団結させた。リチャード・ブラウンがインタビューした造船労働者の多くは、現場経験のない管理職には当然欠けている専門知識を労働者たちがもっていると管理職の人たちが認めようとしないことに腹を立てていた。これは工業労働者にとって新しい不満ではなかったが、一九六〇年代には中間管理職が増加し、作業現場で働いた経験がまったくない大卒の管理職の数も増加していた[57]。年配の労働者は変化に気づいた。四十七歳の造船電気技師ジョン・ソウルズビーは「管理職に昇進するこれらの新しい連中はふつうの人間の癪にさわるよなあ」と言った[58]。

　教育と政治による「白熱」のレトリックで向上心をかき立てられた若い人びとは、経営陣が自分たちを扱うやり方に信じられないという驚きを禁じえなかった。「まるで暗黒の時代に逆戻りしているかのようです」と二十歳のチャールズ・ベリーは、彼が電気技師として働くスワン・ハンター造船所での労働者と管理職との関係について断言した。チャールズは十六歳まで中等教育を続け、そのあと造船所で見習いになったが、自分の教育と訓練によって炭坑夫だった父親が経験したよりも安定した仕事とよりよい暮らしが手に入ると想定していた。しかし、造船所は「貴族と奴隷からなる古いシステムのようです。階級の区別があまりにもはっきりしています[59]」。ほぼ完全に近い雇用の達成と、労働党が掲げる平等と科学技術の革新のレトリックに加え、戦後の福祉と教育の改革が若い労働者たちに自分たちの権利は尊重されるのだという新たな確信を抱かせた。ほとんどの雇用主が彼らと相談をするつもりなどないことに気づいて彼らは憤慨していたのである。

ストライキ中の労働者たちに対するウィルソンの態度は、彼らの怒りをまったく慰めはしなかった。一九六六年の選挙のあと、政府は社会的な不平等の解消についてあまり語らなくなってしまった。国際経済の状況の変化が理由のひとつだった。海外との製造業の競争に直面したウィルソンは完全雇用について沈黙してしまい、そのかわり、もっとも極端な貧困の根絶に焦点を絞るようになった。これは貧困がめったに政治的議論の主題にならなかった一九五〇年代からすれば進歩であったが、ウィルソンの方策は、ほとんどの労働者の生活は全体的に満足できるものだということを前提としていた。政府はますます圧力団体や単一の問題だけを扱う組織と交渉するようになった。こうした組織には、一九六六年に社会科学者とソーシャルワーカーによって設立された「子供の貧困活動グループ」（CPAG）も含まれていた。ウィルソンみずからCPAGの発足式に出席した。人びとの参加の原則の上に成り立つ労働組合とは違って、CPAGは貧しい人びとと一緒に活動するというよりはそうした人びとを代弁することに主眼を置いていた。この方向性ゆえに、一九六〇年代末になるとその指導的なメンバーのうちの数名が組織を離れることになった[60]。

自分の前に首相を務めたマクミランと同じように、ウィルソンは、労働力はより「流動的」になる必要があり、短期間の失業は多くの労働者の経歴において不可避の部分になるだろうと確信するようになった。ドイツと日本の輸出によってエンジニアリングと自動車産業のイギリスによる支配がいっそう脅かされるようになった。イギリス経済はもっとスリムになるべきだとウィルソンは考えた。労働者たちはいまより低い賃金を受け入れ、職の安定性が低下するのにも甘んじるべきであると。ウィルソンは社会保障はとりわけ「弱い」立場の人びと、なかでも短期的な失業者に特化されるべきであるという点で内相ロイ・ジェンキンズと意見が一致していた[61]。

同時にウィルソンは、ジェンキンズに国内問題に関して「寛容さ」を追求するよう促した。これは個人の権利を守り、拡大する多くの法案を含んでいた。一九六七年、成人男性の同性愛と人工妊娠中絶が犯罪の対象から外された。一九六九年には、「潔白」であれば離婚がはじめて合法となった（それ以前は、どちらかが虐待行為や義務の放棄や姦通を認めて、過失があるということでなければならなかった）。これらの改革には性的、人種的な平等を促進する法制がともなっていた。一九六五年人種関係法は人種差別に取り組んだイギリスで最初の法律である。この法律は公共の場での人種差別を違法とした。一九七〇年平等賃金法は、雇用主が性別によって労働者の不利益になるような扱いをすることを禁じた。

　苦労して勝ちとられたこれらの改革は、女性、黒人、男性同性愛者の権利における重要な前進だった。しかしこれは、経済的、政治的な権利は集団ではなくて個人に付随するものだという政府の意向を示していた。たとえば個人としての女性は個人としての男性と（少なくとも理論上は）同じ水準で職を求めて競合できる。このことは労働者階級の人びとと生産との関係の結果として、すなわち生きるために働く必要があることの結果として彼らが共有している経済的、政治的な従属には対処していないのだった。

　事実、こうした法制はふつうの労働者の集団としての経済的、政治的な力を殺ごうという政治家たちのもくろみと結託していた。一九六九年、バーバラ・カッスルは『抗争に代えて』と題された白書を出したが、労働者がストライキに突入し、労働組合が労働争議を主導する権限を抑制することが意図されていた。ストライキは労働者の大多数による賛成の評決を得たときのみ合法となる。政府はいかなる非合法ストにおいても二十八日の「冷却」期間を強制する権能を有し、ストライキにいたった動機の調査をおこなうことが可能となる。裁判所は懲罰、解雇、調停の諸問題にかかわる行動規範に違反した労働者と雇用主に罰金を科す権限をもつ。戦前の取り決めから根本的に離れたこの規定は労働組合、雇用主、政府のいずれかによって強制されるのではなく、独立した労使関係委員会によって施行される。

　政府と組織化された労働者のあいだの交渉の余地は狭まった。『抗争に代えて』は「民主主義において不可欠な自由のひとつであるストライキの権利と、コミュニティの権利を護る必要性とを調停することのできる手段を提供し、なかんずく回避可能なストライキによる無意味な混乱から国の経済を護る手段を提供するのだ」とカッスルは宣言した。[62] 閣僚ではない労働党国会議員の怒りと、さらなるピケの出現につながったふつうの労働者の激憤によってカッスルの白書は法制化を阻まれた。にもかかわらず、カッスルの動きは政府と労働組合との関係の重要なターニング・ポイントとなった。一九六九年以降、どの政府も連続して労働者階級の経済的、政治的な力を民主的な国家の必要条件ではなく、社会民主主義にとっての脅威ととらえるようになった。カッスルが自分の提案を擁護したことから明らかなように、いまや政府は労働者の権利を「コミュニティの権利」からは区別されるものとみなしていた。人びとの福祉はもはや最重要課題ではなくなっていた。重要とされたのは「国の経済」であった。そして経済的安定にとっての最大の脅威は、労働者の好戦性だとの想定がなされたのである。

こうした態度の変化を引き起こしたのは何か？　一九六〇年代の終わりには、大企業のニーズとそこで働く労働者のニーズとが本質的に両立しえないことは実業界のリーダーたち、政治家、多くのふつうの労働者たちには明白だった。一九五〇年代と一九六〇年代において労働党政権も保守党政権も、利益をあげたいという雇用主の欲望を満たしつつ完全雇用を維持しようとあがき、結果として物価の上昇、インフレ、消費者の需要の落ちこみ、そして失業を生むことになった。一九六〇年代の半ば以降、労働者の好戦性がイギリス経済のきわめてデリケートな均衡状態にとっての脅威となった感があった。これは部分的には、ドイツと日本の自動車産業をはじめとする海外との競争に原因があった。しかし、労働者に対するイギリスの産業資本家と実業家の態度の硬化にも原因の一端はあったのである。こうした雇用主たちは、利益の落ちこみではなく上昇をみたいと強く思ったし、株主の富を増やすことに集中できるよう、産業の利得の分け前をますます強く求めてくる労働者の要求が放擲されることを願っていた。

一九六五年、イギリスの実業界の多くのリーダーたちがイギリス産業連合（CBI）を設立した。CBIのロビー活動と、さらに実体の曖昧な実業界のリーダーと政治的エリートのネットワークは、イギリスの労働者の経済的、政治的な力を掘り崩すようにとの圧力をいっそう強め、ウィルソン政権を追いこんだ。一九六八年、「ミラー」新聞グループの会長セシル・キングは、経済的、政治的な「危機」を回避するため「実業家による国民政府」の樹立についての秘密の会談をマウントバッテン卿ともった。[63]キングは職を解かれ、企みは無に帰したが、これは実業界のリーダーたち、政治家、新聞界の大立者からなる小規模ながらも影響力は大きなグループが、労働者階級の政治力について感じていたますます増大する不満のしるしであった。

こういった保守派の人物たちは労働党政権にほとんど共感を示さなかったが、ハロルド・ウィルソンは多少なりとも彼らの意向も満たそうとひそかに準備していた。事実、ウィルソンはセシル・キングに爵位と取引委員会の職を一九六四年には与えていたし、一九六七年には以前会社の取締役をしていて保守党の支援者であったキャンベル・アダムソンに政府の新たな経済問題庁の重要役職を与えた。[64]二年後、アダムソンはイギリス産業連合の会長となり、『抗

争に代えて』を法制化しようとするバーバラ・カッスルを支援したのである。(65)

バーバラ・カッスルは首尾を果たすことができなかった。一九六九年、労働党における労働組合の力は彼女の提案が法律になるのを阻止するに十分なほど強かった。カッスルに反対した組合の指導者たちのなかには、何よりも自分たちの政治上のわずかな求心力を維持しようとした者もいた。こうした近視眼的な人たちのなかには、女性や黒人や移民の労働者たちの利益よりも白人男性の肉体労働者の利益を優先させようとして組合になんの恩恵ももたらさなかった者たちもいた。にもかかわらず、組合に入る労働者階級の人びとの数は増えつづけ、一九六〇年代の終わりには力も増しつつあった。組合員数は移民、女性、ホワイトカラー労働者によって増加した。こうした人びとのなかには十代から二十代の前半にかけての事務職員や工場労働者も含まれていたが、彼らは両親たちが経験したよりも豊かでわくわくする人生を送れるだろうとの教師や政治家による約束が果たされなかったことに憤りを感じている世代なのであった。彼らは一九六〇年代の終わりにおいて、勤勉に働き独創性がありさえすればよりよい人生が可能になるというのは真実ではないと気づいたのだった。

一九七〇年代の幕が上がったとき、将来の見通しは一九二六年以降でもっとも不確かになったようだった。こうした新たな武闘派の労働者たちはウィルソン政権による反組合の法律の制定を阻止するのみならず、労働者階級家庭が豊かさの果実を楽しめるようにする賃上げの実現に力を尽くした。冷蔵庫、調理コンロ、自動車といった豊かさの果実は、彼ら自身がイギリスの組み立てラインで製造したものであった。しかし、彼らが求めた政治的、経済的な力は手にできそうになかったし、何より自分たちの仕事がどのように、誰の利害によって組織されるのかをコントロールするより大きな力は手に入りそうになかった。労働者たちの要求と政治的、経済的な指導者たちの掲げる目標とのあいだの緊張は、イギリスが一九七〇年代に入ると弱まるどころかいっそう大きくなっていった。

訳注

〔1〕 ウォリントンはリヴァプールとマンチェスターのなかほどに位置する町。
〔2〕 ノリッチはイングランド東部の都市で、古くから交易で栄えた。九百年以上の歴史をもつノリッチ大聖堂で有名。

第14章　混乱と抗争

一九七〇年、エドワード・ヒースの保守党が総選挙で勝利し、ウィルソンは政権を去った。ヒースの勝利が僅差だったことは、仕事と家庭生活に対してより大きなコントロール力を求める有権者の欲望を誰がもっともうまく満たしてくれるかについて有権者みずから確信がもてないことを証明していた。選挙に先立っておこなわれた世論調査では、「住宅」と「仕事」が有権者の心配事の上位に来た。ヒース政権は有権者が抱えた不安を和らげることは何もしなかった。失業は増え、公共支出の削減は人びとの生計と家庭を脅かした。一九五〇年代と一九六〇年代に手にした収穫を護る活動において、女性たちがますます重要な役割を果たすようになっていた。

一九七〇年代は労働者階級の人びとの貪欲さが国の経済の失墜を招いた十年であるという神話は、疑問を呈されることなく多くの歴史家や政治家たちに受け入れられてきた。一九九一年から一九九七年まで首相を務めた保守党のジョン・メイジャーは、一九七〇年代の「政治的な荒廃」と混乱に逆戻りしないようにするために反組合法制が必要なのだと警告した。政権の座を手にすることになった一九九七年の選挙でトニー・ブレアは、首相官邸で「ビールとサンドイッチ」を前にして交渉をするような時代には逆戻りしないと明言することが必要だと感じた。ブレアは組合の指導者たちに「ひいきではなく公平さ」を期するよう警告した。しかし、現実の一九七〇年代はこうした通説が示すよりもはるかに興味深いものである。七〇年代は右派がクーデターを起こそうと企んだ十年だった。政府による労働運動の活動家たちの監視。ピケや団地に対する情け容赦ない取り締まり。そして究極的には、国際的な金融機関の集団によるイギリスの国内政策への劇的かつ破滅的な介入。これらによって戦後人びとに限定的ではあったが重要な前進をもたらしてきた政治家と国民との関係に終止符が打たれたのである。

エドワード・ヒースの政権は「自由市場」に強力な梃子入れをし、政府のコントロールからも労働組合のコントロールからも自由な市場をめざした。一九七一年には労使関係法が施行されたが、これは『抗争に代えて』で推奨された内容を、バーバラ・カッスルの構想をはるかにこえたレベルで実行に移すものだった。労働者の集団交渉の権利とストライキの権利は著しく制限された。もっとも議論を呼んだのは、いくつかの違った職種や産業の労働者たちが集団的に手を組んで行動するのを可能にしていた組合間争議が違法とされたことである。

この労使関係法の趣旨は、二十世紀のはじめに特徴的だった労使関係への回帰を示唆していた。一九四五年以降、労働組合はかなりの割合の労働者たちを代表することによって一定の政治的な力を得ていた。労働者たちが自分たちの生きる民主的な社会に参加するのは労働組合を通してであった。ヒースの法律は労働組合を経済発展の主要ではないプレイヤーとして扱うもので、組合の限定された力も組合員の重要性に由来するのではなく、政権の座にある政党の善意によってもたらされるものだとした。ヒース政権は第二次世界大戦以降に労働組合員たちが行使してきた現存する交渉力を殺ごうと決意していた。

続く数年は労働者階級と体制派のあいだで政治的緊張が高まった時代であった。貴族とのつながりをもつ武闘派がクーデターを企んでいるとの噂が広がっていた。もっともよく知られているのは、一九六九年から一九七二年までNATOの北部ヨーロッパ司令官だったサー・ウォルター・ウォーカー将軍が一九七三年にイギリスを「共産主義」の労働組合から護るため、幻滅した実業界の人たちからの支援に加え、マウントバッテン卿や幾人かの高級官僚の秘密裏の強力な支援も受けて私設の軍隊をつくったというものである。[1] テッド・ヒース自身は一部の官僚や警官、スパイが示すパラノイアに強い怒りを表明した。「わたしはもっともばかげた戯言を話す国家情報機関の人間に会った。彼らの哲学のすべてはばかばかしいナンセンスだった」と後にヒースは回想した。「彼らは地下鉄で「デイリー・ミラー」を読んでいる人を見かけると、「尾行しろ。やつは危険だ。やつがどこでその新聞を買ったか突きとめなければならん」と言うだろう[2]」

労働者階級の人びとの政治的、経済的な権利に対する真の脅威は、こうしたよくわからない連中からやってきたのではなかった。彼らも問題ではあったが、ほんとうの脅威は政府の中心部からやってきたのだ。ヒースが政権の座にあった四年間で、彼は五回も緊急事態宣言を発令し、ストライキをおこなう人びとは交渉の相手ではなく国家にとっての敵として扱われるべきだと示したのである。ふつうの労働者の政治的な力を粉砕しようという政府の決意の強さは、ペントンヴィル五人組とシュルーズベリふたり組の扱いにあらわれていた。短期間のうちに労使関係法は、それをめぐってストライキに突入した運輸一般労組が率いる労働組合会議によって機能不全にされてしまった。しかし、一九七二年には二次ピケを違法としたこの法律に逆らってピケに加わったペントンヴィル五人組と呼ばれる港湾労働者たちが投獄された。

一九七二年には建築業で全国レベルのストライキが起きた。シュルーズベリふたり組と呼ばれた三十四歳のリッキー・トムリンソンと三十六歳のデス・ウォレンは、最低賃金の導入、健康と安全に関わる規制の強化、「臨時労働者《ランプ》」の廃止を求めてストライキを打った。「臨時労働者《ランプ》」とは組合の求める賃金より安く働く労働者を建築業者が臨時で雇うことができるというもので、こうした労働者は、イギリスで毎日平均ひとりの建築労働者が死亡するという時代にきわめて危険な環境で雇われることが多かった[3]。シュロップシャーのピケの現場に行ったあと、トムリンソンとウォレンは二次ピケを張り、違法集会を開き、騒動を起こし、そしてもっとも由々しいのは陰謀を企てたという容疑で逮捕された[4]。彼らがピケを「ブル・アンド・スタラップというパブの上の階で企てた」との主張にもとづいて陰謀罪の疑いがかけられていることを知り、トムリンソンは信じられなかった。一九七三年、三ヵ月の公判ののちトムリンソンとウォレンはすべての訴因で有罪となり、それぞれ二年と三年の実刑判決を受けた[5]。

その間、それまで自分たちのことを武闘派だとはまったく思っていなかった多くの人びとが、なんとか生活をしていくためだけに過激な行動に訴えるようになっていった。一九七二年には四パーセントをこえる労働者が失業していた。その影響を受けたなかにはアン・ランチベリーと夫のノーマンがいた。アンは一九六〇年に工場労働者のノーマンと結婚した。一九六〇年代にはアンはふたりの幼い子供の世話の合間を縫って断続的に看護師として働いた。一九七〇年代の初頭、ノーマンが整理解雇された。多額の住宅ローンを抱えていたノーマンとアンは、彼がすぐに仕事を見つけられなかったため不安に陥った。

当時アンは体調がすぐれず、フルタイムや終身の仕事に就くことができなかった。彼女は友人に助けを求めた。

友達が言うには、わたしたちを援助してくれるお金を受けとることができるということでした。何マイルも離れた社会保障局に歩いていきました。わたしは病院で手術を受けることになっていましたので、歩くと激しい痛みに襲われました。役所に行ったらこう言われました。「あなたには何も受けとる資格はありませんよ」。わたしは恥をかかされたわけです。係の人はこう言いました。「［これまでの返済分を］全部払ってきたのでなければ援助が受けられたのですけど」。自助をすればするほど暮らし向きが悪くなるというわけだったのです。

援助が制限されていた時代には、置かれている状況が知られていない見慣れぬ人びとが非難の対象となった。一九七〇年代のコヴェントリでもっともめだった見慣れぬ人びとはアジア系の移民だった。アンは家を買うために懸命に働いてきたのだったが、「この国に来たばかりのインド系の女性たちがこのためだとかあのためだとかでお金をもらっているという事実に腹が立ちました」。

しかし、生活をなんとかやりくりするために詐欺を働くよう強制されているかのごとく感じたのはアン自身だった。なんとしても家は失いたくなかったので、アンは町の中心部のゴディヴァ・カフェで即金のパートタイムの仕事を始めた。「わたしはノーマンに「さあ、わたしたちの人生はわたしたち自身の手のなかにあるのよ」と言いました。彼は何度も何度も仕事を見つけようとしていましたから、今度はわたしの番だったのです。ゴディヴァ・カフェのオーナーはわたしにこう言いました。「君が何もしゃべらなければ、うちで働くことができる。わたしたちは税務署には何も言わない。朝九時から六時まで働いてもらって即金払いだ」と」。オーナーが店に来ない土曜日には、他のウェイトレスたちが家族のためにサンドイッチやパイをアンのバッグがいっぱいになるほど詰めてくれた。「彼女たちはわたしの生活が大変なのをわかってくれていましたから」。生活はノーマンがボーンマスで仕事を見つけるとやがて改善された。しかしこれは家族全員が家と友人たちからすっかり引き離されてしまうことを意味した。アンは他の多くの女性たちと同じように「ただなんとかして生きていくだけでした。七〇年代のはじめはそんな時代だったのです」。

組合で団結し、武闘派という烙印を押されるリスクをとることのうちに希望と安心を見いだす人びともいた。そのような人びとのなかには、公営住宅を大幅に削減しようというヒースの試みによって大きな打撃を受けた何千人もの女性たちが含まれていた。保守党で彼の前に首相を務めたハロルド・マクミランと同様、ヒースも住宅保有権のもっとも好ましい形態として持ち家を根づかせようとし、民間の賃貸住宅を再活性化することで公営住宅を最貧層のための住宅へと変えようとした。ヒースの一九七二年住宅法は、自治体にホームレスへの期間を区切った住宅の提供を優先するよう指示した。このことでいまだ長いままだった公営住宅の待ちリストに混乱が生じ、公営住宅はいまやもっとも困窮している人だけを対象にしたものとなったことが明示された。この法律によって地方自治体には公営住宅の賃料を管理する権限がなくなり、自治体は市場価格で賃料を定めるように要求された。そのため、まもなく多くの公営住宅は民間の賃貸物件よりもはるかに高い賃料がかかるようになった。同時に、公営住宅の住民たちには家を買いとる権利が与えられたが、地方自治体にはこの権利の行使を遅らせたり拒否したりする権限が与えられた[6]。

一九六〇年代に住宅の専門家J・B・カリングワースは、「値上がりを続ける家賃に対する不満がゆくゆくは重大な何事かへと発展するかもしれない」と政治家たちに警鐘を鳴らした[7]。彼の予言は一九七〇年代に的中した。一九七一年から一九七四年のあいだに公営住宅の家賃は二三パーセント値上がりした[8]。反対運動や家賃不払い運動が起きた。これらの多くは公営住宅に住む既婚の女性たちが扇動したのだった。こうした女性たちのなかには、家主が提供してくれない生活改善のための組織をつくる活動にすでに携わっている人びともいた。一九七〇年代にコヴェントリのウィレンホール団地に住んでいたベティ・エニスは、コヴェントリにあるGECの工場でフルタイムの仕事をしていたが、「一週間に三日、夜にはユース・クラブで仕事をしていました」。このクラブは、ウィレンホールに増えつづける十代の若者たちのために住民組合が運営していた。男性たちは毎日長時間の仕事で家にいなかったが、子育てと家計のやりくりの責任を中心になって背負っていた女性たちが、近所をよくしていくために力を合わせたのだった。一九七〇年代初頭、ベティを含む多くの住民が家賃不払い運動を起こした。「家賃は年を追うごとに上がっていきました」とベティは言った。「わたしたちはバスに乗ってどこへでも行ってデモをしました。コヴェントリの市庁舎にも国会にも行って、『家賃には一ペニーだって払わない』と叫びました」

ベティのような女性たちにとって、家賃の値上がりは賃借人の話を聞こうとしない民間住宅、公営住宅の家主たちに対して彼女たちが抱いた数多くの不満のうちの最新のものにすぎなかった。ベティと近所の人びとには、もはや彼女たちの住む公営住宅は人がうらやむレベルの快適さを提供しているわけではなかったから、家賃が値上がりする明白な理由がまったくわからなかった。一九七〇年までにイギリスの家庭のほぼ三分の一にはセントラル・ヒーティングの設備があった。それはいまや金持ちだけの領分ではなくなっていた。[9] しかし、地方自治体はセントラル・ヒーティングつきの家をほとんど所有していなかった。一九七〇年代初頭、ベティは家にセントラル・ヒーティングを自腹で設置するのに自治体の許可を得なければならず、家を出ていくときには配管をそのまま残していくということを確約しなければならなかった。「わたしは言ってやったんです。「すいませんが、いったい誰が配管のパイプを持っていくというんですか? そんなことはしませんよ」と」。これは公営住宅の住民ならがまんして当然と思われていた信用のなさとみみっちいお役所主義を示す一例だった。

家賃をめぐる長くてつらい争いは不払い運動をした人びとの敗北に終わり、保守党は家賃の値上げを強行した。しかし、家賃不払い運動は予想されていなかった遺産を残した。共通の目的のために一緒に運動したこと、政治家や警察を相手に立ちあがったこと、自分たちの行動のために刑務所送りになりかねない事態に直面したことは多くの女性たちを深い部分で揺り動かした。もっとも長く厳しい家賃不払い運動は、リヴァプール市が郊外のカークビーに造成した過密状態のタワー・ヒル地区で起きた。この争議では女性たちが活躍した。[10] カークビーのある住民はこう話した。

家賃不払い運動が起こっていなかったとしても、起床し、子供たちに支度をさせ、学校に送りだしたあと赤ん坊や歯生期のむずかりなどの問題について女の人たちと話をしていたでしょう。いまでもそういう話はしますが、赤ん坊の話をするにしてももっと深い話をするのです。赤ん坊が歯の生える時期にむずかることについて議論するだけではなく、どんな種類の病院が役に立つのかについて話し、赤ん坊の食事の話題になれば値段について話しはじめる。こうしたことは以前にはまったくなかったことで……いまではあらゆることに疑問を呈するのです。[11]

家賃不払い運動が明らかにしたのは、家事は政治的な問題だということであり、団地は工場におけるストライキと同じくらい重要な運動の中心になりうるということだった。女性たちは妻として、母親としてこうした抗議運動で主導的な役割を果たしたのである。

家賃の値上げに一緒になって闘いを挑んできたことでこうした女性たちの多くは、自分たちの団地とアパートが造成され管理されるあり方にもっと参加するための運動を始めた。ジュディ・ウォーカーもそのひとりだった。ジュディは一九四〇年代のはじめにコヴェントリで生まれた。父親は工場労働者だったが、ジュディがわずか十八歳のときに癌で亡くなった。母親はウェイトレスだった。ジュディは町の中心部のヒルフィールズ地区にあった小さなテラスハウスで育ち、地元の現代中等学校に行った。「学校が終わるといつも大きな缶に入ったキャンディを買って年上の男子のところに行き、キャンディをまわして、みんなおめかししたものです」と彼女は言った。しかし、ジュディは学校を本物の人生が始まる前の退屈な休憩時間だと長いこと思ってきたし、一九五五年に十五歳になると、そういう子供じみた儀式にとらわれないようにしようと決意した。「わたしは思いわずらうことはありませんでした。ただキャンディの缶をつかんで中身を壁の向こうに放り投げました［笑］。……彼らを素通りして門を出て、まさしくそう、夕陽に向かって歩きだしていったのです［笑］。……けっして後ろを振り返りませんでした」。人生——とくに街中のかっこよくて新しいブリティッシュ・ホーム・ストアズの化粧品カウンターでの仕事——が手招きしていた。

一九六〇年、十九歳のジュディはコヴェントリ中心部のおしゃれなブティックで働いていた。母親は再婚し、ジュディの継父とともにパブを経営していた。パブの経営によって車に乗り、郊外に現代的な住宅を借りるのに十分な収入があった。暮らしは快適だった。しかし、ジュディは、十年後に気づいてみると自分が彼らと同じ暮らしを送っているのではと思うとパニックで身が凍りつくことがときどきあった。「わたしはずっと同じことをしつづけて、すべてが退屈ということに恐怖を覚えます。仕事に行き、帰ってきて夕食をとり、座って五分間くつろぎ、顔を洗ってひげを剃り、クラブに行ったり、パブに行ったりする。土曜日、日曜日のディナーも同じ、一年に一度休暇で旅行する。……全部同じことの繰り返しなわけです」

ジュディは、同世代の多くと同じように両親たちなら特権だとみなしたような物事を手に入れる資格が自分にはあると感じていた。しかるべき場所に住み、子育てをするというのもそのひとつだった。こうした土台の上に、ジュディは自分の両親が経験した以上に冒険的でおもしろい人生をつくりあげようと望んだのである。

十年後の暮らしはジュディと同世代の人びとの多くが期待させられていたよりも厳しいものだった。冒険を希求していたジュディは、かつてイギリス空軍に徴兵され、のちエンジニアになったロイと若くして結婚した。ロイの勤める自動車会社が一九六〇年代はじめに南アフリカでの仕事を彼に提示したので、彼とともにその地へ渡ることになった。しかし、ジュディはケープタウンが好きになれなかった。生活費は予想していたよりも高く、彼女が望んでいたほど旅行もできず、海外生活は孤独で「お高くとまった」ものだった。イギリスの階級ヒエラルキーのまったくの反復だったが、近くには家族も友だちもいなかった。一九六九年、彼女は三人の幼い子供たちとイギリスに帰ったが、一九七二年までには離婚し、ヒルフィールズ地区の高層アパートに住んでいた。生活は困難だった。「放課後クラブやそれに類したものは全然なく、働きにいけませんでした」。歩いていける距離には保育所も遊び場もなかった。

ジュディは、こうした問題を自分の手で引き受けなければ事態は変わらないと意を決した。アン・ランチベリーとノーマン・ランチベリーはお互い頼りあっていたが、ジュディは自分の奮闘が効果を発揮するのは地元の他の住民たちと力を合わせたときだけだと認識した。彼女は形式にこだわらない女性グループの立ちあげに力を注ぎ、最初は子育て中の女性たちの支援をおこなっていたが、まもなくこのグループはもっと高い目標を掲げるようになった。「わたしの家は集会所のようになり、あらゆる種類の会合を開いて話をし、コーヒーを飲みながら一緒にアイディアを出し合いました。状況はとても困難でしたが、休みの日に子供たちをどうすべきか話し合うために何度も会合をもちましたし、みんなが参加してくれて、とりわけ［ウォリック大学の］学生たちが休みの期間には［学童保育を］手伝いに来てくれました」

似たようなグループが全国各地で集会を開いていた。こうしたグループは、母親としての経験が重要な共通の土台を与えてくれることに気づいた労働者階級と中流階級の女性たちをまとめあげた。一九六九年、ジャン・ウィリアム[1]ズは、幼い子供のいる地元の母親たちのためにペッカム当局が資金を出した「一時クラブ」の集会に参加していたひとりだった。「自分の子供たちをアヒルのいる池に連れていって突き落としてやったらと思うことがありました」と彼女は言った。彼女はこのグループに参加して、母親たちのほとんどは労働者階級だったが、似たような不満を抱く大卒の中流階級の女性もいることに気づいた。「わたしたちは同じことについて何度も話し合いました」と彼女は言った。「子供のこと、セックスのこと、こきつかわれることについて」。ジャンと他の多くのペッカムの女性たちにとって、職場での不平等は家庭でパートナーが手伝いに乗り気ではないことによって、いっそうやっかいなものになっていた。「わたしは……パートタイムの仕事を始め、夫は子供たちの面倒をみると言ってくれたのですが、面倒なんてみてくれませんでした」と彼女は言った。この経験ゆえに、彼女はフェミニズムに共感するようになった。[12]

こうしたグループのいくつかは近隣に永続的な変化をもたらした。コヴェントリではジュディのグループが非公認の託児所と学童保育を始めたが、これらはボランティアによって運営された。成功に力を得た彼女たちは、トレーニングを受けた保育士から子供たちが世話を受けられるようにする手段として、また女性たちが自分のために働くのを助ける手段として資金と託児所の保育士のトレーニングを提供するよう自治体に要請した。他の場所では住民たちが学童保育のグループやアドベンチャー広場、アドバイス・センターをつくった。こうしたグループでは公営住宅の住民たち、数が増えつつあった大学の学生たち、荒廃した町の中心部につくられた安価な住宅に移ってきた若い中流階級の人びと、他には住むところを見つけられない移民たちがしばしば一緒になって活動した。[13] たとえばバーミンガムでは、圧倒的に労働者階級の住民が多いハンズワース地区で、インド人医師の息子で二十一歳のランジット・ソンディが住宅協同組合に参加していた。ランジットの政治観は、バーミンガムでの冒険広場でのボランティアの経験とイーノック・パウエルの血の河演説に対する抗議デモに参加したことによって変化した。「インドではわたしはイギリスの労働者階級の存在には気づきませんでした」。彼はハンズワースの自分の家庭について、「わたしたちはみなソーシャルワーカーであり教師でした」と言った。「わたしたちはトレーニングのなかで、するなと言われていたことをしたいと思う気持ちによって団結していたのです。人びとに何をせよと言うのではなく、わたしたちは近所の人びとがしたいことをするのを手助けするためにトレーニングを利用したかったのです。だから、最初にわたしたちはただ聞き役に徹しました。そうすると人びとは「人権法律センターを開設したらどうだろう？ 女性グループをつくるのはどうだろう？」などと言いはじめたのです」[14]

ジュディ・ウォーカーのアパートに集まっていたような女性グループは広義の女性解放運動の一部であった。ロンドンを拠点とした意識啓発グループに限定された中流階級の運動にとどまらず、一九七〇年代のフェミニズムの活動はさまざまな形態をとった。ジュディ・ウォーカーのグループは労働者階級と中流階級の女性たちが運動のための共通の土台を見いだすことができたグループのひとつだった。しかし、階級とフェミニズムのあいだには緊張がないわけではけっしてなかった。多くの労働者階級の女性たちは、女性の搾取の責任は何より男性のふるまいにあるという中流階級フェミニストの考えには賛同しなかった。カークビーの食品加工工場で働く若い母親であるリタは、生産ラインでも家庭でも彼女にうんざりするほど多くの仕事がのしかかってくることを夫のせいにはしなかった。彼女はこう言った。「わたしが望んだのは、わたしが仕事を辞められるくらい夫がたくさん稼ぐことです。男性には女性よりもずっと多くの賃金を支払ってほしいと思います」[15]。女性は簡単に仕事と家事を両立できると想定し、女性たちに仕事を提供することで雇用主が恩恵を与えてやっているかのような含みのある「主婦シフト」という耳あたりのよい言葉とは違って、リタのような女性たちは賃労働にしても賃金の出ない労働にしても、くたくたに疲れはするが必要なものなのだと指摘した。

労働者階級女性の生活を形づくっている経済的不平等という根本問題にフェミニズムが対処できていないと感じる女性たちもいた。ジュディ・ウォーカーは自分をフェミニストであるとは言わなかった。彼女にとってフェミニストは「ただおしゃべりしている」ことを意味していた。彼女が会ったウォリック大学の学生たちには子供がいなかった。彼女には「ともかく自分の子供の面倒をみつづける」必要がある一方で、学生たちには性的、感情的な関係について座って議論をする時間的余裕があるのだと彼女は感じた。ジュディは自分のことをフェミニストではなく「活動家」と言いあらわすほうが好きだった。彼女は仲間がいることとグループの女性たちの支援をうれしく思ったが、階級の不平等と彼女たち同士での置かれた状況の違いとを意識させられないことはなかった。「なかには児童心理学について教育を受けたり、トレーニングを受けたりしたことのある人もいたので、子供たちのことで困難を抱えると、そういう人たちに相談することができました」。このことをジュディは役に立つありがたいことだと思っていたが、グループ内での自分の経済的な位置づけについては複雑な気持ちが否めなかった。ジュディがお金に困ったとき、「ダイアン［女性グループのメンバー］が掃除婦を必要としていて、わたしにやってみないかと言ってくれたのです。わたしはとうとうメンバーの二、三人の家で掃除婦をやることになりました」。一九七〇年代が終わりに近づくころには解放を求める中流階級女性の闘いの一部は、彼女たちほど特権的でない女性たちの労働によって激しいものではなくなりつづけていた[16]。

ジュディ・ウォーカーと彼女の仲間たちは、いくつかの永続的な成功を収めた。女性たちの避難所、アドベンチャー広場、学童保育は一九七〇年代を生き延びた。託児所の提供は劇的に増加した。一九六五年には地方自治体の運営する託児施設は二万千八百四十九人に利用可能だったが、これは一九三八年に利用可能だった数とほぼ同じであった。一九七九年までには三〇パーセント増加して、二万八千三百十三人分の施設が利用可能となった。[17] ジュディ自身、一九七〇年代の終わりまでには保育の資格を得て市に雇われて働くようになっていた。

しかし、一九七〇年代の半ばまでに、ストライキをおこなう人びととコミュニティの活動家たちは自分たちの達成だけでなく敗北も意識するようになっていた。急激に悪化した石油危機は世界的に燃料の価格を押しあげ、非常に多くのイギリスの雇用を支えていた自動車産業を脅かした。家賃不払い運動は、政府の一歩も引かない姿勢の前に頓挫してしまった。ますます多くの公営住宅の住人たちが家を買うという選択をした。ベティ・エニスもそのひとりだった。財産は「いつもけんかにつながる」と思っていたから、彼女は自分の家を持ちたいと思ったことはなく、市が家主になっている状態で満足していた。しかし一九七四年、家賃の値上がりと市によるメンテナンスの行き届かなさに直面したベティは「じっとしていられずに家を買った」ことで、一九七二年以降イギリスで家を購入した四万六千人の公営住宅の住民のひとりとなった。[18] 家主の管理と政治家の気まぐれから自由になりたいという欲望が、一九七〇年代初頭には賃貸住宅で暮らす多くの人びとの集団的な運動を喚起した。同じ欲望によって、こうした多くの人びとは自分たち自身の家を買うことでより個人主義的な形の自由を求めたのである。

一九七四年までに、労働者階級の人びとの生活状態は、十年前と比べてはるかに不安定なものになってしまったようにみえた。戦後の繁栄は長つづきしなかった。石油の国際価格が上昇するなか、ヒース政権は賃金抑制策をとることによってこれに対応した。一九七三年、この政策に反対してイギリスの炭坑労働者たちがストライキに突入し、燃料の不足が生じたため政府は週三日労働を実施した。ヒースはこれまででもっとも深刻な国家非常事態宣言を発令した。一九七四年一月、ヒースは電気を商業と工業の目的で使用する者は操業が週三日に限られると通告した。しかし、週三日労働に従う労働者たちは失業手当の支給対象となったから、政府には何百万ポンドもの支出がかさむことになった。一九七四年一月には八十八万五千人がこの手当を申請した。[19] ヒースが炭坑労働者たちと折り合いをつければもっと早くに害も出費も少なくて済んだのだが、政府は明らかにこの争議を全国的な対立へと変えることに力を注いでいた。これはたんに経済的な争議というにとどまらず、政治的な争議でもあった。

炭坑労働者たちが仕事に復帰する気配を見せないなか、ヒースは解散総選挙に打って出て有権者にこう問いかけた。「誰がイギリスを統治するのか?」ヒースにとって不幸だったのは答えが彼ではなかったことだ。ウィルソン率いる労働党が政権に返り咲いた。その政権公約はこれまでのイギリスのどの政権より明白に社会主義的なものだった。労働党は「働く人びととその家族のため、権力と富のバランスに根本的かつ後戻りのきかない変化をもたらす」との意志を宣言した。その労働党の選挙公約は「一緒に働こう」と題され、「産業における力が、働く人びととそのコミュニティ全体のために真の責任をとれるようにする」と約束した。この公約の中核には「社会契約」があり、これは労働組合に、緊縮の時代にあって賃上げ要求をみずから断念する見返りとして政策決定における中心的な役割を付与するというものだった。平等が中心的な目標だった。「収入と富と生活水準における経済的平等」と「社会的平等」は「完全雇用、住宅、教育、社会保障手当」を通じて達成されるだろう。これは明白に「わたしたちの人びと」たる労働者階級へと向けられた政治的計画であった。[20] それは総選挙で労働党が僅差の勝利を確実にするに足るだけの訴求力をもっていたのである。

しかし、ウィルソンの労働党は、その目標をどうやって達成するのか曖昧なままの政権復帰だった。一九七五年、悪化する経済危機にどう対処するかをめぐる激しい議論をウィルソン政権は開始した。トニー・ベンやスチュアート・ホランドのような労働党左派の国会議員のなかには、この危機は産業界の大物たちや金融関係者によって引き起こされているのだと主張する者もいた。ベンは雇用主が「危機」を口にするのにつられて進歩的な計画から逸れるべきではないと主張し、産業界の大物たちの巨大な利益を保護するよりも人びとの家と仕事のほうが重要であると訴えて、政府に仕事を削減するのではなく創出するよう要求した。一九六〇年代の終わりと一九七〇年代のはじめにストライキをおこなった多くの労働者たちと同じように、スチュアート・ホランドは、雇用主は短期的な利益をあげることにとらわれてイノヴェーションに失敗しているのだと強調した。国有化と、産業や住宅の問題を現場の労働者たちが管理することだけが七〇年代の半ばに進行しつつある争議の唯一の解決策である。ホランドは政府に「現在支配的な資本主義的生産様式を……民主的に管理された社会主義へと転換する」よう求めた。[21]

もともと経済学者だったウィルソンは資本主義に肩入れ

し、力は技術的、政治的訓練を通してもっともよく発揮されると確信していたから、こうした意見に耳を傾けようとはしなかった。これだけ多くの仕事が資本主義世界の残りの部分と結びついているなかで、民間企業を支持している政権がベンやホランドの主張するような種類の計画を実行に移せるのか、いずれにしても明らかではなかった。しかし有権者に掲げた選挙公約をウィルソンが実現することも可能でなくなった。一九七六年三月十六日、彼は突然辞任した。ウィルソンの経済関係の顧問だったジェフリー・グッドマンによればウィルソンは六十歳をこえ、「疲弊していたし、病んでいた」[22]。ジム・キャラハンが首相になった。野党保守党と財務省とイギリス産業連合（ＣＢＩ）からの圧力を受けて労働党は国際通貨基金（ＩＭＦ）に助けを求めた。財務大臣デニス・ヒーリーは、ＩＭＦから借款を受ける代わりに公共支出を大幅に削減することに同意した。

労働党がＩＭＦからの援助を受け入れたことにより、福祉と完全雇用は経済危機においては不要とされるべき贅沢であるということが示されたのだった。これは人びとに仕事と公共のサービスを提供することが経済成長の不可欠の条件であるとした一九四五年のアトリー政権の方針からの百八十度の方向転換であった。キャラハン政権でエネルギー相を務めていたトニー・ベンは、ＩＭＦの要求は「ＩＭＦが好まない政府を攻撃するための国際資本による「罠」であり、その要求に屈することは「政府がそこから二度と立ちなおれなくなる一方的な経済的武装解除の行為」であると断じた[23]。

労働党がＩＭＦと合意したことは、公共支出が現在の危機を招いたのだとする福祉国家に批判的な右派陣営に攻撃材料を提供した。「わたしたちは、さらなる犠牲を求めようとしている閣僚たちのもとで野放図に拡大した公共支出のためにこの屈辱的な位置に陥ってしまっているのだ」と「デイリー・エクスプレス」紙は激しく非難した[24]。しかし、完全雇用と福祉のための支出がイギリスの経済的な凋落をどのように、なぜ引き起こしたのかについてはいかなる説得力のある説明もなされていなかった。ＩＭＦとの取り決めを支持する人びとは、もしそれがなかったら、雇用主たちは事業を海外へと移転し、イギリスでますます失業が増えることになると主張した。しかし、こうした雇用主たちはその無責任さや強欲さを理由に、ストライキをおこなう炭坑労働者や組み立てラインで働く労働者たちがしばしば受けてきたような厳しい非難を浴びせられることはなかった。国際的な石油危機の影響は都合よく見過ごされ、ＩＭＦの方針は常識としてすんなりと受け入れられた。これが労働者の福祉を犠牲にしてグローバルな自由市場を促進しようとするＩＭＦをコントロールしている銀行家や金融関係者、右派の政治家たちの計算ずくの戦力であるとの受けとめはなされなかった。

実際に労働党は、過去十年の運動に由来するいくつかの改革に責任を負っていた。一九七五年に一九七〇年平等賃金法が施行された。翌年、政府は人種関係法を通過させ、イギリスの職場における人種にもとづいた差別を違法とした。しかし、この平等を求める法律は活動家たちにとっては苦みもともなった勝利であった。それは雇用主と政府が尊重すべき、あくまでも最低限の権利を保証するものにすぎなかった。この法律はそれぞれの個人に公平な立場を公式に与えるものであり、仕事を得る機会の平等と賃金の平等をこえて労働者の権利が拡張されるべきだという考え方に政府はがまんがならなかった。この新たな法律は集団的な連合の必要性、とりわけ組合の政治的影響力に難題を突きつけることとなった。

このことは人種関係法が通過したのと同じ年に明らかになった。この年、ウィルズデン[2]のグランウィック写真現像工場の労働者たちがストライキに突入した。労働者たちは雇用主が賃金と労働条件をめぐる交渉を拒否し、自分たちの組合加入を認めなかったことに抗議していた。グランウィックで働く労働者の七〇パーセントは黒人やアジア人だった。当初ストライキに入った労働者のほとんどはアジア系の移民で、ケニヤやウガンダからイギリスに移り住んだ人びとだった。ジャーナリストのジョー・ロガリーがインタビューに行くと、ほとんどが「非常に若い」人びとであるかジャイアビン・デサイのような既婚女性であることに気づいた。デサイは一九六八年にタンザニアから移り住んできた中年のインド系女性で、ストライキに突入した人びとの代表になっていた。

グランウィックでストに入った人びとは、既婚女性や移民や若い労働者はナイーヴであるとか無関心であるとかいった想定に異議を申し立てた。グランウィックの会社は、移民のほうが白人労働者よりも言いなりにさせやすいとの信念から移民を雇ってきたようだった。しかし、ジョー・ロガリーが述べたように会社は間違っていた。「こういう人びとは長いあいだ安易にこき使われたままではいない」。これらの労働者のなかにはかつて祖国で指導的役割を果たしていた人もいて、ほとんどの人びとが共通の言語と移民の経験に由来する強い共同体意識をもっていた。彼女たちはお互いに支えあった。「仕事をし、お金を貯めるという強く動機づけられた欲望」を共有してもいた。

グランウィックの労働者たちの多くが共有していた生活の特徴が他にもふたつあった。彼女たちのほとんどは自分

1977年、労働組合会議の大会におけるグランウィックの抗議。右がジャイアビン・デサイ

たちよりも恵まれた状態で工場労働をする人びとの妻や子供であり、「家族の働くことができる成人はみな仕事をして住宅ローンの支払いを助けていた」[25]。労働組合の指導者たちは、男性労働者の妻や子供たちはその賃金が家庭内でたいした重要性をもたないのでストライキをする可能性が低くて当然だと思っていた。組合の指導者たちは、持ち家所有者がピケに加わって自分たちのローンを危険にさらすようなまねはしないだろうと思っていた。グランウィックでストライキに突入した人びとは、こうした想定に異議を唱えたのである。彼女たちは別の場所で働く夫や父親の仕事の経験を、自分たちの雇用主を判断する重要な基準として用い、そこから学ぶこともできた。ジャイアビン・デサイの夫はランク・オーガナイゼーションで働いており、「食卓でわたしたちはわたしの仕事と夫の仕事についてときどき話し合っていました」と彼女は言った。「わたしは職場で起きるすべてのことを説明し、夫もそうしていました。意見の交換です。夫はわたしにこう言いました。「君の職場に組合があれば、この種の経営陣は君たちに対してそんなふうな態度に出ることはできないよ」と」[26]。デサイと彼女の仕事仲間の多くは夫や父親にお金の面でいくぶんかは頼ることができたので、非公式ストライキを打つことで解雇されるという危険を冒す余裕があった。男性たちのすべ

てが支えになってくれたわけではない。ピケに加わった女性たちのなかには、友情に刺激されたり、仕事場で形づくった夫とは区別されるアイデンティティに突き動かされたりして、夫に逆らって行動した女性たちもいたのである。(27)

その動機がなんであれ、ストライキに入った人びとは、移民労働者ならがまんするだろうと上司たちが想定していたことをきっぱりと否定したのだった。ピケに加わった最初の週、デサイは上司のひとりに向かって「あなたたちがここで経営しているのは工場ではなくて動物園です」と言ってなじった。「動物園には多くの種類の動物がいます。あなたたちの指の上で踊る猿もいるでしょうし、あなたの首を食いちぎるライオンもいるでしょう。部長さん、わたしたちはそのライオンなのです」(28)

グランウィックは、郵便配達員や炭坑労働者たちといった他の産業の労働組合員たちが一九七七年にピケに加わって支持を表明するまで、ほとんど知られていなかった。このとき労働党政権と野党保守党は、労働者階級の危険な団結を非難することで手をとりあった。法と秩序に関する保守党のスポークスマンといえるキース・ジョウゼフは、新聞で「グランウィックのやじ馬暴徒による包囲はリトマス試験紙であり、おそらくはわれわれの政治上、憲政上の生命のターニングポイントとなろう」と宣言した。(29)「デイリー・ミラー」紙の表現を借りれば、労働組合員たちは人びとの代表者というより「金切り声をあげる武闘派」になったのである。(30)

グランウィックへの政治家たちの反応は、一九七〇年以降、政治的、経済的な状況がいかに大きく変化したかを示していた。IMFとの合意によって、イギリスが力を注いできた完全雇用と福祉という戦後の方針が深刻に損なわれることになった。ハロルド・ウィルソンと後継者ジム・キャラハンにとっての上級顧問であったバーナード・ドノヒューの言い方では、サッチャリズムとして知られる特定の自由市場政治は、労働党政権と、なかんずくIMFによって「原始的な形で」始められたのであった。(31)キャラハン政権は、スト破りがグランウィックの門を突破するのを支援するために何千人もの警察官を配置した。激しく暴力的になることも多かった対立のなかで、ピケに加わった五百人をこえる人びとが逮捕された。一九七八年、ストライキをおこなっていた人びとは闘いを放棄せざるをえなくなった。ほとんどの労働者が即刻解雇された。

グランウィックはアジア系、白人労働者、男性、女性がお互いに平等な関係で協力しあった最初の主要な労働争議である。この意味で、この争議は労働運動の歴史の急進的かつ希望に満ちた出発点をしるしづけた。しかし実業界のトップの人たちと政治家たちにとってみれば、その争議でみられた新たな団結は危険なものだった。それは新しく力を得た、政治的結束力があり潜在的に闘いを好む労働者階級の出現を予感させた。ピケに加わる人びとがますます多様化するにつれて、政治家たちのストライキへの反対が大きくなっていったのは偶然ではなかった。

一九七〇年代の末までに労働者階級の経済的、政治的な力は急速に衰えていった。これに先立つ十年、利益をあげることと人びとの福祉とは究極的には相容れないものだという、石油危機とその影響によっていっそう白日の下にさらされることになった結論を政府は受け入れてきた。選択に直面した政府は、産業資本家、実業家、金融関係者といったイギリスの国内外で経済的な力を有する者たちに忠誠を尽くす道を選んだ。主要な政党は労働者階級の力を民主主義の必要条件ではなく、それへの脅威であるとみなすことで手をとりあった。多数の有権者の利益よりも資本家のために統治するという主要政党の決意は、その後も長く続く一九七〇年代の重大な遺産となる。

この十年が終わるころまでに、人びと自身の政治的態度も変化しつつあった。失業率の上昇と経済的な不安定は自分たちの生活をもっとコントロールしたいという人びとの欲望をいっそう強いものにしたが、このことを達成するための集団的な試み――労働組合運動、女性グループ、賃借住民運動――は明らかに失敗していた。一九七九年、自分たちの生活をコントロールする力を有権者に与えるという労働党が実現できなかった約束を公約に掲げたマーガレット・サッチャーが総選挙に勝利した。サッチャー流の保守主義は、自由市場においてすべての人が平等な選択権を行使しうるという神話にもとづき、個人の自由を確約するものであった。困難に見舞われつづけた十年の終わりに、これは魅力的なメッセージだった。しかし、ストライキと政治運動という短かったとしても意気高らかな経験は、一九六〇年代末と一九七〇年代の運動に加わった数多くの人びとのなかに残りつづける。一九八〇年代と一九九〇年代に時代がもっと困難になっていくなかで、集団的な行動とそれがなしえたことの記憶は人びとの精神に生きつづけた。マーガレット・サッチャーによる「他の選択肢はありません」との主張に対しては弱々しい反撃であったかもしれないが、そうであっても、反撃にはちがいなかったのだから。

訳注

〔1〕ペッカムはテムズ川の南岸に位置するロンドンの地区。
〔2〕ウィルズデンはロンドン北西部の地区。

幕間Ⅷ　カッスルフォードへの帰還

一九七六年、ランカシャーの労働者階級出身であるジャック・ローゼンタールは、ヴィヴ・ニコルソンの半生を描くテレビドラマの執筆を決心した。『使って使って使いまくる』は翌年に放送された。テレビドラマ制作の決定は、くじを当てたヴィヴとキースが居を移してきていたガーフォース地区にただちに論争を巻き起こした。住民はＢＢＣに対し、撮影をしないよう請願運動をおこなった（結局、首尾を果たさなかったが）。こうした住民に対して、ヴィヴを演じた三十一歳の女優スーザン・リトラーは憤っていた。ヴィヴが休暇からガーフォースに戻ってきた場面で、彼女はシヴォレーから颯爽と降り立ち、まわりにいる「青白い顔をしたくずのような連中」に悪態をついた。「さっさと走り去るほうが賢明かもしれない」との撮影隊の決定は遅きに失したのだった。

じつに多くの視聴者を惹きつけ、スーザン・リトラーに英国映画テレビ協会賞をもたらしたこのドラマの成功は、労働者階級の暮らしへの関心が根強いことを証明するものだった。ヴィヴ・ニコルソンは一九六〇年代のはじめに流行った「労働者階級もの《キッチン・シンク》」のヒーローの後継者となった。スーザン・リトラーはシェフィールドの出身で、「ガーディアン」紙が書くところによると「ランカシャーの鍛冶屋の娘」だった。労働者階級の文化的な生活についての戦後の関心から利益を得た労働者階級出身の俳優たちの第二世代のひとりであった。ローゼンタールはヴィヴのストーリーを彼女の視点から語ることにした。「もしドラマがヴィヴを公平に扱っていなかったら」自分は「その役を演じられなかっただろう」とリトラーは述べた。[1] ローゼンタールとリトラーは、ヴィヴのストーリーを中流階級のレンズを通して語ろうとはせず、ヴィヴの価値観、外見、願望がふつうであり、許容すべきものであったと思えるように演出した。このドラマが提示した労働者階級像は、危険な武闘派、スラム化した地区、強欲な労働組合活動家たちであるとして報じられることが支配的になりつつあった労働者階級の暮らしぶりの説明と興味深い対照をなしていた。

『使って使って使いまくる』が放送された一九七七年までに、ヴィヴは終の棲家としてカッスルフォードに戻っていた。ヴィヴのストーリーは彼女の世代にとってのひとつの寓話であった。十代の若者だった一九五〇年代には見習いから始めるよう勧められていた「生涯の仕事」は、いまでは不確実な未来しか与えてくれなかった。安価な輸入車に押された自動車産業は一九六〇年代には衰退を始めた。他の大量生産の産業も、一九七三年の石油危機で物価が上昇すると同じ運命をたどっていった。ヴィヴ自身の「どん底から頂点への目くるめく飛翔と、再度の転落」（ヴィヴの自伝で使われた言葉）は、同時代に痛々しく共鳴しあったのである。

『使って使いまくる』が終わりを迎えようとしている時代を描いていると言った批評家たちは正しかった。「オブザーヴァー」紙のテレビ批評家スティーヴン・ギルバートは、このドラマが「五〇年代の薄暗い部屋やむっつりとした表情と、六〇年代のまばゆくもはかない輝き」とを織り交ぜていることを高く評価した。[2] 一九六〇年代には労働者の暮らしは右肩上がりであるように見えた。進歩がやってきており、それは多くの人びとにとって少しゆっくりでありすぎはしたものの、生活の質は徐々によくなりつつあった。しかし一九七七年までに、ヴィヴと彼女の同世代のはるかに多くの人びと、そしてその子供たちの暮らし向きがよくなるという確実性は、将来をめぐる不安と恐れと困惑にとってかわられたのである。

第15章　困難な時代

一九七九年、勤勉な労働と引き換えに生活賃金と福祉のセイフティネットが与えられるという、第二次世界大戦中に人びとと政治家とのあいだで交わされた契約は終わりを迎えた。失業が増加する一方で、手当は削減された。かつては市民社会の不可欠の柱とみなされた福祉と完全雇用は、いまではマーガレット・サッチャーによって経済成長への障害であると非難されていた。「公共部門が絶え間なく増大したせいで、富を生みだす民間部門に破壊的な負担がのしかかってきていた」とサッチャーは一九八一年に断言した。「投資と雇用を回復させようと思うなら、いまのところわたしたちには生活水準の低下を受け入れる以外に選択肢はない(1)」。しかし、この「わたしたち」には誰が含まれていたのか？　イギリスの最富裕層の生活水準は落ちなかった。生活水準が下がったのはふつうの労働者だけだった。一九三〇年代以来はじめて経済的な不平等が急速に広がった。金持ちと貧しい人びとの格差は、金持ちの利益になる方向に拡大した(2)。戦前の困難な時代が戻ってきた。人びとは完全雇用が達成を後押ししてくれた経済的な安心と政治的な交渉力をいずれも失ってしまった。

しかし、少なくとも最初はサッチャーのメッセージは労働者階級の人びとのあいだで人気があった。アラン・ワトキンズもサッチャー支持者のひとりだった。彼は一九六〇年代のエンジニアの見習いから、一九七〇年代の終わりにはコヴェントリにある小さな会社の生産責任者になっていた。彼が一九七九年の選挙で保守党に投票したのは次の理由からだった。「自分を助けるためには自助をせよというメッセージが好きでした。……わたしは組合があまりにも力をもちすぎたと感じていました」。勤勉に働いて自分の家と車を買ったアランのような男性にとって、組合員であることから得るものはほとんどなかった。マーガレット・サッチャーが「既得権」からイギリスを解放すると宣言したとき、彼はサッチャーに賛同したのだった。(3) 一九四〇年代のハーバート・モリスンとは違い、莫大な利益をあげる実業家たちはサッチャーの念頭にはなかった。その代わり彼女の頭にあったのは地方自治体と労働組合であり、サッチャー政権はこれらすべてを「ふつうの人びと」の自由の妨げとなる非民主的な官僚であると表現した。(4) 彼女は「イギリス国民と個々人と産業が栄え、それぞれの独立を達成できる環境をつくりたい。人びとは自分たち自身の家を所有することができる。収入に対して低い税金しか課せられない」環境をつくるという意志を明確に示した。(5) 同じくコヴェントリでエンジニアをしていたハワード・ブレイクにとって、初期のサッチャリズムは「自分自身の脚で立ち、支援を受けるとすればそのためだというメッセージでした」。彼は小規模なビジネスを始めたい人びとのための政府の新たな助成金を利用した。

一九四五年の労働党と同じように、マーガレット・サッチャーは階級的な出自が問題にならない社会のヴィジョンを提示した。アトリーの労働党政権と違ったのは、こうした社会は協働によってではなく自由市場と競争によってつくりだされるだろうとサッチャーが提案したことである。一九七〇年代の不安定さと不満のあとでサッチャーのメッセージは、自分たちの生活により大きな自立を望んで育ったが、家主や雇用主、労働組合の指導者たちによってこれが阻まれてきた世代に訴えかける力を持っていた。

もっとも人気の高かったサッチャーの政策は公営住宅の売却だった。これを実施した保守党の党首は彼女が最初だったわけではない。一九五〇年代にはハロルド・マクミランが自治体に保有する住宅を売却するよう促した。一九七二年、エドワード・ヒースは、住宅を持ち家として買い取りたいという公営住宅の住民の要求を地方自治体は考慮すべきだと主張して、住民たちが買いとりをしやすくするようにした。しかし、マーガレット・サッチャーの一九八一年住宅法は、公営住宅の住民に低金利の住宅ローンを提示することで住民たちに家を買いとるよう奨励するものだった。住宅ローンへの補助は地方自治体が負担すべきであるとした。政府が地方自治体に大幅な支出削減を強制していた時代に、これはきわめて政治的な法律だった。

多くの人びとがこの住宅法を活用したが、これは何よりも経済的に理にかなうと思われたからだった。公営住宅を買いとった最初の人びとのなかにはリヴァプールのロン・ジョーンズとエドナ・ジョーンズがいた。エドナが説明したように彼女たちが家を買いとったのは、助成を受けた住宅ローンは「家賃よりも安く」済むからだった。多くの住民たちがこの理由で家を買った。一九七六年のＩＭＦとの取り決めにより、住宅への公共支出がさらに削減された。一九七〇年代の終わりから一九八〇年代にかけて、公営住宅の住民たちはさらなる家賃の値上げに直面し、近隣コミュニティの社会的な二極化がますます進んだが、自治体の投資は減少した。ロン・ジョーンズとエドナ・ジョーンズはこれ以上の家賃の値上げには耐えられないかもしれないと感じた。一九五〇年代と一九六〇年代にはバスの運転手として働いていたロンは、一九七〇年代にはセールスマンの仕事をしていた。ロンはこれをステップアップだと感じていた。「白のワイシャツを着てネクタイを結ぶ」仕事だったが、不安定だった。雇用主が破産して彼は三度解雇された。最後に解雇されたのが一九七九年だった。一九八二年、三年間の失業のあと彼はなんとかバスの仕事に戻ることができた。家を買うことはいくばくかの安心を得るための手段であるように思えた。

保守党は、それ以前には人びとに与えられてこなかった贅沢を楽しむために掛け買いとローン（住宅ローンも含む）を利用するよう促した。一九八二年、政府は金融市場の規制緩和をおこなって掛け買いへの統制を撤廃し、ふつうの人びとが以前と比べてはるかに大きな額の借金ができるようにした。同様に銀行と建築業界も、新しく家を買う人びとに大きなローンを組むよう促した。ロンとエドナのジョーンズ夫妻が住宅ローンを申し込んだとき、アビー・ナショナルは、夫妻が必要としていた五〇〇〇ポンドのローンのみならず、もっと大きな額のローンが組めると提案してきた。そのマネージャーは自分がなんのリスクも負わないとわかっていた。「彼はこう言いました。「いい考えがあります。一万一〇〇〇ポンドでいかがですか?」。わたしたちは顔を見合わせました。「いいえ、けっこうです」とわたしたちは答えました。「五〇〇〇ポンドだけでいいです」。……彼は次のように言いました。「こう考えてみたらいかがでしょう。もし一万一〇〇〇ポンドのローンを組んであなたが支払えなかったら、抵当をもちつづけることはできないので、われわれはあなたの家を差し押さえます。それだけの単純な話です」。彼は言いました。「さあ、あなたの給料は毎年上がるのですから、どうしてローンが払えないということがありましょうか?」と」。しかし、ロンとエドナは話に乗らなかった。「わたしたちは五〇〇〇ポンドで譲りませんでした」

持ち家所有者の民主主義が生まれるどころか、一九八〇年代初頭には社会的な分断が悪化していた。政府は完全雇用の促進にいっさい関わらなかった。完全雇用は理想ですらなく、ましてや優先されるべきものではありえないと言われたのは第二次世界大戦後においてはじめてだった。一九八二年までに失業率は一〇パーセントにまで上昇し、若者たちと成人男性がとくに影響を受けた。

投資の欠如と劣悪な住宅事情と失業率の上昇が、地元の住民と警察との暴力的な対立を招来した。一九八一年の七月にはロンドンのブリクストン、リヴァプールのトクステス、バーミンガムのウッド・グリーン地区とハンズワース地区の住民たちが高圧的な警察の取り締まりに抗議して街頭に繰りだした。そのあとにおこなわれた暴動についての調査会でスカーマン卿が述べたように、「人種的な不利益」が怒りを引き起こす主要な原因であった。警察が怪しいと思う人物を「引き留めて調べる」権利——対象となるのは圧倒的な数で黒人だった——が直接的な引き金となっていた[6]。こうした露骨な人種差別に対する住民たちの不満は失業率の上昇によって高まった。失業の結果、これまで以上に多くの黒人の若者が昼間から通りをぶらつき、それゆえ警察から攻撃を受けるということになった。しかし一九八一年の暴動は、ノッティンガムとノッティング・ヒルで黒人住民が白人の人種差別主義者によって襲撃された一九五八年の擾乱のような「人種暴動」ではなかった。一九八一年には白人の若者たちは、仕事とお金がないことへの不満を吐きだすため、抗議している黒人たちに加わったのである。カリブからバーミンガムへ一九六〇年代に移民してきたカールトン・ダンカンは、一九八一年にはハンズワースに住んでいた。彼は暴動を「貧困に抗議する蜂起」として経験した。「貧困はかなりの程度まで黒人コミュニティに集中していました。しかし、白人の労働者階級［の人びと］も苦しんでいました。……白人の若者たちが黒人と一緒に通りを走り、石を投げ、同じようにして火をつけるのを目撃しました[7]」。暴動を起こすことが彼らに行使できる唯一の形の集団的な力であった。一九七九年から一九八四年のあいだに、労働組合への加入者数は千二百六十万人から千三十万人にまで減少した[8]。この減少はとくに重工業において深刻で、伝統的にイングランド北部、スコットランド、南ウェールズを拠点とし、しっかりと組合に組織化された産業での大量失業を反映していた。一九八一年に暴動を起こした人びとが属する世代にとって、労働組合運動は妥当性を失いつつあった。

いまや分断は一九八〇年代の労働者階級の内部でも生じていた。熟練労働者と非熟練労働者、非肉体労働者と肉体労働者とのあいだの古くからある区別は、一九六〇年代に組み立てラインと事務仕事が増加したことによってすでに侵食されていた。しかし、いまでは仕事のある人と失業中の人とのあいだに新たな分断があらわれた。社会学者のレイ・パールはこのことをシェピー島での人びとの暮らしの研究において認めた。調査対象のなかには、三人の十代の子供を持つリンダとジムの中年夫婦がいた。以前は人足だったジムは整理解雇に遭ったあと仕事を見つけることができなかったため、パートタイムで掃除婦をしているリンダが家族の唯一の稼ぎ手だった。島の反対側には、終身雇用で船荷の積み降ろしの仕事をしているジョージと、パートタイムで料理人として働いている妻のベリルが住んでいた。これらの夫婦は似たような社会的、教育的背景をもっていたが、ライフスタイルはまったく違っていた。「ベリルとジョージの安心で満ち足りた暮らしと、リンダとジムの緊張をはらんで不安な苦しい生活との対照は、もっともめだつものだといえよう」とパールは述べた。失業が新たな形の「二極化」を労働者階級コミュニティのなかに生みだしているのだとパールは主張し、訪れた通りの様子を次のように説明した。「ある家庭には稼ぎ手が何人もいて、収入にも余りがあり、それを新たにどうやって使えばよいかという嬉しい悩みを抱えている。しかし、その隣の家には五歳に満たない子供たちがいて、親たちには靴を買ってやる余裕がないため、子供たちは外に出ることもできない」[1]

マーガレット・サッチャーはこの二極化をうまく活かし、一九八三年の総選挙では圧勝を収めた。ちょうど一年前には、サッチャーの支持率は有権者が高い失業率と都市部の不安に対する不満を表明したため下降しつつあった。しかし、政府は勝ちとることのできる戦いに集中した。サッチャーは都市の中心部の窮状は無視して(怪しい人物を引き留めて取り調べる方策は二〇〇七年まで法改正がなされなかった)愛国心の発揚に力を入れた。一九八一年のチャールズ皇太子とダイアナ・スペンサー嬢の結婚は助けになった。一年後、アルゼンチンの沖合二〇〇マイルのところにあるフォークランド諸島の統治権をめぐってイギリスはアルゼンチンと交戦状態に入った。この戦争が勝利に終わったことは重要で、愛国主義的な熱狂の波をもたらした。失業者と暴動を起こす者と貧しい人びとははみ出し者の集団であり、こうした人びとの不満はイギリスの国内的、国際的利益にとってはほとんど重要性をもたないと示すことにサッチャー政府は長けていることが証明された。

一九八三年の選挙での地滑り的勝利に続いてマーガレット・サッチャーの政権は、アルゼンチン人よりもはるかに重要な敵、すなわち組合活動をする労働者階級へと目を転じた。一九八二年雇用法は労働組合からその政治的な力の大部分を奪い去った。雇用主は従業員の多数が組合に加わることを投票で決めないかぎり、労働組合を承認する必要がなくなった。これは表面上は民主的にみえるが、組合活動をしてきた多くの人びとは、労働者たちが組合に入らなければならないということはなく、なぜ入らないという選択ができないことがあろうかと問うた。いまや労働争議は、それに先立って無記名投票で明白な多数の同意が得られなければ違法とされていた。これは労働者にこの強力な武器をいつ使うかすばやく決める権利を与えないというものだった。会社の全従業員が組合に加入しなければならない「クローズド・ショップ」は禁止された。政府はこれを民主的改革と宣伝したが、この方策によって労働組合に加入することを選んだ労働者たちの力は弱められることになった。

一九八四年、労働運動を撲滅しようという政府の決意が明白になった。二月、イギリス石炭庁（NCB）の総裁イアン・マクレガーは二十の炭坑を閉鎖する計画であると発表した。これにより二万人が仕事を失っても、代わりの仕事はほとんどない地域が多かった。一九八四年三月十二日、全国炭坑労働者組合（NUM）の委員長アーサー・スカーギルは、炭坑閉鎖に反対して全国レベルのストライキの指令を出した。

マーガレット・サッチャーは自身の「改革」を説明する際にいわゆる「TINA」——「代わりの道は存在しない」——を好んで引き合いに出した。しかし、炭坑労働者の場合には代わりの道が存在した。炭坑の閉鎖は経済的にも理にかなわないことだったのだ。オックスフォード大学の経済学者アンドリュー・グリンは、たとえ炭坑が石炭庁の示すように採算のとれないものであるにしても（実際は多くの炭坑が、これから数十年採掘して利益をあげるに足るだけの資源をいまだ蔵していた）、閉鎖の結果生じる失業が石炭庁と納税者に多額の退職年金と解雇のための支払いと何百万ポンドもの失業手当の負担を強いることになるだろうと確信をもって主張した。炭坑労働者たちを雇用しておくほうが安く済んだのである。(10)

炭坑を閉鎖するという決定は政治的動機によるもので、長い前史をもっていた。一九二六年には炭坑労働者たちが政府を敗北寸前にまで追いつめ、近年のより関係性の強いところでは、ちょうど十年前に炭坑労働者たちによって保守党が政権の座を追われたのだった。一九八四年になるまでに保守党の国会議員ニコラス・リドリーは、彼みずから「破壊を企む共産主義者ども」になぞらえた炭坑労働者を打ち負かす計画をすでに練りあげていた。ジャーナリストのシェイマス・ミルンの調査によって、一九八四年六月十八日にヨークシャーのオルグリーヴで馬に乗った五千名の警官隊が「侵攻」したときに起きたような炭坑労働者たちと警察官との暴力的な衝突の多くを政府と警察の高官が承認していたことが明らかになった。サッチャー政権は「組合とその指導者たちを弱体化させ、信用を失墜させるために、スト破りへの秘密資金の供与からネットワークによる大規模監視にいたるまで、スパイ工作から炭坑労働者の幹部たちを「犯罪者に仕立て上げる」企みにいたるまで、ありとあらゆる可能な手段を講じる準備は万端なのだということを示した」(11)。

こうした総攻撃に対峙して、炭坑労働者たちがともかくもストライキに突入したことは驚きだった。炭坑労働者の八〇パーセントがストに入った(12)。政府と保守系の新聞はNUMのリーダーであるアーサー・スカーギルを、炭坑労働者たちを虜にする独裁者たる「内なる敵」と表現した。しかし、ストライキへの衝動は下から湧きあがってきたものだった。ヨークシャーでは、石炭庁がその提案に関して自分たちと相談をしなかったことに憤激した多くの炭坑労働者たちがスカーギルによるストライキ指令の前に罷業の行動に出ていた。それに続く数ヵ月、警察の暴力、新聞のプロパガンダ、そして一九八四年の十二月までには燃料なしでの長い冬や子供たちへのプレゼントのないクリスマスが見込まれたことは、炭坑労働者が仕事に復帰する強力なインセンティブとなった。なかには仕事に戻る者もいたが、ほとんどの労働者たちは決死でストライキを続けた。彼らもコミュニティも仕事が必要だった。

あれほど長くストライキが続いたということは、コミュニティの内外から炭坑労働者たちが支援を受けていたことを証明していた。炭坑労働者たちの熱心な支持者には多くの炭坑夫の妻たちも含まれ、彼女たちのほとんどはそれまで政治的な活動をした経験はなかった。ロンザ渓谷〔2〕に住む若い炭坑夫の妻マーガレット・ドノヴァンは、ストライキの前には「遊び場と学校を中心とした」暮らしをしてきており、「まったく外には出なかった」。彼女は夫の家族以外に知り合いのいない村に移ってきて孤独だった。幼い子供たちによって家に縛りつけられ、「誰とも知り合いになることがなかった」。ストライキが始まると近所の人びとと話すようになり、数週間が経つころには食べ物のパックをつくったり炊き出しをしたりする作業に関わるようになった。一九八四年の夏までに彼女は「ものすごい数［の人びと］」と知り合いになり、「わたしたちはみんな仲よくなりました」(13)。一九七〇年代の家賃不払い運動とちょうど同じように、一九八四年の炭坑労働者のストライキにおける女

1984年8月、カウンティ・ダラムのイージントンで。炭坑ストライキ中に夫を逮捕された女性が抗議している

性の役割は、妻として母親として女性たちが抱いた懸念を反映していることが多かった。女性たちは夫に感情面での支えを与え、炊き出しを組織し、弁当をつくり、子供たちのためにはクリスマスのプレゼントを用意した。彼女たちの活動によって、子供たちの機会と食卓の上の十分な食事と然るべき賃金は贅沢なのではなくて必要なのであり、これらの欠如は女性たちが家事をやりくりする能力に乏しいせいではなく政府と雇用主の方針のせいなのだという信念が生みだされたのである。子供と夫の世話をしなければならないという女性たちにとっての当初の必要性から、より幅広い政治的な議論に介入したいという気持ちが湧きだしたのだった。

その間、強力な支援が炭坑の外からやってきていた。アームソープ炭坑の炭坑夫ボブ・ジャクソンは一九八四年十二月にインタビューを受け、「新聞を読んだりテレビを観たりすれば全員がわたしたちの敵だと言っています」と答えた。「しかし、驚くほどたくさんの人びとがわたしたちのために多くのことをしてくれているのです」。労働党の地元支部や生活協同組合やコミュニティ・グループが定期的に食べ物と衣料品を炭坑共同体のために集めてまわり、炭坑労働者の子供たちのためには休日の楽しみを提供した。しかし、支援の手はもっと驚くべきところからも差し伸べられた。ボブ・ジャクソンと妻は労働党を支持する多くの炭坑労働者家庭のひとつだったが、公営住宅を買いとる権利に熱狂的に飛びついたのだった。一九八四年までに彼らは巨額のローンを抱え、それがストライキをすることにとっての障害になるかもしれなかった。しかし、彼らは建築業界が示してくれた同情に驚いてしまった。「驚いてしまったことは認めなければなりませんね」とボブは言った。「あの業界はわたしたちを踏みつけにしているのだと思っていました。……一五〇〇ポンドの借りがありましたから。三ヵ月に一遍手紙が送られてきて、そこにはただこう書いてあるのです。変わりがないようだったら、また三ヵ月後に連絡します、と」[14]。一九八四年のクリスマスには、町の中心部の公営住宅に住む年金生活者や南部の郊外に暮らす持ち家所有者、「なんとか荘」とか「なんとか牧師館」という住所のホーム・カウンティーズの年金生活者からの莫大な義援金が集まった[15]。ロンドンのウィンダム地区に住む年金生活者メアリ・アディは「わずか一ポンドですみません」と書いていた。「あなたがたの大義への公正な報いとして、一九八五年が落ち着いたものとなりますよう心から願っています」[16]。ポーツマスのビル・バークは、当初は炭坑労働者たちの大義にアンビヴァレントな思いを抱いたことを認めたが、「オルグリーヴのコークス貯蔵庫での妨害行為のふたつの罪でアーサー・スカーギル氏が有罪になったことにわたしはぞっとしました。BBCのニュースを見ていると、ネスビット警視総監が非常に挑発的で不快なやり方で権力を振りかざしているのは明らかでした。あの種の警察のふるまいを黙って見過ごすわけにはいきません」。彼は一五ポンドを同封した[17]。サッチャーが個人の自由を強調したことに支持が集まった一方で、仕事と労働組合を組織することへの人びとの集団的な権利をサッチャーが侵害したことについては、人びとの支持は集まらなかった。

ビル・バークと彼のような多くの人びととの気持ちが証明したのは、彼らが社会的出自にかかわらず大量失業と福祉の削減以外に「代わりの道は存在しない」という保守党の考え方を拒否していたということだ。一九八四年、炭坑労働者たちは勝利へのほんとうの機会を手にした。サッチャー自身、その夏は動揺しているようにみえた。しかし、政府は警察を動員する能力があることを示し、新聞の多くは権力側の戦いを支持し、労働党からはほとんど、あるいはまったく反対がなされなかった。一九八五年三月三日、全国炭坑労働者組合は降伏した。炭坑労働者たちは仕事に戻った。労働組合運動はその政治的な力に大打撃をくらった。しかし、炭坑労働者たちの生活水準と家族と村や町は仕事をすることにかかっているのだ、との彼らのメッセージは、一方には豊かな労働者がいて、もう一方には怠惰な失業者がいるという分断されたイギリス像を提示する保守党のプロパガンダに斬り込むものだった。一九八〇年代のイギリスにおける真の分断は、私的な住宅と医療と教育を購う余裕のある少数の大金持ちと、生きていくためには仕事をせざるをえず安定性がますます損なわれつつある多数の人びととのあいだにあるのだということを炭坑労働者たちは示したのである。

一九八三年以降、多くの人びとにとって生活は苦しくなっていったし、それは炭坑のコミュニティに限られた話ではなかった。サッチャーの経済政策は回復をもたらさず、その福祉改革は困窮を悪化させた。一九八四年から一九九八年のあいだに失業率が七パーセントを下まわることはなく、一九八〇年代の大部分で一〇パーセントをこえる労働力が失業状態にあった。[18] 貧困は拡大し、同時に必要なときには自動的に与えられた援助への権利を人びとは失ってしまった。戦後の福祉国家が盤石なセイフティネットを供給しえたことは一度もなかったが、政府がそれを破壊しようとしたときに懐かしがられるほどには十分適切なものであった。一九八八年、社会保障法は「児童の貧困対策グループ」が許容できる生活水準と信じたレベルを下まわるまでいくつかの給付水準を引き下げた。[19] 一九三〇年代以来はじめて、失業した人びとは手当を請求する条件として「本気で仕事を探している」ということを示す義務を負わされた。

これを支えたのは福祉と完全雇用が人びとを怠惰にし、給付金依存にするという保守党の思いこみだった。社会保障相ジョン・メイジャーの主張では、社会保障の削減によって人びとが「給付金文化」に陥るのを防止できるということだったが、一九五〇年代と一九六〇年代に包括的な福祉の供給が高い失業率にはつながらなかったという事実を無視していた。[20] 政府はボランティアに人びとを助けるよう促した。一九八九年、保守党の国会議員イアン・テイラーは、福祉国家を縮小することで「政府が創出したケアする社会」を称揚した。[21] しかし、慈善団体は自分たちだけでは需要は満たせないと主張した。家族福祉協会の理事ロバート・モーリーは、自分の団体を含むほとんどの慈善団体が「応急手当」を提供するに足るだけの資金と専門技能はもちあわせているが、ますます多くの人びとが必要としている「日々の生活費」を提供する余裕はないことを指摘した。[22] 彼は第二次世界大戦中に非常に明確になった真実を繰り返したのだった。つまり、ボランティアによる供給だけでは数多くの人びとに持続的な支援をすることはできないということである。

経済が回復しないため、保守党支持者のなかには不安を覚えはじめる人たちもいた。失業者とまだ仕事を持つことができている人とのあいだの溝を強調したレイ・パールは正しかったが、仕事を続けている人びとは不安定さと限定的な福祉がもたらすストレスと緊張にますます影響を受けるようになった。労働組合の権利が剝奪されていくにつれ、イギリスは低賃金社会になった。失業に焦点をあてるメディアと政治家は、仕事がある人びとの貧困を見逃していた。「児童の貧困対策グループ」の報告書は「ノース・ヨークシャーのモールトン、ピカリング、ヘルムズリーでは失業率は全国平均の約半分ほどだが、これらの地域では低賃金と不適切な社会保障制度のせいで多くの人びとが貧困状態で暮らしている」と警鐘を鳴らした。[23] 一九七九年には保守党に投票したアラン・ワトキンズは、エンジニアリングが衰退しつつあった一九八〇年代のはじめ、失業に直面した。彼は幸運にもコヴェントリ市役所で、若者たちの訓練計画を実施する職業部門主任の仕事に就くことができた。しかし、アランは失業中の若者を訓練する彼自身の仕事が失業者たちの長い列に依存しているのだということを痛切に意識していた。「わたしの仕事は失業に依存していたわけですから、強い罪悪感にさいなまれました」と彼は言った。「人びとが失業しているという事実によってわたしは仕事を得ているわけで、そのことについてしばし考えないわけにはいきません。自分はパラサイトなのだろうか、と」。アランは彼らの失業に関して自分には責任がないと思うことで正当化しようとした。「わたしはがんばって彼らを仕事に復帰させてやろうとしましたし、実際に復帰させました」。にもかかわらず彼は「失業した人びとよりも少しだけ経験がある」からという理由だけで「誰かが失業することによって仕事を得る人間がいるというのは悲しいことだ」と感じた。十年間を通して失業率が上昇するなか、さらに多くの人びとがアランの抱えたジレンマに直面した。完全雇用は過去のものとなった。なんとかして仕事に就きたければ「訓練」とカウンセリングが求められ、職業紹介所と訓練のための人員とアドバイザーという新たな産業がひとつ生まれることになった。

一九八〇年代の終わりまでに、新しい世代の持ち家所有者も圧迫を感じるようになっていた。住宅を購入する権利が悲惨な状況を生みだすことがわかってきたのだ。持ち家政策は賃貸住宅の住民が仕事をしつづけるという前提に立っていたが、増加する失業は郊外の住宅地と戦後に造成されたニュータウンを直撃した。もっとも新しいニュータウンのひとつ、スケルマースデイルの住民たちも大きな打撃を受けた。一九六〇年代末にこのニュータウンができて以降、住民たちは雇用をダンロップとポリシーン・ドラムズに頼ってきた[24]。これらの会社は一九七〇年代に何百人もの労働者を解雇した。一九八〇年代になると両社とも破産した。ニュータウンには住民がお金を払うことができない家があふれ、それらを誰も買おうとはしなかった。一九九一年までこの陰鬱な図は国中で繰り返された。そのときまでにイングランドとウェールズにある住宅の六七パーセントが持ち家として所有されており、公営住宅はわずか二〇パーセントにすぎなかった。同じ年、七万五千五百人の持ち家所有者が債務不履行となった結果、差し押さえを受けた。これは住宅ローンを組んだ人びとのほぼ一パーセントの数だった[25]。

住民たちは自分たちでなんとかしようとした。ベティ・エニスと近隣の人びとは、できるかぎりお互いに助け合って一九八〇年代を乗り切った。ウィレンホールを出ていったのは数人だけだったが、もっと多くの人びとが自分たちは罠にかけられたと感じていた。彼らの買った家に価値はなかったからである。若者の失業率が急増して団地は「無法な立ち入り禁止」地区と化したが、これは近所とのつきあいが生活の中心になった時期でもあった。ウィレンホール団地の商店のほとんどが閉鎖してしまったとき、ベティと何人かの近所の人びとは「そこでコミュニティ・ショップを始めました。みなさんが品物を持ってきてくれましたので、わたしたちはそれを売ったのです。商店はそんな状況でとても高かったし、潰れてしまいました。わたしたちの店には弁護士さんに来てもらって地域住民への助言をしてもらいました。それから若者クラブをつくりました。ほんとうにすてきなコミュニティになったのですよ」。しかし、自助は国の援助のほんとうの代わりにはならなかったし、生活賃金の代わりではありえなかった。

サッチャーの改革は人びとに独立を与えるどころか、人びとが有権者として、公営住宅の住民として、労働組合員としてもっていたわずかばかりの集団的な力を奪った。ベティのような団地の住民たちは、住宅の私有化と、以前は地方自治体が提供していたサービスの民営化によって、政府が言うみたいに自分たちの生活を自分たちでコントロールできるようにはならないのだと気づいた。サッチャー政権は自治体に、ごみの処分や造園整備などのサービスをボランティア組織や民間組織に委託するよう促した。住民の付託を受けた役人の管理からこうしたサービスが解放されると、限定的ではあれど住民たちがそれまでは行使していた力の大部分が奪われてしまうことになった。ベティがウィレンホールの公共スペースの草が刈られていないことやごみが収集されていないことに気づいて「電話をかけると、

「ああ、それはうちの仕事ではないんですよ。役所に言ってください。ホワイトフライアーズ［コヴェントリで最大の住宅土地所有業者］の責任の範囲外なんです」とか「それはどこか別のところが扱う問題ですよ」とか言うわけです」。ノリッチとロンドンの公営住宅の住民を対象にした研究でも、上昇を続ける家賃といい加減な地方議員に対する不満は、公共の施設と人びとの住宅の状態について実際に責任を負うのは誰なのかをめぐる当惑にとってかわられたことが明らかになった。[26]

住む家を保持し、仕事を続けることからくる緊張が家庭生活に影響を与えた。既婚女性は若い労働者や工業の仕事に携わる男性たちほどには失業の影響を受けなかったが、妻として、母として、そして一家の中心的な稼ぎ手としてその役割を果たすために苦闘することがますます多くなっていた。一九八八年、六十歳のクレア・スティーヴンズは故郷のブリストルで夫、二十三歳の娘リンダ、娘の夫アンディと孫とともに暮らしていた。クレアは一九三〇年代にブリストルで育った。彼女が十歳になるまで父親は失業していた。一九五〇年代にクレアは事務職の仕事に就き、苦しい時代は永遠に過ぎ去ったと思ったが、一九八〇年代の半ばにまたそういう時代が戻ってきた。クレアの夫とリンダとアンディは三人とも失業している一二パーセントのブリストルの労働力のなかに入っていた。[27] クレアの稼ぎが、幼い孫だけでなく家族全員を養っていた。「すべての心配事がわたしに降りかかってくるように感じていました」。リンダがふたりめの子供を妊娠したことに気づいたとき、一家は絶望の底に突き落とされた。[28]

何より気の進まないことではあったが、クレアはついに娘に出ていくように言った。「わたしは娘たちを追いだしたのです」。クレアの家には寝室がふたつしかなかった。イギリスでもっとも物価の高い都市のひとつで、リンダとアンディは自分たちの家を持つ機会が得られなかった。ブリストル市の公営住宅の待ちリストは非常に長かったが、理由のひとつには市が物件の売却にとりわけ熱心だったということもあった。これは銀行や金融機関に勤める人たち、働かずに暮らせる資産収入のある人たちからなる地元有権者の大きな金持ち集団が後押ししていた政策だった。社会的な二極化がかなり進んだこの都市で「子供の貧困対策グループ」の報告書は、その豊かな集団は「別宅を所有し、長生きを楽しみ、……値上がりする住宅価格と低賃金から利益を吸いあげ、自分の子供たちには選抜制や私立の教育が確実に提供されるようにしている」ことを明らかにした。彼らは「困窮する隣人たちの貧困を生みだし、隠蔽する」

のを助長していた。[29] リンダとアンディとふたりの子供たちは「民宿に泊まらなければなりませんでした」とクレア・スティーヴンズは振り返った。「彼らはひとつの部屋で、暖房もなく赤ちゃん用のベッドもないところで過ごしていました」。彼らにようやく公営住宅が割り当てられたとき、そこは彼らの知り合いがいるところからは何マイルも離れたノウルという地区で、失業と公営住宅への投資不足の悪影響をまともに受けていた。「わたしは肝をつぶしました。娘たちをあんなところに置いてくるのは耐えられませんでした」とクレアは言った。クレアと夫は、最終的に他の家族にも近い「家を彼らに買ってやった」。そのために限られた年金の少しの足しにしようとこつこつ長い年月をかけて蓄えてきた自分たちの貯金を使い果たさざるをえなかったから、これは苦渋の決断だった。[30] それはクレアが思い描いていた老後のあり方ではなかった。少しばかりの快適さを享受することを楽しみにしていた人生の段階に来て、自分の子供と孫を支えてやらなければならなくなるとは、さかのぼること一九六〇年代には誰ひとりとして想像もしていなかった。

女性たちのなかには、夫が失業手当の列に加わっているあいだにみずから働きながら、配偶者としての役割を話し合わなければならなくなった人びともいた。一九六六年から一九七七年のあいだに共働きの夫婦の割合は四三パーセントから五六パーセントへと増加し、一九八〇年代を通して増えつづけた。[31] 変化した状況にうまく適応した男性たちもいた。一九七〇年代、ベティ・エニスの夫マイケルは四十代で整理解雇に遭い、「二度と職に就くことができなかった」。夫婦の役割はたちまち変化した。「彼は料理をするのが好きになり、子供たちが学校から戻ってくると面倒をみていました。彼はとても楽しんでいたと思います」。とはいっても、仕事がないというのはきついことだった。マイケルはますます病気の発作を起こす回数が増え、一九九〇年代に若くして亡くなった。

リヴァプールのジーン・マクラーリンは違った経験をした。彼女の地平は、学校を出て工場の仕事を始めた一九六三年以降広がった。十七歳で妊娠していることがわかったとき、ボーイフレンドだったフレディと「結婚しなければならなかった」が、彼らは愛しあっていたし、フレディは工場の技術者として見込みがあった。彼らはリヴァプールの郊外に小さな一軒家を買い、がんばって貯金をして海外旅行に行き、「人生から何かしら意味のあるものを得ようとしていました」。一九七九年までに彼女は店舗を借りて小さなカーペットの店を経営していた。彼女の子供たちはうまくやっていた。年長のダレンは大学をめざし、いちばん年下のダニエルは奨学金を得て王立バレエ学校に進んだ。一九八〇年代に持ち家制度が進むと、ジーンの店のお手ごろで魅力的な家具類への需要も高まった。

しかし、ジーンのような女性たちはサッチャー主義のダブルバインドにとらわれていた。一方で彼女たちは、ジーンがなしえたような経済的な独立を勝ちとろうとした。他方、女性たちは家族の世話もしようとした。「家族の価値」を政府が強調したことは、豊かさと家族の幸福は手に手を携えているものだということを示唆していたが、これが必ずしも正しいとは限らなかった。フレディは店の手伝いをするために工場の仕事を辞めていたが、ジーンがすべての買い物と料理をこなし、なおかつ店の稼ぎを彼に渡すよう期待していた。「彼は尊重してくれませんでしたね。彼を尊重するよう求められていたわけです」。ジャーナリストのベアトリクス・キャンベルは、『ウィガン波止場再訪』のなかでジョージ・オーウェルの足跡をたどりながら、多くの男たちは失業に対してフレディと同じようなやり方で反応することに気づいた[32]。

一九七〇年代に女性たちは、少数ではあれ変わりゆく生き方への集団的なサポートをフェミニズム運動に見いだしたが、一九八〇年代が提示したのは家族生活か個人主義かというまったくの二者択一だけだった。ますます多くの女性たちが経済的に自立できるようになっていったが、仕事を求めた女性たちの大半は、夫が失業したか低賃金であるために仕事を探していたのだった[33]。結果として結婚生活にしばしば緊張が生じた。ジーンが結婚した一九六四年、三万七千六百五十七件の離婚訴訟が起こされ、そのうち五八パーセントが女性からの申し立てだった（大戦間期とほぼ同じ割合である）。一九八五年には十七万六千九百六十九件の訴訟が起こされて、女性からの申し立ては七三パーセントを占めた[34]。一九八九年、ジーンはフレディと離婚し、この女性たちに仲間入りした。「むかしは女性たちはがまんしていたのです」と彼女は母親の世代について語った。「でもわたしはがまんするつもりはありませんでした」。ジーンは自分のことを、母親が手にしたよりも大きな個人としての力を与えてくれる稼ぐ潜在力を有する画期的な世代のひとりだと考えていた。この力はいまだ非常に限定されていた。ジーンの事業はフレディの名義になっていたから、それを続けることができなかったのだ。しかし、彼女はW・H・スミス[3]の販売員としての新たな仕事を見つけることができた。とはいえ、女性は平均的に男性より低い賃金しかもらえない社会で、シングルマザーが社会の寄生虫のように言われる時代にひとりで生きていくというのは困難なことだった。一九七〇年代を通して女性が戸主の家庭の収入は増えたが、一九八三年以降この状況は逆転してしまった。女性が家族の唯一の稼ぎ手になるとき、高い失業率がその理由の一端を説明したが、給付金制度がシングルマザーと離婚した女性に罰を与えるかのように変更されたことも理由のひとつであった。[35] ジーンのような女性たちが独立といったものを手にするためには、否認と潜在的貧困という地雷原をうまく切り抜けなければならなかった。

子供や孫がいる人びとは家族との関係に生じるこうした緊張を意識することになった。親たちには、どうやって子供たちに大人になる準備をさせたらよいのかもはや確信がもてなかった。自分たちが育った時代の完全雇用と福祉国家という確実性が消滅してしまっていたからである。「わたしたちは一生懸命に働けば自分の親たちより少しはましな生活ができると単純に思っていました」と一九六〇年代にコヴェントリの工場労働者と結婚したキャロル・ハインドは言った。彼女が学校を出てつきあいを始めたとき、彼女自身と家族は完全雇用がこれからも続いていくものと考えていた。ジョナサンとカレンというキャロルの子供たちが十代になるころには時代は変化していた。子供たちが親よりもよい生活を期待できるか、あるいは親が享受しえた安定すら期待できるのかどうかもはや明らかではなくなっていた。「こうしたことがすべて一九八〇年代までにはなくなってしまうだろうなんて言われれば、わたしやわたしの親たちや、わたしたちの誰もが一笑に付したでしょうに」とアラン・ワトキンズは言った。

親たちは自分の子供に失業手当の列を耐え忍び、苦労して生活をやりくりする心構えをさせてこなかった。親たちは子供たちがそうする必要はないと思っていた。しかもどうやって子供たちを不確実な未来に備えさせればよかったというのか？　ひとつの職業に習熟するといったような、人生をよくするための古くからの方法は、製造業が凋落するにつれて足早に消えていった。一九八三年にロンドンの住宅地区でインタビューを受けた十二歳の少年は「ぼくは父さんみたいな左官になりたいんだ」と答えた。「手に職をつければ、いつでもそれが頼りになるって父さんは言ってる」。[36] しかしこれは熟練の仕事が下火になり、熟練労働者が失業の憂き目に遭うようになった時代にはもはや当てはまらないことだった。

この間、労働党はどうしていたのか？　一九八〇年代初頭に短いあいだだけ左傾化したあと、一九八三年にはニール・キノックが党首に就任した。キノックは労働党が「変化しつつある経済に適応」しなければならないと主張した。そのためには「マルベーリャの近くにちょっとした別荘を持っているだけでなく、自分の家と新しい車と電子レンジとビデオを所有する……港湾労働者」を含む「変化しつつある有権者」に訴えかける必要があった。[37] 労働党の影の閣僚だったマイケル・ミーチャーは、次のような人びとを労働党は惹きつける必要があると主張した。「イギリスの将来の鍵を握る半導体「チップ」の設計者、コンピュータのオペレイター、産業調査に携わる科学者、ハイテク分野のエンジニアなどの専門技術者。……お金を持たない、増加しつつあるアンダークラスは層としても大きいし、必死な人びとであるが、そこまで貧しくもなくそこまで力がないわけではない人びとを助ける政策、また助けると思われている政策を通してのみ、そうしたアンダークラスが最終的には力を得られるようになるのだ」。[38] こういう考え方からすれば、この全国区の政党が一九八四年から八五年にかけての炭坑ストライキで全国炭坑労働者組合に半端な支持しか与えなかったのも驚くにはあたらない。

しかし、労働党の変貌は有権者に強い印象を与えなかった。一九八〇年代と一九九〇年代を通して投票率ははっきりと下降線をたどり、労働党の「伝統的」な労働者階級の支持者たちの多くも投票所に足を運ばなくなった。[39] ヨークシャーに住む十代のクリス・コルベックもそのひとりだった。彼の両親は工場労働者だったが、「なんだかいやだというのでキノックに票を入れようとはしませんでした」。両親は選挙に行かなかった。[40] 一九八七年、マーガレット・サッチャーは三期連続で総選挙に勝利した。トニー・ベンは、労働党は労働者階級への訴えかけを復活させる必要があると信じていた労働党左派のひとりだった。「労働党は、一方には豊かな労働者がいて、他方には役立たずの失業者がいるという階級についての保守党の説明を甘んじて受け入れてきたのだ」とベンは主張する。

実際、階級差は大金持ちのあいだにもある。……配当金で家を買うことができ、子供の教育費を払う余裕があり、医療費を全額負担することができ、自分の資産から年金を賄うことができる、これら全部を働かずしてできる人たちのあいだにも。しかしキノックが言及したバーモンジーの港湾労働者は、仕事を失えば何もかも失ってしまう。だからわたしたちは自分で稼ぐお金で生活している人びとを代表しているのであって、これは金持ちを少数派の位置に置き、労働者たちを多数派とみなす区別の仕方なのだ。[41]

キノックの改革に共感する人たちのあいだにすら、有権者の気持ちをつかむにはもっと進歩的な計画が必要だと考える者もいた。一九八七年と一九九二年の労働党の選挙運動の設計に密接に関わったブライアン・グールドは、労働党には次のようなことが必要だと述べた。「階級の頂点に位置する少数の人たちに［課す］税率を大きくする累進課税の政策。こうした人たちは結局のところ保守党のもとでの税制から得られる利益を享受してきた唯一の層なのであり、彼らが得てきたものの一部を払い戻すように要求されても、人びとはほとんど同情を示しはしないだろう」[42]

ふつうの労働者たちの経験が示唆しているのは、このように唱えられた異論には一理あるということだった。マーガレット・サッチャーの得票の大部分はいつも金持ちの実業家、金融関係者、南部の郊外に住む豊かな中流階級といった社会の最富裕層から得たものだった。一九八七年の総選挙までに保守党への支持は、南東部とその他の田園地域のようなイングランドでもっとも豊かな地域にますます集中するようになっていた。一九八七年以降、スコットランドには保守党の国会議員はいなくなった。少数の豊かな人たちだけが減税と金融市場の規制緩和から利益を得ていた。その間、中流階級の有権者たちは、自分たちが巨額の住宅ローンと仕事の安定について不安を抱えている時代に労働党が政権に就けば、自分たちに課せられる税金が増えるかもしれないと懸念していた。それゆえベンとグールドのような立場を異にする労働党の政治家たちも、大金持ちとそれ以外の人びととのあいだの分断にこそ焦点を当てるべきだと求めたのである。一九八〇年代の保守党政権は「既得権」に異を唱え、ふつうの人びとに自分たちの生活へのより大きな力を与えるどころか最富裕層とそれ以外の人びととの分断を悪化させたのだった。

豊かな少数者が公共支出の削減を賞賛する一方、労働者階級の人びとは、サッチャリズムに対してますますアンビヴァレントな気持ちを抱くようになった。工場労働者の息子で十九歳のクリス・コルベックは、ウェスト・ミッドランズの学校で職業資格を得るために勉強していた。クリスは「上流階級と労働者階級と下層階級がある」と信じる若い世代の典型的なひとりだった。怠惰な貧乏人が社会問題なのだという保守党の主張は、クリス・コルベックには衝撃だった。彼にとって下層階級は社会から金をせびる人たちであり、仕事をするより手当に頼って生きるのを好む人たちだった。しかし少なくとも「お高くとまった田舎の屋敷に住むタイプの人間ども」が大問題なのであって、どの政党も取り組もうとしない問題なのだという彼の考え方は揺るがなかった[43]。労働者階級の保守党支持者はサッチャーを支持する消極的な理由を示した。メラニー・ピルキントンはブリティッシュ・テレコムのエンジニアと結婚した主婦で、二十代だった。いつも保守党に投票してきた工場労働者の娘であるメラニーが保守党に投票するのは、「父親がそうするから」であり、なんの明確な理由もなく父親に経済的、政治的な不安定をもたらすことを心配しているからだった。「マギーにあと四年間与えましょうよ。この国に変化が訪れるかもしれません。他を選ぶと一人前になるだけで四年かかってしまいますから」[44]。保守党が一九八〇年代と一九九〇年代はじめに非常に強かったエセックスの町バジルドンについての研究は、一貫して人気のあった唯一の保守党の政策は持ち家制度であることを明らかにした。そこの有権者たちはサッチャーの福祉削減にはあまり支持を示さなかったし、高い失業率には腹を立てていたが、彼らにインタビューをした研究者は「彼らには代わりの道が見つからない。……彼らの利害を代弁してくれる政党がないのだ」と述べた[45]。

サッチャリズムに対する労働党の軟弱な反応は、自由市場以外に代わりの道は存在しないという首相の主張を強化するだけだった[46]。一九八七年まで「労働党がイギリスを破綻させる」というのが保守党の明確なメッセージだった。「人びとにインセンティブを与えなければならない」と言って保守党は民営化をありていに正当化した[47]。「社会などというものはありません」という有名な台詞を「女性自身」誌でサッチャーが吐いたのは一九八七年の総選挙のあとだった。「［福祉的な手当を］与えてくれるのはあなたの隣人たちであり、自分で生計を立てているのであればそうする義務があるのです」[48]。比較的少数の人しか金銭的な面での安定を感じていなかった時代に首相の物言いは、福祉の手当を増額したり労働組合により大きな力を与えたりすれば有権者が手にしているわずかばかりの安定性を奪い去ってしまうだけではないかとの恐怖をかきたてたのである。サリー[5]に住む店員のデボラ・テンプルは彼女が保守党に投票した理由をこう説明した。「ふたりの年金生活者がなぜ三つ寝室のある家に住まなければならないのかわたしにはわからないのです。そういう人たちは追いだして施設に入れればいいのです。……住宅に関してわたしは何ひとつ与えられてきませんでした。わたしたちは住宅について全部自分たちでやりました。必死で働いたのです。まったく、ぼったくられたようなものです」[49]

にもかかわらず貧困と不平等の拡大に人びとが感じていた不安は強く、最終的にはサッチャーの没落を招いた。一九九〇年、成人の五一パーセントが政府は金持ちから貧しい人びとへ富を再分配すべきだと考えていた。政府は福祉の手当にもっとお金を費やすべきだと五八パーセントの人が思っていた[50]。総選挙での大勝利からちょうど三年が経った一九九〇年の十一月、サッチャーは人頭税として広く知られるコミュニティ・チャージへの人びとの猛烈な反対に遭って辞任を迫られた。コミュニティ・チャージは納税者の持ち家の価値に応じて算出される自治体の課税に代え、すべての成人住民に税を課そうというもので、所得の低い人びとに罰を加えるような政策だった。多くの人びとのデモやロンドン中心部での暴動、人頭税を支持しているのは有権者のわずか一二パーセントにすぎないという世論調査の結果を目のあたりにし、マーガレット・サッチャーのリーダーシップに異議を唱える向きもあらわれて、彼女は退陣を余儀なくされた。

しかし、ほとんどの人びとにとって将来は不確実で不安定なままだった。一九八〇年代には労働者階級であるということは貧しいということを意味し、貧困の恐怖に怯えて生活することを意味するようになった。一九七〇年代には労働者階級であるということは慎ましやかな報酬を求めて勤勉に働くことをまだ意味していたのだが、一九八〇年代の終わりにはそうした報酬が得られる保証などなくなっていた。人びとは労働者階級の暮らしが集団的な支援という形で何か建設的なものを与えてくれるというふうにはますます思わなくなっていった。労働組合や労働党の政治を経験する人びとも減っていた。一九八五年から一九八八年にかけて社会科学者ポール・トムスンが率いる研究者のチームがイギリス各地の百家族に対し、二十世紀を通して生活がどのように変化したのかについてインタビューをおこなった。研究者たちはひとりひとりに、人びとはそれぞれ違った社会階級に属していると思うかどうか、またそれはなぜなのかと質問した。十八歳のルイーズ・ベックウィズはノーサンバーランドの以前は炭坑の村だったベドリントンで両親と暮らしていた。彼女は十六歳で学校を出たが、店員として臨時のパートタイムの仕事しか得ることができないでいた。彼女は「お金を持っていない人びととお金を持っている人たちとは見れば区別がつく」と信じていた。[51] いまでは労働者階級であることは何かを——この場合はお金を——欠いていることを意味するのだというルイーズ・ベックウィズの抱いた感覚は、彼女の世代には広く共有されていた。一九八八年、ロザラム出身のケンブリッジ大学の大学院生サイモン・チャールズワースは、労働者階級の暮らしについて人びとに聴きとりをするためヨークシャーの生まれ故郷の町に帰った。そこは「深刻な貧困と窮乏」に苦しめられていると「子供の貧困対策グループ」が説明していた町だった。[52] ある男性は自分について「わたしは公営住宅の出身です」と説明した。「わたしたちには金もなく、仕事もなく……何ひとつありません」。一九八〇年から一九八六年のあいだに、ヨークシャーでは十八万九千人の工場労働者が職を失った。この地域の失業中の男性のうちほぼ半数が一年をこえて失業状態にあった。[53] チャールズワースは失業したばかりで別の仕事を見つけることに絶望している男性にインタビューした。「みんなひどい扱いを受けてるんだ。おれたちにゃあどうしようもねえ。つまり労働者階級ってのは仕事をする以外やりようがねえんだ。仕事をするしか生きてく方法はねえんだ」。仕事が奪われてしまったら、アイデンティティもまた奪われてしまう。残されたのは労働者階級の暮らしでも政治的な行動でもなく、場所に依拠したアイデンティティなのだとチャールズワースは気づいた。「おれはロザラムの人間よ」とある男性は言った。[54]

一九八〇年代に育った「サッチャーの子供たち」は、人生でうまくやっていこうと思うなら自分の階級的出自は捨て去らなければならないと意識していた。彼らは人生でうまくやっていくために、政治家や雇用主に助けを求めることはできないし、そうするわけにはいかないということにも気づいていた。一九八〇年代の終わりに若者の失業率の高まりに突き動かされて、数多くの社会科学者たちが若い労働者階級の人びとを対象に将来への希望と将来に期待することについてインタビューを実施した。「資格は職を得るのに役立つ」という考え方が広く受け入れられており、若者たちの父親世代のように金曜に馘になっても月曜には新たな仕事にありつける、ということはありえず、人生のどこかで失業を経験するだろうと予想されていることが明らかになった。しかし、グラスゴーにおけるアジア系と白人の女子生徒への調査でインタビューを受けたシェリヤの言葉を使えば、若者たちは何にもまして「自分で何事かをなす」ことを望んでいた。シェリヤの同級生アナの「たくさんお金を稼ぎたい」という目標のような差し迫った個人主義的な欲望は、この世代に典型的だった。[55] 一九六〇年代のはじめにルートンの自動車工場で働く労働者たちは、快適に暮らすのに十分なお金と家族や友人と過ごすための時間がもっとほしいと述べた。彼らの子供や孫たちはまず仕事に就くことに関して心配しなければならなかったが、ふつうであることが安定を保証されるに十分ではない社会に生きているのだということに意識的でもあった。百家族調査のなかのクリス・コルベックは「うまくやっていい仕事に就きたい」と言ったが、これで彼の言いたかったのは「賃金のいい」仕事に就きたいということだった。[56]「大事なことは自分の力で名を挙げられるかどうかということなのです」と二十代の白人のイングランド人女性リサは説明した。彼女は自分自身で小規模なビジネスを始めることがどうしてそれほど大事なのか、と質問されたのだった。リサは人びとに「注目される」ために「大きな車と……大きな家」がほしかった。[57] しかし彼女の世代の大部分の人びとにとって、そうした「成功」は選択肢にすらなかったのである。

訳注

〔1〕シェピー島はロンドンの東、テムズ川の河口にある島。
〔2〕ロンザ渓谷はカーディフの北、ロンザ川の上流にある谷あいの炭坑の村。
〔3〕W・H・スミスは長い歴史をもつイギリスのチェーン店。全国の商店街、駅、空港等に出店し、書籍や文具などを幅広く販売している。
〔4〕マルベーリャ　スペインの南岸、コスタ・デル・ソルに面する都市。
〔5〕サリーはホーム・カウンティーズのひとつの州。ロンドンの西にある。

第16章　階級なき社会

一九九〇年代以降、政治家たちは左派右派を問わず「階級なき社会」あるいは中流階級だけになった社会の出現を喧伝した。多くの学者やジャーナリストたちの意見も、階級はもはや重要な問題ではなくなったのだということで一致した。しかし二十一世紀初頭に世論調査が示したのは、半数をこえるイギリス人が自分たちを労働者階級だと考えているということである。(1)

イギリスはますます不平等な社会になりつつあった。収入の不平等さを計るジニ係数のイギリスにおける一九七九年の値は二九だった。二〇一〇年までにその数字は三六にまで上昇した。理由のひとつは、人びとの一〇パーセントの最貧層がさらに貧しくなったからである。同時に、少数のエリートたちがいっそう多くの富を自分たちの手に集中させたからでもあった。一九九〇年代と二〇〇〇年代に実業界のリーダーたちや企業に勤める専門職、金融業界の人たちや新聞界の大物、貴族といった一〇パーセントの最富裕層は、他の階層と比べてはるかに大きな収入の増加を享受した。一九九八年にこうした人たちはイギリス全体の四分の一をこえる収入を得ていた。二〇〇八年までに彼らは三分の一を所有するようになった。その間、仕事を見つけられなかったり病気だったりした人びとだけでなく、何百万人もの年金生活者、肉体労働者、コールセンターで働く人、介護施設の職員、看護師、補助教員、掃除人、オフィス労働者といった社会の半数を占める豊かさからはもっとも遠い人びとは、国民所得の三分の一未満で生活していた。(2)

拡大する不平等は人びとを不健康にし、不幸にした。細かくていねいな調査にもとづいた『平等社会――経済成長に代わる、次の目標』においてリチャード・ウィルキンソンとケイト・ピケットは、経済的な不平等が拡大すると不安障害や鬱病が広まっていくことを明らかにしている。これらはもっとも貧しい人びとのあいだで拡大したが、専門職や給与所得者や彼らの子供たちを含む多くの人びとも同じように苦しんでいた。ウィルキンソンとピケットが示すように、不平等は一〇パーセントの最富裕層を除くすべての人びとにとって悪影響をおよぼしたのだ。[3] ますます不安定になっていくなかで、何百万もの人びとが階級は死に労働者階級は消えてしまったという政治的通説に疑問を投げかけるようになった。

一九九〇年、保守党の首相になったジョン・メイジャーは、「階級なき社会」を創出すると宣言した。[4] 二年後、一九九二年の総選挙での保守党の勝利は、かつての階級的忠誠心は消滅したという彼の主張を支えるものであるかのようにみえた。保守党はエセックスのバジルドンのような「伝統的」に労働者階級の地域での勝利に凱歌を挙げた。続く数年のあいだにトニー・ブレア率いる労働党は、階級がもはや政治的妥当性をもたないという考え方をとるようになった。十八年におよんだ保守党支配に終止符を打った一九九七年の総選挙での労働党の圧倒的大勝利を受けて、副首相のジョン・プレスコットは「いまやわれわれはみな中流階級だ」と宣言した。ブレアの「ニュー・レイバー」プロジェクトは、鉄鋼業や炭坑業のような肉体労働者の階級が足場を置いてきた古くからの基幹産業の衰退とともに階級は消滅したのだという想定にもとづいていた。新首相も、サッチャーのいわゆる「現代化という必然の行為」に後押しされた自由市場資本主義のグローバル化が新しいレベルの繁栄を「わたしたち国民《ピープル》」の大部分にもたらしてきたのだと信じていた。[5] ブレアにもっとも近い顧問のひとりアンドリュー・アドニスが言ったように、豊かさが増すことは「「労働者階級」とか「中流階級」といった旧来のレッテルがますます意味をなさなくなってきている」ことを示すのであった。[6]

この政治的な理屈にしたがえば、豊かな主流の外にとどまったままの人びとは無責任に金をせびる者たちであるか、どうしようもない犠牲者であるかのいずれかだった。保守党の政治家たちは前者の説明を好んだ。一九九三年、失業率は一〇パーセントをこえた。これに反応して首相ジョン・メイジャーは、手当をめぐる不正と闘うために「手当ホットライン」を開設した。しかし内務省の計算では、手当の不正請求は社会保障予算の〇・八パーセント未満を占

めるにすぎなかった。(7)

一九九七年に労働党が政権の座についたとき、政治家たちは金をせびる人たちについてではなく犠牲者について話しはじめた。しかし閣僚たちは、不平等を根絶するというよりは貧困を改善することについての話をするのだった。豊かな人たちは金銭的な力を独占していることを責められるのではなく、彼らの事業ゆえに賞賛された。一九九七年の労働党の選挙公約でトニー・ブレアは「わたしには妬みの政治をやっている暇はない」と言いきった。(8)「働くことを促し、努力に報いる」ために、労働党は「所得税の基本的な税率も上限も引き上げない」と約束した。ブレア政権は最悪の貧困に取り組むことに焦点を当てた。労働党は、最低の賃金しか得られない人びとも支払う所得税の税率を引き下げ、「きわめて困窮した」コミュニティを対象に、職業訓練や生涯教育、コミュニティ・センターや警察を含めた再生戦略を打ちだした。(9)ブレアのニュー・レイバー政権は、有権者に基本的な生活水準を与え、人びとがみずからを助けるのを助けるため、教育や医療といった公共サービスに保守党よりも多く投資をするという古くからの労働党の伝統を継続した。

しかし、経済的な不平等に取り組まずして貧困を根絶しようとするのは虚しいことだった。トニー・ブレアは「機会の平等」をめざす彼のヴィジョンについて語った。これも以前の労働党政権から引き継いだ政策だったが、どの政権も実現できなかったものである。ブレア政権は以前のどの政権にもまして自由市場に断固として肩入れしたが、このスタンスが平等主義と結びつくのかどうか労働党の支持者でさえ疑問を抱いた。労働党の活動家ケン・コウツが言ったように「雇う側と雇われる側という永続化した役割を当然視しながら、どうやって平等について話すことができるのでしょう？　雇われる側にどんな自由があるというのでしょう？」(10)

ブレアの答えは、貧しい人びとと「仕事がない人びと」の態度と行動を変えることによって貧困は減らせるし、社会的な平等は改善されうるというものだった。ブレア政権は「社会的な排除」と「失業文化」を生みだしたとして、労働者階級地域への福祉の供給と投資を保守党がおこなわなかったことを非難した。確固として自由市場に肩入れしているニュー・レイバーは、仕事を生みだす計画が解決をもたらすという考えは斥けた。福祉改革相のフランク・フィールドは、仕事がない多くの人びとはたんに「雇用可能」でないだけだと主張した。(11)取り組まなければならないのは雇用主の行動ではなく、教育やトレーニングや動機の欠如なのだった。ブレア政権の教育と雇用の担当大臣だったデイヴィッド・ブランケットは、労働党は「会議室でのふるまいのみならず団地での反社会的行為」にも異議を唱えなければならないと主張した。(12)

実際、政府は、会議室での役員たちのふるまいよりもふつうの人びとの行動を罰することに力を入れていた。一九九八年、イギリスの「アンダークラス」の文化的な諸問題に取り組むべく社会的排除対策部局が発足した。政府は反社会的行動禁止命令を実施し、外出禁止令を出したり、問題を起こしがちな人物が特定の地区に立ち入るのを禁止したりすることにより、困窮した地域で問題行動をとる者たちを罰した。何千もの人たちにこの命令が適用されたことは、近隣の不良から脅迫され、政治家と警察からは忘れ去られてきた労働者階級住民のあいだでこの命令が支持を集めている証しだった。しかし、ベティ・エニスは彼女が暮らす団地についてこう言った。「権力の座にある人たちを見つけるより簡単なわけですから、みんなあの若い人たちに文句を言っていますよ」

反社会的行動禁止命令によって社会的な分断は強化された。無責任なアンダークラスとそのまわりに住む勤勉な人びととのあいだの分断ではなく、豊かなエリートと仕事や財産や権力のない人びととのあいだの分断である。この命令によって問題を起こしがちな人物を抑止することはできたのかもしれないが、労働者階級の若者たちが都市の金融の中心地から排除されることにもつながった。二〇〇八年、ジャーナリストのアナ・ミントンはマンチェスターに行ったが、その労働党の旗艦自治体は他のどの自治体よりも多く反社会的行動禁止命令を適用していた。反社会的行動禁止命令のほとんどは近隣で反社会的行為におよんだ者たちに適用されるが、マンチェスターにおける反社会的行動禁止命令の共通した特徴は、命令を適用された人物が街の中心部に立ち入ることを禁じた点にあった。マンチェスターの中心部は、イギリスの大都市圏のなかでももっとも私有化が進み、洒落たデパートやカフェが立ち並んでいた。(13)

実業家たちや富裕な消費者のニーズと心配に応えることは、都市の中心部から労働者階級の若者たちを追いだすことを意味した。これでは、こうした若者たちの機会の欠如に取り組むことにはまったくならなかった。労働者階級のコミュニティは社会的な「包摂」を進めるよう促されるのに対して、金銭的な面での包摂は優先事項ではなかったのだ。マンチェスターでもっとも多くの雇用を抱えている業種は、他の大半の二十一世紀の都市と同じくファストフード・チェーン、バー、顧客サービスであったが、これらは最低賃金で臨時のパートタイム従業員を雇っていた。これらの労働者たちには自分たちが提供するサービスを享受す

る余裕はほとんどなく、仕事をする街の中心部に住む余裕すらほとんどなかった。(14)

政府は焦点を「アンダークラス」にあてることで、イギリスにおけるほんとうの社会的な分断は勤勉な消費者と無責任な失業者とのあいだにあると示唆していた。しかし、これは神話だった。一九九〇年代に何百ものイギリスの家族を調査した研究で、多くの人びとが人生のさまざまな時点で貧困を経験しており、それはときには賃金の低いことが原因であるが、ほとんどは失業の結果であることがわかった。一九九七年には就労年齢にある四百五十万の人びとが、家族の誰も仕事をしていない家庭で暮らしていた。イギリス人の六人に一人が生きていくために国の給付金に頼っており、これは他の西ヨーロッパのどの国よりも高い割合で、ドイツの三倍の数字だった。肉体労働や低賃金の事務職の仕事に頼っている家庭のほとんどは、ときどきの事情で貧困状態の暮らしを送った。子供が幼かったり、親が病気や失業中や高齢であったりする場合には、とりわけ困窮の影響をこうむった。社会科学者のスティーヴン・ジェンキンズは、「貧困の「影響」を受け、給付金制度から短期的に援助を受けとる人の数は、一見して把握されるよりもはるかに多い」と書き、「失業文化」と給付金依存が貧困の原因であるという政治家たちの主張に反論した。(15)

二十一世紀のはじめにおいてもイギリスは階級によって分断されたままの社会である。政治的、経済的な力をもつ富裕な少数者と、日々の生活をやりくりするために慎ましい稼ぎを得ている多数の人びととの分断である。後者の多くの人びとが、自分の親たちがかつてそうであった以上に生活を維持していくことが困難だと感じていた。その理由は彼らの無責任さにあるのではなく、仕事がますます不安定化していくことにあった。一九九〇年までにビル・レインフォードは、リヴァプールにあるオグデンのタバコ工場の製造ラインで二十年間働いていた。彼がその仕事を続けてきたのは賃金がよく、従業員食堂やクラブやしっかりした年金などの福利厚生があったからである。しかし、一九九〇年までにビルは「少し気を揉むようになっていた」。リヴァプールの二〇パーセントをこえる労働力が失業し、国際競争にさらされるなかで、オグデンは賃金を減らし、反組合法制をうまく利用して労働者の休暇権を侵害し、シフト制を導入した。四十歳にしてビルは夜のシフトに入らなければならなくなった。管理職の上司たちは、厳しい要求を突きつける新しい生産目標を達成しない従業員に対しては整理解雇という強迫手段に訴えることができた。ビルは「ただ怖かったです。仕事に行くのが怖かったのです」。変化してゆく状況にビルは必死で適応しようとした。最終的にオグデンでの警備員の仕事が提示され、それに応募して職を得た。「それもシフト制の仕事でしたが、だいぶ精神的に楽になったと思いました」。しかし、数ヵ月としないうちにオグデンはハンソン・トラストという建築会社に買収された。この会社は強硬に買収交渉を進めることで知られており、買収で莫大な利益を得て多くの労働者を失業に追いこむのだった。そうした買収は一九九〇年代初頭のイギリスではよくあることだったが、当事者の労働者たちにとっては計り知れない不安と激動の時代だった。それから一年もしないうちに「会社はわたしたちに、警備員の賃金はあまりにも高くつくのでわたしたち全員を一時解雇し、そのあとで再契約すると言ってきました」。ビルはこう振り返る。「わたしたちはそれまでより少ない賃金のためにそれまで以上に働かなければなりませんでした。……警備員の仕事に加えて、わたしたちはトイレ掃除もさせられたのです」。最初はあまりに屈辱的に思えたので、彼は妻のバーバラにさえ言うことができなかった[16]。彼は退職後を楽しみにすることで自分を慰めた。

しかし、シフト制の仕事と不安定さとコントロールの欠如はストレスと不健康をもたらす。ビルは二〇〇二年に糖尿病と診断され、医師は彼に早期退職を勧めた。肥満や心臓病と同様、糖尿病は豊かな社会でますます広まりつつあるが、これらの病気は一〇パーセントの最富裕層以外の人びとにこそ悪影響を与えがちなのである。こうした慢性的な病気は低賃金とストレスによって引き起こされ、悪化させられる。ウィルキンソンとピケットはこう説明する。「わたしたちがある種の強いストレスを経験すると……わたしたちの身体は闘うか逃げるかという反応を迫られる。……心配が数週間とか数ヵ月続き、ストレスが恒常的になると……血液のなかでグルコースの形をとったエネルギーが不適切に体重を増やすことにつながり……糖尿病にいたる可能性もある」[17]。シフト制の仕事をする労働者がとりわけ影響を受けやすかったのは、不規則な睡眠時間が身体を疲弊させ、免疫を弱め、家庭生活を混乱させるからであろう[18]。ビルは早期退職し、予想していたよりもはるかに少ない年金で暮らしている。オグデンは、警備の仕事を外注にするとビルの年金の権利が消滅するだろうとは一言も説明しなかった。

ビル・レインフォードが暮らした国は、政治家が言うような断固として中流階級のイギリスではなかった。彼の世代の多くの人びとは、自分たちの国が無階級になったという考え方を拒否した。人足の息子でブートル出身のジョン・マクガークは、道路建設の作業員として生計を立ててきたが、一九九〇年代の末に仕事を辞めた。二〇〇〇年までに妻が亡くなり、救いのない公営住宅にひとり住んでいる。「いつもくじ券を買ってきては「宝くじ」を楽しんでいる。「いつもくじ券を買ってきては家に座って、あたったら何をしようかと何時間も夢想するんです」。燃料代が上がるにつれて大きな負担となってきた「暖房代の支払いの心配」から、宝くじは気を紛らしてくれた。ジョンは食べ物と衣服は娘にほぼ頼りきりだった。彼は労働者階級であり、その「理由は、わたしは他の人たちよりももっているものが少ないから」だと言った。他の人たちというのは肉体労働をしていない人たちや持ち家所有者のことではなく、「金持ち」のことだった。

階級は不平等から生じたのだというジョン・マクガークが抱いた感覚は、もっと快適な暮らしを送る人びとにも共有されていた。サスナム・ギルは、引退して生まれ故郷のパンジャブに戻りたいと願い、そこに家を建てるだけのお金も貯めていた。しかし、労働党の政治活動と労働組合運動の経験から、彼は自分が労働者階級であると思っていた。「わたしは働きます。どうしたって上流階級にはなれませんし」。社会は「国を運営している五パーセントの人たちと、わたしたちのような九五パーセントの人びと」に分断されていた。キャロル・ハインドの意見も同じだった。二〇〇〇年までに彼女には孫ができていた。彼女の母親のクリスティーン・エリオットは未亡人となっていた。ふたりとも成人してからはずっと働き通しだった。「わたしは労働者階級です」とキャロル・ハインドは言った。「仕事に行きます。生きるためには仕事をする必要があるのです。これがわたしにとって労働者階級であるということが意味することです」。コヴェントリ出身のエンジニアだったアラン・ワトキンズは、一九八〇年代には若者の訓練プログラムを運営していたが、彼もまた「わたしは自分が労働者階級だと思っています」と言った。なぜなら生きるためには働かなければならなかったからである。

アラン・ワトキンズは、予想もしなかったような方向に変化していく状況に適応しなければならなかった多くの人びとのひとりだった。将来を見据えて計画を立てるというのは第二次世界大戦後に育った世代に繰り返し教えこまれたことだったが、必ずしも約束された結果をもたらしはしなかった。ヘイゼル・ウッドも一九九〇年代までには引退を楽しみにしていた。彼女と夫のジョンは、十代のとき以降ふたりともずっと賃労働を続けてきた。しかし一九九九年、五十八歳のとき、ジョンは非ホジキンリンパ腫と診断され、余命わずか一ヵ月と宣告された。ジョンは早期退職し、六十代になっても仕事を続けるつもりでいたヘイゼルも、夫の看病をするために同じように退職した。二〇〇三年にジョンは六十二歳で亡くなった。

家計をやりくりしてきた女性の経験と、家族や友人たちとの女性の強い絆は、引退後の長い人生という二十一世紀の現実には、女性のほうが男性よりもなじみやすいということを意味していた。[19] ヘイゼルには同性の友人たちの近しい仲間があり、仕事と子育ての長い年月の後にはしかるべき年金をもらって友だち同士で集い、引退後の世界をともに眺める計画が立てられるという事実をありがたいことだと感じていた。にもかかわらず「ジョンを亡くしたことはわたしにとってはひどい痛手でした。わたしたちは一緒に多くのことをしてきましたから。……これまでずっと働いて、夫婦でともにフルタイムの仕事をし、物事をやりくりしてきて、やっといろいろする時間ができたのに夫はもういない。……これは不公平ですよね」。肉体労働者が病気になったり、若くして亡くなったりする割合が増加に転じたのは、この六十年のあいだでは一九七九年以降のことだった。ストレスと失業と貧困の結果であった。[20]

ヘイゼルの世代の人びとは、戦後の時代以降、何かが失われてきたと感じた。一九四五年からの三十年間が完璧ではなかったことはよくわかっていた。その時代に労働者階級の人びとが手にした力は雇用主側の労働者に対する需要から生じたもので、それが労働者とその家族に先例のない経済的安定と新たな政治的権利を与えたのだった。仕事の安定によって人びとは将来の計画を立てることが可能になった。これには福祉国家も寄与した。このことをビルとバーバラのレインフォード夫妻は次のように説明する。

バーバラ　でも［自分たちが若かった］あのころは幸せな時代のようにいつも思っていたわね。

ビル　そうだね。でも、あんまりおめでたい色眼鏡で見てはいけないよ。

バーバラ　違うのよ、わたしが言いたかったのは、みんな全然お金は持っていなかったということ――［中断］

ビル　国のインフラがちゃんと機能していたように思えたよな。……わたしは［子供たちのことよりも］孫たちのことが気がかりなんです。

バーバラ　そうね。わたしもそのことを言おうとしていたんだけれど、孫たちはいったいどんな暮らしをすることになるのかしらね。[21]

ビル・レインフォードとバーバラ・レインフォードにとって、福祉国家の漸次的消滅と終身雇用の終焉は孫たちが大人になって安定を享受できるかどうかにまったく確信がもてないということを意味した。レインフォード夫妻だけがこう思っていたわけではない。二〇一一年、何千人ものイギリス人を対象に「イギリスは考える」という組織がおこなった調査で、「自分の子供たちや孫たちは、結婚をして子供をもてるほどの余裕が手にできないのではないか」との恐れが年配の労働者階級の人びとのあいだに広がりつつあることが明らかになった。[22] こうした人びととその子供たちに広がりつつある恐れとは、将来の世代が国に頼って生きていきたいと思うどころか、自分たちが重んじてきた独立すら与えられなくなるだろうということである。

このような若い世代の経験を理解するため、わたしはかつての同級生たちに、わたしたちが通っていた総合制学校を卒業したあとの生き方についてインタビューをおこなった。[23] ニューカッスルにあるその大きな学校では、さまざまな社会的背景をもつ生徒が入り混じっていた。一九九〇年代の初頭には、わたしたちの年代の三百人の生徒のうち約一五パーセントが大学に進学した。これは十八歳の四分の一が高等教育に進んでいた時代にあって、全国平均よりも少し低い進学率だった。[24] わたしがたどることのできた二十名の同級生は少ない事例ではあるが、このことを反映していた。ジョンとシェリーのふたりは十八歳で高等教育に進んだが、他の同級生たちは仕事に就くために学校を離れた。二〇一三年、わたしが彼らと連絡をとったとき、わたしたちはみな三十代の後半になっていた。シェリーを除くかつての同級生たちは全員イングランド北東部に住んでいた。

同級生の大半は肉体労働者の子供で、父親が長期の失業に苦しんでいたり、母親がいろいろな仕事をやって生活をなんとかやりくりしたりしているのを目のあたりにしていた者たちもいた。生きていくために勤勉に働くことは一九八〇年代の子供時代の共通のテーマだった。公営アパートで育ったジョンは「ぼくの親たちは貯金をして家を買うためにいつも働いていたなあ」と振り返った。彼の両親は事務職員だった。「実際は祖父母に育てられたようなものだよ」。[25] シェリーは母親が「生計をなんとかやりくりし、ふたりの小さな子供を養うために」掃除や居酒屋の仕事を含め「なんでもやっていた」のを憶えていた。[26] ジャックの母はひとり親だった。彼女は「掃除婦として働き、同時にふたつのパートタイムの仕事をすることもときにはあった。とてもまじめに働く人だったけれど、あまりお金を稼ぐことはできなくて苦しんでいるときもあったなあ」。[27] 生活をやりくりするためには懸命に働かなければならなかったということを彼らが強調するのは、一九二〇年代と一九三〇年代に育ったクリスティーン・エリオットのような人びとが子供のころについて話したことを想起させる。これらの話は一九八〇年代が多くの人びとにとって困難な時代であり、その時代の記憶が残りつづけているということを思い出させる。

　表面的には、わたしの同級生たちは階級なき社会ではないにせよ中流階級社会へのイギリスの変貌を体現しているようにみえた。みな肉体労働ではない給与のもらえる仕事に就いて、印象に残る肩書をもっていた。コンサルタントであり、管理責任者であり、販売エグゼクティブだった。三十年前には労働者の五五パーセントが肉体労働に雇われていた。二〇〇〇年までに七〇パーセントをこえる労働者が肉体労働ではない仕事に就き、多くの人びとがカフェやコールセンターでセールスの仕事をしたり、オフィスでデータの入力の仕事をしたりしていた。(28) おしゃれなスーツを着て気の利いた髪型をし、少なくとも一台は車をもっていた。誰も（国勢調査が医師、学者、政治家、金融投資家、法廷弁護士について言うところの）専門職に就いてはいなかったが、失業している者はいなかった。彼らの半分が公営住宅か民間の賃貸住宅、賃貸アパートで育ったのだが、いまでも賃貸住宅に住んでいる者はひとりだけだった。ジャキは以前産業コンサルタントをしていて、いまは電子工学を学ぶため大学に行っていたが、自分自身と「とても勤勉なエンジニアである」パートナーのダグについて「大きな家に住み、車ももっているから、わたしたちはとても豊かなようにみえるわね」と言った。(29) 彼らは一見トニー・ブレアの言う「知識にもとづいたサービス型経済」の考え方を支持しているようだった。これは国による規制に制限を受けることなく「人びとが新しい仕事を見つけ、新たなスキルを学び、新しいキャリアを求め、新たな事業を立ちあげたり拡大したりする機会を国民《ピープル》に与える経済、すなわち、よりよい未来へ向けた希望の実現の機会を与える」経済なのであった。(30)

　しかし、肉体労働ではない仕事に就いていることによってジャキの世代が親たちの世代と区別されるのだとすれば、ジャキの世代とその祖父母の世代を区別するのは安定の欠如である。キャリアの階段を駆けのぼった人びとは、そうするために不安を誘発するリスクをとらなければならなかった。自分の家を買うことは大きなギャンブルだといえた。ポール・ベイカーのように戦後のグラマースクールに通っていた少年たちが思い出す勤勉と順応の退屈な道程は、一九九〇年代に向上心の高い若い労働者たちが遭遇した不確実さと比べるとき、ほとんど魅力的にすら思える。シェリーはファッションで学位をとり、その業界でずっと働いてきて、ついに世界屈指のファッション・デザイナーのエグゼクティブ・アシスタントになった。「いちばんつらかったのは、ロンドンに住んでいて整理解雇に遭ったときで、同じ会社で新しい仕事を求めて奮闘しなければならなかった」と彼女は言った。当時シェリーは二十代だったが、「ナイーヴだったし、家族とも遠く離れていたからね！」。彼女はうまく仕事に踏みとどまることができ、「いい教訓になった」と考えた。不安定さをなんとかしのいでいけるようになることが彼女の世代の多くにとって不可欠だったのは明らかだ。

得たものはとても大きかったといえようが、失ったものもまた甚大だった。サンドラはシェリーのようには運に恵まれなかった。しかし勤勉さと決意を欠いていたからではない。二〇〇〇年代、彼女はマーガレット・サッチャーとトニー・ブレアによって称揚された「起業文化」を奉じ、みずからスイミングのコーチ業を始めた。二〇一〇年、サンドラは「小規模事業者をサポートすると公約で言っていたから保守党に投票した。わたしは十一人を雇い、「大きな《ビッグ》・社会《ソサエティ》」は達成可能なのだと感じたわ」。しかし景気後退が人びとの懐を直撃し、スイミングのレッスンへの需要が落ちこんだちょうどそのとき、サンドラの結婚は破綻して、幼い子供たちの養育負担を彼女ひとりで背負わなければならなくなった。彼女の事業は破産し、十一人の従業員が仕事を失った。二〇一〇年に投じた票を振り返り、彼女はただ一言「ばかばかしい！」と言った。(31)

このように不確実な労働市場では、リスクを回避するというのは選択肢になかった。十八歳で学校を終えて以来、ジャキは人生のほとんどを臨時契約で雇われて、ルーティーンの事務仕事をして生きてきた。父親の経験を目のあたりにしていた彼女は、仕事を続けられるよう懸命に奮闘した。以前は船大工をしていた父親は一九八〇年代に造船所を辞め、工場に職を得た。閉鎖が近いことを認識してはいたが、結局一九九〇年代には失業手当に頼る破目になった。父親が職業安定所に登録に行かなければならないたびに積もり積もっていく屈辱と不安をジャキは見ていたので、「父はわたしのヒーローだったけれど、他のみんなとおなじ心配を抱えたごくふつうの男なんだと気づいた」。ジャキの父親が仕事を見つけたとき、それは「労働時間を雇用主が自由に決めることができる、あのやっかいなゼロ時間契約」の仕事だったが、こうしたことはすべて一九九〇年代半ばまでにはあまりにもありふれたものになっていた。ジャキは父親の経験から、自分のことは自分で気をつけていないといけないということを学んだ。ある仕事をいつまで続け、いつ他へ移るか見極めなければならないのだ。

二十一世紀のはじめまでには、ジャキの父親がすがらざるをえなかったような臨時の仕事は多くの人びとにとっての生き方のひとつとなっていた。わたしたちは過去の仕事をロマンティックにみるべきではない。一九二〇年代と一九六〇年代の労働者たちの多くは仕事を退屈だと感じていたし、第二次世界大戦の前には何百万人もの労働者たちが不安定さに苦しめられていた。一九三〇年代には失業が貧困の第一の要因であった。二〇〇〇年に失業率は下がったが、職に就いていることがもはや生計をやりくりできるということを保証しはしなかった。低賃金が貧困の主要な原因だった。労働党政権が一九九八年に最低賃金を導入したにもかかわらず、急速な拡大をみせた仕事はパートタイムであり、臨時雇用だったから、ますます多くの労働者が生きていくのに足るだけのお金を稼げなくなっていた。(32)

二〇一二年に三十八歳になったジャックは、いまだ不安定な仕事にしか就いたことがなかった。彼は十八歳でレジャー学の経営技術教育委員会認定の修了証を得て学校を卒業した。彼はバーやパブでのパートタイムの仕事しか見つけられず、一晩でわずか二、三時間しか働けなかった。「ぼくの最初の「まともな仕事」は地元のテスコ〔1〕での商品陳列だった」とジャックは言った。「時給四・一ポンドで週に二十時間働いた。……それでなんとか店の在庫管理者の仕事を確保したんだ」。しかしこの仕事は二年しか続かなかった。フルタイムの地位はありがたくもあったが、困ったこともあった。ジャックはその仕事を裏づけとしてやっとの思いで住宅ローンを組むことができたが、「家での自分の時間を楽しめなかった」。彼はかろうじて別の仕事を見つけ、二十代の残りを店員として過ごした。三十代になると自分の望む仕事――大きなオフィスでの事務のアシスタント――なら長続きするとわかった。しかしこの仕事が必ずしも安定的だといえないのは、雇用主は住宅ローンを管理している会社だからである。会社は人びとがローンを支払い、返済できなくなった人の家を差し押さえることで利益を得ている。もし経済の状況が変われば解雇されるかもしれないとジャックにはわかっている。彼はこの仕事が嫌なのだが、何か他の仕事を期待することもない。「自分が金持ちになることはないし、以前には母がそうだったように、そして多くの友人たちがそうであるように、どちらかといえば低賃金の仕事をずっと続けるんだろうなと自分でわかっているんだと思うよ」

ジャックの世代によって語られる話に共通しているのは無力さの感覚である。雇用主たちや政治家たちは、労働者を働かせたいだけ働かせて仕事のないときには仕事をさせないゼロ時間契約やパートタイムの仕事はイギリスがグローバルな労働市場で勝ち抜いていくためには必要なのだと言い募ることで、こうした雇用形態を擁護した。彼らは、役所におけるいくつかの公共サービスの職位や大学の学者に与えられる昇進の構造と終身雇用と団体交渉が生産性の非効率とうぬぼれを生んできたのだと示唆する。二〇〇二年、トニー・ブレアは新たな雇用構造を公共部門に採り入れ、仕事の柔軟性《フレキシビリティ》を強調しつつ、成果に応じた給与の支払いを導入した。ブレアは「成功する公共サービスとはフレキシブルな雇用と労働の実践」であり、これには「フレキシブルな給与制度」と出来高に応じた給与といった「インセンティブ」が含まれると主張した。終身雇用と固定給と昇進構造は生産性の邪魔をする「制約的な実践」なのであった(33)。

しかし、仕事の安定と雇用の権利が非効率を生むという明確な証拠はこれまで誰ひとりとして示していない。事実、逆のことが真実であるように思われる。二〇一一年、一億三千百万日の労働日が病気のため失われた。これは働く全成人ひとりにつき約四・五日が失われたことを意味する。もっとも上位を占める原因はストレス、抑鬱、あるいは不安であった(34)。同じ時期に、とりわけ鬱病のような精神の不調を抱え、病気の状態で仕事に来る人の数が急増したことを雇用主たちは報告していたが、このことが示すのは、疾病による欠勤の数字は労働者が抱えるストレスのレベルよりもはるかに低いということであり、二〇〇八年に始まった景気後退のさなかに病気で仕事を失うことへの雇われている側の恐れがうかがわれた(35)。

「うまくやった」人や「成功した」人でさえ、頼るべき私的な財産がない場合にはつらい時期を経験した。彼らの利益は終わりのないきつい仕事をこなし、彼ら自身は好まないことの多い個人主義的な方向に向かうという代償を払って得られたものであった。ジャキは二十代のとき、「勤勉さと辛抱強さと決意の固さと満面の笑顔」で労働市場を勝ち抜こうとした。彼女はみずから叩きあげて「フルタイムの市場アナリスト」になった（二〇〇〇年代までには「フルタイム」の仕事をもつことは主要な達成のひとつとなっていた）。しかし三十代のはじめに、彼女の夫がライバル企業に転職するために仕事を辞めるのを理由として、彼女自身も退職するよう要求された。「わたしは機密の情報を扱っていたから、上司はわたしが会社に残るのは危険だと思ったのでしょうね」。社会学者のリチャード・セネットが現代の資本主義について述べるように「お互いを気遣うしっかりとした大義を人間に提供しない体制は、その合法性を長くは維持できない(36)」。今日の雇用主たちは、ふたつの競合し両立しえない目標をもって生きるよう労働者に命令する。つまり、上司への有無を言わさぬ忠誠と、雇用主が従業員の面倒をみないなかで自分の利益を追求することである。ジャキの夫のダグのように、システムを自分の得になるようなんとか利用することができた従業員もいるにはいたが少数派であり、その成功もふつうは限定されていた。ダグにとっての「成功」とは、転職をし、長時間働き、妻のキャリアを危うくすることだった。こうした類の労働市場で成功することはしばしば甚大な社会的喪失を強いる。つまり、労働者たちに家族と過ごす時間を犠牲にするよう求め、新しい仕事への定期的な転職と新しい土地への移動があるので、コミュニティとの長期的な関係を築くことをあきらめるよう要求する。(37)

しかし政治家と雇用主たちは、問題なのはふつうの人びとの価値なのだと言う。二〇〇八年に始まった不況は銀行の過剰投資によって引き起こされたという事実があるにもかかわらず、その結果として生じた失業を政治家は労働者たちのせいにしてきた。労働者たちは勤勉さが足りなかったのだと厳しく責められ、賃下げを受け入れて「グローバル」な労働市場に適応しようとしなかったとして非難を浴びる。二〇一〇年、保守党の財務大臣ジョージ・オズボーンは、「給付金に頼って人生を寝て暮らす」ような「義務怠慢の人」や「責任回避者」を非難した。(38) 翌年、首相のデイヴィッド・キャメロンは、「努力なしでも与えられる報酬、罰の与えられない犯罪、責任をともなわない権利」の結果もたらされる犯罪と十代の妊娠と失業に特徴づけられた「壊れたイギリス」を立てなおすと約束した。(39) メディアもこの見方に同調してきた。二〇〇七年、イギリスのタブロイド紙と高級紙は「金をせびる人《スクラウンジャー》」という語を四十六回使った。二〇一〇年には二百十九回になり、二〇一一年には二百四十回も使用された。(40)

こうした見方は広く浸透していることがわかった。二〇一〇年、イギリスの大半の人びとは、詐欺師が福祉予算の四分の一をこえる額を請求しており、連立政権による給付金の削減は失業者だけを対象にしてなされるものだと思っていた。(41) わたしのかつての級友たちのほとんどが、ジャキの言葉を借りれば「給付金を受けとるに値しない人たちも存在する」と信じていた。土地のエージェント会社でプランニング部門を率いているマリアは「急を要しない失業者にお金が給付されるというのは気分が悪いわね」と言った。(42) 人びとが自分だけを頼むように言われる社会において、困窮している人びとは彼らの置かれた状況ゆえに責められるのである。二〇一一年の「イギリスは考える」による調査の回答者たちは、労働者階級の人びとは「怠惰」で「強欲」で「薬物使用者」なのだと思いこんでいた。対照的に中流階級は「勤勉」で「努力」をし、「才能」をもちあわせていると思われていた。(43) しかし、事実として政府の算定では、いまのところ詐欺的に要求されているのは福祉予算の一パーセント未満にすぎない。急を要するのであれそうでないのであれ、失業者を直撃すると思われていた手当の削減については、二〇一〇年から二〇一三年のあいだに削減の影響を受けた人びとの六〇パーセント以上は働いている人びとなのであった(44)。

「金をせびる人《スクラウンジャー》」に向けられる怒りは、まじめに働いてもごくわずかな報酬しか得られないことに対する人びとの不満を証明している。以前リヴァプールでバスの運転手をしていたロン・ジョーンズもそうしたひとりである。引退してロンと妻のエドナは一九八二年に市から購入したヒューイトンの家に住んでいる。ロンの近所に福祉の手当で生活している人たちがいる。その人たちをロンは「金をせびる人」と呼ぶ。ロンはその人たちが「休暇を楽しんだり、マイホームを所有したりという自分たちにはできることをできないできた」と考えて自分を慰める。しかし、休暇と住宅ローンの支払いを可能にするためにロンは一生懸命に働いただけでなく、贅沢だからと「タバコと酒」をやめたり減らしたりしなければならなかったのに、「金をせびる人」たちが酒とタバコをやっているという事実には腹が立つのだった。しかし「福祉に頼って」いる人たちに向けられる怒りは、しばしば人びとの自分たち自身が置かれた状況への失望によって喚起されるものなのである(45)。

給付金を請求する人たちをその状況ゆえに責め立てる人がいるとすれば、移民労働者に怒りをぶつける人たちもいる。政治家やジャーナリストたちは、多文化社会のイギリスに適応することができないように思われる「白人労働者階級」の人種差別に対し拳を握りしめてきた。二〇〇七年、BBCは「今日のイギリスの白人労働者階級にスポットライトをあてる」目的で「ホワイト・シーズン」と題された一連のドラマとドキュメンタリーを制作した。そのタイトルが示しているように番組の焦点は「極右政治の人気の高まり」にあてられ、スポットライトがあてられる人びとは「絶えざる強迫」を感じているのだと説明されていた。これら一連の番組は二〇〇五年の地方選挙の結果を受けて制作された。このとき、ロンドン市長選挙では極右の英国国民党（BNP）が五位になり、数は多くないが地方議会の議席を獲得した。二〇〇九年にはヨーロッパ議会選挙で反移民を掲げる極右政党が大躍進を果たした。英国独立党（UKIP）は一七パーセントをこす得票率をあげ、北西部とヨークシャーおよびハンバー[2]では英国国民党がふたりのヨーロッパ議会議員を当選させた。BBCのジャーナリストであるギャヴィン・ヒューイットは、「白人労働者階級」は主流派の政党から「無視され除け者にされている」と感じているのだと結論づけた(46)。

わたしのかつての級友たちのなかで事務のアシスタント

をしているジャックは、政党に加入しているただひとりの人物だった。彼は英国国民党の党員だった。彼はこう説明した。「息子は五歳か六歳で、ぼくは三つ寝室のある家をローンで買った。ぼくは所得階層ではいつも最底辺にいるんだ」。なんとかしてやりくりしようともがくなかで、ジャックは政治に興味をもちはじめた。「人種的憎悪を煽りたてたとして訴えられていた党首のニック・グリフィンがそのころ無罪になったばかりで、BNPがニュースになっていたんだ。ぼくにはこれが、力をもっている連中からあの小さな男がいじめられているように思えたのさ」。BNPは「ぼくのような白人の労働者階級」を党員にし、「イギリスをぼくみたいな人びとの味方にする」という意図を明確に宣言した最初の政党だった。ジャックの心配はおもに経済的なことに関わるものだったが、彼のBNPへの関心は、その政党がみずからをイギリスの主流派から爪弾きにされていると表現していたことによってかきたてられた。踏みつけにされた「小さな男」のイメージはジャックの立場にある多くの有権者に訴えかけたが、政治的な力を得ようとするBNPのもくろみへの支持はそれほど期待できなかった。二〇〇九年の選挙でのBNPの躍進には、BNPに投じられた票が激増したというよりは、主要政党への支持が崩れゆくなかで投票に行く人の数が減少したことが背景にあった。このことは、労働者階級の有権者のあいだで反移民の感情が渦巻いていたというよりも、主要政党への失望が大きかったことを示している。[47]

極右の躍進には政治家、雇用主、ジャーナリストに責任の一部がある。一九九二年と一九九七年にバジルドンの大半を占める白人労働者階級の住民たちは移民についてどう思うか意見を求められた。半数をこえる人びとが政府は移民に「支援を与えすぎ」だと思っており、一九九二年には三分の一をこえる人びとが移民は制限されるべきだと考えていた。しかし一九九七年までに五分の一を下まわる数の人たちしか移民は制限されるべきだと思わなくなり、四分の三をこえる人びとが反人種差別法制への支持を表明した。これは移民への政治的関心と、そのニュースとしての話題性が低下したことを反映したものだった。その間、一九九七年の総選挙の準備段階で、ニュー・レイバーはその政治的優先事項を失業と教育に関する議論へと差し向けた（この両方にバジルドンの住民は鍵となる問題として言及した）[48]。しかし、二〇〇〇年代のはじめから政治家たちはいまいちど人種を政治的な議論の俎上に載せようとしはじめた。彼らは階級ではなくて人種が二十一世紀のイギリスにおける最大の社会的な断絶なのだと示唆することで、経済的な格差の維持に政治家自身が加担しているという事実から注意を逸らそうとしているのであった。『労働者階級の不良たち《チャヴズ》――悪者扱いされる労働者階級』の著者オーウェン・ジョーンズが述べるように、権力者たちは「「白人の労働者階級」が抱える問題を……彼らの階級にではなく彼らの白さに」帰したのである。(49) 同時に、政治家や雇用主たちは移民労働者を安価な労働力として――EUとIMFからの裁可もあって――積極的に使用してきた。そうしながら失業を移民労働者のせいにしたのである。

　これは人種差別の言い訳にはならない。多くの黒人とアジア系のイギリス人そして移民の人びとがジャックと同じように権利を奪われていると感じている。わたしたちはコヴェントリの公営団地でベティ・エニスが受けた無視に対する彼女の憤りを思い出す必要がある。多くの人種差別主義者が住んでいる地域で彼らは黒人やアジア系の人びととはなんの関係ももってはいないし、移民してきた労働者たちから彼らが直接の影響を受けたわけでもない。デボラ・テンプルは一九八〇年代を通して保守党に投票し、「黒人」に対する嫌悪を労働党支持者である父親と共有していたが、彼らの住むサリー州の小さな町では黒人をひとりも知ってはいなかったし、見たことさえなかった。「それが悪いことだとはわかっているわ」とデボラは言った。「でも、もし黒人の家族が隣に引っ越してきたら、わたしは出ていくわね……わたしたちは黒人と一緒に育ったことなんてないし、彼らがどんな生活をするのか知らないから」(50)

　しかし、そうした態度は不可避だったわけでもなければ普遍的だったわけでもない。デボラの町よりも移民の数が多い地域に住む年輩の白人労働者階級の人びとの多くは、イギリスが人種的、民族的にますます多様になっていくことがよい方向に向かう変化になりうると思っていた。アラン・ワトキンズは、彼の偏見がひっくり返されたことについて次のように語った。

> わたしたちは人びとを枠にはめて見る傾向があると思いますが、これはほんとうに不幸なことですよね。地方自治体ではそれをそんなに感じなくてすむのはいいことです。わたしの上司はアフリカ系カリブ人の女性です。二十五年前だったら、やりにくいと感じただろうなと思います。わたしはいつも彼女に言うんです。「あなたがアフリカ系カリブ人の黒人で、わたしが五十をこえた白人の男だからって、うまくやっていかないわけにはいきませんよね」って。ステレオタイプなら両者はすれ違うしかないんです。でも、もちろんすれ違わないことはできます。彼女はすぐれた管理職だと思いますよ。

以前は港湾労働者だったジェイムズ・キャロルは、故郷のリヴァプールが「人種の坩堝」であると誇らしげに話した。バーバラ・レインフォードは人生のすべてをリヴァプールの工場での労働に捧げてきたが、孫たちが「学校で［黒人やアジア系の子供たちと］一緒に遊び、お互いなんとも思っていない」ことを嬉しく思い、「それはすてきなことだし、正しいことです」と言った。どんな見方でもそうであるように、これらもまた選別されたものだ。たとえば二十世紀の大部分を通して、リヴァプールの住民たちは人種と宗教による厳しい分離を経験してきた。バーバラ・レインフォード自身、「街の中心部では自分がよそ者であるように感じる」と語ったが、これはリヴァプールが住宅、仕事、ショッピングという点で労働者階級にはいかにわずかのものしか提供しないかを物語っている。しかし、一方では自分の孫が人種的に多様な学校の友だちと遊ぶのを喜び、他方で「よそ者であるように感じる」ことに憤りを覚えるバーバラの態度は、白人の労働者階級の人びとが不平等について語ることを許容された唯一の枠組みが人種と移民になってきたことを示している。雇用主や政治家から仕事や住宅の数には限りがあるのだと言われると、人びとは移民労働者に与えられる機会と引き比べて自分の子供や孫たちに与えられる機会のことが心配になる。雇用主たちは安価な労働力として移民を雇うよう奨励されているのだから。どの主要な政党も経済的な格差に終止符を打つとは言わず、すべての政党が移民を制限する必要があると述べる国において、人種は白人の労働者階級の人びとが自分たちの産みだす商品とサービスに対して権利を主張することができる唯一の方法になってしまっているのだ。

メディアは、「白人労働者階級」の暮らしの特定の側面にスキャンダラスなスポットライトをあてるのが好きだ。その一方で、中流階級と上流階級の狭量な偏見――それが労働者階級の白人に対してであれ黒人に対してであれ――には異議も唱えないことが多い。マムズネットというウェブサイトでは、二十一世紀初頭の親たちはよい学校と階級のあいだに見いだされる相互関係について匿名で開けっぴろげに語っていた。子供を公立中学校にやることに決めたのを弁明するように、ハッピーガーデニングというハンドルネームの親は「自分たちは最近とても中流階級的な町に引っ越してきたのですが、家のすぐそばに公立校があったのです」と書きこんでいた。[21] 二〇〇九年に「ガーディアン」紙に書いた記事のなかでカレン・グレイザーは、子供を宗教系の学校に行かせることを選んだ無宗教の中流階級の親たちにインタビューをおこなった。サイアン・マーティンは、息子を地元の小学校からユダヤ教の学校へと転校させたのは次のような理由からだと説明した。「ノアは本が好きでサッカーが嫌いでした。どちらも彼にとってはマイナスに作用したのです。成功と言えばみんなが同じレベルに到達することを意味するような学校でしたから」[52]。マムズネットの話に戻ると、子供たちを私立の学校に行かせているラルダスというハンドルネームの親は批判的な書きこみに対してこう書いている。「事実をみましょうよ。わたしたちはみんな根性は俗物です。自分の子供がプレミアリーグの平凡なサッカー選手のような口の利き方をしないように教育できればそれで割に合うのです」[53]。別の親たちは他の人びとには開かれていない特権を自分たちの子供のためにとっておきたいのだと述べた。ハンドルネームａｍｃｋ７００は「いくつかの職業では履歴書に「しかるべき」学校の名前を書くことがプラスになるのです」と説明していた[54]。黒人、アジア系のイギリス人、そして移民に対する中流階級の親たちの見方は、労働者階級の人びとがそうであるようにさまざまに異なっていた。マムズネットに書きこみをしたある親は子供たちを白人が少数派である小学校に行かせたが、それはそこが地元の他の学校よりも中流階級的だったからであり、「労働者階級の白人は教育にまったく価値を置かない」と述べた。その一方で、黒人やアジア系の人びとが労働者階級に属する地域の親たちはわざわざ白人の学校を選ぶことが多い[55]。ジャーナリストのポリー・トインビーが述べているように「誰がどの学校に通うのかをめぐっての階級間の分断を打破する抜本的なアイディアをどの政党も見いだしてこなかった」が、その理由はこれが「中流階級の利益に異を唱えること」を意味するからなのである[56]。

しかし、これらの白人中流階級の親たちの動機は、自分たちが避けようとしていた家族が抱く動機と驚くほどよく似ていた。後者の家族は、仕事が不安定で、購入可能な住宅が不足している時代にあって、自分の子供たちは親が経験した生活水準を享受することはできないのではないかという労働者階級の人びとが抱く恐怖を共有していた。労働者階級の人種差別主義も中流階級の偏狭さも、二〇一〇年においてイギリスがなぜ欧州連合のなかでもっとも経済的に不平等な国のままでありつづけているのかを説明してくれない。不平等の原因は、個人の差別行動にではなく搾取の永続化にこそある。中流階級の人びとの行動に富と権力の不均等な配分の責任があるわけではなかった。そうしたところで彼らは何も得をしないから。ちょうど一九四五年と同じように、二〇一〇年においても生きるために働かなければならない人びとは、不労所得で生きていける人たちと共有できるよりもはるかに多くのことをお互いに共有していた。

二〇一〇年までに、人びとが自分たちの置かれた状況を理解するための手段として階級と不平等をみる傾向は少なくなっていた。新自由主義の政治家たちと雇用主たちは、経済的な不平等を問題として認識しないまま、広範な経済的関係にスポットライトをあてることなく、不幸や貧困の責任は個人にあるのだと言っている。自分たちの置かれた困難な状況の責任は「金をせびる人《スクラウンジャー》」や移民にあると言って非難する者もいるし、近隣の中流階級の住人たちが悪いのだと言う者もいるが、自分たち自身を責める人のほうが多い。ビル・レインフォードは自分の半生を振り返り、上司とのあいだに起こしたトラブルや、一九八〇年代と一九九〇年代の経済的な混乱が彼の身に招いたストレスと崩壊のせいにすることはできたが、もし学校で「自分が夢追い人でなかった」ならば「もっとうまくやれていたかもしれない」と最終的には思うようになった。人びとには自分たちの置かれた状況に責任があるという考え方は、ビルの世代が無償で供された学校の牛乳とともに吸収した考え方だった。これは「実力主義」を売りこむ戦後の政治的なレトリックの中心をなしていた。ビルは自分がイレヴン・プラスの試験に失敗したことを振り返って、「わたしはたんに工場で搾取されるだけの存在なのです」と言った。

個人主義的な一九八〇年代と一九九〇年代に育った世代は、自分たちが置かれた状況の責任はすべて自分たちにあると信じこんでいた。わたしの級友のジョンは下級の公務員だが、自分を人生に引きとめておくものは何もないと思っていた。彼には「安定した家族、たくさんの友人、ちゃんとした教育の機会」があったが、「それらをうまく活かせなかったのはぼく自身に責任があるんだ！」。ジョンの世代の女性たちも失敗や成功について似たような個人主義的な説明をしてくれたが、彼女たちは自分の個性を、勤勉と少なくとも同じくらい重要であるとみなしていた。シェリーは自分の高い目標を達成するときに「最大の障害となるもの」は「わたし自身の自信」であると確信していた。つまずくことがあれば、それを自分の個性に対する審判として受けとめた。ジャキは上司から馘を言い渡されたとき、「裏切られた」と感じた。誠実な勤勉さと決意と「満面の笑顔」があれば成功できるという彼女の信念を、それは打ち砕いた。社会学者のベヴ・スケッグズとヴァレリー・ウォーカーダインが明らかにしたように、こうした態度はイングランド北東部に限られた話ではない。ふたりがイングランド南部でインタビューをした労働者階級の女性たちも、自分たちの外見と個性が人生を決定づけ、失敗をすれば低い自己評価と不安と鬱状態につながると考えていた。[37]

しかし、わたしの級友たちが四十歳を迎えようとしているなか、階級と不平等への態度はイギリスにおいて変化してきているように思われた。『平等社会』の売り上げの高さがヒントを与えてくれた。「なぜ不平等はわたしたち全員にとって悪いことなのか」をめぐってふたりの社会科学者が書いたこの学問的研究は、二〇一〇年に発表されると驚異のベストセラーとなった。[58] 一年後、オーウェン・ジョーンズの『労働者階級の不良たち《チャヴズ》』も同様の売り上げを見せた。ますます多くの人びとが自分たちは労働者階級なのだと説明した。ブリティッシュ・フューチャーというシンクタンクの調査で、イギリス人の六〇パーセントをこす人びとが自分たちを労働者階級であると思っていることが示された。[59]

階級に対するこの新たな関心がここ二十年で最大の不況と期を同じくしているのはけっして偶然ではない。二〇〇八年の金融危機を受けて多くの労働者が、自分たちのことを労働者階級と考えていようと中流階級と考えていようと、それまでより金銭面でずっと不安定になったと感じた。二〇一一年には、自分たちを中流階級だと説明する人びとの四分の一未満しか金銭面での安定を確保できているとは感じていなかった。このグループはすでに退職し、企業でのキャリアや専門職としての経歴をもっていた。彼らは子供を私立の学校にやるだけの余裕がある富裕層の七パーセントのなかに入っていた。[60] ほとんどの人びとは自分たちの置かれた状況についてはるかに曖昧な確信しかもてないでいた。自分たちを労働者階級とみなすか中流階級とみなすかに関わりなく、多くの人びとは、社会において決定的な分断はもっとも金持ちでもっとも大きな力を有している一パーセントの人たちと、生きていくためにお金を稼がなければならない残りの人びととのあいだに残りつづけているのだと認識していた。

自分たちのことを労働者階級であると考える人びとは、前の世代の人びとが挙げていたのとまさに同じ理由で労働者階級だと自己規定した。その理由とは、自分たちは生きていくために働かなければならないということであった。キャロル・ハインドの息子のジョナサンは小規模ビジネスの中間管理職だったが、キャロルは、地元の小学校で給食をつくる仕事をしている娘のカレンよりもジョナサンのほうがはるかにいい暮らしをしているかどうか確信がもてなかった。ジョナサンと妻のタッシュは「三菱の大きくて黒い立派な車」をもち、「美しい」一戸建ての家に住んでいた。「わたしが何も知らなければ、息子たちのことを中流階級だと思うでしょう」とキャロルは言った。しかしキャロルは、ジョナサンと妻が彼らのライフスタイルを賄うために長時間働かなければならず、夫婦どちらの仕事も安定的ではなくて「彼らが巨額の住宅ローン……大きな借金を抱えている」ことを知っていた。すべてを考えあわせると、キャロルは息子の置かれた状況が娘の状況とたいして変わりはないと思った。ふたりとも生きていくために働かなければならず、ふたりとも仕事がなくなれば苦しい目に遭うだろう。もっと若い世代も同じ意見だった。「わたしは何を手に入れるにしても、そのために懸命に働かなければならないから労働者階級なのよ」とジャキは言った。三十八歳のジョンが言ったように「ぼくたちはみな生きるために働かなければならないし、だからぼくは労働者階級だというわけさ。これから先もずっとそうだろうね」。

生きていくために仕事をする必要性が社会階級を定義づけるというジョンの考えは、さまざまな職業と出自の人びとに共有されていた。二〇〇七年にBBCのウェブサイトで二〇〇六年のイギリス人社会態度調査の結果が発表された。これによるとイギリス人のほぼ六〇パーセント近くが自分たちを労働者階級と呼んでいたが、肉体労働に従事している人は三分の一にすぎなかった。読者や視聴者が感想を寄せた。チェシャーのミーガンは「わたしは大卒の教師で、中流階級です」と言った。「でも毎日仕事に出かけるわけで……そのじつ労働者階級なのです」。ロンドンのアラン・グリフィスはこう書いた。「わたしは仕事をしていて、雇用主のために働いているのだから労働者階級です」。ノリッチのリュシアンは「仕事をすることで上司から給料をもらい、自分自身の商売をやっているのでないとすれば労働者階級です」と書いた。[61] ゴールドソープのチームがルートンの自動車工場労働者たちのもとを訪ねてから四十年後、このふたりの社会学者がヴォクソールの組み立てラインで聴きとった意見と非常に似た考えを、現代のホワイトカラー労働者と専門職で雇われている人びとも表明していた。階級は個人の収入のレベルによって決定されるのではなく、力によって、わけても経済的な力によって決定づけられるのであった。

しかしながら、政治に関わる集団的アイデンティティとしての階級は、三十年前と比べると人気がなくなっていた。一九八〇年代以降、個人主義の政治的言説はどの政権においても擁護され、労働者階級の力の集団的な発露(一義的には労働組合)は利己的であるとか犯罪的であるとして非難を浴びてきた。二十一世紀のはじめまでに人びとは自分たちのことを「ふつう」であると表現するのを好み、「労働者階級」が一九七〇年代を想起させる政治的な言葉だとみなされるようになったことに社会学者たちは気づいた。「労働者階級」は「アンダークラス」とますます交換可能

1990年代と2000年代には、失業率の上昇と公的支出の削減に直面した住民たちがコミュニティの絆を維持しようと努力した。タインサイドのメドウ・ウェル団地にて

になりつつある社会的に負の刻印を押された言葉だと考える人びともいた[62]。そして二〇一〇年までに多くの人びとは、階級を、これほど個人主義的な社会においては何も提供してくれない集団的なアイデンティティだとみなすようになった。「わたしは自分が無階級であることを望んでいるわ」とキャリアの階段を駆けあがるために奮闘しなければならなかったシェリーは言った。

二〇一〇年において、人びとが自分自身のことをどのように表現しようとも、個人主義的な社会あるいは不平等な社会がよいものであると感じている人はほとんどいなかった。家庭生活と友人と公共への奉仕を犠牲にしてもっともっと働くことを要求する社会の論理に、多くの人が疑問を呈した。シェリーの毎日の生活は仕事とふたりの幼い子供と夫を中心にまわっており、彼女が主として気にかけていることは「いい親であること」と「お金にまつわる」心配だった。お金の心配は「子供たちが教育を受けることができ、機会のともなった人生を送れるような未来を与えてやること」ができるかどうかをめぐる不安と表裏一体をなしていた。子供に注意を集中させることは、家族の外側に集団的な努力の余地をほとんど提供してくれない社会において愛を表現し、愛を見つける手段である。ヘイズとハドソンは、バジルドンの年輩の人びとのなかに似たような感情が存在していることに気づいた。そこでは「個人の計画や希望、向上心を集団的な運命と努力に結びつける手立てが家族の外には存在しない」のであった[63]。しかしこうしたグループのあいだでも、より大きな社会的利益に貢献する医学的、科学的な発見をすることが「もっとも満足のいく個人的な達成」のリストの頂点に来たし、このことは多くの人びとが社会に貢献したいと思っていることを示していた[64]。

　多くの人びとは、国からの支援を受けた集団的な自助が困っている人びとを助けるために拡大されるべきだと信じていた。年配の世代のなかでは、ジュディ・ウォーカーとベティ・エニスが二十一世紀になってもなお住宅とコミュニティの活動に関わりつづけていた。いまでは三人の子供の母であり、祖母であり、保育士に転身した元店員であり、かつては海外生活を経験して二度の結婚をしたジュディ・ウォーカーは、彼女の活動がこれらすべての役割の中心に位置し、自分のアイデンティティにとっても軸となることだと考えていた。「わたしは活動家です」。若い世代の人びとは労働組合や政党にあまり加入しなくなってきたが、これは組合の消滅と労働党の方向転換を反映していた。にもかかわらず、わたしの級友たちの大多数が「貧困」は地球上から根絶してほしいと願う問題であると言った。必要としている人が国の扶けを受けられるようであってほしいという彼らの何よりの願いは、イギリスの大多数の人びとに共有されている[65]。

　ジャキやシェリーやジョンのような人びとが抱く懸念は、イギリスがさらに不平等な社会になりつつあるというきわめて現実的な事実に根差したものである。彼らの子供たちや孫たちがこうした恐怖を抱くことなく生きていくことができるようにするために、わたしたちは経済的、社会的な平等の実現に尽力する世界をつくる必要がある。これをユートピア的といって一蹴することは、何世代にもわたる人びとの強い気持ちと、こうした人びとの困窮と厳しい労働の経験を無視することにほかならない。この経験から人びとの強い思いは生まれてきたのだ。イギリスのように天然資源に恵まれ、科学技術の進歩した社会で、そうした人びととわたしたちはもっと多くのことに値する存在なのである。

訳注

〔1〕テスコはイギリス各地に店舗を展開する大型スーパー。

〔2〕EU議会選挙の選挙区で、ヨークシャーとハンバー川の河口域を含む。

エピローグ

ヴィヴ・ニコルソンのストーリーは、誇張された形ではあるが一九一〇年から二〇一〇年にいたる労働者階級の歴史と響きあっている。これは栄光と没落（破滅とか消滅ではない）のストーリーであった。ヴィヴが生まれたとき、労働者階級の人びとは政治的に従属した立場にあった。ヴィヴが七十代になり、人生のスタートを切ったカッスルフォードの公営住宅に戻ってもなお従属状態は続いている。しかしその間、労働者階級の人びとは数多くの経験を共有した。こうした経験とそれらの生みだす記憶は重要な意味をもちつづけている。

ヴィヴが本書で描きだした人生を歩んだのは運によるものだった。生まれの偶然によって彼女の人生のスタート地点が決まり、くじにあたるという僥倖によって有名人になった。同じことは労働者階級の他の人びとにもいえた。彼らは（一九三〇年代の政治家たちが思っていたように）無責任なのであれ（社会調査に携わった人びとが二十年後に主張したように）地の塩なのであれ、その行動ゆえに労働者階級だったわけではなく、彼らがみずから選択したのではない状況、気づけば置かれていた状況ゆえに労働者階級なのであった。

そうした状況は経済的、政治的な力を有する少数の者たちによっていつも形づくられ、彼らの利害に応じてイギリスの大多数の人びとのニーズと期待が抑えつけられたり抑圧されたりした。中流階級と上流階級の人たちが自分たちの目的のために完全に団結したことはいちどもなかったので、労働者階級の人びとが自分たちの声に耳を傾けてもらい、その志の少なくとも一部分を達成することのできる機会はつねに存在していた。実際、ヴィヴが生まれたころは家事奉公の終焉をめぐる不安と緊張に満ちた議論がめだった時代であった。それ以前、家事奉公は労働者階級とその雇い主との関係を特徴づけ、彼らの生活における労働に規制と交渉が欠けていることを正当化するものであった。しかし中流階級と上流階級の多くが召使いを雇いたがった一方で、ますます多くの人びとが収入源として商売や製造業に頼るようになっていった。商売や製造業は安価な労働力を求め、それまで召使いだった人びとが大量に労働力を供給した。ヴィヴ・ニコルソンより一世代上の若い労働者階級の人びとはこうした状況を自分たちの利益のために利用し、家事奉公を辞めて工業や事務職の仕事に就いた。何千人もの他の賃金労働者たちと一緒に働くことで、彼らは賃金と労働時間の改善を求めて集団的な要求ができるようになった。

労働者階級の人びとの力は、完全雇用のおかげで第二次世界大戦中に増大した。ヴィヴの困窮のストーリーが示しているように、これは社会的な平等にはつながらなかったが、労働者階級はきわめて重要な経済的、政治的な力となり、彼らの（労働組合と労働党の指導者たちによって代弁されたような）利害がイギリスにおける戦中と戦後の政治の課題を形づくることになった。ますます多くの人びとがみずからを労働者階級と呼び、自分たちの利害は労働者階級の利害と同義なのだと思うようになった。こうした人びとには数多くの第一世代のホワイトカラー労働者、教師のような多くの公共部門の労働者が含まれていた。彼らは戦後の福祉国家の恩恵を受けていた。

第二次世界大戦後、工業労働者と事務職員の数は召使いの数を上まわり、彼らの生活は労働組合運動、公営住宅、無償の教育と医療によって形成された。こうした豊かな戦後の時期に、ヴィヴは広がりつつあった地平からやってくる興奮を経験した。アートスクールに行くという彼女の夢はたぶん実現できるだろうと言われたのである。しかし、よりよい暮らしへの約束が果たされないと感じたのは彼女ひとりではなかった。たとえ貧困のつらさが減ったとしても、生活費を稼ぐ必要性は、どこで仕事を得たところでなくなりはしなかった。ニュールックのドレスと同じように教育も、手が届きそうで届かないよりよい暮らしの象徴だった。労働者階級の人びとは、戦後のプランナーや社会調査に従事する一部の人びとが示したがったほどには共同体精神にあふれていたり、無私の犠牲を払っていたりしたわけではない。ヴィヴ自身が示したように、三期連続した保守党政権によって悪化した社会的、経済的不平等が残りつづけたことで怒りが生まれ、それはよりよい権利を求める集団的な運動におけるのと同じく妬みと強欲の形で表現される傾向にあった。

一九六〇年代のはじめまでに、豊かさは他の人びととの身に起きることにすぎないという感情は和らいでいった。ヴィヴが豊かになっていったように、彼女の世代の他の人びともマイホームやテレビ、自動車を求める新たな願いを意識するようになった。にもかかわらず貧困は根絶されなかった。夫がいない女性や子育てをしない女性、病気の人や失業中の人びとは不確実な未来に直面した。政治家たちは社会の階梯をのぼった少数の人びとを、イギリスがいまや実力主義の社会になったことの証である英雄として示すのを好んだ。しかし数多くの人びとは自分たちの期待が満たされたとは思わず、このことに抗議するためピケの列に加わった。人びとがこうした行動に出たのは、政治家と雇用主の多くが福祉国家と完全雇用は贅沢であり、自分たちが望んだように利益があがるのを阻止する要因だと決めつけようとしたときであった。工場や街頭に噴出した好戦性にこりて政治家と雇用主は国を二重の意味で自由市場に委ねることに決めたが、これは(少数者のための)経済「成長」という利益のためだけにとどまらず、労働者階級の人びとの政治的な力を殺ぐためでもあった。

一九七〇年代にヴィヴがお金を失い、生き方に迷ったのと同様に彼女の故郷の家族や友人たち、国中の多くの労働者階級の人びとも新たなレベルの困窮を経験しはじめた。政治家たちや新聞は人びとを状況ゆえに非難したが、人びとの置かれた状況はお金を使いすぎたことや何も考えずに国に頼っていたことに起因していたのだった。こういった非難をする人たちは、あるひとつの世代の人びとすべてが完全雇用を当然のものと受けとめ、新たな掛け買いの機会を活かし、子供たちに快適な将来を与えるために勤勉に働いてより多くのものを買うようにと政治家たちから言われていたということを無批判にも見落としていた。保守党とニュー・レイバーの政権は有権者に、国に頼るのではなく自分の面倒は自分でみるようにと諭し、自分たち自身と子供たちの未来のために計画を立てるよう説いた。しかし、一九九〇年代には明日の計画を立てることも困難になってきた。いまや利益をあげることのほうが人びとの福祉よりも明らかに優先される国で、ますます不安定化する労働市場を人びとは耐え忍んでいた。

ヴィヴは一九九九年にミュージカル化された『使って使って使いまくる』よりも、自分の半生についてジャック・ローゼンタールが書き、一九七七年に放送されたドラマのほうが好きだった。ローゼンタールはヴィヴを、幸運に歓

2005年、ヴィヴ・ニコルソンはカッスルフォードに戻ってきた。
財産は失ってしまったが、彼女は「まったく後悔していない」

喜し、性的魅力にあふれ、開けっぴろげで、切望していたいい暮らしをつかみとろうとする女性として描くことを恐れなかった。しかし一九九〇年代に政治の場や新聞、舞台において受け入れられる労働者階級の人びとの唯一の表象は、体面がきちんとしているか哀れであるかのどちらかしかなかった。ミュージカルはヴィヴとキースのことを書いた早い時期の新聞記事を回顧していた。記事は、くじで大当たりしたふたりを貧困から抜けだしたナイーヴだが粗削りのカップルとして描き、これまでに送ってきた慎ましい生活に戻るか、郊外の暮らしの確実性のなかにあって、車は車道に停めるしかないテラスハウスと長い労働人生のあとの年金に地平線が限られた、少なくともやりくりの可能な豊かさに戻ることができればとふたりがひそかに望んでいるのだ、と説明しようとしていた。「わたしの人生がそんなふうに舞台で演じられるのを観るのはとても悲しいし不満なことです」とヴィヴは説明した。くじに当たる前のことであれ後のことであれ、「彼らはわたしが経験してきた現実をほんとうには理解していないと思います」[1]。

ヴィヴのストーリーが広範な歴史を反映しているのだとすれば、彼女が今日もなお訴えかけるものをもっている理由は夢にある。ヴィヴ・ニコルソンのストーリーは、世界はたぶん、それが最初に見えていたのとは違うものなのだろうというラディカルな示唆を与えてくれる。ヴィヴのストーリーでは、貯蓄や勤勉ではなく運と偶然が成功の鍵を握っている。働くことの道徳性は余暇の快楽に従属し、現在の楽しみが将来の計画に優先する。そしてこの時代に政治家と社会調査に従事した人たちによって擁護された節約と貯蓄は意味をなさないものとして示される。特権を相続する者たちもいれば、それを運や偶然で勝ちとる者もおり、自分たちが手にするもののために闘わなければならない大多数の人びとがいる。

ヴィヴ・ニコルソンは、タブーとされていたし、いまでもタブーであるとされる欲望をはっきりとあらわしたのだ。彼女は人生によいものを求めて犠牲者や殉教者になることを拒み、実力がよいものを自分のもとへともたらしてくれるのだという神話を斥けた。彼女は、自分たちの生活をもっとコントロールしたいと願う労働者階級の人びとの広く共有された根源的な欲望を反映していたのだ。ピケに加わるのであれ、公営住宅を購入するのであれ、くじの券を買うのであれ、政治家、雇用主、家主たちからの自立を強く望む気持ちが多くの人びととの行動を形づくった。ヴィヴのような人びとは、たんにもっとお金がほしかったというだけではない。彼らは自分たちの置かれた状況を、満足を見いだすことのできる状況へと変える力がほしかったのである。

ヴィヴのストーリーが向上心の話であるとしても、それはまた夢の限界を示す話でもある。なかでも短期契約の仕事、フレキシビリティ、ネットワークづくりとリスクの現代世界が土台を置く夢の限界である。誰しも再出発をすることができ、ちょっとしたきっかけさえあれば（あるいは自分の価値が下がったときには）再出発すべきだという夢の限界である。というのも、ヴィヴには結局これができなかったからだ。お金は尽きてしまい、カッスルフォードに戻って労働者階級女性のままでありつづけた。「くじに当たる」前の経験は、彼女が勝ちとり、世界のなかで自分の場所を定めることにつながった大金と同じくらい重要だった。ヴィヴのストーリーが示しているのは、史上最大のくじの当選をもってしても社会的流動性は容易なものにならなかったということである。いったんヴィヴが夢だった自分の家屋敷を手に入れると、その目標にはそのために費やした努力にみあう価値もないと気づいた。というのも、階級はすべての人を巻きこみ、そのなかに閉じこめるが、中流階級は現在でもそうであるように階級社会におけるどんな特権でも維持し、それを再生産するために必要とされる勤勉と努力と利己主義のことで頭の大部分がいっぱいだったのだから。

これを認めない人たちはいたし、いまでもいる。しかし、この四十年間の経済の混乱によって生活になんらかの影響を受けた人びとは、体面を保って慎ましい生活を送ることに対するヴィヴの異議申し立てにいまなお惹きつけられる。二〇〇七年、「デイリー・メイル」紙は、七十一歳になり、まだカッスルフォードに住んでいるヴィヴにインタビューをおこなった。チャンスさえあれば「わたしはまったく同じことをするわ」と断言するヴィヴに、読者からは断然肯定的な反応が多数寄せられた。ウェイクフィールド[1]のキャサリンは単純にこう述べた。「わたしはヴィヴ・ニコルソンが大好きです。彼女がお金を獲得したとき、わたしは十歳でした。そのとき以来わたしは彼女にほれこんでいるのです」。「彼女はわが道を行ったのです」とデイヴィッド・ラフは肯定的なコメントをした。

人びとは分をわきまえているとか、そこから抜けだそうとしているとか、貧しい生活をしていても清潔にきちんとしておく程度の慎ましさは最低でももっているとかいうような労働者階級についての別の歴史を政治が売りこんできたにもかかわらず、多くの人びとはヴィヴのストーリーに自分たちの好むものを見いだしたのだった。それは、向上心であり、贅沢であり、人生において決められた線路の上を走る必要はないのだと信じていることを怖気づいて後悔したり恥じたりしないという決意である。「ヴィヴに幸運を」とケイティはインヴァネス[2]からメールを書いた。「人生を明るくするのは当然のことでした[2]」

少しだけ「人生を明るくする」というのは、二十世紀のほとんどの地点で大半の人びとが望んだあらゆることについていえる。この本で描いた人びとはわたしたちにこう伝える。わたしたちは過去から学ぶことができる。しかし、それを繰り返そうとしてはならない、と。わたしがその歴史を語ろうとしてきた人びとは、政治家やジャーナリストが引きあいに出すのとは食い違うストーリーをわたしたちに示してくれる。福祉の給付金、無償の医療と教育、そして仕事は人びとを怠惰にするどころか高い向上心を抱かせ、その高い目標を追求する土台となる安定性と確実性を与えたのだった。しかし福祉と仕事だけでは、人びとの生活をすっかり変えるのに十分ではなかった。二十世紀にはたえず労働者階級が存在していたが、これは経済的な不平等がいちども根絶されなかったからである。この本が語った話で希望がもてるのは、もっと平等な世界をつくることへの絶えることなき共有された関心をこれらの話が示してくれることである。これら多くの人びとが二十世紀のはじめに召使いとしてであれ、百年後に失業中のITコンサルタントとしてであれ経験してきた不幸や悲しみや怒りや恥は、不平等によって引き起こされてきた。わたしたちは過去から、そして過去が呼び起こす記憶から学ぶことができる。

わたしたちがこの本でみてきた話に何度もあらわれた二十世紀のイギリスにおける最大の夢とは、ふつうの人びとにはよりよい生活を送る価値があるということだ。この夢は第二次世界大戦以前には労働運動によって、親たちが子供に抱く希望によって、想定に反してでも楽しい時間を手に入れるのだという人びとの決意によって生きていた。第二次世界大戦中とその後の年月においては、その夢は完全雇用と福祉国家を通じて実現されうるのだと国が新たな希望を与えた。

この約束は完全には果たされていなかったのかもしれないが、その急進的な潜在力が醸成されるに十分な支えは、政治のレトリックのみならず福祉の給付や雇用機会、無償の教育と医療においても提供された。それは親たちの子供に関する目標の高さにおいて、よりよい条件を求める職場とコミュニティの闘いにおいて形を与えられた。ときにこうした闘いは、社会は人びとのニーズに沿い、人びとのコントロールのもとに認識されるべきであるとの要求に変化した。わたしたちがこの本でみてきた数多くの人びとは、そうした変化がいまなお想像できるということを示している。

この三十年ほどにわたって労働者階級は経済的、政治的な力としては衰退してきた。しかし、時代は変わりつつあるといっていいかもしれない。二〇一一年、リサーチ組織であるブリティッシュ・フューチャーは、大多数のイギリス人が自分たちのことを労働者階級であるとみなしつづけていると明らかにした。このグループにはイギリスでもっとも収入の高い人たちの三分の一も含まれていた。ブリティッシュ・フューチャーの編集長レイチェル・ジョリーは、労働者階級であることが現代のイギリスにおいて「流行の最先端を行き、もっとも名声のある」アイデンティティのありようなのだと示唆した(3)。

わたしたちは、賃金労働者だけでなく専門職の人たちにも、賃貸住宅に住む人だけでなく持ち家所有者にも多くの人びとに不安定さが回帰してきたことにより、労働者階級であることがいまいちど重要な問題となっていることをみてきた。階級はもっとも憂鬱な理由から存在しつづけた。しかしレイチェル・ジョリーの言葉は、なぜ多くの人びとが自分たちを労働者階級と呼ぶことを選ぶのかについて別の理由を指し示してくれる。政治家たちが現代の労働者階級を無責任に金をせびる連中だと悪者扱いしてきたにもかかわらず、多くの人びとは前の世代の労働者たちを賞賛すべき美徳に結びつけている。彼らは「どのように楽しい時間を過ごすか知っていた」とか、「気取らない」とか、「コミュニティ」をつくりだしてきた、といった美徳である。[4] バーバラ・レインフォードとビル・レインフォード、ベティ・エニスとポール・ベイカーの話がわたしたちに思い出させるのは、話はそう簡単ではないということだ。階級の存在は不平等がしつこく残っているということを証明している。加えて、彼らの話は何かが失われたということも示唆している。なかでも重要なのは、競争に勝ち抜いて頂点までのしあがることではなく、協働と友情にもとづいた人生のヴィジョンの喪失である。彼らの歴史から学ぶことで、わたしたちには違った未来を想像しはじめることが可能になるだろう。

訳注

〔1〕ウェイクフィールドはリーズの南にあるウェスト・ヨークシャーの町。

〔2〕インヴァネスはスコットランド北部の都市。

後記　わたしたちの現状２０１１－２０１５

イギリスは階級によって分断されたままの社会だ。二十世紀のはじめ以降のどの時期と比べても、もっとも豊かな人たちともっとも貧しい人びととの格差がいまほど開いたことはない。テクノロジーの発達はすべての人びとの暮らしを豊かにするのではなく、多くの人びとに貧困化をもたらしたようだ。わたしたちの生活の大部分がますます多国籍企業の所有者たちによって決定されるようになり、民主主義は危機に瀕している。そして現在の保守党と自由民主党との連立政権は、経済危機に対する唯一の解決策は不平等に堪え、福祉、教育、住宅供給への終わりなき支出削減を受け入れることだと提言している。二〇一五年の総選挙でどの政党が勝利しようとも、[1]不確かで安定性を欠いた未来をわたしたちは運命づけられているように思える。

このような不穏な時代に歴史を論ずるなど軽率だと思われるかもしれない。しかし支配階層のエリートたちが、支配者とは「イギリス的価値」を育んできた者たちであるとの認識にもとづき、子供たちはすべからく支配者たちの歴史を学ぶべきだと提案するにおよんで、わたしたちは懸念しないわけにはいかないのだ。[1]さらなる懸念は、オルタナティブな歴史がつくられる場所をかつては提供していた成人教育に対する支出削減が推し進められてきたことである。わたしの両親を含む労働者階級の人びとに何世代にもわたって再教育のチャンスを与えてきたオックスフォードのラスキン・コレッジが、二〇一四年から学生に授業料を課さざるをえない状況に追いこまれた。

過去に何が起きたのかを知らずして、世界は現状のままでよいのだという政治的な「常識」にわたしたちが対抗するのはむずかしい。わたしたちは、テレビの時代劇で再現されるような棘を抜かれた過去に依拠せざるをえない状況に置かれている。そうした過去は、階級というのがイギリスの遺産の「正常」で「伝統的」な一部なのであり、変わることのない社会秩序の一部であると示している。現実には階級はなにより生産手段との関係によって定義づけられる異なった階層間の対立から生じてくるのである。資本主義のもとでは少数者の利益は多くの人びとを搾取することによってもたらされ、このことが緊張と、ときにはあからさまな対立を生じさせる。世界がもっとも豊かな者たちの利益になるだけでなく、わたしたちすべての利益になるように組織されるためのオルタナティブな方法を見つける鍵を、わたしたちは歴史を知ることによって手にできるだろう。

この五年にわたり支配階層は、わたしたちの将来がこれまでと比べてけっして明るいものにはならないだろうと好んで口にしてきた。二〇一四年に財務大臣は、政府の方針は「経済の安定」と「持続可能な成長」を実現することであると宣言した。[2] しかし、多くのふつうの人びとは二〇〇八年の金融危機以降、前例のない増すばかりの生活の困難に苦しみ、この状態は政府による福祉の削減でさらに悪化してきた。二〇一〇年五月十一日、保守党党首ディヴィッド・キャメロン率いる新内閣が発足した。数週間のうちに保守党と自由民主党の連立政権は「緊急予算」を発表した。前の労働党政権から引き継いだ七三〇億ポンドの増税と歳出削減では満足できないジョージ・オズボーン財務大臣は、さらに四〇〇億ポンドの削減を宣言した。これには福祉のための支出の一一〇億ポンドの削減と二年にわたる公務員の賃上げの凍結、付加価値税の二〇パーセントへの引き上げが含まれていた。

金融危機後の二〇〇八年の夏の終わりから秋にかけて、イギリスは深刻な経済危機を経験した。その深刻さゆえ資本主義のシステムが危機に直面し、このような「緊縮」策が不可避になった（とわたしたちは教えられる）。資本主義とは信用詐欺である。資本主義の維持は階層化された社会を基盤としつつ、成長し利益を生むだろうと信じられている企業に人びとがお金と時間を投資することにかかっている。人びとが信用しなくなり、そのシステムにお金を注ぎこむのをやめてしまえばシステムは崩壊するだろう。しかし逆説的なことに、消費と生産は永遠に拡大しうるという資本主義の教義が信用されすぎると、過小な消費者のために過大な財とサービスが生みだされてしまうのである。結果として雇用主は生産を縮減し、労働者が解雇されることになる。これが二〇〇八年に起きたことだ。これに先立つ十年で、ますます自由化するグローバル市場において国による規制が緩和されるなか、銀行家や株式仲買人が熱心に関わった莫大な額の金融投機によって状況はさらに悪化した。危機は欧米の政府が「テロとの戦い」に注ぎこんだ多額の金によってもいっそう際立った。この戦いのために各国政府はグローバルな金融機関から前例をみない規模で借金することになったからである。

　この本は労働者階級に焦点を当ててきたが、階級というのが関係である以上、エリートとは誰のことであるのかを理解しておく必要がある。二十世紀のほとんどの期間においてはイギリスの政治やビジネスの指導者たちを特定の目的と利害を有する個別のグループとして語ることができたが、いまや支配階層は自分たちが真にグローバルであると思っている。こうした人たちには九九パーセントの人びとの労働が生みだす富に巣食って生きている企業のトップも含まれている。また、支配階層のなかには一パーセントの最富裕層の利益のために活動する政治家たちも含まれる。こういった政治家のなかには最富裕の一パーセントの家庭の出身者もいるし、そうでない者もいるが、彼らは政治活動を通して不平等を永続化し、わたしたちはその不平等を背負って生きていかねばならず、彼らはその過程で権力を握っていくのである。彼らは階級がアイデンティティでも収入による区分でもなく、不平等な力の関係なのだということを思い出させてくれる。さらには不平等と階級と資本主義は正常なものであり、これまでもそうでありつづけてきたし、今後も存在しつづけるのだという考え方を新聞やテレビを使って促進しようとするメディア王たちを支配階層に含めることもできる。『体制側の者たち《ジ・エスタブリッシュメント》』においてオーウェン・ジョーンズの分析が明らかにしているように、こうしたグループは自分たちの権力にしがみつく活動を積極的におこなっている[3]。この数年間、階級に関心をもつ研究者、政治家、ジャーナリストたちは、人びとが自分たちを労働者階級とみているか中流階級とみているか明らかにするため世論調査や街の声を利用してきた。しかし階級を理解し、さらにはそれに異論を唱える術を体得しようとするのであれば、わたしたちは富と権力をもった人たちに目を向ける必要がある。そして人びとがみずからのアイデンティティを表明するために使う言葉だけではなく、わたしたちはその行動も検証しなければならない。多くの政治家は、自分たちはふつうの人びとと同じであるというイメージを売りこみたがるが、オーウェン・ジョーンズが「体制側の者たち」と呼ぶ人たちの経済と政治の権力を独占しようという決意には、現代のイギリスにおいていまだに階級がわたしたちを分断していることが明らかに見てとれる。

二〇〇八年に始まった金融危機の責任の一端は、支配階層を構成する人たちにある。熱心に個人主義を促進しつつ、こうした支配階層は自分たちの目的追求のためには喜んで集団的に働き、（労働組合の権利を縮減する法制に進んで賛意を示す一方）自由市場を促進し、巨額の借り入れと、少数者の利益を増やすための多数者への制限なき貸し付けとを促すことに精を出してきた。しかし金融危機による影響をもっとも深刻に受けてきたのは、彼らではなくてふつうの労働者階級の人びとなのだ。二〇〇五年に、もっとも豊かな一〇パーセントの人たちは収入の一九パーセントを住宅と食費に使い、第三次産業に従事する人びとは収入の二六パーセントを住宅と食費に使った。失業者は収入の三五パーセントをこうした生活必需品に支出した。二〇一一年までにこれらのグループ間の支出の格差は拡大した。最富裕の人たちは、こうした必需費目に収入の四分の一未満——二二パーセント——しか使わなくてすんだが、第三次産業従事者は収入の三二パーセントを食事と住宅費に使い、長期の失業を経験している人びとはこうした必需費目に収入の四一パーセントを使った。この変化は部分的には物価の上昇によるものだが、肉体労働に従事する労働者とサービス業に雇われている労働者の賃金が下落したことと、社会保障給付費が削減されたことにも起因している。(4) こういった政策が何百万人もの労働者と失業中の人びとにもたらした困難は、二〇一〇年に政府が導入した公務員の賃金の凍結と二〇一一年から始められた給付金の「改革」によってさらに悪化させられてきた。社会保障費の削減は、なにより年に二万ポンド未満の収入しか得られない仕事に就いている労働者たちに影響を与えた。何千人もの人びとにとって日々の生活をやりくりするのがやっとであるという事実は、イギリス最大のフードバンク組織であるトラセル・トラストによって提供されたフードバンクの利用者数が三〇〇パーセントも上昇した二〇一三年に明らかになった。(5)

最低水準の収入で生活している人びとが金融危機による打撃をもっとも激しく受けてきたが、働くすべての人びとが将来にさらなる困窮を経験することになりそうである。低賃金で働く多くの人びと、多くの失業者、疾病手当や母子手当などの給付金を頼みの綱として生活している人びとは、生活の援助を求めて他の働く人たちとともに暮らすか、そうした人たちに頼って生活している主婦であり、子供であり、親たちである。さらには何百万もの働く人びとが人生のどこかの地点で失業を経験する可能性があるし、とりわけ生活に困窮したときには多くの人びとが社会保障給付金に頼ることになる可能性もある。「貧しい人びと」とか

「失業者」といった固定化されたグループは存在しないのだ。

　政治家たちは、わたしたちの集団的な怒りとそれが引き起こしかねない事態を大いに懸念して、こんなに豊かな時代はなかったのだと言いたがる。彼らがわたしたちを恐れる理由は十分にある。資本主義は金融市場の崩壊や大量の失業による破壊の脅威に晒されることはない。資本主義経済がこれほど効率よく機能したことはなかったし、大規模な金融危機はこれまでにも起こってきた。現在の危機には目を瞠るものがあるが、支配者層のエリートにとっての脅威は、ふつうの人びとのあいだに危機が引き起こした激しい怒りによってもたらされる。二〇〇八年以降明らかになったのは、ジョン・メイナード・ケインズの言葉を借りれば「人間のなかでもっとも悪辣な者がもっとも悪辣なことをなすことで、すべての人に最大の利益がもたらされるだろうという驚くべき信念」に資本主義が依拠しているということだ。二〇〇八年以降、多くの人びとがこのシステムを信頼しなくなった。二〇一一年十月から二〇一二年六月までセント・ポール寺院の外に野営を続けたオキュパイ運動のような公然たる抗議活動は、警察によって容赦なく中断させられてきた。警察は二〇〇一年のニューヨーク世界貿易センタービルに対するアルカイーダの攻撃の後に対テロ戦略として導入された「囲いこみ《ケトリング》」のような方法を用いた。くすぶりはじめた怒りと不満が二〇一一年の夏にイギリス各地の町や都市で爆発したが、これらには情け容赦なく刑務所行きの刑事罰が適用された。「ギャングとの戦い」を宣言していた首相はこれを賞賛した。しかし「ひとつの世代にとっての最悪の市民的不安」の原因を調べている研究者たちに話をした抗議者たちはだれもギャングなどではなかったし、その多くが「身に染みて感じられる社会的、経済的な不公正」に憤っていたのである。(6)

　人びとの怒りはもっと穏やかな、しかし重要なやり方によっても表明された。人びとが銀行から預金を引きだしたのである。政治家とグローバル企業が経済を維持管理する能力に対してそれまでわたしたちが抱いてきた信頼はことごとく失われてしまった。世論調査会社MORIによる二〇〇八年九月の調査によると、イギリスの全成人の過半数がイギリスの直面しているもっとも重要な問題のひとつは経済状況であると考えていることが明らかになった。過半数というのはこの会社が同じ質問を一九七四年に始めて以来もっとも高い割合だった。(7)それ以来、わたしたちすべてにとって不平等が悪であると示したオーウェン・ジョーンズの『労働者階級の不良たち《チャヴズ》』やケイト・ピケットとリチャード・ウィルキンソンの共著『平等社会』がベストセラーとなり、メディアのほとんどが嘲笑的に言いたがるように大都市のリベラルなエリートだけが現在生き残っている左翼というわけではないことを証明した。これら著者たちのトークイベントがイギリス各地の公共の図書館やコミュニティ・センターで開催され、多くの人びとを惹きつけた。BBCは「平等社会はあらゆる事柄をめぐるイギリスの新理論か？」と問い、おそらくそうであろうと結論づけた。[8]新聞の社説は民主主義と正義と平等にエリートが示す軽蔑を非難した。二〇一一年、「一ペニーまで取り立てられる一般家庭、巨額の請求を逃れる大企業」と「デイリー・メイル」は見出しに書いた。[9]

わたしたちを支配する人たちがふつうの人びとの言うことに耳を貸さないと考えるのは簡単である。しかし、オキュパイ運動や二〇一一年の暴動、支配者層に向けられる怒りと敵意の高まりを目の前にして生じたパニックは、どのくらいわたしたちを苦しめれば暴動が起きるかについて実際に不安をかきたてたのである。その結果、今日のイギリスにおいて不平等がよいことであると公然と認める政治家や企業のトップはひとりもいなくなった。一九三〇年代と一九八〇年代に、経済的な不平等は利益をもたらすと保守党の政治家たちは進んで論じ立てた。マーガレット・サッチャーは有権者に「物質的な平等など……手に入れることはできません。なんの動機ももたない人間を外に出て働かすことはできないでしょうから」と述べた。[10]一九九七年の総選挙で労働党が大勝利を収めてからの十年、トニー・ブレアの政権は経済的な不平等ではなく「社会的排除」の根絶に力を入れると宣言してきた。しかし今日では、よりいっそうの平等の実現が目標であると主要な政党は主張している。二〇一〇年の総選挙で労働党はマニフェストを「すべての人びとにとっての将来の公平」と題した。[11]自由民主党は「人びとに力を公平に配分」すると公約に掲げた。[12]二〇一〇年にできた連立政権は「もっとも必要としている人びとが守られる」ようにすると約束した。[13]二〇〇九年にデイヴィッド・キャメロンは『平等社会』を熱心に読んだと話し、「生活の質を示すほとんどすべての指標が不平等の進行によって社会はいっそう悪くなることを示している」のであり、「底辺層と中間層とのギャップ［底辺層と最上位層とのギャップを埋めようというのでないのは明白だ］を埋めることに力を傾注すべき」という著者たちの考えに同意すると主張した。[14]キャメロン連立政権が発足してから三年が経った二〇一三年、財務相のジョージ・オズボーンは有権者に「収入の不平等が過去二十八年のうちもっとも低くなった」という事実をふまえて政権に審判を下すよう求めた。[15]オズボーンの宣言にはただちに労働党の政治家と数多くの経済学者から正当な異議が唱えられたが、それに続いた議論によって、主要な政党のすべてが平等をいかに重要な政治的課題であると考えているか明確に示された。そうした考えを支持しないと言えば政党の崩壊へとつながるかもしれないのだった。

いっそうの平等を求めるわたしたちの強い気持ちにリップサービスをするからといって、政治家たちは平等を実現しようとしているわけではないのである。政治のリーダーたちはその計画の厳しさについて議論するが、わたしたちが現在直面している経済危機から脱出するためには「緊縮」が必要であるという点で彼らの意見は一致している。実際、公平と平等に力を注ぐと言っておきながら、保守党の政治家たちは連立政権ができてわずか二、三年で、マーガレット・サッチャーの政権が十年かけてなんとかやってきた自由市場経済の追求を「より迅速に先へ」進めることができたと自慢してきた[16]。政府は政権発足以降、十八歳の三分の一しか高等教育の恩恵にあずかれていないという事実にもかかわらず、大学が授業料を三倍にするのを認めた。福祉の給付金を減らし、給付金の申請をむずかしくした。何千人もの人びとを公営住宅から立ち退かせ、所得税ではなく消費にかかる付加価値税を増税することで、もっとも稼ぎの低い人びとが不当に厳しい生活を強いられる状況をつくりだした。

こうした政策は、わたしたちの前にいつも提示されてきた「平等」と「公平」のレトリックと矛盾する。しかし政治家の行動は彼らの空虚な言葉と同様、わたしたちに対する彼らの恐怖によって引き起こされている。いまわたしたちがそのまっただなかにいる危機はわたしたち自身が生みだしたものではないと信じようとするなら、わたしたちは何をすればよいのか？　そして危機はわたしたちの利害とまっこうから対立する社会の上位一パーセントの最富裕層によって引き起こされたばかりか悪化させられてもいると考えるなら、どうわたしたちはふるまえばよいのか？　自分たちの権力を維持しようとして、こうしたエリート層はわたしたちの力を侵食するのに必死である。労働者階級の人びとがこれまで二世紀にわたって獲得してきた成果は、この数十年間ずっと攻撃されつづけてきた。そうした成果は、自分たちこそが指導者であると宣言する少数の者たちよりも大きな力を集団的に団結することによって手にするのだというわたしたちの認識に基礎を置いている。労働条件と労働時間と賃金について集団的に交渉するために労働組合を組織するわたしたちの権利と、わたしたちの労働こそが社会にとって不可欠であることを根拠とし、社会がどのように組織されるべきかをめぐって発言するわたしたちの権利——これらすべての権利が侵食されつづけている。

企業のトップや政治家たちといったわたしたちを支配しているエリート層は、わたしたちをだましたり抑圧したりしようという陰謀に加担しているわけではない。暗くした部屋に彼らが座り、わたしたちを困窮させようとはかりごとをしているとは考えづらい。彼らは、資本主義以外の方法で社会を組織するのはわたしたちすべてにとってよくないことだと本気で信じているのだ。彼らは自分たちの生まれ育ち、受けた教育、あるいはビジネスにおける要領よさから、危機に瀕した国にとって自分たちが最良のリーダーとなりうると思っている。しかしこうした思いこみの裏には、社会を再組織化することは彼らの権力の掌握を弱めることになるという共有された認識がある。[17] 現状で成功を収めている多くの人たちと同じく、彼らには違った将来を思い描こうという欲望も意志も欲求もない。彼らの特権と、それが拠って立つ資本主義のシステムとを正当化しようと彼らは過去に目を向ける。しかし、彼らの利用する過去は幻想である。彼らは長年受け継がれてきた歴史の神話をたえず改訂している。資本主義はわたしたちすべての利益になるように機能するのだという、神話のなかでも最大のものの正体を暴くために、こうした神話と過去に現実に起きたこととのあいだの溝を検討する価値はある。

神話その1 経済危機は福祉国家によってもたらされた

保守党は、経済危機が一九九七年から二〇一〇年にかけての労働党政権によって引き起こされたとか悪化させられたのだとか主張する。労働党政権は「景気のよかった時代に金を使いすぎた」というのである。しかし労働党の影の財務相エド・ボールズは、労働党が政権を担うことになっても「歳出削減という厳しい決断を下すことになるだろう」と言う。[18] 労働党がすでに下してきた決断のなかには、すべての人が手当を受給できるというのはあまりに高くつきすぎるし「不公平」だという点で連立政権と同意したことも含まれる。労働党の党首エド・ミリバンドは次のように述べた。「社会保障費を抑制するためにわたしたちはもっと努力しなければならない。このことは現政権が避けてきた厳しい選択、たとえば年金受給者のうち最富裕の五パーセントに対する冬季燃料手当の廃止などの実行を意味するのだ」と。[19] わたしたちが直面している混乱はガスで暖をとる高齢者によって部分的には引き起こされている、とでも言いたげである。

こうしたロジックの背後には、福祉は国にとってお金がかかりすぎるという信念が存在している。では他に方法はあるのか？　福祉の提供に本腰を入れなければ結果として誰にも利益をもたらさない、場当たり的な多大の支出をすることになりがちである。一九三〇年代のはじめに政府は失業手当の受給資格者を制限する手立てとして収入調査《ミーンズ・テスト》を導入した。この政策で失業率は減少せず、政府の担当大臣たちは自分の在任中に人びとが飢え死にするのを避けるために一貫性を欠いた単発的な政策を実施したため、続く十年で失業対策の公共支出は増加してしまった。二〇一三年、保守党の労働年金担当大臣イアン・ダンカン・スミスは、政府の「社会的正義戦略」のなかで「自立を促すのではなく知らず知らずのうちに依存を助長してしまった……システムからわれわれは歴史的な脱却をしようとしているのだ」と述べた。[20]しかし、福祉によって人びとが貪欲になったり怠惰になったりすることはない。過去一世紀のあいだで福祉の欠如ゆえに雇用が増えたためしなど一度もない。事実、人びとのほとんどが仕事を見つけることのできた時代は福祉国家がもっとも強固であった一九五〇年代と一九六〇年代に到来したのだ。

福祉にどのくらいの金額を支出しなければならないかという観点から今日の政治家たちは福祉の費用を計算しているが、わたしたちのなかでもっとも弱い立場の市民にセイフティネットを提供しないことから生じる費用も存在するのである。一九三〇年代、当時の政府の無慈悲で不十分な給付制度のせいで、人びとの精神的、身体的な健康が大きく損なわれた。失業は家庭の崩壊を招いた。多くの若い賃金労働者たちは、自分たちのわずかな稼ぎを理由に父親の失業手当が止められてしまわないよう親元を離れて下宿することを余儀なくされた。別の家庭では失業した夫や父親が、自分と家族を養うことができず、家を出ていった。二〇一四年にベストセラーとなった『ハリーの最後の抵抗』のなかで、九十一歳のハリー・レズリー・スミスは「かつて［両親を］結びつけた愛は、彼らに責任があるわけではない失業によってずたずたに切り裂かれた」と回想している。炭坑夫であった父が失業し、家族を養えなくなったとき、結婚は破綻した。父スミス氏は若くして亡くなり、ハリーの母親と、まだ学校に行く年齢だったがすでに賃労働に従事していたハリーとが食べ物を食卓に並べるべく懸命に働いた。[21]

第二次世界大戦後の数年間には、それまでと比べて包括的な福祉が実施されたが、そのせいで国のお金が枯渇しはしなかった。人びとは国家に依存させられたわけではなく、自分たちと子供たちの希望のもてる生活を築くことのできる確実な土台として福祉を経験したのである。わたしは労働者階級の暮らしを研究する歴史家として、過去についての「公式」の年代記と呼ばれる支配階級のつくった時代区分には注意深くありたいと思っている。彼らは過去を王や女王の治世と首相たちの在職期間とによって分割しようとする。わたしたちのほとんどは歴史をこれとは違ったふうに記憶している。歴史は家族や近所の年長者や同僚などから学ぶことが多いのだから、わたしたちは世代という観点から歴史を想起するのである。わたしたちにとって重要な記憶——親の誕生とか祖母の結婚とか先祖の移民とか——は公式の歴史と明白なつながりをもっていないことが多い。わたしたちを大きな歴史に結びつける出来事がないわけではないが、通例それらは公式の歴史によって説明される方法で結びつくのではない。仕事や家を求めて祖父母が移民してきたこと。一九二六年のゼネストに親戚が参加したこと。曾祖父（母）が救貧院で最期を迎えたこと。あるいは第二次世界大戦のときのように戦争に勝ち、政府にふつうの人びとの福祉を守らせる平時合意を勝ちとったという意味での労働者階級の人びとの勝利。多くの人びとの記憶のなかで、一九四〇年代には三つのことが際立っている。ひとつは戦後の福祉国家の青写真となった一九四二年のベヴァリッジ報告書の出版である。ふたつめは貧困に苦しんだ過去には戻らないと心に決めた有権者によって労働党の大勝利がもたらされた一九四五年の総選挙である。三つめは平和な状態に戻り、兵士や女性たちが復員し、工場に徴用されていた労働者たちが自由に辞められるようになったことである。これらの個人的な出来事を多くの人びとは福祉国家の始まり、無償の中等教育、一九四八年の国民保健サービスの開始に結びつける。こうした出来事によって人びとは自分たちの面倒をみる権利を奪われたわけではなく、自分の子供たちの未来のために計画を立てる力を手にすることができたのであり、同時に現在の安定をも享受することができた。この福祉国家によって法外に高い出費が強いられたわけではなかった。戦後の数年、福祉に対するイギリスの支出はほとんどのヨーロッパ諸国と比べても低かったが、雇用は高いレベルを維持しつづけ、生産性も上昇した。[22]収入の不平等は少なくなり、肉体労働者の健康状態は劇的に改善された。

こうした歴史がわたしたちに思い出させてくれるのは、もっとも貧しい人びとにのみ福祉のターゲットを絞ることが答えではないということだ。そうではなくて、富がもっと平等に再配分されるべきなのだ。もし福祉がわたしたちのうちのもっとも貧しい人びとにだけ与えられるとするなら、彼らは固定化された集団であり、そうした人たちの生活は他の人びとの生活とは切り離されていると言うに等しい。しかし、不平等とそれを生みだす経済状況がはるかに多くの人びとの健康と幸福に慨嘆すべき影響を与えている。[23]今日、失業が家族の生活にふたたび悪影響をおよぼしている。二〇一四年三月、ジョージ・オズボーンはわたしたちに経済は回復していると請けあったものの、二百二十万もの人びとが失業中であった。[24]安定しない労働市場と非正規雇用の増加により、ますます多くの人びとが自分自身と子供たちの失業の恐怖におびえている。ブリストルで働く人びとの調査で、公共部門に雇用されている人びとは自分自身と子供たちの将来に向けて計画を立てる能力に不安を覚えていることがわかった。福祉の仕事に携わり、五万一〇〇〇ポンドを得ていた男性は、膨張しつづける公共部門は縮減されなければならないと政府が宣言していたさなか、自分の仕事に感じる「不確実さ」と「不安定さ」について語った。ある警察官は年収が四万四〇〇〇ポンドであるが、労働時間と年金が減らされ、ゆくゆくは人員整理に遭うのではないかと恐れていると語った。いつも「こういうことを考えながら、どうなることかと思っているのです」と彼は言った。住宅ローンの支払いができるかどうか不安なため、彼の家族は下宿人をとることにしたのだが、その結果彼と妻は寝室を三人の子供たちと共有せざるをえなくなった。[25]恐怖と不安は失業中の人たちだけに限られた話ではない。仕事がなくなったらどうなるのだろうか、就職する仕事がなかったら自分の子供たちはどうやってやりくりしてゆくのだろうかということを何百万もの人びとが心配している。不安とストレスは人びとを弱らせるだけでなく大きな犠牲も強いる。イギリスで疾病を理由にした休職の最大の原因はストレスである。[26]

福祉国家をなくしてしまう経済的な理由など存在しない。福祉を削れば多大な犠牲が生じる。支配階層が福祉の削減を提案するということからわかるように、わたしたちの生き方に関する決定はけっして客観的に「経済的」なわけではなく、いつも主観的かつ政治的なものなのだということが思い出される。政府が福祉の削減を推し進めているのは、そうすることで政府が使うことのできるお金の量が大きく増加すると信じているからではない。社会はもっとも豊かな人たちのためだけではなく、すべての人びとの利益になるように組織化されるべきだというわたしたちの信念と、そう主張するわたしたちの力とを侵食することでみずからに権限が集中しやすくなり、それを正当化できると信じているからなのだ。けれども実際、福祉のための支出がいまわたしたちの直面している経済危機の原因になったのではない。特権をもった少数者の手に世界の富が蓄積してきたことに原因はある。こうした人たちの儲けたいという欲望には多大な犠牲が伴う。犠牲になるのはふつうの人びとが日々のやりくりをする能力であり、社会の組織をめぐる決定がますます欧州レベルでなされたり、グローバル企業によって下されたりするなかにおける民主主義であり、また石油会社が液圧破砕を始めたがることについての近年の論争が示しているように地球それ自体も犠牲となるのである。

神話その2　経済危機はすべての人が勤勉に働くことによってのみ解決される

経済危機の原因がなんであれ、危機から脱出したいという点ではわたしたちはみな意見が一致する。そしてそうするための鍵はふつうの人びとが握っているのだ、彼らが勤勉に働くことにかかっているのだ、とどの政党の政治家たちも主張している。わたしたちは「みな一丸となる」ように言われている。「勤勉に働く家族」であれと訴えかけられる。[27] こういう狡猾な言いまわしは、わたしたちの市民としての権利が生まれつき与えられているものなのではなく、身を粉にして働く能力だけにかかっているのだということをほのめかしている。「勤勉に働く家族」という言い方によって給付金をせびる連中、「労働者階級の不良《チャヴ》」、寄生虫のごときアンダークラスといったその神話的な対応物が静かに、しかし効果的に喚起される。

しかし誰しもずっと働いていられるわけではない。働けないくらい病気が重い人、高齢の人、面倒をみなければならない家族をもつ人がひとつの仕事を続けられるとは限らない。これまでの一世紀が遺した教訓のひとつは、「アンダークラス」や暮らし向きのよい豊かな労働者たちという固定的な安定した一群など存在しないということだ。むしろ現在では、わたしたちの九九パーセントは生きていくために自分たちの働く能力を頼まざるをえず、一パーセントの連中はわたしたちが彼らのために生みだした利益に巣食って生活している。

今日では「勤勉に働く家族」の一員であることが一九三〇年代以降でもっとも困難となっている。失業率が高いだけではなく仕事の性質も変化してきた。ますます多くの人びとが現在パートタイムの仕事、非正規の仕事や臨時の仕事、雇用主側が労働時間を自由に決められるゼロ時間契約の仕事に従事せざるをえない状況である。二〇一一年から二〇一二年のあいだに正規の仕事に雇用されている人の数は十一万八千人減少し、パートタイムの仕事に頼らざるをえない人の数は八万六千人増加した。[28] ある保守的な試算によると、現在およそ百三十万人の労働者が最低限の労働時間さえ保証されない契約で雇用されているという。[29]

さらにいえば勤勉に働いても現在の危機を解決することにはならないだろう。わたしたちは過去五十年で例をみないほど長時間働いているが、最富裕層ともっとも貧しい層とのギャップもかつてないほど広がっている。もっとも賃金の低い労働者たちがもっとも長く働かされることはよくある。一週間に五十時間をこえて働く人びとのなかにはクレーンの運転手、大型トラックの運転手、工場の製造ラインで働く労働者たちが含まれる。長時間働けば生産性が上がるというものではない。二〇一一年の統計局の調査によると、正規の仕事に従事しているイギリスの労働者は平均で週に四十二時間をこえて働いていることがわかったが、イギリスよりもいくぶんたくみに経済危機を切り抜けたデンマークでは、人びとは週に平均して三十九時間しか労働に費やしていなかった(30)。

勤勉に働くことが貧困を解決したことはない。もしそれで解決されたのであれば一九四五年以降の三十年間に貧しい人などいなかっただろう。その時代は、前にも後にもないくらい仕事が豊富にあった。にもかかわらず高齢の人びと、大家族、シングルマザーが生活をやりくりしていくのはきわめて困難だった。こうした人びとに適切な水準の福祉手当を提供しないという決定をした政治家が部分的には責任を負うべきである。しかし、もっと重大なのは、非常に低い賃金しか労働者に支払わないと多くの雇用主が決めたことである。低賃金労働者には工場の製造ラインで作業員として働く人びとやパートタイムで働く人びとだけでなく、ホームヘルパーや掃除人のように他人をケアするために雇われている人びとのほとんどが含まれていた。こうした労働者のほとんどは女性か、学校を出たばかりのまだとても若い人たちだった。労働組合の指導者たちはこのような労働者たちの賃金が成人男性よりも低くてよいということでしばしば意見の一致をみていたが、それはこのような人びとには家族を支える必要がないと思われていたからだった。しかし実際には、多くの人びとが自分たちを頼りにしている人を支えなければならず、彼らの低い賃金で支えることは不可能ではないにせよ困難であった。

国も含めた雇う側の人たちは、このような賃金労働者が従事している仕事は「非熟練」ないしは「半熟練」労働であると主張していた。しかし、このような定義づけはいつも主観的であって科学的ではない。この意味するところは他人のケアに関わる仕事、衣類や缶詰のような製品を工場の製造ラインで生産する仕事にたいした価値はないと支配階層がみなしていたということである。では、こうした労働者たちの労働時間が他の労働者たちよりも短く、厳しくもなかったかというと、そうでないことはたしかだった。このような種類の仕事は一九四五年以降の数十年で大幅に増加し、今日ではじつに多くの労働者がこうした仕事で生活している。しかし生活をやりくりするには尋常でないほど懸命に働かなければならない。収入の低さによって、人びとはいくつもの仕事をかけもちすることを余儀なくされたり、ひとつかふたつの仕事で非常に長い時間働かなければならなかったりする。ある年収二万ポンドの配達ドライバーは一日に十二時間働いているが、そうしないことには子供たちに食事をさせることもできないのだ。彼は「もし自分がこれくらい働かないと、わたしたちの生活は苦しくなりますから」と社会科学者のウィル・アトキンソンに語った。[31]

ここまで人びとを必死に働かせるのは経済的にも理にかなったことではない。多くの政治家が経済成長を確実にするためには勤勉に働くことが必要だと主張し、成長がより公平な社会の基盤なのだとわたしたちは言い聞かせられる。二〇一〇年に緊急予算を発表した際、財務大臣は「財政赤字を処理しないかぎり成長はありません。……予算の債務超過を減らすための信頼できる計画は、インフレを低く保ち、失業率を減らしながら着実な経済回復と手を携えるものなのです」と宣言した。[32]しかし、支配階層が自分たちの富を増やすために「成長」を追い求めたことが今日わたしたちが直面している混乱のひとつの理由なのである。最富裕の一パーセントの人たちは成長が継続するものと想定して、拡大を続けるマーケットに信を置いた。しかし経済成長は、世界と同じくどうしても有限である。消費者がもはや商品を買えなくなり、利益の蓄積が止まって経済危機は起きたのだ。

経済成長は企業の最終目標であったとしても、それがわたしたちの目標である必要はない。経済の成長は必要ではないのだ。成長を追い求めることは、わたしたちと、わたしたちが生きる世界の両方に害をおよぼす可能性がある。なぜなら、わたしたちの足元の地球は、さらに多くの天然資源を少数の者の利益にしかならない製品へと変えるために容赦なく略奪され、わたしたちはみなその結果としての汚染と田園の破壊と気候変動に苦しんでいるのだから。不平等について徹底した調査をおこなったリチャード・ウィルキンソンとケイト・ピケットは、「経済成長はそれによって他のすべてが判断されるべき尺度ではない。……それはわたしたちの暮らしのほんとうの質にはもはや貢献しない。……消費主義は地球にとって危険である」と結論づけた。[33]経済成長によって富が再分配されることはない。一九七四年に最富裕の一パーセントによって蓄積された利益はＧＤＰの三五パーセントを占めていた。二〇一一年までにそうした利益はＧＤＰの四七パーセントを占めるにいたった。[34]つまり、政府と企業が経済成長の達成にますます固執するようになっていくあいだに富は最富裕の人びとの手にいっそう集中するようになったのである。

人びとを「勤勉に働く家族」の一員であるかそうでないかで分けるのではなく、そもそもなぜ誰しもが必死になって働かなければならないのかと問うべきである。労働者階級の歴史は人びとが自分たちの仕事をもっと自分たちで管理したいと望んできた歴史であり、仕事とのよりいっそうの同一化を望んできた歴史であると言われることもある。あるいは、ともかく仕事にありつくことの歴史であるとも言われる。これらの闘争は重要ではあるが、二十世紀のはじめ以降の真の労働者階級の歴史は、必要以上に「彼ら」のために働くことを回避してきた歴史なのだ。このことは第二次世界大戦中には兵役免除になる工場労働に従事したことを意味するが、その理由は一九一四年の戦闘がふつうの人びとになんの利益ももたらさなかったからである。完全雇用と福祉国家を確実にするということは一九四五年に労働党に票を投じることを意味したが、戦後におけるほんとうの前進は、労働条件を改善するために、もっと重要なことには、仕事に費やす時間を減らすために団結したふつうの人びと自身の手で勝ちとられた。総じて考えあわせれば、人びとは働く必要があるから働くのであり、働きたいから働くのではないといえる。

この態度は理にかなっている。働きすぎは不幸、鬱、ストレス、不健康、早死にをもたらす。第二次世界大戦後の数十年に父親になった男性たちは、家族のためのよき稼ぎ手であることと、子供たちと遊び、その世話をすることのできる活動的な父親であることとのあいだで選択をしなければならないことにしばしば不満を覚えた。いまではわたしたちは、家族や友人と意義のある愛情にあふれた関係をもつことが精神的な健康を維持するためには重要であり、働きすぎがわたしたちの身体の健康を害しかねないことを医学や社会科学の専門家の意見から知っている。一九八〇年代以降、癌や糖尿病に苦しむ人びとの割合は増加しつづけている。これが睡眠のパターンを乱し、友人や家族と楽しい時間を過ごす能力を損ねるシフト労働と夜間の仕事の増加に直接関係していることは現在のわたしたちにはよくわかっている。[35]

二〇一〇年以降、ますます多くの労働者たちが違った形のストレスに悩まされてきた。それは自分たちの従事している仕事をコントロールできないことから来るストレスである。二〇一二年にイギリスを含むヨーロッパの十三ヵ国でおこなわれた調査で、非常に多くのことを要求されるが、それをあまりコントロールできない仕事に従事することによって心臓病のリスクが高まることが明らかになった。[36] こうした仕事には休む間もない工場の製造ラインでの仕事、ひっきりなしにやってくる客に反応しなければならないファストフードのレストランやバーでの仕事、電話のノルマを満たすように期待されるコールセンターでの仕事、きつい締切りに追われるオフィスでの仕事などが含まれる。また、あれこれと要求のうるさい査察に耐えなければならず、資金と援助がほとんど得られないなかで、政治家やマネジメントの専門家の希望を実行に移すことが期待される看護師やソーシャルワーカー、教員といった公共部門の労働者たちもますますこうした仕事をするグループに含まれるようになっている。労働組合に頼る労働者の数はどちらかといえば少ない。公共部門では五四パーセントであるのに対し、民間ではわずか一四パーセントにすぎない。全体でみると女性労働者の二九パーセント、男性労働者の二三パーセントだけしか労働組合に加入していない。(37) 国民保健サービスと教育の多くの部門の民営化により、ますます多くの労働者が自分たちのコントロールの利かない組織によって雇用されることになる。民間の雇用主は労働組合を認めることに合意しそうにないし、選ばれた政治家たちに対する説明責任もない。

わたしたちが長時間労働をしなければならない理由は存在しない。二十世紀のほとんどの時代に学者や政治家たちはテクノロジーの進歩によって労働時間が延びるのではなく、より多くの余暇が楽しめるようになるだろうと考えていた。増加しつつある自由な時間を人びとはどのようにすればもっとも有効に活用できるか、さかんに議論が交わされた。二十世紀の終わりまでにはそうした時間を人びとは自分たちの自由にすることができるようになるだろうと思われていた。一九三〇年代には社会調査に携わる熱心な人たちや公立学校の教師たちが『余暇の問題』というようなタイトルの本を著し、アメリカのダンス・ミュージックやハリウッド映画が若者たちに与える影響を懸念した（若者たちの多くはファシズムのほうがいくぶんか大きな脅威であると考えていたし、ファシズムとの戦いで殺される可能性もあると思っていた）。意義の大きな勝利がいくつかあった。ひとつは一九三八年の有給休暇法である。これは労働組合とフェミニズムの活動家たちが毎年の有給休暇をすべての人にとっての権利とするように闘った成果である。労働時間が短くなり、機械による生産方式が一般的になった一九五〇年代と六〇年代に社会学者たちは労働者階級の人びとが仕事をしていない時間をどのように過ごしているか調査し、労働ではなく消費と余暇によって形成される新たな暮らしぶりの始まりを自分たちは目にしているのだと確信した。しかし二十一世紀になって、ほとんどの人びとがいまだ長時間働いていて、しかも昼夜を問わず反社会的ともいえる時間帯に仕事をしている。そして二〇一三年、政府が定年の基準を六十七歳に引きあげたことにより、人生のなかで仕事をする期間がさらに拡張された。政府は将来の世代にはこの年齢をさらに引きあげなければならなくなるだろうと示唆した。半世紀前と比べてわたしたちは明らかに余暇を楽しむことができなくなっている。

何がおかしくなっていったのか？　仕事は政治によってつくられる。一九六〇年代以降、とりわけ一九八〇年代以降になると中間管理職やコンサルタントやキャリア・アドバイザーなどといった何かをなしとげるわけではない仕事にますます多くの人びとが雇用されるようになっていった[38]。仕事に就くことができるように人をトレーニングすること自体がひとつの産業となったのだ。公共部門は肥大化しすぎなので「刷新」が必要だ――このように言うことで人員整理と、労働組合がいまなおかろうじてもっているなけなしの力を奪いとってしまうことを意味している――と主張するまさにその同じ政治家たちは、民間部門の意味のない仕事にわたしたちのますます多くが雇われるのをみて至極ご満悦である。その理由は政治的なものである。人類学者のデイヴィッド・グレーバーはこう指摘する。「自由な時間を手にした生産力のある幸せな人びとが致命的に危険な存在だということを支配階層は理解したのだ[39]」。彼らの先祖は一九六〇年代の後半から七〇年代のはじめにかけてこうした感覚を抱いた。福祉国家が抱える短所と、ありつくことのできる仕事の欠点にもかかわらず、最低限度の生活水準が保証されたことは戦後のイギリスの労働者階級の人びとにとって重要な収穫だった。一九五〇年代と六〇年代に育った世代はすべての人びとに衣食が行きわたる社会になったことを経験し、これを基礎として新たな要求を主張できると感じた。それはたんに生活費を稼ぐだけの暮らしではなく、旅行や教育を内包した生活を求めることであり、自分たちの職場とコミュニティの管理にもっと大きな力をもつことが前提となる暮らしを要求することだった。これらの要求が世界中で社会運動を加速させた。イギリスでは学生や労働者、賃貸住宅で暮らしている人びとがストライキ、坐りこみ、不法占拠を組織的におこなって、大学、公営住宅、工場、学校を支配しているヒエラルキーに異を唱えた。支配階層はひとつの重要な教訓を得た。わたしたちすべてがもっともっと勤勉に働くよう期待されているのは経済的、政治的に力をもつ少数者に利益をもたらすためであり、現状に疑問を抱いたり異議を唱えたりといった意義ある方法で自分たちの時間を使うことからわたしたちを遠ざけておくためなのである。

神話その3　労働者階級の人びとの機会は女性と移民によって阻まれている

二〇一〇年以来、英国独立党がイギリス政治の重要な勢力になってきた。ジャーナリストと政治家は「白人の労働者階級」が移民を嫌悪していることがその要因だと説明したがる。労働党の党首エド・ミリバンドは「移民が……問題を生みだしてきた」し、「わたしたちの経済に圧力」をかけているので「適切に管理される必要がある」と主張している。[40] 移民の流入を阻止したい右派の政治家の多くは、子育てと仕事について女性たちがおこなう選択のほうが企業の最高執行役員が盲目的に利益を追求しておこなう選択よりもはるかに重大な影響力をもっていると信じている。英国独立党の党首ナイジェル・ファラージュは、出産育児休暇をとる女性は雇用主にとって男性従業員よりも「価値が劣る」と述べた。保守党の当時の大学担当大臣だったデイヴィッド・ウィレッツは、女性たちに大学へ進み、仕事に就くよう促進しているという理由でフェミニズムを批判した。そうでなければ男性たちがもっと大学に入ることができ、仕事に就くことができたのに、というわけだ。[41]

この神話に従えば、こうした見方の裏にはすべて「伝統的」な白人男性労働者階級の亡霊が潜んでいる。この労働者階級は女性と移民が彼らの仕事を奪うまではうまくやっていたというのである。しかし事実としては、資本主義は移民と女性の労働に――賃金の支払われる労働であれ支払われない労働であれ――たえず依存してきた。一九三九年まで家事奉公はイギリスで最大の単一職業グループであり、そうした人びとのほとんどはアイルランドの寒村やカウンティ・ダラムの炭坑共同体やホーム・カウンティーズの村などからやってきて、雇い主の家に住みこんで働いた。二十世紀を通して、人びとは仕事があるところに移り住まなければならないと繰り返し言われていた。仕事がやってくると思ってはいけない、というのだった。一九三〇年代に政府は失業中の労働者をイングランド北部から南東部の工場に移住させる労働力移転計画を実施した。一九八〇年代にノーマン・テビットは「自分で仕事を見つける努力をせよ」と失業者に言った。二十年後、トニー・ブレアは「フレキシビリティ」と「グローバル」な労働力の必要性について好んで語ったが、意味するところは同じだった。すなわち労働者から仕事のほうへ行くことが人びとの責任なのであり、逆ではないのだった。このことはコヴェントリのように町全体が移民によってつくりあげられることを意味した。一九三〇年代から七〇年代まで、コヴェントリは自動車工場で働いてもらうためにウェールズ、イングランド北西部、のちには英連邦の国々からやってくる労働者の波を受け入れた。リヴァプールやブリストルといった沿岸部の港湾都市は、生活を海に頼る移民労働者を長きにわたって受け入れてきた。通例、移民たちは町の中心部に近く生活費も安い労働者階級地区に住まいを見つけた。

移民と地元のコミュニティ双方の寛容さと適応力は、白人労働者階級の人びとがもとから人種差別主義者であるわけではないことを示している。これはまた労働者階級がけっして排他的に白人だけだったわけではないということも示している。アイルランド人、黒人、そしてアジアからの移民たちが、彼らの働く町で生まれ育った労働者たちとともにストライキや抗議活動に参加することも多かった。白人の住民や労働者を押しのけるということもなく、移民労働者たちはしばしば低賃金と過密状態の住宅事情を経験した。彼らはイギリス人に比べて孤独と支援の欠如に苦しめられやすい立場にあった。友だちや親戚にめったに会わない白人のイギリス人がわずか一〇パーセントであるのに対し、移民のなかにはその割合が一七パーセントにおよぶグループもある。[42] 移民たちは白人のイギリス人労働者と同じような問題を経験するが、政治家や雇用主たちが彼らを臨時の労働力として扱うという態度を変えないため、多くの給付金やサービスを受ける権利が与えられず、彼らに対する搾取は悪化の一途をたどっている。

移民に焦点を当てることで、わたしたちは視線を問題の元凶から逸らしてしまっている。その元凶とは移民労働者を安価で搾取可能な賃金奴隷にしている雇用主と政治家たちである。移民たちはイギリス人労働者よりも安い賃金で働くというので責められるが、賃金を決めているのは移民たちではなく雇用主である。イギリスは他の西洋諸国の大部分と同様、移民に依存してきたが、これは移民がきわめて低いコストで得られる労働力を供給してきたからである。このことは移民の労働が価値の点で劣っていて当然だということを意味しない。移民には低い賃金しか支払われない仕事を受け入れる以外の選択肢がほとんどないが、こうした仕事は介護や配膳など一般に重要だとわたしたちが認識している職種である。むしろ移民の労働力が安価なのは、「国内」の労働者たちの教育やヘルスケアといった増大しつつあるコストに国が移民に関してはまったく気を遣わなくて済んでいることに理由がある。実際、移民は臨時の労働力だと言い募ることによって——イギリス経済に対する移民の貢献はいつも重要なものでありつづけてきたという事実（奴隷貿易を考えてみればよい）にもかかわらず——政府は移民労働者たちが国にいるあいだ彼らの年金や健康管理、その子供たちの教育費にお金を使わないことを正当化できる。ヨーロッパの自由市場では労働者たちは仕事があるところへ行くように促されるが、東ヨーロッパの多くの地域ではそう簡単に仕事が見つかるわけではない。こうした地域では福祉に最低限の支出しかおこなわず、自由市場経済に力を注ぐ政府が国家社会主義の後釜に座り、国際通貨基金からやってきたアドバイザーと、イギリスの歴代の政権を含む欧州連合内の主要なパートナーによって推し進められる戦略を遂行している。

移民が経済危機の罪を誤って着せられているとすれば、女性にも同じように罪が着せられている。向上心の高い女性たちが男性の仕事を奪っているというデイヴィッド・ウィレットの主張は二〇一一年に批判されたが、女性の出生率についての「懸念」を表明するという名目で政治家とジャーナリストは女性の経済的自立を攻撃しつづけてきた。向上心のある若い女性は自分のキャリアの確立のために子供を産むことを先延ばしにしているという話をわたしたちは聞かされる。同時に、子供のいる女性は彼女たちの選んだ職業において満足のいく仕事ができていないと批判される。キングズ・ファンドの最高責任者クリス・ハムは、女性医師の増加が救急救命部門の人手不足の原因であると非難した[43]。この緊縮の時代に、女性は男性と比べて非常によくがんばっている。彼女たちはみな明らかに学歴が高く、専門的な職に就く能力をもち、仕事のキャリアを築いたり子供を産んだり家を買ったりする時期について最終的な管理をおこなっている。しかし彼女たちの進出が——じつのところ法の下での女性と男性との平等が——社会的、経済的な問題を生みだしていると言われるのだ。

現実に女性たちがどのような生活を送っているかをみれば、わたしたちの暮らしが事実うまくいっているなどとはとても言えなくなってくる。専門的な仕事に従事している労働者の半数を女性が占めているが、彼女たちは看護のような低賃金の仕事に集中している。女性たちは低賃金の傾向が強いケア、余暇、サービス関連の労働者の八〇パーセント以上を構成している[44]。実際、わたしたちは家事奉公人に最低賃金が定められておらず、労働組合もなく、労働時間に規制が設けられていなかった一九三九年以前の女性労働者たちが耐え忍んでいた状態に逆戻りする危険にさらされている。家事奉公人のほとんどは雇用主の家の屋根裏や地下に住まわされていたので、彼女たちが置かれていた状態についてはほとんど知られていなかった。今日でもまだイギリスは多くの臨時雇用の女性にかなり依存しており、そのほとんどは移民である。こうした仕事で臨時雇用の移民労働者の割合が高いということは、家事関連のサービスにどれくらいの数の女性が雇われているのかについて信用できる統計が存在せず、このような女性たちがどういった生活と仕事をしているのか明らかにすることにほとんど関心が向けられないことを意味している。しかし家事サービスの拡大は、そうした仕事に従事する若い女性の数の増加に見てとることができる。三十年前には掃除の仕事は子育ての合間に仕事を見つけようというやや年長の女性によってなされることが多かったが、いまでは生活をやりくりするために若い独身の女性たちが他人のかわりに掃除をする仕事にふたたび頼るようになっている。一九九三年から二〇〇三年のあいだでオフィスやホテルの清掃のような低賃金の仕事に従事する十六歳から二十四歳の女性の割合は、七パーセントから二一パーセントへと三倍に増えた(45)。

多くの女性たちは子供をもつかわりに外で働いてお金を稼ぐ道を「選択する」のではなく、子供たち、失業中の夫やパートナー、高齢になって貧困に直面した親たちを支えるために働きに出るのである。一九九六年には扶養している子供がいる母親の六七パーセントが働きに出ていた。二〇一三年には七二パーセントの母親が働きに出ている。シングルマザーの六〇パーセントが賃金労働者である(46)。正当に評価されず、賃金も支払われない家庭内労働の大半を女性たちが担うという傾向はいまだに続いている。女性が家計を管理する傾向は高いので、自分の家族がどのくらい苦しい生活をしているか女性たちはしばしば痛感することになる。一九三九年以前のイギリスでは女性が借金の手筈を整えたり質屋を利用したりする割合が高かったのと同じように、二〇一〇年以降も女性たちは多くの借金を抱え、生活の帳尻を合わせるためにイーベイのようなウェブサイトで自分たちの持ち物を売りに出そうとしてきた(47)。多くの女性たちは彼女らに押しつけられる賃金の支払われないケア労働の要求があるから、パートタイムの仕事をするほうが都合はいいのだが、フルタイムの仕事をしたいと思っているパートタイムの女性の割合は、二〇〇四年の八パーセントから二〇一一年には一三パーセントへと増加している(48)。

一九三九年と比べると、専門的な仕事に従事している女性たちが彼女たちの雇う掃除婦や育児手伝いの外国人が直面する問題のいくつかを共有していることはいっそう明らかになっている。経済的な面での不安と長時間の労働は貧しい人びとに限られているわけではない。働く女性のほとんどがこうした問題に直面している。専門的な仕事は今日、数年におよぶ「トレーニング」期間を必要とし、そのほとんどが無給か低賃金でおこなわれる。わたしが身を置く研究者の世界では終身専任の職位を──かりそめにも空きがあればの話だが──得たときにはゆうに三十代に突入しているというのがふつうである。終身職位を得る前は何年も臨時の、ときには時間単位の契約に頼るしかない。働いている時間のほとんどは（非常勤や有期の契約で雇われているのは男性に比べて女性研究者のほうがはるかに多い）学生の教育に費やされるが、これは重要ではあっても、低い評価しか与えられない仕事である。[49] 終身の専任職位を得るには研究をして学問的な業績の出版を積み重ねなければならないが、非常勤講師の場合、研究は夜以降や週末の「自分自身の」時間（授業の準備や学生の課題の採点をする必要がないときに限られる）にするよう期待されていることが多い。同じく他の職業も低賃金で過剰に働かされる数多くの労働者たちに頼っている。こうした人びとの多くは、子供をもつ前に経験したいと思っている時間も収入も安定感も与えてはくれない仕事やインターンに従事させられている。

研究者の世界や法曹界、メディアの世界に入るのに何ヵ月も無給でインターンをしたり、何年も異常に低い賃金で働いたりすることが必要とされるまともな理由など存在しない。これらの仕事の置かれた状況、あるいは労働市場が全体として置かれている状況は政治的決定の帰結なのである。政治家や企業のトップの人たちはインターンの門戸をどうやって多くの人びとに開いていくかについては思案しているが、数年前にはインターンなどなくても完全にうまくまわっていた仕事でインターンがそもそも必要なのかということについては考えもしない。現在では数少ない専門職の仕事の口をめぐってより多くの人びとが競いあっているという証拠もない。専門職に就いている人びとの割合は一九七〇年代以降次第に増えてきており、法律家、教師、研究者、医師への需要が増加していることを示している。

繰り返し言うが、職業をめぐる不安の増加は政治に責任がある。近年、大学教育には納税者が賄いきれないほどお金がかかると政府は主張し、授業料を引きあげた。しかし同時に、政府は大学教員に対する要求を増やし、大学教育をいっそう費用のかかるプロジェクトにしてきた。時間給で雇われている教員が必要とされるのは、大学の経営陣や政治家たちが学生たちに、自分たちは「消費者」なのであり、教育の価値は研究者がいる教室にどれくらいの時間座っているか次第であると信じるよう推奨しているからだ。大学が終身契約でもっと多くの研究者を雇うほうが経済的であろう。しかし臨時雇用のスタッフのほうが融通は利くし機嫌をとりやすく、誰もやらないような仕事を引き受けるくらい彼らは必死である。こうした人びとは自分たちのいる組織や世界の性質に疑義を呈して、将来終身雇用のポストを得るチャンスを潰すようなまねはしないだろう。

この不安定な世界では、女性にとって母親になることは好ましからざる事態と思えてしまうこともたしかである。

女性のなかには子供をつくらないという選択をする人がいつでもいるが、信頼できる避妊法によって性的な関係の充足の機会を犠牲にすることなく、わたしたちがこうした選択をする力を手にすることが可能になったのは事実である。この選択が社会に害をもたらしてきたことはなかったし、世界の人口は増えつづけているのだから、将来もその心配はないだろう。わたしたちが心配すべきは、女性に子供をもつのを遅らせるしか選択肢がないとか、仕事と家庭生活のあいだでの選択をしなければならないと感じさせてしまうネガティブな理由についてである。政府による幼少期の（就学前の）児童への手当の削減のために、子供をもとうと決意した女性たちは支払い可能な児童保育を探さなければならなくなる。親たちは適格ではないと言われつづけている学校制度や、この十年間で授業料が三倍をこえ、これからの数十年どうなっていくのか定かではない大学制度に頼って子供たちを支えていくことに不安を覚えないわけにはいかない。子育てと家事の大部分を担っているのは女性なのだから、わたしたちのほとんどが母親になるのをためらうことは驚くに当たらない。住宅費の高さと仕事の不安定さゆえ、母親たちが金銭的にも家庭的にも子供を支えられるようになるのはようやく三十代に入ってからだ。そして孫が生まれると、ふたたび就学前育児の心配をすることになる。祖父母たち、とりわけ祖母たちが二〇一〇年以降に削減対象となったシュア・スタート・センターや託児所、自主保育活動の肩代わりをますます要求されるようになっている。祖母たちの助けは低い収入で生活する家族にはとくに欠かせないものであり、長時間ケア労働に携わる人びとは過度の疲労とストレス、抑鬱に苦しんでいる。(50)

神話その4　選抜制の私的な教育に促進された社会的流動性によって不平等は解決できる

政治的に左寄りの立場をとる者であれ右寄りの立場をとる者であれ、一九五〇年代に暮らし向きが好転したという点では意見が一致するだろう。これは強力な福祉国家と完全雇用のおかげなのだと左翼の側は主張する。しかし右寄りの立場の人たちと政治の主流派に属する左寄りの人たちは、戦後社会でもっとも恵みをもたらした側面のひとつが選抜制のグラマースクールによって促進された社会的流動性の拡大であることに見解の一致をみるであろう。現在の政府は選抜制の教育を支持すると宣言し、こうすることで「出自にかかわりなくすべての人が才能と向上心に応じて高いところにのぼりつめるチャンスをもつ」実力主義を推し進めることに貢献できると言っている。(51)

戦後のイギリスは実力主義の社会であったという政治的

なコンセンサスが存在していることは、この主張がどれほど明白に誤っているかを考えれば皮肉なことだ。福祉の手当、完全雇用、国民すべてが受けられる医療、無償の教育によってイギリスが以前よりも健康的で生産性の高い、より平等な社会になった一方で、イレヴン・プラスの試験とグラマースクールは実力主義を生みだすことにつながらなかった。選抜制の中等教育は多くの人びとにさらなる機会を与えるどころか、戦前のイギリスにすでに存在していた社会的な分断を強固なものにしただけだった。戦後はグラマースクールの時代として記憶されているのではなく、財政的に貧しくて設備の悪い、過剰な数の生徒を抱えた現代中等学校の時代としてもっともよく記憶されている。現代中等学校は一九四〇年代から一九六〇年代のあいだイギリスの生徒の八〇パーセント以上を教育してきた学校である。

　グラマースクールを支持する人たちは、グラマースクールが数はわずかであっても才能のある労働者階級の子供たちに、少なくとも新たな機会を与えはしたのだと主張する。しかし教育をめぐる五十年におよぶ研究によって、「才能」や「潜在能力」を計る適切かつ客観的な基準など存在しないことが明らかになった。学力的に選りすぐりの学校に入ったり、トップレベルの中等教育機関《アカデミー》やフリースクールに進学したりした子供たちが選抜であまりうまくいかなかった子供たちよりも「すぐれている」とは限らない。そうであっても教育上の選抜を支持する人たちのなかには、選抜をくぐりぬけた子供たちは他の子供たちよりも価値が高いのだと言う人もいる。つまり、こうした子供たちはその親たちが教育に関心をもっているから出来がいいのだというわけである。親のなした悪行のためにその子供たちが罰を受けるべきかどうかは疑問だが、いずれにしても子供たちの教育上の達成が親たちの向上心と密接に関係しているわけではない。一九五〇年代と一九六〇年代に教育を受けた人びとで、上昇志向の強い親たちが子供のグラマースクール受験の「失敗」にひどく落胆していたことを思い起こす人は多い。もし労働者階級の親たちが子供たちの進学にとってほんとうに障害となっていたのであれば、一九六〇年代に労働党によって導入された総合制中等教育は惨憺たる失敗に終わっていたことだろう。ごくわずかな数の労働者階級の子女しか大学に進まなかったであろう。事実は、大学に行った労働者階級の子女の割合は一九七〇年代から劇的に増加した。それはなかんずく総合制中等教育のおかげなのであり、その世代の労働者階級の子供たちがAレベルの資格をとり、高等教育に進むことが可能になったからである。

　学力で選抜をかける学校が労働者階級の子供たちを排除

してきたというのは不名誉な歴史である。戦後の時代、イレヴン・プラスに合格した労働者階級の子女たちでも、可能なかぎり早い年齢でグラマースクールを去る傾向にあった。二〇一〇年以降に開校した新時代の中等教育機関《アカデミー》と、この三年ほどのあいだに開設されたフリースクールは、それらの確立された社会に労働者階級の子供たちを受け入れることについてはすでに芳しからざる記録をもつにいたっている。フリースクールに通う子供のうち無償の学校給食を食べられる生徒の割合は、すべての学校を対象とした場合には一七パーセントであるのに対し一〇パーセントにもおよばない。クラス分けをし、能力別編成をおこない、選抜をかけることがますます多くなるため、労働者階級の子供たちは行く手を阻まれ、割に合わない底辺層にとどまることを余儀なくされる。中等教育機関《アカデミー》とフリースクールは、自分たちの実績を下げられたくないがために試験から労働者階級の子供たちを除外したという、ありがたくもない名声を得るにいたっている。(52)

教育によって社会的な流動性を高めることはどうしたってできない。戦後のイギリスで社会的な流動性が明らかに高まったのは、政府の統計が「専門的な仕事」と位置づけた看護、教職、事務職、技術職といったいくつかの仕事が拡大したためである。こうした職業の拡大はグラマースクールによって引き起こされたのではなく、福祉国家を拡充し、一九六〇年代には科学的な調査研究を支援しようとした政治の尽力の結果である。国民保健サービス、無償の中等教育、福祉事業と福祉手当の国による給付、科学技術産業の拡大は、教員、事務職員、看護師、技術者の需要がそれまでにない規模で生じたことを意味する。今日ではなんとか学校に通いつづけ、大学に進学しようとする労働者階級の子女たちは、自分たちの機会が労働市場によって左右されていることに気づかされる。

教育目標として社会的な流動性に焦点を絞ることは、すべての人の可能性を狭めることにつながる。学校や大学が仕事の口をつくりだすことはできないが、学生たちは学校や大学がそうすることは可能であり、またそうしなければならないと信じるよう説得されている。いまや多くの学生は大学を卒業すると専門的ではない仕事に就くのだが、この問題に対処するために大学の経営陣や政治家は、学生たちが雇用可能になるよう教育される必要があると言い立てる。現在、多くの大学は教員が学部生に対して「雇用可能性」を教える授業やセミナーを提供している（あるいは学部生にこうした授業をとるよう要求している）と主張するが、大学の教員自身、これまで歴史学者や文学理論の研究者や法律学者として雇われてきたにすぎない。(53) たとえばリヴァプール大学で考古学を学びたい学生は「雇用可能性を高めるためにより多くのスキルを身につける単位」をとることができる。[54] これは失業が雇用可能でない人びとによって引き起こされたことなど一度もなく、たんに仕事がないことによって引き起こされたのだという歴史がわたしたちに教えてくれる事実を無視している。結果として昨今の大学はデイヴィッド・グレーバーが「意味不明な仕事」と呼ぶもので満ちあふれ、大学教員に対して彼らがまったく知らない科目を、そうした科目から得るものなど何もなさそうな学生たちに教えるようにと教えるために人が雇われるという事態が生じている。[55]

わたしたちの社会のように科学技術が発展し、天然資源と富が豊かにある社会なら、選ばれた少数者にではなく、すべての子供たちに可能なかぎり最善の人生のスタートを切らせてやるように力を注ぐことができるし、そうするべきである。選抜制の教育を支持する人たちはすべての人が専門職に就くわけではないと指摘するだろう。たんにわたしたちがこれほどまでに多くの弁護士、医師、学者、銀行経営者を必要としているだけなのだ、と。このように言う人たちはこれら一線級の仕事のポストに選ばれるべきは厳密には誰なのかということに議論を還元し、残り八〇パーセントの人びとをどのように教育するべきかについては他の誰かが考えるだろうと高をくくっている。しかし、こうした問題をわたしたちは他人任せにすることはできない。というのも選抜制の教育システムのもとでは、比較的豊かな社会においてさえ大多数の人びとの教育への資源配分は不足すると思われるからだ。これについての正確な理由は、教育の結果として大多数の人びとが従事するようになる仕事に支配層のエリートがわずかな価値しか見いださないことにある。二〇一〇年から教育への支出は一九五〇年代以降でもっとも急速に減少しているのである。[56]

このような事実は、社会的流動性をめぐる真の問題を如実にあらわしている。つまり、社会的流動性によっては経済的な不平等を解決することはできないし、これまでもできなかったし、これからもできないだろう、それどころか不平等を減らすことさえできないし、できなかったし、これからもできないだろう、ということだ。というのも、社会的流動性という概念はわたしたちが平等でない社会に生きていることに依拠しているのであり、そこでは第一に賃金の高さによって、いくつかの形態の仕事に他の仕事よりも大きな公的価値が与えられている。イギリスの社会的、職業的なヒエラルキーの頂点に誰がたどりつくのかを決める「公平」な手段の創出に心悩ませるかわりに、わたしたちはヒエラルキーそのものを疑問視する必要がある。なぜ企業専属の弁護士や銀行経営者や政治家のほうが音楽家や作家や芸術家よりも多く稼げるのか？　わたしたちが出すごみの処分をする人や介護施設で働く人、図書館員や道路を清掃する人がなぜこれほどの低賃金で働き、それ以上になぜ不安定な契約のもとでこうした仕事に従事せざるをえないことが多いのか？　金持ちをもっと金持ちにすることが、教師や看護師やホームヘルパーになったり、外で働かず親として子育てに従事したりして人びとのケアをすることよりも本質的に価値が高いのだなどと、わたしたちはどうしたら自分の子供たちに言えるだろうか？

こうしたヒエラルキーが他の人びとをケアすることにたいした価値を見いださないものであることは明らかだ。このヒエラルキーはわたしたちの多くによって共有されているわけではない価値観にもとづいている。二〇一二年に全国で実施された収入、支出、幸福度についての調査で、「所得の高い」人ほど「生活の満足度と幸福度が高く、不安が少ない」ことがわかった。しかしながら、これらの弁護士やファイナンシャル・マネージャー、会計士たちは仕事以外の場所で彼らがなしうることから満足を得ているのだ。彼らにとっては、自分たちが家族や友人とくつろいだ時間を過ごすためのお金を得られるかぎりにおいて仕事が意味をもっているのである。彼らに質問をした調査員は「自分たちが生活のためにしていることは価値のあることだという人びとの抱く感覚に、家計収入の多さはさほど重要な関連性をもってはいない」との結論を出した。[57] 企業専属の弁護士や銀行経営者として働くことは富と専門職のステイタスをもたらすのかもしれないが、社会にとって意味のある貢献をしているのだと感じられることを彼らにさせてくれるわけではない。わたしたちのほとんどはこのような貢献ができるようになりたいものだと思っているだろう。

神話その5　違った種類の社会を生みだせないのは人びとの貪欲さとわがままのせいである

わたしたちの社会を組織する唯一可能な方法として資本主義を扱うことに経済的、政治的ないかなる正当性もないので、現在わたしたちが置かれている状況を擁護する人たちは、わたしたちがあまりにも貪欲であるがゆえに別様の生き方ができないのだという断定を最後のよりどころとせざるをえない。ここでもまた彼らは自分たちの主張を通すために近年の歴史を引き合いに出す。一九七〇年代には「貪欲」な労働組合員たちが、戦後の国家が交渉のために彼らに与えた限られた権限を濫用し、もっともっと賃金を上げるように要求した。あるいは左寄りの人たちが言うには、一九八〇年代には労働者階級はマーガレット・サッチャーに「寝返り」、それまでの数十年の集団的な精神よりも、公営住宅を買いとり、民営化された公共事業会社の株を所有することによって得られる消費者としての利益のほうを好んだではないか、と。

これらは、どちらの場合についても起きたことを正確に言いあらわしていない。一九七〇年代、西側の世界のいたるところで企業と政府は福祉国家を縮小するという決定をした。イギリスでは政治家や経済学者たちは、これが自動車製造のような産業における国際競争と、物価の高騰に見舞われた一九七〇年代はじめの「石油危機」との不可避の結果であるとしばしば説明した。彼らは「国際競争」の大部分が西ドイツからやってきていたという事実にほとんどふれていない。西ドイツは東側ブロックに近く、資本主義が国家社会主義の信頼に足る代替物たりうると示す必要性もあって、労働組合運動と労働者の福祉、他と比べても高い賃金の実現にきわめて大きな力を注いでいたが、それにもかかわらず産業の拡大に新たな道を拓くことができた。また政治家や経済学者たちは、「石油危機」それ自体が公共支出の削減と労働者の解雇を要請したのではないという事実を体裁よくごまかそうとしがちである。こうした政策が実行されるべきかどうかをめぐる論争に、一九七四年から七九年の労働党政権があれほど不安定であった理由がある。これこそが労働組合を弱体化させ、そうすることで労働者として、消費者としての労働者階級の人びとの経済的、政治的な力を殺ごうという決定だった。これは不可避の結果ではなく決定によってもたらされたことなのだ。それは一九六〇年代の終わりから一九七〇年代のはじめにかけて広く支持された労働者と学生の運動に恐怖を感じた支配階層が下した政治的な決定だった。この時代にはふつうの人びとが自分たちの仕事と暮らしをもっと自分たちの手で管理したいと要求を強めていた。こうした出来事の結果、イギリスの支配階層のなかには武力によるクーデターを支持する者があらわれ、さらに由々しいことに一九七〇年から七四年のあいだ、エドワード・ヒースの保守党政権は五回も非常事態宣言を出す破目になった。

一九八〇年代にはマーガレット・サッチャーの保守党政権が、一九七〇年代の政治的不安定に対するオルタナティブを提供してくれるようにみえたから、多くの労働者階級の人びとがサッチャーの政権に投票し、それ以降、保守党政権へ票を入れるようになった。保守党に投票した人びとは、サッチャー自身の言葉で言えば保守党が擁護する新自由主義的な経済のかわりになるものが存在しないからという消極的な理由で票を投じるケースが多かった。信頼のおける代替案をなんら提示できず、労働党はしばしばこれに加担した。マーガレット・サッチャーは一九八〇年代において、個人の独立と自己表現、自己決定を求める一九六〇年代終わりの社会運動による要求を利用したただひとりの政治的リーダーだった。人びとが自分の家やビジネスを所有するのを援助することによって、サッチャー政権はこれらすべてを実現させると主張した。この約束は多くの有権者を惹きつけたが、現実には空疎なものであった。多くの人びとのビジネスは失敗に終わり、何百万もの人びとがさらなる失業を経験することになった。こうした人びとの多くが買ったばかりの家を売らざるをえない状況に陥った。

新自由主義のイデオロギーが強力であることを考えると、一九八〇年代に多くの労働者階級の人びとは保守党に投票しなかったとは、いまになってみれば信じがたい。実際、投票率が下がりはじめていたし、それ以来ずっと下がりつづけている。わたしたちはこのことを「無気力」や利己心のあらわれとは考えずに、なぜ人びとは政治家たちをまったく信用しなくなったのかと問うべきである。新自由主義がたんに機能していないだけなのだということを認める勇気をもった人間が、一九八〇年代以降ひとりもいなくなったからなのではないか?

わたしたちの日々の生活は、わたしたちが本来利己的であると示してはいない。逆に、ほとんどの人びとはお互い助けあい、生き残っていくために生活している世界をよくしたいと思っていることを示している。わたしたちの生き方の選択から、わたしたちのほとんどがお互いの助けあいこそ最終的にはひとりひとりの利益になるのだということを理解しているとわかる。一六パーセントほどの人びとがなんらかのボランティアに従事しているが、多くの人びとが家族のケアと仕事にかなりの時間をとられることを考慮に入れれば、これは高い数字である。ボランティアには明らかにやりがいがあるのだ。[58] 九〇パーセント近い人びとが定期的に友人や家族に会っている。労働者階級の人びとが住む多くの地区では、家族や友人同士のグループによって人びとは援助と幸せを与えられつづけている。[59] そして他者のニーズと、わたしたちが暮らす地球の要求に応えるために人びとは進んでライフスタイルを変えたり、適応させたりしているのだ。二〇〇〇年には家庭のごみの一一パーセントしかリサイクルされていなかったのが、二〇一二年までにはごみの四三パーセント以上がリサイクルされるようになった。[60] 政府と企業は、二酸化炭素の排出を減らすことに彼らがいかに少しのことしかできないかをめぐって言い争っているが、残りのわたしたちは、自分の子供たちに受け継いでほしいと願う世界への悪影響をどうすれば減らせるのか、忙しい生活の合間を縫って考えつづけてきた。ナンバーワンになることだけを求めるのが正しいという新自由主義のもとでわたしたちの多くが育ってきたことを考えれば、これは祝福に値する達成である。

資本主義を批判するとすぐ、それに代わる社会の青写真を提示せよと求められる。しかし歴史が教えるとおり、来たるべき新たな世界をつくるための一貫性のあるプログラムを提示したひとりの人間によって革命が始まるわけではない。そうではなくて、自分は権力を手にして当然だと信じている人間が大多数の人びとに共有された不満を認めようとしないときに革命は引き起こされるものだろう。これこそ現在わたしたちが置かれた現状であり、支配階層はわたしたちが厳しい時代を生きているということを受け入れようとはせず、まして変革が必要だとは認めようとしない。しかし、歴史が何事か教えてくれることがあるとすれば、それはすべてのものは変わりゆくということである。わたしたちが生きている世界にとってかわるオルタナティブなど存在しないと主張することは、エリートたちの無神経で、最終的には自己破滅へといたる性質を示している。

わたしたちがいましなければならないのは、よりよい生活を送るための第一歩を、新自由主義にとってかわる方法を明らかにするための最初の一歩を考えはじめることだ。

この社会は労働者階級にとっての黄金の時代をもたらしてはくれないだろう。黄金の時代など存在するはずもないのは階級というのが不平等の証だからだし、不平等はわたしたちの誰にとってもなんの役にも立たないからだ。そのかわり、どうすればほんとうに階級のない社会をつくりだすことができるのか議論を始めることは可能だろう。そして労働者階級の歴史は、わたしたちのよすがとなりうる教訓をいくつか与えてくれるのだ。

第一に、経済成長が生活の質を向上させるのではなく、それを可能にするのは経済的な再配分である。イギリスは戦後しばらくのあいだ再配分がある程度機能していたがゆえに健康的で幸福な国だった。しかしこの時代の教訓は、富と権力を再配分するのに支配階層は信用できないということである。平等な社会をつくるための、より民主的で透明性の高い方法は、わたしたちが自分たちを信頼して見つけなければならない。

このことは実現可能である。なぜなら、わたしたちは過去にこれをなしとげたことがあるのだから。連帯はこれまで重要な勝利をもたらしてきたし、緊縮策に対する真の代替案を提供してくれるだろう。二十世紀を通して集団的な闘いが達成した数多くのことを見てみればよい。労働者の生活状態を改善し、労働時間を短縮し、わたしたちによりよい仕事とケアを与えてくれる公共部門を拡大し、民主的に管理された住宅と無償教育を実現させた。集団的な政治の力としての労働者階級は衰えてきているが、お互いを助けあいたいという気持ちは衰えていない。現在、ほとんどの人にとって子供たちや孫たちの不確実な未来を心配することが、こうした気持ちを表現する唯一の手段となっているというだけのことである。集団的な努力がわたしたちすべてにとって大きな収穫をもたらすと示すことで左派は収入と財産の再配分を正当なものと主張できるだろうし、それが階級のない社会をつくりだす唯一の道なのである。これはばかげたことであると政治における体制派の人たちは嘲笑する。しかし彼らは、「勤勉に働く家族」が不平等を克服できるという彼らの抱く信じがたい考え方の裏にあるロジックを明らかにはしていない。こうした不平等は、自分たちの特権にしがみつくことを決意した有力なエリートたちによって引き起こされたものなのだ。そして彼らは、社会的な流動性が女性と移民の大部分を含むほとんどの人びとを階層の底辺に置き去りにしているという反論できない証拠に対しては無視を決めこんでいる。

　なぜ仕事がわたしたちの生活の中心なのかと問う必要がある。わたしたちのこれだけ多くが、ほんのわずかしか達成するものがないか何も達成することのない仕事になぜ人生の大部分を費やさなければならないのか、理由はない。事実、利益に巣食って生活している一パーセントの人間のためにではなく、社会のためになる意義深い仕事をわたしたちがしてはいけないという理由などありはしない。これらをふまえればわたしたちが働く時間は短くなり、家族や友人とともにくつろいだ時間を過ごすことにわたしたちのすべてがより多くの時間を使えるようになるだろう。調査によると、わたしたちはこうすることを望んでおり、これは健康のためにもよいことである。このことは環境にとっても大きなプラスとなるだろう。というのも、経済成長の追求はわたしたちの地球を破壊することにつながるだけだからだ。

　こうした新しい社会を実現するには革新と想像力が必要であり、そのためにはこれまでと大きく異なる教育システムが必要になる。現在、学校で「うまくやれる」子供たちでさえ、大いに質が向上した人生を結果として送ることができるとは限らない。なぜなら、もし教育システムが労働市場の需要を満たす能力によって――人びとをふさわしい仕事に適合させるという観点から――判断されるとするならば、それは人びとに自分たちが生きている社会を疑問視するよう奨励するシステムにはならないからである。もはや大学が人びとの可能性を広げるための場所ではなく、可能性を狭めるものとなっていることのさらなる証拠が必要であれば、「雇用可能性」という新たなるスローガンにそれを見いだすことができる。過去において失業をもたらしてきた要因のひとつは革新の欠如である。雇用主の側の自己満足と新たな製造技術の開発に対する後ろ向きの姿勢は、一九七〇年代前半の自動車産業における労働組合活動家たちの不満のひとつであった。彼らはイギリスの製品が西ドイツや日本からの輸入品に比べて魅力を欠いたものになるだろうと正しく予見していた。それゆえ、わたしたちの教育システムがわたしたちの直面している危機の解決策を考えるよう人びとを励ますのではなく、雇用者側のニーズに合うように設計されていることは憂慮すべき事態である。政治家や経営者たちは、学生とその親たちに教室で過ごす時間と価値とを同一視するよう促している。わたしたちは教育の価値が、想像力豊かに考え、自由に自己表現する機会が教育によってどのくらい与えられるか、あるいは冒険や危険に富んだ学びの形式を経験するチャンスがどれくらい提供されるかにあるのだと定義しなおしてもよいだろう。教育が学校や大学に限定される必要はないし、特定の年齢層に限られる必要もない。わたしたちが教育をすべての人びとのためになるものと考えはじめさえすれば、わたしたち全員が社会として教育に投資すべきだという議論を難なくすることができるようになるだろう。

もしわたしたちがよりよい社会についてのもっと具体的なアイディアを手にしたいと望むなら、人びとがともに歩み、お互いの経験から学ぶことのできる方法を模索する必要がある。公共空間において労働者階級の人びとの声は、ごくまれにしか聞かれることがない。労働組合はその力の多くを失ってしまった。メディアは労働者階級の人びとにきわめて限定された状況で意見を求めるだけである。人種や移民をめぐる議論のときが一般的で、極右政党が票を獲得しようと期待している町へリポーターの大群が押し寄せる。経済危機とその余波を人びとがどのように経験したかについての調査は、どの政党がこの大混乱の責めを負うべきだと思うかという世論調査に限定されがちだった。どの政党にも責任があるのだし、どの政党も「緊縮」策を支持しているのだから、こうした質問では人びとが抱いている不満や将来についての希望をあまり明らかにすることはできなかった。政治的な議論の境界線は厳密に引かれている。しかし、多くの人びとが経済成長の終わりなき追求よりも再配分に力を注ぐ思いやりにあふれたよりよい社会をつくりあげたいと思っていることは明らかだ。このことをわたしは、この本が二〇一四年に出版されたあと講演のために全国各地をまわるなかで目の当たりにしてきた。ウォリックシャーの市民会館、オックスフォードとエディンバラの書店、リヴァプールの図書館、イルクリーでの文学フェスティバルは、どのようにすればわたしたちは歴史から学ぶことができ、わたしたちが生きている世界を変えることができるのかという問いを抱えた人びとでいっぱいだった。

しかし、わたしたちの不満をこれまで以上に議論し、共有する方法を見つけだすことはできるだろうか？ 評論家たちは、イギリス人の約六〇パーセントしか世論調査で尋ねられたときに自分たちが労働者階級であると答えないと指摘している。これでは、わたしたちの富のほとんどを所有している一パーセントの人間によって搾取されているにもかかわらず、自分たちを労働者階級だとみていない四〇パーセント近くの人びとを置き去りにすることになる。多くの人びとは人種が階級よりも決定的な政治上の問題であると信じているようだ。階級はもはや死んだのだという政治家の主張やメディアの論調は、連帯は時代遅れだとの議論としばしば軌を一にしている。この五年間のさまざまな時点でジャーナリストや政治家たちは、階級は死んだと主張するのをやめることもあった。これは通例、現在の労働者階級は右翼であり、人種差別主義者であると主張したいがためである。こうした瞬間が二〇一四年の四月から六月の間にあった。ヨーロッパ議会の選挙で「労働者階級の白人」が改革をめざす左派の計画に票を投じることはけっしてあるまいというメディアと政治家たちの宣言に焦点が当てられたのである。[61] この結論には二〇一四年六月、BBCのラジオ4が階級と平等をテーマにしたドキュメンタリーを二本放送したことで、さらなる重みが付け加えられた。ひとつは『イングランド労働者階級の解体』と題されたもので、E・P・トムスンへの意識的な意趣返しであるが、学者の意見のみに依拠して、いつ労働者階級が「解体」されたのかを探ろうというものだった。一九六〇年代以降、労働者階級の生活とアイデンティティは根本的に変容したのだという想定をあたりまえのものとみなしていた。[62] もうひとつは『右寄り世代』という番組で、仕事をしている三十歳未満の人びとは機会が与えられれば福祉国家を廃止してしまうだろうと主張していた。[63] これらが言おうとしているのは、階級は問題にならないということであり、生活のために働くことは必ずしも人びとを団結させるわけではないということであり、この世代はともに行動することを重要視はしていないということであり、連帯が自分たちの利益にプラスになるとは思っていないということであり、新自由主義にとってかわるものを思い描くことなどできないし、そうしたくもないということである。

しかし、階級は依然として問題なのだ。六〇パーセントの人「しか」自分を労働者階級だと思わないからという理由で階級は死んだと言うのは的外れである。わたしたちのこれだけ多くが自分たちを労働者階級とみなしているのは驚くべきことだと言っていいかもしれない。五十歳以下の人びとはみな、組合員が少数派ではない職場で働く者はほとんどおらず、イギリスは中流階級の社会であるとか階級なき社会であるとか言うことに熱心で、わたしたちは自分たちだけを頼んで生きていけるし、そうすべきであるとの神話を売りこむ政府のもとで育ってきたからだ。ラジオ4のドキュメンタリー『右寄り世代』は、人びととの態度をめぐる調査にしっかりと裏付けられていた。三十歳より上の世代は国によって促されているか否かにかかわらず、互助という考え方に大きなシンパシーをもっているという見方にもとづいてこの番組が制作されていたことは、事態の本質を雄弁に物語っている。[64] 多くの人びとが社会のありようを変えることに賛成であり、その利害に左右されて生きているという事実は、メディアでも政治家たちによってもめったに議論されることはない。

五十年前から、労働者階級についてのわたしたちの考え方が変化してきたことは明白である。人びとが世界をどのように考えるかは、人びとが使うことのできる言葉に左右される。二十世紀の大部分を通して階級は権力の不平等な配分を理解する手段を提供したし、人びとに日々の生活と社会における自分たちの地位を理解する術も与えたのだった。社会調査に携わる人やジャーナリスト、政治家のなかには大衆の民主主義と貧困、のちには福祉国家と完全雇用によって、彼らが労働者階級というカテゴリーに分類した人びとの暮らしがどのような影響を受けたのかに深い関心を抱く者たちもいた。調査で問われた人びとが自分たちは労働者階級であると答えたのは、労働者階級と自己規定することによって日々の暮らしをやりくりするための稼ぎを支えに生きている他の人びとと多くを共有することができるからだった。上司がどんなにいい人であっても、上司と共有できるものは少なかった。

不平等な権力関係としての階級がイギリス社会を形づくっている。そしてますます多くの学者たち、政治家たちがこのことを実感している。「のちの世代によるとんでもない慇懃無礼」から労働に携わる人びとを救うようにとの『イングランド労働者階級の生成』におけるE・P・トムスンの呼びかけから五十年が経った現在、集団的なアイデンティティは存在しないとか、社会のなかで支配的な集団が議論の枠組みを決める力は圧倒的なので、その集団の方向性からわたしたちは逃れられないとかいったポストモダニズムの主張があることは承知のうえで、いまいちど研究者たちは労働者階級であるとは何を意味するのかに焦点を絞りつつある。[65] ジャーナリストや研究者は人びとについて説明する術として階級を使いつづけている。その理由は階級が重要なことを——人びとと仕事との関係と、このことがいかに人びとの暮らしを規定しているのかということを——とらえるものだと思われているからである。[66]

労働者階級という言葉に多くの人びとがアンビヴァレントな感情を抱いているのも事実である。成功することのみならず生き残っていくことでさえわたしたち自身の責任だと言われつづける新自由主義の世界において、ある集団の一員であると自己規定することは困難だ。わたしが話をした多くの人びと、とりわけ五十歳よりも若い人びとは「労働者階級」がネガティブな意味あいをもつと思っている。彼らはこの十年のあいだに新聞や多くの政治家からの嘲笑と非難にさらされてきた集団の一員であるとみなされるより、個人として受けとめてもらいたいと思っているのだ。

しかしこの集団の多くの人びとは、自分たちの暮らしについて話すとき、いま置かれている状況を説明する手段として「労働者階級」に回帰してきた。彼らにとって「労働者階級」は、支配階層が使う言葉の大部分よりも自分たちがどのように現在の暮らしを経験しているのかについて説明するのにふさわしい手だてを与えてくれるように思えた。人びとは総じて自分たちのことを「排除され」ているとか、「周縁的」であるとか、「マイノリティ」であるとか、「アンダークラス」であるとかいった言葉では説明しない。これらはメディアに浸透している言葉だが、人びとは自分たちに関して使いたがらない。また自分たちのことを英雄だとも犠牲者であるとも言わないだろう。そうではなく、人びとは親として、家計支持者として、息子や娘として、友人や隣人として、ケアしたりされたりする人として、中心的ではあるが正当に評価されないことも多い役割を果たしている存在として、世界を経験しているのだ。人びとは自分たちにとっての福祉が支配階層には必ずしも重要なものとみなされなかったことを認識しているが、現在と同じように過去においても、人びとの経験は全体として自分たちを重要ではないとする主張に反論する手段を与えてくれたのである。言葉は重要である。ジョージ・オーウェルが『一九八四年』に書いた「ダブルスピーク」は、イギリスにおいていまだにはっきりと存在している。「公平」の実現に尽力しているという政府が、弱い立場の人びとに支払われる給付金を削減する。貧困の長年にわたる原因を調べることにいかなる関心も示さず、無責任なアンダークラスを標的にした政策を掲げるシンクタンクが「社会正義センター」を名乗っている。

しかし、アイデンティティとしての階級に固執したところで、わたしたちはこの地点までしか来ることができない。近年、学者や政治家たちは個人のアイデンティティや自立に非常に強い関心を向けている。社会学者やジャーナリストは階級をラベルとして扱う傾向にあり、それが世論調査に適用され、調査対象の人びとは自分の属する階級がどれであるか特定するよう求められる。しかしこれでは、人びとがどのように暮らしているのか、人びとの関心はなんなのか、彼らは他の人びとと協調したり協力しあったりできると信じているのかどうかほとんどわからないのである。学問の世界では労働運動の研究は「個性」の研究へと道を譲ってしまった。権力や連続性や変化を理解するための枠組みとして研究者たちが階級を使うことはほとんどない。その一方で、ジェンダーが枠組みとして使われることはますます増えてきている。[67]

このことは学問という象牙の塔の外ではあまり重要でないようにみえるかもしれないが、社会の他の領域でも明らかなことなのである。政府は、イギリスにおいて鬱病とストレスの推奨される治療法は認知行動療法であると宣言した。認知行動療法は、わたしたちが自分の周りの世界についての見方を少しずつ変えることによって、あるいは現在の瞬間以外は何も見ないことによって精神上の健康を改善できるという考え方にもとづいている。現在と過去における他の人びととの関係に思いをめぐらす必要性を強調する別の形態の治療法は投資を受けることができない。これは他人との関係も含めた人びととの生きている状況が精神状態に深く影響するという抗いようもない事実を無視したものである。鬱病の多くのケースがより平等な世界をつくりだすことによって防止できたという事実はまったく議論されない。[68]

階級はみずからをその名で呼ぶためのアイデンティティではなく、自分がしていることである。階級は着ている服や聴いている音楽によって定義されるのではなく、他の人びととの関係で定義されるものであり、生きるために働かなければならないかどうかによって、完全にではないにせよ一義的には定義づけられるものである。どのくらい多くの人が世論調査で労働者階級だと答えるかに気を揉むのではなく、E・P・トムスンが人びとの「経験」と呼んだものにこそ注意を払うべきなのだ。「経験」とは人びとが自分たちの生きている世界と関係し、それについて考え、それについて理解する方法のことである。もしわたしたちがこれに注意を払うなら、人びとが自分たちの身にではなくても近しい人の身にふりかかる不正義を特定することができるにちがいないと気づく。人びとの記憶は、世界を経験する方法がたんに個人的なプロジェクトにすぎないわけではないということを明らかにしてくれる。一九六〇年代のルートンの自動車工場で働く何百人もの労働者を対象とした「豊かな労働者」調査は、回答者に自分たちがどの階級に属しているかということと、その理由を尋ねた。回答者のほとんどは自分たちが労働者階級であると断固として答えたのだが、階級をめぐる原因と結果について説明しようとするとためらったり、口ごもったりした。広範な世界についての抽象的な分析は労働者たちにとってむずかしいものだった。この理由はまさしくE・P・トムスンが一九六三年に指摘していたように階級は関係なのであって「モノ」ではないからである。[69] しかしそれ以前の調査で、暮らし向きよく生きることに自分たちの努力で成功しているように思われる家族について問われたときには、ほとんどの回答者がためらうことなく十分な回答をした。この問いについての彼らの回答からは、階級をめぐる経験についてさらに多くのことが明らかになる。姉や妹の「よい」結婚について話したり、「仕事で階級上昇した」兄や弟について議論したりすることで回答者たちは、現代のイギリスにおいてどのくらい状況が主体に制限を加えているか、ジェンダーと階級がどのように相互作用しているかについて思うところを示し、さらには特権階級に生まれた人たちと自分の親戚とを比べることでいかに階級が不平等な力の関係であると思われるのかについて意見を表明していたのである。

同様に、わたしが二〇〇〇年代に三〇代後半から四〇代前半の人びとを対象におこなったインタビューでも、親戚について話す人びとにとって階級が重要になっていることが明らかになった。彼らは個人主義という新自由主義の言説に乗りつつ、自分たち自身の成功と失敗（後者のほうがよくあることだが）について説明した。しかし自分の子供やパートナーの話になると、状況が機会に制限をかけてきたと感じていることをはっきりと表明した。現代の世界で自分の愛する人びとが「成功」することができないのは、彼らが怠惰だからとか愚かだからなどとみずから進んで考える人はいなかった。勤勉に働く夫や健康な子供たちが経済的な安定性を欠いているのはなぜなのかについての説明を求めるなかで、階級という観点から人びとは経験を語りはじめたのである。

新自由主義に対する人びとの不満は、わたしたちが耳を傾けさえすればすぐに了解できる。移民に対して過激な思想をもった極右政党の台頭へのメディアと政治家たちのこだわりは理解できないわけではない。しかし二〇一四年の地方選挙とヨーロッパ議会選挙のもっとも憂慮すべき結果は、三四パーセントの有権者しか投票に行かなかったということである。英国独立党（ＵＫＩＰ）に投票したのは有権者のわずか九パーセントにすぎず、なぜ彼らがＵＫＩＰに票を投じたのか理由は定かではない。(70)確信をもって言えることは、有権者の三分の二の人びとは自分たちのニーズを満たし、目標を実現させるために支持する政党はもっていないし、選挙のあり方を信用してもいないということだ。新自由主義に肩入れし、取引の「巨大な単一市場」を発展させることを前提している議会の議席を競いあう政党同士が選挙を戦っていることを考えれば、新自由主義は多くの有権者にとってさほどの魅力をもっているわけではないのだとの結論に達することができるだろう。(71)

以前と比較してどのくらいの数の人びとが自分たちを労働者階級であると説明するかをめぐる議論は、この五十年で社会が劇的に変化してきたことを示す。それは労働者階級の暮らしの黄金時代と、変化することのない現在の新自由主義的現実とのあいだの断絶である。このような見方で過去と現在をとらえると、自分たちの生きる世界を変えることはできないのだと信じるようになってしまう。わたしたちはほんとうに歴史の終わりに到達してしまったのだ、と。しかし歴史と現在とのあいだにさまざまな連続性をみることは可能だし、こうした連続性はわたしたちが社会をよい方向に変えることができると示してくれる。これらの連続性のひとつは、子育てであれ、高齢者の介護であれ、弱い立場の人びとのケアであれ、人びとがケア労働に高い価値を見いだしているということだ。こうした価値を擁護することで世界を変えるための幅広い議論を生みだすことが可能となる。資本主義は製品を売ることを促進する。わたしたちは自分たちの買うものを、わたしたちと同じような人びとが関係している生産の長いプロセスの一部としてではなく、対象物としてみるよう促されている。しかし、わたしたちのほとんどは他の人びととの関係にとても大きな価値を見いだすのだ。一九一四年から一九三九年にかけて家事奉公人たちが仕事を捨てた大きな理由は、彼らが家族や友人たちと過ごす時間をもつことができなかったからである。彼らは短い労働時間と住みこみの必要のない軍需工場が提供する仕事を求めた。家庭や近隣コミュニティにおいて親としてであれ、教師としてであれ、看護師やケア労働に携わる者としてであれ、わたしたちは何かを生みだし、他の人びとを助ける仕事が何にもまして重要であるとよく認識している。メディアと政府がはっきりと了解しているように国民保健サービスの土台を掘り崩すベストな方法は、病気の人や高齢者が適切な治療を受けるためには納税者の負担がさらに増えることになると示すことではない。なぜなら、ほとんどの人びとはさらに多くを負担することに反対ではないからだ。そのかわりメディアと政府は、ニーズが急増するとわたしたちの子供や親たちは施設でぞんざいな扱いを受け、順番待ちをするなかでつらい目を見ることになるだろうと言って恐怖とパニックを煽り立てるのである。しかし、人びとはこれに反応して子供や高齢者のケアが重要なことではないと考えはじめたりなどしていない。国にとってケアがたいした問題ではないのだと人びとは思い知っただけであり、ますます多くのケアの責任を自分たちで引き受けるようになっている。他の人びとをケアする仕事の重要性を政治家たちは認めなくても、わたしたちはしっかりと認めつづけているのである。

このような種類の労働に価値を認めるだけで近年、重要な勝利が達成されてきた。こうした形態の労働は人びとにとってきわめて重要な意味をもっているのだから、わたしたちはよりよい世界の創生を模索するために、すべての人びとが労働者階級であるとか連帯の味方であるとか宣言するのを待つ必要はないのだと主張したい。ある問題について人びとが口を閉ざしているからといって、この問題が重要でないということにはならない。これは懸案の問題というのが不平等のようにあえて話題にする必要もないくらい日常のことだからであるともいえる。権力の座にある人たちにとって人びとの沈黙は、ある種の問題が重要ではないということを示す手がかりともなりうる。二十世紀を通して、人びとは自分たちが労働者階級であるとか、連帯の味方であるとかこぞって宣言していたわけではない。これは人びとがこうした問題について何かをなすにはあまりに無力であると感じたことが理由である場合もときにはあっただろう。人びとは労働者階級であることと連帯に与することの両方を当然のことだと思っていたし、わざわざこれらを話題にすることに価値はないとわかっていたからというのが理由としてもっと頻繁に挙げられるものだ。二十世紀の大半を通じて、ほとんどの人びとは他の人たちのケアをするのがあたりまえだと考えていた。しかし一九三〇年代と一九七〇年代に、こうした仕事がいかに重要であるかをフェミニストたちが話題にしはじめ、国による投資やそうした仕事に携わる人びとへの支払い（「家事労働に賃金を」）を通して、あるいは託児所や病院をもっとたくさんつくるなどの社会化によってケア労働には公的な価値が認められるべきだと主張した。多くの女性たちがこの議論を支持し、フェミニズム運動は拡大した。一九七〇年代における結実のひとつは、イギリスの託児所の数が瞠目すべき割合で増加したことである。

他にもいくつか、わたしたちがよりどころにすることのできる際立った連続性が存在している。不安定さはそのひとつだ。一九三九年以前には失業は避けがたい人生の現実だった。そして一九七〇年代以降、ふたたびそうなってきている。一九三八年にマス・オブザヴェーションは、ランカシャーはボルトンの人びとにさまざまな位相の幸せをランクづけするように求めた。第一位に来たのは「安定」で、これは経済的な安定を意味していた。ほとんどの人にとってそれは現実というより強烈な願望だった。実際に失業していたのは一握りの人たちだったが、ほとんどの人に家族があった。彼らの経験は他の人びとにも影響を与えた。その理由はなかんずく、ひとりの男性が稼ぐお金でやりくりすることができている家庭はごく少数だったというのが前世紀における連続性であったからである。さらには、なんら価値のあることをなしとげないとみずから感じる仕事に雇われている人びとが覚える不安は、彼らと失業中の人びととのつながりを生みだす可能性を与えてくれる。政治家やメディアはいつも、こうした人びとが自分たちのことを無価値な金食い虫だと思うように仕向けようとする。二〇一四年、マス・オブザヴェーションが研究者たちによって実施されたが、今回の対象はベリーにある生涯教育の学校に通う学生たちで、そのほとんどが肉体労働やサービス業に携わる若者たちだった。安定がトップに来たが、今回は僅差で「平等」がそれに続いた[72]。にもかかわらず新自由主義の時代に育った学生たちは自分たち自身の経験から、仕事だけでは安定が得られないこと、わたしたちの社会では権力の不均衡が福祉によって正されないこと、政治的、経済的な変化がわたしたち全員に利益をもたらすであろうということに気づいている。

わたしたちが携わっているほとんどの仕事が不毛であると認識することは、過去から現在にいたるもうひとつの連続性に着目する手助けとなるだろう。それはつまり中流階級の曖昧な地位である。「楽ではない中流階級」は、福祉国家のためにさらなる税金を支払うことや共同所有の住宅や近隣の総合制中等学校を支援することに同意しないだろうという話をよく耳にする。しかし、実際には第二次世界大戦後の時代に国民保健サービスや新設された中等教育学校、育児手当や児童手当をもっともありがたがっていちばん多く利用したのは専門的な仕事に携わる人たちだった。生活費を稼ぐという共有された必要性と、限られた資源という共有された経験は、国民に向けた労働党の「平等な犠牲」の訴えともあいまって、戦時中と終戦直後には中流階級にも共感を与えた。一九五〇年代までには労働党が民間の住宅を復活させ、私立の学校も継続し、保守党が主婦やビジネスマンに粘り強いアピールを続けた結果、中流階級は自分たちをひとそろいの政治的関心と社会的なニーズをもった他とは異なる集団であると考えるようふたたび促されていた。そうした関心とニーズは彼らを肉体労働者とその子供たちから区別し、上位に立たせてくれるものだった。

特定のグループの人たちがどのように、いつ、なぜ自分たちは中流階級であると区別して考えるようになり、他の人びとはそうならないのか——この問いは、階級というのが経済的であると同時に政治的なものでもあることを明らかにする。生活のためにどういう仕事をしているかが階級を決めるのではない。どのようにふるまうかで階級が決まるのだ。三世代にわたって専門職や高い給料の仕事に就いている人たちは、自分がそうであったのと同じく子供たちが自分と同じかよりよい教育と収入と安定を享受して住まいをもちうると信じることができた。しかし、もはやそうではない。こうした人たちがグローバルな金融危機を恐れて銀行から預金を引きだしてから十年と経っていない。彼らはいまでは自分の息子や娘が自由な教育、持ち家、高すぎることもないが安定した地位から得られる限られた利益を享受できないのではないかとの心配に悩まされている。ブリティッシュ・フューチャーが二〇一三年に出したレポートが結論づけたように専門職の人たちは経済回復の見通しに悲観的であり、そのうち三分の一をこえる人たちが自分たちを中流階級ではなく労働者階級であると呼んでいる。[73]一九四五年のときと同様に現在も、肉体労働者と頭脳労働者が大義を共有していることを示す政治的な動きが生まれる余地はあるのだ。これはまさに、いわゆる中流階級の労働者たちが自分たちの先行きをこれほど心配したことは一九四五年以降なかったからにほかならない。

自立——雇用主からの自立、家主からの自立、政治家たちからの自立——は、長いあいだ広く共有された意味の大きな目標でありつづけている。ここには労働者階級の保守党支持者と労働党支持者の対立は存在しない。二十世紀の歴史は多くの点で、数多くのふつうの人びとが自分たちの暮らしのさらなる自己管理を追求してきた歴史である。状況に応じて自立への欲望は、労働組合のようにお互い協力して改善を図ろうという集団的な試みを呼び起こすこともあれば、人びとが自分の商売を始めたり家を買ったりという形をとることもあった。人生を通して多くの人びとは自分たちの暮らしのさらなる自己管理を求め、個人的な手段と集団的な手段の両方を試した。一九六〇年代にはルートンとタインサイドで調査の対象となったもっとも熱心な組合活動家の多くは、自分たち自身のために働きたいという強い気持ちをもっていた。一九三〇年代と一九五〇年代に最初の公営住宅の住人であることに誇りをもっていた人びとは、のちに自分たち自身の家を購入した。人びとはこれをスムーズで不可避の軌跡として経験したわけではなかった。むしろ自分たちが置かれた状況に対する実際的な反応として経験したのである。一九八〇年代にそれまで借りていた公営住宅を購入した人びとは、公営住宅予算の削減によって賃料が上がったために購入することにしたのだ。住宅を購入したのは自立を求めてのことだった。一九五〇年代の公営住宅ブームの前までは、民間所有の住宅の家主の言いなりになって生きてゆかねばならなかった個人的な記憶や家族の思い出をこうした人びとはしばしば語った。このような生き方に戻ろうという人はほとんどいない。少なくともこれは多くの人びとにとって生活のために働くことと同じくらい生き方を左右する経験であった。

住宅を購入したり、自分で事業を始めたり、労働組合に加入したりすることは、権力を握っている人たちから自立したいからというよりも、安定を欲する気持ちに突き動かされてのことであると主張することは可能だろう。しかし人びとが使う言葉を仔細に分析すれば、「独力でうまくやっていく」ことと、あまり必死になって働く必要がないこととのあいだには密接なつながりのあることが明らかになる。二十世紀半ばの社会調査では、生活水準をめぐって社会調査をする側の理解と調査される側の理解とのあいだに分断が生じていた。調査をおこなう側は快適な住まいや生活賃金に注目している一方で、調査の対象となった工場労働者たちの多くは自分たちの置かれた状況についての不満を述べた。製造ラインで働くことの単調さについて話をする人もいれば、生活を維持していくために長時間の残業を強いられることへの不満を口にする人もいた。彼らの記憶は資本主義がわたしたちにとってプラスに働くのだという政治家たちの主張を掘り崩す。資本主義がプラスに働いたことなどないのである。

しかし、わたしたちが変化を起こしたいと望むのであれば、どうやってそれに着手したらよいのだろうか？　革命とはどんなものなのだろうか？　イギリスは民衆の大規模な抗議運動では名が知られていないと批評家たちは指摘するが、事実としてわたしたちは民衆の抗議でその名を知らしめるべきなのだ。二十世紀だけで少なくとも三回そうした瞬間があったのだから。一九二六年のゼネラルストライキ。労働力の大量動員によって戦争の敗北を寸前で免れた一九四〇年から一九四八年の福祉改革までの時代。そして支配階層に深刻な脅威を感じさせた一九六〇年代末から一九七〇年代前半にかけての社会運動。その帰結として一九二六年と一九七〇年代前半には、ストライキを打つ人びとに対して野蛮な弾圧が加えられた。一九四〇年代には、戦争に勝利するために労働者たちの働きが必要とされたから、仕事の保証と福祉国家という形で大々的な譲歩が促されることになった。しかし、より平和的で息の長い革命が起きており、わたしたちはたぶんすでにそのただなかにいるのである。

二十世紀は労働者階級の世紀であった。労働者階級の人びとの選挙権と集団的な力の獲得、そしてそれに続いた政治的敗北は、そのように労働者階級の人びと自身と支配階層によって定義され、正式な政治の場においても日常生活においても新たな中心性を獲得した。しかし、当時は必ずしもそのように感じられたわけではない。第二次世界大戦中にマス・オブザヴェーションの調査を受けた人びとは、仕事の息が詰まるような退屈さと、すぐには終わりが見えそうにない戦争についての悲観的な思いをしばしば語っていた。世紀の中ごろに社会調査を受けた人びとは、製造ラインで働く毎日の生活に対する失望を表明することが多かった。現在のイギリスでは第二次世界大戦のときと同様、わたしたちは何も変化しそうにない、信じがたいほどありふれた日常生活を送っている。どの政党も同じようなことを言い、危機には終わりが見えてこないなか、幸運にも仕事にありついているならば働く毎日をなんとかやりくりしていくだけである。しかし、それと同時に別のレベルでは、わたしたちが尋常ならざる時代を生きていることも明らかである。

学校を出ることや家を離れること、親になったり離婚したりすること、解雇に遭うことといった例外的な出来事は人びとの経験のなかでつねに重要な役割を果たし、人びとに自分たちの置かれた状況や選択肢について、また力の不平等について考えさせる転機ともなってきた。人びとが全体として第二次世界大戦や、二〇〇八年に始まり現在もなおわたしたちに影を落としつづけている経済危機のような混乱を経験すると、変化が可能になるだろうという考えと合意が立ちあらわれてくるのかもしれない。第二次世界大戦中、多くの人びとにとって際立ったのは次のふたつの瞬間だった。戦後の福祉国家の青写真を示した一九四二年のベヴァリッジ報告書と、一九四五年の総選挙で労働党政権が誕生したことである。現在の危機が終わるときには、わたしたちも特定の重要な出来事を例として挙げることができるようになるだろう。二〇一五年の総選挙はこの出来事のひとつになるかもしれないが、それは選挙の結果誕生する政権にとって重要なのではなく、それが引き起こす論争ゆえに重要なのだ。わたしたちはゆくえをしかと見届けよう。

突きつめれば「労働者階級」というフレーズはたんなるラベル、すなわち、わたしたちのまわりにある不平等な力関係を要約したフレーズであるにすぎない。この言葉は過ぎ去りし戦後の時代について懐古的に話をするのに左翼によって使われてきたし、右翼からは「階級」が争いの種になり、個人の責任を拒否する無責任なものであると示すために使われてきた。もしこの言葉が今日の人びとに時代遅れだと感じられるのであれば、わたしたちは必ずしもそれを復活させようと試みる必要はないだろう。とはいえ、やってみる価値はあるとわたしには思われる。これはわたしたちが直面している危機や、他の人びとと共通のことがらに自覚的になる必要があるからなのではない。わたしたちは自覚的である。そうではなくて、階級というのが変化する可能性を秘めた動的な関係性を示すものであるからだ。「貧しい人びと」とか「働く人びと」とか「勤勉に働く家族」とか「排除された人びと」とは違って、「労働者階級」という言葉は誰も悪者にしないし、誰の力を奪うこともない。それどころかこの言葉はわたしたちと経験を共有する人びとと団結することによって世界を変える、わたしたちの能力を意味するのだ。

　しかし大事なことは、共有された経験を認識し、それにしっかりと足を据えることであって、意味についてあれこれ言うことではない。二十世紀の歴史を書くにあたって、わたしは労働者階級を人びと《ザ・ピープル》と呼んできたが、この言葉は政治家や労働運動の活動家、その他の多くの人たちによって二十世紀を通して使われた。なかでも一九四五年にこの言葉は人びとの共感を呼び起こし、労働党は、他の人びとの労働に巣食って莫大な利益をあげる「既得権益者」のためにではなく「地に足のついた人びと」のための社会をつくることを約束した。これは部分的にしか実行に移されなかった。その理由は、頭脳労働者と肉体労働者は避けがたくどこかの地点で区別されざるをえないからでも、福祉によって人びとが怠惰になったり無責任になったりするからでもなく、労働党が富と権力の再配分に本腰を入れなかったからである。しかし社会をもっと公平でもっと民主的なものへと組織化することができ、そうすべきであるという考え方は、当時じつに多くの人びとに支持されていたし、ふたたび支持を得ることも可能であろう。独立を問うスコットランドの住民投票[3]をめぐる最近の「賛成」運動が経済的な力と政治的な力の不公平な配分に対する多くの人びとの不満からエネルギーを得ていることはたしかである。二十世紀の真の収穫は、たんに投票箱を通してだけではなく、自分たちの仕事場と町のなかで自分たちの生活に対するさらなる自己管理を求めたふつうの人びとによってなしとげられた。人びとはたいていの場合、成功の望みなどほとんどない状態で何かを変えることに着手したが、変化のペースは人びとに勇気を与えるくらい急速であることも多かった。一九三三年の暗黒の日々に、十二年後にはイギリスが完全雇用と福祉国家へと邁進しているなどとは誰も予想できなかったことだろう。また一九四五年の総選挙で票を投じた人びとは、自分の子供たちが一九六〇年代と一九七〇年代の抗議活動を通して黒人、女性、住宅を賃借している人びと、ふつうの労働者の権利の拡大を大幅に推し進めることに貢献しようとは予見できなかったのではないだろうか。もし過去が何かしらわたしたちに教えてくれることがあるとすれば、それは次のことである。もしよりよい未来を望むのならば、わたしたちはそれをみずからの手でつくることができるということであり、つくりだすべきだということである。

訳注

〔1〕二〇一五年の総選挙において事前の世論調査では保守党と労働党の支持は拮抗していたが、保守党が過半数を獲得し、スコットランド独立党は大躍進した。

〔2〕イルクリーはイングランド北部、ウェスト・ヨークシャーの町。リーズの北西に位置する。

〔3〕二〇一四年九月に、連合王国からのスコットランドの独立の是非を問う住民投票がおこなわれ、賛成四四・七パーセント、反対五五・三パーセントでかろうじて反対が上まわった。

謝辞

人生におけるすべての最良の物事と同じく、この本も数多くの点で協働の産物であった（もちろん過誤の責任はすべてわたしにある）。ケンブリッジ大学ガートン・コレッジの同僚たちに感謝したい。ウォリック大学とオックスフォード大学での数多くの稔り豊かな議論と、そこで頂戴した貴重な助言にも感謝したい。これらすべての機関の事務職員とスタッフの方々の惜しみない援助と、とりわけオックスフォード大学セント・ヒルダ・コレッジの皆様の支えによって、この本は日の目を見ることができた。

わたしがこの本のプロジェクトの調査をすることが可能になったのは、経済社会研究振興会からの補助金（RES-061-23-0032-A）によるところが大きい。わたしが利用したすべての資料館と図書館のスタッフの方々、とくにウォリック大学モダン・レコード・センターとエセックス大学、リヴァプール大学の文書係の方々には、千をこす労働者階級家庭の記録を含む一九五〇年代と一九六〇年代の社会調査資料へのアクセスを認めていただいたことに感謝申しあげたい。またこれらの記録をデジタル化する作業をお手伝いいただいた経済社会データ・サービスのスタッフの方々と、結果としてできあがったデータベースの保管庫の役割を担っていただいた英国データ・アーカイヴにもお礼申しあげる。これらは現在、関心のある研究者なら誰でも閲覧が認められている。少額ではあるがナフィールド財団からさらなる補助金をいただいたおかげで、同僚たちに加え親友のケイティ・アンカーとダニエル・グレイの研究上の貴重な支援と知恵を得ることができた。

経済社会研究振興会からの補助金により、ヒラリー・ヤングを調査助手として雇うことが可能になった。ヒラリーには特別に負うところがある。戦後の社会調査のデジタル化を助けてもらっただけでなく、いくつかの重要な労働者階級の声の発掘をヒラリーは助けてくれた。労働者階級の人びとの何百という自叙伝とオーラル・ヒストリーは一九七〇年代と一九八〇年代に各地の図書館や資料館に保管されたが、一九四五年よりあとに育った世代について、こうした形で表現されたケースは稀少である。一九八〇年代と一九九〇年代初頭の公共支出削減により、労働者階級の人びとの自叙伝の収集を促進してきたコミュニティ・グループや小規模の出版社は激減してしまった。ほとんどが一九三八年以降の十年に生まれ、自分のアイデンティティを労働者階級とした二十二名の人びとに、ヒラリー・ヤングはライフ・ヒストリーの聴きとりを実施した（わたしたちはコヴェントリとリヴァプールの新聞にインタビューの広告を出し、第二次世界大戦後の「ふつう」の「労働者階級」の暮らしについて積極的に語っていただける人びとを募集した）。現在、英国データ・アーカイヴを通して閲覧可能になっている驚くほど豊かなインタビューを実施することに、ヒラリーは尽力してくれた。ヒラリー・ヤングと彼女のインタビューを受けてくださった方々、貴重な時間を割き、ご自身の暮らしと記憶についてわたしに話をしてくださった左記のすべての方々にわたしは心からの感謝の意を表したい。ポール・ベイカー、ハワード・ブレイク、ジェイムズ・キャロル、ジーン・イーグルズ・マクラーリン、クリスティーン・エリオット、ベティ・エニス、マリア・ファーガソン、フランク・ゴガティ、サンドラ・ヘイスティングズ、ジョン・ヘンダーソン、キャロル・ハインド、エドナとロンのジョーンズ夫妻、アン・ランチベリー、シェリー・ランデイル＝ダウン、エレイン・レザー、ドリー・ロイド、ジョン・マクガーク、ジョン・マスグローヴ、バーバラとビルのレインフォード夫妻、ネリー・リグビー、テリー・リマー、ジャクリーヌ・ロビンソン、サスナム・シン・ギル、テッド・テイラー、ジュディ・ウォーカー、アラン・ワトキンズ、ヘイゼル・ウッドとこの他すべての匿名を希望された方々。またヴィヴィアン・ニコルソンとご子息のハワードには、彼女のストーリーを本書の中心に据えることを認めていただいたことに感謝申しあげたい。

研究セミナーや公の歴史イベントにお招きくださり、本書のプロジェクトについて議論する機会をくださったすべての方々にお礼申しあげる。考えを精錬するために、こうした場での議論に助けられた。訪問研究員の地位を認めていただいたシドニー大学（クリス・ヒラードが寛大にも受け入れてくださった）とテキサス大学オースティン校歴史学研究所にもとくに謝意を表したい。オックスフォードではセント・ヒルダ・コレッジ学寮長のシーラ・フォーブズから、学者だけでなくより幅広い読者層に向けて本を書くようにとの激励をたまわった。ジュリア・マンハーツはすべての原稿に目を通してくれた。スー・ジョーンズは、いかにダンスが大事であるか認識させてくれた。わたしの特別講義「核兵器からビートルズにいたるイギリス」を履修してくれた学生たちは、わたしに数多くの考えるヒントを与えてくれた。また初期段階の原稿にコメントをくれ、この本に大きな関心を示してくれたリン・ハーウッドにわたしは大いに感謝している。

わたしの原稿が本になることができたのは、すばらしい代理人レイチェル・コールダーのおかげにほかならない。彼女はわたしの考えを読みやすくするのを助けてくれたし、助力のおかげで恐るべき出版者ジョルジーナ・レイコックに出会うことができた。両者ともバランスのとれた厳密さと鋭さで編集を担当してくださり、惜しみない関心を示してくださった。この本の制作にご尽力くださったおふたりとジョン・マリー社の全チームに感謝を申しあげたい。

多くの親戚や友人たちから支援と関心と励ましを受けとることができたのは幸運だった。そのなかには次の方々が含まれる。ルース・トッド、ナイジェル・トッド、リン・ハーウッド、ヘレン・アーチャー、ジョン・アーチャー、リズ・アレン、メイナス・ドカティ、ジョー・ドカティ、マーゴット・フィン、レベッカ・リーブマン、セニア・パセタ、レイチェル・コンドリー、サラ・グリーン、キャロリン・スティードマン、アレックス・シェパード。ロブ・リーズとキャロル・リーズとジル・ヒューズの誠実さと不遜さは、彼ら自身が変わらなければならないのではなくて、世界を変える必要があるのだということを思い出させてくれる、貴重なきっかけでありつづけている。

特別な感謝を三人に表したい。マイク・サヴィッジは頼れる同志であり親友であり、すばらしい批評家でありつづけてくれている。パット・セインは惜しみない助言と支えを与え、厚意と批判的な読みを示してくれた。アンドリュー・デイヴィーズを紹介してくれたのもパットだった。アンドリューの最初の本『余暇、ジェンダー、貧困』の掉尾の数行は、一九四五年以降の労働者階級の歴史は書くに値するものなのだということを示してくれた。そのインスピレーションのひらめきは計り知れないほど貴重なものであったが、彼がわたしの人生に与えてくれたもののなかではもっとも小さなものであることがわかってきた。本書は彼に捧げられる。

原注

序章

（1） E. P. Thompson, *The Making of the English Working Class* (Harmondsworth, 2nd edn, 1968).〔エドワード・P・トムスン『イングランド労働者階級の形成』市橋秀夫、芳賀健一訳、青弓社、二〇〇三年〕

（2） 数字は次の本による。A. H. Halsey and J. Webb (eds.), *Twentieth-Century British Social Trends* (Oxford, 2000), pp. 99 and 125.

（3） これらの話は出版された自叙伝、出版はされていないオーラル・ヒストリー、社会調査のインタビューから採られたものである。この本で言及するインタビューがどこに所蔵されているかの詳細は〔原注の〕書誌情報に記載した。筆者あるいはヒラリー・ヤングによってなされたインタビュー（以下を参照）は筆者から入手可能である。ヒラリー・ヤングがおこなったインタビューはすべて本書における初出時に注で言及するが、それ以降は記さない。これは本文が注によって煩瑣になるのを避けるためである。

（4） Andrew O'Hagan, 'What Went Wrong with the Working Class? The Age of Indifference', *Guardian*, Saturday Review (10 January 2009), p. 2.

（5） G. Orwell, *The Road to Wigan Pier* (London, 1937), p. 94.〔ジョージ・オーウェル『ウィガン波止場への道』土屋宏之、上野勇訳、筑摩書房、一九九六年、一四三ページ〕

（6） 'The Boom Cities', *Daily Mirror* (4 January 1967), p. 5.

（7） J. B. Priestley, *English Journey. Being a rambling but truthful account of what one man saw and heard and felt and thought during a journey through England during the autumn of the year 1933* (London, 1934), p. 239.〔プリーストリー『イングランド紀行』下巻、橋本槙矩訳、岩波書店、二〇〇七年、五五―五六ページ〕

（8） J. Pilger, *Hidden Agendas* (London, 1998), pp. 334-5.

（9） V. Nicholson with S. Smith, *Spend, Spend, Spend* (London, 1977). この本はヴィヴの半生を描いたジャック・ローゼンタールの同題のドラマの知名度に乗る形で出版された。この本を参照する場合、ページ番号は記さないが、「幕間」で引用するこれ以外の文献についてはすべて詳細を明記する。この自叙伝から拾った情報は他の情報源と照らし合わせている。それにはヴィヴや家族への新聞のインタビュー、カッスルフォードの住宅記録や教育の記録が含まれる。

第1章　階下からの反抗

（1）　V. Woolf, *Mr Bennett and Mrs Brown* (London, 1924), p. 5.〔『ヴァージニア・ウルフ著作集7　評論』朱牟田房子訳、みすず書房、一九七六年、七ページ〕
（2）　'Home Politics in 1910', *Manchester Guardian* (31 December 1910), p. 6.
（3）　'Industry and Commerce', *The Times* (30 December 1910), p. 7.
（4）　'Democracy and its Leaders', *The Times* (30 December 1910), p. 7.
（5）　一九〇一年にはイングランドとスコットランドとウェールズに、百四十五万九千八百八十四人の召使いがおり、一九二一年には百三十三万五千三百八十九人の召使いがいた。*Census of England and Wales, 1901: Occupation Tables* (London, 1903); *Census of England and Wales, 1921: Occupations* (London, 1924), table 4; *Eleventh Decennial Census of the Population of Scotland, 1901*, vol. 2 (London, 1903); *Census of Scotland, 1921*, vol. 3: *Occupations and Industries* (Edinburgh, 1924), table 2; *Census, 1951, England and Wales: Occupation Tables* (London, 1956), table 3; *Census, 1951, Scotland*, vol. 4: *Occupations and Industries* (Edinburgh, 1956), table I.
（6）　G. S. Jones, *Languages of Class* (Cambridge, 1982), p. 244.〔G・ステッドマン・ジョーンズ『階級という言語――イングランド労働者階級の政治社会史　1832−1982年』長谷川貴彦訳、刀水書房、二〇一〇年、二五三ページ〕に引用されている。
（7）　S. L. Hynes, *The Edwardian Turn of Mind* (London, 1991), p. 4.
（8）　F. Thompson, *Lark Rise to Candleford* (Harmondsworth, 1973), p. 97.〔フローラ・トンプソン『ラークライズ』石田英子訳、朔北社、二〇〇八年、一三九ページ〕
（9）　H. Mitchell, *The Hard Way Up: The Autobiography of Hannah Mitchell, Suffragette and Rebel* (London, 1977), p. 33.
（10）　P. Dale and K. Fisher, 'Implementing the 1902 Midwives Act: Assessing Problems, Developing Services and Creating a New Role for a Variety of Female Practitioners', *Women's History Review*, vol. 18, no. 3 (2009), pp. 427-31.
（11）　Women's Co-operative Guild, *Working Women and Divorce. An Account of Evidence Given before the Royal Commission on Divorce* (London, 1911), p. 22.
（12）　'The Singer Strike', Glasgow Digital Library, University of Strathclyde, http://gdl.cdlr.strath.ac.uk/redclyde/redclyeve01.htm (consulted 3 February 2013).
（13）　A. Foley, *A Bolton Childhood* (Manchester, 1973), p. 51.
（14）　'Dundee Jute Strike', *Scotsman* (21 March 1912), p. 8.
（15）　Foley, *Bolton Childhood*, p. 57.
（16）　この段落の大部分は以下の記述にもとづいている。C. Wrigley, 'Mann, Thomas', *Oxford Dictionary of National Biography*.
（17）　P. Thane, *Foundations of the Welfare State* (London, 1996), pp. 69-90.〔パット・セイン『イギリス福祉国家の社会史――経済・社会・政治・文化的背景』深澤和子、深澤敦監訳、ミネルヴァ書房、二〇〇〇年、八八―一一四ページ〕
（18）　M. Pember Reeves, *Round about a Pound a Week* (London, 1913), pp. 1-2.
（19）　Ibid., p. 2.
（20）　以下に引用されている。C. V. Butler, *Domestic Service. An Enquiry by the Women's Industrial Council* (London, 1916), p. 151.
（21）　Mitchell, *The Hard Way Up*, p. 121.
（22）　H. W. Fowler, *The Concise Oxford Dictionary of Current English* (Oxford, 1911), p. 1094.
（23）　*Manchester Guardian* (9 March 1914), p. 3 の投書欄を参照。
（24）　M. Beckwith, *When I Remember* (London, 1936), p. 68.

(25) 'Mistress and Maid', *Scotsman* (5 September 1913), p. 7.

(26) 保険改革をめぐる説明については以下を参照。P. Thane, 'The Making of National Insurance, 1911', *Journal of Poverty and Social Justice*, vol. 19, no. 3 (2011), pp. 214-16.

(27) Foley, *Bolton Childhood*, p. 75.

(28) 'The Insurance Bill and Domestic Servants', *The Times* (5 June 1911), p. 7.

(29) 「思いやりあふれるつながり」についてはW. Sighel, 'The Insurance Bill and Domestic Servants', letter to the editor, *The Times* (5 June 1911), p. 7を参照。シーゲルは続けて、この法律が「病気の場合には役に立つかもしれない」と述べていた。「仮病」については「特別記事の筆者」(筆名)による以下の記事を参照。'Mistaken Advice to Domestic Servants', letter to the editor, *The Times* (7 December 1911), p. 10. 他の投書は以下のとおり。Harold Cox, 'The Insurance Bill', letter to the editor, *The Times* (6 July 1911), p. 6; 'Mistresses' and Servants' Campaign', *The Times* (21 November 1911), p. 14; Lady Portsmouth, Lady Dorothy Nevill et al., 'A Petition of Protest', letter to the editor, *The Times* (21 November 1911), p. 14.

(30) J. D. Casswell, *The Law of Domestic Servants: With a Chapter on the National Insurance Act, 1911* (London, 1913), p. 14.

(31) Thane, 'National Insurance', pp. 215-16.

(32) G. Bernard Shaw, 'National Insurance and Political Tactics', *The Times* (24 October 1911), p. 9.

(33) M夫人とのインタビュー(マーガレットというのは仮名)。TS 137, WEA domestic service interview collection, Oxfordshire History Centre (これ以降はOHCと記す).

(34) Butler, *Domestic Service*, p. 11.

(35) 以下に引用されている。L. Delap, *Knowing Their Place: Domestic Service in Twentieth-century Britain* (Oxford, 2011), p. 49.

(36) たとえばU3夫人とのインタビューを参照。Stirling women's oral history archive, Scottish Oral History Archive, University of Strathclyde. また前掲書も参照。

(37) ロックウッド夫人とのインタビュー。transcript no. 129, Family Life and Work Experience collection (FLWE), ESRC Qualidata Archive, University of Essex.

(38) ベアンソン夫人とのインタビュー。transcript no. 156, FLWE.

(39) マイヤーズ夫人とのインタビュー。transcript no. 315, FLWE.

(40) Margaret Morris, OHC.

(41) S. Marshall, *Fenland Chronicle: Recollections of William Henry and Kate Mary Edwards Collected and Edited by her Daughter* (Cambridge, 1967), p. 266.

(42) Delap, *Knowing Their Place*, p. 28 に引用されている。

(43) A夫人とのインタビュー(ベシー・アランは仮名)。TS 137, WEA domestic service interview collection, OHC.

(44) リリー・ブレンキンとのインタビュー。transcript no. 226, FLWE.

(45) Ibid.

(46) ウォルター・ブラックマンとのインタビュー。transcript no. 96.

(47) Mrs Bairnson, 156, FLWE.

(48) Marshall, *Fenland Chronicle*, p. 266.

(49) D. Gittins, *Fair Sex* (London, 1982), p. 73.

(50) Margaret Morris, OHC.

(51) Foley, *Bolton Childhood*, p. 61.

第2章　ショートヘアの叛逆者たち

(1) R. Roberts, *The Classic Slum* (Harmondsworth, 1974), p. 222. わたしは店員、工場労働者、事務職員のさまざまな経験を以下の本に書いている。S. Todd, *Young Women, Work, and Family in England, 1918-1950*

(Oxford, 2005), ch. 1.

（2） War Cabinet Committee on Women in Industry, *Report* (London, 1919), pp. 241, 99-100.

（3） *Census of England and Wales, 1901: Occupation Tables* (London, 1903); *Eleventh Decennial Census of the Population of Scotland, 1901*, vol. 2 (London, 1903); *Census of Scotland, 1911*, vol. 2 (London, 1913), table 2.

（4） 組合員数の数字は以下の文献から採った。S. Lewenhak, 'Trade Union Membership among Women and Girls in the United Kingdom, 1920-1965', Ph.D. thesis (London, 1972), pp. 32, 45. 比率に関するデータは以下の文献から得た。G. S. Bain and R. Price, *Profiles of Union Growth: A Comparative Statistical Portrait of Eight Countries* (Oxford, 1980), p. 37.

（5） ネリー・アンドリューズ（仮名）とのインタビュー。RO11, oral history collection, Bristol Reference Library. この資料にわたしの注意を引いてくれたジョウジー・マクレランに感謝している。

（6） 'Industrial Depression and Domestic Service', *Yorkshire Post* (15 September 1920), p. 3; I. Gazeley, 'Manual Work and Pay', in N. Crafts, I. Gazeley and A. Newell (eds.), *Work and Pay in Twentieth Century Britain* (Oxford, 2007), pp. 66-8; Labour Party, *What's Wrong with Domestic Service?* (London, 1930); D. Caradog Jones, *Social Survey of Merseyside*, vol. 2 (Liverpool, 19934), p. 311, and H. L. Smith, *New Survey of London Life and Labour*, vol. 2 (London, 1934), p. 468.

（7） 労働時間の変化については Gazeley, 'Manual Work and Pay', pp. 61-2 を参照。

（8） 以下の文献に引用されている。S. Mullins and G. Griffiths, *Cap and Apron: An Oral History of Domestic Service in the Shires, 1880-1950* (Leicester, *c.* 1986), p. 15.

（9） Lewenhak, 'Trade Union Membership among Women and Girls', p. 45, and Bain and Price, *Profiles of Union Growth*, p. 37.

（10） J. Burnett, *A Social History of Housing, 1815-1985* (London, *c.* 1986), p. 221.

（11） パーシー・ウィブリンとのインタビュー。OT 609, Abingdon Oral History Project, OHC.

（12） 'The Luton Riots', *Manchester Guardian* (21 October 1919), p. 8.

（13） 'MA Accused in Luton Riots', *Daily Mirror* (1 August 1919), p. 15.

（14） J. Smyth, 'Resisting Labour: Unionists, Liberals, and Moderates in Glasgow between the Wars', *Historical Journal*, vol. 46, no. 2 (2003), p. 377.

（15） W. Foley, *Child in the Forest* (London, 1974), pp. 18-19.

（16） Burnett, *Social History of Housing*, p. 222 に引用されている。

（17） Ibid., p. 233.

（18） 'Domestic Servants and Unemployed Benefit', *The Times* (3 March 1921), p. 11.

（19） 'More Servants Soon?', *Daily Express* (9 March 1921), p. 1.

（20） この早い時代については，まだ性別に分類された失業者の統計が入手できない。以下を参照。B. R. Mitchell, *British Historical Statistics* (Cambridge, 1988), p. 124, table 8.

（21） G. Routh, *Occupations and Pay in Great Britain, 1906-1979* (London, 1980), p. 122.

（22） 'Unemployed Ex Soldiers', *Manchester Guardian* (2 October 1920), p. 9.

（23） 'Pin Money Women. None Employed by the Manchester Corporation', *Manchester Guardian* (27 October 1920), p. 7.

（24） 'Slump in Trade', *Observer*, 26 September 1920, p. 16.

（25） A. Bingham, *Gender, Modernity and the Popular Press in Interwar Britain* (Oxford, 2004), pp. 68-9.

（26） R. Lowe, 'Askwith, George Ranken', *Oxford Dictionary of National Biography*.

（27） Ministry of Reconstruction, *Domestic Service* (London, 1917), pp. 2 and

14.

（28） ‘No Servants’, *Daily Mirror* (5 May 1923), p. 5.

（29） E・クリアリ夫人とのインタビュー。tape no. 28, Manchester Studies collection, Tameside Local Studies Library (TLSL).

（30） Ibid. ジョウン・ウィットフィールドとのインタビューも参照。AMS 6416/1/6/13, Lewes in Living Memory collection, East Sussex Records Office (ESRO), Lewes.

（31） Mullins and Griffiths, *Cap and Apron*, p. 13 に引用されている。

（32） イーディス・エドワーズとのインタビュー。tape 36, Manchester Studies collection, TLSL.

（33） Ibid.

（34） London Advisory Council for Juvenile Employment, *A guide to Employment for London Boys and Girls* (London, 1928), p. 130.

（35） J. Beauchamp, *Working Women in Great Britain* (New York, 1937), p. 24.

（36） ルーシー・リーズとのインタビュー。no. 1999.0335, North West Sound Archive (NWSA), Lancashire Record Office.

（37） サンディーズ夫人とのインタビュー。tape no. 9, Manchester Studies Collection, TLSL.

（38） 以下の本に引用されている。V. Markham and F. Hancock, *Report on the Postuar Organisation of Private Domestic Employment* (London, 1945), p. 4. 中流階級の家庭における，ひとりだけですべての仕事をこなす召使いの浸透については，以下を参照。H. Perkin, *The Rise of Professional Society: England since 1880* (London, 1989), p. 78, and Smith, *London Life and Labour*, vol. 8, part 2 (London, 1934), p. 315.

（39） Classified ad., *Manchester Guardian* (1 March 1919), p. 1.

（40） W. Foley, *The Forest Trilogy* (Oxford, 1992), p. 140. 中流階級の消費者が家庭用機器を購入する能力については以下を参照。S. Bowden and A. Offer, ‘Household Appliances and the Use of Time: The United States and Britain since the 1920s’, *Economic History Review*, vol. XLVIII, no. 4 (1994), p. 745; T. Devine, *The Scottish Nation, 1700-2000* (London, 2000), pp. 243-5.

（41） C. Langhamer, *Women's Leisure in England, c. 1920-c. 1960* (Manchester, 2000), p. 58.

（42） D. Boddoe, *Back to Home and Duty: Women between the Wars 1918-1939* (London, 1989), p. 115.

（43） http://www/mybrightonandhove.org.uk/page_id_6373_path_op115p191p980p.aspx

（44） H. Harvey, reader's letter, *Manchester Guardian* (18 May 1923), p. 5.

（45） Mrs E. Cleary, 28, Manchester Studies collection, TLSL.

第3章　内なる敵

（1） マーガレット・モリスによるハリー・ワトソンのインタビューの写し（一九七五年）。TUC Library, London Metropolitan University.

（2） http://www.nationalarchives.gov.uk/cabinetpapers/themes/general-strike-cover-papers.htm.

（3） Foley, *Child in the Forest*, p. 101.

（4） S. Pedersen, ‘Triumph of the Poshocracy’, *London Review of Books*, vol. 35, no. 15 (8 August 2013), p. 19.

（5） P. Williamson, *Stanley Baldwin: Conservative Leadership and National Values* (Cambridge, 1999) and D. Watts, *Stanley Baldwin and the Search for Consensus* (London, 1996).

（6） K. Martin, *Father Figures: A First Volume of Autobiography, 1897-1931* (London, 1966), p. 78.

（7） 以下の文献に引用されている。A. Mason, ‘The Government and the General Strike, 1926’, *International Review of Social History*, vol. 14, no. 1

(1969), pp. 6-7.
(8) Coal Mining Industry Subvention, HC Deb., Hansard, (6 August 1925), vol. 187, col. 1592.
(9) 'In Suspense', *Manchester Guardian* (30 April 1926), p. 10.
(10) 'Two Days for Peace', *Manchester Guardian* (2 May 1926), p. 16.
(11) 'In Suspense', p. 11.
(12) Cabinet papers, CAB23/52 C 21 (26), The National Archives (TNA), p. 1.
(13) P. Snowden, *An Autobiography* (London, 1934), p. 151.
(14) 'Emergency Plans', *Manchester Guardian* (3 May 1926), p. 13.
(15) R. Saltzman, 'Folklore as Politics in Great Britain: Working-class Critiques of Upper-class Strike Breakers in the 1926 General Strike', *Anthropological Quarterly*, vol. 67, no. 3 (1994), p. 105.
(16) Ibid., p. 108.
(17) 以下に引用されている。R. Saltzman, *A Lark for the Sake of Their Country. The 1926 General Strike Volunteers in Folklore and Memory* (Manchester, 2012), p. 110.
(18) アルフ・カニング(仮名)とのインタビュー。transcript KHP 31, Kingswood History Project, Bristol Reference Library, p. 11.
(19) A. Davies, *City of Gangs. Glasgow and the Rise of the British Gangster* (London, 2013), p. 45.
(20) Saltzman, *A Lark*, p. 66 に引用されている。
(21) Saltzman, 'Folklore as Politics', p. 110.
(22) 両方の引用とも前掲書 p. 105.
(23) J. Mitford, *Hons and Rebels* (London, 1996), p. 20.
(24) Ibid.
(25) Beckwith, *When I Remember*, p. 86 を参照。
(26) Saltzman, 'Folklore as Politics', p. 111.
(27) D. Athill, *Life Class: The Selected Memoires of Diana Athill* (London, 2009), pp. 166-7.
(28) Stanley Baldwin, *British Gazette* (7 May 1926), p. 1 に引用されている。
(29) ハリー・ウィックスとのインタビュー。Harry Wicks's papers, MSS. 102, Modern Records Centre (MRC), University of Warwick.
(30) *Birmingham Post* (7 May 1926), p. 1.
(31) ハリー・ワトソンとのインタビュー。
(32) 'Rioters Jailed', *Birmingham Post* (12 May 1926), p. 1.
(33) 'Disorder', *Birmingham Post* (11 May 1926), p. 1.
(34) H. Barron, *The Miners' Lockout: Meanings of Community in the Durham Coalfield* (Oxford, 2009), pp. 104-5.
(35) 前掲書 p. 105 に引用。
(36) 前掲書 p. 136 に引用。
(37) イーディス・ホルト(仮名)とのインタビュー。transcript R02, oral history collection, Bristol Reference Library, pp. 13-14.
(38) 'The End of the Strike', *Birmingham Post* (13 May 1926), p. 1.
(39) ハリー・ウィックスとのインタビュー。
(40) K. Middlemas, *Politics in Industrial Society: The Experience of the British System since 1911* (London, 1979), p. 195.
(41) Ibid., p. 18.
(42) C. Wrigley, '1926: Social Costs of the Mining Dispute', *History Today*, vol. 34, no. 11 (1984); Saltzman, *A Lark*, ch. 9; http://ethelsmith.hubpages.com/hub/Welsh-Coal-Mining-A-thiriving-business-in-the-past; http://aswanseavalley man.wordpress.com/
(43) Smyth, 'Resisting Labour', p. 384.
(44) アルフ・カニングとのインタビュー。p. 31.
(45) W. Foley, *Child in the Forest*, p. 141.

(46) Ibid., p. 230.

第4章 失業手当

(1) W. Holtby, *Women and a Changing Civilisation* (London, 1934), p. 118.

(2) N. Crafts, 'Living Standards', in Crafts et al. (eds.), *Work and Pay*, p. 21.

(3) I. Gazeley, *Poverty in Britain, 1900-1965* (Basingstoke, 2004), p. 108.

(4) C. Steedman, *Landscape for a Good Woman* (London, 1986), p. 35.

(5) P. Thane, 'The "Welfare State" and the Labour Market', in Crafts et al. (eds.), *Work and Pay*, p. 187.

(6) A. Bingham, 'Stop the Flapper Vote Folly', *Twentieth Century British History*, vol. 13, no. 1 (2002).

(7) P. Thane, 'What Difference did the Vote Make?', *Historical Research*, vol. 76, no. 192 (2003), pp. 268-85.

(8) *Census of England and Wales, 1921: Occupation Tables* (London, 1924), table 4; *Census of England and Wales, 1931: Occupation Tables* (London, 1934), table 3; *Census of Scotland, 1921*, vol. 3 (London, 1924), table 2; *Census of Scotland, 1931*, vol. 3 (London, 1934), table 1.

(9) Report of the Ministry of Labour for the Year 1938, xii (PP 1938-9), Cmd. 6016.

(10) Priestley, *English Journey*, pp. 13 and 16-17.〔『イングランド紀行』上巻、橋本槇矩訳、岩波書店、二〇〇七年、二四―二五ページ、二九―三〇ページ〕

(11) Ibid., p. 68.〔『イングランド紀行』上巻、一〇二ページ〕

(12) Ibid., p. 74.〔『イングランド紀行』上巻、一〇九―一一〇ページ〕

(13) C. Burge, 'A Flaw in the National Housing Scheme', *Daily Mirror* (19 April 1934), p. 12.

(14) M. Clapson, *Invincible Green Suburbs, Brave New Towns* (Manchester, 1998), ch. 2; P. Scott, 'Mr Drage, Mr Everyman, and the Mass Market for Domestic Furniture in Interwar Britain', *Economic History Review*, vol. 62, no. 4 (2009), pp. 802-27.

(15) Unpublished minute to the Secretary of State, 1937, ED 11/278, TNA.

(16) 'Work, Wages and the Dole', *The Times* (12 June 1931), p. 17.

(17) 'Iron and Steel', letter to *The Times* (22 August 1931), p. 6.

(18) 'The Means Test', letter to the *Scotsman* (19 December 1931), p. 9.

(19) Ibid. 以下も参照。'Tomorrow's Elections', *The Times* (31 October 1933), p. 15.

(20) A. L. Bowley and M. Hogg, *Has Poverty Diminished?* (London, 1925), p. 197.

(21) Smith, *New Survey of London Life and Labour*, vol. 3, p. 83.

(22) B. S. Rowntree, *Poverty and Progress. A Second Social Survey of York* (London, 1941), p. 51.

(23) H. Tout, *The Standard of Living in Bristol: A Preliminary Report of the Work of the University of Bristol Social Survey* (Bristol, 1938), p. 46.

(24) ジャック・ベル（仮名）とのインタビュー。KHP 50, Bristol Reference Library.

(25) C. Cameron, A. Lush and G. Meara, *Disinherited Youth: A Report on the 18+ Age Group Enquiry Prepared for the Trustees of the Carnegie United Kingdom Trust* (Edinburgh, 1943), pp. 70, 75; Rowntree, *Poverty and Progress*, pp. 188-9; H. L. Beales and R. S. Lambert (eds.), *Memoirs of the Unemployed* (London, 1934), pp. 20, 40-41, 82-7; W. Temple and the Pilgrim Trust, *Men without Work* (Cambridge, 1938), pp. 147-8.

(26) A. D. Lindsay, 'Means Test', letter to *The Times* (14 February 1935), p. 8.

(27) スタンリー・アイヴソンとのインタビュー。tape no. 898, Manchester Studies collection, TLSL.

(28) 'Means Test', letter to *The Times* (14 February 1935), p. 8.

(29) Cameron, Lush and Meara, *Diminished Youth*.

(30) Rowntree, *Poverty and Progress*, p. 8.
(31) E. Benson, *To Struggle is to Live. Vol. 2: Starve or Rebel* (Newcastle, 1980), pp. 47-9.
(32) フランク・ヘインズとのインタビュー。OT 555, TS 227, Abingdon Oral History Project, OHC.
(33) Emily Swankie in I. MacDougall (ed.), *Voices from the Hunger Marches* (Edinburgh, 1991), pp. 227-8.
(34) Ibid.
(35) Benson, *To Struggle is to Live*, p. 46.
(36) E. MacColl, *Journeyman: An Autobiography* (London, 1990), p. 122.
(37) Ibid., p. 201.
(38) Ibid., p. 29.
(39) L. Lee, *As I Walked Out One Midsummer Morning* (Harmondsworth, 1971), p. 20.
(40) A. D. K. Owen et al., *A Survey of Juvenile Employment and Welfare in Sheffield* (Sheffiled, 1933), p. 18; Caradog Jones, *Social Survey of Merseyside*, vol. 3 (Liverpool, 1934), p. 203; Caradog Jones, *Social Survey of Merseyside*, vol. 2 (Liverpool, 1934), p. 33; J. and S. Jewkes, *The Juvenile Labour Market* (London, 1938), pp. 12-13.
(41) W. Greenwood, *Love on the Dole* (London, 1933).
(42) これは以下をデジタル化したものから算出した。R. Brown, Orientation to Work and Industrial Behaviour of Shipbuilding Workers 1968-1969: Manual Workers' Questionnaires, Study Number (SN) 6586, UK Data Archive (UKDA).
(43) サヴィッジ氏とのインタビュー。transcript no. 477, Manchester Studies collection, TLSL.
(44) ペギーとのインタビュー。transcript no. A66/a, Making Ends Meet oral history collection, Nottingham Local Studies Library (NLSL).
(45) K. Whitehorn, *Selective Memory* (London, 2007), p. 3.
(46) Lindsay, 'Means Test'.
(47) Pilgrim Trust, *Men without Work*, p. 200.
(48) 'The Running Sore', *The Times* (25 March 1931), p. 15.
(49) 'An Unemployed Business Man', in Beales and Lambert, *Memoires of the Unemployed*, p. 57.
(50) Ibid., p. 61.
(51) 'A South Wales Miner', in ibid., p. 69.
(52) 'A Scottish Hotel Servant', in ibid., pp. 260-61.
(53) この情報はシェフィールド大学にあるレフト・ブック・アーカイヴのウェブページより採ったものである。http://librarysupport.shef.ac.uk/leftbook.pdf
(54) *Left Review*, no. 1 (October 1934), p. 1.
(55) C. Hillard, *To Exercise Our Talents: The Democratization of Writing in Britain* (Cambridge, Mass, 2006).
(56) S. Constantine, '"Love on the Dole" and its Reception in the 1930s', *Literature and History*, no. 8 (1982), pp. 232-47.
(57) Benson, *To Struggle is to Live*, p. 56.
(58) 以下に引用されている。J. Stevenson and C. Cook, *Britain in the Depression: Society and Politics, 1929-1939* (London, 1994), p. 228.
(59) 以下に引用されている。L. Tabili, *Global Migrants, Local Culture: Natives and Newcomers in Provincial England, 1841-1939* (Basingstoke, 2011), p. 147.
(60) D. S. Lewis, *Illusions of Grandeur: Mosley, Fascism and British Society, 1931-81* (Manchester, 1987), pp. 71-2.
(61) Questionnaires to District Labour Parties and Fascist Activity in their Region, 1934-5, Labour Party Archive, Labour History Archive, Manchester.
(62) アーサー・ロジャーズとのインタビュー。OT 404, TS 225, Abing-

don Oral History Project, OHC.
(63) 以下に引用されている。S. Rawnsley, 'The Membership of the British Union of Fascists', in K. Lunn and R. Thurlow (eds.), *British Fascism: Essays on Radical Right in Interwar Britain* (London, 1980), p. 154.
(64) 以下に引用されている。Stevenson and Cook, *Britain and Depression*, p. 227. モズリー支持の大きな影響については以下を参照。D. Cannadine, *The Decline and Fall of the British Aristocracy* (New Haven, 1992), pp. 547-51; N. Todd, *In Excited Times: The People against the Blackshirts* (Newcastle, 1990), p. 20; R. Skidelsky, *Oswald Mosley* (London, 1975), pp. 325-26.
(65) Skidelsky, *Oswald Mosley*, pp. 325-6.
(66) Viscount Rothermere, 'Give the Blackshirts a Helping Hand', *Daily Mirror* (22 January 1934), p. 12.
(67) 'Daughter of Peer Nazi Guest of Honour', *Daily Mirror* (11 September 1935), p. 3; Mitford, *Hons and Rebels*, pp. 62-3.
(68) W. Goldman, *East End My Cradle* (London, 1988), p. 20.
(69) Oral history recording with Charlie Goodman, no 16612/4, Imperial War Museum (IWM).
(70) B. Alexander, *British Volunteers for Liberty: Spain, 1936-1939* (London, 1986), p. 29.
(71) 'Death in Spain', *Yorkshire Post* (10 December 1938), p. 9.
(72) 'He Fought in Spain War, Brought Spanish Wife to Fight Here', *Daily Mirror* (27 January 1938), p. 1.
(73) MacDougall, *Voices from the Hunger Marches*, p. 133 に引用されている。
(74) Alexander, *British Volunteers for Liberty*, pp. 25-6 に引用されている。
(75) Oral history recording with Charlies Goodman, no. 16612/4, Imperial War Museum.
(76) 「ミラー」紙の人気については以下を参照。A. Bingham, *Family Newspapers? Sex, Private Life and the British Popular Press 1918-1978* (Oxford, 2010), pp. 1, 8, 17 and 19.
(77) J. Pilger, *Hidden Agendas* (London, 1998), p. 382 に引用されている。
(78) C. Webster, 'Healthy or Hungry Thirties?', *History Workshop Journal*, vol. 13, no. 1 (1982), p. 117.
(79) P. Thane, 'Visions of Gender in the British Welfare State', in G. Bock and P. Thane (eds.), *Maternity and Gender Policies. Women and the Rise of the European Welfare States1880s-1950s* (London, 1991), p. 105.
(80) 'Maternal Mortality', *The Times* (23 June 1934), p. 13.
(81) Ministry of Health, *Report on Maternal Mortality in Wales* (London, 1937), pp. 93-4, 115.
(82) Ministry of Health, HC Deb., Hansard (17 July 1935), vol. 304, col. 1118.
(83) Midwives Bill, HC Deb., Hansard (30 April 1936), vol. 311, col. 1169.
(84) M. Spring Rice, *Working Class Wives: Their Health and Conditions* (Harmondsworth, 1939), pp. 77, 79.
(85) Ibid., p. 94.
(86) Ibid., p. 103.
(87) 'A Wealthier Britain', *The Times* (19 July 1937), p. 9.
(88) Midwives Bill, HC Deb., Hansard (30 April 1936), vol. 311, col. 1160.
(89) 'Maternal Mortality', HC Deb., Hansard (27 May 1937), vol. 324, col. 417.
(90) Ministry of Health, HC Deb., Hansard (17 July 1935), vol. 304, col. 1064.
(91) Ministry of Health, HC Deb., Hansard (17 July 1935), vol. 304, col. 1072. 以下も参照。M. Mitchell, 'The Effects of Unemployment on the Social Condition of Women and Children in the 1930s', *History Workshop Journal*, vol. 19, no. 1 (1985), p. 117.

（92） J. Harris, ‘War and Social History: Britain and the Home Front during the Second World War’, *Contemporary European History*, vol. 1, no. 1（1992）, p. 30.

（93） ‘Jarrow Marches at Bedford’, *The Times*（27 October 1936）, p. 11.

（94） ‘Jarrow’s Petition’, *The Times*（5 November 1936）, p. 15.

（95） Spring Rice, *Working Class Wives*, pp. 205-6.

（96） V. Woolf, ‘Introductory Letter’, in M. L. Davies（ed.）, *Life as We Have Known It*（London, 1984）, pp. xxix, xxxi.

幕間Ⅰ　スター誕生

（1） Orwell, *Road to Wigan Pier*, p. 31.〔『ウィガン波止場への道』三二一三三ページ〕

（2） N. Dennis, F. Henriques and C. Slaughter, *Coal is Our Life: An Analysis of a Yorkshire Mining Community*（London, 1956）, p. 41.

（3） Priestley, *English Journey*, pp. 198-9.〔『イングランド紀行』上巻、二七七ページ〕

（4） Hoggart, *Uses of Literacy*, pp. 35, 68.〔リチャード・ホガート『読み書き能力の効用』香内三郎訳、晶文社、一九八六年、三五ページ、六一ページ〕

（5） Ibid., pp. 35-6.〔『読み書き能力の効用』三五ページ〕

第5章　ダンスホールの政治学

（1） C. Madge and T. Harrisson, *Britain by Mass Observation*（Harmondsworth, 1939）, p. 139.

（2） ‘Harry, Toffee Apple Prince, Shows ’em How’, *Daily Express*（21 October 1938）, p. 5.

（3） Priestley, *English Journey*, pp. 130-31, 133, 148-9.〔『イングランド紀行』上巻、一八三一一八四ページ、一八六一一八七ページ、二〇七一二〇九ページ〕

（4） P. Bailey, ‘Fats Waller meets Harry Champion: Americanization, National Identity and Sexual Politics in Inter-war Music Hall’, *Cultural and Social History*, vol. 4, no. 4（2007）, pp. 495-510; R. Fagge, ‘J. B. Priestley, the “Modern” and America’, *Cultural and Social History*, vol. 4, no. 4（2007）, pp. 481-494.

（5） L. MacNeice, *The Strings Are False: An Unfinished Autobiography*（London, 1965）, p. 132.

（6） W. Holtby, *The Land of Green Ginger*（London, 1927）, p. 36.

（7） ‘Girls We All Know: The Adding Machine’, *Manchester Evening News*（1 April 1930）, p. 3.

（8） 以下に引用されている。R. Sennett, *The Corrosion of Character: The Personal Consequences of Work in the New Capitalism*（New York, 1998）, p. 40.

（9） J. Christy, *The Price of Power: A Biography of Charles Eugene Bedaux*（London, 1984）.

（10） 以下に引用されている。‘Strike at Wolsey Works’, *Leicester Evening Mail*（10 December 1931）, p. 2.

（11） Internal Wolsey Management Report on Meeting of Workers and the Trade Union, 8 February 1932, DE 4823, Leicester Records Office（Leics RO）.

（12） ‘Wolsey Strike’, *Leicester Evening Mail*（12 December 1931）, p. 1.

（13） Lewenhak, ‘Trade Union Membership’, pp. 32, 45; Bain and Price, *Profiles of Union Growth*, p. 37.

（14） Beauchamp, *Women*, p. 25 に引用されている。

（15） E. Balderson with D. Goodlad, *Blackshirts Life in a Country House*（Newton Abbott, 1982）, p. 13.

（16） Foley, *Child in the Forest*, p. 101.

（17） London Trades Council, *Annual Report for the Year 1932*（London,

1933), p. 9.

(18) メアリ・アボットとのインタビュー。tape no. 671, Manchester Studies collection, TLSL.

(19) Transport and General Workers' Union, *Delegate Conference of 1935* (London, 1936), pp. 7-9.

(20) 以下に引用されている。S. Alexander, 'A New Civilization? London Surveyed 1928-1940s', *History Workshop Journal*, vol. 64, no. 1 (2007), p. 298.

(21) S. O'Connell, *The Car and British Society: Class, Gender and Motoring 1896-1939* (Manchester, 1998).

(22) ヒラリー・ヤングによるフランク・ゴガティへのインタビュー(二〇〇六年)。

(23) アルフ・カニングとのインタビュー。Bristol Reference Library, pp. 27-8.

(24) A. Cameron, *In Pursuit of Justice* (London, 1946), p. 30.

(25) Ibid., pp. 29-31.

(26) R. Croucher, *Engineers at War* (London, 1982), pp. 24-8.

(27) B. Jones, 'Slum Clearance, Privatization and Residualization: The Practices and Politics of Council Housing in Mid-twentieth Century England', *Twentieth Century British History*, vol. 21, no. 4 (2010), pp. 510-39.

(28) 以下に引用されている。M. McKenna, 'The Suburbanization of the Working-Class Population of Liverpool between the Wars', *Social History*, vol. 16, no. 2 (1991), p. 178.

(29) N2L氏とのインタビュー。Elizabeth Roberts Archive, University of Lancaster.

(30) Burnett, *Social History of Housing*, p. 248.

(31) クレア・スティーヴンズ(仮名)とのインタビュー。transcript KHP01, Bristol Reference Library, p. 4.

(32) パーシー・ウィブリンとのインタビュー。OT 609, OHC.

(33) Lifetimes Group, *A Couple from Manchester* (Manchester, 1975), p. 40.

(34) L. Whitworth, 'Men, Women, Shops and "Little Shiny Homes": The Consuming of Coventry, 1930-39', Ph.D. Thesis (University of Warwick, 1997), pp. 74-76.

(35) ヒューソン夫人とのインタビュー。tape no. 26, Manchester Studies collection, TLSL.

(36) Ernest Brown, Holidays with Pay Bill, HC Deb., Hansard (14 July 1938), vol. 338, col. 1553.

(37) S. Dawson, 'Working-Class Consumers and the Campaign for Holidays with Pay', *Twentieth Century British History*, vol. 18, no. 3 (2007), pp. 277-305.

(38) Shorter Hours of Labour, HC Deb., Hansard (11 November 1936), vol. 317, col. 896.

(39) M・シャープとのインタビュー。1994.0128, NWSA.

(40) Consultative Committee on Secondary Education, *Report of the Consultative Committee on Secondary Education with Special Reference to Grammar Schools and Technical High Schools* (Spens Report) (London, 1938), p. 88, table 1 and p. 93, table 4.

(41) I. Gazeley and A. Newell, 'Unemployment', in Crafts et al. (eds.), *Work and Pay*, p. 235.

(42) Thane, 'The "Welfare State"', p. 188.

(43) ジャック・ベルとのインタビュー。KHP 50, Bristol Reference Library, p. 18.

(44) Lifetimes Group, *Something in Common* (Manchester, 1976), p. 35.

(45) Ibid., p. 16. 以下も参照。J. White, *The Worst Street in North London: Campbell Bunk between the Wars* (London, 1986), pp. 216-17.

(46) White, *The Worst Street in North London*, p. 190.

（47） Madge and Harrisson, *Britain by Mass Observation*, p. 169.

第6章　人びとの戦争

（1） 以下に引用されている。A. Calder, *The People's War: Britain 1939-45* (London, 1969), p. 126.

（2） File Report (FR) no. 159, 'Morale Today' (1 June 1940), Mass-Observation Archive (MOA), University of Sussex, p. 6.

（3） MOA: FR 167, 'Atmosphere in Dover' (3 June 1940), p. 3.

（4） MOA: FR 124, 'Morale Today' (18 May 1940), p. 1.

（5） T. Harrisson, *Living Through the Britz* (Harmondsworth, 1978), p. 22.

（6） MOA: FR 159, 'Morale Today', p. 10.

（7） Topic Collection (TC) 51/2/C, 'Attitudes to Jobs—Young Women and Girls', 1940, MOA.

（8） Emergency Powers (Defence) Bill, HC Deb., Hansard (22 May 1940), vol. 361, col. 154-85.

（9） 'Leader', *The Times* (1 July 1940).

（10） Middlemas, *Politics in Industrial Society*, p. 276.

（11） A Bullock, *The Life and Times of Ernest Bevin. Vol. 2, Minister of Labour, 1940-1945* (London, 1966), p. 63.

（12） Middlemas, *Politics in Industrial Society*, p. 277.

（13） G. Field, *Blood, Sweat and Toil: Remaking the British Working Class, 1939-1945* (Oxford, 2011), p. 79.

（14） Bullock, *The Life and Times of Ernest Bevin*, p. 63.

（15） Middlemas, *Politics in Industrial Society*, p. 275.

（16） 組合員数の数字は以下より採った。Lewenhak, 'Trade Union Membership among Women and Girls', pp. 32, 45. 比率のデータは以下より採った。Bain and Price, *Profiles of Union Growth*, p. 37.

（17） 以下に引用されている。J. Hinton, *Nine Wartime Lives* (Oxford, 2010), pp. 101 and 105.

（18） 以下に引用されている。M. Allen, 'The Domestic Ideal and the Mobilization of Womanpower in World War Two', *Women's Studies International Forum*, vol. 6, no. 4 (1983), p. 410.

（19） *Ministry of Labour Gazette* (March 1942), p. 98; 以下も参照。J. Hinton, *Women, Social Leadership, and the Second World War: Continuities of Class* (Oxford, 2002), p. 29, n. 57.

（20） Hinton, *Women, Social Leadership, and the Second World War*, p. 29.

（21） 以下に引用されている。H. L. Smith, *War and Social Change. British Society in the Second World War* (Manchester, 1986), p. 44.

（22） Allen, 'The Domestic Ideal', p. 409 に引用されている。

（23） Ibid., p. 411.

（24） R. Titmuss, *Problems of Social Policy* (London, 1950), p. 420.

（25） E. C. Bailey, 'Strikes and Lockouts. Accounts of Individual Lockouts', 1946, LAB 76/29. TNA, pp. 53-6.

（26） W. Hamilton Whyte, Report of Enquiry into the Bath Co-operative Society Strike, 1942, LAB 10/164, TNA.

（27） Letters from 'Bath Co-op Employee', *Bath and Wiltshire Chronicle and Herald* (29 December 1941), p. 5.

（28） 'Bath Co-operative Society Strike', LAB 10/164, TNA, pp. 5-6.

（29） Ibid., p. 4.

（30） Ibid.

（31） Ibid., p. 8.

（32） Field, *Blood, Sweat and Toil*, p. 121.

（33） 'Bath Co-operative Society Strike', p. 3.

（34） Editorial, *Daily Express* (13 November 1939), p. 3.

（35） Titmuss, *Problems of Social Policy*, pp. 522-4. ここにデータのまとめと保健所員の報告書を含むデータの出所が記されている。

（36）　以下に引用されている。J. Gaffin and D. Thoms, *Caring and Sharing: The Centenary History of the Co-operative Women's Guild* (Manchester, 1993), p. 132.

（37）　T. Harrisson, *Living Through the Blitz*, p. 24.

（38）　V. Brittain, *Testament of Experience* (London, 1980).

（39）　数字は以下から採った。J. Welshman, *Churchill's Children: The Evacuee Experience in Wartime Britain* (Oxford, 2010), p. 5.

（40）　Ibid., p. 32.

（41）　ヒラリー・ヤングによるジョン・マクガークへのインタビュー（二〇〇六年）。

（42）　T. Harrisson and C. Madge, *War Begins at Home* (London, 1940), pp. 299-300. を参照。

（43）　以下に引用されている。H. L. Smith, *Britain in the Second World War: A Social History* (Manchester, 1996), p. 41.

（44）　Mass Observation, *War Begins at Home*, p. 323.

（45）　以下に引用されている。'Wesker, Arnold', *Current Biography*, vol. 23, no. 2 (1962), p. 43.

（46）　H. Pickles, *Crooked Sixpences Among the Chalk* (Hawes, 1993), pp. 85-6.

（47）　W. Utting, 'Cooper, Joan Davies', *Oxford Dictionary of National Biography*.

（48）　Calder, *The People's War*, p. 189.

（49）　前掲書 p. 207 に引用されている。

（50）　Harrisson, *Living Through the Britz*, p. 136.

（51）　以下も参照。MOA: FR 503, 'Air Raid on Leicester' (26 November 1940), p. 5.

（52）　バート・シアードとのインタビュー。TWC 26, Barton Hill History Group interview, Bristol Reference Library.

（53）　Harrisson, *Living Through the Britz*, p. 38.

（54）　Ibid., p. 219; 'Manchester's Rest Centres', *Manchester Guardian* (2 January 1941), p. 6.

（55）　R. Davison, 'Britain Abolishes the Household Means Test', *Social Service Review*, vol. 15, no. 3 (1942), pp. 533-41. 以下も参照。Bullock, *Ernest Bevin*, p. 65.

（56）　MOA: FR 497 'Coventry' (November 1940); FR 502 'Local Morale Reports' (November 1940) and FR 503 'Leicester'.

（57）　Emily Swankie, in MacDougall, *Voices from the Hunger Marches*, p. 228.

（58）　Field, *Blood, Sweat and Toil*, p. 229.

（59）　Calder, *People's War*, p. 383 に引用されている。

（60）　Board of Trade, *Patriotic Patches* (London, 1943), p. 1.

（61）　'Army Frustration', *Tribune* (31 July 1942), p. 16.

（62）　マーガレット・エイモスとのインタビュー。no. 16704, oral history collection, IWM.

（63）　Titmuss, *Problems of Social Policy*.

（64）　J. Harris, 'Political Ideas and Social Change', in Smith, *War and Social Change*, pp. 247-9.

（65）　MOA: FR 1568, 'Public Reaction to the Beveridge Report' (January 1943), p. 3.

（66）　Bullock, *Ernest Bevin*, p. 202.

（67）　以下に引用されている。K. Jeffreys, *War and Reform: British Politics during the Second World War* (Manchester, 1994), p. 98.

（68）　'The Government and the Beveridge Report', Home Intelligence report, 11 March 1943, INF 1/292, TNA.

（69）　MOA: FR 1568, 'Beveridge', p. 4.

（70）　MOA: FR 1606, 'What are People in Britain Thinking and Talking About?' (February 1943), p. 7.

（71）　Jeffreys, *War and Reform*, p. 95 に引用されている。

(72) MOA: FR 1606, 'What are People in Britain Thinking and Talking About?', p. 5.
(73) Field, *Blood, Sweat and Toil*, p. 236.
(74) *Millions Like Us*, dir. S. Gilliat (1943).
(75) Smith, *Britain in the Second World War*, pp. 129-30 に引用されている。
(76) L. Beers, *Your Britain: Media and the Making of the Labour Party* (Cambridge, Mass., 2010), p. 173.
(77) Labour Party, *Labour. Cross Here!*, General Secretary's papers, 1945, Labour Party Archive (LPA), People's History Museum, Manchester.
(78) MOA: FR 2059, 'Will the Factory Girls Want to Stay Put or Go Home?' (March 1944), p. 2.
(79) Ibid., p. 7.
(80) Jeffreys, *War and Reform*, p. 81.
(81) 以下に引用されている。S. Brooke, *Labour's War: The Labour Party during the Second World War* (Oxford, 1992), p. 309.
(82) Field, *Blood, Sweat and Toil*, p. 372.
(83) キティ・マーフィとのインタビュー。no. 11849, oral history collection, Imperial War Museum (IWM)
(84) N. Tiratsoo, 'Labour and the Electorate' in D. Tanner, P. Thane and N. Tiratsoo (eds.), *Labour's First Century* (Cambridge, 2000), p. 283.

第7章　新しきエルサレム

(1) ヒラリー・ヤングによるヘイゼル・ウッドへのインタビュー(二〇〇六年)。
(2) Crafts, 'Living Standards', p. 21.
(3) D. Lessing, *Walking in the Shade: Volume Two of My Autobiography* (London, 1998), pp. 4-5.
(4) Economic Situation, HC Deb., Hansard (26 October 1949), vol. 468, cols 1387-8.
(5) ヒラリー・ヤングによるネリー・リグビーへのインタビュー(二〇〇七年)。
(6) G. Routh, *Occupation and Pay*, p. 157.
(7) N2L氏とのインタビュー。Elizabeth Roberts Archive.
(8) MOA: FR 3075, 'A Report on the Present-Day Cost of Living' (January 1949), p. 20. この結論は二千四十人のサンプルをもとにしている。下記も参照。C. Schenk, 'Austerity and Boom' in P. Johnson (ed.), *Twentieth-Century Britain: Economic, Social and Cultural Change* (London, 1994), p. 302.
(9) F. Zweig, *Labour Life and Poverty* (London, 1949), p. 49.
(10) K. Box, 'The Cinema and the Public', Government Social Survey (1946), held at Nuffield College, Oxford, pp. 1-2.
(11) キャロル・ブラックバーンとのインタビュー。2001.0424, NWSA.
(12) Zweig, *Labour Life and Poverty*. pp. 48-9.
(13) I. Zweininger-Bargielowska, *Austerity in Britain: Rationing, Controls, and Consumption: 1939-1955* (Oxford, 2000), p. 45, table 1. 5.
(14) 'Queue-Arm? Housewives Tell of Queue-legs Too', *Manchester Evening News* (14 March 1947), p. 3; 'You have been Warned! Manchester Enforcement Officers tell Black Market Hawkers', *Manchester Evening News* (7 March 1947), p. 8.
(15) ブライアン・スレッシュとのインタビュー。1998.0035, NWSA. 以下も参照。'Stole Bedspreads', *Liverpool Echo* (15 November 1955), p. 10.
(16) MOA: FR 2580 'Women and Industry' (March 1948); FR 3036 'Queuing' (September 1948); FR 3055 'Shopping' (November 1948).
(17) MOA: FR 2461 B 'Who are the Fuel Wasters?' (February 1948).
(18) 'Stop Week-End Veg Ramp', *Daily Mirror* (16 February 1951), p. 6.
(19) Zweininger-Bargielowska, *Austerity in Britain*, p. 45, table 1. 5.

(20) MOA: FR 3109, 'Some Comments on the National Health Survey' (April 1949), p. 6.

(21) ベリル・ゴットフリートとのインタビュー。OT 549, Abingdon Oral History Project, OHC.

(22) B4. I氏とのインタビュー。Stirling Oral History Archive, Scottish Oral History Archive, University of Strathclyde.

(23) R. Fitzpatrick and T. Chandola, 'Health', in Halsey with Webb (eds.), *Twentieth-Century British Social Trends*, p. 97, table 3.3.

(24) A. Bevan, *In Place of Fear* (London, 1952), pp. 102-3.

(25) Family Allowance Bill, HC Deb., Hansard (8 March 1945), vol. 408, col. 2261.

(26) A. J. Reid, *United We Stand: A History of Britain's Trade Unions* (London, 2010), p. 339.

(27) MOA: FR 2999, 'Trade Unions' (May-June 1948), p. 3.

(28) P. Thane, 'Labour and Welfare', in Tanner et al., *Labour's First Century*. 戦後に使われた指数についての批判と、貧困に関して違った政策を採用するようにとの提案については以下を参照。B. Abel-Smith and P. Townsend, *The Poor and the Poorest: A New Analysis of the Minisiry of Labour's Family Expenditure Surveys of 1953-54 and 1960* (London, 1965).

(29) P. Thane and T. Evans, *Sinners? Scroungers? Saints?: Unmarried Motherhood in Twentieth-century England* (Oxford, 2012).

(30) N2L氏とのインタビュー。Elizabeth Roberts Archive.

(31) 'Widow's Plight', *Liverpool Echo* (5 July 1948), p. 3.

(32) P. Thane, 'Unmarried Motherhood in Twentieth-Century England', *Women's History Review*, vol. 20, no. 1 (2011), p. 21.

(33) A. Bevan, *The Times* (15 August 1947), p. 2 に引用されている。

(34) MOA: FR 2059, 'Will the Factory Girls Want to Stay Put or Go Home?'

(35) 'Women Workers', *Manchester Guardian* (2 June 1947), p. 3. 以下も参照。G. Isaacs, Economic Situation, HC Deb., Hansard (11 March 1947), vol. 434, col. 1149.

(36) Central Advisory Council for Education (England), *Children and their Primary School* (London, 1967), p. 108, table 4.

(37) 'Isaacs Tells Women: We Need You', *Daily Mirror* (2 June 1947), p. 1.

(38) Ibid.

(39) Central Office for Information, *The Battle for Output: Economic Survey for 1947* (London, 1947).

(40) Ministry of Labour, 'Average Earnings and Hours Enquiry, October 1948', *Ministry of Labour Gazette* (January 1949).

(41) 以下より算出。A. Holmans, 'Housing', in Halsey with Webb (eds.), *Twentieth-Century British School Trends*, pp. 469-510.

(42) Aneurin Bevan, HC Deb., Hansard (16 March 1949), vol. 462, cols. 2121-231.

(43) 'Must have Middle Class to be A Real Town, Planners Warn', *Daily Mirror* (10 May 1949), p. 7.

(44) 'First Tenants are now in Luxury Flats', *Manchester Evening News* (4 July 1948), p. 4.

(45) ヒラリー・ヤングによるビル・レインフォードへのインタビュー(二〇〇七年)。

(46) The waiting list in Birmingham, December 1950, HGL 117/415, TNA, p. 3; 下記も参照。Birmingham Trades Council, 'Report on the Methods of Allocating Council Houses' (1951), MSS 292/835/6, MRC.

(47) フィリップ・ギルバートとのインタビュー。OT 740, Seven Roads Community Oral History Project, OHC.

(48) ヒラリー・ヤングによるアラン・ワトキンズへのインタビュー(二〇〇七年)。

(49) N2L氏へのインタビュー。Elizabeth Roberts Archive.

(50) Confidential Summary Report on the General Election of 1950, November 1950, General Election Departmental Records, CCO 500/24/1, Conservative Party Archive, Bodleian Library, University of Oxford, p. 41.

(51) 'Tory Victory in a Winter of Discontent', *Manchester Guardian* (22 September 1951), p. 6.

(52) http://news.bbc.co.uk/onthisday/hi/dates/stories/October//26/newsid_3687000/3687425.stm.

(53) K. O. Morgan, *The People's Peace* (Oxford, 1990), p. 81.

(54) MOA: FR 3073 'Middle Class—Why?' (December 1948), p. 27.

(55) MOA: FR 2461B 'Who are the Fuel Wasters?' (February 1947), p. 3.

(56) Field, *Blood, Sweat and Toil*, p. 378. 前掲文献 pp. 23-4. も参照。

(57) M. Savage, *Identities and Social Change in Britain since 1940: The Politics of Method* (Oxford, 2010), ch. 4.

(58) M. Savage, 'Affluence and Social Change in the Making of Technocratic Middle-Class Identities: Britain, 1939-55', *Contemporary British History*, vol. 22, no. 4 (2008), pp. 471-2.

(59) MOA: FR 3152 'Non-Medical Aspects of the National Health Service' (August 1949); FR 3025 'Present Day Education' (August 1948). R. Lowe, 'Modernizing Britain's Welfare State', in L. Black and H. Pemberton (eds.), *An Affluent Society? Britain's Post-War 'Golden Age' Revisited* (Aldershot, 2004), p. 45.

(60) N. Last, P. and R. Malcomson, *Nella Last in the 1950s* (London, 20100), pp. 17, 65.

(61) MOA: FR 3170 'Defects in Modern Education' (October 1949), p. 5.

(62) 以下に引用されている。'Easing the Middle Class Burden', *Daily Mirror* (24 January 1950), p. 2.

(63) 中流階級が他の階級と区別される性質については以下を参照。P. Bourdieu, *Distinction: A Social Critique of the Judgement of Taste* (London, 1984).〔ピエール・ブルデュー『ディスタンクシオン――社会的判断力批判』石井洋二郎訳、藤原書店、一九九〇年〕

(64) Morgan, *Britain since 1945*, p. 62. 以下も参照。Housing Managers' file, 1946, HLG 104/5, TNA.

幕間Ⅲ　人びとを自由にする

(1) 'The Tennis Girl goes Feminine', *Picture Post*, vol. 51, no. 11 (16 June 1951), pp. 20-21.

(2) 'The Princess goes to a Tennis Party', ibid., vol. 52, no. 8 (25 August 1951), p. 25.

(3) C. Harding and B. Lewis (eds.), *Talking Pictures: The Popular Experience of the Cinema* (Castleford, 1993), p. 78.

(4) 'Winning the Pools—and Losing her Clothes', *Guardian* (15 March 1977), p. 9.

(5) Harding and Lewis, *Talking Pictures*, p. 81 に引用された匿名の案内係。

(6) Whitehorn, *Selective Memory*, p. 43.

(7) M. Broady, 'The Organisation of Coronation Street Parties', *Sociological Review*, vol. 4. no. 2 (1956), p. 228.

(8) 戦後のイングランドにおける愛と結婚については以下を参照。C. Langhamer, *The English in Love: The Intimate Story of an Emotional Revolution* (Oxford, 2013).

(9) Burnett, *Social History of Housing*, p. 277.

第8章　コミュニティ

(1) ヒラリー・ヤングによるベティ・エニスへのインタビュー（二〇〇七年）。

(2) 数字は以下より採った。Burnett, *Social History of Housing*, p. 274.

(3) A. Holmans, 'Housing', in Halsey with Webb (eds.), *Twentieth-Century British Social Trends*, p. 487, table 14. 12.

(4) 以下に引用されている。'Doorstep Wives Set Planners a Standard', *Daily Mirror* (9 September 1953), p. 6.

(5) M. Young and P. Willmott, *Family and Kinship in East London* (Harmondsworth, 1957), p. 187. 以下も参照。C. Vereker and J. B. Mays, *Urban Redevelopment and Social Change: A Study of Social Conditions in Central Liverpool, 1955-56* (Liverpool, 1961). これは、リヴァプール大学アーカイヴズ・アンド・スペシャル・コレクションズに保管されている、一九五四年から五六年にかけておこなわれたクラウン・ストリートでのインタビューにもとづいたものである。E. I. Black and T. S. Simey, *Neighbourhood and Community: An Enquiry into Social Relationships on Housing Estates in Liverpool and Sheffield* (Liverpool, 1954); J. M. Mogey, *Family and Neighbourhood: Two Studies of Oxford* (London, 1956); M. Stacey, *Tradition and Change: A Study of Banbury* (London, 1960).

(6) ヒラリー・ヤングによるアン・ランチベリーへのインタビュー(二〇〇七年)。

(7) Shelagh Delaney, *Shelagh Delaney's Salford*, dir. Ken Russell (London, 1960) に引用されている。

(8) ヒラリー・ヤングによるテリー・リマーへのインタビュー(二〇〇七年)。

(9) Crown Street Survey, Merseyside Social Survey Archive, D 416/1/23/230, University of Liverpool Archives and Special Collections (ULASC).

(10) P. Thane, *Old Age in Britain* (Oxford, 2000), p. 421.

(11) D. V. Donnison, 'The Movement of Households in England', *Journal of the Royal Statistical Society*, Series A, vol. 124, no. 1 (1961), p. 60; D416/23/198, ULASC.

(12) 住まいを変わりたいと思っていた人びとについての研究は以下を参照。Vereker and Mays, *Urban Redevelopment and Social Change*. ここで出された結論は以下の実地調査メモに拠っている。D416/1/23-24, ULASC.

(13) Holmans, 'Housing', p. 487.

(14) D416/1/23/207, ULASC.

(15) Donnison, 'The Movement of Households in England', p. 60.

(16) M. Woolf, *The Housing Survey in England and Wales* (London, 1964), p. 78, table 4. 22.

(17) 以下に引用されている。R. Forrest and A. Murie, *Selling the Welfare State: The Privatisation of Public Housing* (London, 1991), p. 26; H. Macmillan, HC Deb., Hansard (4 December 1951), vol. 494, cols 2227-354. 以下に引用されたメモも参照。S. Ball, *The Conservative Party since 1945* (Manchester, 1998), p. 107.

(18) ヒラリー・ヤングによるクリスティーン・エリオットへのインタビュー(二〇〇七年)。

(19) Ibid.

(20) Committee on Housing in Greater London (Milner Holland Committee), *Report* (London, 1965), p. 156.

(21) ヒラリー・ヤングによるヴェラ・ゴールドスミスへのインタビュー(二〇〇七年)。

(22) D. Kelly in Belle Vale Prefab Project, *Prefab Days: A Community Remembers* (Liverpool, 2008), p. 16.

(23) Black and Simey, *Neighbourhood and Community*, p. 80.

(24) Sage, *Bad Blood*, p. 102.

(25) Ministry of Housing and Local Government, *The New Towns* (London, 1965), p. 2.

(26) H. Beynon, *Working for Ford* (Harmondsworth, 1973), and H. Beynon

and R. Blackburn, *Perceptions of Work* (Cambridge, 1972). 以下も参照。 D416/1/23/182, ULASC.

(27) D416/1/23/190, ULASC.

(28) Young and Willmott, *Family and Kinship*, p. 135.

(29) H. B. Rodgers, 'Employment and the Journey to Work in an Overspill Community', *Sociological Review*, vol. 7, no. 2 (1959), pp. 213-29.

(30) Young and Willmott, *Family and Kinship*, p. 187. 以下も参照。 Vereker and Mays, *Urban Redevelopment and Social Change*; Mogey, *Family and Neighbourhood*; and Stacey, *Tradition and Change*.

(31) D719/4/W10, ULASC.

(32) Holmans, 'Housing', pp. 494-5; Black and Simey, *Neighbourhood and Community*, p. 103.

(33) F. Devine, *Affluent Workers Revisited: Privatism and the Working Class* (Edinburgh, 1992), p. 6; M. Clapson, 'The Suburban Aspiration in England since 1919', *Contemporary British History*, vol. 14, no. 1 (2000), pp. 151-74.

(34) P. Mandler, 'New Towns for Old: The Fate of the Town Centre', in B. Conekin, F. Mort and C. Waters (eds.), *Moments of Modernity: Reconstructing Britain, 1945-1964* (London, 1999).

(35) Forest and Murie, *Selling the Welfare State*, p. 26. 以下も参照。 Jones, 'Slum Clearance'.

(36) Conservative Party Central Office, *United for Peace and Progress. The 1955 Conservative Party General Election Manifesto* (London, 1955), p. 3.

(37) 'Problem Families and Homeless Families, 1960-64', LCC/CL. HSG, London Metropolitan Archives. 以下も参照。 ノリッチに関しては B. Rogaly and B. Taylor, *Moving Histories of Class and Community: Identity, Place and Belonging in Contemporary England* (Basingstoke, 2009), p. 49. ブライトンにおける同様の政策については以下を参照。 Jones, 'Slum Clearance', p. 526.

(38) ヒラリー・ヤングによるエレイン・レザーへのインタビュー（二〇〇六年）。

(39) レオ・ジョーンズとのインタビュー。 The Immigrants Project, http://theimmigrantsproject.org/peoples/jones/, consulted 11 March 2013.

(40) エズム・ランカスターとのインタビュー。 Birmingham Black Oral History Archive (BBOHP), Birmingham City Library.

(41) Vereker and Mays, *Urban Redevelopment and Social Change*, pp. 79-80.

(42) Second Chance to Learn Women's History Group, *No One Ever Mentions Love* (Liverpool, 1997), pp. 6-7.

(43) S. Patterson, *Dark Strangers: A Sociological Study of the Absorption of a Recent West Indian Migrant Group in Brixton, South London* (London, 1963), pp. 278-92.

(44) ラックマンについては以下を参照。 J. Drake, 'From "Colour Blind" to "Colour Bar": Residential Separation in Brixton and Notting Hill', in L. Black et al., *Consensus or Coercion? The State, the People and Social Cohesion in Post-war Britain* (Cheltenham, 2001).

(45) J. Davis, 'Rents and Race in 1960s London', *Twentieth Century British History* vol. 12, no. 1 (2001), pp. 69-92.

(46) K. H. Perry, '"Little Rock" in Britain: Jim Crow's Transatlantic Topographies', *Journal of British Studies*, vol. 51, no. 1 (2012); M. Collins, *Modern Love: An Intimate History of Men and Women in Twentieth-century Britain* (London, 2003), p. 265, n. 23.

(47) 以下に引用されている。 Drake, 'Residential Separation in Brixton and Notting Hill', p. 89.

(48) 'LCC Comment', *Cambridge Evening News* (26 February 1965), p. 19.

(49) 'Council Ban Coloured Workers from Scheme', *Cambridge News* (24 February 1965), p. 4.

(50) 'LCC Comment', ibid., (26 February 1965), p. 19.

(51) クレア・スティーヴンズとのインタビュー。Bristol Reference Library, pp. 20-21.

(52) R. Colls, 'When we Lived in Communities', in Colls and R. Rodger (eds.), *Cities of Ideas. Governance and Citizenship in Urban Britain 1800-2000* (Aldershot, 2005), p. 4.

(53) A. Richmond, *Migration and Race Relations in an English City*, pp. 148-60.

(54) ヒラリー・ヤングによるキャロル・ハインドへのインタビュー(二〇〇六年)。

(55) P. Collison, *The Cutteslowe Walls: A Study in Social Class* (London, 1963).

(56) Jones, 'Slum Clearance', pp. 510-39で説得力のある議論が展開されている。

(57) Record no. 008, SN 4871, UKDA.

(58) Jones, 'Slum Clearance', p. 528. 以下も参照。'Babies Born to Get Houses', *Cambridge News* (22 February 1963), p. 5.

(59) C. H. Butler, 'Development of New Towns. Shaping a Balanced Community', letter to the editor, *The Times* (29 June 1953), p. 9. 以下も参照。Hemel Hempstead Development Corporation, *The Development of Hemel Hempstead* (Hemel Hempstead, 1952), p. 3.

(60) Report on Speke Township by City Architect and Director of Housing, 19 September 1946, D416/1/15, ULASC, p. 601. 以下も参照。'All Mod Con', *Manchester Evening News* (12 March 1947), p. 4.

(61) A, Simmonds, 'Conservative Governments and the New Town Housing Question in the 1950s', *Urban History*, vol. 28, no. 1 (2001), pp. 65-83.

(62) J. Madge, 'Some Aspects of Social Mixing in Worcester', in L. Kuper (ed.), *Living in Towns: Selected Research Papers in Urban Sociology of the Faculty of Commerce and Social Science, University of Birmingham* (London, 1953).

(63) 'Town in the Making', *Liverpool Echo* (30 May 1962).

(64) P. Willmott, *Evolution of a Community* (London, 1963), p. 109.

(65) Ibid., pp. ix, 109, 111.

(66) 以下に引用されている。J. Pilger, *Hidden Agendas* (London, 1998), p. 399.

幕間Ⅳ　愛と結婚

(1) K. Fisher, *Birth Control, Sex and Marriage in Britain 1918-1960* (Oxford, 2006), p. 108.

第9章　こんなにいい時代はなかった

(1) B. S. Rowntree and G. Lavers, *Poverty and the Welfare State* (London, 1951), pp. 30-31.

(2) Thane, 'Labour and Welfare', p. 104に引用されている。

(3) Harold Macmillan, speech at Bedford, 20 July 1957, 以下に引用されている。'More Production "the Only Answer to Inflation"', *The Times* (22 July 1957), p. 4.

(4) A. B. Atkinson and A. Brandolini, 'On Data: A Case Study of the Evolution of Income Inequality across Time and across Countries', *Cambridge Journal of Economics*, vol. 33, no. 3 (2006), fig. 1, p. 383. アトキンソンとブランドリーニは、税引き前の収入の不平等を示すジニ係数が一九五〇年代に下がりつづけたと主張しているが、税引き後において収入グループ間の格差が拡大したことは明白である。のちほどこの章で論じるように、これは中流階級、上流階級に益する保守党の税をめぐる政策ゆえである。この論文にわたしの注意を喚起してくれたウォレン・オリヴァーに感謝したい。

(5) F. Zweig, *The Worker in an Affluent Society: Family Life and Industry* (London, 1961), p. 5.

(6) Routh, *Occupation and Pay*, p. 159.

(7) Beynon, *Working for Ford*, p. 65.

(8) 'Now the Boys Interview the Bosses!", *Daily Mirror* (16 September 1955), p. 8.

(9) ヒラリー・ヤングによるジェイムズ・キャロルへのインタビュー（二〇〇七年）。以下も参照。B. Reed, *Eighty Thousand Adolescents* (London, 1950), ch. 2. この本に注意を喚起してくれたヘラ・クックに感謝したい。

(10) SN 6567, Crown Street, 1955-1963, UKDA. より算出。

(11) V. Raitz, *Flight to the Sun: The Story of the Holiday Revolution* (London, 2001), p. 229.

(12) 'They Even Get Married on Tick!', *Daily Mirror* (6 March, 1953), p. 2.

(13) SN 6567. より算出。

(14) D719/3/9, SN 6567.

(15) S. O'Connell, *Credit and Community: Working Class Debt in the UK since 1880* (Oxford, 2009), p. 16.

(16) Raitz, *Flight to the Sun*, p. 228.

(17) 'Tories Hit the Housewife', *Daily Mirror* (27 October 1955), p. 1.

(18) E. H. H. Green, *Ideologies of Conservatism. Conservative Political Ideas in the Twentieth Century* (Oxford, 2002), p. 175.

(19) Routh, *Occupations and Pay*, p. 159.

(20) Ibid.

(21) Quoted in S. Ball, *The Conservative Party since 1945* (Manchester, 1998), pp. 111-12.

(22) Reid, *United we Stand*, pp. 290-91.

(23) Ibid.

(24) ヒラリー・ヤングによるハワード・ブレイクへのインタビュー（二〇〇七年）。Field, *Blood, Sweat and Toil*, ch. 3 も参照。

(25) P. Thane, 'Family Life and "Normality" in Post-War British Culture', in R. Bessel and D. Schumann (eds.), *Life after Death: Approaches to a Cultural and Social History of Europe during the 1940s and 1950s* (Cambridge, 2003).

(26) D. Kynaston, *Family Britain, 1951-57* (London, 2010).

(27) M. Young, 'Distribution of Income within the Family', *British Journal of Sociology*, vol. 3, no. 4 (1952).

(28) たとえば以下を参照。'An Investigation into Problem Families', 1950, D495 (LI), R1, pp. 45-6, ULASC.

(29) P. Ayers, 'Work, Culture and Gender: The Making of Masculinities in Post-war Liverpool', *Labour History Review*, vol. 69, no. 2 (2004).

(30) Rowntree and Lavers, *Poverty and the Welfare State*, pp. 36-8.

(31) 世論調査については以下を参照。R. Lowe, 'Modernizing Britain's Welfare State', in L. Black and H. Pemberton (eds.), *An Affluent Society? Britain's Post-War 'Golden Age' Revisited* (Aldershot, 2004), p. 37.

(32) Conservative Party, *General Election Manifesto 1959* (London, 1959).

(33) ラウントリーとレイヴァーズは三パーセントという数字を出しているが，これはデータの計算間違いによる。以下の文献で説得的に証明されている。Abel-Smith and Townsend, *The Poor and the Poorest*; T. Hatton and R. Bailey, 'Seebohm Rowntree and the Postwar Poverty Puzzle', *Economic History Review*, vol. 53, no. 3 (2000), pp. 517-43.

(34) C. Cockburn, *Brothers: Male Dominance and Technological Change* (London, 1983), pp. 52-60 and Reid, *United We Stand*, pp. 294-329.

(35) S. Bowden, 'The New Consumerism', in P. Johnson (ed.), *Twentieth Century Britain* (London, 1992).

(36) 以下から算出。*Census of England and Wales, 1951: Occupation Tables* (London, 1954), table 3 and *Census of England and Wales, 1961: Occupation Tables* (London, 1964), table 3.

(37) A. Hunt, *A Survey of Women's Employment. Vol. 1, Report*, Government

Social Survey 379 (London, 1968), pp. 115-17.

(38) Rowntree and Lavers, *Poverty and the Welfare State*, p. 57.

(39) S. Yudkin and A. Holme, *Working Mothers and their Children. A Study for the Council for Children's Welfare* (London, 1963), p. 168.

(40) P. Jephcott et al., *Married Women Working* (London, 1963), p. 11.

(41) Yudkin and Holme, *Working Mothers and their Children*, p. 27.

(42) Jephcott et al., *Married Women Working*, p. 171.

(43) LUA, D719/4/16, ULASC.

(44) ヒラリー・ヤングによるジーン・イーグルズ・マクラーリンへのインタビュー(二〇〇七年)。

幕間V　豊かな社会

(1) Readers' letters in 'Andy Capp Comes Alive!', *Daily Mirror* (19 June 1958), pp. 12-13.

第10章　グラマースクールの黄金時代

(1) Consultative Committee on Secondary Education, *Report of the Committee with Special Reference to Secondary Schools and Technical High Schools* (London, 1938), p. 93, table 4.

(2) R. D. Anderson, 'Education and Society in Modern Scotland: A Comparative Perspective', *History of Education Quarterly*, no. 25 (1985); A. McPherson, 'Schooling' in A. Dickson and J. H. Treble (eds.), *People and Society in Scotland, vol. 3, 1914-1990* (Edinburgh, 1992), pp. 80-107; 大戦間期のスコットランドの学校の選抜で明白だった中産階級への偏向については以下が詳しい。J. C. Stocks, 'The People versus the Department: The Case of Circular 44', *Scottish Educational Review*, vol. 27, no. 1 (1995).

(3) L. Moss, *Education and the People*, NS 46, Government Social Survey (London, 1945), p. 2.

(4) イアン・ホワイトとのインタビュー。2000.0341, NWSA.

(5) E. Wilkinson, 以下に引用されている。Labour Party, *Annual Conference Report* (Manchester, 1946), p. 22.

(6) Board of Education, *Educational Reconstruction* (London, 1943), pp. 24-5.

(7) Wilkinson, 以下に引用されている。Labour Party, *Annual Conference Report*, p. 22.

(8) G. Smith, 'Schools', in Halsey with Webb (eds.), *Twentieth-Century British Social Trends*, p. 209; McPherson, 'Schooling'.

(9) R. McKibbin, *Class and Cultures* (Oxford, 1997), p. 262. 進学に主眼を置いた中等学校で教育を受けた子供の割合はスコットランドのほうが高かったが、イングランドやウェールズと同様に子供の教育は階級的背景次第であった。以下を参照。L. Patterson, A. Pattie and I. J. Deary, 'Social Class, Gender and Secondary Education in the 1950s', *Oxford Review of Education*, vol. 37, no. 3 (2011), pp. 383-401, and McPherson, 'Schooling'.

(10) Mr A. J. Irvine (Lab., Liverpool Edge Hill) Parliamentary Question, House of Commons, Thursday 29 November 1951, ED 34/165, TNA.

(11) School Inspector's Reports, Lancashire, 'L', ED 156/129, TNA.

(12) Ministry of Education, *Secondary Education for All. A New Drive* (London, 1958), p. 2.

(13) 以下に引用されている。D. Sandbrook, *Never Had It So Good: A History of Britain from Suez to the Beatles* (London, 2005), p. 424.

(14) McKibbin, *Class and Cultures*, p. 262; A. H. Halsey, A. F. Heath and J. M. Ridge, *Origins and Destinations: Family, Class and Education in Modern Britain* (Oxford, 1980), p. 61, table 4. 8, and p. 140, table 8. 11.

(15) 'Keep Class Warfare out of the Classrooms', *Liverpool Daily Post* (4 January 1962).

(16) 'Golden Gate or Prison Wall?', *Economist* (30 January 1951), p. 125.
(17) J. W. B. Douglas, J. M. Ross and H. R. Simpson, *All Our Future: A Longitudinal Study of Secondary Education* (London, 1971).
(18) リチャード・ホガートはこのことを『読み書き能力の効用』のなかで回顧している。労働者階級の家庭は第二次世界大戦後も百科辞典を購入しつづけた。自動車工場で働く労働者に豊かさについて聞くためにルートンを訪れた社会学者の話が一例である。インタビューを受けた労働者のなかにはバーナード・ハリスがいたが、彼の家の居間の「隅にあるガラス戸がついた本棚は本がいっぱいで」、それには百科事典も含まれている」ことに社会学者は気づいた(record no. 023, SN 4871, UKDA)。学校の課題をどうやって手伝っているのかと問われたマーティンとエイミーのクロス夫妻は「百科事典をひと揃い買ってやりました」と答えた(record no. 007, SN 4871, UKDA)。
(19) J. G. Ballard, *Miracles of Life. An Autobiography* (London, 2008), p. 160.〔J・G・バラード『人生の奇跡――J・G・バラード自伝』柳下毅一郎訳、東京創元社、二〇一〇年、一三八ページ〕
(20) Committee of Higher Education, *Report of the Committee appointed by the Prime Minister under the Chairmanship of Lord Robbins 1961-63* (Robbins Report) (London, 1963), p. 11.
(21) ヒラリー・ヤングによるポール・ベイカーへのインタビュー(二〇〇七年)。
(22) たとえば以下。F1102 and T04, SN 6586, UKDA.
(23) Mr N2L, Elizabeth Roberts Archive.
(24) *Census 1951, England and Wales: General Report* (London, 1956), table 59; *Census, 1951, Scotland: Occupations*, table 1; *Census, 1961, England and Wales: Occupation Tables*, table 1; *Census, 1961, Scotland: Terminal Education Age* (Edinburgh, 1966). 看護職の拡大については以下を参照。R. White, *The Effects of the NHS on the Nursing Profession 1948-1961* (London, 1985).
(25) Young and Willmott, *Family and Kinship in East London*, p. 29.
(26) Record 023, SN 4871, UKDA.
(27) B. Jackson and D. Marsden, *Education and the Working Class: Some General Themes Raised by a Study of 88 Children in a Northern Industrial City* (Harmondsworth, 1966), pp. 161 and 97.
(28) 労働者階級の母親たちの教育的向上心については以下を参照。F. Musgrove, 'Parents' Expectations of the Junior School', *Sociological Review*, vol. 9, no. 2 (1961), pp. 167-80.
(29) 'Spotlight on Education', *Daily Mirror* (16 January 1954), p. 2.
(30) Report by HM Inspectors on Cheylesmore Secondary School, Coventry, 21 April 1959, ED 162/2205, TNA.
(31) Central Advisory Council for Education (England), *15 to 18* (Crowther Report) (London, 1959), p. 64.
(32) J. E. Floud (ed.), A. H. Halsey and F. M. Martin, *Social Class and Educational Opportunity* (London, 1956), p. 77.
(33) J. M. Bynner, Department of Education and Science, *Parents' Attitudes to Education* (London, 1971), p. 21.
(34) Central Advisory Council for Education (England), *Early Leaving* (Gurney-Dixon Report) (London, 1954), p. 36. 以下も参照。M. Forster, *Hidden Lives: A Family Memoir* (London, 1996), p. 180.
(35) Floud et al., *Social Class and Educational Opportunity*, pp. 44-8; J. E. Floud and A. H. Halsey, 'Intelligence Tests, Social Class and Selection for Secondary Schools', *British Journal of Sociology*, vol. 8, no. 1 (1957).
(36) 'These Bright Children are NOT Held Back', *Daily Mirror* (3 January 1955), p. 7.
(37) H. G. Harvey, 'Development Plan Minute', GORE, 1948, ED 152/135, TNA.
(38) J. Brothers, *Church and School. A Study of the Impact of Education on Reli-*

gion (Liverpool, 1964), pp. 83-4, 97.

(39) Sage, *Bad Blood*, p. 148.

(40) Ibid.

(41) Jackson and Marsden, *Education and the Working Class*, p. 47.

(42) Ibid., pp. 106, 112; Douglas et al., *All Our Future*, p. 50.

(43) Jackson and Marsden, *Education and the Working Class*, p. 134.

(44) Ibid., p. 126.

(45) Bablake School, *Prospectus 1956*, at www.chascook.com/bablake/prospectusitems (consulted 10 April 2012), p. 4.

(46) Jackson and Marsden, *Education and the Working Class*, p. 124; P. Bailey, 'Foreword' in M. Bailey and M. Eagleton (eds.), *Richard Hoggart: Culture and Critique* (Nottingham, 2011), p. 10.

(47) Forster, *Hidden Lives*, p. 181.

(48) P. Townsend, *Adolescent Boys of East London*, pp. 92-3.

(49) Forster, *Hidden Lives*, pp. 93-4.

(50) Crowther, 15-18, pp. 62-3.

(51) Jackson and Marsden, *Education and the Working Class*, p. 163; D. Reay, 'Surviving in Dangerous Places: Working-class Women, Women's Studies and Higher Education', *Women's Studies International Forum*, vol. 21. no. 1 (1998), pp. 11-14.

(52) Robbins Report, p. 52; 以下も参照。 A. H. Halsey, 'Further and Higher Education', in Halsey with Webb (eds.), *Twentieth-Century British Social Trends*, pp. 226-7.

(53) Robbins Report, p. 1.

(54) これについては以下を参照。 C. Mills, 'Managerial and Professional Work-histories', in T. Butler and M. Savage (eds.), *Social Change and the Middle Classes* (London, 1995), pp. 95-115, and J. H. Goldthorpe with C. Payne, 'Class Structure and the Pattern of Intergenerational Fluidity', in J. H. Goldthorpe with C. Llewellyn and C. Payne, *Social Mobility and Class Structure in Modern Britain* (Oxford, 1987), pp. 115-16.

(55) Goldthorpe with Payne, 'Class Structure and the Pattern of Intergenerational Fluidity', in Goldthorpe et al., *Social Mobility and Class Structure in Modern Britain*; and J. M. Goldthorpe, 'Problems of "Meritocracy"', in A. H. Halsey et al. (eds.), *Education, Culture, Economy and Society* (Oxford, 1997).

(56) Goldthorpe, 'Problems of "Meritocracy"', in Halsey et al. (eds.), *Education, Culture, Economy and Society*.

(57) Robbins Report, p. 80.

(58) Jackson and Marsden, *Education and the Working Class*, p. 175. 以下も参照。 T. Bottomore, *Classes in Modern Society* (London, 1965), pp. 38, 40.

(59) Jackson and Marsden, *Education and the Working Class*, ch. 5.

(60) T. Courtenay, *Dear Tom: Letters from Home* (London, 2001), p. 191.

(61) Jackson and Marsden, *Education and the Working Class*, ch. 5.

(62) 'Brown's Social Mobility "Crusade"', BBC News (23 June 2008), accessed at news.bbc.co.uk/1/hi/uk/7468506.stm (consulted 13 September 2013). 以下も参照。'Alan Milburn: "Threat to New Era of Social Mobility"', *Observer* (26 May 2012), p. 5. Social Mobility, HL Deb., Hansard (20 June 2013), vol. 746, col. 139; Richard Bilton, 'Social Mobility', BBC News (2 February 2011), www.bbc.co.uk/news/uk-12339401 (consulted 12 September 2013); G. Hinsliff, 'Middle-class Grip on Professions "Must End"', *Observer* (11 January 2009), www.theguardian.com/politics/2009/jan/11/labour-government-education-social-mobility (consulted 13 September 2013).

(63) 以下も同様に主張している。 Goldthorpe, 'Problems of "Meritocracy"' pp. 664-5, 675.

(64) 以下に引用されている。 H. Carpenter, *Dennis Potter: The Authorised Biography* (London, 1998), pp. 58 and 80-81.

第11章　労働者階級の英雄たち

（1）　Carpenter, *Dennis Potter*, pp. 92-3 に引用されている。

（2）　K. Tynan, 'Backwards and Forwards', *Observer*（30 December 1956）, p. 8.

（3）　T. Warren, *I Was Ena Sharples' Father*（London, 1969）, p. 61.

（4）　以下に引用されている一九五九年のレヴュー。C. McInnes, *England, Half-English*（London, 1986）, p. 206.

（5）　以下に引用されている。S. Laing, *Representations of Working-Class Life, 1957-1964*（Basingstoke, 1986）, p. 96.

（6）　S. Barstow, *In My Own Good Time*（Otley, 2001）, p. 85.

（7）　以下に引用されている。H. Ritchie, *Success Stories: Literature and the Media in England, 1950-1959*（London, 1988）, p. 191.

（8）　K. Waterhouse, 'Beanstalkers are Big Business!', *Daily Mirror*（4 November 1959）, p. 9.

（9）　M. Abrams, *The Teenage Consumer*（London, 1958）, p. 13.

（10）　Waterhouse, 'Beanstalkers are Big Business!', p. 9.

（11）　'Hope in Teddy-Boy Trend', *Manchester Guardian*（5 May 1958）, p. 5.

（12）　B. Davies, *From Voluntaryism to Welfare State. A History of the Youth Service in England. Vol. I: 1939-1979*（Leicester, 1999）, ch. 2.

（13）　Courtenay, *Dear Tom*, p. 190.

（14）　Interviewed by Andrew Martin on *1960: Year of the North*, dir. R. Whyte, BBC 4, 14 September 2010.

（15）　Rita Tushingham, speaking at Liverpool FACT Centre, 10 October 2008.

（16）　R. Hoggart, *Uses of Literacy*.〔『読み書き能力の効用』〕

（17）　H. Davies, *The Beatles, Football, and Me. A Memoir*（London, 2006）, p. 150.

（18）　Rita Tushingham, 2008.

（19）　S. Cohen, *Decline, Renewal, and the City in Popular Music Culture: Beyond the Beatles*（Aldershot, 2007）, pp. 168-9.

（20）　'Miss Asher Falls in Love', *Daily Mirror*（29 June 1964）, p. 14.

（21）　'I've Got That No. 1 Feeling all Over!', *Daily Express*（18 February 1964）, p. 5.

（22）　自分の子供たちの余暇に対する労働者階級の親たちの態度については以下を参照。M. P. Carter, *Home, School and Work: A Study of the Education and Employment of Young People in Britain*（Oxford, 1962）, p. 280.

（23）　ヒラリー・ヤングによるジュディ・ウォーカーへのインタビュー（二〇〇七年）。

（24）　P. Willmott, *Adolescent Boys of East London*（London, 1966）, pp. 163-4.

（25）　Courtenay, *Dear Tom*, p. 189.

（26）　R. Colls, 'When We Lived in Communities: Working-calss Culture and its Critics', in Colls and R. Rodger（eds.）, *Cities of Ideas. Governance and Citizenship in Urban Britain 1800-2000: Essays in Honour of David Reeder*（Aldershot, 2004）, pp. 286 and 284.

（27）　'Books Teenagers Really Enjoy', *Observer*（13 January 1963）, p. 27.

（28）　'What *Coronation Street* Means to Me', *Manchester Evening News*（24 October 1961）, p. 10.

（29）　Pilger, *Hidden Agendas*, p. 401.

幕間VI　使って使って使いまくる

（1）　Routh, *Occupations and Pay*, pp. 164-6.

（2）　以下に引用されている。'Opinion of Others', *Torrance Herald*（3 January 1960）, p. 1.

（3）　Dennis et al., *Coal is Our Life*, p. 196.

（4）　PEP, *Family Needs and the Social Services*, pp. 82-3.

(5) 'She Just Loved Singing Men's Cheques', *Daily Mirror* (Friday, 13 June 1958), p. 10.
(6) 'A Fourpenny Bus Ride to Mum', *Daily Mirror* (30 September 1961), p. 7.
(7) Readers' letters, *Daily Mirror* (4 October 1961), p. 8.

第12章 新しい中流階級？

(1) 'Political Sixties', *Guardian* (1 January 1960), p. 3.
(2) Routh, *Occupations and Pay*, p. 164; A. Cairncross, 'Economic Policy and Performance, 1964-1990', in R. Floud and D. McCloskey (eds.), *Economic History of Britain since 1700. Vol. 3: 1939-1992* (Cambridge, 1994), p. 67.
(3) T. Harrisson, *Britain Revisited* (London, 1961), pp. 32-5.
(4) ブライアン・スレッシュとのインタビュー。NWSA.
(5) ヒラリー・ヤングによるエドナ・ジョーンズとロン・ジョーンズへのインタビュー（二〇〇七年）。
(6) M. Young, *The Chipped White Cups of Dover* (London, 1960), p. 11.
(7) J. H. Goldthorpe et al., *The Affluent Worker in the Class Structure* (Cambridge, 1969), p. 21.
(8) Ibid., p. 22.
(9) Devine, *Affluent Workers Revisited*, p. 1.
(10) Goldthorpe et al., *Affluent Worker in the Class Structure*.
(11) Ibid., pp. 151-6.
(12) Record no. 109, SN 4871, Digitized Sample of *The Affluent Worker in the Class Structure*, 1961-1962, UKDA. 名前はすべて仮名である。
(13) Record no. 031, SN 4871, UKDA.
(14) Record no. 081, SN 4871, UKDA.
(15) Record no. 033, SN 4871, UKDA.
(16) Record no. 049, SN 4871, UKDA.
(17) Record no. 056, SN 4871, UKDA.
(18) Record no. 034, SN 4871, UKDA.
(19) Record no. 005, SN 4871, UKDA.
(20) Record no. 043, SN 4871, UKDA.
(21) Record no. 082, SN 4871, UKDA.
(22) Record no. 021, SN 4871, UKDA.
(23) Record no. 047, SN 4871, UKDA.
(24) Record no. 018, SN 4871, UKDA.
(25) Record no. 048, SN 4871, UKDA.
(26) Record no. 079, SN 4871, UKDA.
(27) Record no. 007, SN 4871, UKDA.
(28) Record no. 009, SN 4871, UKDA.
(29) Record no. 037, SN 4871, UKDA.
(30) Record no. W402, SN 6567, Crown Street, 1955-1963, UKDA.
(31) Record no. W40, SN 6567, UKDA.
(32) Record no. W5702, SN 6567, UKDA.
(33) J. Tomlinson, 'It's the Economy, Stupid! Labour and the Economy, *c.* 1964', *Contemporary British History*, vol. 21. no. 3 (2007).
(34) Record no. 030, SN 4871, UKDA.
(35) Ibid.
(36) Record no. 006, SN 4871, UKDA.
(37) Luton by-election November 1963, British Elections Ephemera Archive, http://by-elections.co.uk/63.html#luton (consulted 20 April 2012).
(38) Goldthorpe et al., *Affluent Worker in the Class Structure*, pp. 164-7.
(39) Tony Miles, 'The Man Who May Be The Next Prime Minister', *Daily Mirror* (15 February 1963), p. 12.
(40) H. Wilson and the Labour Party, *The New Britain. Labour's Plan. Selected Speeches 1964* (Harmondsworth, 1964), pp. 126-7.

（41） Ibid., pp. 9-10.
（42） Ibid., p. 2.
（43） S. Fielding, 'Rethinking Labour's 1964 Campaign', *Contemporary British History* vol. 21, no. 3（2007）, pp. 310-15.
（44） 'Cheer for Mum and her Five Boys', *Daily Mirror*（2 October 1963）, p. 4.
（45） 'Mr Harold Wilson Replies', *Guardian*（22 September 1964）, p. 10.
（46） Record no. 007, SN 4871, UKDA.
（47） Record no. 023, SN 4871, UKDA.
（48） Record no. 071, SN 4871, UKDA.
（49） エリック・トールボットとのインタビュー。tape no. 2001.0724, NWSA.
（50） Record no. 003, SN 4871, UKDA.
（51） C. Steedman, *Landscape for a Good Woman*, pp. 119-21.
（52） 以下に引用されている。S. Ball, *The Conservative Party since 1945*（Manchester, 1998）, p. 113-14.
（53） P. Barberis, 'The 1964 General Election—the "Not Quite, But" and "But Only Just" Election', *Contemporary British History*, vol. 21, no. 3（2007）, pp. 283-94.
（54） Goldthorpe et al., *Affluent Worker in the Class Structure*, pp. 172.
（55） Record no. 025, SN 4871, UKDA.
（56） Record no. 063, SN 4871, UKDA.
（57） Political Science Resources, http://www.politicsresources.net/area/uk/ge64/i13.htm（consulted 12 April 2012）. このアーカイヴはその後ウェブ上から削除されてしまったが，いまも下記の UK Web Archive を通して閲覧できる。www.webarchive.org.uk.

幕間Ⅶ　成り上がって

（1） Gazeley and Newell, 'Unemployment', p. 234.
（2） *Waiting for Work*, dir. J. Ashley（1963）.
（3） 'The "Spend, Spend" Widow Weds Again', *Daily Mirror*（14 March, 1969）, p. 5.
（4） Abel-Smith and Townsend, *The Poor and the Poorest*.

第13章　新しいイギリス

（1） Beynon, *Working for Ford*, pp. 70-71, 191. 以下も参照。'Interview with Chaplain, Wallsend Yard', unpublished ms, 1968, Box 1, Informal Interviews, Brown: Shipbuilding Workers（MSS 371）, Modern Records Centre, University of Warwick.
（2） W. Brown, 'Industrial Relations and the Economy', in Floud and Johnson（eds.）, *Cambridge Economic History of Modern Britain*, vol. 3, p. 403.
（3） 労働党の躍進については以下を参照。P. Thane, 'Labour and Welfare', p. 107.
（4） Labour Party, *Time for Decision. The 1966 Labour Party Manifesto*（London, 1966）, p. 2.
（5） Advertisement, *Liverpool Echo*（1 June 1965）, p. 9.
（6） Ian White, 2000.0341, NWSA.
（7） A, Crosland, *Comprehensive Education. Speech by the Secretary of State for Education and Science, at the North of England Education Conference, January 7th, 1966*（London, 1966）.
（8） G. Smith, 'Schools', in Halsey with Webb（eds.）, *Twentieth-Century British Social Trends*, p. 199.
（9） A. McPherson and J. Douglas Willms, 'Equalization and Improvement: Some Effects of Comprehensive Reorganisation in Scotland', in Halsey et al., *Education, Culture, Economy and Society*, pp. 683-702.

（10） ‘Comprehensive Issue a Damp Squib?’ *Guardian* (18 June 1965), p. 5.

（11） Chapeltown Black Women Writers’ Group, *When Our Ship Comes In: Black Women Talk* (Castleford, 1992), p. 29.

（12） M. Sanderson, ‘Education and the Labour Market’, in Crafts et al. (eds.), *Work and Pay*, p. 281; A. H. Hasley, ‘Higher Education’, in Hasley (ed.), *British Social Trends since 1900: A Guide to the Changing Social Structure of Britain* (Basingstoke, 1988), p. 235, table 6. 2.

（13） P. Thane, ‘Labour and Welfare’, p. 108.

（14） S. Bowden and A. Offer, ‘Household Appliances and the Use of Time in the USA and Britain since the 1920s’, *Economic History Review*, second series, vol. 47, no. 4 (1994), pp. 745-6.

（15） SW20, SN 6586, UKDA.

（16） Chapeltown Black Women Writers’ Group, *When Our Ship Comes In*, pp. 24 and 27.

（17） M. Young and P. Willmott, *The Symmetrical Family. A Study of Work and Leisure in the London Region* (London, 1973), pp. 82 and 100.

（18） アン・ターナーとのインタビュー。OT 603-604, Abingdon Oral History Project, OHC.

（19） IPC Surveys Division, *Domestic Appliances* (London, 1967), p. 72, table 45.

（20） 他の例は以下を参照。E. Roberts, *Women and Families: An Oral History, 1940-1970* (Oxford, 1995), p. 104.

（21） H. Beynon et al., *The Rise and Transformation of the UK Domestic Appliances Industry* (Cardiff, 2003), p. 8.

（22） Record no. 023, SN 4871, UKDA. 以下も参照。record no. 074, SN 4871, UKDA.

（23） Carter, *Home, School and Work*, p. 180.

（24） Reid, *United We Stand*, pp. 291-2.

（25） Yudkin and Holme, *Working Mothers and their Children*, p. 165.

（26） County Borough of Warrington, Medical Officer of Health, *Annual Report of the Medical Officer of Health for the Year 1970* (Warrington, 1970), p. 5.

（27） Rogaly and Taylor, *Moving Histories*, p. 119.

（28） Ibid., p. 160.

（29） Cairncross, ‘Economic Policy and Performance, 1964-1990’, p. 67.

（30） J. McIlroy, N. Fishman, A. Campbell, (eds.), *British Trade Unions and Industrial Politics*, vol. 1 (Aldershot, 1999), p. 103, and A. Campbell, N. Fishman and J. McIlroy (eds), *British Trade Unions and Industrial Politics*, vol. 2 (Ashgate, 1999), p. 120.

（31） Beynon, *Working for Ford*, p. 65.

（32） Reid, *United We Stand*, pp. 286-8.

（33） Ibid., p. 287; 以下も参照。M. Savage, ‘Class and Manual Workers, 1945-1979’, in J. McIlroy, N. Fishman, A. Campbell, (eds.), *The High Tide of British Trade Unionism: Trade Unions and Industrial Politics, 1964-79* (Monmouth, 2007).

（34） 以下に引用されている。T. Lane and K. Roberts, *Strike at Pilkingtons* (London, 1971), pp. 164-5.

（35） EW08, SN 6586, UKDA.

（36） Cabinet Office, Cabinet conclusion on industrial relations, CAB 128/44 CC 51 (69) 3, TNA.

（37） R. Tomlinson, *Ricky* (London, 2003), p. 143.

（38） ‘This is Anarchy, Ford Girls Told’, *Daily Mirror* (19 June 1968), p. 1.

（39） ‘Hope in “Sex War” Strike’, *Daily Mirror* (15 June 1968), p. 1.

（40） A. Coote and B. Campbell, *Sweet Freedom: The Struggle for Women’s Liberation* (London, 1982), p. 10.

（41） Department of Employment, *British Labour Statistics: Historical Abstract:*

1886-1968 (London, 1982), table 2. 1.

(42) H. Beynon and R. Blackburn, *Perceptions of Work: Variations within a Factory* (Cambridge, 1972), p. 142.

(43) Ibid.

(44) Ibid., pp. 22, 115.

(45) 'This is Anarchy, Ford Girls Told', p. 1.

(46) 'A Woman's Worth: The Story of the Ford Sewing Machinists', Recording Women's Voices Collection, transcript available at http://www.unionhistory.info/equalpay/display.php?irn=619 (consulted 3 July 2012).

(47) ヒラリー・ヤングによるサスナム・シン・ギルへのインタビュー（二〇〇六年）。以下も参照。A. Richmond, *Migration and Race Relations in an English City: A Study of Bristol* (London, 1973), pp. 50-54.

(48) Correspondence, Bristol Omnibus Company Ltd, MSS. 126/TG/RES/P/7/D, MRC, University of Warwick.

(49) 暴動に対するさまざまに入り混じった反応については以下を参照。S. Patterson, *Dark Strangers*, pp. 143-68.

(50) Coventry Trades Council: correspondence, MSS. 5/3/2/42,44, MRC, University of Warwick.

(51) 'Immigrant Solidarity Shown in Strike by Indian Workers', *Guardian* (21 December 1965), p. 4.

(52) J. DeWitt, *Indian Workers' Associations in Britain* (Oxford, 1969), pp. 15-18.

(53) Ibid.

(54) 'Immigrant Solidarity Shown in Strike by Indian Workers'.

(55) G. Field, 'Social Patriotism and the Working Class: Appearance and Disappearance of a Tradition', *International Labor and Working-Class History*, no. 42 (1992).

(56) R. Brown and P. Brannen, 'Social Relations and Social Perspectives amongst Shipbuilding Workers—A Preliminary Statement: Part Two', *Sociology*, vol. 4, no. 197 (1970), p. 207.

(57) M. Roper, *Masculinity and the British Organization Man since 1945* (Oxford, 1994).

(58) Record no. E11, SN6586, UKDA. 以下も参照。J05, SN 6586, UKDA.

(59) Record no. E07, SN6586, UKDA.

(60) R. Lowe and P. Nicholson, 'The Rediscovery of Poverty and the Creation of the Child Poverty Action Group', *Contemporary Record*, vol. 9, no. 3 (1995), pp. 602-11. 政府のCPAGとの関係については以下を参照。'Child Poverty Action Group: Request to PM to Receive Manifesto December 1969', memorandum briefing ministers on CPAG, in Correspondence with CPAG, 1965-69, BN 89/142, TNA.

(61) J. Tomlinson, 'The 1964 Labour Government, Poverty and Social Justice', *Benefits*, vol. 16, no. 2 (2008), pp. 135-45.

(62) Barbara Castle, 以下に引用されている。'Law for the Jungle', *Daily Mirror* (18 January 1969), p. 9.

(63) Pilger, *Hidden Agendas*, pp. 407-8; J. W. Young, 'The Diary of Michael Stewart as British Foreign Secretary, April-May 1968', *Contemporary British History*, vol. 19, no. 4 (2005), pp. 481-510.

(64) Pilger, *Hidden Agendas*, pp. 407-8.

(65) 'Safari, then Steel', *The Times* (28 April 1969), p. 23; 'CBI Election Call for Curb on Wage Claims', *The Times* (21 May 1970), p. 19.

第14章　混乱と抗争

(1) *The Plot Against Harold Wilson*, dir. P. Dwyer, BBC 2 (2006). 長年、こうした企みは誇大妄想や陰謀理論とみなされて重要視されてこなかったが、評論家や当事者に近い人たちは、クーデターについての話し合いが実際におこなわれていたと認めた（たとえば Young, 'Diary of Michael Stewart' を参照）。このドキュメンタリーによって、そのような企みが実際に存在し、エドワード・ヒースの政権と、一九七四年にその跡を襲ったウィルソンの政権（この政権は、ヒースよりもはるかに大きな右派の怒りを招いた）から深刻に受けとめられていたという確固たる証拠が提示された。また以下も参照。J. Freedland, 'Enough of this Cover-up: The Wilson Plot was our Watergate', *Guardian* (15 March 2006), p. 30; 'Britain's Reluctant Colonels', *Observer* (18 August 1973), p. 9.

（2） 以下に引用されている。S. Milne, *The Enemy Within: The Secret War against the Miners* (London, 1995), p. 302.

（3） Tomlinson, *Ricky*, p. 131.

（4） 'Why They Were Jailed', *Daily Mirror* (15 January 1975), p. 5.

（5） Tomlinson, *Ricky*, p. 154.

（6） 実際は家を買うことができないのは短期間だけだった。保守党は「買う権利」を一九三六年住宅法に明記していた。これはベヴァンの一九四八年住宅法で廃止されたが、わずか六年後にはハロルド・マクミランによって買う権利が復活した。買う権利は、理論上一九七〇年代にいたるまで公営住宅の住民たちの大部分にとっての権利でありつづけた。一九七二年より前には、地方自治体は公営住宅を売却するかしないかについて独立した大きな権限をもっていた。ヒース政権はそれまでのあり方を転換し、公営住宅を入居者に売却しない場合は、それができない正当な理由を示すよう自治体に求めた。政府は、自治体が売却によって得た利益を最貧層のための新たな住宅建設に使うことを認めることで売却へのインセンティブを与えた。以下を参照。Forrest and Murie, *Selling the Welfare State*, pp. 43-8.

（7） J. B. Cullingworth, *Housing in Transition* (London, 1963), p. 197.

（8） P. Thane, 'Labour and Welfare', p. 108.

（9） Holmans, 'Housing', pp. 474 and 479.

（10） J. Murden, 'The 1972 Kirkby Rent Strike: Dockland Solidarity in a New Setting?', paper presented to Economic History Society Annual Conference, University of Reading (2006).

（11） 以下に引用されている。*Behind the Rent Strike*, dir. N. Broomfield (1974).

（12） 以下に引用されている。Coote and Campbell, *Sweet Freedom*, p. 9.

（13） V. Karn, 'The Financing of Owner-Occupation and its impact on Ethnic Minorities', *New Community*, vol. 1, no. 1 (1977), pp. 49-50.

（14） ランジット・ソンディとのインタビュー。BOHP.

（15） *Behind the Rent Strike* に引用されている。

（16） 私的な家事サービスが引きつづき重要であったことについての優れた議論は以下。Delap, *Knowing Their Place*.

（17） Central Advisory Council for Education (England), *Children and their Primary Schools* (Plowden Report) (London, 1967), p. 108, table 4; and A. Rumbold et al., *Starting with Quality. The Report of the Committee of Inquiry into the Quality of the Educational Experience Offered to 3- and 4-Year-Olds* (Rumbold Report) (London, 1990), p. 54.

（18） A. Murie, *The Sale of Council Houses: A Study in Social Policy* (Birmingham, 1975).

（19） この数字と以下の情報の大部分はＴＮＡ所蔵の文書に拠っている。現在ＴＮＡは有益な概要を提供している。'British Economics and Trade Union Politics 1973-1974', TNA, http://www.nationalarchives.gov.uk/releases/2005/nyo/politics.htm (consulted 16 September 2013).

（20） Labour Party, *Let Us Work Together. Labour's Way out of the Crisis. The Labour Party Manifesto 1974* (London, 1974), pp. 14-15.

（21） S. Holland, *The Socialist Challenge* (London, 1975), pp. 36-8.

（22） T. Benn, *Against the Tide. Diaries 1973-76* (London, 1990), p. 627.

（23） Ibid., p. 551.
（24） 'Opinion', *Daily Express*（24 November 1976）, p. 10.
（25） J. Rogaly, *Grunwick*（Harmondsworth, 1977）, p. 27.
（26） 前掲書 pp. 15-16 に引用されている。
（27） Ibid.
（28） 以下に引用されている。'Jayaben Desai', Obituary, *Guardian*（27 December 2010）, p. 18.
（29） 以下に引用されている。'Mob Rule Challenge to the Cabinet', *Daily Express*（19 June 1977）, p. 1.
（30） 'Madness and the Martyrs', *Daily Mirror*（24 June 1977）, p. 1.
（31） Morgan, *People's Peace*, p. 385 に引用されている。

幕間Ⅷ　カッスルフォードへの帰還

（1） 'Winning the Pools — and Losing her Clothes', *Guardian*（15 March 1977）, p. 9.
（2） 'The Week in View', *Observer*（13 March 1977）, p. 32.

第15章　困難な時代

（1） M. Thatcher, speech at the Lord Mayor's Banquet（10 November 1980）, Margaret Thatcher Foundation, http://www.margaretthatcher.org/document/104442（consulted 27 February 2013）.
（2） Atkinson and Brandolini, 'On Data', p. 384; P. Johnson, 'The Welfare State, Income and Living Standards', pp. 228-32.
（3） M. Thatcher, 'Speech to Confederation of British Industry Annual Dinner'（19 April 1983）, Margaret Thatcher Foundation, http://www.margaretthatcher.org/document/105295（consulted 17 September 2011）; Thatcher, 'Speech to Journalists Commemorating 5th Anniversary in Office'（27 April 1984）, Margaret Thatcher Foundation, http://www.margaretthatcher.org/document/105671（consulted 20 September 2011）.
（4） 以下に引用されている。B. Harrison, *Finding a Role?: The United Kingdom, 1970-1990*（Oxford, 2010）, p. 149.
（5） M. Thatcher, speech at general election press conference launching manifesto（international press）（18 May 1983）, Margaret Thatcher Foundation, http://www.margaretthatcher.org/document/105320（consulted 20 February 2013）.
（6） L. Scarman, *The Scarman Report: The Brixton Disorders 10-12 April 1981: Report of an Inquiry*（London, 1982）. これは現代史のなかでいまだ研究の進んでいない分野である。重要な調査としては以下を参照。S. J. Lee, *Aspects of British Political History, 1914-1995*（London, 1996）, p. 358.
（7） カールトン・ダンカンとのインタビュー。BOHP. http://bbohp.org.uk/node/45（consulted 16 September 2013）. 以下も参照。*Aspects of British Political History*, p. 358.
（8） Harrison, *Finding a Role?*, p. 149.
（9） R. Pahl, *Divisions of Labour*（Oxford, 1984）, p. 309. 以下も参照。P. Townsend et al., *Inequalities in the Northern Region. An Interim Report*（Bristol, *c.* 1985）, p. 11.
（10） A. Glyn, *The Economic Case against Pit Closures*（Sheffield, 1985）.
（11） Milne, *Enemy Within*, p. 5. リドリーとローソンの発言もこの本の p. 7 から採った。
（12） Ibid., p. 14.
（13） マーガレット・ドノヴァンとのインタビュー。AUD/503, South Wales Miners' Library, Swansea.
（14） B. Bloomfield, G. Boanas and R. Samuel, *The Enemy Within: Pit Villages and the Miners' Strike of 1984-85*（London, 1986）, p. 169. p. 25. も参照。
（15） 以下を参照。Letters in WAIN 1/1-2, Hilary Wainwright collection, Labour History Archive, Manchester（LHA）.

(16) Letter from Mary Addey, 4 December 1984, WAIN 1/1, Wainwright collection, LHA.

(17) Letter from Bill Burke, 4 December 1984, WAIN 1/1, Wainwright collection, LHA.

(18) D. Gallie, 'The Labour Force', in Halsey with Webb (eds.), *Twentieth-Century British Social Trends*, p. 316.

(19) C. Oppenheim and Child Poverty Action Group, *Poverty: The Facts* (London, 1988).

(20) Social Security, HC Deb., Hansard (2 April 1987), vol. 113, col. 1250.

(21) Child Poverty, HC Deb., Hansard (19 December 1989), vol. 158, cols 259-60.

(22) 以下に引用されている。Family Welfare Association and Child Poverty Action Group, *Carrying the Can: Charities and the Welfare State* (London, 1984).

(23) S. Winyard, *Poverty and Deprivation in Yorkshire and Humberside* (London, 1987), p. 1.

(24) 'Town Centre Parking for 14,000 in Skelmersdale's Master Plan, Women Workers Will be Able to Live Near Jobs', *Liverpool Echo* (2 June 1965), p. 19.

(25) Holmans, *Housing*, pp. 487-9.

(26) C. Peach and M. Byron, 'Council House Sales, Residualisation and Afro Caribbean Tenants', *Journal of Social Policy*, vol. 23, no. 3 (1994), pp. 363-83; Taylor and Rogaly, *Moving Histories*, pp. 79-91.

(27) B. Deacon, *Poverty and Deprivation in the South West* (London, 1987), p. 6.

(28) クレア・スティーヴンズとのインタビュー。Bristol Reference Library.

(29) Deacon, *Poverty and Deprivation*, p. 14.

(30) Ibid.

(31) H. Joshi, 'The Changing Form of Women's Economic Dependency', in H. Joshi (ed.), *The Changing Population of Britain* (Oxford, 1989); and Joshi, 'The Opportunity Costs of Childbearing: More than Mothers' Business', *Journal of Population Economics*, vol. 11, no. 2 (1998).

(32) B. Campbell, *Wigan Pier Revisited: Poverty and Politics in the Eighties* (London, 1984).

(33) L. Harker, *A Secure Future? Social Security and the Family in a Changing World* (London, 1996), p. 6.

(34) D. Coleman, 'Population and Family', in Halsey with Webb (eds.), *Twentieth-Century British Social Trends*, p. 62.

(35) Joshi, 'Women's Economic Dependency'.

(36) 以下に引用されている。T. Parker, *The People of Providence: A Housing Estate and Some of its Inhabitants* (London, 1983), p. 56.

(37) キノックの演説は全世界に報じられた。'Kinnock Fights Copy-cat-party Image', *New York Times* (30 September 1987), p. 12.

(38) 以下に引用されている。S. Fielding, *The Labour Party: Continuity and Change in the Making of 'New' Labour* (Basingstoke, 2003), p. 134.

(39) R. Heffernan and M. Marqusee, *Defeat from the Jaws of Victory: Inside Kinnock's Labour Party* (London, 1992).

(40) クリス・コルベックとのインタビュー。interview no. 035, 100 Families study, SN 4938, UKDA.

(41) Fielding, *Labour Party*, p. 137 に引用されている。

(42) 前掲書 p. 141 に引用されている。

(43) Chris Colbeck, 035, SN4938, UKDA.

(44) メラニー・ピルキントンとのインタビュー。interview no. 107, SN 4938, UKDA.

(45) D. Hayes and A. Hudson, *Basildon: The Mood of the Nation* (London, 2001), p. 50. 以下も参照。Devine, *Affluent Workers Revisited*, p. 7.

(46) 以下に引用されている。J. Lawrence and F. Sutcliffe-Braithwaite, 'Margaret Thatcher and the Decline of Class Politics', in B. Jackson and R. Saunders (eds.), *Making Thatcher's Britain* (Cambridge, 2013), p. 146. 校正刷り段階での該当章を送ってくださったジョン・ロレンスに感謝申し上げる。

(47) Margaret Thatcher, speech to Conservative Ventral Council (18 March 1987), Margaret Thatcher Foundation, http://www.margaretthatcher.org/document/107605 (consulted 10 April 2012).

(48) Margaret Thatcher, interview for *Woman's Own* (23 September 1987), Margaret Thatcher Foundation, http://www.margaretthatcher.org/document/106689 (consulted 10 April 2012).

(49) Deborah Temple, interview no. 139, SN 4938, UKDA.

(50) A Park and P. Surridge, 'Charting Change in British Values', in Park et al., *British Social Attitudes. The Twentieth Report*, p. 152.

(51) ルイーズ・ベックウィズとのインタビュー。interview no. 10, SN 4938, UKDA.

(52) Winyard, *Poverty*, p. 1.

(53) Ibid., p. 3.

(54) S. Charlesworth, *A Phenomenology of Working-Class Experience* (Cambridge, 2000), pp. 171, 259, 269.

(55) E. P. Thornley and S. G. Siann, 'The Career Aspirations of South Asian Girls in Glasgow', *Gender and Education*, vol. 3, no. 3 (1991), pp. 237-48.

(56) Chris Colbeck, 035, SN 4938, UKDA.

(57) V. Walkerdine, 'Reclassifying Upward Mobility: Femininity and the Neo-liberal Subject', *Gender and Education*, vol. 15, no. 3 (2003), p. 243.

第16章　階級なき社会

(1) たとえば以下を参照。*Guardian*/ICM poll, 2007, reported in 'Riven by Class and No Social Mobility', *Guardian* (20 October 2007), p. 3; A. Park et al. (eds.), *British Social Attitudes: The 23rd Report. Perspectives on a Changing Society* (London, 2007); Gallup/MORI, 'Class and the British', 2006; A. Park et al. (eds.), *British Social Attitudes: The 27th Report* (London, 2010).

(2) 数字は以下より採った。http://www.poverty.org.uk/09/index.shtml (consulted 18 January 2013) and R. Wilkinson and K. Pickett, *The Spirit Level. Why Greater Equality Makes Societies Stronger* (London, 2010), pp. 17-18.〔リチャード・ウィルキンソン、ケイト・ピケット『平等社会――経済成長に代わる、次の目標』酒井泰介訳、東洋経済新報社、二〇一〇年、一八ページ〕

(3) Wilkinson and Pickett, *Spirit Level*, pp. 63-72 and 129-44.〔『平等社会』七三―八三ページ、一四九―一六六ページ〕

(4) *Today* (24 November 1990) に引用されている。

(5) Tony Blair, 以下に引用されている。Fielding, *The Labour Party. Continuity and Change*, p. 80.

(6) Hayes and Hudson, *Basildon*, p. 30 に引用されている。

(7) Department of Work and Pensions, *The Results of the Area Benefit Review and the Quality Support Team from April 2000 to March 2001: Fraud and Error in Claims for Income Support and Jobseeker's Allowance* (London, 2002). 以下も参照。K. A. Grove, 'Understanding Benefit Fraud: A Qualitative Analysis', Ph.D. Thesis, University of Leeds (2002); S. Brand and R. Price, *The Economic and Social Costs of Crime*, Home Office Research Study no. 217 (London, 2000), table 4.6.

(8) Labour Party, *New Labour because Britain Deserves Better* (London, 1997), p. 2.

(9) Social Exclusion Unit (SEU), *Bringing Britain Together: A National Strategy for Neighbourhood Renewal* (London, 1998), p. 2.

(10) 以下に引用されている。S. Fielding, *Labour: Decline and Renewal*

(Manchester, 1999), p. 148.

(11) 前掲書 p. 106 に引用されている。

(12) David Blunkett, 前掲書 p. 146 に引用されている。

(13) A. Minton, *Ground Control: Fear and Happiness in the Twenty-first-century City* (London, 2012).

(14) S. Griffiths, *A Profile of Poverty and Health in Manchester* (Manchester, 1998).

(15) S. P. Jenkins, 'Dynamics of Household Incomes', in R. Berthoud et al. (eds.), *Seven Years in the Lives of British Families: Evidence on the Dynamics of Social Change from the British Household Panel Survey* (Bristol, 2000), p. 127. 以下も参照。C. Pantazis, D. Gordon and R. Levitas, *Poverty and Social Exclusion in Britain: The Millennium Survey* (Bristol, 2006), p. 21.

(16) 前掲書を参照。

(17) Wilkinson and Pickett, *The Spirit Level*, pp. 85-6.〔『平等社会』九八—一〇〇ページ〕

(18) Health and Safety Executive, *Managing Shiftwork* (London, 2006), p. 10.

(19) P. Thane, *Old Age in English History. Past Experiences, Present Issues* (Oxford, 2000), p. 491.

(20) R. Fitzpatrick and T. Chandola, 'Health', in Halsey with Webb (eds.), *Twentieth-Century British Social Trends*, pp. 110-13.

(21) ヒラリー・ヤングによるビル・レインフォードとバーバラ・レインフォードへのインタビュー（二〇〇七年）。

(22) Britain Thinks, *What about the Workers? A new Study on the Working Class* (London, 2011), p. 6.

(23) ＳＮＳのサイトを使って、かつてのクラスメイト二十人と連絡をとった。直接に話をした場合もあればメールでやりとりした場合もある。これから述べることは、以下をはじめとする同時代の社会学的研究にも支えられている。R. Sennett, *The Corrosion of Character. The Personal Consequences of Work in the New Capitalism* (London, 1998).

(24) Halsey, 'Further and Higher Education', p. 226.

(25) ジョン・ヘンダーソンから筆者宛（二〇一三年）。

(26) シェリー・ランデイル＝ダウンから筆者宛（二〇一三年）。

(27) ジャック・M（仮名）から筆者宛（二〇一一年）。

(28) D. Gallie, 'The Labour Force', in Halsey with Webb (eds.), *Twentieth-Century British Social Trends*, p. 288.

(29) ジャクリーヌ・ロビンソンから筆者宛（二〇一三年）。

(30) Tony Blair, 以下に引用されている。Fielding, *Continuity and Change*, p. 80.

(31) サンドラ・ヘイスティングズから筆者宛（二〇一三年）。

(32) R. Dickens, P. Gregg and J. Wadsworth (eds.), *The Labour Market under New Labour* (Basingstoke, 2003); Harker, *A Secure Future?*, pp. 4-5.

(33) Prime Minister's Office of Public Service Reform, *Principles into Practice* (London, 2002).

(34) Office for National Statistics, 'Working Day Lost', http://www.hse.gov.uk/statistics/daylost.htm (consulted 23 January 2013).

(35) Chartered Institute for Personnel and Development, 'Absence Management Annual Survey', http://www.cipd.co.uk/research/_absence-management (consulted 23 January 2013); S. Bevan, 'Sickness Presence Makes the Heart Grow Weaker?', Work Foundation, http://www.theworkfoundation.com/blog/920/Sickness-presence-makes-the-heart-grow-weaker (consulted 23 January 2013).

(36) Sennett, *Corrosion of Character*, p. 148.

(37) Ibid., ch. 2.

(38) George Osborne, speech at the Conservative Party Annual Conference (8 October 2012), 以下に引用。http://www.channel4.com/news/Osborne-

unveils-10bn-benefits-cut-package (consulted 18 January 2013).

(39) David Cameron, 以下に引用されている。'Broken Society is Top Priority—Cameron', www.bbc.co.uk/news.15/08/2011 (consulted 13 January 2013).

(40) A. Chakrabortty, 'To Understand the Deepening Mess We are in Now, it's Worth Looking at the Words of a Polish Economist in 1944', *Guardian: G2* (15 January 2013), p. 4.

(41) S. Milne, 'There is a Problem with Welfare, but it's not "Shirkers"', *Guardian*, http://www.guardian.co.uk/commentisfree/2013/jan/08/welfare-problem-real-scroungers-greedy (consulted 18 January 2013).

(42) マリア・ファーガソンから筆者宛(二〇一三年)。

(43) 'Deborah Mattinson: From Cloth Caps to Cafetieres', *Independent on Sunday* (20 March 2011), p. 5; British Thinks, *Speaking Middle English. A Study on the Middle Classes* (London, 2011).

(44) Milne, 'There is a Problem with Welfare'; 'Voters "Brainwashed by Tory Welfare Myths"', *Independent*, http://www.independent.co.uk/news/uk/politics/voters-brainwashed-by-tory-welfare-myths-shows-new-poll-8437872.html (consulted 22 January 2013).

(45) アメリカのブルーカラー労働者のこうした態度についての水際立った説明は以下を参照。R. Sennett and J. Cobb, *The Hidden Injuries of Class* (New York, 1972), pp. 138-40.

(46) G. Hewitt, 'The BNP and the White Working Class', http://www.bbc.co.uk/blogs/thereporters/gavinhewitt/2009/10/the_bnp_and_the_white_working.html, 22 October 2009 (consulted 24 January 2013); R. Klein, 'White and Working Class', *Daily Mail*, (29 February 2008). クラインはBBCの'White Season'の制作を任じられた。

(47) 以下でも同様の結論に達している。Hayes and Hudson, *Basildon*, pp. 39, 50-51.

(48) Ibid., pp. 50-52.

(49) O. Jones, *Chavs: The Demonization of the Working Class* (London, 2012), p. xv.

(50) デボラ・テンプルとのインタビュー。100 Families.

(51) Happygardening, post on thread 'boarding prep to local comp', Mumsnet, 16 May 2011, http://www.mumsnet.com/Talk/education/1214948-boarding-prep-to-local-comp/AllOnOnePage (consulted 26 April 2013).

(52) 'The Meaning of Life in School', *Guardian: Education* (6 September 2009), p. 1.

(53) Lardass, post on thread 'Cheltenham Ladies College or Wycombe Abbey?', Mumsnet, 19 March 2012, http://www.mumsnet.com/Talk/secondary/a1419346-Cheltenham-Ladies-College-or-Wycombe-Abbey (consulted 26 April 2013).

(54) Amck700, post on thread 'Why on Earth would you go State if you could Afford Private?', Mumsnet, 20 February 2013, http://www.mumsnet.com/Talk/education/a1688558-Why-on-earth-would-you-go-state-if-you-couldafford-private (consulted 26 April 2013).

(55) Shagmundfreud, post on thread 'Schools and their Ethnic Make-up', Mumsnet, 12 March 2012, http://www.mumsnet.com/Talk/education/a1703982-Schools-and-their- ethnic-make-up (consulted 26 April 2013). 社会的、人種的な構成を理由に学校を選ぶ親たちについては以下を参照。M. Benn, *School Wars: The Battle for Britain's Education* (London, 2011) and D. Reay, *White Middle-class Identities and Urban Schooling* (Basingstoke, 2011).

(56) P. Toynbee, 'This Bold Equality Push is Just What we Needed. In 1997', *Guardian* (28 April 2009), p. 9.

(57) B. Skeggs, 'Haunted by the Spectre of Judgement: Respectability, Value and Affect in Class Relations', in K. P. Sveinsson (ed.) and Runnymede Trust,

Who Cares about the White Working Class? (London, 2009), pp. 36-44; Walkerdine, 'Reclassifying Upward Mobility'.

(58) 'The Spirit Level', *Guardian* (14 August 2010), http://www.guardian.co.uk/books/2010/aug/14/the-spirit-level-equality-thinktanks?intcmp=239 (consulted 21 January 2013).

(59) British Future, *State of the Nation* (London, 2013), p. 3.

(60) Britain Thinks, *Middle English*, p. 37.

(61) 'What is Working Class?', *BBC Magazine*, http://news.bbc.co.uk/1/hi/magazine/6295743.stm (consulted 20 September 2013).

(62) B. Skeggs, *Formation of Class and Gender: Becoming Respectable* (London, 1997); M. Savage, G. Bagnall and B. Longhurst, 'Ordinary, Ambivalent and Defensive: Class Identities in North-west England', *Sociology*, vol. 35, no. 4 (2001), pp. 875-92. 労働者階級にまつわる負の含意については以下も参照。T. Woodin, 'Muddying the Waters: Changes in Class and Identity in a Working-class Cultural Organisation', *Sociology*, vol. 39, no. 5 (2005), pp. 1001-18.

(63) Hayes and Hudson, *Basildon*, p. 35.

(64) D. Hayes and A. Hudson, 'Basildon Man: Beyond the Shell-suits', *Spikedonline*, http://www.spiked-online.com/newsite/article/11735#.UimUWhwug9A (consulted 3 March 2012).

(65) A. Park et al. (eds.), *British Socila Attitudes: The 29th Report* (London, 2013), pp. vi-vii.

エピローグ

(1) 'What happened next?', *Observer* (6 July 2003), accessed online at http://www.guardian.co.uk/theobserver/2003/jul/06/features.magazine67 (4 January 2013); S. Browne and J. Greene, *Spend, Spend, Spend*, dir. J. Sams (1999).

(2) 'Spent, Spent, Spent', *Daily Mail* (22 April 2007); website http://www.dailymail.co.uk/femail/article-449820/Spent-spent-spent-pools-winner-living-87-week.html (consulted 20 September 2010).

(3) British Future, *State of the Nation*, p. 3.

(4) Britain Thinks, *What About the Workers?*, p. 26.

後記　わたしたちの現状２０１１－２０１５

(1) BBC News, 'Historians Split over Gove's Curriculum Plans' (27 February 2013), http://www.bbc.co.uk/news/education-21600298 (consulted 16 June 2014). 当時教育相だったマイケル・ゴヴは、そのあと改訂して内容を薄めたカリキュラム草案を発表したが、依然としてふつうの人びとが変化の主体として果たす役割はほとんど考慮に入れられていないままである。

(2) BBC News, 'George Osborne Hails UK Growth in Washington Speech', 11 April 2014, http://www.bbc.co.uk/news/uk-politics-26969056 (consulted 10 June 2014).

(3) 支配階層をめぐるより詳しい議論は以下を参照。O. Jones, *The Establishment: And How They Get Away With It* (London, 2014).

(4) 数字は以下から採った。W. Atkinson, 'Economic Crisis and Classed Everyday Life', in W. Atkinson, S. Roberts and M. Savage (eds.), *Class Inequality in Austerity Britain: Power, Difference and Suffering* (Basingstoke, 2012), p. 16.

(5) http://www.independent.co.uk/news/uk/politics/anger-as-employment-minister-esther-mcvey-denies-food-bank-use-is-linked-to-welfare-reforms9372032.html.

(6) *Guardian* and London School of Economics, *Reading the Riots: Investigating England's Summer of Disorder* (London, 2012), pp. 4-5.

(7) http://www.ipsos-mori.com/researchpublications/researcharchive/poll.as

px?oItemId=2262.

(8) BBC News, 'The Spirit Level: Britain's New Theory of Everything?' (12 October 2010), http://www.bbc.co.uk/news/uk-politics-11518509 (consulted 16 June 2014).

(9) 'As Families are Chased for Every Penny Corporate Giants Dodge Massive Bills', *Daily Mail* (20 December 2011).

(10) Margaret Thatcher, TV Interview for LWT *Weekend World* (5 June 1983), http://www.margaretthatcher.org/document/105098 (consulted 10 June 2014).

(11) Labour Party, *A Future Fair for All* (London, 2010), p. 1.

(12) Liberal Democrat Manifesto 2010, http://www.astrid-online. com/Dossier-R3/Documenti/Elezioni-2/libdem_manifesto_2010.pdf(consulted 10 June 2014), p. 2.

(13) HM Government, *The Coalition: Our Programme for Government* (London, 2010), p. 7.

(14) D. Cameron, 'The Big Society', Hugo Young Lecture, 2009, http://www.respublica.org.uk/item/ResPublica-mentioned-in-Camerons-speech-ggtc (consulted 16 June 2014).

(15) 'The Budget 2014: Full Transcript of George Osborne's Speech', http://www.growthbusiness.co.uk/news-and-market-deals/business-news/ 2458167/the-budget-2014-full-transcript-of-george-osborneand39s-speech.thtml (consulted 16 June 2014).

(16) M. Fallon, 'Look at What the Conservatives are Achieving', *Daily Telegraph* (2 March 2011).

(17) この点は以下で詳述されている。Jones, *The Establishment*, pp. 11-14, 297-8.

(18) 'Ed Balls Pledges to "Balance the Books" by 2020', BBC News (25 January 2014), http://www.bbc.co.uk/news/uk-politics-25885606 (consulted 10 June 2014).

(19) E. Miliband, 'We won't do a Derren Brown on you like David Cameron', *Sun on Sunday* (26 January 2014), http://thesun.co.uk/sol/homepage/news/politics/5402071/Ed-Miliband-We-wont-do-a-Derren-Brown-on-you-like-Cameron.html (consulted 10 June 2014).

(20) I. Duncan Smith, 'Foreword' to HM Government, *Social Justice: Transforming Lives. One Year On* (London, 2013), p. 5.

(21) H. L. Smith, *Harry's Last Stand* (London, 2014), p. 46.

(22) P. Johnson, 'The Welfare State, Income and Living Standards since 1945', in *The Cambridge Economic History of Modern Britain. Volume 111: Structural Change and Growth 1939-2000* (Cambridge, 2004).

(23) 以下で声高に主張されている点である。R. Wilkinson and K. Pickett, *The Spirit Level: Why Equality is Better for Everyone*, 2nd edn (London, 2010).（リチャード・ウィルキンソン、ケイト・ピケット『平等社会』）

(24) Office for National Statistics (ONS), Labour Market Statistics (May 2014), http://ons.gov.uk/ons/rel/lms/labour-market-statistics/may-2014/statistical-bulletin.html (consulted 16 June 2014).

(25) Atkinson, 'Economic Crisis and Classed Everyday Life', pp. 21-2.

(26) ONS, *Sickness Absence in the Labour Market* (London, 2014).

(27) From the Conservative Party: 'Budget 2014: Giving Security to Britain's Hardworking Families', http://sharethefacts.conservatives.com/post/80078187719/budget-2014-giving-security-to-britains-hardworking (consulted 16 June 2014), and from Labour: https://www.labour.org.uk/hard-working-families (consulted 10 June 2014).

(28) ONS, *Business Register and Employment Survey* (London, 2012).

(29) ONS, *Analysis of Employee Contracts that Do Not Guarantee a Minimus Number of Hours* (London, 2014).

(30) ONS, *Hours Worked in the Labour Market 2011* (London, 2011).

(31) Atkinson, 'Economic Crisis and Classed Everyday Life', p. 23.

(32) George Osborne, 以下に引用されている。'Budget 2010', *Guardian* (22 June 2010), http://www.theguardian.com/uk/2010/jun/22/budget-2010-public-sector-cuts (consulted 10 June 2014).

(33) Wilkinson and Pickett, *Spirit Level*, p. 269. 〔『平等社会』二〇一ページ〕

(34) D. Reay, '"We Never get a Fair Chance". Working-Class Experiences of Education in the Twenty-First Century', in Atkinson et al., *Class Inequality in Austerity Britain*, p. 33.

(35) S. Archer et al., 'Mistimed Sleep Disrupts Circadian Regulation of the Human Transcriptome', *Proceedings of the National Academy of Sciences of the United States of America*, vol. III, no. 6 (2014).

(36) M. Kivimaki et al. 'Job Strain as a Risk Factor for Coronary Heart Disease: A Collaborative Meta-analysis of Individual Participant Data', *Lancet*, vol. 380, no. 9852 (2012).

(37) Department for Business Innovation and Skills, *Trade Union Membership 2012* (London, 2013), p.6.

(38) D. Graeber, *The Democracy Project: A History, a Crisis, a Movement* (London, 2012).

(39) D. Graeber, 'On the Phenomenon of Bullshit Jobs', *Strike Magazine* (August 2013), http://www.strikemag.org/bullshit-jobs/ (consulted 2 May 2014).

(40) 'Ed Miliband's Immigration Speech to the IPPR in Full', Politics.co.uk, 22 June 2012 (consulted 10 June 2014); 'Britain Needs Real Change, Not False Promises', Ed Miliband's Speech in Thurrock, 27 May 2014, http://press.labour.org.uk/post/86997808779/Britain-needs-real-change-not-false-promises-ed (consulted 6 June 2014).

(41) 'Nigel Farage: Working Women who Take Maternity Leave are "Worth Less" than Men to City Employers', *Daily Mirror* (21 January 2014), http://www.mirror.co.uk/news/uk-news/nigel-farage-women-ukip-leader-3042606 (consulted 12June 2014); 'David Willetts: Feminism has Held Back Working Men', *Daily Telegraph* (1 April 2011), http://www/telegraph.co.uk/education/educationnews/8420098/David-Willetts-feminism-has-held-back-working-men.html (consulted 12 June 2014).

(42) M. Savage, 'Broken Communities?', in Atkinson et al., *Class Inequality in Austerity Britain*, p. 151.

(43) 'Women Leave Motherhood Too Late, Chief Medic Warns', *Daily Mail* (17 January 2014), http://www.dailymail.co.uk/news/article-2540964/Let-mothers-breastfeed-office-Chief-medical-officer-says-nursing-child-everyday-life-work.html (consulted 12 June 2014).

(44) ONS, *Women in the Labour Market* (London, 2013), p. 11.

(45) The Work Foundation, *The Gender Split* (London, 2013).

(46) ONS. *Women in the Labour Market*, p. 4.

(47) Atkinson, 'Economic Crisis and Classed Everyday Life', p. 23.

(48) TUC, 'Women and Work', http://www.tuc.org.uk/economic-issues/labour-market/labour-market-and-economic-reports/women-and-work (consulted 12 June 2014).

(49) R. P. Reilly, L. Miller and W. Hirsh, 'Workforce Planning in Academic Institutions' (London, 2013), pp. 9-10.

(50) S. Arthur, D. Snape and G. Dench, *The Moral Economy of Grandparenting* (London, 2005); A. Mooney and J. Statham, *The Pivot Generation: Informal Care and Work after Fifty* (Bristol, 2002); J. Statham, 'Grandparents Providing Childcare. Briefing Paper', 2011, https://www.gov.uk/government/uploads/system/uploads/attachment_data/file/181364/CWRC-0083-2011.pdf (consulted 16 June 2014), p. 12.

(51) HM Government, *The Coalition: Our Programme for Government* (London, 2010), p. 7.

(52) Reay, '"We Never get a Fair Chance"', pp. 34-6.

(53) A. Pegg, J. Waldock, S. Hendy-Isaac and R. Lawton, *Pedagogy for Employability*, Higher Education Academy (London, 2012); 'What are you Doing to Improve the Employability of your Graduates?' *Guardian* (4 April 2011), http://www.theguardian.com/higher-education-network/blog/2011/apr/04/management-admin-and-services-student-experience (consulted 13 June 2014).

(54) http://www.liv.ac.uk/archaeology-classics-and-egyptology/archaeology/undergraduate (consulted 13 June 2014).

(55) Graeber, 'On the Phenomenon of Bullshit Jobs'.

(56) H. Chowdry and L. Sibeta, *Trends in Education and Schools Spending* (London, 2011).

(57) J. Lewis, *Income, Expenditure and Personal Wellbeing, 2011/2012* (London, 2014), p. 5.

(58) Office for National Statistics, 'Measuring National Well-being: Life in the UK, 2014' (London, 2014), p. 6.

(59) L. McKenzie, 'The Stigmatised and De-valued Working Class: The State of a Council Estate', in Atkinson et al., *Class Inequality in Austerity Britain*.

(60) 'Measuring National Well-being', p. 6.

(61) 'UKIP: Can Yorkshire be a Political Springboard?' (9 June 2014), http://www.bbc.co.uk/news/uk-england-27579796 (consulted 13 June 2014).

(62) *The Unmaking of the English Working Class*, BBC Radio 4 (broadcast 9 June 2014).

(63) *Generation Right*, BBC Radio 4 (broadcast 16 June 2014).

(64) Savage, 'Broken Communities?', p. 155.

(65) E. P. Thompson, *The Making of the English Working Class*, 2nd edn (Harmondsworth, 1968), p. 12. 〔『イングランド労働者階級の形成』一五ページ〕

(66) たとえば以下を参照。R. McKibbin, *Class and Cultures: England 1918-1951* (Oxford, 1998).

(67) L. Tabili, 'Dislodging the Centre, Complicating the Dialectic: What Gender and Race Have Done to the Study of Labor', *International Labor and Working-Class History*, 63, I (2003), 14-20.

(68) Wilkinson and Pickett, *Spirit Level*. (『平等社会』)

(69) Thompson, *The Making of the English Working Class*, p. 10 〔『イングランド労働者階級の形成』一三ページ〕。以下も参照。E. P. Thompson, 'Eighteenth-Century English Society: Class Struggle without Class?', *Social History*, vol. 3, no. 2 (1978), pp. 133-65.

(70) 'Ten Key Lessons from the European Election Results' (26 May 2014) http://www.theguardian.com/politics/2014/may/26/10-key-lessons-european-election-results (consulted 13 June 2014).

(71) 'How the EU Works', European Union website, http://europa.eu/about-eu/index_en.htm (consulted 13 June 2014).

(72) J. Carson and S. McHugh, 'Happiness and Wellbeing: Emerging Lessons from Social Science', paper presented at Recording Leisure Lives Conference, University of Bolton, April 2014.

(73) British Future, *State of the Nation 2013* (London, 2014), pp. 4-8.

訳者あとがき

本書は Selina Todd, *The People: The Rise and Fall of the Working Class* (John Murray, 2015) の全訳である。このペーパーバック版では、二〇一四年刊行のハードカバー版の内容に、「わたしたちの現状　２０１１‐２０１５」と題された日本語訳にして四〇ページをこえる後記が付け加えられた。ハードカバー版の副題にあった「一九一〇年から二〇一〇年」のイギリスの労働者階級の歴史をたどった本にあえて後記を付け加えさせたのは著者の危機意識にほかならない。後記の冒頭（三九九ページ）で「このような不穏な時代に歴史を論ずるなど軽率だと思われるかもしれない」と書かれているが、この言葉の裏にある著者の強い危機意識は、「わたしたちの現状」が本書で描き出された労働者階級の歴史と不可分であり、この「不穏な時代」に対峙するには歴史を学ぶことが要請されるのだという信念に淵源している。歴史家としてのトッドの問題意識はきわめてアクチュアルなものであり、それゆえに『ザ・ピープル』はわたしたちにとって重要な著作たりえている。

著者セリーナ・トッドは一九七五年に生まれ、イングランド北部の都市ニューカッスルで育った。「序章」で述べられているように、両親は労働者階級の成人教育機関であるオックスフォードのラスキン・コレッジで出会い、ともに労働者階級の運動と強いつながりをもっていた。トッドは本書にもしばしば登場するコヴェントリに近いウォリック大学で歴史を学び、サセックス大学に進んで歴史研究を続けたが、そのなかで従来の歴史書にはとりあげられることの稀だった話を彼女自身の家族の歴史に見いだし、身のまわりのふつうの人びとの話がイギリスの「人びと」の話となる二十世紀の「隠された大きな広がりを明らかにする」(本書八ページ)作業を歴史家としての仕事の中心に据えてきた。本書の前にも *Young Women, Work, and Family in England, 1918-1950*(『一九一八年から一九五〇年のイングランドにおける若い女性、労働、家族』)と題されたイギリスの労働者階級女性についての研究書を二〇〇五年に刊行している。トッドは、歴史に学問的関心をもって接する読者のみならず、現代を生きるわたしたち一般読者にもアクセスしやすい本書の出版で歴史家としての地歩を固め、四十歳代前半の若さでオックスフォード大学の教授をつとめるにいたっている。現在は、本書の第十一章に登場する劇作家シーラ・ディレイニに焦点を当てつつフェミニズムと女性の歴史を描く本と、一九〇〇年以降のイギリスにおける社会的流動性についての本を準備中だという。

トッドの危機意識に火をつけた「不穏な時代」の空気は、国民がEU離脱を選択した今年(二〇一六年)六月二十三日の国民投票とその前後の事態に、ある意味で極まった感がある。EU離脱を推し進めてきた勢力は、その先導的役割を担って首相候補の筆頭と言われていたボリス・ジョンソンが、同じく離脱推進派で保守党の有力閣僚だったマイケル・ゴーヴに反旗を翻されて首相の後継争いから離れるという拍子抜けに始まって、EU残留派であったテリーザ・メイが首相に就任して離脱交渉を進めることになり(結局ジョンソンは外相の座に収まったが)、英国独立党(UKIP)のファラージュ党首は目的を達したとして党のリーダーを辞めるなど国民投票の直後から内部分裂と無責任ぶりを露呈していた。一方、野党労働党では、ジェレミー・コービン党首が残留キャンペーンに本気でなかったがゆえに離脱派の勝利を許したのだとの批判が高まり、党内の「コービンおろし」に再度拍車がかかっている。再度というのは、二〇一五年の党首就任以来、それまでの党首たちと違って大学も出ておらず、古くから労働運動と反核運動に携わってきた左派の草の根活動家であるコービンに首相の候補たる党首がつとまるわけがないとの反撥が党内に強くあったからである。しかし彼は党員の強い支持を受けて党首に選ばれたのであり、若い世代からも信を得ている数少ない政治家である。一般の市民たちや労働者たちに支持されて党首になった人物を身内の政治家たちが引きずりおろしにかかるという奇妙な事態が政治の世界では常態と化していることに政治と人びととの分断がもっとも典型的にあらわれているが、この分断は今回のEU離脱の国民投票にも、スコットランドのイギリスからの離脱を問うた二〇一四年の国民投票にも共通してみられた「不穏な時代」の由々しい病弊である。

　コービンのような人物を現実的ではないナイーヴな活動家とみなし、現状を保守するという点においては保守党と変わるところのなくなってしまった労働党の政治家たちが体現している窮状は、しかし、一九七九年のサッチャー政権誕生以来、久々に労働党を与党にせしめた「ニューレイバー」のトニー・ブレアがサッチャーのもっとも忠実なる後継者と皮肉られた事態からあいかわらず続いていることだとも言いうる（ブレアはむろんコービンが党首であることにずっと反対を唱えつづけている）。本書で使われていた言葉で表せば、こうした政治家たちは「体制側の者たち《エスタブリッシュメント》」なのであって、日々仕事に明け暮れてもなお彼らの享受する富とは無縁のふつうの人びとが選んだ代表者の足を引っ張り、人びとのことなど選挙のときに投票を懇願する以外には眼中にない。ＥＵ残留を訴える首相、財務相をはじめとしたエリート政治家たちや、企業の活動と金融に甚大な悪影響が出ると叫ぶ実業界の人たち――すなわち「エスタブリッシュメント」――に対する反感と、そうした人たちが権力と富をいっそう蓄積させていくシステムをＥＵという政治と経済と権力の体制が象徴していると感じとられたことが、国民投票に足を運んだ人びとの過半が離脱を支持した理由としては大きかったのである。

　リーマン・ショックに端を発する金融危機のころから、イギリスの大衆紙は「壊れた《ブロウクン》イギリス」との表現を使うようになったが、二〇一〇年に労働党から与党の座を奪い返した保守党のキャメロン首相は「壊れたイギリス」の立て直しを政権の中心課題に据えると宣言した。その間、本書の後記でトッドが剔抉しているように、格差の拡大のみならずスコットランドの独立問題とＥＵ離脱をめぐって連合王国というつながりの分断も進み、「壊れた」というのがもはや大袈裟な形容ではなくなってきた。事態の深刻さが「エスタブリッシュメント」にとっても等閑視できないレベルに達していることは、キャメロンの後任となったメイ首相が就任演説でイングランド、ウェールズ、スコットランド、北アイルランドの「連合《ユニオン》」という「とてもとても貴重なつながり」に言及しつつ「すべての市民の結びつき《ユニオン》」の重要性へと話題を進めながら、「もしあなたがふつうの労働者階級の出身であるなら、国会議員が認識しているよりもはるかに生活は困難でしょう。もし仕事につけているとしても、仕事から得られる安定がいつもあるわけではないでしょう。（…）あなたがたが四六時中働き、全力を尽くして生きておられることを、生活がときには苦しいものになりうることを、わたしは理解しています。（…）あなたがたがご自身の生活をもっとコントロールできるようにわたしたちは全力を尽くします」と、保守党の政治家の口から発せられるのが意外な文言を盛り込まざるをえなかったことからも明らかである。

世界的な注目を集めたトマ・ピケティ『21世紀の資本』（山形浩生、守岡桜、森本正史訳、みすず書房、二〇一四年）の「U字曲線」が示すように、ごく少数の者たちへの富の集中は二十世紀の二度の大戦と福祉国家体制の確立を経て緩和したが、一九八〇年代には富める者とそれ以外の人びととの格差がふたたび大きくなりはじめた。まさにこの時代を舞台にした『ザ・ピープル』でトッドが描き出しているのは、働くふつうの人びとが自分たちの暮らしと労働を自分たちの手でコントロールするためにつくる労働組合《トレイズユニオン》をはじめとした結び《ユニオン》つきの歴史である。近所や地域のつながりを通して、労働運動を通して、戦時下の扶けあいを通して、また労働党を媒介とした福祉国家体制の確立によって人びとの「ユニオン」は格差の縮減に寄与してきたが、グローバル化と新自由主義化が進むにつれてこうした「ユニオン」は抵抗勢力の元凶であるとされ、個人主義化と格差拡大に拍車がかかった。そうした文脈においてEU（欧州連合）や連合王国という「連合《ユニオン》」の危機が皮肉に響くのは、連合内部の「体制側の者たち」——エリート層やビジネス界、あるいは連合王国で言えばイングランド——が人びとの「ユニオン」を軽んじ、エスタブリッシュメントとふつうの人びとやイングランド以外の地域との分断を進行させた結果、「連合」破綻の危機を招来してしまったからである。

イギリスのEU離脱にしてもスコットランドの連合王国からの独立にしても、それによって期待されているのは自分たちの問題は自分たちの手でコントロールできるようになることである。これをナショナリズムや民族主義という言葉で説明することはたやすいが、離脱や独立を求めることが必ずしも移民の排斥や民族的アイデンティティへの固執を意味するのではないことには注意すべきである。むしろ、EUやイギリスという「連合《ユニオン》」が人びとの分断を進める排他的《エクスクルーシブ》なものであるのに対し、スコットランドの独立を求める自治政府与党の政策に明確に示されているように、ふつうの人びとにコントロールする力を与える福祉国家的政策の遂行によって格差を縮めつつ、ヨーロッパという大きなつながりに与してゆこうとする包摂的《インクルーシブ》な姿勢がそこにあることは看過されるべきではない。EU離脱やスコットランド独立の問題において、イギリス人であることやスコットランド人であることのアイデンティティがしばしば前景化されるが、コントロールを求める人びとの動きは、分断に同一性＝アイデンティティを対置するといった安易で図式的なものではけっしてない。このことは、本書でトッドが論じているように、第二次世界大戦を契機とした福祉国家の実現とふつうの人びとの自立が、労働者階級がその「アイデンティティ」に基礎を置いて他の階級を排除するような仕組みをつくろうとしたためではなく、「人びと」という包摂的な結びつき《ユニオン》が生まれたことによって可能になったのと同じである。

排他的なアイデンティティに拠らない「人びと」の結びつき《ユニオン》の基盤とは何か。イギリス人の六割前後の人びとが自分たちを労働者階級であるとみなしているとの調査結果に言及しながらトッドが繰り返し主張しているように、多くの人びとは働かなければ生きてゆけないから自分たちを労働者階級だと考えている。労働者階級についての歴史研究の先駆者E・P・トムスンは、「階級は利害関心の同一性《アイデンティティ》を（継承されたのであれ共有されたのであれ）人びとが共通の経験の結果として感知し、表明するときにあらわれる」と述べた（『イングランド労働者階級の形成』序文）。すなわち階級というのは、ある民族や人種、ある地域に住む人びとのことを特定するアイデンティティなのではなく、わたしたちの生の根幹をなす労働における「共通の経験」から生まれるものなのである。福祉によるセイフティネットが削減され、グローバル化が認識のレベルをこえて進むなかで、日々の労働に従事しながらなんとか自分たちの生をコントロールしたいと願う思いこそ、自分たちを労働者階級だと考える人びとの「利害関心の同一性《アイデンティティ》」であろう。格差の拡大によって人びとのあいだで分断が進み、EUやイギリスの分断の危機に直面しているわたしたちにとって、排他的なアイデンティティ中心主義の陥穽におちいることなく、人びとの結びつき《ユニオン》としての階級の意義と歴史を描き出した本書が示唆してくれるものは大きい。トムスンは右に引いた文章の直前に、「恋人たち《ラヴァーズ》がなければ愛《ラヴ》はない」という意味深長な言葉を置いている。これにならえば、労働者がなければ労働はない、ということになる。労働がなければわたしたちは生存できないのだから、わたしたちが生きることとの根本を問うとき、労働者に目を向けることは不可欠の前提なのである。労働者階級の人びとが「ザ・ピープル」になる歴史を描いた本書は、働いて生きるわたしたちすべてが対峙している現在の「ユニオン」の危機に際して歴史から学ぶべきものがなんであるかを力強く示してくれる。

二十世紀のイギリス史に関連して本書について発表する機会を与えていただき、貴重なコメントをくださった中央大学人文科学研究所「ミドルブラウ文化研究会」の先生方と、本書の翻訳を後押ししてくださった慶應義塾大学の武藤浩史先生に心から感謝したい。

著者のセリーナ・トッドには、疑問点に関する問い合わせにていねいに答えていただいた。歴史に学びながら現在の世界を変革することへの彼女の強い思いを、拙訳が日本の読者に伝えることができるよう願うばかりである。

本書は、その重要性についてみすず書房の遠藤敏之さんに共感いただいてはじめて、このかたちでの出版が可能になったものである。わたしの遅れがちな作業にもご助言とご助力を惜しまれず、少しでも読みやすく正確な翻訳であるよう細心のご配慮をくださった遠藤さんに、篤くお礼を申し上げたい。

二〇一六年盛夏　訳者識

索引

ア行

アスキス，ハーバート・ヘンリー　22, 30
アスクウィズ，ジョージ　49
『アーチャー家』　259, 270
アトリー，クレメント　98, 137, 161-162, 167, 174, 178, 185, 201, 204, 210, 212, 227, 234, 255, 302, 337, 345
アンディ・キャップ　233-235

怒れる若者たち　259, 265
イギリス産業連合（CBI）　323, 337
『イングランド労働者階級の解体』　431
インド系労働者連合（IWA）　318

ウィルキンソン，エレン　100, 166, 236-238
ウィルソン，ハロルド　288-293, 297-298, 301-302, 321, 323-325, 336-337, 340, 477
ウェスカー，アーノルド　148, 163
ウォー，イーヴリン（『卑しい肉体』）　62
ウォーターハウス，キース　260, 262, 270
ウルフ，ヴァージニア　20-21, 34-35, 54, 103-104, 450
ウルフ，レナード　103

英国国民党（BNP）　380-381
英国独立党（UKIP）　380, 416, 436
英国ファシスト連合（BUF）　90-95
英国放送協会（BBC）　64, 153-154, 182, 257, 259, 270, 296, 342, 352, 380, 387, 404, 431
エイミス，キングズリ（『ラッキー・ジム』）　260, 270

オーウェル，ジョージ　13, 88, 90, 94, 107, 113, 163, 358, 433, 449, 458
オズボーン，ジョージ　379, 400, 404, 409
オズボーン，ジョン（『怒りを込めて振り返れ』）　260

カ行

『階級は問題か？』　257, 296
カッスル，バーバラ　313-314, 322, 324, 326
「ガーディアン」（「マンチェスター・ガーディアン」）　20, 53, 58, 182, 262, 277, 342, 383

キノック，ニール　359-360, 479
救貧法　28, 73-74, 155, 173
教育法（1918年）　41, 43, 49
教育法（1936年）　126
教育法（1944年）　166, 236-238, 241, 253, 280
キャメロン，デイヴィッド　379, 400, 404
キャラハン，ジェイムズ　337, 340
キャンベル，ベアトリクス（『ウィガン波止場再訪』）　358
緊急事態権限法（1920年）　65
緊急事態権限法（1940年）　137

グランウィック写真現像工場　338-340
グリフィス＝ボスコーエン，アーサー　46-47
グリフィン，ニック　381
グリーンウッド，ウォルター（『失業手当に生きる愛』）　83, 89
『グローヴ家』　259
クロスランド，アントニー　218, 289, 302-303

ケインズ，ジョン・メイナード　56, 101, 155, 403

『抗争に代えて』　322-324, 326
公的扶助委員会　80-81, 155, 164
合同機械工組合（AEU）　139, 143, 225, 229
国際通貨基金（IMF）　337-338, 340, 346, 382, 418
国際労働組織　157
国民保健サービス　173, 182, 255, 408, 414, 423, 436, 438
国民保険法（1911年）　23, 26, 30-31, 71
子供の貧困活動グループ（CPAG）　321
コミュニティ・チャージ（人頭税）　363
コモンウェルス移民法（1962年）　318
雇用法（1982年）　349
ゴランツ，ヴィクター　88-89
ゴールドソープ，J・H　255, 281-282, 285, 288, 292, 387

『コロネーション・ストリート』 163, 259, 261, 268–270, 290

サ行

サッチャー，マーガレット 12, 15, 133, 341, 344–345, 348–350, 352–353, 355, 358, 360–364, 367, 376, 404–405, 426–427

ジェンキンズ，ロイ 321
失業法（1921 年） 72
ジャロウの飢餓行進 101–102, 104–105
住宅および都市計画法（1919 年） 42
住宅法（1936 年） 98, 109, 178, 477
住宅法（1948 年） 178, 197, 477
住宅法（1956 年） 203, 211
住宅法（1972 年） 329
住宅法（1981 年） 345
収入調査 71–74, 77, 79, 81, 85–86, 88–89, 100, 104–105, 127–129, 152–153, 155, 157, 164–165, 175–176, 228, 310
ショー，ジョージ・バーナード 31
ジョウゼフ，キース 340
消費者信用法 307
「女性自身」 362
女性生活協同組合 146
女性の平等を求める全国合同行動運動（NJACWER） 316
ジョーンズ，オーウェン 382, 386, 401, 403
シリトー，アラン 260, 262, 270, 289
人種関係法（1965 年） 321
人種関係法（1976 年） 338
人民代表法（1918 年） 41

スティードマン，キャロリン 73, 447
ストープス，マリー（『結婚の愛』） 215
ストーリー，デイヴィッド（『孤独の報酬』） 260–261, 270
スプリング・ライス，マージェリー 96–99, 101–104, 125, 155, 272
スペイン内戦 94–95
スペシャルズ 14
スミス，イアン・ダンカン 407
スミス，ハリー・レズリー（『ハリーの最後の抵抗』） 407
スミス，ヒューバート・ルウェリン（『ロンドンの生活と労働の新調査』） 78, 120

生活協同女性組合 97, 103–104
『石炭はわれらが生命』 272
ゼネラルストライキ（ゼネスト） 55, 57–59, 61–63, 67–69, 118, 121, 134, 139, 408, 440
選挙権平等化法（1927 年） 74
全国失業者運動（NUWM） 81, 101, 104
全国自動車製造業組合（NUVB） 316
全国炭坑労働者組合（NUM） 349–350, 352, 360
全国流通関連労働者組合（NUDAW） 143

タ行

第一次世界大戦 18, 25–26, 29, 36, 39, 51, 54, 56, 58, 63, 74, 77, 85, 96, 138, 313
タイナン，ケネス 260
第二次世界大戦 7, 9, 11, 13, 15, 17–18, 133, 149, 155, 190, 204, 227, 255, 270, 326, 344, 347, 353, 372, 377, 392, 397, 407–408, 413, 438, 441, 446
「タイムズ」 21, 30, 47, 77, 85–86, 91, 97, 101–102, 137, 212
第四回選挙法改正 43, 59, 73
ダグラス・ヒューム，アレック 288
タッシンガム，リタ 264

チェンバレン，ネヴィル 99–100, 135, 137, 145–146, 150
地方自治法（1929 年） 74
チャーチル，ウィンストン 9, 21, 56–57, 64, 137, 143, 145, 158, 160, 162, 182, 187, 189–190, 198
中流階級連合 46, 49
賃料法（1957 年） 207

ディオール，クリスチャン 187
ディケンズ，チャールズ 88, 106
テイラー，フレデリック 115
「デイリー・エクスプレス」 47, 111, 145, 260, 265, 337
「デイリー・テレグラフ」 91
「デイリー・ミラー」 13, 49, 76, 93, 95, 172, 214, 221–223, 233–235, 244, 246, 262, 273–275, 288, 290, 292, 297, 323, 326, 340, 457
「デイリー・メイル」 47, 49, 74, 396, 404
デイ・ルイス，セシル 89, 106
ディレイニ・シーラ 194, 214, 260–261, 264
デサイ，ジャイアビン 338–340
トムスン，E・P 7, 431–432, 434–435, 449, 486

ハ行

パウエル，イーノック 319, 333
バーストウ，スタン（『愛の王』） 260–262, 270

バトラー，ラブ　223, 236
バラード，J・G　240, 470
ハリスン，トム　111, 135, 150, 278–279
パンクハースト，エメリーン　23
反社会的行動禁止命令　369
反無駄遣い連合　49

「ピクチャー・ポスト」　187
ヒース，エドワード　325–327, 329, 335–336, 345, 426, 477
ヒトラー，アドルフ　90, 92–93, 96, 113, 157
ビートルズ　14, 265, 300, 447
ヒーリー，デニス　337
ビールズ，H・LとR・S・ランバート（『失業者体験記』）85–87
『平等社会』　367, 386, 403–404, 480, 484, 486
平等賃金法（1970年）　316, 322, 338
平等な市民権を求める全国組合協会（NUSEC）　73
ピルグリム・トラスト（『仕事のない人びと』）　85–86, 88

ファシズム　90–96, 112–113, 414
ファラージュ，ナイジェル　416
フォークランド諸島　348
フォーサイス，ブルース　273, 276
フォード・モーター　11, 115, 201, 220, 300–301, 304, 311, 313–316
婦人社会政治同盟（WSPU）　23
ブドー，シャルル　115–117, 141–142
フランコ，フランシスコ　94
ブリアリー，ウォルター（『収入調査の男』）　89
プリーストリ，J・B　14, 76, 108, 113, 116, 449, 455, 458
ブレア，トニー　325, 367–368, 375–376, 378, 404, 416
ブレイン，ジョン（『年上の女』）　260, 270
プレスコット，ジョン　367
プロフューモ，ジョン　292, 294

兵役（軍隊）法　136
ベヴァリッジ，ウィリアム　155–160, 165, 174–176, 408, 441
ベヴァン，アナイアリン　174, 176, 178–180, 182, 185, 192, 197–198, 203, 272, 477
ベヴィン，アーネスト　119, 137–141, 143–146, 152–153, 156–157, 159, 163, 169, 175
ベン，トニー　336–337, 360–361
ペンバー・リーヴズ，モード　27–28, 38, 88, 145

ホガース・プレス　103
ホガート，リチャード　8–9, 109–110, 263–264, 267, 458, 470, 472
ホランド，スチュアート　336–337
ボールズ，エド　406
ボールドウィン，スタンリー　64–67, 73–75, 93, 98–99, 101
ホルトビー，ウィニフレッド　71, 84–85, 89, 105, 115
「ホワイト・シーズン」　380

マ行

マウントバッテン，ルイス　323, 326
マクドナルド，ラムジー　22, 56, 74, 98
マクミラン，ハロルド　198, 203, 212, 218, 232, 236, 253, 294, 321, 329, 345, 477
マス・オブザヴェーション　111, 129, 135–137, 150–152, 154, 157–160, 171–173, 175, 177, 183, 185, 237, 278, 438, 441
マッカートニー，ポール　265
マン，トム　26, 94

『右寄り世代』　431–432
ミリバンド，エド　406, 416
ミルン，シェイマス　350

ムッソリーニ，ベニート　90

モズリー，オズワルド　90–95
モリスン，ハーバート　98, 136, 156, 160–161, 185, 289, 345

ヤ行

ヤング，マイケル　193–194, 201, 227, 242, 281, 289–290, 305

ラ行

ラウントリー，ベンジャミン・シーボーム　26, 79, 218, 228, 230, 468
ラスキン・コレッジ　10, 399
ラックマン，ピーター　207, 289–290, 292, 466
ラッセル，ケン　195
ラティガン，テレンス　260–261, 270
ランベス・ウォーク　111–112, 126, 129–130

リチャードソン，トニー　264

リトラー，スーザン　342–343

レッシング，ドリス　168, 186
レノン，ジョン　265
レフト・ブッククラブ　88–89
「レフト・レビュー」　89

ロイド・ジョージ，デイヴィッド　20, 23, 42, 45–46, 164–165
労使関係法（1971 年）　326–327
労働組合会議（TUC）　22, 55, 57–59, 61, 64, 67, 69, 125, 139–140, 156, 316, 327, 339
「労働時間の音楽」　153
労働者階級住宅法（1900 年）　109
労働者教育協会（WEA）　10, 129
『労働者の休み = 上演時間』　153
労働者補償法（1906 年）　26
労働争議法（1906 年）　22
労働争議法（1927 年）　67
老齢年金法（1908 年）　23
ロザミア，ハロルド・シドニー・ハームズワース　47, 74, 93, 95
ローゼンタール，ジャック　148, 163, 342–343, 393, 449

ワ行

『わたしたちのような多くの人びと』　159

図版クレジット

この本のためにインタビューを受けていただき、ご自身の写真を掲載することをお認めくださった方々に、著者および出版社から感謝申し上げる。

The Advertising Archives: p.175, p.219, p.278. © Steve Conlan: p.388. © Mary Evans Picture Library: p.151 / Illustrated London News Ltd, p.263 / Roger Mayne, p.194 / Shirley Baker. © Getty Images: p.42, p.100, p.102, p.114, p.154, p.179, p.239, p.303, p.305. © Mirrorpix: p.161, p.273, p.315, p.394. © Keith Pattison: p.351. Royal Borough of Kensington and Chelsea / 18 Stafford Terrace/photograph by Edward Linley Sambourne: p.29. TUC Library Collections, London Metropolitan University: p.339. Courtesy of West Yorkshire Archive Service: p.112.

著者略歴

(Selina Todd)

1975年生まれ. ニューカッスル・アポン・タインで育つ. ウォリック大学卒業後, サセックス大学大学院で博士号取得. オックスフォード大学教授 (現代史), セント・ヒルダ・コレッジ特別研究員. 他の著書に *Young Women, Work, and Family in England, 1918-1950* (Oxford, 2005).

訳者略歴

近藤康裕〈こんどう・やすひろ〉 1980年生まれ. 一橋大学言語社会研究科博士後期課程修了. 慶應義塾大学法学部准教授. イギリス文学・文化研究. 著書『読むことの系譜学——ロレンス, ウィリアムズ, レッシング, ファウルズ』(港の人 2014), 共著『愛と戦いのイギリス文化史 1951-2010年』(慶應義塾大学出版会 2011)『文化と社会を読む批評キーワード辞典』(研究社 2013), 共訳ジャット『失われた二〇世紀』(NTT出版 2011) ウィリアムズ『共通文化にむけて』(みすず書房 2013) ほか.

セリーナ・トッド
ザ・ピープル
イギリス労働者階級の盛衰
近藤康裕訳

2016年 8月10日　印刷
2016年 8月25日　発行

発行所 株式会社 みすず書房
〒113-0033 東京都文京区本郷5丁目32-21
電話 03-3814-0131(営業) 03-3815-9181(編集)
http://www.msz.co.jp

本文組版 キャップス
本文印刷・製本所 中央精版印刷
扉・表紙・カバー印刷所 リヒトプランニング

© 2016 in Japan by Misuzu Shobo
Printed in Japan
ISBN 978-4-622-08514-0
［ザピープル］
落丁・乱丁本はお取替えいたします

共通文化にむけて 文化研究 I	R. ウィリアムズ 川端康雄編訳	5800
想像力の時制 文化研究 II	R. ウィリアムズ 川端康雄編訳	6500
葉蘭をめぐる冒険 イギリス文化・文学論	川端康雄	3600
おサルの系譜学 歴史と人種	富山太佳夫	3800
イングランド炭鉱町の画家たち 〈アシントン・グループ〉1934-1984	W. フィーヴァー 乾由紀子訳	5800
ロジャー・フライ伝	V. ウルフ 宮田恭子訳	4000
自分だけの部屋	V. ウルフ 川本静子訳	2600
歴史学の将来	J. ルカーチ 村井章子訳 近藤和彦監修	3200

（価格は税別です）

みすず書房

20世紀を考える	ジャット／聞き手 スナイダー 河野真太郎訳	5500
ヨーロッパ戦後史 上・下	T.ジャット 森本醇・浅沼澄訳	各 6000
記憶の山荘■私の戦後史	T.ジャット 森夏樹訳	3000
民主主義の内なる敵	T.トドロフ 大谷尚文訳	4500
他の岬 ヨーロッパと民主主義	J.デリダ 高橋・鵜飼訳 國分解説	2800
ならず者たち	J.デリダ 鵜飼哲・高橋哲哉訳	4400
ヴェールの政治学	J.W.スコット 李孝徳訳	3500
思想としての〈共和国〉 増補新版 日本のデモクラシーのために	R.ドゥブレ／樋口陽一／ 三浦信孝／水林章／水林彪	4200

（価格は税別です）

みすず書房

ヨーロッパ人	L. バルジーニ 浅井泰範訳	3600
ヨーロッパ100年史 1・2	J. ジョル 池田清訳	I 5000 II 5800
春の祭典 新版 第一次世界大戦とモダン・エイジの誕生	M. エクスタインズ 金利光訳	8800
スペイン内戦 上・下 1936-1939	A. ビーヴァー 根岸隆夫訳	上 3800 下 3600
ヒトラーを支持したドイツ国民	R. ジェラテリー 根岸隆夫訳	5200
ヒトラーとスターリン 上・下 死の抱擁の瞬間	A. リード/D. フィッシャー 根岸隆夫訳	各 3800
1968年 反乱のグローバリズム	N. フライ 下村由一訳	3600
ヨーロッパに架ける橋 上・下 東西冷戦とドイツ外交	T. G. アッシュ 杉浦茂樹訳	上 5600 下 5400

（価格は税別です）

みすず書房

21世紀の資本	T. ピケティ 山形浩生・守岡桜・森本正史訳	5500
時間かせぎの資本主義 いつまで危機を先送りできるか	W. シュトレーク 鈴木直訳	4200
大脱出 健康、お金、格差の起原	A. ディートン 松本裕訳	3800
不平等について 経済学と統計が語る26の話	B. ミラノヴィッチ 村上彩訳	3000
貧乏人の経済学 もういちど貧困問題を根っこから考える	A. V. バナジー／E. デュフロ 山形浩生訳	3000
善意で貧困はなくせるのか? 貧乏人の行動経済学	D. カーラン／J. アペル 清川幸美訳 澤田康幸解説	3000
GDP 〈小さくて大きな数字〉の歴史	D. コイル 高橋璃子訳	2600
相互扶助の経済 無尽講・報徳の民衆思想史	テツオ・ナジタ 五十嵐暁郎監訳 福井昌子訳	5400

（価格は税別です）

みすず書房